2015中国·广河 齐家文化与华夏文明国际研讨会论文集

The Paper Collection of International Seminar on Qijia Culture and Huaxia Civilization

⊙ **主 编** 朱乃诚 王 辉 马永福

⊙ **副主编** 唐士乾 李新伟

文物出版社

图书在版编目（CIP）数据

2015中国·广河齐家文化与华夏文明国际研讨会论文
集 / 朱乃诚, 王辉, 马永福主编. -- 北京 ：文物出版
社，2016.8
ISBN 978-7-5010-4682-9

Ⅰ. ①2… Ⅱ. ①朱… ②王… ③马… Ⅲ. ①齐家文
化 - 国际学术会议 - 文集 Ⅳ. ①K871.24-53

中国版本图书馆CIP数据核字(2016)第187261号

2015中国·广河齐家文化与华夏文明国际研讨会论文集

主　　编：朱乃诚　王　辉　马永福
副 主 编：唐士乾　李新伟

责任编辑：王　媛
封面设计：唐士乾
责任印制：张道奇

出版发行：文物出版社
社　　址：北京市东直门内北小街2号楼
邮　　编：100007
网　　址：http://www.wenwu.com
邮　　箱：web@wenwu.com
经　　销：新华书店
印　　刷：甘肃兴业印务有限公司
开　　本：889mm×1194mm　1/16
印　　张：25.5
版　　次：2016年8月第1版
印　　次：2016年8月第1次印刷
书　　号：ISBN 978-7-5010-4682-9
定　　价：358.00元

《2015 中国·广河齐家文化与华夏文明国际研讨会论文集》

编 委 会

齐家文化与华夏文明国际研讨会合影留念 2015.8.1

2015 中国·广河齐家文化与华夏文明国际研讨会合影

2015 年 7 月 23 日，齐家文化与华夏文明国际研讨会新闻发布会在兰州召开

2015 年 8 月 1 日，2015 中国·广河齐家文化与华夏文明国际研讨会在广河县开幕

中共广河县委书记赵廷林致欢迎辞

研讨会会场一角

中国社会科学院古代文明研究中心齐家文化研究基地授牌仪式，中国社会科学院考古研究所所长王巍（右一）向广河县人民政府县长马东升（左一）授牌

北大考古文博学院原院长赵辉在研讨会开幕式上讲话

中国社会科学院考古研究所王仁湘在研讨会上做学术报告

瑞典远东博物馆馆长艾娃·马黛尔在研讨会上做学术报告

中国社会科学院考古研究所李新伟在研讨会上做学术报告

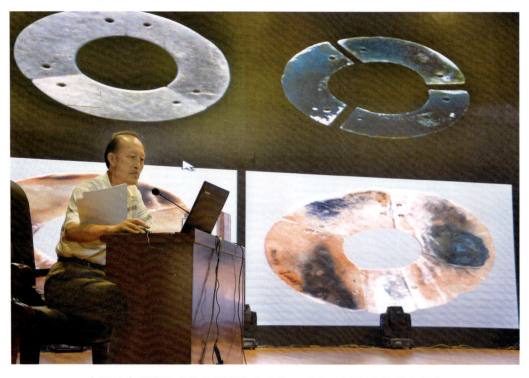

中国社会科学院古代文明研究中心朱乃诚在研讨会上做学术报告

上海交通大学致远讲席教授叶舒宪在研讨会上做学术报告

香港中文大学邓聪在研讨会上做学术报告

美籍学者江伊莉在研讨会上做学术报告

中国社会科学院考古研究所叶茂林在研讨会上做学术报告

中国社会科学院民族学与人类学研究所易华在研讨会上做学术报告

英国牛津大学安可在研讨会上做学术报告

青海省文物考古研究所任晓燕在研讨会上做学术报告

甘肃省文物考古研究所王辉在研讨会上做学术报告

专家学者考察齐家坪遗址

专家学者考察齐家坪遗址

专家学者考察齐家坪遗址

瑞典远东博物馆馆长艾娃·马黛尔在齐家坪遗址接受广河电视台记者采访

专家学者考察齐家坪遗址

专家学者考察十里墩遗址

原中共甘肃省委常委、宣传部部长连辑，中共临夏州委书记杨元忠视察调研广河文化工作

中共临夏州委书记杨元忠、州长马学礼一行考察调研广河文化项目建设

中共临夏州委书记杨元忠一行考察齐家坪遗址管理所

中共临夏州委书记杨元忠一行检查齐家文化博物馆项目建设

中共临夏州委书记杨元忠一行考察齐家坪遗址

广河县四大班子领导研究谋划齐家文化资源保护开发利用工作

序　一

　　齐家文化是 1924 年发现的。齐家文化发现后，立即引起了学术界的高度重视。那个时候，有"彩陶文化"（仰韶文化）的发现，还有"灰陶文化"（龙山文化）的发现，两者究竟哪个早哪个晚，在学术界引起很大争论。后来夏鼐先生在齐家坪的考古发掘当中发现齐家文化墓葬，且墓葬填土中有仰韶文化的彩陶片，说明这个地区先有使用彩陶的仰韶人生活，后来才来了齐家文化的人。在此之后，齐家文化一直受到考古学界的重视。当年在大学时张忠培老师就给我们讲齐家文化，所以我们比较早地知道齐家坪。在我们心目当中，齐家坪遗址和半坡、殷墟等一样，是中国考古学圣地级的遗址，但几十年来我们都未对齐家坪遗址进行过科学的发掘，因此难识其"庐山真面目"。这次大家慕名而来，都想亲眼看一看齐家坪是个什么样的遗址，最近又有哪些考古发现。我觉得此次研讨会吸引大家注意的另一个很重要的原因，就是齐家文化的重要性。

　　齐家文化是研究多元一体的中华文明形成的一个重要部分，它的重要性并不在于它是夏文化如何如何。我们知道，关于大禹的记载在全国范围内都有非常广泛的分布，这说明各地区都以大禹作为自己民族的祖先，这就是中华文明形成的一个重要特征。但是齐家文化有其独特的重要性：第一，它是夏王朝时期最发达的一个区域性青铜文明，没有哪一个区域文化有像齐家文化这样多的青铜器。齐家文化的铜器和青铜的制作技术以及种类非常丰富，可以说在全国同一时期是最早的，由此带来的影响是不可忽视的，离开齐家文化不可能研究这个问题。第二，它的玉器很有特点，其玉琮、玉璧是非常有特征的玉器，而且还在当地发现了来自和田地区的玉。第三，它是很多东西交流交汇的一个地带。比如在中华文明探源工程中，我们发现大约在 4500 年前，西边传来的小麦，以及黄牛和绵羊，很有可能就是经过西北地区进入中原，齐家文化地区很可能有更早的传入历史。所以这是研究早期玉石之路、玉帛之路以及东西方、中国和西亚文化交流不可或缺的地带。

　　我们说在中国东北、东南以及中原地区都有早于夏王朝时期就已经进入到早期文明的证据，这是我们中华文明探源工程做了十几年工作得出的结论。西北地区以齐家文化为代表，值得我们高度关注，这也是今后齐家文化研究的主要增长点。但我们也非常遗憾地意识到，在整个中华文明研究当中，在整个夏王朝建立之前的区域文明的研究当中，西北地区均处于比较薄弱的状态，以至于我们在研究整体中华文明的形成过程当中，西北地区的文明进程能说的很少。为什么？因为没有做新的考古工作，没有新的考古发现。1975 年以来，这一地区再没有大规模的发掘。就考古技术而言，我国与欧美先进国家基本上已并驾齐驱，但是没有新的考古工作，这些手段无从施展，以至于我们的考古成果还是 20 世纪七八十年代的发现，这是非常令人遗憾的。所以我们研究所、古代文明研究中心包括中华文明探源工程，都意识到要加强在西北地区包括齐家坪及相关地区的工作。

　　我和甘肃省文物考古研究所所长王辉交换过意见，达成了共识，今后要在西北地区加大考古工作力度。我们相信只要有新的考古工作，就一定会亮点频出，因为这里有独特的地理优势、区位优势和文化特点。我们希望借这次研讨会，大家能够对迄今为止的资料进行深入研究和交流，同时明确今后工作的重点。

王巍

（中国社会科学院考古研究所所长、中国社会科学院古代文明研究中心主任）

序　二

　　临夏州地处青藏高原与黄土高原过渡带，自然风光优美，文化积淀深厚，齐家文化等古文化遗址分布广泛、星罗棋布，是我国新石器时期史前文化考古发掘最多的地区之一，素有大禹治水源头、中国彩陶之乡、中国花儿之乡、古动物伊甸园的美誉。

　　齐家文化因首先发现于临夏广河县齐家坪而得名。自齐家文化被发现以来，中外许多考古学者经常与烈日和黄土为伴，孜孜探求，深入考研，用艰辛和汗水向世人展示了齐家文化独特的魅力。第一是齐家文化青铜器的发现，特别是发掘的"中华第一镜"，证明齐家文化已开导了青铜时代的先河，是齐家文化对中华民族早期青铜器铸造和生产力发展的一项突出贡献。第二是齐家文化玉器的发现，形态繁多，做工精美，玉料既有黄河玉、青海玉，更为神奇的是出现了新疆的和田玉，证实其为西周玉文化的重要源头。第三是考古发掘的许多贝壳，研究证明其来源为台湾海峡和南海。玉料来源地的不同分布和海贝的出现，说明了4000多年前，这里的先民就与周边甚至很远的地区存在着物资的交换和文化的交流，率先开启了"玉石之路"和"海贝之路"的商贸古道。

　　齐家文化的研究，对于彰显华夏文明、追寻民族之魂、推动民族复兴具有十分重要的意义。近年来，广河县着力打造齐家文化品牌，树立起"让世界了解齐家文化，让齐家文化走向世界"的目标，积极邀请专业人员和研究机构莅临广河，进行田野考察，深入考证。中国社会科学院、北京大学、美国斯坦福大学、印第安纳大学、英国剑桥大学等国内外科研院校的专家学者纷至沓来，撰写并发表了一批有分量的研究文章，提出"齐家文化就是夏文化"、"齐家文化就是青铜时代早中期文化"、"禹出大夏，广河是大禹的故乡"、"华夏文明发源于齐家文化"、"齐家文化是华夏文明源头文化的DNA"、"齐家文化故里——中华民族商贸流通的重要起源地、中国商人的出发地"等重要论述。2015，在广河县年举办了高规格的国际学术研讨会——齐家文化与华夏文明国际研讨会，广泛吸引国内外专家学者聚焦甘肃、聚焦临夏、聚焦广河，研究齐家文化，探源华夏文明，取得了丰硕成果，总结出了"华夏文明探源看齐家文化"里程碑式的新论述，大幅提升了齐家文化的引领力、竞争力和影响力，增强了广河县域经济发展的内生动力。

　　《2015中国·广河齐家文化与华夏文明国际研讨会论文集》，既收录了国内外知名专家的专业论述，又收录了本土学者最新的研究成果，为研究齐家文化提供了有力的学术支撑，填补了资料空白，弥足珍贵，可喜可贺。欣然提笔，是为序。

杨元忠

（中共临夏州委书记）

序 三

　　齐家文化是黄河上游地区一支非常重要的文化，距今 4200~3600 年左右，其分布极为广泛，文化内涵十分丰富，展现了这一区域原始氏族公社解体、文明诞生和阶级产生的历史进程，反映了东西方文化交融碰撞和商贸交流的状况。经过 90 多年的考古发掘工作，目前已经积累了大量丰富的器物和第一手资料，社会各界对齐家文化的综合研究也在逐步跟进，其性质和意义逐渐得到进一步认识。众多考古发现与研究表明，齐家文化具有高度统一的精神生活和先进多样的物质生活，是华夏文明的重要源头，也是中国进入青铜时代的标志。它与大地湾文化、岐黄文化、先周先秦文化一起，共同构成了甘肃始祖文化。齐家文化在时间、空间分布上与中国禹夏文化高度吻合，它在中国文明形成过程中产生了极为重要的影响，是探索中国文明形成与早期发展研究的重要对象。

　　广河县是齐家文化的发现地和命名地，素有"齐家文化摇篮"之美称。多年来，我们始终将这一著名的文化遗存当作最宝贵的文化财富，高度重视，积极开展齐家文化资源的保护利用和相关产业的开发宣传推介工作。当前，全省文化发展的战略思路，重点是贯彻落实好中央"一带一路"发展战略，按照新型产业的战略布局，把文化旅游产业做大做强，推进文化创新发展，迅速做成新的支柱产业。我们从实施华夏文明传承创新区出发，确定了一个传承的新的发展阶段，传承就是保护、挖掘、整理、利用好宝贵的历史文化资源，为社会进步注入新的发展动力。基于这一思路，2015 年 8 月初，我们成功组织召开了齐家文化与华夏文明国际研讨会，会议取得了丰硕的研究成果，齐家文化在国际国内又一次引起了强烈反响，得到了史学界的广泛关注，也引起了省、州各级领导的高度重视。与会专家学者普遍认为，齐家文化时期人类已经步入青铜时代，它是中国历史上开启人类文明的第一缕曙光，是华夏文明重要的遗存。齐家文化是研究早期贸易往来和东西方文化交流不可或缺的重要组成部分。齐家文化与华夏文明国际研讨会的胜利召开，极大地丰富和充实了华夏文明探源工程、"一带一路"战略、甘肃华夏文明传承创新区建设的内涵。

　　习近平总书记指出："一个国家、一个民族的强盛，总是以文化兴盛为支撑的。没有文明的继承和发展，没有文化的弘扬和繁荣，就没有中国梦的实现。中华民族创造了源远流长的中华文化，也一定能够创造出中华文化新的辉煌。"在文化战略成为国家战略的当下，文化研究越来越引起各级党委、政府的高度重视和社会各界的广泛关注。为此，我们将抢抓国家实施"一带一路"战略等一系列重大机遇，依托华夏文明传承创新区建设这一国家战略平台，进一步加大齐家文化的宣传推介，全力打造具有地域特色的文化品牌，促进文化、旅游、商贸协调融合发展，不断丰富人民群众的精神生活，增强人民群众的文化自信和价值观自信，全力加快全面小康社会和幸福美好新广河建设步伐。

　　基于研讨会成功举办这个基础，我们会同中国社会科学院古代文明研究中心，组织专门力量，编辑出版这部《2015 中国·广河齐家文化与华夏文明国际研讨会论文集》，旨在向社会各界汇报展示齐家文化资源保护和利用工作中取得的最新理论和研究成果，传承历史文化，探源华夏文明。我们深感推进齐家文化传承与保护的责任之大、担子之重，我们将鼓足勇气，为实现"两个一百年"奋斗目标和中华民族伟大复兴中国梦、建设社会主义文化强国而奋勇前进！

　　是为序。

（中共广河县委书记）

目 录

齐家文化研究相关的现实意义*
——纪念齐家文化发现90周年

叶茂林

(中国社会科学院考古研究所)

瑞典地质学家安特生1923~1924年进入我国青海、甘肃进行考古调查，发现了一系列史前文化的古遗址，以这些遗址定名的诸多考古学文化类型一直被国内外学术界沿用至今。这是经典流传的学术史，是中国考古学值得回味的早期历程中很重要的一部分，也是需要不断反思和检视，甚或再重新研究的老话题。今天我们回顾关于齐家文化的发现与研究过程，感到这些老话题犹如老树新芽，仍不断有新意。

一　齐家文化在气候与环境变化研究中的突出贡献

齐家文化的时空范围，正好处于中国地理上一个特殊位置和距今约四千年的中国历史上一个特殊时期。齐家文化分布区是青藏高原与黄土高原、蒙古高原相接邻近的农牧交错地带，是黄河上游的民族聚居区和民族交融区，是古民族分分合合的一个特殊区域。它是连接欧亚的东西交通纽带，还是从东北到西南的边地半月形弧线带上一个南北过渡地带，是古代文化交流的一个三岔口或十字路口。它有多种多样的地形地貌和复杂多变的地理环境，生态相当脆弱，区域内隐藏着变化，潜伏着危机，深埋着未知。

由于特殊的地理背景，齐家文化分布区对于气候环境变化的敏感度远超其他地区，因此也相应留下了十分丰富的环境气候演化示踪标记的各类遗存，包括古遗址的文化遗迹和地层埋藏，这些都是科学家直接观察、采样和进行分析研究的、充分具备直观或间接的人地关系表现的样本。当然其他地区的古遗址也具有环境考古上的同样意义，然而其敏感程度可能与齐家文化区域在表现上有一定差异。对于气候变化，齐家文化的反应更快，时间更早[1]，更易获得变化规律性的深刻烙印。根据齐家文化区甘青多地的自然剖面与遗址剖面及文化遗存现象的结合分析，取得了颇多成果。[2] 这些成果一再证明，全新世中期以来气候变化影响环境变迁，影响人类生业经济，还影响到人类社会结构改变。[3] 学者们也认识到，气候变化导致齐家文化在经济形态、文化遗存上的积极响应，诸如畜牧比重的显著增加，但从半农半牧到游牧的转化过程中，后续也还含有种植农业的成分，游牧并不单纯。齐家文化改变传统带来经济生活与生业形态的明显变化，既是一种适应，也是一种社会发展。

自然科学的研究进展，往往能够得到齐家文化考古材料的支持，这也使科学家们更加关注考古学。以气候和环境为代表的全球变化趋势，在齐家文化极端脆弱的生态环境下，随着齐家文化扩张性的强烈开发和大范围发展而加剧了恶化程度。荒漠化、干冷等气象灾害及气候波动，加上新构造运动引起的地质灾害，洪水、泥石流等接踵而来的猛烈自然反应，严重毁坏了人类家园，如青海民和喇家遗址考古发现的灾难现场[4]。惨痛悲剧虽无法回避，但人类社会必定出现新的调整、适应与改变。

* 本项研究得到中国社会科学院创新工程的支持,同时得到中华文明探源工程(四)(课题编号:2013BAK08B05)的支持。

考古学和自然科学等学科近年都在努力探寻全球变化在人类古文化中留存的蛛丝马迹，齐家文化在这方面为现实科学研究提供了丰富的资料，越来越受到科学家们的重视。

二　青海喇家遗址成为多学科研究的公共平台

喇家遗址的考古发现，首次通过科学的研究，得到了史前灾难的可靠结论，其环境考古与人地关系的研究价值凸显。我们早就预言，喇家遗址的科学意义已超出了考古学的范畴，这也得到了学界的认同。喇家遗址考古并没有停留在一般常规的环境考古工作上，而是加强了多学科合作，注意各种情况的及时记录和采样分析。因为喇家遗址不同于一般古遗址，特殊的情况和特殊的埋藏条件，需要探索相应特殊的不同科学研究分析方法。

喇家遗址研究的许多成果是学者们合作的结果。喇家遗址考古队以真诚和理解，热忱配合多学科工作，并且力排学术垄断，广泛联系各方，向社会开放研究。我们主导把多学科研究整合、落实到人地关系的考古学研究上，力促多学科的结合，积极寻求合作；同时也充分尊重自然科学家依自己的思路去做研究探讨。喇家遗址是一个野外工作站点和多学科研究的平台，自然科学包括其他社会科学和人文学科，都可以来做研究。我们虽然期盼合作，但也同样关注和支持这些独立的研究。我们愿意主动协调和积极推动多学科研究的深入，让喇家遗址的科研产生连锁反应，不断产生新成果。

喇家遗址考古再现了史前大地震和大洪水的灾难场面，把人类与古灾难的特殊人地关系命题推到世人面前。与此同时，喇家遗址也引发学者们重新关注地震考古和灾难研究，使相关研究更受重视。灾难问题已经在一些学科规划中成为重要课题。地震、泥石流、滑坡、洪水等灾难考古，以及由灾难考古而引发的多学科研究，都是与现实生活具有直接关系的重要科学课题。喇家遗址相关的多学科研究也已经取得了多项关联成果[5]。

喇家遗址申报国家考古遗址公园获准立项，又从另一方面展现了它积极的现实意义。对接历史的古今两端，青海省、海东市、民和县各级地方政府热心遗址保护和开发利用，创造条件变不利为有利，申报的同时提出黄河上游河谷生态区经济社会文化全方位发展，系统规划，以生态和文化遗产以及民族特色带动交通建设、小城镇建设和旅游发展，强力推进经济社会大发展，表现了开拓创新的大手笔。

三　齐家文化开"草作农业"之先

所谓"草作农业"，可视为当今"草地农业"的雏形，为现代生态农业提供了一种原始范例，有着关联性的现实意义。"草作农业"观点的提出，为解答齐家文化经济混杂性和演化过渡性与复杂性提供了新思路。[6] 这是齐家文化先民适应气候环境变化的新发展，齐家文化也因此在生业形态上显现出某种容易含混模糊的认识。

齐家文化生业研究一直有不同的观点，但畜牧业比重在增加，这一点上大家的认识大致相同。不同的是农业仍占主要，还是畜牧业已成主业，也就是比重上的孰重孰轻。其实这个问题应该换一个角度来表述，即对齐家文化牧业经济形态的表现方式要客观准确把握和认识，齐家文化具体遗址因所处地域环境不同而在生业现象上可能有一定差异，但总体牧业转化过程的趋势则是一致的。齐家文化走向牧业的转型其实并不简单化，这是造成齐家文化在很长时间似乎仍以农业为主的原因。很多研究者往往把看到的畜牧业因素和现象看作农业的附带，把大量草料看作田间杂草，而未知这可能是一种草作农业的生产方式，本质上属于畜牧业。这是我们常常从定居和种植的思维定式来思考问题的结果。

关于"草地农业"，我国草业研究的权威学者任继周院士多年来不懈建言献策[7]，逐渐得到国家和各地政府的采纳和支持，成为宜草宜牧的南北各地荒漠区和山地可持续发展农牧业的示范性产业选择。

发展草业种植，扩大畜牧养殖，综合农林园艺，逐步保持和发挥了生态经济效能。

关于齐家文化"草作农业"，我们也有专文论述[8]，这里再简要提一下。根据喇家遗址的动植物考古资料显示，羊是喇家遗址最主要的家畜，数量占绝对优势，而不是猪。羊有放牧的可能，即便圈养也基本是草饲料。喇家遗址浮选标本除了绝大多数粟和较少的黍之外，还发现许多种类的草本植物的草籽，浮选得到的草籽数量已大大超过了黍，其中很多种类的草本植物都是优质牧草，很可能它们并不只是杂草。尤其值得注意的是，赵志军先生分析认为它们"出土概率很高"[9]。喇家遗址孢粉分析结果也进一步佐证了这些浮选草籽是遗址植物群落中的重要组成部分，而且有的牧草数量的比例还相应较高。[10]

另有对喇家遗址齐家文化石刀的残留淀粉粒等分析结果，其中有许多不能最后确定种属的所谓小麦族等物种[11]，与喇家遗址浮选缺乏麦类的现象形成明显反差。不能确定种属的原因，主要是因为目前实验室分类识别的基础研究工作尚无法确认这类植物淀粉粒各自的特征标识，只能做出笼统判定。我们认为，所谓麦族类植物很可能就是作为牧草种植的。在植物分类学上，小麦族禾本科植物除了包括小麦、大麦、黑麦等作物外，还归类了大量与之相关的优质牧草植物[12]，因此所谓小麦族很有可能许多都是种植的牧草类，并且因为收割而在石刀上残留下淀粉粒痕迹。喇家遗址还在许多器物内的土样中鉴定出较多芦苇的植硅体，鉴定者认为芦苇可作燃料，还是饲料。[13]

在鉴定喇家遗址土样中，黍的植硅体数量要远超粟，这与浮选发现大量粟而很少黍的情况也形成了矛盾，还需要再深入研究。最近吕厚远先生的研究团队就带着这个问题又专门进行了实验分析和研究，发现在同样的条件下，粟的实物保存效果要远高于黍[14]。因此在黍与粟的植硅体保存效果和几率一致的情况下，同样的植硅体数量而保留下来的粟要更多。这就可以说明，当时实际的种植情况，也许黍的数量要远远大于（多于）粟，而考古实物发现粟多黍少，较大程度上可能仅仅是由于它们保存的几率不同所致。但它们在喇家遗址里实物发现的比例差异过于悬殊了，是否还有其他的原因呢？我们考虑，或许还能从同一作物既作饲草也作粮食的不同用途上来加以区分，做出更多的思辨。我们初步认为，大面积种植的黍[15]，不是主要作为粮食，而是作为饲料来使用，这样保留在土壤中的黍植硅体就很多，植硅体真实反映了种植的数量和面积，但因保存效果差，保留下来的籽实较少。此外，其时作为饲草种植的黍并不要求黍粒的粮食产量，只求黍苗的草茎多产茂盛即可，甚至不等籽实成熟就已用于喂养动物的饲料了，籽实就会更少。

据悉，在耐旱性上，黍要更强于粟。至今仍然有农民在无法种植作物的干旱地上撒下一些黍种，期待能够长出些黍苗黍草，可供牲畜喂食就算是有所收获，并不求有黍粒实物的收成。这颇类似"草作"的形式。而据任继周院士提到，20世纪50年代新疆有些牧民在游牧出发前，会在居住地随意补播一些草籽，以期在转场放牧返回时，已被踩踏的地上可生长出一片牧草，供畜群啃食。[16]这些现象也都反映出"草作"生产生活方式的一定保留。

喇家遗址考古浮选获得的草籽资料数量较多，过去都被看成田间杂草，但如果数量多到相当的程度，其中又不乏优质牧草，再说它是杂草似乎就讲不通了。起初，当赵志军先生鉴定出喇家遗址豆科植物苜蓿时[17]，就曾让我们想到喇家遗址齐家文化种植牧草的可能性。虽然后来重新鉴定后认为不是苜蓿，而是另一种牧草。我们又从现代草地农业的概念中受到启发，特别是任继周院士指出史前农业就早已出现过类似草地农业[18]，认为中国农业起源应该从伏羲氏开始。原始人在对牧草的收选中认识了对籽实的采集储藏，从而学会并产生了种植农业的方式，进入神农氏时代。所以我们应该用考古学方法和资料来重新进行分析，认识和判断史前文化中有可能出现过的类似草地农业的生产方式（其他史前文化是否也有"草作"存在同样值得探讨，今后甚至还应该进一步探究"草作"是否并非个别偶然现象）。

根据喇家遗址考古出土的较可靠的考古资料和多学科研究报告，我们经过研究和思考，提出了齐家文化可能存在草作农业的畜牧方式的初步认识。这似乎可以更好地解释齐家文化生业现象中令人费解的一些问题。齐家文化因以畜牧经济为重要生业形态，也就更易接受欧亚草原游牧文化的传播。反之，也可说明齐家文化正在向以牧业为主的经济形态过渡。而这种转化的影响范围更大[19]。

当然，齐家文化"草作"与"粟作"并存的半农半牧生业形态是很复杂的一种现象，不宜简单化理解，应从总体上看，发展来看。这个认识观点，也还需要继续深入探讨，有许多细节需要更多考古发现和研究资料来不断充实。关于草作与粟作，我们还得到一个浅识，即同时种草和种粮食，很可能是无心插柳地提供了植物与作物自然杂交和自然选择[20]的机会，有助于农作物品种杂交进化。

齐家文化的原始草作农业其实并未持续发展起来，而是遭到了失败，并最终走向了解体，其后续文化中的游牧经济转变成了最主要的生产和生活方式。一时间，游牧大发展，超限放牧破坏了生态平衡，齐家文化区域的生态恶化造成的严重后果影响至今。生态农业需要均衡发展，维护生态平衡和生态经济，需要一些强力的措施，仅靠自然经济和自发方式难免会走向末路，不可能取得自然平衡。有研究者认为，游牧经济是效率最低下的生产力和生产方式，同时也会造成生态的严重失衡。从畜牧到游牧仅一步之差，适应生态的生态化畜牧和非生态畜牧，甚至超牧滥牧，是根本不同的生产方式。如果在现代生态经济的发展中不加注意，草地农业和生态农业也有可能埋下一些危机，造成严重后果。这是从齐家文化原始草作农业中得来的经验教训，具有现实的借鉴意义。

四　齐家文化在资源开发方面可提供启示

齐家文化向甘青西部区域的大规模深入，特别是向青藏高原纵深的挺进，相当程度上需要我们再重新思考齐家文化向西发展的动因。在一个气候环境多变的形势下，向西部高海拔和环境条件更加险恶的区域深入殖民发展是不可思议的。初步分析表明，这既不是受东部的压力，也不是因为西部的条件更为有利，而很可能与寻找和开采资源相关。

齐家文化玉器发达，我们曾认为它具有沟通西部玉石产地和东部玉器文化的重要联系作用。相关玉质的研究认定，也在一定程度上说明齐家文化对昆仑玉或和田玉已有开采的可能性。当然，齐家文化对玉的采获来源并不主要指向昆山和田，而是有多种就近的玉石料资源。

还有一个在学术上更为重要、也更有实际意义的是铜矿。齐家文化被认为是中国最早的青铜文化，然齐家文化至今罕有矿冶遗迹发现。学界做了许多探索，但基本上没有在齐家文化中获见遗迹，多是把发现的铜器标本进行了测试而已。齐家文化应该还有许多较重要的矿冶遗存未被发现。甘青齐家文化区域环境的恶化，可能部分是矿冶开发过度，树木滥伐严重造成的。[21]可以想见，早期冶铜的利用率是很低的，采矿也是低效的，先民们只能利用方便开采、便于获取的资源，而把不易获得的资源废弃。因此，早期铜业的生态代价很可能十分巨大。我们初步认为，齐家文化的铜业生产有可能实际损耗和弃置埋没了大量铜矿资源，这些并未深入开发的铜矿成了一个个隐伏状态的铜资源。要寻找到这些隐伏埋没的史前废弃铜矿，通过考古调查找到相关矿冶遗址是十分有益的线索。我们相信，开展齐家文化的矿冶考古调查研究，不仅有重要学术意义，而且对于找矿也颇为重要，现实意义非常重大。[22]

据我们所知，中国铜资源算是较为丰富。虽然铜矿全国各地都有，但矿源普遍品位不高，而且这种战略资源目前的开发后继乏力，根本不能满足我国的实际需要，大量铜还需进口。人们寄望在西部和青藏高原的铜资源开发上有所突破。青藏高原是资源宝库，也是矿藏宝地，但实际探明的铜矿却并不十分理想[23]，有的理论上具有潜力，但实证还不明晰；有的因环境和条件限制，开采受到一定影响。我们猜测，在青藏高原可能早有自然铜生成[24]，表层或已在齐家等诸文化时期被采掘殆尽，而地下隐伏的矿源难被发现。新近在青海南部青藏高原纵深发现的铜矿，因人迹罕至，所以地表还有铜出露。我国铜矿开发有不断深入、不断勘探、反复研究探寻矿脉的特点。齐家文化深入西部青藏高原，很有可能是追寻资源而来。找到早期铜的原始矿冶遗址，齐家文化遗存是很重要的线索，也是很有希望的目标。

有研究者曾经指出了地质普查和勘探考察得出青海高原上可能有铜矿的重要区域，其中就有祁连山、拉脊山，这是今后甘青地区重点铜矿探查的方向之一[25]，而两个山脉的走势正是顺着齐家文化向西发展的路线。目前在祁连山已经有一些铜矿开采，在拉脊山也有，但很少，都还不是地质矿产专家们根据地质调查和成矿理论判断的理想的状况。

对进入山沟的齐家文化或其他早期文化的遗存我们应特别留意，关注相关矿冶遗迹的调查与探寻，不但可能带来考古的新发现，也很可能提示我们附近地下有铜矿的线索。开展齐家文化矿冶考古课题和多学科合作考古调查，大有可能为今后寻找铜矿资源提供重要启示和新线索，具有很大的实用经济价值。

五　齐家文化为"丝绸之路经济带"溯源探寻史前经验

习近平主席提出的"一带一路"国际合作发展的倡议，得到国际社会众多积极呼应。"一带一路"是"丝绸之路经济带"和"21世纪海上丝绸之路"的简称，旨在以重振古代丝路，谋求与沿线地区和世界各国共同促进经济贸易和文化交流，互联互通，共同发展，增进友好合作，展示多样性，各国人民共享世界和平与社会进步的宏伟愿景设想。这是一个具有历史意义和现实意义，具有前瞻性长远发展与国际性可持续发展，全球化合作的新理念。其中"丝绸之路经济带"，是以历史上的陆上丝绸之路为基础和依托，扩大亚欧沿线国家之间的经贸往来和人员往来，加强各国的经济合作与文化交流，重开新丝绸之路，从而带动全球经济发展，让全人类在经济发展的密切联系中分享发展成果。

丝绸之路，是德国地理学家李希霍芬首先提出的，丝绸之路的研究早已成为一个国际化的学术课题。而"丝绸之路：起始段和天山廊道的路网"成功列入《世界文化遗产名录》，更彰显了丝绸之路深厚而博大的影响，充分表明丝绸之路为世界和全人类带来了利益和福祉。

丝绸之路是古代文明的通道，是先进技术和物产的传播路线。齐家文化正处在丝绸之路上的一个关键地段，是早期丝绸之路或前丝绸之路的重要组成部分。因而齐家文化与欧亚草原史前文化及西亚文明的联系、交流与文化传播，就显得尤为具有特殊意义。齐家文化在4000年前东西文化传播的碰撞和相互联系中扮演了很重要的角色，齐家文化反映出的东西文化交流的许多现象和考古资料，加以整理、归纳和总结是当今"丝绸之路经济带"创新实践的具有现实意义借鉴的史前经验。

经初步分析，齐家文化大量吸收了西方优秀文化和先进生产力，成功助推了华夏文明，其中最为重要的是青铜技术、小麦等的传入，这些外来文化及影响，明显成为中华文明形成中的重要物质基础之一。齐家文化在中西交往过程中，还有一个重要经验就是，史前丝绸之路主推的是经济文化。齐家文化在外来文化的冲击和碰撞中，在特定自然环境下，虽然经济形态已发生了巨大转变，并吸收了游牧文化，但是仍然保持了黄河文化的传统基因和精神一体，特别应注意到的是，具有鲜明思想性与形而上的玉文化在齐家文化中十分盛行，广泛流传。这充分显示齐家文化一直沿袭和延续了玉文化的精神认同、华夏认同，依然传承着东方的核心价值观。[26] 在其史前经验中，这一点非常重要。

齐家文化与丝绸之路形成了明显的前后关系，也有显著的内在联系，在这种联系中很有必要分清脉络，澄清一些认识。在齐家文化以及史前时期，学术界认为在东方还存在着一条网络化的玉石之路[27]。在亚欧大陆桥上，伴随不同民族间的往来，尤其是欧亚游牧族群的大迁徙，带来大范围的文化交流，相应出现了以青铜传播为突出特点，包括小麦、牛羊传播的"青铜之路"[28]。可以说，青铜之路开辟了丝绸之路大交通的轮廓和渊源，这应是丝绸之路的序曲。近来，有一种观点认为丝绸之路的前身是玉石之路[29]。我们认为这个观点有一点问题，下面简单来说说这个问题。

玉石之路，是著名玉器研究专家杨伯达先生最早提出的。最初提出是受丝绸之路启发并简单参考了其路线，但是后来杨先生自己又重新思考了这个问题，更强调了它的网络化路线的走向。其实，所谓玉石之路，主要是指运输、传播玉石的流通路线，它同时也是造成玉石所承载的玉文化，以及由玉文化所携带的思想观念等得以广泛传播流行的无数条因玉石传送而思想意识强烈影响的上层交流网的复杂路线。故此，玉石之路与丝绸之路多有不同，似乎还有质的差别，应加以区分。

一般而言，玉石之路相对较短，而且主要限定在东方，传播的玉石与玉文化具有形而上的特质，体现的是思想意识、国家认同、民族核心价值观等，凸显了某些政治观念。[30] 对玉文化和玉石之路，多数学者早已意识到了玉文化特殊精神层面的内涵联系和中华传统文化精髓内核的意义，只是还有谜团待解，有待更多考古资料的发现，而叶舒宪先生则有诸多影响甚广的先见阐发[31]。比较而言，丝绸之路绵长，横跨欧亚、东西方，主要表现为经贸、技术及物质文化的交流，是敞开的商旅物流的一个宏大视野下的商贸流通的一种世界"观"[32]，是东西方观照下的商品人员交流，更多突出了经济文化的互惠与影响和发展。丝绸之路显然也传播了宗教、思想文化等意识形态，但在总体上，它是跨文化、跨民族、超越政治观念的经济活动。因此，"丝绸之路经济带"的倡议，同样也是突出经济，它更符合当今时代潮流，契合当今世界和平共处原则，充分尊重各国人民的自主选择，不搞价值观输出，这是打破大国霸权的、公平竞争的互利互惠互补的自由贸易经济体系的合作计划，这也是它得到各国普遍响应的根本原因。然而国外对"一带一路"仍有一些流言杂音，如果我们把玉石之路与丝绸之路硬扯到一起去，可能倒给了国际上某些奇谈怪论者以口实。

许多学者都曾研究讨论过早期的史前丝绸之路或史前文化的东西交流传播问题，角度虽不尽相同，但是都提供了有价值的认识。实际在丝绸之路前，更早在旧石器时代的人类，就早有远足活动和文化交流，从来也没有停止过。到了齐家文化时期，这种交往更加频繁密切。学者以青铜之路来称谓当时这条东西交往路线，可以说再合适不过。

以齐家文化为代表的反映早期东西交通的青铜之路，追溯了古代丝绸之路的早期路线和经验，为当代"丝绸之路经济带"的建设实践提供了重要的史前经验，可以成为当代的借鉴。齐家文化青铜之路课题，有许多内容还可以更深入探讨和揭示。如前所述，这些认识也是对齐家文化研究的又一成果，同样极具历史意义和现实意义。

注释：

[1] 韩茂莉：《中国北方农牧交错带的形成与气候变迁》，《考古》2005 年第 10 期，第 65 页。

[2] a.夏敦胜等：《秦安大地湾高分辨率全新世植被演变与气候变迁初步研究》，《兰州大学学报（自然科学版）》1998 年第 34 卷第 1 期，第 119~127 页；b.安成邦：《甘肃中部 4000 年前环境变化和古文化变迁》，《地理学报》2003 年第 58 卷第 5 期，第 743~748 页；c.安成邦：《甘青地区全新世中期的环境变化与文化演进》，《西北大学学报（自然科学版）》2003 年第 33 卷第 6 期，第 729~740 页；d.侯光良、刘峰贵：《青海东部史前文化对气候变化的响应》，《地理学报》2004 年第 59 卷第 6 期，第 841~846 页；e.刘峰贵、侯光良等：《中全新世气候突变青海东部史前文化的影响》，《地理学报》2005 年第 60 卷第 5 期，第 733~741 页；f.安成邦等：《甘青文化区新石器文化的时空变化和可能的环境动力》，《第四纪研究》2006 年第 26 卷第 6 期，第 923~927 页；g.侯光良、刘峰贵等：《中全新世甘青地区古文化变迁的环境驱动》，《地理学报》2009 年第 64 卷第 1 期，第 53~58 页。

[3] a.王巍：《公元前 2000 年前后我国大范围文化变化原因探讨》，《考古》2004 年第 1 期，第 67~77 页；b.吴文祥、刘东生：《4000aB.P 前后东亚季风变迁与中原周围地区新石器文化的衰落》，《第四纪研究》2004 年第 24 卷第 3 期，第 278~284 页；c. 王绍武：《2200-2000BC 的气候突变与古文明的衰落》，《自然科学进展》2005 年第 15 卷第 9 期，第 1094~1099 页；d.吴文祥等：《甘青地区全新世环境变迁与新石器文化兴衰》，《中原文物》2009 年第 4 期，第 31~37 页；e.刘浴辉等：《中国全新世 4.2 ka BP 气候事件及其对古文明的影响》，《地质科技情报》2013 年第 32 卷第 1 期，第 99~106 页。

[4] a.中国社会科学院考古研究所等：《青海民和喇家史前遗址的发掘》，《考古》2002 年第 7 期，第 3~5 页；b.中国社会科学院

考古研究所甘青工作队等:《青海民和县喇家遗址2000年发掘简报》,《考古》2002年第12期,第12~25页;c.夏正楷等:《青海喇家遗址史前灾难事件》,《科学通报》2003年第48卷第11期,第1200~1204页;d.吴庆龙等:《黄河上游积石峡古地震堰塞溃决事件与喇家遗址异常古洪水灾害》,《中国科学D辑:地球科学》2009年第39卷第8期,第1148~1159页。

[5] a.夏正楷等:《我国北方4 ka B.P.前后异常洪水事件的初步研究》,《第四纪研究》2003年第23卷第6期,第667~674页;b.张志刚等:《全新世早period黄河上游积石峡大型滑坡堵江事件研究》,《干旱区资源与环境》2013年第27卷第7期,第102~106页;c.殷志强、秦小光等:《黄河上游官亭盆地红粘土层成因机制再探讨》,《第四纪研究》2013年第33卷第5期,第995~1004页;d.李智敏等:《拉脊山断裂古地震与喇家遗址灾变事件关系研究》,《地震研究》2014年第37卷增刊,第109~115页;e.吕厚远等:《青海喇家遗址出土4000年前面条的成分分析与复制》,《科学通报》2015年第60卷第8期,第744~756页。

[6] 叶茂林:《齐家文化农业发展的生态化适应:原始草作农业初探——以青海喇家遗址为例》,《农业考古》2015年第6期,第19~26页。

[7] a.任继周:《草地农业西部可持续发展之路》,《科学新闻(周刊)》2001年第13期;b.任继周:《藏粮于草施行草地农业系统——西部农业结构改革的一种设想》,《草业学报》2002年第11卷第1期,第1~3页;c.任继周等:《草地农业生态学研究进展与趋势》,《应用生态学报》2002年第13卷第8期,第1017~1021页;d.任继周:《中国农业史的起点与农业对草地农业系统的回归——有关我国农业起源的浅议》,《中国农史》2004年第3期,第3~7页;e.任继周等:《草地农业是甘肃农业可持续发展的重要途径》,《草地学报》2009年第17卷第4期,第405~412页;f.任继周等:《农区种草是改进农业系统、保证粮食安全的重大步骤》,《草业学报》2009年第18卷第5期,第1~9页。

[8] 叶茂林:《齐家文化农业发展的生态化适应:原始草作农业初探——以青海喇家遗址为例》,《农业考古》2015年第6期,第19~26页。

[9] 感谢赵志军、袁靖和吕鹏等几位先生的上述工作,他们提供和告知了相关的鉴定研究成果。相关内容可参见《喇家遗址多学科研究报告集》。

[10] 齐乌云:《孢粉分析反映的喇家遗址和官亭盆地史前气候与植被》,《喇家遗址多学科研究报告集》。

[11] 马志坤等:《青海民和喇家遗址石刀功能分析:来自石刀表层残留物的植物微体遗存证据》,《科学通报》2014年第59卷第13期,第1242~1248页。

[12] 刘玉萍等:《小麦族植物的分类现状及主要存在的问题》,《生物学杂志》2013年第30卷第2期,第77~83页。

[13] 王灿、吕厚远:《喇家遗址沉积样品植硅体分析报告》,《喇家遗址多学科研究报告集》。

[14] 承蒙吕厚远先生告知,谨此感谢!

[15] 一种观点认为,中国北方小米种植是先发明的黍,后出现的粟,早期以黍为主,仰韶文化晚期以后,实际渐转为以粟为主,黍渐退出或居其次了。陇东地区的研究就反映了这一点,参见周新郢、李小强等:《陇东地区新石器时代的早期农业及环境效应》,《科学通报》2011年第56卷第4~5期,第318~326页。

[16] 任继周:《中国农业史的起点与农业对草地农业系统的回归——有关我国农业起源的浅议》,《中国农史》2004年第3期,第4页。

[17] 赵志军:《青海喇家遗址尝试性浮选的结果》,《中国文物报》2003年9月19日第7版。

[18] a.任继周等:《华夏农耕文化探源——兼论以粮为纲》,《世界科技研究与发展》2003年第25卷第2期,第21~26页;b.任继周:《中国农业史的起点与农业对草地农业系统的回归——有关我国农业起源的浅议》,《中国农史》2004年第3期,第3~7页。

[19] 王晖等:《炎姜族由农业衰变为半农半牧部族的环境考古学探索》,《陕西师范大学学报(哲学社会科学版)》2009年第38卷第2期,第22~28页。

[20] 张相岐:《从野草到小麦的华丽转身》,《生命世界》2008年第7期,第14~19页。

[21] a.孙楠、李小强等:《甘肃河西走廊早期冶炼活动及影响的炭屑化石记录》,《第四纪研究》2010年第30卷第2期,第319~325页;b.李小强等:《河西走廊4200年以来青铜冶炼的元素地球化学记录》,《湖泊科学》2010年第22卷第1期,第103~109页;c.李小强等:《河西走廊西部全新世气候环境变化的元素地球化学记录》,《人类学学报》2013年第32卷第1期,第110~120页。

[22] 叶茂林:《考古学与地质学合作加快青海铜矿资源的探寻和开发——兼谈多学科调查齐家文化矿冶遗址的考古工作》,待刊。

[23] 张信等:《对青海省矿产资源勘查的思考》,《地质与勘探》2008 年第 44 卷第 5 期,第 37~41 页。

[24] a.金正耀:《中国金属文化史上的"红铜时期"问题》,《中国社会科学院研究生院学报》1987 年第 1 期,第 59~66 页;b.喻兰、关东杰:《人类早期对自然铜的利用》,《金属世界》2001 年第 1 期;c.曾乔松等:《中国自然铜矿床类型、特征、分布及形成条件》,《地质科技情报》2006 年第 25 卷第 6 期,第 41~46 页;d.汪常明、金正耀:《人类早期文明中的自然铜》,《东南文化》2009 年第 5 期,第 108~113 页。

[25] 王全明、张大权:《中国铜矿资源找矿前景》,《地质通报》2010 年第 29 卷第 10 期,第 1148 页。

[26] a. 叶舒宪:《玉石神话与中华认同的形成——文化大传统视角的探索发现》,《文学评论》2013 年第 2 期,第 92~104 页;b.叶舒宪:《为什么说"玉文化先统一中国"——从大传统看华夏文明发生》,《百色学院学报》2014 年第 27 卷第 1 期,第 1~6 页;c.叶舒宪等:《玉石之路与华夏认同》,《中外文化与文论》第 26 辑,四川大学出版社,2014 年,第 9~20 页;d. 叶舒宪:《玉教神话与华夏核心价值——从玉器时代大传统到青铜时代小传统》,《社会科学家》2014 年第 12 期,第 126~132 页。

[27] a.杨伯达:《"玉石之路"的探索》,《故宫博物院院刊》1989 年第 1 期;b.臧振:《"玉石之路"初探》,《人文杂志》1994 年第 2 期,第 79~89 页;c.杨伯达:《"玉石之路"的布局及其网络》,《中国矿业报》2004 年 7 月 21 日第 3 版;d.李新伟:《中国史前玉器反映的宇宙观——兼论中国东部史前复杂社会的上层交流网》,《东南文化》2004 年第 3 期,第 66~72 页。

[28] 刘学堂等:《史前"青铜之路"与中原文明》,《新疆师范大学学报(哲学社会科学版)》2014 年第 35 卷第 2 期,第 79~88 页。

[29] 这一观点的代表人物是叶舒宪先生,据初步简单的梳理,叶先生从兼职上海交通大学即对于玉石之路研究情有独钟,从开始关注玉石之路与玉文化,到力主玉石之路为丝绸之路前身,近年更是从概念上再将"玉石之路"改为"玉帛之路",较显随意。

[30] a.叶舒宪:《玉文化先统一中国说:石峁玉器新发现及其文明史意义》,《民族艺术》2013 年第 4 期,第 11~28 页;b.叶茂林:《从玉璧到国徽——中国玉文化从古至今延续发展的崇高意蕴》,《丝绸之路》2013 年第 11 期,第 69~73 页;c.叶舒宪:《为什么说"玉文化先统一中国"——从大传统看华夏文明发生》,《百色学院学报》2014 年第 27 卷第 1 期,第 1~6 页。

[31] 可参见注 26、注 30 等相关文章。

[32] 本文这里表述的世界"观",不是世界观或宇宙观,也不是价值观,而是指丝绸之路打开了解认识世界的一种开阔的眼光。

论尕马台墓地丧葬习俗及相关问题

任晓燕

（青海省文物考古研究所）

尕马台遗址位于青海省贵南县拉乙亥乡昂索村南 500 米处，海拔约 2719 米。该遗址地处共和盆地黄河谷地内，坐落在黄河南岸二级台地上，现已被龙羊峡水库淹没。尕马台台地平坦，东西绵延数公里，南北有千米之阔。遗址北距黄河约 1000 米，高出黄河第一台地"昂索村" 60 米；西距共和盆地内已发掘的宗日遗址 68 公里；南靠黄河第三台地——木格滩，登上百米有余的高坡便抵宽广的木格滩草原，草原一望无际，绿草茵茵，是放牧的佳地。高坡台地平坦，靠近黄河，当为古代人类活动重要之地。

尕马台遗址共揭露面积 1626 平方米。发掘清理出马家窑文化时期居住面 1 处、烧灶面 14 处、瓮棺葬 18 座；齐家文化墓葬 43 座、瓮棺葬 1 座。发掘结果表明，该遗址内文化内涵包含有马家窑文化、宗日文化与齐家文化，齐家文化墓地叠压在马家窑文化与宗日文化遗址之上。本文仅对尕马台齐家文化墓地的埋葬习俗、文化属性及产业模式等相关问题予以分析。

一 埋葬习俗特点

尕马台墓地共发掘齐家文化墓葬 44 座，这批墓葬均打破了马家窑文化时期的遗址，墓口一般开口于地表，墓圹清晰，墓内多填纯黄砂土，有的填灰土。墓葬排列不规整，无明显规律可循，但分布较均匀，一般相距 3~5 米左右。墓向较一致，都在北偏东或南偏西 45°~75°之间，男女两性头向有别，一般男东女西。

墓葬形制为竖穴土坑，其中单人葬 27 座，占总数的 63%；合葬墓 9 座，占总数的 21%；迁葬墓 7 座，室内葬入人数不详，占总数的 16%。墓主人均无葬具。从整个墓地的埋葬情况来看，葬制复杂，葬式多样。埋葬方式有单体葬和合葬之分，葬式又有整体俯身直肢葬、无头葬、二次扰乱葬、二次葬、迁葬之别，但只要葬式可辨者，墓主人都是以俯身而葬，这是该墓地埋葬习俗的特色之一。在墓葬之间无相互打破关系或叠压关系，表明了墓地中各座墓葬的埋葬时间相隔不远，应属同一时期同一氏族墓地。

甘青地区齐家文化墓地发现有多处地点，比较重要的发掘地点有青海柳湾、甘肃永靖秦魏家、永靖大何庄、武威皇娘娘台等，还有一些零散的材料。将位于共和盆地的尕马台齐家文化墓地与上述已发掘的重要地点材料相比较，虽有共性，但其个性表现鲜明，以其独特的文化特征、特有的墓葬习俗而有别于其他齐家文化墓地，是黄河上游共和盆地齐家文化的典型代表。

1.墓葬排列特点

尕马台齐家文化墓地的面积与墓葬数量，表明这是一处小型的公共氏族墓地。墓地内共有 43 座竖穴土坑墓和 1 座瓮棺葬，墓葬的排列无明显的规律，整齐有序集中布置，墓葬之间有一定的距离，无打破关系，说明当时是严格有序埋入的。

墓葬的排列较秦魏家墓地相比显得有些杂乱，在墓葬排列上表现出一些重要的现象，不同身份的死者葬制有着较严格的区分，不同的葬式表现出了墓主人的身份。如整体俯身直肢葬，随葬品丰富，葬地位置均坐落在墓地中部。无头葬仅有随身佩戴饰品，别无他物，位于墓地边缘。二次扰乱葬有着扰乱程度大小之分，扰乱程度轻的仅略微扰动局部肢体，随葬品较全身扰乱的相对要多，并且居于墓地中部；扰乱程度大的全身扰乱葬置于墓地外沿，随葬品也相应少。由此可见，墓葬中随葬品的种类及多寡与墓主人的葬式有着一定的联系。换言之，居住在尕马台附近这一氏族人群，第一次下葬时要以俯身直肢葬式摆放是男女老幼都要遵守的葬制，但葬后是否二次扰乱，扰乱程度如何则由墓主人在氏族中的不同身份来确定，不同身份的墓主人有着不同的葬制。由此看出，氏族成员之间亦有了等级关系，氏族内部的制度已经松弛，换言之，人与人之间的关系已不是权力平等，贵贱之分已产生，氏族制度已走向解体。

2.统一的俯身葬式

尕马台齐家文化时期 43 座竖穴土坑墓中（瓮棺葬除外），除有 7 座属二次全身扰乱葬、3 座属二次葬、7 座迁葬的原葬式不清外，其余 26 座墓葬的葬式有整体俯身直肢葬（图一）、无头葬（图二）、二次局部扰乱葬（图三、四），其中不论男女老少，可辨葬式的均是面向下的俯身直肢葬；17 座二次局部扰乱葬的死者，从未扰的骨架均可判定第一次埋葬的葬式是俯身而葬。

经研究甘青地区几处重要的齐家文化墓葬材料，如青海柳湾，甘肃永靖秦魏家、永靖大何庄、武威皇娘娘台等墓葬材料，其葬式与尕马台墓地明显不同。青海乐都柳湾墓地发掘齐家文化墓葬 366 座，其中 344 座有人骨、22 座无人骨或不明，葬式分为仰身直肢葬、二次葬、俯身葬、屈肢葬和断肢葬，各种葬式所包含的墓葬数量分别为 293 座、67 座、3 座、2 座和 1 座，其中俯身葬只有 3 座[1]；甘肃永靖秦魏家齐家文化墓地发掘墓葬 138 座，其中单人葬 114 座、合葬墓 29 座，单人葬墓中仰身直肢葬 99 座、侧身直肢葬 3 座、屈肢葬 2 座、俯身葬 1 座、葬式不明 9 座，其中俯身葬有 1 座[2]；甘肃武威皇娘娘台齐家文化遗址清理墓葬 26 座，侧身屈肢葬 4 座、仰身屈肢 2 座、仰身直肢 12 座、二次葬 2 座、特别墓葬 2 座，另有 4 座墓葬没有交代，不见俯身葬[3]；永靖大何庄遗址发掘齐家文化墓葬

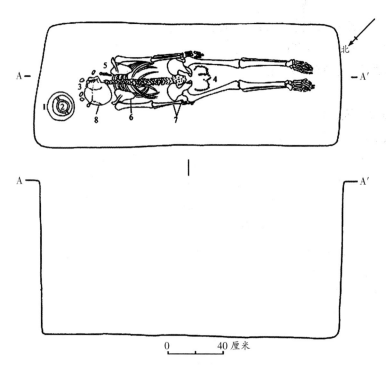

图一　M25（整体俯身直肢葬）平、剖面图

1.A 型陶盆；2.彩陶双耳罐；3.海贝；4.骨珠；5.绿松石珠；6.铜镜；7、8.铜泡

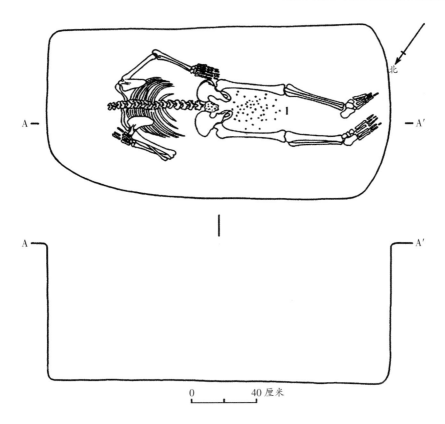

北

0   40 厘米

图二　M15（无头葬）平、剖面图
1.骨珠

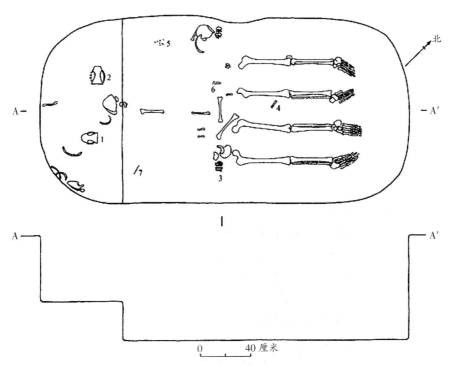

北

0   40 厘米

图三　M31（二次扰乱葬）平、剖面图
1、2.Ⅲ式双大耳罐；3.铜指环；4.绿松石饰；5.骨珠；6.骨腕饰；7.骨针

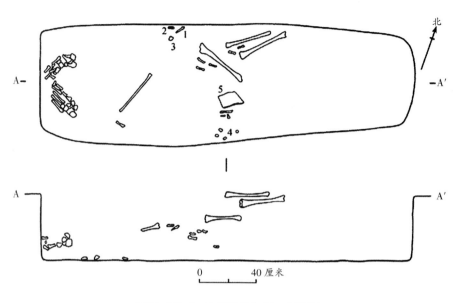

图四　M2（二次扰乱葬）平、剖面图
1.骨镞；2.细石叶；3.海贝；4.绿松石饰；5.陶片

82 座，单人葬中仰身直肢葬 57 座、屈肢葬 14 座、葬式不明 8 座、无俯身葬，另合葬墓 3 座，亦无俯身葬 [4]。从上述四处齐家文化墓地来看，仰身直肢葬是甘青地区齐家文化流行的葬式，而俯身葬是十分罕见的。关于俯身葬的身份问题，有学者研究认为是奴隶或接近奴隶 [5]，也有持不同观点的 [6]。

　　甘青地区的新石器时代以及其他青铜时代诸文化墓葬的尸体摆放姿势大体可分三类，即仰身直肢葬、俯身直肢葬、屈肢葬，其中仰身直肢葬是常见的主要葬式，后两种都不多见。俯身葬更为罕见，被视为特殊的葬式。只有在尕马台氏族墓地中，可辨葬式无一例外的全部采用了俯身的葬法，这在齐家文化中是首次发现，在我国史前文化的葬俗中亦甚为罕见。尕马台墓地葬式的这一独特性，反映出俯身葬在不同地区所表现的丧葬制度的含义应有所不同。在一些墓地俯身葬很罕见，也许代表其墓主人身份低下可能是奴隶，也许墓主人凶死后即要采用的特殊的葬式——俯身葬。总之，特殊的葬式代表着特殊的身份或特殊的死因。但在青海黄河上游共和盆地，俯身葬则是当地某一氏族人群的流行葬式。据目前共和盆地的发掘资料，宗日墓地俯身葬占整体的 46%，而尕马台墓地可辨葬式不论男女老幼均采用俯身葬，俯身葬是居住在这一地区某氏族特有的共同的丧葬习俗。

3.盛行二次扰乱葬

　　二次扰乱葬是青海地区史前文化常见的一种葬式，早在马家窑文化时期墓葬中就有零星发现，但数量不多。半山—马厂时期，二次扰乱葬占三分之二的墓地有循化苏呼撒、尖扎直岗拉卡、同德宗日。经比较分析，此类葬式多集中在青海境内的黄河流域，在甘肃境内黄河流域及洮河流域的兰州临夏之间较多，湟水中游的西宁民和之间较少，湟水下游以及河西走廊的东段基本不见。这种分布特点与半山—马厂陶器的分布基本一致。

　　齐家文化时期，已发现互助总寨、乐都柳湾、尖扎直岗拉乡齐家文化墓中均有二次扰乱 [7]，互助总寨二次扰乱葬占墓葬总数的 70%。此外，共和盆地仍然是中心地区，宗日遗址、尕马台墓地均盛行二次扰乱葬，尤其是在尕马台墓地可辨葬式墓中有 25 座为二次扰乱葬，而且有别于其他墓地，此墓地不是在仰身直肢一次葬上施行二次扰乱，而是群体统一在俯身直肢葬上施行二次扰乱。

　　继齐家文化之后，二次扰乱葬式即成为青海境内青铜文化的主体葬式，一直沿袭至汉代，在上孙家寨魏晋墓中西汉时期墓中仍有较典型的二次扰乱葬式[8]。

4.墓向男女有别

齐家文化墓葬的方向，即头向绝大多数是朝向西北方向，各墓地情况有所区别，例如永靖大何庄遗址发掘齐家文化墓葬82座，死者的头向都朝西北[9]；秦魏家墓地分南北两片墓地，前者头向西北，后者头向一律朝西[10]；皇娘娘台除头向西北，也有头向西南的[11]。此外，在这些墓地中死者的头向无性别之别。但在尕马台墓地，尸骨的摆放男女头向不同，男东女西，男性合葬墓墓向以男性葬制为主，墓向为北偏东，但也有个别特例；男女合葬墓，男女头向相反，依旧遵循男东女西；女性与小孩的合葬墓，墓向遵循女性葬制，墓向南偏西。尕马台墓地墓葬方向男女有别的特殊葬俗，除了出于某种宗教信仰外，应该还有着特殊的意义。

5.随葬品组合的特性

总体来看，尕马台墓地较其他墓地随葬品数量少，种类单调。随葬品的组合有着明显的地方特点，随葬品主要是随身佩带的装饰品；生活用具数量少，器形单一；生产工具不多见，以细石叶、骨镞居多。

在43座墓中，有9座墓无随葬品，其中包括3座迁葬墓及2座儿童墓，另4座无随葬品的墓有单人葬与合葬墓各2座；34座墓有随葬品，各墓种类与数量不等。其中30座墓有装饰品。装饰品中的主要器类是骨珠，其次常见的是绿松石与海贝，由其中的一种、两种或三种饰品串系组合成串珠饰，普遍作为颈饰戴于颈部，个别作手饰与足饰戴在手腕与脚腕处。其他较多的饰品还有腕饰，出在5座墓中，均戴于女性手腕部。此外，在8座墓中随葬有铜质的装饰品，铜泡见于4座墓，属男性服饰专有；铜指环男女都佩带；铜环只见于1座成年男性墓与1座瓮棺葬中；铜镯仅1座女性墓独有。

出陶器的墓有15座，数量少，其中7座墓随葬1件陶器、8座墓随葬2件陶器。组合简单，器类统一，除M25陶器组合是双耳彩陶罐与粗陶盆外，其余陶器墓中共有的器物是齐家文化典型的双大耳罐。陶器组合有三种：其一，单一的双大耳罐组合，其中7座墓仅有1件双大耳罐、4座墓有2件双大耳罐；其二，双大耳罐与粗陶盆组合，有3座墓；其三，双大耳罐与粗陶单耳盆组合，仅有1座墓。共出双大耳罐19件。

墓葬生产工具，男性墓中有4座墓随葬有细石叶，5座墓有骨镞，2座墓出石球；女性墓仅随葬骨针。细石器与食物构成中肉食占有较大比例有关，生产工具以狩猎工具骨镞与石球为主，反映出了狩猎经济在经济生活中占有很重的比例。

尕马台齐家文化墓葬的埋葬习俗，鲜明的彰显出了黄河上游共和盆地齐家文化独特的文化特点。独特的埋葬习俗从各个方面——表明了本地区不同于他处的宗教观念。按常理，一个部族会很快地接受其他部族先进的生产技术，但埋葬习俗及宗教观念是不会轻易改变的。因此，特殊的埋葬习俗应是齐家文化时期居住在青海共和盆地部族与其他区域部族的区分标志之一。

二 典型陶器特征与年代

尕马台墓地中的15座陶器墓中，有14座都随葬有双大耳罐，共出双大耳罐19件，这些双大耳罐均为泥质红陶，胎质细腻，制作较精，是齐家文化的典型器，也是确定尕马台墓地文化属性的主要器类。根据器形变化，可分为三式。

Ⅰ式双大耳罐（1件），领部较低，扁圆腹。器形特点与宗日遗址双耳陶罐9TZM100:1类同。

Ⅱ式双大耳罐（3件），喇叭口，领高小于腹高，鼓腹。器形特点与齐家坪遗址二段的同类器类同；

Ⅲ式双大耳罐（15件），器形更为瘦长，腹部收缩，弧腹，腹大径偏下，领高大于腹高。与宗日遗址的双大耳罐96TZM318:1、96TZM319:3以及齐家坪遗址二段的同类器类同。

综上所述，尕马台墓地双大耳罐的器形特点与宗日遗址已发表的3件齐家文化陶器几乎完全相同[12]，也与齐家坪二段及三段同类器完全相同[13]。据目前学术界的研究，此类形态的双大耳罐是齐家文化晚期的典型作风。由此可见，尕马台墓地的年代属于齐家文化晚期。

总体看，尕马台齐家文化的地方特点鲜明，突出反映在埋葬习俗中，如墓地的排列、死者的头向男女有别、俯身葬、二次扰乱葬等。随葬品中的狩猎工具和细石叶，以及大量的装饰品，后者的种类和特点基本沿袭宗日墓地的传统。普遍流行的生活用具是双大耳陶罐，为齐家文化的典型器，时代特征鲜明，属于齐家文化晚期。尕马台墓地的上述特征，反映出这一族群沿袭了本氏族的特殊葬制，同时为了适应当地的气候和环境，对生产经济和生活方式做出了相应调整，显示出很大的灵活性。

三 产业模式与环境

随葬品遗存是人们活动的物质遗留，所以在这些遗存背后体现着的就是人们的活动，但任何遗存都是一定环境下的产物。因此，可以依据墓中现有的随葬品遗存，同时参照尕马台周边的环境因素，对尕马台齐家文化时期人们活动的产业模式作大致分析。随葬品内不见农业生产工具，生产工具只有骨镞、石球与细石叶，其功用已反映出狩猎经济与畜牧经济在经济活动中应占有较大的比例，而细石器反映的可能是肉类食物占有一定的比例。其次陶器单一简化、器形小巧，也是农业经济衰退的表现。墓地人群中普遍佩随身装饰品，不仅反映了先民的审美情趣，也是财富的体现，同时反映出墓主人生前活动的游动性，因为移动居民才将大部分财富带在身上。如同于现代藏族佩带的饰品是家庭及个人价值最高的财富物品，所佩戴饰品的种类价值高低也是身份贫贱显贵的反映。总之，随葬品遗存从多种角度反映出尕马台的氏族人群农业衰退，狩猎经济沿袭存在，畜牧业兴起。这一经济生产活动的产生与墓地的周边环境是相适应的。就尕马台墓地而言，从台地登上百米高坡即可达木格滩草原，是狩猎的好去处，更是放牧的天然草场。在共和盆地农业区仅限于河谷的狭窄地带，而在河谷之外就是大片的草原，现在还是重要的牧场，当时无疑会有很多的动物资源，是畜牧业得以发展的基础。实际上在尕马台齐家文化墓地叠压的马家窑文化与宗日文化中，经济方式已经多元化，呈现出了农业经济与狩猎、渔猎及不成熟的畜牧业并举发展。今天的贵南县虽有藏、汉、回、土等12个民族，但以藏族人口为主，畜牧业经济是贵南县的支柱产业，也是基础性产业。

除此之外，导致齐家文化时期经济方式发生改变，自然环境的变化是主因。越来越多的研究结果已表明，距今4000前后发生了一次重要的、广域性甚至全球性的气候事件[14]。4 ka B.P.极端事件是全新世中期较强的一次气候变化事件[15]，当时东亚季风迅速衰弱，中国全新世大暖期在4 ka B.P.事件之后终结，主要表现为降水减少和气温降低。由于地理位置和所属气候系统的不同，该降温事件在不同地区的环境效应也不尽相同。研究表明，在非洲尼罗河流域和西亚两河流域，这次降温的环境效应主要表现为干旱，严重的干旱导致土地资源的恶化，影响了农业基础，最终导致这两个地区古代文明的衰落[16]；在中欧，这次降温带来的不是干旱，而是降水的增加，由于降温带来的寒冷潮湿气候使中欧阿尔卑斯湖泊水位升高并淹没湖畔周围居民的家园，人们被迫迁徙；从地质自然气候记录来看，这一时期降温在我国东亚季风影响区的环境效应，北方地区主要表现为干旱，南方地区则可能表现为洪涝。

在青海东部，湖泊水位大幅度下降，干燥度增加引起新沙丘发育，黄土高原古土壤明显停止发育，风沙活动加剧，黄土地带被草原和荒漠草原所覆盖。共和盆地的贵南县地层显示孢粉中麻黄属达到78.21%，相反禾本科仅有17.36%，植被景观为荒漠草原。[17]在共和盆地与贵南尕马台遗址一河之隔的共和县铁盖、塔迈等地的全新世风成砂—砂质古土壤序列（图五），更直观地反映出这一地区在大约4000–3500 aB.P之间，盆地内的沙化活动开始活跃。尕马台遗址的考古地层表明，马家窑文化层主要表现为古土壤，但齐家文化墓穴的填土多为黄沙土，也证实齐家文化生活时期虽以古土壤为主，但开始出现风砂层。气候环境的变化无疑对于农业经济是一次重大打击。尕马台墓地地处青藏高原东部边缘的气候敏感带上，又有产生发展畜牧的条件。于是，在气候环境的变迁已不适应农业发展之时，自然农业被畜牧业经济所取代。可见，自然环境是一种长时段的决定因素，限制着历史的进程并且规定着历史的发展方向。从出土遗物观察，尕马台时期的人们以畜牧业为主要生活方式，同时还有一定的渔猎经济成分。

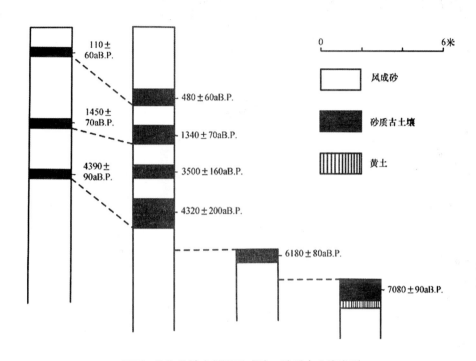

图五　共和盆地全新世风成砂—砂质古土壤序列

(引自高尚玉等：《全新世中国季风区西北缘沙漠演化初步研究》，《中国科学（B 辑）》1993 年第 2 期)

四　手工业生产与早期东西文化交流

齐家文化墓内随葬的手工业产品有陶器，以双大耳罐为代表，陶质细腻，器壁极薄，耳部多有三角形、长方形、圆孔镂孔和刻划花纹。制陶工艺较之马家窑文化有很大进步。此外，装饰品中出有绿松石珠、管近 200 粒，器表磨制光滑，中间有管钻的小孔，制作技术较高。

最能代表这一时期手工业生产水平的是铜器制作工艺。尕马台墓地是目前青海地区已知齐家文化墓葬发现铜器数量最多的。共出土铜器 39 件，分别出自 9 座墓，另有 4 座墓的铜器已锈毁，仅在人骨局部遗留绿色铜锈。这些铜器种类较单一，除一面铜镜外，其余均为小件装饰品，以铜环、指环、手镯、铜泡为主，具有便携的特点，表现出较强的游牧特点。其制作工艺分为两种：一是热锻成型，制作方法简单，直接锻打而成，如铜泡即使用热锻工艺；二是铸造法，铜镯、铜镜均用范铸法制造，工艺水平较高。尕马台墓地所出铜泡为 Cu-Sn 二元合金，合金配比稳定，反映出铜器制造技术达到了一个较高的水平。[18]这为重新认识早期砷铜技术的传播提供了思路，也为探讨我国西北地区早期铜器的发展及演变提供了新的资料。

为全面揭示这批铜器的材质，我们对能做分析的 22 件铜器全部进行了检测。其中，除 12 件铜泡不含砷，其余 10 件器物均含砷。其中，砷铜（Cu-As）4 件，类砷铜 2 件，铅青铜 [Cu-Pb（As）] 1 件，红铜 [Cu（As）] 3 件，锡青铜（Cu-Sn）12 件。新的检验结果增添了甘青地区早期砷铜新资料，也反映出尕马台墓地出土铜器的特点，即多种合金并存，以锡青铜为主，砷铜据重要地位。[19]

经分析这批铜器的形制特点，形制简单的各类器皿，如铜泡可能是在甘青地区制作的。对 M25 所出铜镜，有学者认为有可能为外来物品。在整理这枚铜镜的原始记录中，发现有与铜镜上的双孔系绳捆绑的木柄。由于有柄镜不属于中原文化系统，加之铜镜上的星状纹样见于巴克特里亚一带年代更早的遗物，因此这件铜镜也被看作是与巴克特里亚地区联系的产物，甚至有可能是西来的产品。[20] 如果真是这样，或许反映出青海共和盆地在齐家文化时期曾与欧亚草原的早期青铜文化有所接触、交流或影响。但也有学者指出，带钮镜本起源于中国西北地区，尕马台的铜镜原本是带钮镜，后镜钮残破才被加上木柄，它与真正的有柄镜是有区别的。[21] 以此将其作为西来的产品是否合适，还有待讨论。

在尕马台 4 座墓主肢体完整的墓中，陶器、铜器、装饰品俱全。墓地中所出最珍贵的"七角纹"铜镜、双耳彩陶罐都出于位于墓地中心的 M25。而位于墓地外缘的无头葬墓主仅有随身佩带的少量装饰品，M16、M33、M36 等墓更是一无所有。这些都证实当时财富的观念和私有财产已经产生，出现了明显的贫富差别。齐家文化时期，社会生产力有了很大发展，冶铜术的出现有力地推动了生产力的发展，出现了新的社会分工，加速了私有制的出现和贫富分化，最终导致氏族公社解体。

总之，尕马台齐家文化墓地是青海黄河上游共和盆地的一次重要发现，最早揭示了这一区域齐家文化时期的葬俗特点、文化特征、产业模式及相关问题，有着极为重要的价值，为进一步深入研究齐家文化的分布区域、不同地区的文化特征、早期青铜文化的产生与发展、黄河上游文明的起源等学术问题，提供了一批弥为珍贵的实证资料。

注释：

[1] 青海省文物管理处考古队、中国社会科学院考古研究所：《青海柳湾》，文物出版社，1984 年。

[2] 中国社会科学院考古研究所甘肃工作队：《甘肃永靖秦魏家齐家文化墓地》，《考古学报》1975 年第 2 期。

[3] 甘肃省博物馆：《甘肃武威皇娘娘台遗址发掘报告》，《考古学报》1960 年第 2 期。

[4] 中国社会科学院考古研究所甘肃工作队：《甘肃永靖大何庄遗址发掘报告》，《考古学报》1974 年第 2 期。

[5] 赵光贤：《关于殷代俯身葬问题的一点意见》，《考古通讯》1956 年第 6 期。

[6] 马得志、周永珍：《我们对殷代俯身葬的看法》，《考古通讯》1956 年第 6 期。

[7] a.青海省文物考古队：《青海互助土族自治县总寨马厂、齐家、辛店文化墓葬》，《考古》1986 年第 4 期，第 306~317 页；b.青海省文物管理处考古队、中国社会科学院考古研究所：《青海柳湾》，文物出版社，1984 年；c.胡晓军：《尖扎县直岗拉卡乡齐家文化遗址发掘简报》，《青海文物》总第 10 期。

[8] 陈洪海：《甘青地区史前文化中的二次扰乱葬辨析》，《考古》2006 年第 1 期。

[9] 中国科学院考古研究所甘肃工作队：《甘肃永靖大何庄遗址发掘报告》，《考古学报》1974 年第 2 期。

[10] 中国科学院考古研究所甘肃工作队：《甘肃永靖秦魏家齐家文化墓地》，《考古学报》1975 年第 2 期。

[11] 甘肃省博物馆：《甘肃武威皇娘娘台遗址发掘报告》，《考古学报》1960 年第 2 期。

[12] 陈洪海、格桑本：《宗日遗址文物精粹论述选集》，四川科学技术出版社，1999 年。

[13] 水涛：《甘青地区青铜时代的文化结构和经济形态研究》，《中国西北地区青铜时代考古论集》，科学出版社，2001 年。

[14] a. Weiss H, Courty MA, Wetterstrom Wetal. The genesis and collapse of third millennium North Mesopotamian civilization. *Science*, 1993, 261: 995–1004; b. Weiss H. Beyond the Younger Dryas: Collapse as adaptation to abrupt climate change in ancient West Asia and the Eastern Mediterranean. In: Bawden G, Reycraft Reds. *Confronting Natural Disaster: Engaging the Past to Understand the Future*. Albuquerque: University of New Mexico Press, 2000. 75–98; c. Dalfes N, Kukla G, Weiss H. *Third Millennium B. C. Climate Change and Old World Collapse* (NATO ASI Series 1, 49). Berlin: Springer Verlag, 1997. 1–723; d. Cullen H M, deMenocal P B, Hemming S et al. Climate change and the collapse of the Akkadian empire: Evidence from the deep sea. *Geology*, 2000, 28（4）:379–382; e. deMenocal P B. Cultural responses to climate change during the Late Holocene. *Science*, 2001, 292: 667–673.

[15] 王绍武:《4.2 ka B.P.事件》,《气候变化研究进展》2010 年第 1 期。

[16] a. Weiss H, Courty MA, Wetterstrom Wetal. The genesis and collapse of third millennium North Mesopotamian civilization. *Science*, 1993, 261: 995–1004; b. Weiss H. Beyond the Younger Dryas: Collapse as adaptation to abrupt climate change in ancient West Asia and the Eastern Mediterranean. In: Bawden G, Reycraft R eds. *Confronting Natural Disaster: Engaging the Past to Understand the Future.* Albuquerque: University of New Mexico Press, 2000. 75–98; c. Hsu J K. Sun, climate, hunger, and mass migration. *Science in China* (Series D), 1998, 41: 449–472.

[17] 胡双熙等:《青藏高原东北部边缘区栗钙土的形成与演化》,《生物地理和土壤地理研究》,科学出版社,1990 年。

[18] 罗武干、任晓燕、王倩倩等:《青海省贵南县尕马台墓地出土铜器的成分分析》,待刊。

[19] 罗武干、任晓燕、王倩倩等:《青海省贵南县尕马台墓地出土铜器的成分分析》,待刊。

[20] 张文立:《青海地区青铜时代文化研究》,吉林大学博士学位论文,2003 年。

[21] 宋新潮:《中国早期铜镜及其相关问题》,《考古学报》1997 年第 2 期。

论齐家文化师赵村类型

巩启明[1]　巩文[2]

(1.陕西省考古研究所　2.中国社会科学院考古研究所)

　　齐家文化自 1924 年发现以来，迄今已有 90 年的历史，它以其分布广、内涵丰富、文化面貌独特、年代明确、影响深远而成为我国新石器时代末期至铜石并用时代诸考古学文化的重要组成部分。经文物普查及多次考古调查，齐家文化遗址已发现 3000 余处[1]，分布在我国西北部的东至陕西陇县、西至青海东部、河西走廊、北抵内蒙古阿拉善左旗、南达甘东南的文县等广大地区。新中国成立以来，我国考古工作者相继对秦安寺咀坪、武威皇娘娘台、海藏寺、永靖大何庄、秦魏家、兰州青岗岔、广河齐家坪、西吉兴隆镇、固原店河、海家湾、隆德页河子、乐都柳湾、贵南尕马台、灵台桥村、合水牛头山、武山傅家门、天水师赵村、西山坪、平凉侯家台、西宁沈那、大通上孙家、黄家寨、互助总寨、临潭鹰沟、卓尼芨儿、民和喇家等 20 多处重要遗址进行了科学发掘，发现了丰富的实物资料及地层证据。以此为基础，学术界依其分布地域和年代的不同及文化面貌上的差异，对齐家文化各地各类型的划分进行了较深入的研究。尽管这些研究所划分的类型不尽相同或不尽理想，但这些研究成果都为我们进一步深入研究奠定了良好的基础。

　　20 世纪 80 年代，中国社会科学院考古研究所甘肃工作队对天水师赵村和西山坪两遗址进行了发掘，发现了早晚七期文化遗存，其中的第七期属齐家文化。齐家文化是这两处遗址的重要内涵，遗迹遗物相当丰富，文化面貌具有十分鲜明的特征。发掘者认为以师赵村为代表的这类齐家文化遗存有别于齐家文化其他类型，应命名为"师赵村类型"。此类型提出后颇得学界赞赏，但尚缺专论推介，为此，我们冒昧拟出拙稿，请教学仁，如有不妥，请批评指正。

一　师赵村类型的分布及其文化特征

　　师赵村类型的文化遗存主要分布在甘肃东部和宁夏南部的泾、渭上游及甘肃东南部的西汉水、白龙江流域，按行政区划约 40 个区县。在此范围内已发现齐家文化遗址 2000 多处，部分地区相当密集，如平凉市的 7 个区县 1126 处，庆阳市 8 个区县 332 处，宁夏南部的 6 个区县 325 处，其他较少。就整个分布区的遗址数来看，约占整个齐家文化遗址总数的三分之二。但经过发掘的遗址，尤其发掘规模较大的遗址较少，即使经过发掘的也多系试掘性质，揭露面积很小，有的只是随工清理几座墓葬而已。唯有天水师赵村Ⅲ区的发掘揭露面积达 3000 多平方米，收获较丰。现将师赵村遗址齐家文化遗存的发掘情况略加介绍。

　　该遗址位于天水市西约 7 公里的耤河北岸阶地上，面积 20 万平方米，1981~1989 年中国社会科学院考古研究所甘肃工作队进行了发掘。[2] 发掘者将师赵村遗址分为Ⅰ、Ⅱ、Ⅲ三个发掘区，其中的第Ⅲ区主要是齐家文化分布区，在整个遗址的文化内涵中属于第七期文化遗存。第Ⅲ发掘区位于整个遗址的东部，共开探方 123 个（T301~T423），揭露面积 3325 平方米。发现房址 26 座，窖穴 17 个，陶窑 3 座，祭祀遗迹1座，墓葬3座，并出土大量文化遗物。

26座房址均为单室结构。从结构上看可分为两种，一是白灰面房址，一是硬土面房址，以白灰面房址为主。从平面形状上看可分为三种形式，一为圆形或椭圆形，共2座，均为硬土面房址；二为方形、长方形或梯形，共22座，均为白灰面房址；三是多边形，共2座，硬土面、白灰面房址各1座。从门向和布局看，朝南的较多，朝东、朝西的次之，朝北的极少。门的朝向主要依地形环境而定。这些房址中有成组分布的情况，如F1、F2、F3等朝向一致，形制相同，相距较近等，显示出它们属较密切的关系。

白灰面房址均为单室带门道结构，平面呈方形、长方形、梯形或多边形。一般面积较小，多为5~8平方米左右。白灰居住面均低于室外地面，残留的四壁均较低，一般在0.5~0.6米，且明显自下而上逐渐内收，显示为窑洞式的结构，四壁和窑顶因室外取土破坏不存。白灰居住面系用熟石灰抹制，一般先垫一层草拌泥，然后再抹石灰，厚度约0.5厘米。墙壁白灰面的厚度较居住面薄，可能是以灰浆经多次涂刷后抹光的。白灰居住面和墙壁面一般都保存较好，结构坚固，光滑平整，美观实用，而且防潮，很少见变形或开裂现象。每座白灰面房址的正中都有灶坑设置，均呈圆形，直径一般在0.6~0.7米左右，因长期烧烤成青灰色硬面，极为坚硬结实。白灰面房址一般都有较短的门道，个别的略长，由于居住面低于室外地面，门道多为一级或二级台阶。门道均较窄，宽约0.6~0.8米，仅容一人进出。多数门道上也施以白灰面以示美观整洁。

硬土面房址，平面呈圆形、椭圆形、多边形的各1座。保存均较好，为半地穴式建筑。略呈上大底小的敞口形式，居住面平整，带门道。居住面和壁面似经过夯实加工，有的可能火烧过，呈青灰色或暗褐色硬面。门道窄短呈长方形。有的房址（F6）室内设壁炉。灶坑一般设在房址的中部，为圆形烧土硬面。房址一般都有少量的生产工具和生活用具遗存。

师赵村遗址除上述房址外，还发现有烧制陶器的窑址3座，其中Y4、Y5两座保存较好，均为横穴窑，均由窑室、火道、火膛三部分组成。这两座窑位置并列，系同时使用的两座陶窑，距F17、F18房址较近，约8米左右。房址和窑址应有密切关系，房址的主人可能是烧制陶器的窑户。在发掘区内发现窖穴17个，多数分布在房址集中的居住区，一般在房址附近。窖穴形制均较规整，平面形状多为圆形，个别为椭圆形，依剖面形状可分为筒状、袋状、盆状和锅底状四种。窖穴内多为灰土及陶、石器残片等。在第Ⅲ发掘区的中部发现祭祀遗迹一处，即F37。F37为"石圆圈"遗迹，已残成半圆形，由大小不等的河卵石砌成，直径为2.3米，残存卵石有50多块，可复原成圆形石圈。在石圆圈的西北2米处出土牛骨架一具，除无头外，躯体基本完整，做侧卧状，长3.1米。类似情况在永靖大何庄齐家文化遗址中也发现过。这座"石圆圈"遗迹为祭祀建筑，表明在埋葬死者或举行宗教性活动时在这里进行过祭祀活动。在第Ⅲ发掘区的北部和南部发现墓葬3座，都在房址附近，在整个发掘区内未发现集中的墓地。这3座墓均为长方形竖穴土坑墓，墓穴大小不一，大者墓长2.3米，小者墓长仅1.35米。墓内未见葬具，但在墓底发现不少河卵石，散放在骨架周围或墓坑四边，可能是葬具的象征。墓坑方向不一，既有东西向，也有南北向。葬式均为二次葬，骨骼不全。各墓都有少量的随葬品，2~5件不等，器类有石斧（1件），玉器有琮和璧（各1件），陶器有侈口罐、三耳罐、单耳罐、高领双耳罐和鬶等数件。

除上述遗迹外，还发现各类生产工具和生活用具522件。生活用具中的陶器最具类型特征。

据统计出土的完整和复原陶器共208件。陶质可分为泥质橙黄陶、夹砂红褐陶和泥质灰陶三种陶系。据探方T381②出土的418件陶片统计，泥质橙黄陶片占陶片总数的46.17%，夹砂红褐陶陶片占41.87%，泥质灰陶片占11.96%。表明以泥质橙黄陶为主，夹砂红褐次之，泥质灰陶最少。制法以手制为主，多采用泥条盘筑法，同时使用慢轮修整技法。在部分双大耳罐、三耳罐及尊的口、颈部遗有清晰的轮旋痕迹。陶器表面大都经过抹平刮磨的工序。三足器的腿足一般采用模制法，三足形状大小相同，整个造型匀称平稳。陶容器的表面除素面外，常见的有绳纹、附加堆纹、篮纹、弦纹、划纹、戳印纹等。

据探方 T381②出土的 418 件陶片统计，绳纹占陶片总数的 47.85%，素面占 32.30%，附加堆纹占 17.93%，篮纹占 1.20%，划纹占 0.24%。统计表明各种纹饰中以绳纹为主，素面次之，再次为附加堆纹，其他较少。绳纹以纵行垂直的常见，斜行和横行的较少，绳纹多施在罐、鬲、斝的表面。盆、尊和大耳罐多为素面。陶器造型以平底器为主，三足器次之，凹底器和圈足器更次之。器形有罐、盆、瓮、鬲、斝、杯、盘、尊、盂、瓶、豆、缸和器盖等十多种。据 T381②出土的 418 件陶片统计，各种罐的陶片占陶片总数的 64.84%，盆占 17.94%，瓮占 11%，鬲与斝占 1.91%，其余器类所占比例均较少。这里以罐类占绝对优势，不仅数量多，而且形态复杂多样，可分为侈口罐、圈足罐、单耳罐、双大耳罐、三耳罐、高领双耳罐等。

现以各器形中数量最多、最常见的型别或数量虽少、但代表一种器形的作为最具类型特征的举例加以说明。

侈口罐 共 21 件，依颈、腹部不同，分四型，其中 D 型 15 件，数量最多。标本 T308②:20，长颈深腹，颈部较直，口、颈间有明显界限，器表饰纵行绳纹。口径 17.3、高 27.7、底径 12.5 厘米（图一，1）。

单耳罐 共 11 件，可分四型，其中 A 型 8 件，数量最多。标本 T353②:1，高领深腹，侈口平底，底心略内凹，颈侧附一环形耳，腹部满饰纵行绳纹，排列整齐。口径 13、高 15.5、底径 8.2 厘米（图一，2）。

双大耳罐 共 12 件，分三型，其中 A 型 5 件、B 型 4 件，较多。标本 T308②:10，圆腹平底，喇叭口，颈侧附一对称环形大耳，颈、肩接合处有一周凹弦纹，器体较小。口径 6、高 6、底径 3.6 厘米（图一，3）。标本 T362②:1，耳上端稍低于口沿，腹部有戳印纹一周，器形较大。口径 15.3、高 15.1、底径 11.5 厘米（图一，6）。

三耳罐 共 8 件，分三型，其中 B 型 3 件，较多。标本 F9:4，圆腹凹底，耳把较宽大，耳端低于口沿，腹部饰纵行划纹共 29 道，排列齐整。口径 10.1、高 8.5、底径 5.7 厘米（图一，5）。

高领双耳罐 共 5 件，分三型，其中 A 型 3 件，较常见。标本 T308②:11，侈口，高领，圆腹，平底，腹侧附有一对称环形耳，器表饰交错绳纹，并在绳纹上加饰弧形划纹。口径 11、高 29、底径 9.5 厘米（图一，4）。

杯 共 4 件，分二型。标本 T405②:4，直口筒形，尖唇，直壁平底，器表素面，小型器。口径 4.8、高 5、底径 3.5 厘米（图一，7）。

盆 共 6 件，分三型，其中 A 型 3 件，较多。标本 T317②:1，大口浅腹平底，器壁斜直，底部较宽，器表饰斜行绳纹。口径 19.3、高 7、底径 13.5 厘米（图一，8）。

尊 共 6 件，分二型，其中 A 型 5 件，最常见。标本 T353②:1，口沿外侈，圆腹，平底，颈、肩间饰一周凹弦纹。口径 17、高 12.7、底径 11.2 厘米（图二，1）。

鬲 共 3 件，分二型，其中 A 型 2 件，多于 B 型。标本 T317②:10，单耳罐形，上似单耳罐，下接三袋足，鬲裆中央作尖锥状，颈侧附一单环耳，器表饰斜行绳纹与交错绳纹，耳面上饰斜绳纹。口径 20、通高 27.5 厘米（图二，2）。

斝 共 14 件，分五型，其中 A 型 4 件、C 型 5 件，较多。标本 F25:1，鋬耳上戳印有凹窝 4 个，造型典雅。口径 18、袋足高 12、通高 25 厘米（图二，3）。标本 F8:1，敛口，深腹，腹部两侧附有一对称大耳，腹底附三袋足，腹上部有戳印纹与凹纹，腹部素面，耳上饰圆泥丁。口径 16、袋足高 10、通高 26 厘米（图二，5）。

器盖 共 4 件，分二型，其中 A 型 3 件，较常见。标本 T384②:5，斗笠形，尖顶中腰穿孔，器表磨光，完整，器盖饰栉点状戳印纹二道。口径 16、高 13 厘米（图二，6）。

瓮 共 4 件，分二型。标本 T308②:5，侈口，深腹，平底，腹侧附有一对称环形耳，肩部较宽，腹部饰交错绳纹，两耳间饰凹弦纹三道。口径 23、高 33、底径 15 厘米（图二，4）。

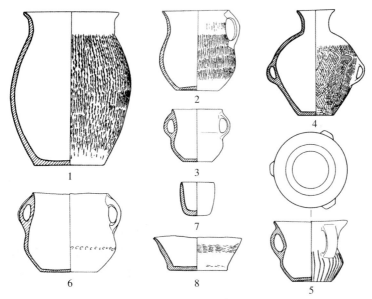

图一　师赵村出土的陶器（一）

1.侈口罐（T308②:20）；2.单耳罐（T353②:1）；3.双大耳罐（T308②:10）；4.高领双耳罐（T308②:11）；5.三耳罐（F9:4）；6.双大耳罐（T362②:1）；7.杯（T405②:4）；8.盆（T317②:1）

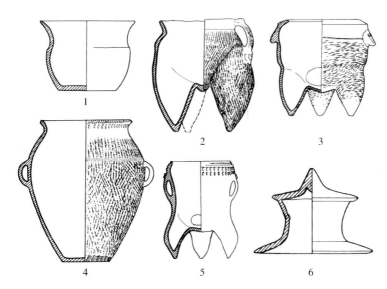

图二　师赵村出土陶器（二）

1.尊（T353②:1）；2.鬲（T317②:10）；3.罍（F25:1）；4.瓮（T308②:5）；5.罍（F8:1）；6.器盖（T384②:5）

师赵村遗址第Ⅲ发掘区是一处典型的齐家文化遗址，它在房屋建筑及陶器的质地、种类、器形、组合等方面与齐家文化的其他诸类型相比有一定的差异，具有鲜明的自身特点。这类文化遗存在秦安寺咀坪、天水西山坪、七里墩、武山傅家门、灵台桥村、平凉侯家台、合水牛头山、西吉兴隆镇、固原店河、隆德页河子等遗址都有发现，现择其要者介绍如下。

1.西山坪遗址

西山坪遗址位于天水西15公里的耤河南岸村西台地上。遗址面积204800平方米。中国社会科学院考古研究所甘肃工作队于1986年秋至1990年春对西山坪遗址作了发掘[3]。发掘者将整个遗址分为Ⅰ、Ⅱ、Ⅲ三个发掘区，发掘面积1525平方米。发现早晚七期文化遗存，在第Ⅱ、Ⅲ发掘区内发现齐家文化房址3

座、窖穴 9 个、墓葬 3 座及各类文化遗物 137 件，其中石、骨、陶质的生产工具 60 件，陶质生活用具 68 件，装饰品及其他 11 件。三座房址均为长方形半地穴建筑，面积较大，F1 为 9.5 平方米，F2 为 14.3 平方米，F3 为 30 平方米。居住面和墙壁面均抹有一层厚约 0.1~0.3 厘米的白灰面，灶坑位于房内中部，门向不一，朝向东、西、南各 1 座。墓 2 座，均为土坑竖穴墓，M1 内埋人骨架两具，一具为一次葬，仰身直肢，右臂处随葬双耳罐 1 件，肩胛骨间放一石块；另一具为二次葬。M3 墓坑为圆形，口径 1.4、深 0.5 米，墓内有 9 具人骨，上下叠压相互交错，保存较完整，墓内出土石镞 1 件，是一座保存较好的殉葬墓。这里将最具类型特征的陶器略作介绍。

西山坪遗址齐家文化遗存的陶器器皿，其陶质陶系以泥质橙黄陶为主，夹砂红褐陶次之，泥质灰陶较少。据 T1③出土陶片来看，泥质红陶陶片占陶片总数 56%，夹砂红褐陶占 29.8%，泥质灰陶占 12.2%。纹饰除素面外，主要有绳纹、附加堆纹、篮纹、弦纹、方格纹、凹点纹等。制法多采用泥条盘筑法，兼用慢轮修正技术。多数陶器经过刮磨，使器表光滑规整。器形有侈口罐、单耳罐、双大耳罐、双小耳罐、三耳罐、高领折肩罐、高领双耳罐、盆、碗、尊、鬲、斝、杯、折腹罐、圆腹罐、鹗面罐、瓶、甑、瓮、器盖等。

侈口罐　共 13 件，分五型，其中 E 型 6 件，较常见。标本 T1③:29，侈口，短颈，鼓腹，平底，器表饰蜂窝状绳纹。口径 12.9、高 16.5、底径 9 厘米（图三，1）。

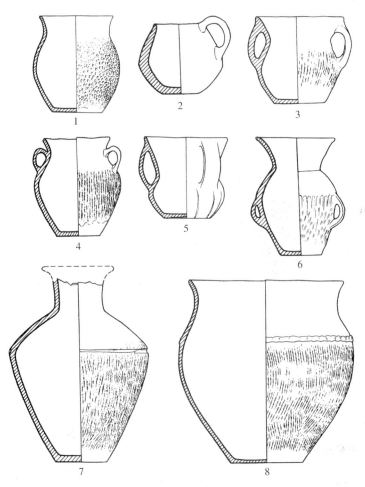

图三　西山坪遗址出土陶器（一）

1.侈口罐（T1③:29）；2.单耳罐（T48③:6）；3.双大耳罐（T8M1:1）；4.双小耳罐（T51③:8）；5.三耳罐（T48③:9）；6.高领双大耳罐（T2③:7）；7.高领折肩罐（T48H18:13）；8.瓮（T7③:9）

单耳罐　共 7 件，分四型，其中 B 型 3 件，较多。标本 T48③:6，口微敛，鼓腹，平底，耳高于口沿。口径 6、高 6、底径 6 厘米（图三，2）。

双大耳罐　共 13 件，分六型，其中 F 型 4 件，较常见。标本 T8M1:1，侈口，鼓腹，平底，腹饰绳纹。口径 11.2、高 11、底径 6.6 厘米（图三，3）。

双小耳罐　共 4 件，分四型，每型各 1 件。标本 T51③:8，侈口，鼓腹，平底，肩部两侧置一对称小环耳，腹部饰竖绳纹。口径 12.6、高 18、底径 8.4 厘米（图三，4）。

三耳罐　共 3 件，分二型。标本 T48③:9，喇叭口，颈略长，鼓腹，平底，腹部饰划纹。口径 10、高 9.8、底径 5.4 厘米（图三，5）。

高领双耳罐　1 件。标本 T2③:7，喇叭口，高领，椭圆腹，平底，腹侧置一对称环耳，腹饰竖篮纹。口径 9、高 13.2、底径 5 厘米（图三，6）。

高领折肩罐　共 2 件，分二型。标本 T48H18:13，侈口，高领，折肩，平底，器形高大，肩腹之间饰一周凹弦纹，腹下饰竖绳纹，口部残。口径约 12.6、高 34.5、底径 9.6 厘米（图三，7）。

瓮　1 件。标本 T7③:9，大型器，侈口，鼓腹，平底，肩部饰一周附加堆纹，腹部饰绳纹。口径 27.6、高 31.8、底径 13.6 厘米（图三，8）。

碗　共 3 件，分三型。标本 T1③:28，直口，平底，胎较厚，饰绳纹。口径 12.6、底径 9 厘米（图四，1）。

尊　共 2 件，分二型。标本 采:01，敞口，长径，折腹，平底，素面。口径 18、高 14.4、底径 7.5 厘米（图四，2）。

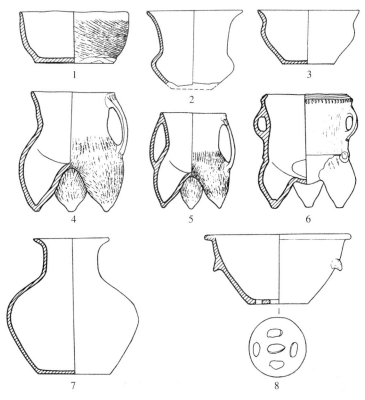

图四　西山坪遗址出土陶器（二）

1.碗（T1③:28）；2.尊（采:01）；3.盆（T33②:7）；4.鬲（T49③:13）；5.双耳
鬲（T48H18:18）；6.斝（采:05）；7.瓶（T7①:4）；8.甑（T31H7:2）

盆　1 件。标本 T33②:7，敞口，折腹，平底，素面。口径 12.2、高 6.2、底径 6 厘米（图四，3）。

鬲　共 7 件，分三型。标本 T49③:13，单耳，斜直领，耳端饰凹点纹，肩部以下饰绳纹，三空足。

口径 15、高 21.3 厘米（图四，4）。T48H18:18，双耳，长颈，耳端饰凹点纹，袋足饰绳纹。口径 11.7、高 17.1 厘米（图四，5）。

鬶　1 件。标本采:05，敛口，直壁，双耳，唇沿饰三周平行弦纹，弦纹下又饰一周凹点纹，肩部置一对称环形耳，器表饰细绳纹。口径 13.8、高 21.1 厘米（图四，6）。

瓶　1 件。标本 T7①:4，喇叭口，细颈，鼓腹，平底，素面。口径 9、高 15.8、底径 8.6 厘米（图四，7）。

甑　1 件。标本 T31H7:2，平沿，曲腹，平底，腹饰一对鋬纽，底有五个箅孔。口径 25.5、高 12、底径 10.5 厘米（图四，8）。

2.傅家门遗址

傅家门遗址位于武山县西南约 25 公里的榜沙河旁台地上，面积 4.5 万平方米，1991 年至 1993 年中国社会科学院考古研究所甘青工作队对遗址进行了发掘，揭露面积 1200 平方米[4]。发现马家窑文化石岭下类型、马家窑类型及齐家文化的遗址遗物非常丰富，这里以石岭下类型的文化遗存为主，同时发现齐家文化的房址 7 座、窖穴和墓葬各 1 座。

7 座房址均为半地穴式建筑，其中圆形、椭圆形各 1 座，长方形 2 座，梯形 3 座，面积一般在 8~16 平方米之间。居住面和墙壁面均抹白灰，平整光滑。门道一般较窄，呈长方形和梯形，门的朝向多不一致。灶坑均设在居室中部，均为圆形，经长期烧烤灶壁上的草泥全部烧红，表面焦黑坚硬。室内的角落或灶旁多有石器、陶器摆放。窖穴 1 座，圆桶形，口径 1、深 0.5 米，底部涂抹草泥，窖内出土石、骨、陶器多件。墓葬 1 座，为长方形竖穴土坑墓，墓长 2.2、宽 0.94、深 0.25 米。骨架 1 具，仰身直肢，为一成年男性。随葬品有石刀、石凿、石锄、陶器盖各 1 件。出土生产工具有石斧 2 件，石刀 1 件，石铲 1 件，磨石 1 件，均为磨制；石锄、石犁、砍砸器各 1 件，均为打制。另有石、陶纺轮各 2 件。生活用具均为陶制器皿，完整和复原的陶器共 16 件。陶器质地可分为泥质橙黄陶、夹砂红褐陶和泥质灰陶三种。制法以泥条盘筑法为主，兼用慢轮修整技术。器表除素面外，有绳纹、篮纹、附加堆纹、弦纹、划纹等，以绳纹常见。器形多为平底器，三足器很少，以各种罐类为主要器类。因发掘面积小，出土的各类陶器的数量都很少，器形有双大耳罐、侈口罐、单耳罐、双耳罐、盆、带流罐、筒形罐、鬲、鬶等。现略加介绍。

侈口罐　2 件。标本 T128H1:9，侈口，鼓腹，平底，腹部饰绳纹。口径 13.2、高 13.9、底径 9 厘米（图五，1）。标本 T116F3:4，口、腹、底与前件同，只是体型较大。口径 15.4、高 21.2、底 2.2 厘米（图五，2）。

单耳罐　2 件。标本 T128H1:16，侈口，鼓腹，平底，颈侧附有一环形耳。口径 7、高 11、底径 8 厘米（图五，3）。标本 T128H1:17，口、腹、底与前件同。口径 15、高 15、底径 10 厘米（图五，4）。

双大耳罐　3 件。标本 T128H1:18，侈口，高领，圆腹，平底，素面。口径 6、高 8、底径 3.2 厘米（图五，7）。标本 T128H1:11，底部残，形体略大于前件。口径 8、高 14、底径 4 厘米（图五，5）。标本 T128H1:14，口径 9.9、高 10、底径 5 厘米（图五，6）。

双小耳罐　2 件。标本 T318F6:3，侈口，圆腹，平底，素面。口径 6、高 8、底径 4.1 厘米（图五，9）。标本 T128H1:1，形体大于前件，口径 9.3、高 9.2、底径 6 厘米（图五，10）。

带流罐　1 件。标本 T246①:1，侈口，短颈，领部有一管状流，流嘴往上翘起，下部残。口径 20.2 厘米（图五，8）。

筒形罐　1 件。标本 T320F8:3，直口，深腹，平底，器表饰蜂窝状绳纹。口径 27、高 41、底径 18 厘米（图五，12）。

鬲　1 件。地面采集。

罍　1件。残片。

器盖　2件。

盆　1件。标本 T317F5:1，大口，折沿，斜直壁，平底。口径 40.5、高 13.6、底径 15.5 厘米（图五，11）。

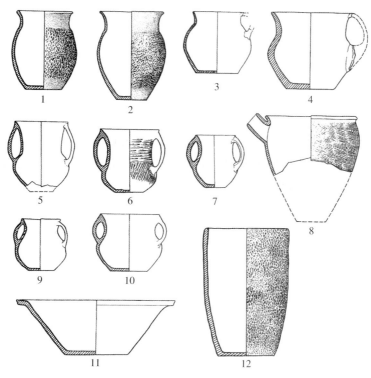

图五　傅家门遗址出土齐家文化陶器

1.侈口罐（T128H1:9）；2.侈口罐（T116F3:4）；3.单耳罐（T128H1:16）；4.单耳罐（T128H1:17）；5.双大
耳罐（T128H1:11）；6.双大耳罐（T128H1:14）；7.双大耳罐（T128H1:18）；8.带流罐（T246①:1）；9.双小
耳罐（T318F6:3）；10.双小耳罐（T128H1:1）；11.盆（T317F5:1）；12.筒形罐（T320F8:3）

3.寺咀坪遗址

寺咀坪遗址位于秦安县城北杨家坪村北的葫芦河东岸一级台地上，因修筑拦河坝发现。1956 年春甘肃省文管会派任步云等对遗址现场进行了发掘清理[5]。共清理房址 6 座，均为方形半地穴式建筑，其中 3 座保存较好。F1 面积 9.8 平方米，F2 面积 14.8 平方米，F6 面积 11.9 平方米。房门均朝向南开。残存墙壁较低。居住面和墙壁面均为先抹一层草泥后再抹一层白灰，白灰面干后光亮坚硬。室内中部有一个圆形灶坑或灶膛。房内填土中有少量陶片和石器等。在 F6 的居住面以上发现人骨一具，仰卧直肢，无葬具，无随葬品，墓坑边沿不清，可能稍晚于房址。在发掘清理过程中发现少量石器和大量陶片。石器中有石锛、石镞各 1 件，单孔石刀 3 件。陶片中有泥质橙黄陶 209 件，夹砂红褐陶 174 件，细泥红陶 56 件，夹砂灰陶 24 件，泥质灰陶 8 件，可辨器形有罐和鬲，以素面、绳纹、篮纹常见。征集到小双耳罐 1 件，口沿和耳残。以发现的房址和石器、陶器的特点来看，应属齐家文化。

4.七里墩遗址

位于天水市东 3.5 公里的花牛乡耤河南岸之台地上，20 世纪 20 年代瑞典学者安特生的助手调查时发现，1947 年裴文中先生做过复查。新中国成立后，甘肃省文管会派任步云、郭德勇、张学正于 1956 年到天水考古调查时，对该遗址再次复查。[6] 发现遗址面积约 36000 平方米，文化层厚约 0.6~1.5 米。清理了一座齐家文化墓葬，墓内随葬陶器，均为齐家文化的典型器物，如侈口罐、单耳罐、高领折肩双耳罐、双耳罐形甗等。侈口罐鼓腹平底，形体较短。高领折肩双耳罐形体高大，最大者高达 61 厘米，腹部多饰竖行粗绳纹。另外佐李村遗址和刘堡遗址发现的齐家文化陶器均与七里墩遗址的陶器雷同，如双大耳罐等（图六）。

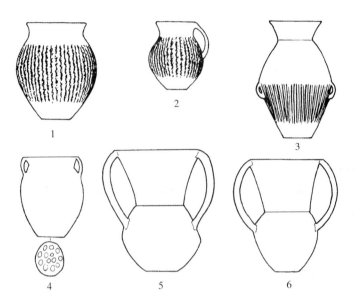

图六　七里墩、佐李村、刘堡遗址陶器

1.侈口罐；2.单耳罐；3.高领折肩罐；4.双耳罐形甗；5.双大耳罐；6.双大耳罐（1~4.七里墩；5.佐李村；6.刘堡）

5.桥村遗址

位于灵台县西北约 20 公里的西屯乡北庄村桥村自然村，面积约 1 万平方米。1978 年甘肃省博物馆考古队对遗址进行了试掘，发掘面积约 95 平方米。[7] 经试掘确认这是一处单纯的齐家文化遗址。在试掘范围内共发现窖穴 7 个，均为口小底大的圆形袋状。如 H4，口径 2.5、底径 2.92、深 2 米。窖内填满深色灰土，土质松软，内含丰富的陶片和石器等。其他几个窖穴与 H4 情况相同。出土石刀 14 件，石斧 2 件，石凿 2 件，石锛 4 件，石矛、石刀各 1 件，骨锥 22 件，骨笄 1 件，骨镞 2 件，骨凿 5 件，骨匕 1 件。石骨器磨制精细，棱角清晰，刃部或尖部锋利，石刀多有穿孔，形状规整。出土的陶器，陶质多为泥质橙黄陶和夹砂红褐陶，灰色陶较少。器形有罐、碗、盆、鬲、甗、盘、豆等。纹饰有绳纹、篮纹和素面等。现分述于后。

花边罐　标本 H4:24，口沿为附加泥条，卷唇，唇面上有锯齿状花边，圆腹，平底，泥质红陶，器表饰竖绳纹。口径 15、高 23、底径 10、腹径 16.5 厘米（图七，1）。

侈口罐　标本 H4:94，侈口圆腹，平底，泥质红陶，口沿有锯齿状花边，腹饰横篮纹（图七，2）。

单耳罐　标本 H4:93，侈口，矮领，单耳，圆腹，平底，腹饰竖绳纹。口径 10.4、高 12.5、腹颈 13、底径 6.5 厘米（图七，3）。

双大耳罐　标本 H4:27，口微敞，长颈，颈侧置一对称环形大耳，圆腹，小平底，素面。口径 8.8、高 11、底径 5.5 厘米（图七，4）。

高领折肩罐　标本 H7:10，侈口，高领，折肩，平底，泥质灰陶。口径 12.5、高 23.5、腹径 19、底径 11.2 厘米（图七，5）。

鬲　标本 H4:91，泥质红陶，罐形，上部似一单耳罐，下接三袋足，颈侧附一单环耳，器表饰竖行篮纹。通高 31、口径 15.5 厘米（图七，6）。

碗　标本 H7:7，口微敛，腹壁较直，平底，磨光，泥质红陶。口径 11、高 4.3、底径 7 厘米（图七，

7）。标本 H4：26，敞口，浅腹，腹壁斜直，平底，腹饰篮纹。口径 18.5、通高 5、底径 7 厘米（图七，8）。

盆　标本 H4:95，口部稍敛，斜直壁，深腹，平底，腹饰横篮纹。口径 27.5、高 17.5、底径 19.4 厘米（图七，9）。

另外还有甗、豆等。

6.牛头山遗址

该遗址位于合水县吉岘乡庙嘴村西南 1 公里的马莲河东岸山梁上，1981 年庆阳地区博物馆对该遗址进行了调查试掘。[8] 发现遗址面积约 1 万平方米，内涵丰富，地面采集很多仰韶文化和齐家文化陶片。经过小面积试掘，发现齐家文化灰坑 2 个，出土各类器物 50 多件，生产工具中钻孔石刀特别多，磨制精细，形状规整。陶器中泥质红陶约占总数的 60%，灰陶约占 40%，器形有碗、罐、盆、豆、斝等，其特点与桥村的同类器物雷同。

斝　标本 H1:1，夹砂灰陶，直口，短颈，口沿饰锯齿状花边，单耳罐形，器表饰横行绳纹，下部为三大空足（图七，10）。

三耳罐　标本 H1:2，喇叭口，颈较长，鼓腹，平底，颈部置三环耳，素面（图七，11）。

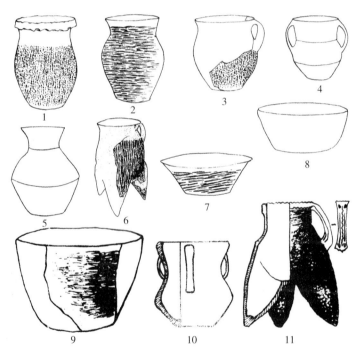

图七　桥村、牛头山遗址出土陶器

1.口沿花边罐（H4:24）；2.侈口罐（H4:94）；3.单耳罐（H4:93）；4.双大耳罐（H4:27）；5.高领折肩罐（H7:10）；6.鬲（H4:91）；7.碗（H7:7）；8.碗（H4:26）；9.盆（H4:95）；10.斝（H1:1）；11.三耳罐（H1:2）　（1~9.桥村；10、11.牛头山）

7.侯家台遗址

该遗址位于平凉市区四十里铺镇泾河支流四十里铺河西岸台地上，北临西兰公路，遗址面积 40 万平方米。1991 年甘肃省文物考古研究所进行了发掘，发掘面积 1400 平方米。[9] 经发掘除发现一批仰韶文化晚期的遗迹、遗物外，还发现齐家文化房址 5 座。5 座房址均经水淤，均为窑洞式建筑，前有过道，后为居室。居室一般为圆角方形，4 米见方，过道长 4 米左右，过道与居室相接处有圆弧形拐角，过道口向东敞开。房址残存深度 3 米左右，居室及过道壁呈拱形。居住面为白灰面，下有一层厚约 1 厘米的草拌泥，墙壁上有高 0.5 米的白灰面和草拌泥墙裙。居室中部都有灶坑或灶面，均经长期火烧，异常坚硬。过道一般不涂抹白灰。文化层内包含有少量陶片，可辨器形有高领折肩罐、鬲、口沿呈锯齿状花边的侈口深腹罐等，纹饰绳纹、篮纹常见。

8.海家湾遗址

该遗址位于固原县东南 22.5 公里古城乡的海家湾村北瓦罐梁上，这里高出任山河河面约 40 米，河流两岸山丘起伏，但山顶较平坦，遗址墓葬区即在河之北面。1964 年宁夏回族自治区博物馆对该遗址进行了发掘，清理了 3 座齐家文化墓葬。[10] 3 座墓葬中 2 座为竖穴土坑墓，1 座被破坏严重，形制不明。M1 保存完好，为一人一次葬，仰身直肢，头南脚北，面向东，墓底垫有一层 6 厘米厚的红烧土。随葬陶器 3 件，置于头顶，石刀 1 件平放于头部右侧。M2 位于 M1 之西 6 米处，为二次葬，随葬陶器 7 件，置于骨架左侧。M3 位于 M2 西北 8 米处，已被破坏不见人骨架，随葬陶器 4 件。遗址地表及暴露的灰层中陶片很多，其陶质、陶色、器形及纹饰与随葬陶器雷同。从随葬陶器看，这里的陶器以泥质橙黄陶和夹砂红褐陶为主，有少量灰陶，器形有侈口罐、单耳罐、双耳罐、盆、瓶等，纹饰以绳纹和篮纹为主，有少量划纹等（图八）。

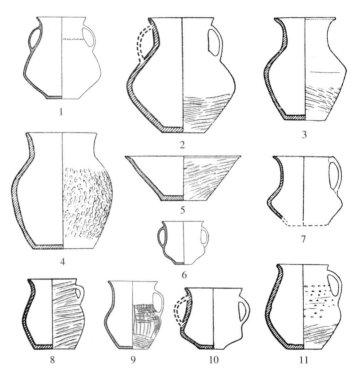

图八　海家湾遗址出土陶器

1.双大耳罐（M1:1）；2.双耳罐（M3:3）；3.瓶（M2:2）；4.侈口罐（M2:1）；5.盆（M2:3）；6.双大耳罐（M1:2）；7.单耳罐（M2:4）；8.单耳罐（M3:1）；9.单耳罐（M1:3）；10.双耳罐（M3:4）；11.单耳罐（M3:2）

9.兴隆镇遗址

兴隆镇遗址位于西吉县南兴隆镇西北 1.5 公里的渭河支流，葫芦河与两条小河汇合处的三角形台地上，遗址面积很大，约一百万平方米。1960 年宁夏博物馆筹备处对该遗址进行了调查和试掘[11]。在遗址西北部的断崖上发现了灰层，厚约 2.5 米，地面采集石斧 10 件、石刀 5 件、石锛 1 件，均为磨制，制作精细。同时采集大量的陶器残片。于遗址南部断崖上发现墓葬 2 座，附近地表散布有很多人骨和陶片，这里可能是一处墓葬的密集区。两座墓葬均为长方形竖穴土坑墓，M1 长 2.1 米，M2 长 2.2 米，因遭破坏，宽度不详，葬式均为仰身直肢葬。M1 随葬双大耳罐 1 件，喇叭口、长颈、圆腹、平底、颈肩之间置一对称的环形大耳，颈以下饰横篮纹 (图九，1)；另有夹砂红陶残陶鬲 1 件。M2 随葬单耳罐 1 件，侈口、圆腹、平底、颈侧附一环形耳，口沿残，耳与口沿齐平 (图九，2)；另有夹砂灰陶鬲足 1 件。从遗址地表采集的陶片及墓葬随葬陶器看，这里陶器陶质以夹砂红陶和泥质红陶为主，细泥红陶和泥质灰陶很少，均手制，器形有侈口罐、单耳罐、双大耳罐和鬲等，纹饰以绳纹和篮纹常见。

10.上齐家遗址

上齐家遗址位于隆德县西南约 20 公里的上齐家村。1963 年隆德县文化馆送交宁夏博物馆筹备处一批陶器[12]，据称是在上齐家村河边的坡地上挖出，与陶器同出的还有人骨架，应是一座墓葬。送交的陶器如下。

双耳壶　1 件。泥质红陶，小口，唇部已残，圆腹，平底，腹部有对称的两小耳，腹饰篮纹 (图九，3)。

单耳罐　2 件。其一为泥质红陶，侈口，圆腹，平底，侧有一环状耳，口沿外饰一圈泥条呈花边状，肩以下饰横向绳纹。口径 9.5、高 13.3、底径 8 厘米 (图九，4)。另一件也为泥质红陶，侈口、高领、圆腹、平底，肩以下饰斜绳纹。口径 7.4、高 10.5、底径 4.3 厘米 (图九，5)。

单耳壶　1 件。细泥红陶，侈口，长颈，腹较浅，平底。口径 8.1、高 13.5、底径 6.5 厘米 (图九，6)。

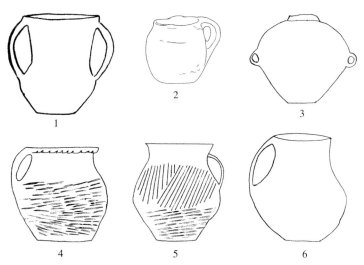

图九　兴隆镇、上齐家出土陶器

1.双大耳罐 (M1:1)；2.单耳罐 (M2:1)；3.双耳壶；4、5.单耳罐；6.大耳罐 (1~2.兴隆镇，3~6.上齐家)

11.店河遗址

店河墓地位于固原市河川乡店河村西约 0.5 公里的山坡地上，面积约 10 万平方米。1965 年宁夏博物馆对该遗址的墓葬进行了发掘清理[13]，共清理了 6 座齐家文化墓葬，其中 3 座保存尚好。M1 和 M2 均为长方形竖穴墓，均为单人一次屈肢葬，头向西北。M1 随葬品丰富，于墓主头部、背侧及足下放置纺轮 1 件，陶器 36 件，另有绿松石饰 1 件与骨珠数百件，出槽骨片 40 余枚。M2 墓主头的上方与足下置陶器 9 件，颈部及胸前有骨珠数百件以及绿松石饰和骨片等。M3 随葬品较少，除填土中有 1 件陶罐外，只在墓主头端随葬石锛、石斧各 1 件。3 座墓出土陶器 46 件，器形有侈口罐、长颈圆肩罐、单耳罐、双耳罐等，均为泥质红陶，有个别的彩陶，多饰横向绳纹或篮纹。

侈口罐　标本 M1:32，侈口，圆腹，平底，器身满饰横向绳纹，外表有烟炱痕迹。口径 13.2、高 24.8、底径 9.6 厘米 (图一〇，1)。

长颈圆肩罐　标本 M1:28，小口，长颈，圆肩，深腹，底内凹，肩部以下饰横向篮纹，颈部有一周锥刺纹。口径 14.4、高 40、底径 12.3 厘米（图一〇，8）。

单耳罐　标本 M2:3，侈口，鼓腹，平底，器身满饰横向绳纹并饰竖行划纹，有烟炱痕迹。口径 7.8、高 9.2、底径 5 厘米（图一〇，5）。标本 M1:22，侈口，长颈，圆腹，平底，肩腹饰绳纹和划纹，口沿下及底部饰横向篮纹。口径 9.2、高 16.6、底径 8 厘米（图一〇，6）。标本 M1:4，耳上端与口沿平齐，鼓腹，平底，素面。口径 9、高 13.4、底径 7.2 厘米（图一〇，2）。

双耳罐　标本 M2:1，侈口，高领，鼓腹，平底，双耳，近底部饰横向篮纹。口径 8.6、高 11.9、底径 5.2 厘米（图一〇，4）。标本 M2:2，口沿残，圆肩，鼓腹，腹部有双小耳，小凹底，肩部彩绘，均匀地绘出六个圆圈，圈内填方格纹，大部分为一圈带纹和波浪纹。残高 19.6、底径 8 厘米（图一〇，7）。

高领圆腹罐　标本 M1:1，侈口，高领，圆腹、平底，颈饰一周锥刺纹，腹饰横向篮纹。口径 22.4、高 29.2、底径 11.2 厘米（图一〇，3）。

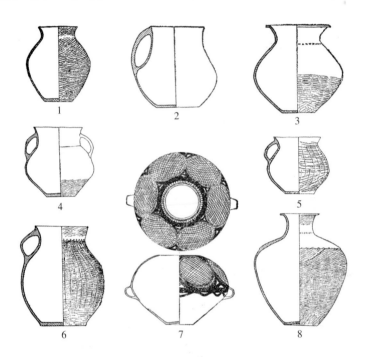

图一〇　店河遗址出土陶器

1.侈口罐（M1:32）；2.单耳罐（M1:4）；3.高领圆腹罐（M1:1）；4.双耳罐（M2:1）；5.单耳罐（M2:3）；6.单耳罐（M1:22）；7.双耳罐（M2:2）；8.长领圆肩罐（M1:28）

12.页河子遗址

页河子遗址位于隆德县西南约 20 公里葫芦河支流渝河北岸的二级台地上，1984 年文物普查队发现，面积 75 万平方米。1986 年北京大学考古系为了搞清宁夏南部地区新石器时代的文化面貌和序列，对该遗址进行了发掘。[14] 发掘者将遗址分为三个发掘区，第二发掘区主要是仰韶文化晚期的遗存，第一、三区为齐家文化的分布区。三区发掘面积 400 平方米。通过发掘，发现齐家文化硬土面房址 1 座，白灰面残迹 2 处，灰坑 81 个。

房址 F301，长方形，半地穴式，直壁，居住面为硬土面，地面平整坚硬，硬土厚 7~10 厘米。室内中部有厚 0.5、直径 60 厘米的烧土面，当为灶台毁弃后的残迹。门道为长方形斜坡状，位于北壁偏东侧，房址深 40 厘米，面积 5 平方米左右，未发现柱洞。

灰坑 81 个，坑口有圆形、椭圆形、长方形及不规则形，坑壁有直有斜，多为平底，有少数坡形底，以袋状一壁有小龛的圆形灰坑最具特色。

生产工具，质地有陶、石、骨、角四类。陶纺轮 6 件，陶垫 2 件，陶球、陶支座和陶模各 1 件。石刀 16 件，有长方形、方形，均在近刃部穿孔，一般采用两面钻法，双面刃。石镞 7 件，有柳叶形、扁三角形及四棱形等。石铲 1 件，中部 1 孔，双面刃。石凿 4 件，长条状，单面刃。石斧 6 件，扁平、长方形、双面刃。石锛 4 件，长方形、单面刃。玉锛 1 件，墨绿色，长方形直刃单锋。石球 1 件，石纺轮 2 件，砺石 2 件，以上石器均为磨制，多为通体磨光，异常精致。骨镞 29 件，有柳叶形、三角形、圆锥形、三棱形、四棱形等，一般铤较长，有的无铤，磨制精细。骨锥 11 件，骨凿 4 件，骨匕 1 件，骨针 6 件，均为磨制，异常锋利。装饰品的品类较多，常见者有陶环 10 件，陶笄 10 件，骨笄 2 件，石环、石笄、石饰各 1 件，玉璧 2 件，牙饰 2 件，蚌饰 5 件。另有卜骨 2 件，用牛肩胛骨制成，无钻凿，只有灼，灼痕呈圆形或椭圆形，两面均有。

生活用具，主要是陶器。据统计，第一期一段泥质橘红陶占 22.4%，泥质橘黄陶占 14.5%，泥质灰陶占 12.7%，夹砂橘红陶占 22.2%，夹砂橘黄陶占 10.3%，夹砂灰褐陶占 18%；第一期二段，泥质橘红陶占 20.2%，泥质橘黄陶占 24.1%，泥质灰陶占 11%，夹砂橘红陶占 15.5%，夹砂橘黄陶占 7.7%，夹砂灰褐陶占 20.8%，夹砂黑陶占 0.08%。第二期泥质橘红陶占 20.3%，泥质橘黄陶占 29.9%，泥质灰陶占 12.4%，夹砂橘红陶占 12.8%，夹砂橘黄陶占 12.5%，夹砂灰褐陶占 11.2%，以磨光和素面最多，次为篮纹和麦粒状绳纹，另有一定数量的附加堆纹和少量的刻划纹，方格纹极少，还有极少量的彩陶。器类中以平底器最多，三足器次之，圈足器少见，带耳器占有一定的比例。主要器形有高领折肩罐、夹砂侈口深腹罐、花边罐、带耳罐、盆和鬲、斝等。器形特点这里只对该遗址齐家文化第二期略加介绍。

高领折肩罐 占全部陶器的 30% 左右。均为泥质，绝大多数为橘红和橘黄色陶，有少量灰陶。腹部多饰篮纹，肩部多磨光或素面。标本 Ab 型Ⅲ式 T303⑤:34，斜直领，斜圆肩，斜直腹，平底，颈腹间有明显折棱，口部残。残高 45.2、底径 7.2 厘米 (图一一，1)。标本 Ab 型Ⅲ式 T303⑤:32，侈口，斜直领，折肩，下部残。口径 21、残高 18 厘米 (图一一，2)。标本 B 型Ⅲ式 T301②:3，尖圆唇，直颈，溜肩，颈上部饰篮纹，腹部两侧至双耳，底残。口径 19.2、残高 20 厘米 (图一一，9)。

夹砂侈口深腹罐 约占全部陶器总数的 50%~66%。多为橘红或橘黄，有少量褐色或灰色。颈部多饰篮纹。标本 Aa 型Ⅲ式 H142:13，斜直领，瘦弧腹，侈口，领饰斜行篮纹，腹饰麦粒状粗绳纹，底残。口径 16、残高 9 厘米 (图一一，4)。标本 Aa 型Ⅲ式 H136:14，侈口，直领，弧腹，领饰横篮纹，灰褐色。口径 16、残高 10.4 厘米 (图一一，5)。标本 Ac 型Ⅱ式 T303⑤:13，侈口，斜直领，鼓腹，下部残。口径 16、残高 11.2 厘米 (图一一，6)。

泥质双大耳罐 多为橘红或橘黄色陶，素面或磨光，侈口，颈肩之间置一对称桥形耳，一般形体较小，平底，占陶器总数的 3% 左右。标本 A 型Ⅲ式 T301③:29，斜直领较高，颈腹间有折棱，斜圆肩，斜直腹，腹形较扁。口径 9.9、底径 5.6、高 10.4 厘米 (图一一，3)。

夹砂单耳罐 占陶器总数的 3% 左右，多为橘红色或橘黄色，有少量灰色，口和颈上部之间有一桥形耳，腹多饰麦粒状纹和绳纹。标本 A 型Ⅲ式 T303⑤:8，斜直领，颈腹间有折棱，圆腹，腹饰竖绳纹，底残，灰色。口径 10、残高 12 厘米 (图一一，8)。

鬲 均为夹砂灰褐陶，标本 T103⑥:27，侈口，尖唇，斜直领，颈和腹上部之间有一桥形耳，袋足肥大，弧档较高，腹饰竖绳纹，足饰横绳纹。口径 9、高 13.2 厘米 (图一一，7)。

从上述诸多考古发现来看，以师赵村为代表的这类齐家文化遗存，归纳起来可以看出其各种遗迹和遗物的特征。

房址共发现 48 座，其中白灰面房址 45 座，硬地面房址 3 座。形状有方形、长方形、梯形、圆形、椭圆形，多为半地穴窑洞式建筑。多数房址呈凸字形，前为门道，后为居室，居室内的居住面和墙壁面均经专门处理，即先抹一层草拌泥，然后再抹一层白灰，呈洁白的白灰面，坚硬光滑美观，防潮。门道

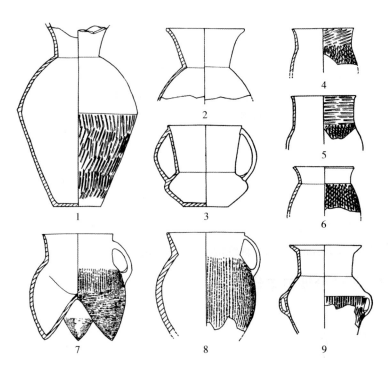

图—— 页河子遗址齐家文化第二期陶器

1、2、9.高领折肩罐（Ab 型Ⅲ式 T303⑤:34、Ab 型Ⅲ式 T303⑤:32、B 型Ⅲ式 T301②:3）；3.泥质双
耳大罐（A 型Ⅲ式 T301③:29）；4、5、6.夹砂侈口深腹罐（Aa 型Ⅲ式 H142:13、Aa 型Ⅲ式 H136:
14、Ac 型Ⅱ式 T303⑤:13）；7.鬲（T103⑥:27）；8.夹砂单耳罐（A 型Ⅲ式 T303⑤:8）

多为台阶形，一般为一或二级，多数不抹白灰。居室中均有灶坑，圆形灶面或灶台，直径 60~80 厘米不
等，部分灶坑底面也抹白灰。房址门向朝南的多，朝东、西的也有，朝北的罕见，主要视地理环境定
向。房址面积均小，一般在 5~10 平方米，唯有西山坪房址的面积较大，为 9.5~30 平方米。烧制陶器的
窑址仅在师赵村遗址发现 3 座，横穴窑，均由窑室、火道、火膛组成，其中两座并列，位于两座房址附
近。窑穴（或灰坑）115 个，有圆形袋状、筒状、椭圆形、盆状、锅底状等，以前两种最多。多数分布
在房址附近，与人们生活关系密切。墓葬共 18 座，多为长方形土坑竖穴墓，唯有西山坪遗址的 M3 为圆
形坑。多为一人一次葬，也有二次葬，仰身直肢和屈肢葬都有，西山坪的 M3 特殊，墓内有 9 具人骨，
上下叠压或相互交错，死者均为成年男性，大约 20~40 岁，可能是圆形殉葬墓。全部墓葬头向不一，未
见木棺葬具，仅在师赵村的墓底发现有砾石摆放，多者达 15 块，可能是棺椁的象征物。一般墓葬都有
随葬品，多为 3~5 件不等，有生产工具和生活用具，个别墓随葬品较丰富。师赵村遗址的 M8 随葬玉琮
和玉璧各 1 件，均为礼器，特别珍贵。店河遗址的 M1 随葬品较丰富，计有陶器 36 件、纺轮 1 件、绿松
石饰 1 件、串饰骨珠数百件及齿槽骨片 40 余枚。另在师赵村遗址的第Ⅲ发掘区中部发现祭祀遗址一处，
即 F37。F37 为"石圆圈"遗迹，由大小不等的河卵石砌成，直径 2.3 米，残存卵石 50 多块，可复原成
圆形石圈。在石圆圈的西北 2 米处，出土牛骨架 1 具，除无头外，躯体基本完整，做侧卧状，长 3.1 米。
类似情况曾在永靖大何庄齐家文化遗址中也发现过。这座"石圆圈"遗迹应为祭祀建筑，在埋葬死者或
举行宗教性活动时在这里进行祭祀活动。

陶器的质地和颜色，多数遗址的发掘报告都描述为泥质红陶、夹砂红褐陶和泥质灰陶三种陶系，唯
页河子遗址报告描述为"以夹砂和泥质的橘红及橘黄色陶占绝大多数，有少量的泥质灰陶及夹砂灰褐
陶"[15]。制法多以手制为主，普遍采用泥条筑成法，并以盘筑法为主，同时使用慢轮修整技术及模制法。

陶器表面除磨光素面无纹饰外，一般都装饰绳纹、篮纹、附加堆纹、弦纹、划纹、戳印纹、方格纹等。彩陶极为罕见。造型特点以平底器为主，三足器较少，凹底或圈足更少。器形有罐、盆、碗、杯、盘、尊、豆、鬲、斝、瓮、缸及器盖等，其中以罐、瓮、盆最多，占比很大。罐类在各遗址不仅数量多，而且形式复杂多样，从其形态来看又可分为侈口罐、单耳罐、双小耳罐、双大耳罐、三耳罐、折肩罐、高领折肩罐、折腹罐、圆腹罐、高领双耳罐等。生产工具，按质料可分为石器、骨器、陶器三种。石器按形制和用途可分为斧、锛、凿、刀、铲、锄、犁、杵、臼、石球、矛、镞、磨石，还有打制的细小石器及半成品或石坯等，绝大多数为磨制，通体磨光的很多，有些制作十分精致。通过对半成品的观察，石器加工技术比较成熟，工艺讲究，从选料、切割，到打、琢、磨、穿孔等各工序都能掌握。骨质的生产工具有锥、凿、针等，均为磨制，都有使用痕迹。陶质生产工具有陶纺轮、陶刀、陶铃、陶球等。装饰品及其他，有石环、陶铃、陶笄、陶塑鱼玩具、玉环、玉璜、玉琮、玉璧、骨笄、骨珠等。

这里未发现夫妻合葬的情况，也未发现红铜或青铜制品的出土。

二 师赵村类型的分期与年代

中国社会科学院考古研究所甘肃工作队对天水师赵村和西山坪二遗址的发掘与研究，为我们提供了研究甘肃东部史前文化发展序列的丰富材料，尤其对齐家文化的发掘和研究，为我们提供了与其他遗址做比较的标尺。师赵村和西山坪二遗址的齐家文化遗存，截至目前在甘肃东部和宁夏南部是发掘面积最大的，收获最丰富的，各种遗迹遗物都很典型，有代表性，发掘者将它命名为"师赵村类型"是最合适的。齐家文化师赵村类型由于分布面积广，各地气候环境有差异，所以各地的文化面貌也不尽相同，特别是各遗址存在的年代有早有晚，所以客观上存在着分期问题。关于师赵村类型的分期问题，中国社会科学院考古研究所编著的《中国考古学·夏商卷》、《师赵村与西山坪》及《武山傅家门遗址的发掘与研究》中[16]，已将甘肃东部齐家文化区分为师赵村类型和七里墩类型，师赵村类型又分为早晚两期，即师赵村遗址齐家文化遗存为 A 组，西山坪遗址齐家文化遗存为 B 组，傅家门遗址的齐家文化遗存与 A 组师赵村遗存有别，而与 B 组西山坪遗存较为接近。这实际上乃是将甘肃东部的齐家文化遗存区分成了三段，师赵村—西山坪、傅家门—七里墩。我们认为这只是天水地区的情况，而对平凉、庆阳及宁南地区的情况有所缺失，因为他们都属于泾、渭上游地区，而且又是齐家文化分布最集中的地区。这些地区开展工作较少，积累材料零星，但必须重视。

从已发表的材料来看，以师赵村遗址为代表的师赵村类型齐家文化遗存，在整个分布范围内分为四段三期，即隆德上齐家和固原店河、海家湾为第一段，天水师赵村为第二段，天水西山坪、武山傅家门、秦安寺咀坪、平凉侯家台、灵台桥村、合水牛头山为第三段，天水七里墩、西吉兴隆旗、隆德页河子为第四段。第一段和第二段为师赵村类型早期，第三段为师赵村类型中期，第四段为师赵村类型晚期。

兹将四段的情况略加介绍。

第一段上齐家、店河、海家湾，均为清理了少数墓葬及遗址的调查情况，对研究者来说，虽然它们反映的遗址研究信息不全面，但也值得重视。这三处遗址，从文化面貌的整体看均属齐家文化，但都有一些比齐家文化早的文化因素。如上齐家的单耳罐（见图九，5），侈口，短颈，圆腹，平底，腹部饰有划纹和绳纹，与常山下层文化镇原高庄遗址出土的同类器相同[17]；上齐家的碗与常山下层的 I 式碗（H24:6）相似[18]；店河遗址的双耳罐 M2:2（见图一〇，7）与广河地巴坪半山类型的 M37:4 彩陶瓮无论造型及彩绘花纹都相同[19]；海家湾的双大耳罐 M1:2（见图八，6）与常山下层 H13:1 同类器相似[20]；海家湾 III 号墓出土的双耳罐 M3:4（见图八，10）与宁夏菜园文化瓦罐嘴出土的双耳罐 WM10:6 相似[21]。据此我们认为这几处遗址在整个师赵村类型中是较早的文化遗存。

第二段师赵村遗址。师赵村遗址位于齐家文化分布区的东部，是泾、渭上游地区的典型齐家文化遗址。鉴于师赵村聚落遗址比较完整，发掘面积大，出土遗迹、遗物丰富，房址、窖穴、陶窑、墓葬、祭祀遗迹等较全面，出土遗物有生产工具、生活用具、装饰品及其他等，不仅数量多而且均为典型品，据此发掘者将其命名为"师赵村类型"，是泾、渭上游及西汉水流域最具代表性的典型齐家文化遗存。

师赵村遗址第三发掘区揭露面积较大，达 3325 平方米，主要是齐家文化遗存。在这里发现齐家文化房址 26 座、窖穴 17 座、陶窑 3 座、墓葬 3 座、祭祀遗址 1 座。26 座房址的平面形制，有圆形、椭圆形、方形、长方形与多边形等。以长方形为主，一般都有斜坡式或台阶式门道，方向不一。朝南的房多，房内中部均有灶址或灶坑，部分灶上置有灶具罐、鬲、斝等。绝大多数房址的居住面和墙壁近底处抹白灰，呈平整光滑坚硬的白灰面。这些房址的面积都不大，一般的仅五六平方米，最大的也不超过 10 平方米。发掘者依据 26 座房址的分布情况，将其分为五组建筑群：一组位于聚落南部，房址 3 座，即 F1~F3，门朝南；二组位于一组的北面，房址 5 座，即 F13、F15、F19~F21，门向除一座外均朝北；三组位于聚落北部，共 8 座，即 F5~F12，门向除 2 座朝东外均向南；四组位于二组之间，共 5 座，即 F16~F18、F22、F23，除一座外均朝南；五组位于聚落之西部，房址 2 座，即 F26、F27，门向朝东。每组房址的数目虽不同，但排列方式基本相同，都作半圆形排列。有个别房址特殊，如 F14 位于三组建筑群之南，处于整个聚落的中心位置，面积较大，约 10 平方米，呈长方多边形，二长边房壁呈曲折形，形成里外套间式结构，白灰居住面，中部一灶面，灶旁有一置放器物的"器座坑"。这座房子的主人身份可能有别于一般家族成员。凡居住面为白灰面的房址，由墙壁面的弧度观察，墙壁从底往上逐渐内收，可能为窑洞式建筑。过去齐家文化建筑遗址发现较零星，不成一个完整的建筑群。所以师赵村遗址是迄今所见齐家文化中保存较好较完整的一处聚落遗址。在聚落内分布着 17 座储存东西的窖穴，多在房址附近，窖穴的形制有口小底大袋状和筒状。聚落内还发现了 3 座陶窑，均为横穴窑，均由窑室、火道、火膛三部分组成。其中两座位置并列，距 F17、F18 房址较近，约 8 米左右，房址和窑址可能有密切的关系。聚落内还发现祭祀遗迹 1 处，由大小不等的砾石砌成直径 2.3 米的石圆圈，在石圆圈的西北 2 米处，出土牛骨架 1 具，无头，躯体完整。类似情况曾在永靖大何庄齐家文化遗址中发现过。在居住区内曾发现墓葬 3 座，均为竖穴土坑墓，未见葬具，但在墓底发现不少河卵石，散放在骨架周围，可能是葬具的象征，墓坑方向不一，葬式均为二次葬，各墓都有随葬品，2~5 件不等。师赵村遗址出土的生产工具比前期有较大的发展，不但数量多而且型式复杂，如石刀，有长方形、梯形、椭圆形，还有单孔和双孔，有的刀面还有美丽的图案。石斧的型式，可分为长方形、梯形、束腰型与穿孔石斧等。还有铲、石锛等，器型都较规整，制造精致。用于农业生产的除斧、铲、刀外还有研磨器、臼、杵等。手工业生产工具有锛、凿和骨锥、骨凿等。用于狩猎的工具有石镞、石弹丸、石矛等。纺织工具有陶纺轮、骨针等。制陶工具有陶垫、陶拍等。表明当时生产活动的领域比较广泛。师赵村出土兽骨中猪的骨骼最多，约占全部兽骨的 85%，表明当时饲养的家畜以猪为主。制陶业是当时的主要手工业，陶色以橙黄色和红褐色最多，陶器制法、纹饰、器形等见前述。

第三段有西山坪、寺嘴坪、傅家门、桥村、牛头山、侯家台等遗址。这 6 处遗址中西山坪、傅家门、侯家台发掘面积较大，都在 1000 平方米以上，其余揭露面积都较小，但总的来说也为我们的研究提供了较丰富的资料。这一段的房址共 21 座，多为长方形或方形半地穴式建筑，傅家门遗址除有长方形 2 座外，还有圆形、椭圆形各 1 座以及梯形 3 座。傅家门和侯家台的房址均为窑洞式建筑，后者前有过道、后为居室，居室一般为圆角方形，4 米见方，过道长 4 米左右，过道口朝东。其他遗址中的房址门向不一，但朝南的较多。居住面和墙壁面均涂抹白灰，呈光滑坚硬的白灰面，部分房址的墙壁用白灰涂抹墙裙，高约 0.5 米。房址中部有灶坑或灶面。这段房址的突出特点是面积较大，西山坪的房址面积为 9.5~30 平方米，傅家门的房址面积在 8~16 平方米，寺嘴坪的房址面积在 9.8~14.8 平方米，都比第二段师赵村的房址面积大。其他如平面形状、门的朝向、居住面和墙壁面的处理及灶址的位置等都与第二段相同。但未发现较完整的聚落布局。在第三阶段的遗址中共发现窖穴 19 个，有圆形袋状及筒形，坑壁都比较规整。此段共发现墓葬 4 座，其中 3 座为长方形竖穴土坑墓。西山坪的 M1 内有人骨架 2 具，一具为一次葬，仰身直肢，另一具为二次葬。傅家门的 M2 内有人骨架 1 具，为一次葬，仰身直肢。墓内都有随葬品数件。唯西山坪的 M3 墓坑为圆形，墓内有 9 具人骨，上下叠压交错，应为保存较好的一座殉葬墓。第三段诸遗址中未发现陶窑。第三段出土的生产工具以西山坪和傅家门发现的为代表。西山坪出土的石器有斧、锛、凿、刀、矛、臼、磨棒、盘状器、环状器、球、镞、纺轮，傅家门还有铲、锄、犁等新型农业用具。骨器有镞、针。陶质工具有陶刀、陶拍、陶纺轮等。这一段的石器形状规整，棱角清晰，通体磨制，个别为打制。傅家门遗址出现锄、犁新式农具，表明当时的农业生产较前有所发展。第三段出土的陶器仍以橙黄色和红褐色为主，制法除泥条盘筑法外，还出现模制法，鬹等三足器一般都用模制法制成，其三空足是分别模制脱模后再和器身粘接的。陶器纹饰除素面外，篮纹、绳纹、附加堆纹、弦纹、划纹常见。器形多与第二段相同，仅傅家门出土的筒形罐、带嘴罐和桥形捉手器盖为新出现的器形，但在相同的器形中也有差异。如双大耳罐或双耳罐的体形由矮变高，双大耳罐的耳把由环形小耳演变为弧形大耳；高领折肩罐或高领双耳罐的腹部由圆胖型变为瘦长型，折肩明显，颈部从短变长；单耳鬲由矮领变为高领；器表的绳纹和篮纹由斜行渐变为竖形。

　　第四段有七里墩、兴隆镇、页河子等三处遗址。前两者为调查资料，唯页河子为科学发掘资料，揭露面积 400 平方米，总的来看资料比较欠缺。发现房址 1 座，残破白灰面 2 处，窖穴 81 个，墓葬 3 座。页河子发现的 1 座房址，形状为不规则的正方形，半地穴式建筑，直壁高约 40 厘米，门道为长方形斜坡状，位于北壁偏东侧，室内面积约 5 平方米。居住面为硬土面，平整坚硬。房址中部有一直径 60 厘米的灶面，应为灶台毁弃后的残迹。未发现柱洞，其他结构不详。窖穴 81 个，坑口有圆形、椭圆形、长方形及不规则形，坑壁有直壁和斜直壁，坑底有平底和坡状底，以袋状一壁有小龛的圆形窖穴最具特征。此段共发现墓葬 3 座，其中七里墩遗址 1 座，系 1956 年调查时发现，墓内随葬陶器均为齐家文化的典型器物。如高领折肩双耳罐、侈口罐、单耳罐、双耳罐、甗等，器体较大。高领折肩双耳罐高达 61 厘米，肩腹间折棱明显，腹饰竖行绳纹或篮纹。侈口罐和单耳罐较粗矮，腹部均饰竖行粗绳纹。兴隆镇遗址的两座墓葬，均为长方形竖穴土坑墓，葬式均为仰身直肢。M1 随葬双大耳罐 1 件，残陶鬲 1 件；M2 随葬单耳罐 1 件，鬲足 1 件。这里的双大耳罐表现出向齐家文化晚期演化的特征。第四段出土的生产工具可以页河子遗址为代表。石器有石刀、镞、斧、凿、锛、砺石、石球，石纺轮及玉锛等。骨器有镞、锥、凿、匕、针等。陶质工具有陶纺轮、陶垫、陶球、陶支座、陶模等。装饰品有陶环、陶笄、骨笄、长条形骨饰、石环、石笄、石饰、牙饰、蚌饰等，还有玉璧 2 件、卜骨 2 件。生活用具中的陶器以夹砂和泥质橙红、橙黄色陶占绝大多数，有少量的夹砂和泥质灰陶及灰褐陶。纹饰以素面为大宗，篮纹和麦粒状绳纹次之，附加堆纹、刻划纹、方格纹最少。器类以平底器最多，三足器次之，圈足器罕见，带耳器占一定比例。主要器形有高领折肩罐、侈口罐、花边罐、带耳罐、盆及鬲、鬹等，这里的高领折肩罐、高领折肩双耳罐、侈口罐、双大耳罐、单耳罐、高领鬲等都表现出渐向齐家文化晚期演变的特征。

　　根据上述齐家文化分布区东部师赵村类型的第一至四段文化面貌特征，我们认为第一段和第二段为师赵村类型早期，因为第一段的文化面貌尚有早期文化如常山下层文化、马家窑文化半山类型及菜园文化的因素，到第二段才真正演变为齐家文化的师赵村类型；第三段为师赵村类型的中期；第四段为师赵村类型的晚期。四段三期是连续发展而来的。四段三期中没有发现地层叠压或遗迹单位的打破关系，或早或晚只是从陶器的类型学分析得出的认识。

　　值得特别提出的是，在整个师赵村类型四段三期中未发现铜器遗存，未发现夫妻合葬，彩陶少见，这些情况可能是其所处年代较早的反映。

　　在师赵村遗址的探方 T310 地层堆积中，发现第二层为齐家文化层（即该遗址的第七期）叠压在半山类型 H1 之上，窖穴 H1 出土有典型的半山类型及马厂类型的陶器，也就是说这里的齐家文化要晚于马家窑文化的半山马厂类型。在师赵村遗址第Ⅲ发掘区内，发现齐家文化的房址 F24 打破半山类型的墓葬 M5 的情况，表明这里的齐家文化应晚于马家窑文化半山马厂类型。师赵村类型的绝对年代经碳十四年代测定的数据仅有 3 个，其中桥村 1 个、西山坪 2 个。测定结果（指高精度校正数据）为公元前 2183~前 1979 年（ZK0741，桥村 H4）；公元前 2140~前 1529 年（ZK2149，西山坪 T1③）；公元前 2138~前 1906 年（ZK2205，西山坪 T16F1）。其中西山坪标本 ZK2149 测定年代下限略晚，其余两个较接近，即公元前 2183~前 1906 年。[22] 这里的年代上限比永靖大何庄测定的两个数据的上限早 100 年左右，比乐都柳湾测定的一个数据的下限早 200 多年，桥村、西山坪的三个标本数据均为师赵村类型的中期，而师赵村类型早期的年代可能要早一些，师赵村类型晚期的年代可能要比中期晚一些。

三 师赵村类型的聚落形态

齐家文化在中国考古学中属于新石器时代末期，其晚期已进入夏代纪年，与中原地区龙山文化晚期基本同时或略晚，齐家文化的师赵村类型早中期应在夏代以前。公元前 2000 年以前有很多规模面积不等的城址，在我国的黄河、长江中下游地区都有发现，其中较大规模的有山西襄汾陶寺、山东章丘城子崖、陕西神木石峁、湖北天门石家河及浙江余杭良渚镇等，除城子崖外，它们都在百万平方米以上，其中石家河 120 万平方米、良渚 290 万平方米、陶寺 300 万平方米、石峁 400 万平方米，都有坚固的土质或石质城墙。历史学家认为这些城址应是古文献记载中的颛顼、尧、舜、禹时代，即"万国"并存时代的都邑。"万国"只是表示一种邦国林立的格局，在这种格局中，夏代之前尚无统一的政治中心，到了夏代及其以后，才形成了以王朝为中心的多元一体的政治局面。[23] 上述夏代之前黄河、长江中下游地区诸考古学文化都发现有规模大小不等的城址，唯与他们同时的齐家文化尚未发现，这是相关工作开展较少的缘故。齐家文化遗址目前已发现 3000 多处，分布广泛，但科学发掘过的很少，且多为墓葬，如秦魏家、大何庄、柳湾、皇娘娘台等，近年来发掘的师赵村遗址、西山坪遗址、傅家门遗址，算是发掘面积较大的聚落遗址。但西山坪和傅家门遗址的齐家文化遗存并不丰富，唯师赵村遗址的第Ⅲ发掘区才主要是齐家文化遗存。师赵村齐家文化聚落不是城址，而是普通聚落，在古文献中也就是"村邑"或"宗邑"而已。村邑或宗邑、城邑或都邑，是同时存在的，是不同的层次，是一级管理一级的行政系统。考古学上分普通聚落、中心聚落，前者可能隶属于后者。师赵村遗址Ⅲ区乃是齐家文化师赵村类型的一处普通聚落。本文对师赵村Ⅲ区齐家文化聚落的房址数目、形状、面积、门向、结构（平地起建、半地穴式、窑洞式）、建筑技术、房内设施、遗物等已作介绍，但只是外部形态的表述，据此我们将进一步对此聚落居民的社会组织结构进行初步分析。

师赵村遗址第Ⅲ发掘区齐家文化遗存的总面积大约 2 万~3 万平方米，原始地形地貌可能是在缓坡形的河边台地上有四块高地，沿四块高地的边缘掏筑窑洞，劈修窑面和掏挖洞室出的土垫在窑门前几块高地之间的低处，高地边缘是窑洞，高地之间成为人们活动的平地（图一二、一三）。所以这个聚落在建设前是事先选定的，若没有这几块较高的地形，就无法掏筑窑洞。村址选定后，第一批开挖的窑洞应该是在第Ⅱ号和第Ⅲ号高地相对应的两个高地的边缘，这样已形成了一处完整的聚落。第Ⅱ号高地的北部边缘的窑洞门朝北或西北开，第Ⅲ号高地的南部边缘窑洞门朝南或东南开，两两相对，成为相聚的整体，它们又各自成为半圆形，表示其亲密关系。后来随着人口的增加，居住Ⅱ号高地的人口向Ⅰ号高地扩建，居住Ⅲ号高地的人口向Ⅳ号高地扩建，遂使整个聚落扩大。新扩建的第Ⅰ和第Ⅳ号高地新建的窑洞为了朝阳而门向均选在南边，看来也是很自然的。这样的聚落布局，推测其社会组织结构可能如下：居住在第Ⅰ、Ⅱ号高地上的 F13、F15、F19、F20、F21、F24、F25、F1、F2、F3 等 10 座窑洞或居室可能是几个家庭组成的一个家族；居住在Ⅲ号高地的 F5、F6、F7、F8、F9、F10、F11、F12、F26、F27 等 10 座窑洞或居室可能是

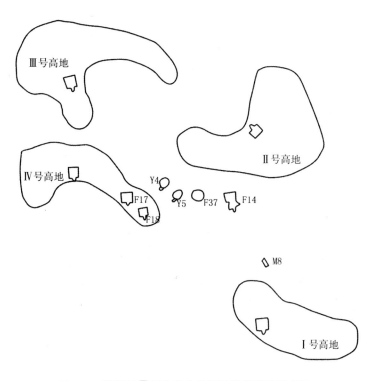

图一二 师赵村Ⅲ区齐家文化原始地形地貌示意图

图一三 师赵村Ⅲ区齐家文化聚落示意图

几个家庭组成的一个家族；居住在Ⅳ号高地的 F17、F18、F16、F22、F23 可能是几个家庭组成的一个家族。整个聚落由三个家族组成一个宗族。这里的居民已经分化成了三级，系家庭、家族、宗族，宗族已经代替了早先的氏族组织。这时的家庭有父家长，家族有父家族长，宗族有宗族长。[24] 当时的个体家庭包含在家族之中，家族又被包含在宗族之中，所以父家长权与家族—宗族结构的结合，必然使聚落内外产生很多不平等的现象，不但个人与个人之间不平等，而且家庭与家庭之间、家族与家族之间及宗族与宗族之间都存在不平等的情况。这些情况在师赵村聚落内同样也是存在的，如 F14 不但窑内面积大于其他房址，而且是前后两室结构，位置又居于整个聚落的中部，显然是宗族长的居所；M8 随葬 1 琮 1 璧，墓主人可能是全聚落的神职人物，也可能是居住在 F14 的祖辈——老宗族长的墓葬；聚落中部的 F37 圆形石圈祭祀遗迹，也可能是宗族长执祭的场所。就整个齐家文化来看，永靖秦魏家、乐都柳湾、武威皇娘娘台、固原店河墓地等的随葬品多少，葬具有无，随葬品种类和质量等都反映了当时人与人的不平等现象。师赵村遗址齐家文化聚落居民的社会组织结构也同样存在不平等的现象。

四　师赵村类型与周边其他考古学文化的关系

齐家文化师赵村类型与周边的客省庄文化、常山下层文化、菜园文化和马家窑文化等都有较密切的关系。这实际上也就是整个齐家文化与周边考古学文化的关系，或者是齐家文化渊源的探索问题。关于齐家文化的起源问题，几十年来众说纷纭，归纳起来大体有四种意见：①起源于客省庄文化，甚至将甘肃东部的天水、平凉和庆阳即泾渭上游地区都划归给客省庄文化的分布范围[25]；②起源于马家窑文化的半山、马厂类型，认为齐家文化是马家窑文化的继续和发展[26]；③起源于常山下层文化[27]；④菜园文化应是齐家文化形成的元素之一[28]。除第四种较为客观外，其余三种说法都有偏颇，原因主要是截至目前对整个齐家文化发掘项目较少，且多为墓葬。对聚落遗址的发掘几乎是零，天水师赵村第Ⅲ发掘区齐家文化聚落遗存也不是理想的典型的重要聚落遗址；对齐家文化分布最密集数量最多（1100 多处遗址，占该文化遗址总数三分之一）的平凉地区尚未进行过大规模的科学发掘工作；已发掘的侯家台遗址以仰韶文化晚期为主，虽也有齐家文化内容，但至今未见正式报告出版；对庆阳灵台桥村遗址的发掘还不到一百平方米。如此现状，直接影响着学术界对齐家文化的全面认识。近期经过较大面积发掘的天水师赵村和西山坪二遗址所提供的齐家文化研究资料，虽不全面，但总算有了可用资料。从师赵村和西山坪齐家文化的整体面貌来看是典型的齐家文化早期遗存，客省庄文化、常山下层文化、菜园文化及马家窑文化半山马厂类型等对它都有一些渊源因素，如客省庄文化的鬲、斝等，常山下层文化和菜园文化的双大耳罐、双小耳罐、单耳罐、盆、碗、尊等，以及马家窑文化半山、马厂类型陶容器的整体造型多矮胖的特点等，都对齐家文化师赵村类型的同类器有强烈的影响，或者是并存且互为影响，在相互交流、碰撞、融合中产生了齐家文化的师赵村类型。从碳十四测年数据来看，客省庄文化的年代为公元前2400~前2000 年，常山下层文化（只有一个数据）为公元前 2930±180 年（偏早，或为上限），菜园文化的年代为公元前 2800~前 1900 年，马家窑文化马厂类型的年代为公元前 2400~前 2000 年，齐家文化师赵村类型的年代为公元前 2138~前 1906 年。[29] 前四种文化的早中期年代均早于齐家文化师赵村类型的年代，在这一年代段中可能正是齐家文化的孕育时期；前四种文化的晚期与齐家文化师赵村类型并存，在此并存时期的五种考古学文化或类型乃是相互交流、融合，互为影响的关系。齐家文化形成后正值我国气候的异常时期，中原地区、黄淮下游洪水肆虐，泛滥成灾，人们为了生存纷纷向近处高地迁移，或向较远的黄土高原谋生，给黄土高原地区的龙山时代晚期诸考古学文化带来了人口增加、经济繁荣的机遇[30]，遂出现了规模 300 万至 400 万平方米的大型都邑性的陶寺和石峁城址。此时的齐家文化势力强劲，向西、向北、向南大举扩张，向东（毗邻陕西西部）也施加了一定影响，陇县川口河墓地乃是齐家文化晚期遗存，在客省庄文化晚期遗存中常见的双大耳罐、侈口罐、双小耳罐、三耳罐、高领折肩罐等都是受齐家文化影响的产物[31]。

五　结语

通过前述对齐家文化师赵村类型的文化特征、分布情况、分期与年代、聚落形态以及与周边诸考古学文化的关系等方面的探讨，使我们对师赵村类型的整体面貌有了初步的认识。

师赵村类型是以甘肃东部天水师赵村为代表的一个地方类型，主要分布在泾渭上游、西汉水上游的甘东宁南地区，文化特征明显。这里发现的房址多为窑洞式和半地穴式建筑，平面形状有方形、长方形、梯形、圆形、椭圆形。多数房址呈凸字形，前有门道，后为居室，居室中部都有灶坑或灶面设置，居住面和墙壁面多为白灰面，室内面积较小，一般仅 5~10 平方米，唯西山坪的房址面积较大，为 9.5~30 平方米。房址的门向多朝南，也有朝北、朝东西的，主要视地理环境定向。烧制陶器的窑址均为横穴窑，窖穴（或灰坑）数量较多，其形状以圆形袋状、筒形的较多，多数分布在房址附近。墓葬未发现集中的大型墓地，多为零星发现。墓制多为长方形土坑竖穴葬，有二次葬，仰身直肢和屈肢葬都有，西山坪 M3 特殊，墓内有 9 具人骨，上下叠压或相互交错，死者均为成年男性，大约 20~40 岁，可能是一座殉葬墓。一般墓葬都有随葬品，多为 3~5 件不等，唯店河遗址的 M1 随葬品比较丰富，计有陶器 36 件，纺轮、绿松石饰各 1 件，串饰骨珠数百件及齿槽骨片 40 枚。在师赵村遗址发现祭祀遗迹一处。师赵村类型的陶器最具类型特征，其陶质陶色在各遗址均为泥质橙黄陶、夹砂红褐陶及灰陶等，前两者数量最多，灰陶很少，制法多以手制为主，普遍采用泥条盘筑法，同时使用慢轮修整技术及模制法。陶器除素面外，以绳纹最多，篮纹、附加堆纹、弦纹、划纹、戳印纹较少，彩陶极为罕见。造型以平底器为主，三足器较少，凹底或圈足更少。器形有罐、盆、碗、杯、盘、尊、豆、鬲、斝、瓮、缸和器盖等，其中罐的形状和数量最多，可分为侈口罐、单耳罐、双小耳罐、双大耳罐、三耳罐、折肩罐、折腹罐、圆腹罐、高领双耳罐等，罐在陶器中约占 64.84%。生产工具有石器、陶器和骨器，绝大多数为磨制，通体磨光者很多，加工技术成熟、工艺讲究，选料、切割、打、琢、磨、穿孔等各个工序都能掌握。从使用情况来看，农业工具、狩猎工具、制陶工具、装饰品等品种俱全，尤其玉琮、玉璧等礼器的发现最为珍贵。但师赵村类型不曾发现夫妇合葬的情况，也未发现红铜或青铜的标本，表明它在整个齐家文化中是年代较早的遗存。师赵村类型的相对年代早于甘肃中西部及青海东部的秦魏家类型、柳湾类型及皇娘娘台类型，并晚于周边的客省庄文化、常山下层文化、菜园文化及马家窑文化的早中期。他们与师赵村类型均为渊源关系，师赵村类型与这四种文化的晚期均为并存且互为影响的关系。

师赵村类型的发现和确立不仅丰富了齐家文化的内容，而且明确了整个齐家文化的起源问题。今后如果对平凉、庆阳及宁南的考古发掘工作多加关注，定将会有更重要的发现，齐家文化的渊源问题将会更加明确。

注释：

[1] 据国家文物局主编《中国文物地图集》，甘肃分册文物单位简介统计齐家文化遗址 2337 处，宁夏回族自治区分册文物单位简介统计齐家文化遗址 325 处；《中国考古 60 年》统计青海省齐家文化遗址 430 处。三省齐家文化遗址合计 3092 处。其中甘肃省的齐家文化遗址中可能混入的有常山下层文化遗址，宁夏回族自治区的齐家文化遗址中可能混入的有菜园文化遗址。另外见于报道的内蒙古阿拉善左旗和陕西陇县各有 1 处。

[2] 中国社会科学院考古研究所：《师赵村与西山坪》，中国大百科全书出版社，1999 年。

[3] 中国社会科学院考古研究所：《师赵村与西山坪》，中国大百科全书出版社，1999 年。

[4] 中国社会科学院考古研究所甘青工作队：《武山傅家门遗址的发掘与研究》，《考古学辑刊 16》，科学出版社，2006 年。

[5] 任步云：《甘肃秦安县新石器时代居住遗址》，《考古通讯》1958 年第 5 期。

[6] a.裴文中：《甘肃史前考古报告》，《裴文中史前考古学论文集》，文物出版社，1987 年；b.甘肃省文物管理委员会：《渭河上游天水、甘谷两县考古调查简报》，《考古通讯》1958 年第 5 期；c.中国社会科学院考古研究所：《中国考古学·夏商卷》，中国社会科学出版社，2003 年。

[7] 甘肃省博物馆考古队：《甘肃灵台桥村齐家文化遗址发掘简报》，《考古与文物》1980 年第 3 期。

[8] 李红雄：《试论泾河上游地区新石器时代文化》，《考古与文物》1988 年第 3 期。

[9] 王辉：《平凉市侯家台新石器时代遗址》，《中国考古学年鉴·1992》，文物出版社，1994 年。

[10] 宁夏回族自治区展览馆：《宁夏固原海家湾齐家文化墓葬》，《考古》1973 年第 5 期。

［11］钟侃、张心智:《宁夏西吉县兴隆镇的齐家文化遗址》,《考古》1964 年第 5 期。

［12］钟侃、张心智:《宁夏西吉县兴隆镇的齐家文化遗址》,《考古》1964 年第 5 期。

［13］宁夏文物考古研究所:《宁夏固原店河齐家文化墓葬清理简报》,《考古》1987 年第 8 期。

［14］北京大学考古实习队、固原博物馆:《隆德页河子新石器时代遗址发掘报告》,《考古学研究(三)》,科学出版社,1997 年。

［15］我国考古界关于史前陶器颜色的描述,有传统的或习惯的不标准现象,页子河遗址报告称齐家文化陶器的颜色为橘红、橘黄,笔者认为是从实际观察得出的描述,但也不是绝对的准确,应该是相对而言的,或者是大概的。而多数报告对齐家文化陶器颜色描述为红陶、红褐陶,似与实际不符或不大确切,或受传统描述影响所致。

［16］a.中国社会科学院考古研究所:《中国考古学·夏商卷》,中国社会科学出版社,2003 年;b.中国社会科学院考古研究所:《师赵村与西山坪》,中国大百科全书出版社,1999 年;c.中国社会科学院考古研究所甘青工作队:《武山傅家门遗址的发掘与研究》,《考古学辑刊》第 16 集,科学出版社,2006 年。

［17］陈昱、洪方:《陇东镇原常山下层文化浅析》,图四:1,《考古》1982 年第 4 期。

［18］中国社会科学院考古研究所泾渭工作队:《陇东镇原常山遗址发掘简报》,图八:10,《考古》1981 年第 3 期。

［19］甘肃省博物馆文物队:《广河地巴坪半山类型墓地》,图版拾壹:5,《考古学报》1978 年第 2 期。

［20］陈昱、洪方:《陇东镇原常山下层文化浅析》,图二:5,《考古》1982 年第 4 期。

［21］宁夏文物考古研究所、中国历史博物馆考古部:《宁夏菜园——新石器时代遗址、墓葬发掘报告》,图一三六:4,科学出版社,2003 年。

［22］中国社会科学院考古研究所:《中国考古学中碳十四年代数据集(1965~1991)》,文物出版社,1991 年。

［23］李学勤:《中国古代文明与国家形成研究》,云南人民出版社,1997 年。

［24］李学勤:《中国古代文明与国家形成研究》,云南人民出版社,1997 年。

［25］a.夏鼐:《碳—14 测定年代和中国史前考古学》,《考古》1977 年第 4 期;b.梁星彭:《齐家文化起源探讨》,《史前研究》1984 年第 3 期;c.梁星彭:《试论客省庄二期文化》,《考古学报》1994 年第 4 期;d.中国社会科学院考古研究所:《中国考古学·新石器时代卷》,中国社会科学出版社,2010 年。

［26］a.谢端琚:《齐家文化是马家窑文化的继续和发展》,《考古》,1976 年第 6 期;b.严文明:《甘肃彩陶的源流》,《文物》1978 年第 10 期;c.谢端琚:《试论齐家文化与陕西龙山文化的关系》,《文物》1979 年第 10 期;d.中国社会科学院考古研究所编著:《中国考古学·夏商卷》,中国社会科学出版社,2003 年。

［27］a.胡谦盈:《试论齐家文化的不同类型及其源流》,《考古与文物》1980 年第 4 期;b.胡谦盈:《论常山下层文化》,《中国原始文化论集》,文物出版社,1989 年。

［28］宁夏文物考古研究所、中国历史博物馆考古部:《宁夏菜园——新石器时代遗址、墓葬发掘报告》,科学出版社,2003 年。

［29］中国社会科学院考古研究所:《中国考古学中碳十四年代数据集(1965~1991)》,文物出版社,1991 年。

［30］据我们的观察,就雨水情况往往是秦岭以南下大雨,关中下中雨,陕北下小雨;或者是秦岭以南下暴雨,关中下大雨,陕北下中小雨,雨量有由南向北逐渐减小的现象,陕北、陇东及甘肃中部多为常年雨量较小的地区,只要有几次中小雨,农作物即可丰收。公元前 2100 年前后,秦岭以南、东秦岭以东、伏牛山、太行山以东暴雨、大雨特别多,以致黄、淮洪水成灾。但东部地区下暴雨、大雨时,延及的西北部黄土高原地区则变为中雨或小雨,对当地是恰好适量的雨水,为人、畜兴旺,经济发展提供了有利条件。所以陕西的中、北部,尤其是北部,龙山时代晚期遗址经第三次文物普查仅考古调查已发现五六千处,甘宁青的齐家文化已发现三千多处,这正是气候变化人地关系的反映。同时在齐家文化分布区内,也可能随着考古事业的发展有大型都邑性城址的发现。

［31］a.尹盛平:《陕西陇县川口河齐家文化陶器》,《考古与文物》1987 年第 5 期;b.秦小丽:《试论客省庄文化的分期》,《考古》1995 年第 3 期。

齐家文化聚落规模试探

王妙发

（日本和歌山大学）

一

本文所用资料全部来源于《中国文物地图集·甘肃分册》以下略称《甘肃》[1]。

根据《甘肃》下册的"文物单位简介"，全省的齐家文化各类遗存共有 2714 处。这些遗址可以分为两个部分（类型），即不同年代的文化层多重叠压共存的 1089 处，以及并无其他年代文化层共存、单纯齐家文化遗存的 1625 处，其中包含齐家文化墓葬 12 处，窑 1 座（见本文附表，另有多重叠压共存遗址 1089 处未附）。

本文探讨"齐家文化聚落规模"，但不同年代多重文化层叠压的遗存中难以单独分辨出属于齐家文化规模相关的内容（如面积），因而这一类文化层多重叠压共存的遗址，于齐家文化的研究而言，最大意义大体在于该文化的分布范围。因而本文集中探讨所谓"单纯的"齐家文化遗址（1625 处），希望对齐家文化的聚落规模有所认识。

探讨对象主要是遗址面积和文化层厚度这两项数据，前者与聚落规模相关，后者与聚落使用年限相关。当然对这两项数据有必要持有理性的认识。

这些数据（面积和文化层厚度）除了少量是经过较正式发掘获取，绝大部分主要是通过若干次文物普查得到的。由于种种原因，大部分遗址都只停留于地表勘察和部分钻探，得到的认识（数据）可能有局限。因而我们所面对的这些面积和文化层的数据可能并不都是很准确的，更谈不上精确。但是，无论从任何角度，我们都没有理由说"这些数据（都）是错误的"。普查过程中会不时发生不同类型的错失，然而毕竟是根据规范（规程）进行的普查工作，基础无疑是坚牢的。如此大量的遗址和如此庞大的数据，于学科研究而言是一个巨大的宝库。我们有理由认为，从这些数据中可以寻找出颇为客观的内在规律，有可能从不同角度获得不同的成果。本文是一种试探，希望能在聚落（遗址）相关的数据中得出有关齐家文化聚落规模的某种规律。

二

根据《甘肃》资料的统计数据归纳如下。

1.规模（面积）

除去 12 处墓葬和 1 处窑址，对单纯齐家文化遗存的 1612 处的面积做了统计和分类：

①特大规模，即遗址面积达到和超过 100 万平方米的，有 3 处，甘谷县雒家庄遗址 100 万平方米、武山县砚峰遗址 150 万平方米以及临夏县崔家庄 100 万平方米，该 3 处在全部 1612 处遗址中不足 0.2%。

②大规模，遗址面积达到 10 万平方米以及以上但不足 100 万平方米的，共有 232 处，在全部 1612 处中约占 14%。

③中等规模，1 万平方米以上不足 10 万平方米的，共有 875 处，在全部 1612 处中约占 54%，为最大比例。

④小规模，即不足 1 万平方米的，有 504 处，在全部 1612 处中约占 31.2%。其中最小的 300 平方米，有两处，即庄浪县野棉花湾遗址（文化层厚度约 3 米）以及漳县潘家坪遗址（文化层厚度无记载）。

另有少量"面积不详"或无记载的，共 3 处，如积石山保安族东乡族撒拉族自治县鲁坪遗址。

2.文化层（厚、度）

文化层厚度考察的"意义"更为相对和间接。简单地说，聚落使用时间越长遗留下来的文化层就应该越厚。文化层厚度和聚落（遗址）规模也应该有某种关联，规模越大文化层厚度也应该越厚。比较遗憾的是目前还无法量化，即还没有办法以若干厚度表示若干年，暂时只能是同类遗址中相对（可能）反映存续年限的长短，将来或许能在不同区域不同文化之间做比较研究。

对单纯齐家文化遗存的 1612 处的文化层厚度做统计和分类：

①文化层厚度最厚处达到和超过 3 米的，共有 107 处，在全部 1612 处中约占 6.7%。最厚的为秦安县革山遗址，文化层厚达 5~7 米。

②文化层厚度最厚处 1 米以上不到 3 米的，有 1079 处，在全部 1612 处中约占 67%，比例最高。

③文化层厚度最厚处不足 1 米的，有 413 处，在全部 1612 处中约占 26%。

另有少量文化层厚度"无记载"的（15 处），如秦安县安湾遗址。

3.墓葬（墓群）

数量不多，共有 12 处墓地。超过 1 万平方米的有 4 处，面积最大为临潭县磨沟墓群，达 24 万平方米。面积最小为兰州市白虎山墓群，1000 平方米。

4.窑址

仅 1 处，为华池县干阳坬窑。东西长 4 米，南北宽 3 米，拱顶进深 2.5 米，"厚度 0.3 厘米"的报告资料略有不解，可能指拱顶内进深 2.5 米部位的厚度（深度）。

三

对上述统计数据进行分析，得到以下一些认识，颇有特色。和黄河流域其他区域同文化年代的作比较研究，更可以得到一些颇具规律性的认识。

1. 规模（面积）考察比较

甘肃境内齐家文化聚落规模最大的达 150 万平方米，最小的为 300 平方米。超过 100 万平方米的特大规模聚落所占比例为 0.2%；10 万平方米以上不足 100 万平方米的大规模聚落所占比例为 14%；1 万至 10 万平方米的中等规模聚落所占比例约为 54%；不足 1 万平方米的小规模聚落所占比例约为 31.2%。

其中最具代表性的中等规模聚落约占 54%。1 万至 10 万平方米之中还可以细分，比方 1 万至 5 万平方米和 5 万平方米以上至 10 万平方米两部分，本文没有再作细分。

上述统计结果如果和黄河流域其他区域的研究结果比较起来看的话颇具意义。

笔者曾对全黄河流域以及河南、青海等略小区域的史前聚落分别作过研究。发展阶段和齐家文化大体相近同为新石器时代晚期的龙山文化，其聚落规模研究结果如下。

先看全黄河流域龙山文化时期 [2]：

①10 万平方米以上的大型特大型聚落所占比例为 15.1%（甘肃为 14.2%）；

②1 万至 10 万平方米的中等规模聚落所占比例为 48%（甘肃为 54%）；

③1 万平方米以下的小规模聚落所占比例为 31.3%（甘肃为 31.2%）。

再看相对略小区域的河南境内龙山文化时期[3]：

①10 万平方米以上的大型特大型聚落所占比例为 9.8%（甘肃为 14.2%）；

②1 万至 10 万平方米的中等规模聚落所占比例为 52.5%（甘肃为 54%）；

③1 万平方米以下的小规模聚落所占比例为 37.7%（甘肃为 31.2%）。

青海省内齐家文化聚落相关数据很少，暂时还无法横向比较[4]。

从上述数据比较可以看到，各地的大型特大型规模聚落、中等规模聚落、小规模聚落在比例上比较接近。特别是 1 万至 10 万平方米的中等规模聚落，不仅所占比例都是最多，而且具体数据也非常相近。

这仅仅是偶然的数据接近还是有某种规律在内？笔者倾向于认为是有规律在内。也就是说，整个黄河流域的上、中、下游，在社会发展阶段进入新石器时代晚期时（绝对年代各地略有差池），各地区的"文化面貌"会有所不同或者很大不同，但是聚落的规模大小很可能是遵循着某种同步或同质性规律在发展。

上述对黄河流域三个不同规模区域聚落规模进行的研究所得到的"规律"性认识是否具有普遍意义，目前还不敢断定，本文所做的也仅限于齐家文化和龙山文化间的比较，与其他各文化年代间的比较样本还不够多。但无论如何这是一个有必要引起注意的考察角度或方向，希望今后有更多类似的课题研究来做验证。

2. 文化层厚度考察比较

可能和上述规模相关，各聚落（遗址）留存下来的文化层厚度数据中所占比例最高的是最厚处 1 米以上不到 3 米的，占 67%。可能为齐家文化聚落文化层堆积的代表性厚度。文化层厚度超过 3 米的和不足 1 米的也都不多，比例分别为 6.7% 和 26%。

也来比较一下甘肃齐家文化和黄河全流域以及河南青海同文化时代的聚落（遗址）文化层厚度。

全黄河流域龙山文化时期的聚落文化层厚度如下[5]：

①厚度达到 4 米以上的，所占比例为 6.8%（甘肃超过 3 米的 6.7%）；

②1 米以上 4 米以下的，所占比例为 56.4%（甘肃 1 米以上不到 3 米的 67%）；

③不足 1 米的，所占比例为 36.8%（甘肃不足 1 米的 26%）。

河南境内龙山文化时期的聚落文化层厚度[6]：

①厚度达到 3 米以上的，所占比例为 7%（甘肃超过 3 米的 6.7%）；

②1 米以上 3 米以下的，所占比例为 89.1%（甘肃 1 米以上不到 3 米的 67%）；

③不足 1 米的，所占比例为 4.1%（甘肃不足 1 米的 26%）。

青海省内齐家文化聚落文化层厚度相关数据很少，暂时还无法横向比较[7]。

从上述数据比较可以看到，文化层厚度达到 3 米或 4 米以上的普遍不多，所占比例接近，都在 6%~7% 左右。

文化层厚度 1 米以上 3 米或 4 米以下的普遍占最大比例，然而数据并不相近，以河南的比例为最高。与此相关，文化层厚度不足 1 米的比例各区域也很不一致。特别是河南境内龙山文化时期文化层厚度不足 1 米的比例很低，仅占 4.1%。

对这一现象笔者曾做过推测[8]。简单地说，文化层厚度和聚落居住年限呈正比，即居住年限越长久遗留下来的文化层就应该越厚。反之，文化层薄则表示居住年限短，这个比例大的话即表示聚落的迁徙为经常性。和黄河流域其他区域比，河南境内从前仰韶期到仰韶期再到龙山期，各个时期的文化层略厚的数据都比整个黄河流域的同数据要多，反过来文化层薄的比例很低。现在又有甘肃齐家文化的同样倾向的例子，说明河南地域很可能在整个新石器时代气候适宜，植被良好，自然灾难相对较少，比较适合人类较长时间的定居，因而遗留下来的文化层厚度较整个黄河流域其他地区要厚，反之文化层薄的遗址（例子）少，亦即聚落迁徙频率比同时期其他地区要低。

3. 其他

20 世纪 20 年代广河齐家坪遗址被发现、齐家文化被命名时，并没有"多重文化叠压"的认识，直到夏鼐在齐家文化墓葬填土中发现仰韶文化陶片才确立了齐家文化的相对年代。之所以提到这一点，是想说明我们现在面对的数据很可能是不太准确更不精确的，落实到本文，附表中"纯齐家文化遗址"的认识，也有必要留下再认识的余地。

墓地数量非常少，和遗址的大量发现不成比例。理论上遗址附近应该有墓葬，这是人类群体生活不可或缺的。但各地的普查统计都有这个倾向（现象），很可能存在着一个普遍的盲点有待改善。可能"遗址"范围内即包含着墓葬，全面揭露时会被发现。

窑址仅有 1 处，也是颇为难解的问题。笔者以为这可能是受普查时有"窑址"这个立项的影响。和上述墓葬的情况相同，通常"遗址"内就应该包含有"窑址"，也许全面揭露遗址时，窑址和种种其他遗迹才会被发现。

墓葬和窑址本来和遗址应该是一个有机体，从这个角度来看，目前墓地和窑址数量如此之少的现象或许就比较容易理解了。

注释：

[1] 国家文物局编：《中国文物地图集·甘肃分册》，测绘出版社，2011 年。

[2] a.王妙发：《黄河流域的史前聚落》，《历史地理（第 6 辑）》，上海人民出版社，1988 年；b.王妙发：《中国先史集落の考古地理学研究》，大阪大学出版会，2012 年。

[3] a.王妙发：《黄河流域史前聚落之再检讨——以河南省为例》，《历史地理（14 辑）》，上海人民出版社，1998 年；b.王妙发：《中国先史集落の考古地理学研究》，大阪大学出版会，2012 年。

[4] a.王妙发：《青海高原新石器时代の集落と墓地の研究》，《研究年报（和歌山大学经济学部）》第 14 辑，2010 年；b.王妙发：《中国先史集落の考古地理学研究》，大阪大学出版会，2012 年。

[5] a.王妙发：《黄河流域的史前聚落》，《历史地理（第 6 辑）》，上海人民出版社，1988 年；b.王妙发：《中国先史集落の考古地理学研究》，大阪大学出版会，2012 年。

[6] a.王妙发：《黄河流域史前聚落之再检讨——以河南省为例》，《历史地理（14 辑）》，上海人民出版社，1998 年；b.王妙发：《中国先史集落の考古地理学研究》，大阪大学出版会，2012 年。

[7] a.王妙发：《青海高原新石器时代の集落と墓地の研究》，《研究年报（和歌山大学经济学部）》第 14 辑，2010 年；b.王妙发：《中国先史集落の考古地理学研究》，大阪大学出版会，2012 年。

[8] a.王妙发：《黄河流域史前聚落之再检讨——以河南省为例》，《历史地理（14 辑）》，上海人民出版社，1998 年；b.王妙发：《中国先史集落の考古地理学研究》章，大阪大学出版会，2012 年。

《齐家文化聚落规模试探》附表

甘肃省单纯齐家文化遗存表

地区	遗迹名称	面积（m²）	文化层厚（m）	地区	遗迹名称	面积（m²）	文化层厚（m）
兰州市	红土湾	6000	约 1.5	会宁县	大寨	1 万	1~2
	白虎山	1000	0.8~1.5		杨家湾	6 万	1.5~3
	红寺	60 万	0.2~2	天水市	红土坡	3 万	0.5~2
	窑坡	800	0.8~2		七里墩	6 万	0.6~2.5
	堡子湾	1 万	约 0.4		温家窑	4000	0.7~1
	洪亮营	80 万	0.5~1		西坡	7500	0.4~0.6
	敬家山	1200	0.5~1		张家坪	5000	0.1~0.2
	王家庄	4000	0.5~1.1		杜家阳亩	4500	0.1~0.2
	红崖头	1500	约 0.6		小嘴	1800	0.1~0.2
	麻家沟	4.2 万	1.5		沿沟嘴	900	0.1~0.3
	范家营	2500	约 1		黄家村	9600	约 1
	岳家庄	1 万	约 0.4		郭家老庄	1400	0.3~1
	魏家圈	2500	0.5~1		刘坪	1.05 万	0.5~0.8
	大坪	4.8 万	0.7~1.3		腰崖	1.4 万	0.2~0.5
	水家坡	2000	0.4~0.7		南坪	1.5 万	0.1~0.3
	李家坪	2000	0.3~0.8		庙山	8400	0.1~1
	牛骨头岭	1.5 万	0.5~0.8		张家村	1.5 万	0.1~0.5
	郭家沟	1500	约 1	清水县	槐树	4.5 万	0.5~1
	韩家湾	9000	0.5~0.8		杜沟	1.47 万	0.2~1
	古坝	4.2 万	0.4~1.3		周家里	1.2 万	0.5~1
	代家庄	1000	约 1		李崖	12.5 万	1~2
	下羊寨	1200	约 0.5		柳树塬	7.5	0.5~2
	分水岭	1800	约 0.5		南碛	9 万	0.2~1
	马台南	3 万	0.2~1.5		下湾沟	500	0.3~1
	深沟桥	2.5 万	0.8~1.2		太石河	6.3 万	0.5~1
	奎星坪墓群	3 万			豁岘	5000	0.3~1.5
	营盘山墓群	3000		秦安县	龙王庙	800	4~5
	白虎山墓群	1000			雷神庙	1 万	0.2~0.9
	大坡坪墓群	1.5 万			鼻梁顶	8000	2
	庙儿沟墓群	4000			王湾	3 万	1~3
永昌县	马家山湾墓群	2400			张湾	2000	2~7
靖远县	营儿门	4000	0.5~2		富家地	3 万	1.5~5
	松柏崖	2 万	0.5~1.5		薛李	2500	0.5~5
会宁县	吴家山	3 万	1.5~3		刘家湾	2500	0.2~2
	沈家亩	4000	1~2.5		雒家坡	3 万	1~2
	二阴湾	3 万	1~2		那面坡	5 万	3~5
	河沟	6000	1~2		田家寺	1200	1~2

续表

地区	遗迹名称	面积（m²）	文化层厚（m）	地区	遗迹名称	面积（m²）	文化层厚（m）
秦安县	崖湾	1700	0.4~1	甘谷县	花卯嘴	1.2 万	0.7
	王家沟	1100	1~2		魏家台子	5000	0.5~1.5
	庙嘴	4.5 万	1~3		赵家嘴	20 万	1
	杨山坪	6 万	1~2		北坡寺	3 万	1~2
	羊毛嘴	3 万	1~3		安坟地	4800	0.5~1
	下刘沟	1600	3~5		萝卜湾	12 万	1~1.5
	胡河	3000	0.5~1		大地	12 万	0.5~1.5
	马家塬	1800	3~4		小湾	2 万	0.3~1
	何家湾	1800	3~4		闲家崖	10 万	1~2
	大坪	6 万	3~4		园固堆	12 万	1~2
	峡口	2000	2~3		柳家坪	4 万	0.8~1
	高窑坪	1500	2~3		三台地	30 万	0.7~1
	郑桥	20 万	0.5~6.5		平道地	50 万	0.7~1.5
	安坪	1.2 万	2~6		梨园门	3 万	0.5~1
	背崖	7500	2~4		庄北坡	20 万	2~3
	小湾河	1800	3~4.5		双双湾	6 万	0.8~1.5
	漆老	1600	2~3		回回沟	4 万	0.5~2
	王坪	1000	约 0.1		椿树湾	6 万	0.7~2
	革山	1600	5~7		陡崖山	6 万	0.5~1.5
	阳湾里	10 万	2~5		大地湾	7.5 万	1~2
	史家崖	2500	3~4		魏家湾	15 万	1~2
	王庙	1800	2.5~3		荞地湾	4 万	1~2
	立立地	800	4~5		峡来湾	35 万	0.8~1.5
	坑草	2100	2.5~4		上仁湾	1.5 万	0.5~1.5
	安湾	1.3 万	厚度不详		五垧地	6 万	0.5~1
	阳崖庄	1.2 万	约 1		雒家庄	100 万	0.6~1
	川儿底	4500	约 0.5		点田地	15 万	0.8~1
	邵崖坪	1600	约 2		三角地	4 万	0.5
	周家堡	1300	2~3	武山县	东家坪	10 万	0.1~1
	张底	2000	约 1		杨坪	15 万	0.1~0.5
	杨家沟	3.2 万	3~4		滩斜崖	2 万	0.1~0.4
	高家庙	2000	2~3		刘家湾	5 万	0.1~0.3
	蔺家	1100	约 0.3		吉家坪	35 万	0.1~0.3
	蔡家山	1.5 万	3~4		盘坪山	1 万	0.1~0.3
	大嘴地	1800	0.1~0.2		梨堡	2 万	1~2
甘谷县	中湾	16 万	0.5		丁家门	10 万	0.1~0.3
	寺廊	3 万	0.6~1		新庄门	2 万	0.1~0.5
	十坡村	5 万	0.1~0.8		砚峰	150 万	0.5~0.7

续表

地区	遗迹名称	面积（m²）	文化层厚（m）	地区	遗迹名称	面积（m²）	文化层厚（m）
武山县	安家嘴	7.5万	0.2~0.4	武山县	杨家楼	3万	1~1.5
	玉林	20万	0.5~1		兴阳	15万	0.5~0.8
	上沟	8万	0.3~0.8		宋家堡	1万	0.1~0.2
	兰家沟	28万	0.1~0.2		碑背后	10万	0.1~0.3
	寺坪	18万	0.1~0.2		纸房下	2万	0.1~0.5
	谢家坡	15万	0.1~0.2	张家川回族自治县	水滩	20万	1~5
	寨子	1.6万	0.2~0.4		咸麻城	2万	2~3
	周家咀	1.2万	0.1~1.3		西街	8万	1~2
	新庄	4万	0.1~0.2		百顷塬	5万	1~2
	四门	1万	0.1~0.2		下四方	10万	1~2
	郭家庄	18万	0.1~1.5		吊坪	6万	0.5~3
	庙坪	9万	0.1~0.5		东关	4500	1~1.5
	党家坪	3万	0.1~0.7		前梁	1600	3~5
	田河	4.5万	0.1~0.6		南川	800	0.5~1
	孙家庄	4万	0.1~0.4		瓦泉	720	0.5~0.8
	小庄	20万	0.8		南沟	500	1~2
	韦家庄	6万	0.1~0.4		郑河滩	750	0.4~1
	焦家湾	2万	0.2~0.5		南河	5600	1~2
	坡儿	2万	0.1~0.5	武威市	皇娘娘台	37万	0.6~3.7
	儿沟	4.5万	0.2~0.7		海藏	5000	1~2
	元树	4.5万	0.1~0.8	古浪县	谷地沟	40万	0.8~1.2
	贺家窑	22万	0.1~0.3		李家圪塄	3万	约1
	瓦宽湾	2万	0.3~0.5	庆阳市	前山梁	1.5万	约1.6
	庄科坪	4万	0.1~0.2		老塬	3万	1~2
	丁家湾	6万	0.1~1		老洞崖	1万	约2
	蟒科湾	5万	0.1~1		路湾	5000	约3
	野咀里	10万	0.1~0.8		毛大洼	6万	1~1.5
	西寨	1000	0.1~0.4		前山	6000	无记载
	堡东	70万	0.1~0.3		崌盖	3万	约1
	庙儿沟	70万	0.1~1.3		胡同	2万	约1
	兰家咀	1.5万	0.2~1		蔡家嘴	24万	0.8~1.5
	田家坪	65万	0.1~0.4		北庄	1.2万	0.3~3
	墩台下	5000	0.1~0.3		孙家庄	5万	1~1.5
	王家坪	4万	0.1~0.4		沟圈	6万	0.5~1
	东旱坪	30万	0.1~0.7		东嘴	2万	1~1.5
	盐池下	6万	0.1~0.8		付老庄	2万	1~1.2
	棋盘	2万	厚度不详		堡子嘴	1.2万	约1
	斜坡	4.5万	0.1~0.3		庆庄嘴	1万	1~1.3

地区	遗迹名称	面积（m²）	文化层厚（m）	地区	遗迹名称	面积（m²）	文化层厚（m）
庆阳市	范家庄	1万	1~2	华池县	张兴庄	5万	约1.5
	小崆峒	2.4万	约2		打扮	9.25万	约1.1
	岳家洼	5万	约3		黄庄	2400	0.2~0.5
	齐家庄	3000	约1.3		西畔	3万	0.5~0.8
	东壁洼	5000	0.5~1		齐沟门	5万	0.2~1
	左家畔	1万	0.5~1.5		西山	7万	1.2~1.5
庆城县	新庄	5万	厚度不详		郭山	8000	约1
	尹家桥	6000	0.6~1.4		柳湾	30万	1.2~2.2
	柳树湾	5万	1.5~2		陈其塬	1.5万	1~2
	张家咀	8万	0.4~0.8		田台	1.2万	0.5~1.2
	罗家洼	1.2万	0.8~1.5		郭咀	16.5万	1.2~2
	小坡湾	8万	1~2.4		老柳树	2万	1~1.4
	黑崾	5000	0.5~0.8		东掌湾	8万	0.5~1
	柴家洼	1万	0.6~1		紫坊畔	2万	0.5~1.2
	孝帽坟	5000	0.8~1.5		欢喜良	6万	0.5~1
	冢子卡	2400	0.3~0.8		干阳瓜窑	1座东西长4m、南北宽3m、拱顶进深2.5m	0.3厘米
环县	茆旗寨	1.2万	1.1~3	合水县	马岔沟	2万	约1
	庙沟	3万	1~2		梨树台	12万	约1
	杨沟门	5000	0.8~1		桃花山	2万	约2.5
	道家桥	1万	约1		佟家嘴	10万	约1
	兰沟	3万	1~2.4		庙台	10万	约1
	孙家河	5000	约2		纸坊沟	33万	约1
	李家洼	3万	1~2		何家梁	2万	约1
	陈掌	3000	0.7~2.35		杜家湾湾	5万	0.5~1
	红沟	8000	0.5~2.3		张家山	2万	约1
	红梁	3000	1~2.2		翠峰山	2万	0.5~1
	梁城	1万	0.8~1.5	正宁县	宋家崾	5万	1.5~2
	梁坪	20万	0.5~1.2		张疙瘩	3万	1~2
	李阳湾	6000	0.8~1.2		原岭	6万	约1
	阳台	3000	0.2~0.5		榆田崾	8.7万	1~2
	背后洼	2500	约0.8		秋树梁	1.5万	1~2
	三岔山	3万	约2		东五畔	3万	1~2
	徐拐沟	2万	1~2		碾子山	1.5万	约1
	九趟梁	5万	约0.5		寨子	1.5万	约1
	杨路台	面积无记载	0.6~1.2		董庄	8000	0.5~1.5
	张嘴	2万	约1		西王阁	1万	1~2
	马阴洼	10万	0.5~1				
	尚西坪	1.2万	0.5~1.6				

续表

地区	遗迹名称	面积（m²）	文化层厚（m）	地区	遗迹名称	面积（m²）	文化层厚（m）
正宁县	冉峪	1.5万	1~2		枣林坬	8万	厚度无记载
	雷川城梁	2万	0.5~2		富坪	1万	约0.5
	西胡同	2万	0.2~1		杨树沟	1万	约0.5
	老庄沟	18万	0.5~1.5		大坬	7万	1.5~2.5
	东岭	14万	0.2~1.5		北山	1万	约1
	庙咀	3.6万	约1		站嘴	9万	约3
	塘房咀	4.5万	约2		邹家山	6万	约2
	东家坡	12万	0.3~2		下山	1.5万	约1
	王家河	12万	0.5~3		堡子山	2万	约1
	豌豆坡	7万	0.5~2		水沟路	6万	约1
	四洼崄	7.5万	0.5~2		阳山	1万	约2
	举人湾	20万	0.5~2		池边	2万	约2
	范家城	6万	0.2~1.6		畅家湾	30万	约2
	阎坳	12万	约1		白草山	1万	约1
宁县	武家山	50万	0.5~1.6		刘家坡	1万	约1
	泥阳赵	3万	约1		麻坡坬	1万	约0.5
	西李	4万	0.2~1.5		大坬湾	1.2万	约0.5
	赵家沟	12万	0.3~1.5		瓜里坪	4万	约1
	岘黄洼	4.6万	0.5~2		苟里湾	2万	1~2
	石岭子	14万	0.5~3		湾里山	1万	约0.5
	孙家堡	20万	0.5~3	镇原县	新庄	3万	0.3~0.9
	白洼梁	12万	0.5~1		陈家山	2.5万	约1
	鱼儿洼	12万	约1		玉皇段	5万	约1
	徐家岭	9万	约0.2~3.5		段家坪	3万	2~3
	东洼	9万	0.5~3		马湾山	50万	约1.5
	景家胡同	6万	0.2~1.5		西山梁	5万	约2
	李家川	6万	0.2~1.5		黄洼	1万	约0.5
	周家川	8万	0.5~1.5		下岘	1万	约1
	赵家沟	6万	0.2~2.5		西路	2万	约0.5
镇原县	大成院	1万	约1		阎湾	20万	约2
	小梁	2万	约1		走马梁	16万	约1
	涝头嘴	8万	约1		何家山	63万	约1
	老虎嘴	8万	厚度无记载		阳山院	2万	1~2
	南台	60万	约2		大坪	7.5万	约1.5
	净口	8000	约1		景家庄	9万	1~1.5
	庙岔	4000	约1		宣槽	22万	约2
	堂子坬	1万	0.5~0.8		阳彻峁	14万	约1
	药斗山	9万	约1		张家山	75万	约1

地区	遗迹名称	面积（m²）	文化层厚（m）	地区	遗迹名称	面积（m²）	文化层厚（m）
镇原县	枣山	6 万	约 2	镇原县	望乡台	6000	0.2~0.5
	瓦窑山	3 万	1.5~2.5		李嘴山	5000	约 0.5
	杜家山	3 万	0.5~1.5		后沟	1 万	0.3~0.6
	铎嘴	1.5 万	0.5~1.5		何湾	5000	约 1
	滴嘴山	3 万	0.5~1.5		崾岘	5000	1~2
	胡阳洼	1 万	0.5~1		花岔	1 万	约 2.5
	史望台	2 万	约 1.5		小塬	4000	约 0.5
	蚕山	2 万	约 2		六十亩	3 万	约 0.5
	枣子湾	2 万	1~2		店汪	5 万	约 1
	上涝池	8000	约 0.5		长梁岭	4000	约 2
	庙山院	1 万	0.5~1.5		八亩土金	10 万	约 1
	东庄	3 万	0.5~1.5		段湾	8 万	0.3~0.6
	张湾	2.5 万	约 3		碾子壕	9000	约 0.5
	小庄	2 万	0.3~0.8		红武沟	6 万	厚度无记载
	杏树滩	10 万	约 2		姚家山	20 万	约 0.5
	灞沟	8 万	0.2~1.2		枣树湾	8 万	约 0.6
	桃花岭	70 万	2~3		雪平嘴	1 万	约 0.5
	阴圪山	6 万	0.2~0.5		九龙口	2 万	约 0.8
	油房崖	2 万	约 1.5	平凉市	安国	1.8 万	0.5~1
	巨沟	1 万	约 0.5		上闫家沟	1.5 万	0.3~1
	庞山	6 万	约 0.5		东塬	3.5 万	0.5~1.8
	梁头	6000	约 2		安家庄	4.5 万	0.5~1.8
	大塬	15 万	1~2		蚂蚁令	10 万	0.5~2
	肖园	6000	约 0.5		阳洼涧	1.2 万	0.4~1.5
	羊千沟	3 万	约 0.5		黄家庄	3 万	0.5~1.7
	瓦罐梁	3 万	约 0.5		龚梢	4800	0.2~0.8
	寺庄湾	8 万	0.2~0.6		石嘴子	14 万	0.5~1.6
	硝片沟	1.75 万	0.3~0.8		秦家山	5.4 万	0.6~1.4
	四嘴坪	14 万	约 1		堡子洼	3 万	0.7~1.5
	三房	5 万	约 1		水泉沟	3.8 万	0.5~1.6
	路家圮	8000	0.2~0.6		伤人沟	8000	0.3~1.2
	窝畛	5000	约 1		新庄子	4 万	0.3~1.5
	王山湾	4 万	约 1		东坡山	8400	1~1.8
	杜梨树	6000	约 1		斩断梁	9600	0.5~1
	尚家山	2500	约 1		长梁	9800	0.2~1.3
	七房	10 万	约 0.5		草窑沟	1.5 万	0.5~1
	上张家	1 万	约 0.5		刘家沟	2 万	0.3~1
	白草壕	9000	约 1		韩家峁	12 万	0.5~1

地区	遗迹名称	面积（m²）	文化层厚（m）	地区	遗迹名称	面积（m²）	文化层厚（m）
平凉市	贺家湾	2.5 万	0.3~1	平凉市	吴家庄	1.6 万	0.5~2
	甘家坟	1.3 万	0.5~1		麻家山	12 万	0.6~1.5
	西沟	14 万	0.5~1.5		新庄	3 万	0.5~1.7
	西庙庄	21 万	0.5~1.5		楸树庄	2.64 万	0.3~3
	坡底下	8 万	0.5~1.2		仰槐庄	1.3 万	0.5~2
	官庄	12 万	0.5~2		椿树嘴	1.2 万	0.3~1.5
	龙隐寺	1.3 万	0.5~1.5		殷家湾	2.76 万	0.5~1.5
	雷家湾	6 万	0.5~1		阳山洼	1.2 万	0.3~1
	苋麻洼沟	3 万	0.5~1.5		陆续湾	4800	0.3~1
	马家庄	3 万	0.5~1		木瓜坪	2.1 万	0.5~1.5
	楼台地	6 万	0.5~2		孟洼山	8400	0.5~1.5
	徐家山	15 万	0.5~1.5		红沟	2.2 万	0.5~1.5
	白草洼	2 万	0.5~1		马峪口	22.4 万	0.6~2
	小儿山	4 万	0.5~2		转嘴子	8000	0.5~1.5
	高树岭	6 万	0.5~2		史家山	1.2 万	0.5~4.5
	赵家沟	4.5	0.6~2.2		下后沟中庄	9600	0.5~1
	孙家庄	3 万	0.5~1		大坪	8000	0.5~1
	后沟	8.8 万	0.5~1		龙头山	4800	0.5~1
	火石沟	2 万	0.5~1.5		犍子沟	5 万	0.4~1.6
	车头嘴	3 万	0.5~1.5		徐家沟	6000	0.5~1
	银河官庄	3 万	0.5~1		军张家	7200	0.5~1.5
	富家湾	9 万	0.5~1		庄口洼	1.32 万	0.3~1.3
	崆峒山中台	1.2 万	0.3~2.3		二府庄	5600	0.4~1
	张家湾	4 万	0.5~1		郭家园	4000	0.3~0.8
	王家沟	3.6 万	0.5~1		王小庄	1.2 万	0.3~1.3
	马新庄	4.5 万	0.5~1.2		大沟	9000	0.3~1
	沙石嘴	1 万	0.5~3		上湾	7500	0.5~3
	代家庄	10 万	0.5~1		洪岳	1.2 万	0.5~1.5
	翟家沟	2.4 万	0.5~1.8		马莲	3 万	1~2
	南宝湾	4 万	0.5~1.3		酒泉寺	8000	1~2
	赵堡四沟	12.5 万	0.3~1.2		大庄沟	7000	1~1.5
	李家洼	8 万	0.8~1.5		王寨	1.76 万	1~2
	中台山	6000	0.5~1.2		杨涧	4.4 万	0.5~1
	党家山	3 万	0.6~2.2		半坡	2 万	0.6~1.5
	堡子梁	1.5 万	0.5~1.5		凤凰山	1.2 万	0.5~1.5
	水桥沟	1.8 万	0.5~1		甄家庄	4.6 万	0.3~1
	叶家堡	5 万	0.4~1.3		董家沟	8400	0.5~1.5
	任家庄	8.7 万	0.3~2		北洼	6 万	0.3~1.5

地区	遗迹名称	面积（m²）	文化层厚（m）	地区	遗迹名称	面积（m²）	文化层厚（m）
平凉市	寺坪	3万	0.5~1.5	平凉市	湾湾山	3万	0.8~1.3
	信河	1.8万	0.5~1		古庄园	6000	0.8~1.5
	庙洼山	4.6万	0.5~1.2		谯家庄	1.2万	1~1.5
	颉沟门	12万	0.4~1.6		祁家坪	1.6万	0.5~1.5
	崔家庙	3万	0.5~2		大头圾	3.6万	0.5~1
	老庄	6万	0.5~2.5		九字湾	1.2万	0.3~1.5
	尚堡	8万	0.5~2.3		安家涧山	2.4万	0.5~1.5
	王堡	8万	0.5~2.5		杨官寨	1.8万	0.5~2
	东庄	7万	0.2~1		草滩王湾	7200	0.5~1.5
	李家堡	6000	0.5~1.8		上蒙家	9600	0.5~1.5
	陡沟洼	3.8万	0.5~1.2		庄廊湾	7500	0.5~1.3
	北后湾	4.5万	0.5~1.3		南堡	9600	0.5~1.5
	孙家沟	18万	0.5~2		阳山	80万	0.5~5
	麻子坷土老	2.4万	0.5~2.5		二沟	8.8万	0.6~1.5
	红土崖	4000	0.5~3		廖家庄	6万	0.4~1.6
	沟上	12万	0.5~1		榆树庄	3.5万	0.3~1.2
	北坡头	3万	0.5~2		杨坡	3.9万	0.5~1.5
	邓家庄	5000	0.5~1.5		白坡	8万	0.3~1
	庄廊	3.8万	0.5~1.5		张寺沟	10万	0.5~1.5
	珠珠湾	9600	0.5~1		前庄	6000	0.8~1.8
	玉皇殿湾	1.5万	0.5~1		王子孙沟	2.9万	0.3~1.8
	杏树片	7000	0.3~1.2		贤太中庄	4.5万	0.5~2
	张家沟	1.5万	0.3~1.6		后庄	8400	0.5~1.2
	寺沟洼	4000	0.5~2		新庄湾	6000	0.5~1.5
	杏树嘴	6万	0.5~1.5		庙湾	1.8万	0.4~1.8
	转峁子	1.5万	0.2~1		塌洼	2.6万	0.4~2
	崔家沟	4000	0.5~1.5		海子滩	1.76万	0.5~1.5
	观音殿庙湾	7200	0.3~1		兰家洼	3300	0.3~1.3
	范河	3万	0.3~1.2		王各	1.2万	0.5~1
	大嘴山	3.8万	0.4~1.8		下峡	1.8万	0.5~1.5
	王岭头	4500	0.5~2		大庙沟	5000	0.5~2.3
	深渠	1800	0.5~1.6		旱庄	3.8万	0.5~3
	沈家山	3000	0.6~1.5		翟家沟西山	3.8万	0.5~1.4
	四家沟	3000	1~3.5		庙沟门	4000	0.5~1
	酒沟	4500	0.6~2		王湾	8000	0.3~1.5
	水桥湾	1万	1~2		阳山碥	5000	0.5~1
	柳沟山	6600	0.6~2		桃河	2.8万	0.5~1.5
	小坡山	1500	0.4~1.7		上杨	10万	0.5~2

地区	遗迹名称	面积（m²）	文化层厚（m）	地区	遗迹名称	面积（m²）	文化层厚（m）
平凉市	杨贵林	5万	0.5~1.4	平凉市	樱桃洼	4500	0.5~1.5
	三树庄	1.8万	0.5~1.5		童咀	6万	0.5~1.8
	烂庄	3万	1~2.5		许家山	2万	0.5~1
	南沟	1.8万	0.3~1		龙咀子	3万	0.5~1.2
	康庄	3.6万	0.5~1.4		小马	5.5万	0.3~1
	买子山	12万	0.6~1.2		堡子咀	5万	0.5~1
	苏家山	5400	0.5~1.2		文家洼	5000	0.5~2
	断桥	1.2万	0.3~1.2		老庄山	6000	0.3~1
	陡洼山	8400	0.4~1		水泉	6000	0.3~1.5
	野猫沟	5600	0.3~1.6		田庄	2.6万	0.3~1.6
	刘家河	5.3万	0.5~1.4		庙嘴	6000	0.5~2.5
	庙沟	6600	0.4~1.5		尖山	20万	0.5~2
	罐罐沟	6650	0.3~1.2		曹湾	42万	0.5~1.5
	清水岭	8万	0.5~1.5	泾川县	高拱寺村	3000	0.7~1.2
	鹞子砬	8万	0.4~1.3		赵家岭	1000	1~1.5
	海下庄	6000	0.3~1.2		上疙	6000	约1
	石碑山	4000	0.4~1.2		狼眼疙	6万	1~3
	狼窝沟	4800	0.2~1.3		郭马	1000	0.8~1.5
	刘家老庄	7200	0.5~1		栓马桩	4800	0.5~1
	中家湾	4800	0.3~1.5		李家庄	4000	0.5~1
	刘家	1.02万	0.5~1.3		庙上沟	5万	0.5~1.5
	海子湾	9000	0.5~1.5		杨吕烧房	2万	1~3
	黄家	1.2万	0.5~1.5		寺山坪	2000	0.5~2
	妥家	6000	0.3~1.2		沈家沟	1200	0.8
	东者家	7000	0.5~2		韩家山	6000	0.1~1.5
	下锁家	9000	0.3~1		大坡山	1200	1~1.2
	李家嘴	8800	0.4~1.5		朱家山	2万	0.5~1.5
	对面	2800	0.3~1		东山	1000	0.3~0.6
	苜蓿地洼	6600	0.5~1.5		庙坪	1.6万	0.5~1.5
	上油坊沟	1万	0.4~1.5		王家嘴	1600	0.5~3
	佛塬	8.4万	1~3		寨子王	40万	1~3
	野狐洼山	3万	0.5~1		南头	20万	0.5~0.9
	高塬	3.6万	0.3~1		紫荆坡	1.5万	1~2
	吕家山	1.3万	0.3~1		吕家沟	3000	1~1.5
	穆家洼	4.4万	0.5~1.5		山坪	10万	1~3
	赵塬	1.6万	0.5~1		崖头山	2400	1~1.5
	云家湾	3万	0.5~1.8		枣树涧	3000	1~2
	吊咀子	4000	0.5~1		新庄门神底下	6000	约1

地区	遗迹名称	面积（m²）	文化层厚（m）	地区	遗迹名称	面积（m²）	文化层厚（m）
泾川县	庙滩	14万	0.5~1	灵台县	小北庄	7000	3~4
	三十梁	1200	0.5~2.5		枣阳	2.1万	约1
	岳楼	1.6万	0.5~1		曲埠坪	6万	约2.5
	佛爷殿嘴	4.5万	0.5~2		小户山	8500	约1.5
	堡子洼	6万	1~2		小麦坡	8700	约1
	尚家	15万	0.5~1		凤台山	2400	1.5~1.8
	马嘴山	6万	约1		圪垯庙山	4.5万	约3
	上程庙滩	8000	约1		对坡	3.7万	1.5~2
	大城上	4000	0.5~1.5		毛家沟	1.5万	0.8~1.5
	陶家塬	6000	0.2~1		东山	12万	2~3
	格贝山	6000	0.5~1		围兜山	15万	1.5~2
	许家坡	3600	1~2		后沟山	12万	2~3
	肖家洼	4000	0.5~1.5		老户	8600	1.5~2
	旧庄山	3000	0.5~1		中嘴	2.8万	3~4
	拉洼山	4800	1~1.5		阳圸沟	1.2万	3~4
	支家铺	2000	0.5~1		门前沟	8700	2~3
	张家沟圈	8万	0.5~1		碹头边	3万	2~3
	旧庄山	3000	0.5~1		崖窑	6000	约1
	纸坊宫山	6万	0.3~1		蒙家庄	2万	1~1.5
灵台县	姚李	2万	4~5		新庄坪	1.5万	约1
	沟西	8500	约2		东坪	3万	约1.5
	地龙嘴	2万	1.5~2		对坡山	10万	0.3~1.5
	暖山	1.2万	0.4~2.5		赵家嘴	6万	1~2
	喜家山	2.3万	2~3		阳山坡	6.4万	1~2
	饮马沟	9万	2.5~3		北山坡	12万	1~2
	新庄		2.32~3		崖窑山	20万	2~2.5
	瓦嘴山	30万	1.5~2		史新庄	18万	0.5~2
	前头山	3万	约3		西山坡	7.5万	1~2
	杜家坡	1.5万	2~3		阳面岭	12万	2~3
	老庄	1.2万	2.5~3		三亩圸	1.3万	1.5~2
	二庙台	1.2万	约2		张家湾	6万	0.3~2
	结楞山	3万	3~4		圪垯顶	3万	2~3
	后坝	2万	2~3		冒尔山	3.7万	0.5~2
	郑家山	6700	2~4		碾子洼	6万	0.5~1.5
	阳坡山	6500	3~5		西塬山	12万	1~4
	柳家庄	3万	1.5~2		塬顶	9万	约2
	宝石山	6万	1.5~2		周家坪	25万	1~2
	对面山	3800	1.5~2		东坪	15万	0.5~0.8

地区	遗迹名称	面积（m²）	文化层厚（m）	地区	遗迹名称	面积（m²）	文化层厚（m）
灵台县	前庄湾	1.5 万	约 2	灵台县	夹夹山	6000	1.5~2.5
	灵宝洼	6000	0.4~1		半个山	2 万	约 2
	店台	7500	1~1.5		那庄山	5000	约 2.5
	刀背梁	1500	0.8~1.5		东夏	1.5 万	2~3
	周家岭	6 万	约 1		岭子山	2.5 万	约 1.5
	后坡山	4 万	1.5~3.5		坡家山	3 万	1~2
	碾窑屲	12 万	1.5~2.5		鸦嘴山	3 万	1~1.5
	园子山	3 万	1~2		上观音	2 万	2~2.5
	苏张	1 万	2~2.5		西坡	3 万	2~3
	下坳	2.1 万	2~3		槐树坡山	4.8 万	约 1.5
	红崖沟	2 万	0.7~1.5		爬坡山	1.5 万	1~2
	姚家河	6 万	约 2		红崖屲头	3 万	2~3
	兴坪	3 万	1.5~3		崖窑顶	3 万	2~3
	槐树沟	7500	1~2		塬边场	6 万	2~3
	朱口屲	1.8 万	1.5~2.5		阳山	5000	约 2
	坪边	1.5 万	1~2		花鸹湾山	3 万	1~3
	前庄	1.5 万	0.5~3		上山湾	8 万	2~3
	南坡	2 万	约 2		王家绽	2 万	1~1.5
	李铁山	3 万	1.5~2.5		塌坷屲山	1.5 万	1~2
	石头滩	1.5 万	1.5~3		后湾阳山	3 万	1.5~2
	烟熏	1.5 万	1~1.5		穆村	24 万	0.5~2
	西沟山	2000	1~1.5		崖窑庄	5000	0.3~2
	下小山	4800	约 1		小嘴山	1500	约 2
	庙里岗	3600	约 1.5		刘家坡	2 万	约 2
	朱家湾	4.5 万	约 1.2		底下山	2 万	约 1.5
	乱山	1.2 万	1.5~2		庙身底	8000	2~3
	绽阴山	6 万	2~4		扁坡山	4800	约 1.2
	小豆屲	1.5 万	1.5~3		贺朝	2 万	1.5~2
	草脉殿	3.6 万	2~2.5		阳坡	1.5 万	1~2
	前山	1.2 万	约 2.5		阳面	1.5 万	约 1.5
	上沟垴	1 万	1~1.5		北沟	4 万	1.5~3
	陶绽山	6000	2~3		里庄	1.3 万	1~2
	上山	5000	2~3		南湾沟	6000	1~1.5
	那屲山	9600	1.5~3		范家山	7.5 万	1.5~2
	阳屲山	3.75 万	2~3		阳坡湾	5000	0.3~1
	腰桃	3 万	2~2.5		西头坪	1.5 万	约 1
	大母嘴	1 万	2~3		湫子沟	3 万	1~2
	大坷屲	9000	约 2		长沟门	1.5 万	约 1

地区	遗迹名称	面积（m²）	文化层厚（m）	地区	遗迹名称	面积（m²）	文化层厚（m）
灵台县	庄里	7.5 万	1~2	庄浪县	砖窑地	1 万	约 0.5
	崖湾庄	3 万	0.6~1.5		阴峁嘴	10 万	0.5~0.7
	下湾	1.2 万	约 2		大地	2 万	约 0.5
	河嘴	2 万	2~3		牢沟湾	1 万	约 0.7
	紫荆	12 万	0.8~2		刘大塬	3 万	约 0.5
	西麻山	2 万	1~1.5		石塬沟	2 万	约 0.5
	胡圈嘴	6000	1.5~4		臭蓬峁	2 万	约 0.4
	沟坷峁	7500	1.5~2		蒋寺	1.5 万	约 1
	杜家山	2 万	约 1.5		扁峁	3 万	约 1
	唐家河	10 万	1~2		园嘴	2.5 万	约 0.5
	盖子	3 万	1.5~3		张裴家	4 万	约 0.3
	圪垯山	1.6 万	1~3		小川湾	2500	约 1.5
	李家坪	8 万	2~2.5		崖土壕	1000	约 0.5
	榆树嘴	9 万	2~3		箍儿地	2500	约 0.6
	庄坷	1.2 万	1.5~2		风科嘴	1 万	约 1.5
	西王	2 万	1~1.5		马氏梁	5000	约 0.5
	火烧湾	3 万	3~5		猪头嘴	1 万	约 0.5
	老屋山	8000	1.5~2		桥子坪	5000	约 1
	背后山	3 万	3~5		底下园	3000	0.7~1
	韩家沟	4 万	0.8~1.5		方地	5000	约 1
	背后峁	5 万	0.3~1.5		核桃地	5000	约 0.6
	堡子坪	1.5 万	约 1		冯家马嘴	2800	约 0.7
	焦家山	1.5 万	约 2		堡梁把	3 万	约 0.5
华亭县	东山碥	1.4 万	1~2		缠腰地	8000	约 0.7
	陈家沟	3000	1~2		水担沟	5000	约 0.5
	小庄	3000	约 1		红花沟	2000	约 1
	银河沟	1.4 万	1~2		伏家	6 万	约 1
	嘴子庄	1.2 万	1~1.5		预料堡山	4.5 万	1~2
	陶家塬	10 万	1~1.2		韩家坪	4000	约 0.5
	八亩碥	3000	约 1.5		洞子沟	1000	约 0.5
崇信县	张家山	800	2~2.7		张家峁	1500	约 0.5
	木磨	1 万	2~3.2		安家坟	10 万	约 0.7
	西台	7200	2.4~3		马家东台	5000	约 1.5
庄浪县	旋帽顶	4 万	约 1.5		李家堡	5000	约 0.5
	后湾堁	1500	约 0.8		椿树台	2000	约 0.5
	胡圈地	1 万	约 0.5		滩子坪	2 万	约 0.5
	庙山嘴	3 万	约 0.6		柳树嘴	5 万	约 1.5
	席家嘴	2 万	约 0.8		涝子沟	5 万	约 0.5

续表

地区	遗迹名称	面积（㎡）	文化层厚（m）	地区	遗迹名称	面积（㎡）	文化层厚（m）
庄浪县	川锅地	18 万	约 1	庄浪县	钱儿屲	1.2 万	约 0.8
	深壑岘	1.5 万	0.8~1		吊嘴	2000	约 1
	何家坡	2000	约 0.3		大埂路	3000	约 0.3
	酒坊崖	2000	约 0.5		旧庄湾	8000	约 1
	五里铺	5000	约 0.2		梁阳湾	2 万	约 0.3
	雷石嘴	8 万	约 1		宋家南湾	2 万	约 0.7
	柳家坪	1 万	0.2~0.8		野棉花湾	300	约 3
	崔家岔	24 万	约 0.5		小方地	8000	约 1
	前山	2 万	约 0.8		张保山	6 万	约 0.5
	荞家湾	6 万	约 0.5		郭坑	1 万	约 0.5
	沈刘家	5 万	约 1		扁坡	1600	约 0.7
	刘虎家山	10 万	约 0.5		官地	2000	约 0.5
	南湾	10 万	约 2		庙屲顶	2 万	约 0.8
	牛家湾	7 万	约 1.5		贾家屲	10 万	约 0.8
	席家沟	5 万	约 0.5		马莲路	1.5 万	约 0.5
	贾家河	5000	约 0.5		强家坪	1.5 万	0.7~1.2
	小塬上	3000	约 0.6		水洛	1 万	约 0.5
	于家坪	8000	约 0.4		吊地嘴	2 万	约 0.5
	岔儿李家	1.5 万	约 0.4		老圈嘴	2 万	约 0.6
	温家嘴	2000	约 0.5		老庄屲	5 万	约 0.5
	白草屲	4 万	约 0.5		楸树屲	5000	约 1
	刘堡坪	3.2 万	约 0.5		榆木湾	5000	约 0.8
	烧香台	5000	约 0.3		香盘嘴	1 万	约 1.5
	油夫岔	2 万	0.5~0.8		大溜屲	2 万	约 1
	上北山	6 万	约 0.8		大小塬	2 万	约 1
	阳湾屲	9000	约 1		高湾里	6 万	约 0.5
	李家湾	6 万	约 1		万崖子沟	2 万	约 0.5
	古庄	1000	约 1		张沟	2 万	约 1
	金瓶嘴	3 万	约 1		阳湾	1 万	约 0.5
	北山顶	1 万	约 0.8		湾儿地	3 万	1~2
	马家湾	2 万	约 1		崖头湾	1 万	1~2
	堡子坟	5000	约 0.8		王钗家	3 万	约 0.5
	卦家庄	4000	约 0.5		米面屲	2 万	约 0.7
	颉沟边	1 万	约 0.5		罗儿湾	3 万	约 1
	蛤蟆背	5000	约 0.8		白土山	1 万	约 0.6
	菜埂地	1.5 万	约 0.5		阳屲坪	5 万	约 0.5
	茅儿蛋嘴	2400	约 0.8		青家湾	3 万	1~2
	簸箕湾	3000	约 0.7		下面路	6000	约 0.8

续表

地区	遗迹名称	面积（m²）	文化层厚（m）	地区	遗迹名称	面积（m²）	文化层厚（m）
庄浪县	背后	10万	约0.5	静宁县	大沟土老	1.5万	0.3~1
	新庄屲	3万	约0.3		李沟	1.5万	0.3~1
	白岔	10万	约0.5		韩阳坡	1.5万	1~2
	苏家屲	6万	约2		王老峡	1500	0.3~1
	白家屲	1万	约0.5		老爷墩	2万	0.5~1
	麻地沟	1万	约0.5		阴屲沟	3500	约1
	赫家	2万	约1		碾子沟	5000	约0.6
	刘家湾	1万	约2		老虎嘴	2万	0.8~1.5
	白杨树	2万	约1		砚洼地	3000	约0.8
	石家山庄	10万	0.5		洞子沟	6万	0.2~0.8
	马家阳沟	4万	约1		坡河屲	4000	0.5~1
	吊沟湾	6万	约1		庄下	6000	0.8~1.5
	阳山涧子	4万	约1.2		扁屲	5000	0.4~1
	苏家湾	4万	约0.5		曹家屲	2400	约0.8
	崔家	2.4万	约0.3~1.5		麻地湾	2500	约0.5
	黑牛嘴	6万	约1		坛儿嘴	2万	0.5~1
静宁县	党家坪	2.5万	0.5~1.5		大湾	2万	0.8~1.5
	沟畔	1.5万	约0.3		王家坡	1.6万	1~2
	崖湾地	1.5万	0.5~1		红土屲	1500	约0.5
	王家梁	1800	约0.3		灰条沟	4000	约0.8
	前嘴湾	1.5万	0.3~1		黑驴湾	1400	约0.8
	大屲畔	9600	0.7~1.5		牡丹湾	2万	0.6~1.5
	西河湾	7500	0.3~0.5		簸箕湾	3万	约1
	大塬偏	1.5万	0.8~1		小塌山	1500	约0.4
	鸦儿沟	1.3万	0.9~1.5		周家峡口	5000	0.5~1
	红山嘴	3万	约0.6		朱家嘴	1200	约0.4
	王城	5万	约0.5		脉顶梁	3000	约0.8
	马坡	6500	0.5~0.8		船嘴子	2500	约1
	葫芦嘴	8000	0.5~0.8		四巷湾	1万	0.5~1
	李河崖湾	6500	0.5~0.7		阳屲	2000	约0.4
	岭子梁	6万	0.6~1		庙山嘴	4000	0.5~1.5
	院科	5000	0.8~1.5		北山屲	3万	0.5~1.5
	西山沟	4万	0.9~2		阳屲路	7200	0.4~2
	大地湾	2500	约0.5		林杨	6000	1~1.5
	赶羊路	2500	约0.8		刘家滑沟	1.5万	0.5~1.2
	周家原	8000	1~2		木瓜崖	4000	约0.6
	长坪	2万	1~2		堡子壕	8000	约0.8
	白杨坟	8000	0.2~1		大庄川	5万	1~2

续表

地区	遗迹名称	面积（m²）	文化层厚（m）	地区	遗迹名称	面积（m²）	文化层厚（m）
静宁县	嘴头	8000	0.5~1	静宁县	兔儿嘴	5000	约 0.7
	小湾嘴	1.5 万	0.5~1.5		刺坡屲	3.5 万	1~2
	张家嘴	2 万	约 1.4		北峡口	4500	约 0.4
	邹河塬上	2500	0.3~1		骆驼沟	2700	约 0.5
	辽坡屲	1.8 万	0.5~1		武高水库	3000	约 0.5
	上湾村	1500	约 0.5		小庄	1.6 万	0.5~0.8
	安家阳屲	7000	0.5~1.3	定西市	磨石沟	13.5 万	0.5~1
	前湾村	1500	0.6~1		朱家庄	8 万	0.3~0.8
	韩家小湾	1.4 万	0.6~1.5		堡子山	2 万	0.8~1
	下村	4.8 万	约 0.5		万崖子	3 万	1~3
	坷土老地	1.2 万	1~1.5		张家屲	24 万	0.3~0.6
	下湾	2500	约 0.5		湾儿下	4 万	0.3~0.5
	阳屲坡	5000	约 0.5		那坡辽屲	2.5 万	0.3~1
	红山沟	3000	约 0.5		石屲坪	2 万	0.3~0.5
	瓦窑坡	4.8 万	0.6~1.5		祥营湾	3.5 万	0.3~0.5
	照世坡扁屲	1.4 万	0.5~1		山庄	15 万	0.3~1.6
	赶滩湾	8 万	1~2		水滩坪	6 万	0.5~0.8
	长沟门	1800	0.4~1		碉堡山	10 万	0.2~0.5
	黑马家小湾	2 万	0.5~1		上园	8 万	0.5~1
	牛马岔口	1000	0.6~1		贵家沟门	7.5 万	0.3~1
	李家塬	4800	0.6~1		张家碾	15 万	0.3~0.5
	白家塬	2.5 万	约 1.5		阳山	8 万	0.3~0.5
	白川	4800	约 0.8		红土梁	6 万	0.2~0.3
	王湾	6500	0.5~1		仓沟	6 万	0.3~0.8
	程家垣	3200	0.4~1		张庄	4 万	0.3~0.8
	石沟	4800	约 1		赵家东湾	9 万	0.2~1
	李家中庄	2100	约 1		凉水泉	1.5 万	0.2~0.4
	堡子屲	6000	0.6~1.5		锦鸡塬	24 万	0.2~0.3
	刘家坡	2400	0.6~1.5		岳家山	24 万	0.1~0.2
	上湾	1500	约 1.2		莲花山	4 万	0.3~0.9
	阴屲寸	6000	约 1		巉坡辽屲	4 万	0.5~1.5
	北山	1000	0.6~1		庙嘴山	6 万	0.2~1
	柳树川	4000	约 0.3		马勺嘴	1 万	0.5~2
	阳坡	8000	约 0.8	通渭县	火石屲	7.8 万	0.3~0.6
	黑窑门	5000	0.5~1		罗家坡	6000	0.3~0.6
	豆儿湾	3 万	1~1.5		缺下坪	1500	0.2~0.6
	张嘴	5000	0.5~1		梁上	3.5 万	0.4~1
	余家沟	5000	约 0.5		起雾山	3000	0.5~1

地区	遗迹名称	面积（m²）	文化层厚（m）	地区	遗迹名称	面积（m²）	文化层厚（m）
通渭县	落鹅湾	3000	0.2~0.4	临洮县	大嘴蛋	4万	1.5~2
	油坊背后	9000	约0.3		杨家嘴	6万	约1
	四沿山	2000	0.6~1.2		香台	1800	约0.5
	阳山	2500	0.2~0.5		石板湾	8000	0.1~1
	漫屏山	4万	0.3~0.5		石家坪	6万	0.5~1
	堡子坡	4000	约0.3		寇家崖头	4万	0.1~0.5
	鹿儿沟	2万	0.2~0.7		虎岘	2.25万	0.3~0.5
	曹家湾	9万	0.3~0.5		哨嘴	15万	0.3~0.5
	观音梁	15万	0.3~0.8		孙家坪	50万	约0.3
	金家岘	2000	约0.3		苟家滩	7.5万	0.2~0.3
	中林山梁	2万	0.3~0.5		满家坪	24万	0.2~0.3
	灰沟	6万	0.3~0.7		洪坝湾	7500	厚度无记载
	侯家岘梁	2000	0.3~0.5		李家坪	50万	0.3~0.5
	雷嘴	2400	0.2~0.5		高家崖川	75万	0.3~0.5
	园嘴上	8000	0.3~0.5		窑坡	12.5万	0.5~1
	侯家坡	1.2万	0.4~0.8		赫家崖	30万	0.2~0.4
临洮县	石板道	4万	0.3~0.5		赵家坪	8000	0.5~1
	林家坪	15万	约0.3		小庄	2万	0.3~0.8
	阳岘	2万	0.3~0.8		阳岘山	8万	1~2
	陈家坪	12万	0.1~1		冯家坪	12万	0.5~1.5
	房头上	6万	0.5~1		高家崖	12万	0.3~1.2
	陈家岘	6万	0.1~0.3		湾里	1万	0.2~0.4
	刘家坪	15万	0.2~0.3		骆家堡	2万	0.4~0.9
	堡子坪	4万	0.2~0.3		姜维墩	10万	0.2~0.4
	马家坪	50万	0.3~0.4		后殿庄	4万	0.2~0.5
	张家渠	25万	0.1~0.2		蔡家窑	6万	0.5~1.2
	祁家坪	50万	0.2~0.5		下张家坪	9万	0.2~0.7
	张家坪	12万	0.2~0.3		下衙坪	3.2万	0.2~0.5
	西头坪	50万	厚度无记载		大瓦坪	8000	0.4~0.8
	吴家坪	75万	0.2~0.4		崖湾	10万	0.5~1
	三岘	5000	0.2~0.4		黄家坪	50万	0.2~0.7
	湾堖	12万	1~2		岳崖岘	2万	0.2~1
	北夏家坪	20万	0.2~1		马家坷栳	1.5万	0.1~0.3
	张家卡	2万	0.2~1		赵家嘴	5000	0.3~0.7
	杨柳庙	40万	约0.5		鹁鸪崖	3万	0.2~0.7
	韭菜湾	6万	0.3~0.5		唐家沟	4万	0.2~0.5
	堡子嘴	6000	约0.5		大谷堆	6万	0.3~1
	高庙嘴	25万	约0.3		荒粮固堆	6万	0.3~0.6

地区	遗迹名称	面积（m²）	文化层厚（m）	地区	遗迹名称	面积（m²）	文化层厚（m）
临洮县	二衙坪	30 万	0.3~0.7		蔡家门	2 万	约 0.5
漳县	罗家坪	3 万	约 0.3		杨家屲	5 万	0.3~0.5
	大坪	6 万	约 0.3		安家坪	3 万	0.5~1
	柯寨	3 万	0.3~0.5		盖牌	5 万	0.5~0.8
	王家坪	10 万	2~3		西堡子	3 万	0.5~0.8
	郭家坪	3 万	0.5~1		桐树屲	2 万	0.3~0.7
	塔坪	10 万	0.2~0.7		张家坪	1 万	0.3~0.6
	前头屲	5000	0.3~0.8		寺沟里	5000	0.5~1
	欠子屲	10 万	0.5~0.6		王家门	3 万	约 0.7
	庙儿屲	5000	约 0.3		插旗梁	1.5 万	0.4~1.2
	马儿山	5000	0.3~1		王家河	3.5 万	0.15~0.2
	花崖山	5000	约 0.5		东家坪	20 万	0.5~1.2
	杨大屲	5 万	0.4~1.2		李家坪	3.8 万	0.6~1.3
	刘家坪	45 万	0.3~0.6		酥油沟	2 万	0.5
	贾家坪	10 万	约 1		马家坪	6 万	0.2~1.2
	余家湾	2 万	0.4~0.8		塄坎头	1 万	0.4~0.9
	灯笼沟	4 万	0.2~0.5		大屲山	3000	0.5~1.5
	庙儿坪	1 万	0.8~1.5		和岭山	15 万	0.5~1.5
	黄土坡	6 万	0.5~0.8		双坡山	8000	0.4~0.8
	东西坪	15 万	0.5~0.8		古坟台	2 万	0.5~0.9
	堡子背后	7.5 万	约 0.3		小苏家屲	3 万	0.4~1.2
	堆粮坪	12 万	约 1		上窑坡	50 万	0.3~0.7
	窑坡山	8 万	0.3~0.6		许家山	5000	约 0.5
	坪上	2 万	约 0.5		山台地	2 万	0.4
	老坟上	3 万	0.5~0.9		张家门	2 万	厚度无记载
	潘家坪	300	厚度无记载	岷县	白塔山	2 万	0.3~0.5
	申家湾	5000	0.5~0.7		八娘堡	10 万	0.3~0.6
	地楞干	4 万	0.2~0.6		庙台坪	5 万	0.5~2
	王家屲	2 万	0.4~0.7		姚庄	6 万	0.4~0.8
	樊家嘴	2 万	0.6~0.9		台子上	25 万	0.5~1
	韦家坪	3 万	0.8~1		杏林	2 万	约 0.3
	狼嘴坪	2 万	0.3~0.6		占旗	2 万	0.5~0.8
	阳屲堡	2 万	0.5~0.8		下三族	7500	0.5~0.8
	马莲滩	6 万	约 0.5		上迭马	6 万	0.4~0.6
	牙下	15 万	0.5~1		泉湾	7.5 万	0.5~1
	邹家门	4 万	约 0.5		祁家山	6 万	0.4~0.8
	东家沟	3 万	1~1.5		黄土窑	4000	0.3~0.5
	高家沟	5 万	0.5~1.2		寺儿上	25 万	0.4~0.8

地区	遗迹名称	面积（m²）	文化层厚（m）	地区	遗迹名称	面积（m²）	文化层厚（m）
岷县	大庄	9万	0.3~0.5	渭源县	高家堡	10万	0.5~1
	王家山	4万	0.4~0.6		万崖	7万	1~1.5
	龙王台	5万	0.3~0.6	陇西县	暖泉山	18万	1~1.5
	茶埠	4万	0.4~0.8		下河蒲	2万	0.3~0.5
	叶家坡	4万	0.3~0.6		南坡营	50万	0.6~1.2
	的西	6万	0.4~0.8		卓儿坪	50万	0.3~0.6
	白土窑	4万	0.4~0.8		陇西梁家坪	6万	0.3~1.8
	哈萨	5万	0.4~1		朱家坪	15万	0.3~0.5
	武旗	3万	约3		茹家山	3万	0.5~1
	场堺坎	1万	0.3~0.6		红崖鼻梁	15万	0.2~1.2
	郭家堡	1万	0.4~0.6		香台	1.5万	0.8~1
	卓坪	5万	约0.3		白草坪	4万	0.6~0.8
	元山坪	2万	0.4~0.8		蔺家台	2万	0.5~1
	茶路沟	2万	0.5~0.9		香炉嘴	2万	0.2~0.8
	中寨	10万	0.3~0.5		陈家㞎	2.5万	0.3~0.5
渭源县	老虎湾梁	10.5万	约0.2		包家坪	7.5万	0.5~1.5
	杨家嘴	30万	约0.15		上南坪	2万	0.5~0.8
	上关坪	7万	0.2~0.3		墩坪	6万	0.4~1.2
	金家山	10.5万	1~2		白家坪	20万	0.2~0.9
	城坪	15万	0.2~0.3		木瓜山	3万	0.2~0.9
	毛刺㞎	15万	0.3~0.5		河蒲山	4万	0.5~1
	自家㞎	37.5万	0.5~1		干垯脑咀	5000	0.5~1.2
	阳㞎	13.5万	约0.5		祁家院	3万	1~1.5
	河口坪上	12.5万	0.2~0.5		董家门	1.5万	1~1.2
	瓦窑	12.5万	0.2~0.4		羊马坪	3万	0.5~1.2
	下大坪	20万	0.2~0.3		平道	2.4万	0.5~0.8
	尔家崖	14万	0.5~1.7		景家庄	15万	0.3~0.7
	堡子㞎	12万	0.4~0.5		阳㞎道	3.5万	0.5~1.5
	大渠	9万	0.7~1		沙家庄	2万	0.5~1.2
	石嘴	16万	0.2~0.3		乔家坪	12万	0.7~1.2
	上阳㞎	30万	0.2~0.3		庙湾坪	2万	0.5~1
	阳坡	14万	约0.5		塔坪	2.4万	0.2~0.7
	堡子嘴	6万	约3		后沟曳山	3万	0.5~0.8
	下双轮磨	22.5万	0.3~0.5		虎家㞎	9万	0.5~1.2
	王家沟	20万	0.3~0.7		胡麻山	3万	0.5~1.2
	坪下	31.5万	0.2~2		郑家山	1.5万	0.3~0.5
	鸡嘴	3.6万	0.4~0.5		蔡家坪	4.5万	0.4~0.7
	徐家庙	6万	0.15~0.3		牡丹坪	2万	1~2

地区	遗迹名称	面积（m²）	文化层厚（m）	地区	遗迹名称	面积（m²）	文化层厚（m）
陇西县	中南山	50 万	0.5~0.9	陇西县	吴家堡	6 万	0.5~0.8
	堡子山	15 万	0.7~1.3		那河坪	3 万	0.7~0.9
	嘴头	15 万	0.5~0.9		白马庙	3 万	厚度无记载
	东沟	12 万	1~1.2		郭家道	2 万	约 0.3
	杨家坪	1.5 万	0.8~1.2		何家庄	3 万	约 0.4
	张家山	40 万	0.3~1.5	陇南县	观木崖墓群	2 万	距地表 1~2
	红崖湾	2.4 万	厚度无记载		西坪墓群	1.44 万	
	李家营坪	80 万	2~3	成县	贺家坪	6000	约 1
	曹坪	40 万	0.3~0.7		石碑寨	2 万	0.2~2.2
	曲完坪	15 万	2~3		西坡	2000	0.8~2.8
	王家嘴	20 万	2~3		下寨	7500	约 0.5
	上东梁	1000	0.2~0.5		寺坡	2000	约 1
	黄家门	8000	0.5~1.2		董家坝	3000	约 1
	官代坪	30 万	0.5~1.2		孙家大地	1.2 万	约 0.5
	杨家坪	30 万	0.5~1.2		纸坊	1000	约 1.5
	南水坪	6 万	0.2~0.8		关爷岭	1 万	1.5~2
	宋湾坪	6 万	0.5~1.2		石嘴头	3500	约 2
	任家岘	1 万	0.7~1.3		王台庄	1200	0.5~1
	田家岘	30 万	0.3~0.8		老君庙	1.2 万	约 0.6
	杨家坪	3 万	0.5~1.2	宕昌县	转儿山	1.5 万	1~2
	红沟坪	2 万	0.3~0.7		瓦山	4.5 万	1~2
	三台地	8 万	0.5~0.9		杨家坪	1.2 万	0.5~1
	袁家湾	3 万	0.5~1.2		罗家	1.4 万	1~2
	礼嘴岘	4.5 万	1~1.5		黄大坪	7.5 万	0.5~1.2
	塌堡子山	5 万	0.5~1		苟家坪	5.25 万	0.3~0.5
	红土沟	3 万	0.3~0.9		秋秋嘴	5000	0.6~2
	园坪	10 万	0.5~1.2		坪后里	7 万	1~2
	王家岘	10 万	0.8~1.5		城关	1.3 万	厚度无记载
	陈家沟坪	1 万	0.5~0.9		半沟	8000	约 1
	柳树沟	20 万	0.5~0.9		玉地山	3 万	1~2
	梁山坪	30 万	0.5~1		庄禾地	8000	0.5~1.5
	龙头岘	20 万	0.2~0.8		庙底	2 万	0.5~1.5
	马家岘	1.5 万	0.5~1.2		白杨坝	3.5 万	0.5~1
	杨岘坪	6 万	0.5~1		蒋家坡	1.5 万	0.5~1.5
	杨营	30 万	0.3~1.5		郭堡壕	1 万	约 1.5
	赤山子	3 万	0.5~1	康县	坪上	4.5 万	0.3~0.4
	腰儿里	2.6 万	0.3~0.7		寺坡	1 万	0.5~1.5
	高林堡	3 万	0.5~1.3		上龙坝	1500	约 1

续表

地区	遗迹名称	面积（m²）	文化层厚（m）	地区	遗迹名称	面积（m²）	文化层厚（m）
康县	酒房	3000	1~2	两当县	庙坪	5000	0.7~1.5
	小峰上	1500	约2.5		崔家庄	1k²	1~4
	中寨	3000	2~2.5		萝卜嘴	3000	0.3~1.5
	周家坝	3000	0.8~1.5		大庄坡	4000	约0.1
西和县	西峪坪	2万	1~2.5	临夏县	大沟沿	1500	约1
	三坪	1.2万	约0.5		甘坪	3000	0.3~0.8
	寺台	3万	约0.8		南坡头	3000	厚度无记载
	坪上	5万	约1		郭吴家	1000	约1
	西巷	2000	约1.5		方头地	7500	0.3~1
	大崖底下	1万	约0.5		庙嘴	2万	0.5~1
	斜坡	2000	1~2		崖头地	6000	0.3~0.6
	南家湾	1万	约1		寺湾	1400	约0.2
	沟里头	5000	约2		八台	1500	约0.5~0.8
	水泉	2000	2~3		何家磨	10万	0.3~0.6
	杜河	4000	约1		河阳洼	2万	约1
文县	杨家湾	1000	约0.5		李家坪	20万	0.3~1
	雷家地	6000	约0.2		张古楼	4万	0.6~0.9
	王家岭	400	0.9~1.1		赵家嘴	2万	0.3~0.9
	大坪上	1万	约1		旱地	4万	0.5~1
礼县	掌坪	2000	0.5~1		尕窑灰	5万	0.6~0.8
	赵庄	3000	约1		大何庄	5.3万	0.5~1.5
	大河	14万	约0.5		秦魏家	3万	约2
	八房	2000	约0.5	康乐县	堡子山	2500	0.5~1
	庙坪	1万	1~3		线家滩	3000	0.5~0.9
	渠背后	1.5万	2~3		牛可歇	75万	0.3~1.2
	柳湾	2.4万	约0.5		盖塄山	3000	0.3~0.6
	黄坡	3000	1~1.5		和尚沟	5000	0.3~1
	小林	3000	约1		苏家滩	5000	0.5~1
徽县	柳林	1万	约1.5		商罐地	2万	1~1.5
	任坪	3万	0.3~0.5		王家	6000	0.5~3
	大路口	6000	约0.7		大沟沿	7万	1.2~1.7
	寺沟	2000	约0.7		尕古坡	6万	0.9~1.5
	岳王	1000	约0.5		圈棚楼	20万	0.4~1.25
	许坝	1000	0.5~1		湾湾地	6000	0.5~1.5
	官坪	3000	约0.5		宗家地	2.5万	0.2~0.5
	吴家坪	6万	0.15~0.5		营房沟	10万	0.2~0.5
	甘沟	6.5万	0.2~0.5		阳洼山	30万	0.3~0.8
	永宁墓群	1500	距地表5		庙滩	2万	0.5~1.4

续表

地区	遗迹名称	面积（m²）	文化层厚（m）	地区	遗迹名称	面积（m²）	文化层厚（m）
康乐县	吊地	4万	0.4~1.2		大谷坪	1600	0.6~1.5
	阳洼	3000	约0.5		阳洼山	6300	0.4~1
永靖县	马家湾	33万	0.3~0.8		白家坪	25万	0.3~1.5
	杜家	8000	0.5~1.2		林坪	1.2万	1~1.5
	杂知那	面积无记载	0.3~0.8		土台	2.8万	0.3~0.8
	墩湾	1600	0.5~0.8		赵家湾	1.5万	0.2~0.8
	大嘴	15万	0.4~1.2		董家	6000	0.2~0.7
	红道岭	9000	0.3~1.5		阳屲山	2.5万	0.3~1
	蔡塔岭	2.4万	0.2~0.4		堡子山	5.6万	0.4~0.6
	大塬	6万	0.2~0.5		长家寺	4.5万	0.3~1
	坨罗	2500	0.2~0.6		硝水沟	5000	约1.5
和政县	二郎岗	1万	1~2.5		巷道边	1.3万	约1
	严嘴	12万	0.5~1.7		七嘴	1万	1~3
广河县	齐家坪	12万	0.5~1.5		王家山	1.2万	0.5~1.5
	嘴上	8万	0.5~1.2		瓦渣坎	1000	0.5~1
	沙坡	8万	0.3~0.5		涝坝沿	1000	0.5~3
	东湾	12万	0.5~1		商家山	2000	0.5~1.5
	杂磨嘴	40万	0.3~1.2	积安山保安族东乡族撒拉族自治县	白泥滩	8000	0.7~1.2
	坨罗	9万	0.3~1.1		四坪	12万	0.2~1.1
	园子窑	1.3万	0.5~1		堡子岭	1000	0.2~0.7
	马家坪	3000	0.4~0.7		田家坪	15万	0.5~2.1
	泉地	3000	0.5~1		大路巷	1200	0.2~0.8
	上陈家	1万	约0.5		泉沟	20万	0.5~1.2
	小坪	6300	约0.5		松树湾	3万	0.2~1.5
	麻石嘴	6000	0.5~1		王家	1.75万	0.3~0.7
	下坟滩	5000	0.5~1		迭脚	1.5万	0.5~1.2
	十里墩	2500	0.5~0.8		石沟梁	3万	0.2~0.7
	排子东坪	4000	0.6~0.9		窑洞梁	2.4万	0.4~1
东乡族自治州	卡黑	9000	0.5~1.5		坪地	2.5万	约0.8
	胡浪水叉	2000	0.5~0.8		下庄岭	2000	0.4~1.5
	高家嘴	3.7万	1~1.5		前进	1.2万	约1
	阴洼	1800	0.5~1.2		张家岭	1200	0.5~1.2
	甘家坪	1.3万	0.7~1		犁地嘴	8000	0.5~1.5
	坨罗	3万	0.3~0.5		石垒岭	3000	0.3~1
	阴洼路	4.5万	厚度无记载		鲁坪	面积不详	0.5~1
	沙池	2000	约2		八垧古堆	1500	约1.5
	马趟子	3.3万	1.5~2		姑姑头	1000	0.3~0.8
	黄家坪	12万	1~1.5		红崖山	5000	约1

续表

地区	遗迹名称	面积（㎡）	文化层厚（m）
积安山保安族东乡族撒拉族自治县	蚂蝗盖塄	3000	0.5~0.8
	吊湾岭	3000	0.3~0.8
	老坟地	2 万	0.2~0.6
临潭县	小河	4000	0.3~0.7
	洛藏	5000	0.5~0.7
	新堡	4000	0.4~0.7
	巴杰	3000	0.3~0.5
	中寨	4.5 万	1~1.5
	新庄子	9000	0.5~1.2
	南门河	3.2 万	0.5~1.2
	扁都	4800	0.3~0.8
	宋家河	2400	0.5~3
	羊升	4000	0.4~0.5
	琵琶	4800	约 1
	常旗	2400	约 0.2
	磨沟墓群	24 万	厚度无记载
卓尼县	结拉	6000	0.3~0.8
	甘布塔	1200	0.2~0.5
	上河滩	4500	0.5~0.7
卓尼县	加当	3200	0.2~0.8
	录巴	6500	0.3~0.9
	西尼沟	4000	0.3~0.5
	打扎	3000	0.25~0.45
	石坡	2.5 万	0.7~1.8
舟曲县	奂坪	4500	0.2~0.4
	博峪	3000	0.2~0.7
	拉木山	3400	0.3~0.9
	拱坝	3000	0.2~0.4
	堡子坪	3500	0.2~2.3
迭部县	谢协	8000	0.1~0.7
	电尕寺	8.4 万	0.4~0.8
	哈吾卡	2500	0.7~1
	萨让	4200	0.1~0.6
	花园	4000	0.2~0.5
	尼傲桑巴	3000	0.3~0.5
	卡坝	1800	0.3~0.7
	利民墓群	1200	厚度无记载
碌曲县	恰日	5000	0.15~0.35
	加格尔	1.1 万	0.5~0.8

齐家文化对中原地区文化的影响

张天恩

（陕西省考古研究院）

齐家文化进入学界视野的时间几乎与中国考古学的发端等同。1924 年安特生据他在甘肃的调查资料提出了齐家文化之名，并按他的认识将其置于仰韶文化（实际为马家窑文化半山彩陶）之前[1]。后来，夏鼐先生通过齐家墓葬填土中有仰韶陶片出土而将两者的早晚关系翻转[2]。之后的更多发掘使齐家文化的面貌逐渐清楚，明确了其分布范围主要在甘青地区，并认识到是一类属于青铜时代早期的考古学文化。许多齐家文化遗址中铜器的出土，证实其在青铜文明方面取得了较高成就。虽然该文化墓葬中屡有殉人、殉牲（主要为猪下颌骨、个别为羊下颌骨）现象的发现，但总体的等级分化似不太突出，加之远悬西北，过去的研究多认为与中原地区的文明进程关系不大，在文明探源的系列研究中并没有给予多少关注。

随着近年西安老牛坡、商州东龙山、临潭磨沟等陕甘地区考古发现的披露[3]，结合过去有关考古材料的梳理，渐使我们认识到齐家文化的活动似不限于甘青地区，在陕西、内蒙古及山西的考古发现中多有联系，中原地区二里头文化的发展，似也存在齐家文化的参与。但这一方面的研究总体仍较沉寂，本文拟对齐家文化的分期、年代、发展和影响等方面做一些简单讨论，敬祈同道斧正。

一　齐家文化分期、年代的新认识

学术界依据青海柳湾等地的碳十四测年结果[4]，将齐家文化的年代范围估计在距今 4200~3800 年前后。不久之前，甘肃临潭县磨沟齐家文化墓地的大规模发掘[5]，获得了齐家文化延续年代更晚的证据，是对过去认识的较大修正。磨沟齐家文化墓地经过连续三四年的发掘，清理了上千座墓葬，出土了大量的陶器、石器、骨器及铜器等[6]。墓地的考古发掘资料显示，在许多偏晚的合葬墓中，每每发现有些墓主随葬具有寺洼文化早期特征的陶器，表明其已靠近寺洼文化早期的年代。而一般认为寺洼文化为商周时期西北地区的考古学之一，从考古学比较研究的结果而言，此发现说明齐家文化延续的时间确有进入商代之可能。

磨沟 M633 是一座齐家文化晚期的墓葬，墓主的人骨曾做过碳十四测年，树轮较正年代为公元前 1510~前 1310 年，有学者据此将墓葬的年代推定为公元前 14 世纪左右[7]，也就是商代早中期之际。这一下限年代对齐家文化的认识几近一个颠覆式的数据，但考虑到包括 M633 在内的磨沟齐家晚期墓屡见颇具寺洼早期特征陶器的事实（图一），显然应属正常的现象。墓地的 M444 被认为是寺洼文化早期的一座典型墓葬，笔者曾论证其应早于传统上所说寺洼文化的寺洼类型，而属其文化早期的大族坪类型[8]。墓内有两个碳十四测年数据，树轮校正年代为公元前 1430~前 1260 年[9]，恰与考古学遗存显示其略晚于 M633 的情况比较吻合，更增加了齐家文化下限近于商代中期的可信性。

齐家文化年代及分期序列在许多研究中都有讨论，但存在不少分歧。对此笔者在十多年前进行过小结，认为早年笼统比较排列遗址早晚顺序的意见可信度比较低，而后来一些学者在较细致和系统的类型学分析的基础上提出的三期八段或四期六段说[10]相对可靠，故我们在后说的基础上将之归纳为三大期[11]。

图一　磨沟齐家文化晚期墓 M633 随葬陶器

（陶豆后侧有一寺洼特征的陶罐，图引自《甘肃临潭磨沟寺洼文化

墓葬出土铁器与中国冶铁技术起源》，《文物》2012 年第 8 期）

即以柳湾 M271、M965 等早期墓、皇娘娘台 M29、M30 等早期墓为代表，属早期；以柳湾晚期 M1108 等墓，皇娘娘台晚期墓 M27、M38 等墓，以及秦魏家下层、齐家坪一段及七里墩等为代表，属中期；以秦魏家上层，大何村上、下层，齐家坪二、三段等为代表，属晚期。青海民和县喇家是一处非常重要的齐家文化聚落遗址[12]，因发掘较晚，过去的研究均未涉及，简报认为有关房址属齐家文化晚期。观察简报介绍的陶器资料（图二），器内涵尚有类似于客省庄文化的带盖敛口瓮、大三耳罐，绳纹比例偏多，近似于柳湾早期墓葬的特征，确信其应属于齐家文化早期的范畴。

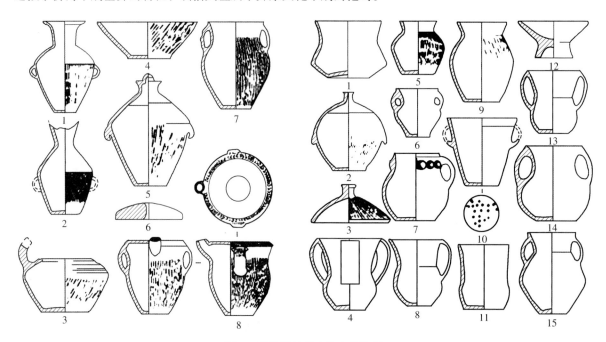

图二　喇家遗址出土的主要陶器

（图引自《青海民和县喇家遗址 2000 年发掘简报》，《考古》2002 年第 12 期）

左：1、2.高领折肩罐；3.敛口罐；4.盆；5.敛口瓮；6.纺轮；7.双耳罐；8.带流罐

右：1.尊；2.敛口瓮；3.器盖；4.三耳罐；5、9.侈口罐；6、15.双耳罐；7.单耳罐；

8.单耳杯；10.甑；11.杯；12.豆；13、14.大双耳罐

经对磨沟齐家文化墓葬随葬陶器分析，可明显看出其较早墓葬有对秦魏家、齐家坪、大何庄等齐家文化晚期阶段文化的承袭，说明了该墓地的主要墓葬应处在前述的晚期之后。也就是说，到目前为止齐

家文化应分为四期，即原所分的早期宜改称为第一期；原中期改称第二期；原晚期改为第三期；而磨沟的大多数墓则为第四期。磨沟墓地的墓葬数量巨大，约有1500多座墓以上，还不计算普遍存在于一墓内的多次合葬现象，显然不会是短期内形成，一定有一个较长的延续过程。但由于考古报告尚未发表，暂无条件进行更详细全面的分析，这里是否存在属于前几期的墓葬，或再细分段尚难猝定。

传统的研究认为，齐家文化活动的区域基本限于青海东南部、甘肃中东部以及宁夏南部地区。经对陕西陇县川口河等地出土的陶器进行分析，知其主体特征与齐家文化第二期（原称中期）偏晚阶段的面貌一致，但饰多组弦纹的双耳罐、无耳罐，以及带流的单耳罐等，显示了与偏西地区的不同，故我们称之为齐家文化川口河类型[13]。这些差异与关中东部及丹江上游地区的夏代早期遗存老牛坡类型[14]关系密切，故可因此将齐家文化第二期的年代框定在夏代早期或略早。

齐家文化的分期研究历来缺少各期年代的推断，有了磨沟和老牛坡类型两个基点，似可做一个初步的估计。磨沟齐家晚期墓被推定在公元前14世纪左右，故第四期的年代范围可能在距今3600~3400年前后。第二期约相当于夏王朝建立前后，其年代约为距今4100~3800年。处于两者之间的第三期的年代，约为距今3800~3600年。第一期的年代，可估计为距今4200年或略早至4100年。

二　齐家文化初期的发展及影响

早年的研究将甘肃东部、宁夏南部具有客省庄文化双庵类型、常山下或菜园子文化特征的遗址，如灵台桥村、天水师赵七期等[15]一些出土较多的鬲、斝类三足器等遗存，都视为齐家文化，这可能存在较大的偏差。尽管这些遗址的内涵有一部分齐家文化特征的器物，但实际反映的是齐家文化众多因素的不同来源，这也正是齐家被视为由客省庄等文化发展而来的主要原因。而真正属于齐家文化第一期的典型遗存，当以民和县喇家遗址、柳湾墓地早期墓葬等为代表，陶器以各种罐类为特色，有少量带盖敛口瓮、盉、盆等，也可见少量的豆，总体以平底器为主，三足器几乎不见或非常罕见。此期的齐家文化有少量鬲类三足器、敛口瓮、盉等器物，说明其与客省庄晚期等文化在年代上可能有一定程度上的交集，受到了一些影响。

齐家文化第一期的分布范围，主要集中于甘青相邻地区的永靖、广和、乐都、民和等县，表明其文化形成的中心可能是在黄河与其支流洮河、湟水交汇地区。甘肃天水西山坪和宁夏隆德页河子等地的龙山文化晚期遗存，可见此期的齐家式高领双耳折肩罐、双耳罐、单耳罐等[16]，表明其影响范围可及渭河上游的天水及邻近地区，因尚未见典型的居址和墓地，还只能做交流影响来看。

此期的齐家文化除了前述特色鲜明的陶器之外，喇家、柳湾等遗址出土的璧、环、琮、刀、斧、锛等精美玉器，显示其已形成了比较独特的玉文化传统。房屋多为成排分布的窑洞式建筑，地面及墙壁多有涂抹白灰面现象，门外或有较小的斗室（外间，平面大致呈吕字形），室内中间有圆形灶址等。墓葬流行长方形竖穴土坑墓，以仰身直肢葬为主，也有屈肢葬及少量俯身葬，并有较多二次葬，常有长方形木棺为葬具。2~5人不等的合葬墓也比较多见，成人2人合葬者往往是男性有棺而女性无棺，或为男性直肢而女性屈肢，存在男性占主导地位的现象。墓葬除了普遍随葬陶器外，有些可见玉器，少量还随葬猪下颌骨，是其文化的显著特点，遗址内发现卜骨亦屡见不鲜。

齐家文化在此期向东影响的线索，仅限于渭河上游偏西的天水、隆德一带，但朝东北方向的发展却要远许多，似曾沿黄河通道直至鄂尔多斯高原。在内蒙古自治区伊金霍洛旗的白敖包墓地[17]，60多座墓的随葬陶器中，除了较少的敛口盉、敛口斝、大口尊及花边鬲等当地龙山晚期的传统器形外，数量较多的双耳罐、单耳罐、高领折肩罐等均有齐家文化一期同类器的特征（图三）。墓地多见的合葬墓，以及少量墓内随葬猪下颌骨等现象都类似于齐家文化。类似情况也见于内蒙古伊金霍洛旗朱开沟遗址[18]，在年代较早的 M5023、M4014 等单位，此类器物已成为朱开沟墓葬随葬品的有机组成部分。有学者对朱开沟遗址分期进行过较深入的研究，指出齐家文化因素在遗址内出现得较早，并有较长时间的延续。[19] 墓地早期就已流行男性本位的合葬墓，墓内随葬猪下颌骨等现象，显然与白敖包墓地一样亦属齐家文化之影响。

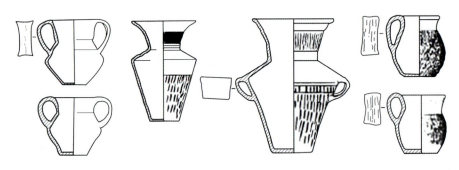

图三　白敖包墓地出土齐家式陶器

目前，具有齐家文化因素的典型遗址虽只有白敖包和朱开沟两处，但已让我们清楚地感受到，北方地区老虎山、新华为代表的龙山文化传统[20]，此时已出现了不小的改观，齐家因素成为当地石峁晚期文化共同体的一部分。可以佐证的是，与上述遗址相距不远的陕西神木神疙瘩梁遗址，也发现了类似于齐家文化的合葬墓（图四），形制较大的 M7 墓主有木棺，棺外北侧的骨架似绑缚的殉葬者[21]。随葬的双耳罐、高领折肩罐类似齐家文化同类器（图五）。此类现象也可能存在于石峁遗址晚期。该地区这一文化变化的动因，虽不乏关中客省庄和晋南陶寺文化的影响，但相当大的程度上与齐家文化扩展到鄂尔多斯高原有关。

图四　神木神疙瘩梁 M4　　　　　图五　神木神疙瘩梁 M4 出土陶器

但这种影响并非到此为止，当我们再关注山西中南部地区龙山晚期的有关发现时，齐家文化的影子似乎也在闪现。陶寺遗址晚期有少量齐家式单耳罐的出土，墓葬随葬猪下颌骨亦可见，晚期的绵羊养殖业也有了较迅猛的发展，似存外来生业形态人群的渗透。因陶寺墓地数百座墓均为仰身直肢单人葬，自然还不能认为齐家文化对其产生过多大的直接作用。而当我们把视野转到陶寺的外围，则会看到不同的情景。

陶寺遗址西北约 25 公里的临汾下靳村，发现了一处规模较大的陶寺类型墓地，被认为原有墓葬数约 1500 座。[22] 相关单位先后清理墓葬 500 多座，报道近 200 座墓的发掘资料[23]，因遭盗掘，出土的陶器极少，但璧、环、联璜璧、穿孔刀、钺等玉器达 300 多件。少量陶器的特征与陶寺相似，但较多的环、璧、联璜璧及穿孔刀类玉器，以及不同于陶寺的一些男女合葬墓，总容易让人感到齐家文化的影子。

而值得深思的是，陶寺之南近 200 公里的芮城清凉寺先后发掘了 350 多座墓[24]，报告认为属于庙底沟二期文化，将之分为三期。中期墓有打破庙底沟二期的明确地层关系，表明其较晚，可能属龙山时期。中期墓的显著特点是规模较大，合葬墓居多，而与墓主合葬的其他人骨（1~4 个不等）可能都属于殉葬者（图六）。随葬品中有数量较多的璧、环、联璜璧、多孔刀等玉石器，以及猪下颌骨等，许多玉石璧的制作颇为粗糙，凡此种种无不充斥着齐家文化的气息。因为陶寺遗址的墓地基本不见合葬墓，随葬的玉器也多精美，形制也有所不同，似不便简单地视为同类遗存。而年代略早的庙底沟文化，实际是一类玉器比较缺失的文化，也不可能由其演化而来。若论清凉寺出土的少量高领折肩罐，除了无双耳外，与齐家文化同类器的形制仍不乏相似。正因为有诸多关联，致使有些学者认为"有一群齐家文化先民，或是为了争夺解池的食盐，曾于公元前 2050 年左右来到晋南"[25]。因陶寺晚期居址多见的单把方格纹鬲、敛口斝等[26]，显然属朱开沟早期及石峁晚期的典型陶器，故可推测以石峁晚期为代表，且含有齐家因素的北方文化共同体一度南下临汾盆地，强烈地改变了陶寺文化的进程。而以齐家系统为主体的族群曾居于其外围的下靳，甚至黄河北岸的中条山南麓，形成了清凉寺墓地类遗存。

由此说明，齐家第一期文化向东北的发展首先影响了北方地区，与当地龙山晚期的新华类遗存融合，在鄂尔多斯地区出现了白敖包墓地和朱开沟早期遗存。然后这一文化共同体又东逾黄河到达晋南，迅速改变或中断了盛极一时的陶寺文明，而其中颇具齐家基因的人群更进一步抵达中条山南麓的芮城地区。

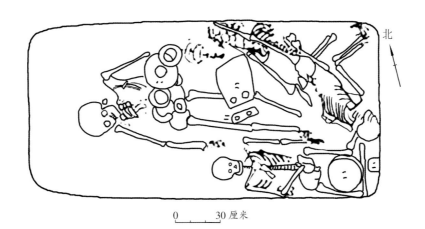

图六　芮城清凉寺墓地出土玉、石器及殉人较多的 M79

（图引自《山西芮城清凉寺新石器时代墓地》，《文物》2006 年第 3 期）

三　齐家文化向东发展态势的观察

齐家文化第一期扩展的主要方向是东北而非更近便的偏东地区，其原因可能是受到客省庄文化双庵类型势力的制约，这从天水师照、隆德页河子等遗址中都有更丰富的双庵类文化因素就可清楚地意识到。少量齐家文化因素的出现只是交流、影响的反映，故将这些遗存称为齐家文化并未获学界的普遍认同。但到了齐家文化第二期，情况显然发生了很大的逆转，相关的文化遗存几乎覆盖了渭河上游地区，甚至进一步逾越陇山及于关中。

由于考古工作的不足，至今在渭河上游偏东地区还没有发掘到此期的典型居址和墓地，但在天水市的北道、清水、张家川、庄浪等许多区县博物馆都可见到此期的各式罐类等陶器[27]。曾经发掘过的天水西山坪遗址，同样未能遇到这一阶段的典型单位，但在晚期地层中出土了属于此期的单耳罐、双耳罐、三耳罐及高领双耳罐等典型陶器，可证有关馆藏之器的存在绝非偶然。尤其值得关注的是，陇山东侧的陕西陇县川口河和郑家沟遗址，分别出土过成组的齐家文化陶器[28]，因其中有部分颈腹部饰多道弦纹的双耳、单耳和无耳罐以及带短流的单耳罐等（图七），并不见于偏西部的其他齐家文化遗址和墓地。又因分布位置明显偏东，我们曾将之称为齐家文化川口河类型[29]，并据有关馆藏的特色器物，将其分布范围估计为天水地区及附近，向东可达陇县地区。但川口河类型的最大缺憾是仅有征集器物，对其整体面貌还无法做更好的认识。

鉴于宝鸡石嘴头、麟游蔡家河[30]等早年发掘过的龙山晚期遗存中还见不到川口河类型典型器，而至今也没有新资料发现，故尚难判断齐家文化第二期在整个关中西部究竟产生过多大的影响，也就不好肯定"宝鸡地区客省庄文化的消失便是齐家文化向东拓展的结果"[31]。实际上不应排除两者曾经有过并存，而活动区域或有偏重的可能。

但无论如何，关中东部以西安老牛坡、蓝田泄湖以及丹江上游商州东龙山遗址等为代表的东龙山文化[32]，明显含有川口河类型因素，清晰地表明齐家文化应是以某种形式经由关中西部到达渭河下游乃至丹江上游地区。内涵以罐类器数量最多，带耳罐、单耳壶为数可观，但三足器相对较少的东龙山文化（图八），虽有不少花边罐、高领单耳罐以及极少的鬲类与客省庄晚期文化有联系，少量陶甗形杯、陶鼎以及玉牙璋、玉钺等器物当与二里头文化有关，但特色鲜明的双耳罐、单耳壶、高领折肩罐等川口河类型陶器，墓葬流行随葬石璧及玉器、偶见合葬墓[33]等现象，肯定与齐家文化有较多联系。或可认为一部分川口河类型的齐家文化人群，曾成规模的来到关中东部及丹江上游，带动了当地文化的明显变化。

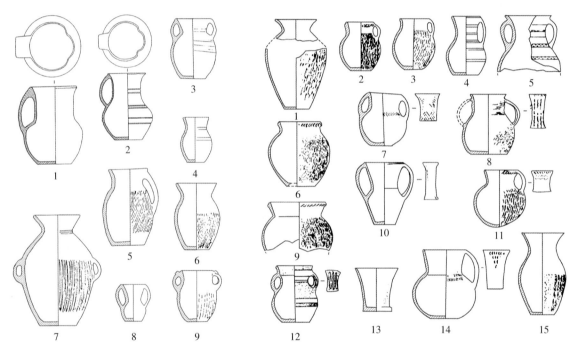

图七　齐家文化川口河类型典型陶器　　　　图八　老牛坡等遗址出土的东龙山文化陶器

但单人仰身直肢葬为主，尚未见殉猪羊下颌骨等现象又与齐家文化有别。而少量墓外有柱洞之点，则容易让人想到凤翔大辛村双庵类型 M3 的墓葬形式[34]，暗示动迁的人群中也含有关中西部客省庄文化的成分。当然，丹江上游的东龙山文化遗存中，数量较多的圜底罐等陶器应是受到丹江下游龙山晚期文化的影响，尚不见于关中东部地区。这正是我们将其称为东龙山文化"东龙山类型"，以区别于关中地区 "老牛坡类型"[35]的原因。

这类齐家色彩较浓但又具混合特征的文化一出现，便迅速中断了当地客省庄文化的进程。东龙山文化少量二里头早期文化因素的存在，则提醒我们来自中原地区的二里头文化可能曾与齐家系统为代表的西方文化发生过有效联系，并形成了两翼夹击之势，终使客省庄这支雄踞渭河下游数百年之久的龙山文化遗存黯然落幕。

齐家与二里头文化在渭河下游相遇的一个重要收获，是打通了中原与西北地区文化联系的通道，相互的影响和交流从此渐成一个相对的常态。所以，二里头文化一期就可见到的高领花边罐，以及类似形态的罐形鼎等器物，二里头的外围洛阳东马沟相当于二里头文化二期的合葬墓[36]（图九），齐家文化的齐家坪、磨沟和庄浪刘堡坪等地出土的黑皮陶象首罐形盉，天水市出土的兽面铜牌饰等，都应是在此文化交流的大背景下出现的一些结果。

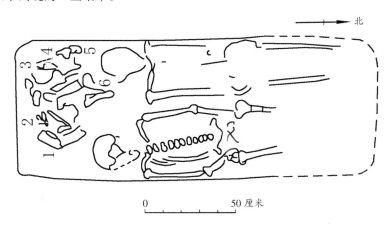

图九　洛阳东马沟二里头二期合葬墓 M8

四　余论

结合以往的考古研究成果，以及晚近的新资料，可将齐家文化统一分为四期。约自公元前 2200 年左右起步，到前 1400 年左右演变为洮河流域的早期寺洼文化，延续约 800 余年。不同地区有关齐家文化的资料表明，在其发展的第一、二期都曾有过较大范围的扩展和影响，虽发展方向有所不同，但影响所及的最终位置，却都有邻近中原地区核心文化区的现象。这究竟是中心文化对周边文化的吸纳作用，还是反过来出现的依附关系？在华夏文明起源的黎明时分出现，确是非常耐人寻味。

约在公元前 2200 或略早至前 2100 左右的第一期，是齐家文化基本面貌的形成阶段，其中心区域主要在河、湟、洮三水交汇区的较小范围，虽与相邻周边文化都有程度不同的交流迹象，但向东北方向的发展却显得异常活跃，先是出现在鄂尔多斯高原，后又转至晋南甚至于黄河之滨，其远涉的动因到底是什么？

喇家遗址的考古资料表明，齐家文化在此时曾遭遇过地震、水灾等重大自然灾难，也许这就是齐家先民远离家园的最初原因。现有的考古资料显示，这一时期的鄂尔多斯高原南部出现了面积达 400 万平方米的石峁古城，晋南则有范围 300 多万平方米的陶寺古城，都展现了北方地区文明中心城市或说都邑的范式。关于陶寺的性质，学术界较普遍地认为与尧帝的都邑有关。这些文明成就应在当时的先民社会中具有相当大的辐射面和相当高的影响力，部分齐家先民（包括灾民）的这一流势或是趋向文明中心区的依附，也可能存在文明中心高层的善意招引和接纳（也可能存在强制性管控）。所以，白敖包、神疙瘩梁等遗址出现并流行齐家式合葬墓的墓地，随葬品为齐家和北方系陶器并存，而玉石璧、连璜璧等齐家系特色玉器也一并出现。在齐家与北方文化融合、发展的基础上，他们又转而向南，并可能是以暴力形式与陶寺文化争夺晋南。陶寺中期大城的毁弃、大墓的盗扰，学界倾向于与北方文化南下有关，而合葬墓、齐家式玉器、殉猪羊下颌骨等因素显然与齐家文化存在联系。

石峁、陶寺以铜环、铜铃为代表的文明成就，显示其铸铜技术已有一定的高度。但北方和晋南众多含有齐家文化因素的遗址、墓地基本未见铜器，而齐家文化此期整体铜器发现非常之少，说明其铸铜业发展水平尚较低，故在这一方面对前两者的贡献非常有限，反而在玉器制造方面可能产生过积极作用，

其至可视为玉石之路的延伸。

约在公元前2100~前1800年左右的第二期，齐家文化略似以三级跳的形式，通过川口河类型、东龙山文化从渭河上游直抵渭河下游及丹江上游，与来自东方的二里头文化碰面。一路走来，随葬带耳罐、壶等陶器，环、璧等玉石器，以及较独特的合葬墓等齐家文化因素，不断出现在其踪迹所及的地区。一些文化成分还成为二里头文化典型因素一部分，甚至在二里头附近地区也出现了随葬陶器的合葬墓。因此，若说齐家文化对二里头文化的形成产生过一定的影响，应该是可以成立的。

在川口河、东龙山文化相关的遗址、墓地中，虽只东龙山发现过绿松石片和略晚单位的铜片等[37]，但这已是关中所见最早与铸铜有关的考古资料，显然应与齐家文化有直接关系。因为第二期齐家文化已掌握了较进步的青铜铸造技术，在甘青地区的皇娘娘台、秦魏家等遗址屡有青铜器发现。随着其文化的东下，先进的青铜工艺随之而来当不奇怪。当其与早期二里头文化接触后，已经成熟的齐家文化青铜技术必然会"使二里头的冶铜工业发生了一次深刻的变化。从而避免了后者重复探索、发现锡铜合金工艺的漫长过程，通过一个快捷的途径进入了青铜时代"[38]。

公元前1800~前1600年为齐家文化第三期，相当于中原二里头文化也即夏文化晚期。东龙山文化分布区虽已纳入二里头三、四期活动范围，但与齐家文化的联系可能仍在继续，所以在天水可见到二里头式兽面纹铜牌饰，多个遗址都发现象首罐形盉等。只是由于夏文化的发展已远超齐家文化，反过来的影响在二里头文化范围很难看到了。

齐家文化第四期约为公元前1600~前1400年左右，中原已处在商王朝快速发展的早中期，二里冈早商文化全面覆盖了二里头文化分布区外，还在更大范围进行了大规模扩张，向西已至关中西部的扶岐之间。齐家文化显然只有磨沟为中心的洮河流域硕果仅存，但也面临被早期寺洼文化替代的窘况，广大甘青地区已分化演变为卡约、辛店、寺洼、刘家等多种与齐家有联系，但面貌各异的商代考古学文化。商文化则成为与这些后齐家文化交流的主体，故有关文化中多多少少都有商式青铜武器的发现，个别还可见青铜礼器。东向发展的刘家文化则直接与商文化对峙于周原一带。

注释：

[1]（瑞典）安特生：《甘肃考古记》，《地质专报》甲种第五号，农商部地质调查所印，1925年。

[2]夏鼐：《齐家期墓葬的新发现及其年代的改订》，《考古学报》1948年第3册。

[3]a.刘士莪：《老牛坡》，陕西人民出版社，2002年；b.陕西省考古研究院：《商州东龙山》，科学出版社，2011年；c.甘肃省文物考古研究所等：《甘肃临潭磨沟齐家文化墓地发掘简报》，《文物》2009年第10期。

[4]有关地点的碳十四数据如下：柳湾M266为距今4205±140年、M392为距今3865±155年；大何村F7为距今4000±115、2965±115年。

[5]甘肃省文物考古研究所、西北大学文化遗产和考古学研究中心：《甘肃临潭磨沟齐家文化墓葬发掘简报》，《文物》2009年第10期。

[6]注6的简报仅是2008年发掘的346座墓葬资料，据了解勘探发现墓葬数约1500座，此后还继续工作了几年，清理墓葬数已达1000余座，资料现藏甘肃省文物考古研究所。

[7]陈建立、毛瑞林等：《甘肃临潭寺洼文化墓葬出土铁器与中国早期冶铁技术起源》，《文物》2012年第8期。

[8]张天恩：《新见寺洼类文化遗存的初步认识》，《早期丝绸之路暨早期秦文化国际学术讨论会论文集》，文物出版社，2014年。

[9]陈建立、毛瑞林等：《甘肃临潭寺洼文化墓葬出土铁器与中国早期冶铁技术起源》，《文物》2012年第8期。

[10]a.张忠培：《齐家文化研究》，《考古学报》1987年第1、2期；b.水涛：《甘青地区青铜时代的文化结构和经济形态研究》，《中国西北地区青铜时代考古论集》，科学出版社，2001年。

[11]张天恩、肖琦：《川口河齐家文化陶器的新审视》，《中国史前考古学研究——祝贺石兴邦先生考古50年暨八秩华诞文集》，三秦出版社，2003年。

[12] 中国社会科学院考古研究所甘青工作队等:《青海民和县喇家遗址 2000 年发掘简报》,《考古》2002 年第 12 期。

[13] 张天恩、肖琦:《川口河齐家文化陶器的新审视》,《中国史前考古学研究——祝贺石兴邦先生考古 50 年暨八秩华诞文集》,三秦出版社,2003 年。

[14] a.张天恩:《关中东部夏时期文化遗存分析》,《文博》2000 年 3 期;b.张天恩:《论关中东部的夏代早期遗存》,《中国历史文物》2009 年第 1 期。

[15] a.甘肃省博物馆考古队:《甘肃灵台桥村齐家文化遗址试掘简报》,《考古与文物》1980 年第 3 期;b.中国社会科学院考古研究所:《师赵村和西山坪》,中国大百科全书出版社,1999 年。

[16] a.中国社会科学院考古研究所:《师赵村和西山坪》,中国大百科全书出版社,1999 年;b.北京大学考古实习队、隆德县博物馆:《隆德页河子新石器时代遗址发掘报告》,《考古学研究(三)》,科学出版社,1997 年。

[17] 内蒙古文物考古研究所等:《伊金霍洛旗白音敖包墓地》,《内蒙古文物考古文集(第 2 集)》,中国大百科全书,1997 年。

[18] 内蒙古自治区文物考古研究所等:《朱开沟——青铜时代早期遗址发掘报告》,文物出版社,2000 年。

[19] 段天璟:《朱开沟遗址分期的有关问题》,《边疆考古研究》,2011 年。

[20] 孙周勇:《关于河套地区龙山时代考古学文化研究的几个问题》,《考古与文物》2002 年增刊。

[21] 陕西省考古研究院 2013 年发掘资料,见陕西省考古研究院编《考古年报》2013 年第 54 页。

[22] 下靳考古队:《山西临汾下靳墓地发掘简报》,《文物》1998 年第 12 期。

[23] a.下靳考古队:《山西临汾下靳墓地发掘简报》,《文物》1998 年第 12 期;b.山西临汾行署文化局、中国社会科学院考古研究所山西队:《山西临汾下靳村陶寺文化墓地发掘简报》,《考古》1999 年第 4 期。

[24] a.山西省考古研究所等:《山西芮城清凉寺新石器时代墓地》,《文物》2006 年第 3 期;b.山西省考古研究所等:《山西芮城清凉寺史前墓地》,《考古学报》2011 年第 4 期。

[25] 邓淑苹:《史前至夏时期玉器文化的新认识》,《玉器考古通讯》2014 年第 2 期。

[26] 中国社会科学院考古研究所山西队、山西临汾行署文化局:《山西襄汾县陶寺遗址居住址 1999~2000 年发掘简报》,《考古》2003 年第 3 期。

[27] 近年笔者在有关单位参观所见。可参考程晓钟:《丰富多彩的齐家文化陶器》,《庄浪风物》(内部资料),1993 年。

[28] 尹盛平:《陕西陇县川口河齐家文化陶器》,《考古与文物》1987 年第 5 期。郑家沟出土的齐家文化陶器 10 余件齐家文化陶器为陇县图书博物馆 2001 年征集,后藏陇县博物馆。

[29] 张天恩、肖琦:《川口河齐家文化陶器的新审视》,《中国史前考古学研究——祝贺石兴邦先生考古半世纪暨八秩华诞文集》,三秦出版社,2003 年。

[30] a.西北大学考古专业 82 级实习队:《宝鸡石嘴头东区发掘报告》,《考古学报》1987 年第 1 期;b.北京大学考古学系、宝鸡市考古工作队:《陕西麟游蔡家河遗址龙山遗存发掘报告》,《考古与文物》2000 年第 6 期。

[31] 张忠培、孙祖初:《陕西史前文明的谱系研究与周文明的形成》,《远望集——陕西考古研究所华诞四十周年纪念文集》,陕西人民出版社,1998 年。

[32] a.张天恩:《试论关中东部夏代文化遗存》,《文博》2000 年第 3 期;b.张天恩:《论关中东部的夏代早期文化遗存》,《中国历史文物》2009 年第 1 期;c.陕西省考古研究院、商洛市博物馆:《商州东龙山》,科学出版社,2011 年,第 278 页。

[33] 中国社会科学院考古研究所陕西队:《陕西华阴横阵遗址发掘报告》,《考古学集刊(4)》,中国社会科学出版社,1984 年。

[34] 雍城考古队:《陕西凤翔县大辛村遗址发掘简报》《考古与文物》1985 年第 1 期。

[35] 张天恩:《论关中东部的夏代早期文化遗存》,《中国历史文物》2009 年第 1 期。

[36] 洛阳博物馆:《洛阳东马沟二里头类型墓葬》,《考古》1978 年第 1 期。

[37] 陕西省考古研究院、商洛市博物馆:《商州东龙山》,科学出版社,2011 年。

[38] 张天恩:《二里头文化青铜铸造业发展基础管窥》,《西部考古(二)》,三秦出版社,2007 年。

齐家文化夏时期遗存的相关问题

段天璟

（吉林大学边疆考古研究中心）

齐家文化由安特生发现于 20 世纪 20 年代。夏鼐先生根据类型学和地层学证据，证明了齐家文化晚于仰韶时期，并指出其绝对年代"不会比公元前 2000 年早许多，但是也许是比之晚过许多"[1]。

随着研究的不断深入，齐家文化晚于马厂文化的观点已成为共识。夏鼐先生提出的关于齐家文化年代下限问题则比较复杂。20 世纪 80 年代，张忠培先生在《齐家文化的研究》中认为，齐家文化三期已经进入到夏纪年，其年代均晚于客省庄文化。[2]

目前发现的齐家文化遗址主要有甘肃武威磨咀子[3]、皇娘娘台[4]、海藏寺[5]，永靖张家咀[6]、大何庄[7]、秦魏家[8]、兰州土门墩上坪、牟家坪、西柳沟大坪[9]、青岗岔[10]，广河齐家坪[11]，临潭磨沟[12]，天水秦安寺咀坪[13]；宁夏西吉县兴隆镇[14]，固原海家湾[15]；青海西宁沈那[16]，互助总寨[17]，乐都柳湾[18]，民和喇家[19]，贵南尕马台[20]；内蒙古阿拉善旗白音浩特鹿图山[21] 等遗址。另外，在黄河上游盐锅峡与八盘峡[22]、刘家峡水库区、洮河和大夏河流域[23] 及其下游的临洮[24]、临夏[25]，渭河上游的渭源、陇西、武山[26]、天水、甘谷[27]，渭河支流南河、榜沙河、樟河[28]，嘉陵江支流的西汉水流域[29]、白龙江流域[30] 以及环青海湖[31]、青海大通[32] 等地的考古调查中亦发现了齐家文化遗址。

进入 21 世纪以来，客省庄文化"西山坪期"类遗存被辨识了出来[33]。这一认识，使我们有必要重新审视齐家文化部分遗存的年代及其与客省庄文化之间的相对早晚关系，并为我们重新审视齐家文化夏时期遗存的年代与分期提供了重要前提。

一 青海柳湾墓地：齐家文化年代下限进入夏时期的再证

在讨论齐家文化的年代下限问题之前，我们先对齐家文化的分期进行简要的说明。

20 世纪 40~50 年代，学界主要解决了齐家文化与半山、马厂等仰韶时期考古学文化之间的相对年代问题。当时，将齐家文化初步划分成了"以敛口深腹双耳罐为主体"与"以器形较大的小口双耳罐和盉类为主，鬲较多也有斝、盉等残片"的两群，并认为"这两群器物的地理分布是交错的，可能代表着早晚两期，而以前者较早"[34]。限于当时的认识水平，从该认识出发很可能将客省庄文化与齐家文化相混淆。

20 世纪 50~80 年代，考古工作者对甘青地区一定数量的齐家文化遗址进行了科学发掘，为齐家文化的分期研究提供了有利条件。有学者将齐家文化划分为三个地方类型，即甘肃东部的天水七里墩类型、甘肃中部的永靖秦魏家类型、甘肃西部的武威皇娘娘台类型[35]；并把该文化分为四期，第一、二期分别以大何庄下、上层为代表，第三、四期分别以秦魏家下、上层为代表[36]。近年来，有学者在齐家文化三类型的划分基础上将齐家文化进一步划分为东（甘肃东部）、中（甘肃中部）、西（甘肃西部和青海东部）三区，以及东区的师赵村、七里墩，中区的秦魏家，西区的皇娘娘台、柳湾等五个类型。东区分早、晚两期，分别以师赵村和七里墩类型为代表；中区秦魏家上、下层为代表，亦分为早、晚两期；西区以柳湾遗址早、中、晚期遗存为代表，分为三期。[37]

值得注意的是，学界对齐家文化地方类型的不同认识反映出对其内涵的理解不同。有意见把泾河上游流域的客省庄文化和宁夏南部常山下层文化遗存剔出齐家文化的范畴，而将齐家文化分为以大何庄和秦魏家及皇娘娘台和柳湾为代表的两个类型。[38]

通过对永靖大何庄、秦魏家遗址的分析，并结合武威皇娘娘台、瓦家坪等遗址的情况，张忠培将齐家文化划分为三期8段[39]。我们将《齐家文化的研究》中提及的各遗址不同组之间的对应情况列成表一。

表一 《齐家文化的研究》的齐家文化分期表

期	段	代表遗存	皇娘娘台	大何庄	秦魏家	南区	北区	七里墩
三期	8	秦魏家四		二、四	四	六		
	7	秦魏家三			三乙 三甲	四	三 一	√
	6	大何庄F7		一				
二期	5	秦魏家三层墓葬	四 二		二	三		
	4	皇娘娘台墓葬			一	二		
一期	3	皇娘娘台F8	一					
	2	柳湾M267						
	1	瓦家坪K2·5						

我们在此基础上就《齐家文化的研究》中没有提及的个别遗址的情况进行补充说明。

青海柳湾遗址共发现了366座"齐家文化柳湾类型"墓葬，皆收录于《青海柳湾——乐都柳湾原始社会墓地》报告中。这些墓葬主要分布在柳湾墓地西区，其次在中区，少量在东区。原报告发表了11组层位关系，我们将具有分期意义的9组层位关系所涉及的17座墓葬列成表二。

M856、M966中出土的陶器型式不出M972的范畴，故将M972、M856、M966归为M972组。同时M972、M966→M965，M856→M857两组层位关系说明，M965和M857均早于M972组。然而，M965中既出土M972组中特有的Ⅱ型双耳罐、Ⅲ型敛口瓮，又出土M857中独具的Ⅰ型双耳彩陶罐。所以，M965的年代介于M972组和M857之间。

M410出土Ⅰ型双耳彩陶罐，故将其与M857组成M857组。M398既出土Ⅰ型双二彩陶罐又出土Ⅰ型高领双耳罐、Ⅰ型粗陶瓮，其情形与M965相似，故M398的年代介于M857组与M972组之间。M398→M410说明M398晚于M857组，所以将其与M965组成M965组。

同样的情况亦出现在M1127→M1128这组层位关系中。M1128中既出M978组中的Ⅱ2式粗陶瓮、Ⅰ2式单耳罐又出M857组中的Ⅰ型双耳彩陶罐，故M1128应属于M965组，而晚于M1128的M1127应归入M972组。

M383→M399中，M399与M410共出Ⅰ型彩陶壶，M383与M972共出Ⅰ2式双大耳罐，所以将M399归入M857组，M383组归入M972组。

M412中既出Ⅰ型敛口瓮又出Ⅱ型双耳彩陶罐，这两类器物分别见于M857和M972组，因此我们将M412归入M965组。又有M400→M412，故把M400归入M972组。

表二　柳湾墓地齐家文化墓葬的层位关系与分组表

墓号	壶	彩陶壶	双耳罐	双大耳罐	高领双耳罐	粗陶双耳罐	双耳彩陶罐	粗陶瓮	敛口瓮	单耳罐	侈口罐	尊	盆	三耳罐	折腹罐	带嘴罐	鸮面罐	杯
M972	I		I、II	I2、I3	I、II3	I1			III	I2	I3		I2	III	I	I、II	I	
M966										I								VII
M856	I			I3	I			II2								I		
M383				I2								III2						
M400	I		I	I	I	I	II		III		II							
M1127	I			II3	II2		III		III	II								
M1008	I、II			I2			II3						IV					
M965	I	II	I、II				I	I	III									
M992	I、II	III		I			II、IV	I	III									
M1128	I	III	I		I		I	II2		I2				II2				
M398	I		I		I		I	I					II1			I		
M412							II			I					I			
M857	I、II				II3		I	II1		I				I2				
M410		I					I	I										
M399	I	I			I			II	I	III								
M978			II				I											
M975			I															

M972→M965；M966→M965；M856→M857；M398→M410；M383→M399；M1127→M1128；
M400→M412；M1008→M992；M978→M975

　　M1008→M992 中，M992 出土 III 型彩陶壶，M1008 出 I2 式双大耳罐，故属于 M992、M1008 分别属于 M965 组和 M972 组。

　　M978→M975，再次证明了双耳罐 I 型早于 II 型。M975 属于 M857 组，M978 的年代不早于 M965 组。

　　这样，我们将柳湾墓葬大致划分为早、中、晚三段，分别以 M857 组、M965 组和 M972 组为代表，并去掉不具有分段意义的 I、II 型壶，I 型双耳罐，II3 式高领双耳罐，I2 式盆等陶器，列成表三，并把柳湾墓地具有一定演变规律的彩陶壶、高领双耳罐、彩陶罐、双耳罐等器物列成柳湾墓地陶器演变示意图（图一）。

表三　柳湾墓地齐家文化墓葬出土陶器分期表

段	彩陶壶	粗陶瓮	敛口瓮	双耳彩陶罐	单耳罐	双大耳罐	粗陶双耳罐	双耳罐	高领双耳罐	尊	盆	折腹罐	侈口罐	三耳罐	带嘴罐	鸮面罐	杯
晚	III、II2	III、II	II	I2	I2	I2、II3、I3	II3、I1	II	I、II2	III2	IV	I	II、I3	I、III	I、II	I	VII
中	II、III	I、II2	III、I	II、IV	I	I2		II	I、II1			II2					
早	I	II1	I	I	I	III		I									

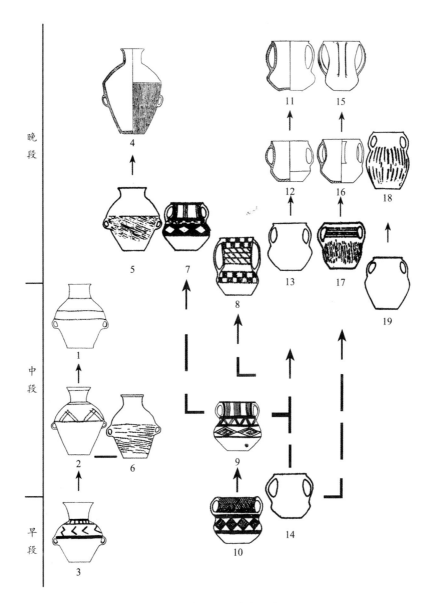

图一　柳湾墓地陶器演变示意图

1.M965:4；2.M992:6；3.M855:12；4.M1119:3；5.M972:5；6.M1128:13；7.M992:3；8.M992:

15；9.M965:7；10.M857:4；11.M849:3；12.M292:1；13.M1008:6；14.M992:10；15.M972:

19；16.M359:7；17.M972:9；18.M1008:3；19.M972:6　（"→"表示传承"—"表示同时）

　　我们可以看到，柳湾墓地典型陶器所呈现出来的演变规律仍然如《齐家文化的研究》所总结的，由
矮胖向瘦高发展。依照这个规律，柳湾 M267:4 类双大耳罐[40]的形态在发展演变序列上早于 M972:6 类
双大耳罐（图一，19）。而 M267 出土Ⅰ1式双大耳罐、Ⅰ型高领双耳罐、Ⅱ2式粗陶双耳罐、Ⅲ型双耳
罐、Ⅰ型彩陶壶、Ⅰ2式型单耳罐，其年代应属于柳湾中段。柳湾中段 M1128:13 类高领双耳罐（图一，
6）与齐家文化中期4段皇娘娘台二段 AⅠ式双耳折肩罐（M76:1）相似。柳湾晚段Ⅰ3型双大耳罐 M972:
8、Ⅲ型三耳罐 M972:19（图二，1、2）大口、斜颈、折腹的形态分别介于齐家文化中期4段皇娘娘台
M32:3 与晚期秦魏家双耳罐 M106:4 之间，并更接近 M106:4（图五，14）[41]，晚段Ⅱ3式粗陶双耳罐
M972:9（图二，7）的形态似与秦魏家双耳罐 M100:1（图五，17）接近，其形态似较秦魏家 M100:1 稍
早。所以，柳湾墓地早段的年代应不晚于齐家文化第二期，柳湾墓地中段大体与齐家文化第二期相当，

而柳湾晚段的年代大体可与齐家文化三期 6 段相当。

柳湾 M392 出土 Ⅱ 型双耳彩陶罐、Ⅰ 型高领双耳罐（图二，11、15），其年代当属本文所述的柳湾遗址中或晚段。柳湾 M392 经树轮校正后的碳十四数据为公元前 1915+115 年，进入了夏纪年，再次证明了《齐家文化研究》的论证结果。

此外，《青海柳湾》报告中还报道了一组层位关系 M392→M397（图二，11~20），其中 M397 被归入"马厂类型"，而 M397 的碳十四数据为公元前 2040+100 年。虽然"马厂类型"不是本文讨论的重点，但应注意的是，柳湾遗址"齐家文化"遗存早、中、晚段皆存在一定数量的彩陶罐（见图一），正如《青海柳湾》报告指出，"它既包含有齐家文化的基本因素，又保留有马厂类型的某些成分"[42]。这也提示我们，柳湾墓地 M397 类"马厂类型"遗存的年代下限也很可能进入了"夏纪年"（图二，16~20）。

此外，目前所知的七里墩遗址的材料仅见于《甘肃古文化遗存》和《渭河上游天水、甘谷两县考古调查简报》中，系 20 世纪 50 年代获得的一些调查材料。《青海民和喇家遗址 2000 年发掘简报》指出，喇家遗址发现的以 Ⅱ 区 F3、F4 为代表的遗存与甘肃天水发现的齐家文化"七里墩类型"相似。喇家遗址 F3:28、F3:27、F4:16、F4:11 分别与柳湾晚段 Ⅱ2 式高领双耳罐、Ⅱ3 式粗陶双耳罐、Ⅲ 型三耳罐、Ⅲ2 式尊相似，其年代相当。

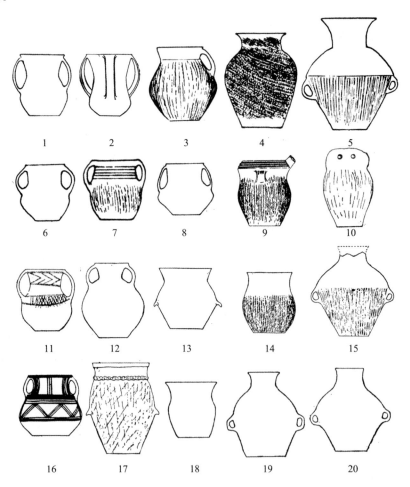

图二　柳湾墓地 M972、M392、M397 出土部分陶器

1.M972:8；2.M972:19；3.M972:15；4.M972:24；5.M972:16；6.M972:12；7.M972:9；
8.M972:11；9.M972:22；10.M972:29；11.M392:1；12.M392:9；13.M392:4；14.M392:
5；15.M392:7；16.M397:2；17.M397:6；18.M397:1；19.M397:3；20.M397:9

二 客省庄文化"西山坪期"：齐家文化夏时期遗存相对年代的判定

在渭河上游地区存在被误认为齐家文化的客省庄文化遗存，这类遗存以西山坪遗址"师赵村七期"遗存为代表，被称为客省庄文化"西山坪期"[43]。笔者曾指出，位于渭河流域的"老牛坡类型远古文化"遗存墓葬出土陶器属于客省庄文化西山坪期的范畴，而该遗存灰坑中的部分陶器与二里头文化联系密切。[44]

《师赵村与西山坪》报告指出，师赵村遗址和西山坪遗址均发现了"师赵村第七期"文化遗存，这里不再赘述。需要说明的是，师赵村和西山坪遗址的"师赵村第七期"遗存之间亦存在早晚关系。

师赵村遗址"师赵村第七期"遗存 T317②:10 鬲（图三，17）属于客省庄文化较早阶段的典型器物，T317M4:1D 型侈口罐、T380F26:1 斝（图三，15、14）与永兴店文化二里半遗址 IIF5:1 小口罐、IH96:1 斝相似（图三，20、19），T335②:7 盆（图三，13）与三里桥遗址三里桥文化 T234:06 盆[45]（图三，18）相仿。可见，师赵村遗址"师赵村第七期"遗存的年代应相当于龙山时代。

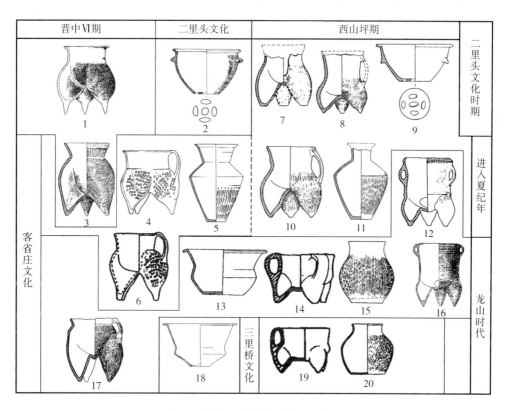

图三 "师赵村第七期遗存"对比图

1.H98:176；2.H163:4；3.H1:1；4.M1017:4；5.M4012:6；6.M4037:3；7.T47③:10；8.T48③:17；9.T31H7:2；10.T49③:13；11.T48H18:13；12.采:05；13.T335②:7；14.T380F26:1；15.T317M4:1；16.H173:1；17.T317②:10；18.T234:06；19.IH96:1；20.IIF5:1（1.太谷白燕；2.洛阳皂角树；3.汾阳峪道河；4~6.朱开沟；7~12.西山坪；13~15、17.师赵村；16.客省庄；18.三里桥；19、20.二里半）

西山坪遗址"师赵村第七期"遗存除少量采集陶器的年代属于龙山时代外，如西山坪采:05 与客省庄 H173:1 斝[46] 相类（图三，12、16），绝大部分陶器的年代晚于师赵村遗址同类遗存。

我们发现，西山坪 T48H18:13 罐（图三，11）与朱开沟遗址单把鬲群第二段 M4012:6 罐相类（图三，5），西山坪 T49③:13 鬲（图三，10）的足部特征与晋中Ⅵ期Ⅰ段峪道河 H1:1 相类（图三，3），其颈部特征介于朱开沟 M4037:3 与 M1017:4 类鬲（图三，6、4）之间，以上述陶器为代表遗存的年代应进入到了夏纪年而早于二里头文化时期。另外，西山坪 T31H7:2 甗（图三，9）与二里头文化早期同类器皂角树 H163:4（图三，4）相似，不同的是该器为素面；西山坪 T47③:10、T48③:17 鬲（图三，7、8）颈部较长的特征与晋中地区二里头文化时期具有代表性的高领鬲酷似（图三，1），以上述陶器为代表遗存的年代应属二里头文化时期[47]。

这说明，"西山坪期"遗存可以进一步分为两组，第一组以 T48H18、T31H7 和Ⅱ区第③层部分遗存为代表（图四，8~15），第二组主要以Ⅱ区第③层绝大部分遗存为代表（图四，1~7）。

无独有偶，集中发现"西山坪期"遗存的西山坪遗址Ⅱ区还有③→T48H18 的层位关系，再次证明了"西山坪期"第一、二组间的相对早晚关系。

综合上文比较的结果，渭河上游地区的客省庄文化"西山坪期"的第一组的年代相当于进入夏纪年而早于二里头时期，第二组的年代大致相当于二里头文化时期。

通过讨论，我们已经认识到以西山坪遗址"师赵村第七期"遗存为代表的客省庄文化的年代下限进入了二里头文化时期。这就修正了以往将客省庄文化的下限定在"三里桥龙山文化"时期的认识[48]。由于客省庄文化与齐家文化具有密切关系，对"西山坪期"客省庄文化遗存的认识与分组，以及我们对渭河游地区二里头文化的分组结果，就成了我们辨认夏时期齐家文化遗存的重要参照。

可以看到，柳湾 M392:5、M392:7 罐（图二，14、15）与西山坪期一组 T48H18:8、T48H18:4（图四，14、13）相类。柳湾 M972:8 双耳罐束颈、敞口、鼓腹、口部高于双耳的特征（图二，1）与西山坪 T49③:10 相似（图四，9）。柳湾 M972:29 鸮面尊（图二，10）与西山坪 T48H18:6（图四，15）相似。还有，西山坪期第一组西山坪 T48H18:4 罐的肩、腹部特征与齐家文化 6 段大何庄 F7:3 相似（图四，13；图五，22）。

综上，我们可以认为齐家文化第三期第 6 段的年代已进入夏纪年，第 7、8 段的年代大致相当于二里头文化时期，年代分别相当于客省庄文化"西山坪期"第一、二组。

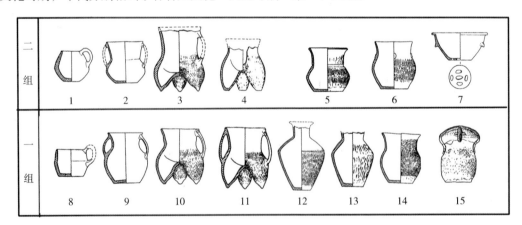

图四　客省庄文化"西山坪期"遗存分组图

1.T48③:6；2.T48③:11；3.T48③::1；4.T47③:10；5.T48③:12；6.T48③:13；7.T31H7:2；
8.T49③:3；9.T49③:10；10.T49③:13；11.T48H18:18；12.T48H18:13；13.T48H18:4；14.
T48H18:8；15.T48H18:6（均为西山坪遗址）

三　齐家文化夏时期遗存与西北地区相关文化的关系

齐家文化以西的河西走廊地区，东到武威、西抵疏勒河南岸、北达巴丹吉林沙漠西南缘、南靠祁连山麓北坡分布有四坝文化[49]。目前发现的四坝文化遗址除山丹四坝滩外还有甘肃安西鹰窝树、酒泉干骨崖、玉门沙窝梁[50]、玉门火烧沟[51]、民乐东灰山及西灰山[52]等。这类以双耳罐为主的文化遗存[53]，"陶质粗糙不同于甘肃仰韶文化及齐家文化的彩陶：所使用的颜料较浓，使花纹呈凸起状"[54]。

《四坝文化研究》一文运用甘肃酒泉干骨崖、火烧沟遗址的第一手材料以及民乐东灰山、西灰山、玉门沙窝梁、安西鹰窝树以及山丹四坝滩等遗址的调查材料，将四坝文化划分为五期（表四）。

1986~1987年，甘肃省文物考古研究所与吉林大学北方考古研究室联合对东灰山遗址进行了发掘，所获得的材料均收录于《民乐东灰山——四坝文化墓地的揭示与研究》中。《东灰山》报告对将其墓地划分为三期 7 组（段），其结果为我们进一步检视四坝文化的分期和年代问题提供了重要参考。

首先，我们在该报告的叁章五节《墓葬排序与分期》中发现了一些问题：

一是表九应该包含了所有 Ga 型双耳小罐墓葬的器物组合，但漏掉了出土 GaⅡ式双耳小罐 M230 代表的器物组合。但在表一五中，M230 中出土的是 CaⅡ式双耳小罐，疑为《东灰山墓地墓葬随葬器物登记表》有误。

二是表二一将出土 AbⅠ式腹耳彩壶的 M207 落掉了，但是 M207 仅出土一件 AbⅠ式腹耳彩壶，并不影响其结果。

这些问题并不影响东灰山墓地的分期结果。

其次，我们用东灰山墓地的分期结果与《四坝文化研究》一文中关于四坝文化有关遗址的分期相对比，可以发现：

第一，东灰山墓地第一期的年代可能早于火烧沟墓地第一段。东灰山第二期 2 段 AbⅠ式双腹耳彩罐与火烧沟墓地第 1 段Ⅰ式（M206）壶相似。

第二，东灰山墓地第 3、4 段，5 段及第 6、7 段分别与《四坝文化研究》所概括的四坝文化第三、四、五期相当。东灰山 BⅡ、BⅢ、BⅣ式双耳彩陶罐的纹饰、器形等特征分别与火烧沟墓地 AⅢ式（M259）、干骨崖墓地 AⅡ、AⅢ式（M20:1、M84:1）彩陶双耳罐相仿。

参考上述情况，我们将东灰山遗址亦纳入到四坝文化的分期结论中（表四）。

表四 四坝文化部分遗址的分期及其对应关系表

期	遗 址					
	火烧沟墓地	干骨崖墓地	山丹四坝滩	玉门沙窝梁	安西鹰窝树	民乐东灰山
五		晚	三		三	6、7
四		中				5
三	4	早	二	二	二	4
	3					3
二	2		一	一		2
一	1					1

《河湟青铜文化的谱系》引用《齐家文化的研究》对齐家文化的分期结果，通过对比齐家文化三期 8 段的大何庄 M87、M36，秦魏家 M40 与辛店文化、卡约文化以及唐汪式陶器，证实了齐家文化早于辛店、卡约文化的命题，揭示了齐家文化的消亡过程。该文发现，齐家文化祁家坪墓地圜底彩陶罐和蛇纹罐与辛店文化第一期的山家头墓地"圜底·单彩系"类遗存具有十分密切的关系。鉴于齐家文化与辛店文化之间的早晚关系，该文提出辛店文化山家头墓地圜底罐类遗存是由齐家文化祁家坪墓地圜底彩陶罐和蛇纹罐发展而来的观点[55]。

《东灰山》报告结语进一步扩大了齐家文化祁家坪墓地圜底彩陶罐和蛇纹罐类遗存的范畴，认为东灰山遗址细绳纹帮底一体的陶器与该类遗存属于同一谱系。笔者以为，《东灰山》报告提出的 M132:1 类圜底罐以及 M181:2、M9:1 类帮底一体的蛇纹小罐，分别与辛店文化山家头墓地蛇纹圜底彩陶罐和蛇纹罐相类的观点[56]是可信的。这为我们确定四坝文化的年代提供了线索。

东灰山遗址中发现一件细绳纹帮底一体的陶器（M132:1 双耳圜底陶罐）与 DaⅢ、GaⅢ式双耳小陶罐以及 EⅡ式双耳大陶罐等陶器在 M132 中共生。由《东灰山》报告表二、三可知，该单位属于东灰山遗址第 5 段，即四坝文化第四期。所以，四坝文化四期的年代晚于齐家文化。

最新碳十四数据表明，四坝文化的年代上限约在公元前 1900 年左右[57]。因此，四坝文化第一至三期的年代大约进入了夏纪年。

20 世纪 80 年代初，张忠培先生通过揭示客省庄文化和齐家文化陶鬲的演变规律、比较两文化间的诸文化因素，就已指出，"齐家文化在长期发展中，从客省庄文化方面接受着影响"[58]。21 世纪初，张先生进一步总结了客省庄文化单把鬲宽弧裆—宽平裆—尖角裆的演变规律，并通过辨识属夏时期的客省庄文化"西山坪期"遗存，指出由于齐家文化与客省庄文化间存在密切关系，很可能将二者混淆。[59]

二里头文化向渭河流域的扩张引发了"多米诺骨牌"效应，引起了客省庄文化西近和北上[60]，从而使齐家文化的分布地域发生了变动。但应该认识到，这两个文化自古以来形成的密切关系仍然基本保持稳定并继续向前发展。客省庄文化与齐家文化中发现的大量的双耳罐明显地表现出两者间的密切关系。例如，齐家文化的高颈双耳罐或高颈罐及绳纹双小耳罐在客省庄文化中均有发现（图五，16~22、24、25、30），二文化的双大耳罐保持了基本同步的演变规律（图五，10~15、26~28）。

地处齐家文化西边的四坝文化中亦发现了齐家文化因素[61]。例如，四坝文化火烧沟 M212 和 M98 类粗砂小双耳罐、东灰山 M127:9 和 M108:5 类豆以及火烧沟 M98 类双大耳罐（图五，3~7）的形态，明显具

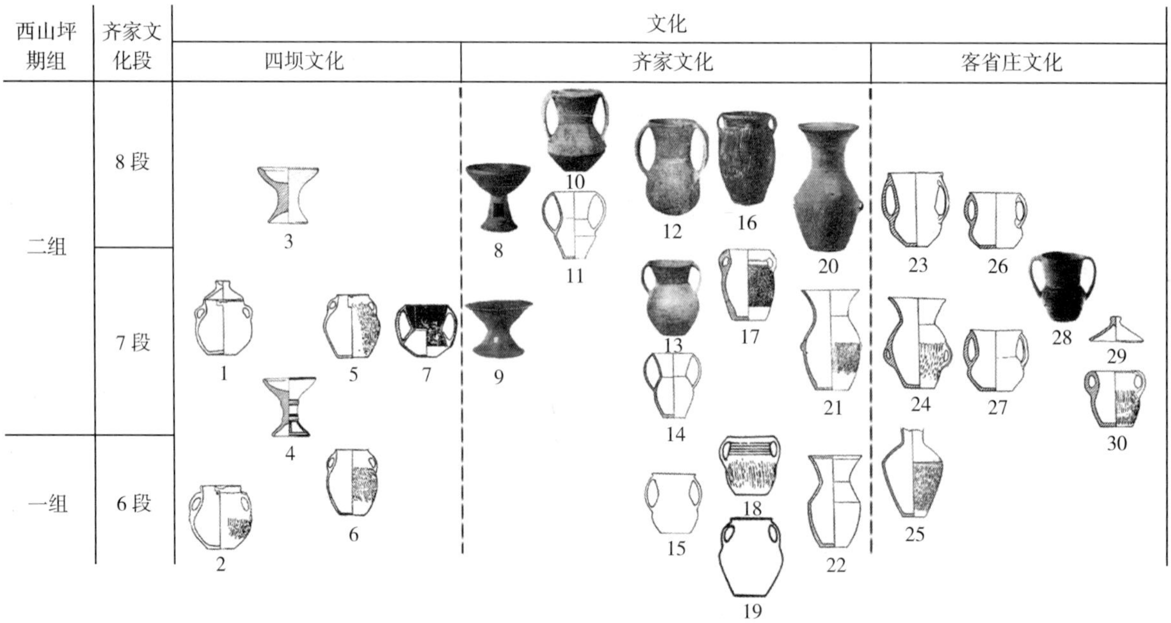

图五　齐家文化、四坝文化、客省庄文化夏时期的相关陶器对比图

1.M206；2.M93；3.M108:5；4.M127:9；5.M98；6.M212；7.M98；8.M40:3；9.M110:4；10.M33:2；
11.M314:4；12.M40:1；13.M117:4；14.M106:4；15.M972:8；16.TA:17；17.M100:1；18.M972:9；19.
M972:6；20.M40:2；21.M106:5；22.F7:3；23.T25③:11；24.T2③:7；25.T48H18:13；26.T388②:11；
27.T9③:3；28.H76；29.T13③:10；30.T13③:12　（1、2、5~7.火烧沟；3、4.东灰山；8~14、17、
20~21.秦魏家；15、18、19.柳湾；16、22.大何庄；23~27、29、30.西山坪；28.客省庄）

有齐家文化典型器物秦魏家 M40:3 类豆、柳湾 M100:1 类双耳罐（图五，8、17）等的特征，显然受到了齐家文化的影响。

西北地区自东向西分布的客省庄文化、齐家文化之间的文化交流由来已久、二者在夏时期以前就关系密切。二里头文化时期，二里头文化向渭河流域的扩张虽将客省庄文化的一部向西驱赶占领原齐家文化的领地而进入"西山坪期"，但客省庄文化仍与齐家文化并行发展了一段时期。[62] 约当公元前 1900 年前后，新生的四坝文化参与到了与齐家文化的交流和竞争中来。四坝文化的参与使西北地区的三种文化在互动过程中一度形成了"你中有我、我中有你"式的文化样态，直至客省庄文化和齐家文化相继消亡。

注释：

[1] 夏鼐：《齐家期墓葬的新发现及其年代的改订》，《考古学论文集》，河北教育出版社，2000 年，第 3~16 页。

[2] 张忠培：《齐家文化的研究》，《中国北方考古文集》，文物出版社，1990 年，第 129 页。

[3] 甘肃省博物馆：《甘肃武威锅家庄磨咀子遗址调查记》，《考古》1959 年第 11 期。

[4] a.甘肃省博物馆：《甘肃武威皇娘娘台遗址发掘报告》，《考古学报》1960 年第 2 期；b.甘肃省博物馆：《武威皇娘娘台遗址第四次发掘》，《考古学报》1978 年第 4 期。

[5] 梁晓英、刘茂德：《武威新石器时代晚期玉石器遗址》，《中国文物报》1993 年 5 月 30 日。

[6] a.黄河水库考古队甘肃分队：《甘肃永靖张家咀遗址发掘简报》，《考古》1959 年第 4 期；b.中国社会科学院考古研究所甘肃工作队：《甘肃永靖张家咀与姬家川遗址的发掘》，《考古学报》1980 年第 2 期。

[7] 中国科学院考古研究所甘肃工作队：《甘肃永靖大何庄遗址发掘报告》，《考古学报》1974 年第 2 期。

[8] 中国科学院考古研究所甘肃工作队：《甘肃永靖秦魏家齐家文化墓地》，《考古学报》1975 年第 2 期。

[9] 甘肃省文物管理委员会：《兰州市几处新石器时代遗址调查》，《考古》1959 年第 7 期。

[10] 甘肃省博物馆、北京大学历史系考古专业：《甘肃兰州青岗岔遗址试掘报告》，《考古》1972 年第 3 期。

[11] 甘肃省博物馆：《甘肃省文物考古工作三十年》，《文物考古工作三十年》，文物出版社，1979 年，第 141 页。

[12] a.甘肃省文物考古研究所等：《甘肃临潭磨沟齐家文化墓地》，《考古》2009 年第 7 期；b.甘肃省文物考古研究所等：《甘肃临潭磨沟齐家文化墓地发掘简报》，《考古》2009 年第 10 期；c.甘肃省文物考古研究所等：《甘肃临潭磨沟齐家文化墓葬 2009 年发掘简报》，《文物》2014 年第 6 期。

[13] 任步云：《甘肃秦安县新石器时代居住遗址》，《考古通讯》1958 年第 5 期。

[14] 钟侃、张心智：《宁夏西吉县兴隆镇的齐家文化遗址》，《考古》1964 年第 5 期。

[15] 宁夏回族自治区博物馆：《宁夏固原海家湾齐家文化墓葬》，《考古》1973 年第 5 期。

[16] a.王国道：《西宁市沈那齐家文化遗址》，《中国考古学年鉴·1993》，文物出版社，1995 年，第 260~261 页；b.吴平：《西宁市沈那遗址》，《中国考古学年鉴·1994》，文物出版社，1997 年，第 278~279 页。

[17] 青海省文物管理处考古队：《青海互助土族自治县总寨马厂、齐家、辛店文化墓葬》，《考古》1986 年第 4 期。

[18] a.青海省文物管理处考古队、北京大学历史系考古专业：《青海乐都柳湾原始社会墓葬第一次发掘的初步收获》，《文物》1976 年第 1 期；b.青海省文物考古队、中国社会科学院考古研究所：《青海柳湾——乐都柳湾原始社会墓地》，文物出版社，1984 年。

[19] a.王国道等：《青海喇家村齐家文化遗址最新揭示：史前灾难现场摄人心魄，黄河慈母佑子情动天地》，《中国文物报》2000 年 7 与 5 日；b.中国社会科学院考古研究所、青海省文物考古研究所：《青海民和喇家史前遗址的发掘》，《考古》2002 年第 7 期；c.中国社会科学院考古研究所甘青工作队等：《青海民和喇家遗址 2000 年发掘简报》，《考古》2002 年第 12 期；d.中国社会科学院考古研究所甘青工作队等：《青海民和喇家遗址发现齐家文化祭坛和和干栏式建筑》，《考古》2004 年第 6 期。

[20] 《我省考古工作的一项重大发现》，《青海日报》1978 年 2 月 18 日。

[21] 齐永贺：《内蒙古白音浩特发现的齐家文化遗物》，《考古》1962 年第 1 期。

[22] 黄河水库考古队甘肃分队：《黄河上游盐锅峡与八盘峡考古调查记》，《考古》1965 年第 7 期。

[23] 安志敏：《甘肃远古文化及其有关的几个问题》，《考古通讯》1956 年第 6 期。

[24] 甘肃省文物管理委员会：《甘肃临洮、临夏两县考古调查简报》，《考古通讯》1958 年第 9 期。

[25] 甘肃省博物馆：《黄河寺沟峡水库新石器时代遗址调查简报》，《考古》1960 年第 3 期。

[26] 甘肃省文物管理委员会：《甘肃渭河上游渭源、陇西、武山三县考古调查》，《考古通讯》1958 年第 7 期。

[27] 甘肃省文物管理委员会：《渭河上游天水、甘谷两县考古调查简报》，《考古通讯》1958 年第 5 期。

[28] 甘肃省博物馆：《甘肃渭河支流南河、榜沙河、樟河考古调查》，《考古》1959 年第 7 期。

[29] 甘肃省博物馆：《甘肃西汉水流域考古调查简报》，《考古》1959 年第 3 期。

[30] 长江流域规划办公室考古队甘肃分队：《白龙江流域考古调查简报》，《文物资料丛刊（2）》，中国社会科学出版社，1978 年，第 26~37 页。

[31] 青海省文物考古队：《环青海湖考古调查》，《考古》1984 年第 3 期。

[32] 青海省文物考古研究所等：《青海大通县文物普查简报》，《考古》1994 年第 4 期。

[33] 张忠培、杨晶：《客省庄与三里桥文化的单把鬲及其相关问题》，《宿白先生八秩华诞纪念文集》，文物出版社，2002 年 9 月，第 40 页。

[34] 安志敏：《甘肃远古文化及其有关的几个问题》，《考古通讯》1956 年第 6 期。

[35] a.谢端琚：《试论齐家文化与陕西龙山文化的关系》，《文物》1979 年第 10 期；b.谢端琚：《试论齐家文化》，《考古与文物》1981 年第 3 期。

[36] 谢端琚：《论大何庄与秦魏家齐家文化的分期》，《考古》1980 年第 3 期。

[37] 中国社会科学院考古研究所：《中国考古学·夏商卷》，中国社会科学出版社，2003 年，第 540~546 页。

[38] 胡谦盈：《试论齐家文化的不同类型及其源流》，《考古与文物》1980 年第 3 期。

[39] 张忠培：《齐家文化的研究》，《中国北方考古文集》，文物出版社，1990 年，第 105~147 页

[40] 青海省文物管理处考古队、中国社会科学院考古研究所：《青海柳湾》，图版一八一:1，文物出版社，1984 年。

[41] 张忠培：《齐家文化的研究》，《中国北方考古文集》，文物出版社，1990 年，第 128 页。

[42] 青海省文物管理处考古队、中国社会科学院考古研究所：《青海柳湾》，文物出版社，1984 年，第 255 页。

[43] 张忠培、杨晶：《客省庄与三里桥文化的单把鬲及其相关问题》，《宿白先生八秩华诞纪念文集》，文物出版社，2002 年，第 40 页。

[44] 段天璟：《二里头文化时期渭河流域的文化变迁》，《中原文物》2006 年第 6 期。

[45] 中国科学院考古研究所：《庙底沟与三里桥》，科学出版社，1959 年。

[46] 中国科学院考古研究所：《沣西发掘报告——1955~1957 年陕西长安县沣西乡考古发掘资料》，文物出版社，1963 年 3 月，第 60 页。本文关于客省庄遗址出土器物的材料均出自此报告。

[47] 本文所述的夏纪年早于二里头文化时期。二里头文化时期的各单位详见段天璟：《二里头文化时期的中国》，社会科学文献出版社，2014 年。

[48] 张忠培：《齐家文化的研究》，《中国北方考古文集》，文物出版社，1990 年，第 86 页。

[49] 李水城：《四坝文化研究》，《考古学文化论集（三）》，文物出版社，1993 年，第 104 页。

[50] 李水城：《四坝文化研究》，《考古学文化论集（三）》，文物出版社，1993 年，第 98~102 页。

[51] 甘肃省博物馆：《甘肃文物工作三十年》，《文物考古工作三十年》，文物出版社，1979 年，第 142~143 页。

[52] a.宁笃学：《民乐县发现的两处四坝文化遗存》，《文物》1960 年第 1 期；b.甘肃省文物研究所、吉林大学考古学系：《民乐东灰山——四坝文化墓地的揭示与研究》，科学出版社，1998 年。

[53] 安志敏：《甘肃远古文化及其有关的几个问题》，《考古通讯》1956 年第 6 期。

[54] 安志敏：《甘肃山丹四坝滩新石器时代遗址》，《考古学报》1959 年第 3 期。

[55] 许永杰：《河湟青铜文化的谱系》，《考古学文化论集（三）》，文物出版社，1993 年，第 194~201 页。

[56] 甘肃省文物研究所、吉林大学考古学系：《民乐东灰山——四坝文化墓地的揭示与研究》，科学出版社，1998 年，第 136~137 页。

[57] 中国社会科学院考古研究所：《中国考古学中碳十四年代数据集（1965~1991）》，文物出版社，1991 年，第 272 页。

[58] 张忠培：《客省庄文化及其相关诸问题》，《考古与文物》1980 年第 4 期。

[59] 张忠培、杨晶：《客省庄与三里桥文化的单把鬲及其相关问题》，《宿白先生八秩华诞纪念文集》，文物出版社，2002 年 9 月，第 40 页。

[60] 段天璟：《二里头文化时期渭河流域的文化变迁》，《中原文物》2006 年第 6 期。

[61] 李水城：《四坝文化研究》，《考古学文化论集（三）》，文物出版社，1993 年，第 108 页。

[62] 段天璟：《二里头文化时期的中国》，社会科学文献出版社，2014 年，第 364 页。

西夏、大夏与夏

——夏崇拜探索

易 华

（中国社会科学院民族学与人类学研究所）

一 引言

1948 年，顾颉刚在兰州作《中国历史与西北文化》演讲，指出夏、商、周并非一个继一个兴起的国家，而为三个存在时代略分前后的大国："周是西北的国家，周的祖先起于岐山，但是周人常自称'时夏'、'区夏'，我们可以推想原来的夏，或也是西北的国家，所以周人自以为接受了夏的文化系统。并且后来在西方创立的国家也多称'夏'，如赫连勃勃、赵元昊等都是这样，现在宁夏的名称就是从西夏得名的。同时西北的水也多称'夏'，如大夏河、夏水（汉水）等。假如他日材料充分时，我这个说法或者可以得到证实。"[1]

最近十来年，叶舒宪常在西北调查考察，出版了《河西走廊：西部神话与华夏文明》，最后一章"齐家文化与玉器时代"探讨了齐家古国与夏文化的渊源关系[2]；最近又主编《玉成中国》，总结了玉石之路研究的最新成果并探讨了玉兵文化[3]。不约而同，我亦在西北调查考察了近十年，最近三年与叶舒宪等多次结伴考察开会切磋琢磨，走读《山海经》，发现齐家文化分布区正好是《尚书·禹贡》、《史记·夏本纪》中多次提到的"黑水西河惟雍州"，不仅是周秦龙兴之地，亦是大夏赫连勃勃和西夏元昊的故乡。思路日益清楚，先后发表了《夏与西北》、《从齐家到二里头》、《齐家玉器与夏文化》等论文，完成了《齐家华夏说》，初步证实了顾颉刚的猜想。现在主要从民族史角度来探讨夏崇拜渊源与流变。

西夏一般指与宋辽金鼎足而立的元昊建立的夏国，自称夏或大夏。大夏一般指晋末称雄一时的赫连勃勃建立的夏国。夏一般指商之前启建立的中国第一个王朝夏朝，也称大夏或西夏。夏史夏文化研究是经久不凉的热点，大夏研究也有专著专文，西夏学已成显学，但三者之关系还很少有人留意。史金波注意到了华夏、西夏、宁夏的关联[4]，克恰诺夫将西夏党项族源追溯到了齐家文化[5]，但都点到为止，没有展开论述。夏、大夏、西夏并非前后相继，但藕断丝连数千年，均与夏崇拜有关。从中国或东亚历史宏观背景来考察三者之关系是一个值得探讨的课题。

二 西夏、夏与大夏

西夏是他人对与宋、辽、金鼎足而立的夏国的称呼，开国君主元昊自称为夏或大夏。王静如《西夏国名考》指出西夏国正式全名为"白弥大夏国"。伊凤阁《西夏国书说》指出"弥"在西夏语中是"人"，"白弥大夏国"意为"白人大夏国"。聂历山《西夏国名校考》认为"弥"是"河之上游"，并依据大量西夏文及汉文材料特别是西夏宫廷颂歌对于弥、白河、黑水及西夏国南北疆域等问题进行了研究。[6] 最近热播的历史纪录片《神秘的西夏》则认为是"白高大国"之意。

1032 年李德明之子李元昊继夏国公位，开始积极准备脱宋独立。元昊首先弃李姓，也不从赵姓，自称嵬名氏，又以避父讳为名改宋明道年号为显道，然后建宫殿，定兵制，创文字，立文武班。1038 年元昊时年三十，筑坛受册称帝，国号大夏。夏国奠基人李德明被追尊为太宗。《凉州重修护国寺感通塔碑铭》云："大夏开国，奄有西土，凉为辅郡，亦已百载。"

夏国本有国史，自称夏国、夏或大夏。《西夏书·斡札箦列传》云："斡札箦，西夏宁州人，掌其国史。"夏仿唐设国史馆，立翰林学士院，以王金、焦景颜等为学士撰修《实录》。《宋史·夏国传》论曰："今史所载追尊谥号、庙号、陵号，兼采《夏国枢要》等书。"《金史·西夏传》赞曰："夏之立国旧矣，其臣罗世昌谱叙《世次》。"《实录》、《夏国枢要》、《世次》等应该是夏国人自修的史籍。

"镇夷郡王"表明夏国皇族自认为夏，称异族为夷。镇夷郡在甘州，张掖高台县有镇夷峡，现已改名"正义峡"。黑河流域流传大禹治水传说，祭拜大禹的风俗至今犹存。李安全乃仁宗弟越王李仁友之子，被降封为镇夷郡王。他极为不满，与桓宗母罗氏合谋，废桓宗自立，改元应天，史称襄宗。

宋人多称其为夏，亦称西夏。夏国、夏州、夏地、夏境、夏主、夏人、夏军、夏兵、夏贼等，常见于宋代文献和《宋史·夏国传》。洪皓《松漠纪闻》云："多为商贾于燕，载以橐驼，过夏地，夏人率十而指一，必得其最上品者，贾人苦之。"熙州知府范育上奏宋神宗云："臣观夏贼之为国，自奄有西凉，开右厢之地，其势加大。"[7]《宋史》修于元朝，仍能大体反映宋人对夏国的态度和称呼。《宋史·夏国传》云："李彝兴，夏州人也，本姓拓跋氏。唐贞观初，有拓跋赤辞者归唐，太宗赐姓李，置静边等州以处之。其后析居夏州者号平夏部。唐末，拓跋思恭镇夏州，统银、夏、绥、宥、静五州地，讨黄巢有功，复赐李姓。"元昊即皇帝位后遣使上表曰："臣祖宗本出帝胄，当东晋之末运，创后魏之初基。……称王则不喜，朝帝则是从。辐辏屡期，山呼齐举，伏愿一垓之土地，建为万乘之邦家。……伏望皇帝陛下，睿哲成人，宽慈及物，许以西郊之地，册为南面之君。"[8] 帝（宋仁宗）谓辅臣曰："元昊昔僭号，遣使上表称臣，其辞犹逊……或可稍易以名号，议者皆以为不然，卒困中原，而后岁赐，封册为夏国主，良可惜哉！"[9]

辽亦称其为夏或大夏。辽以义成公主嫁继迁，册为夏国王；后又遣使册德明为大夏国王。德明追尊继迁为太祖应运法天神智仁圣至道广德光孝皇帝，庙号武宗。

金亦称其为夏，蒙元早期也还称夏。《中书令耶律公神道碑》云："夏人常八斤者，以治弓见知，乃诧于公曰：'本朝尚武，而明公欲以文进，不已左乎？'公曰：'且治弓尚须弓匠，岂治天下不用治天下匠耶？'"[10] 元代党项人余阙记述了夏人质朴好酒的习性："其性大抵质直而上义，平居相与，虽异姓如亲姻。……醉，即相与道其乡邻亲戚，各相持涕泣以为常。予初以为，此异乡相亲乃尔。及以问夏人，国中之俗，莫不皆然。"[11]《金史·西夏传》赞曰："立国二百余年，抗衡辽、金、宋三国，倜傥无常，视三国之势强弱以为异同焉。故近代学者记西北地理，往往皆臆度言之。圣神有作，天下会于一，驿道往来视为东西州矣。"

元代晚期"西夏"之称才开始流行。元修《辽史》卷 115 称夏国史为《西夏外记》，《金史》卷 134 称夏国史为《西夏传》。明修《元史》径称西夏："岁乙丑，帝征西夏，拔力吉里寨，经落思城，大掠人民及其橐驼而还。"清代出现了以西夏为名的书籍，如《西夏书事》和《西夏书》，但书中仍多称夏。《西夏书·罗世昌传》载："金与夏国合议，定夏主称弟，各用本国年号。"《西夏书事》亦宋、夏纪年并立。

大禹出西羌，上古羌人建立了夏朝。党项羌继承了羌的文化传统，亦建立了大夏国。《旧唐书·党项羌》："死则焚尸，名为火葬。"《通典·党项》："党项羌，在古析支之地，汉西羌之别种……老死者以为尽天年，亲戚不哭。少死者则仰天云枉而悲哭。焚之，名为火葬。"西夏继承了羌人的火葬传统。

仁宗天盛年间颁布的《天盛律令》卷三第十三门第三条载："诸人尸体已埋或已烧，尸灰未舍弃，已集土而放置，如他人损毁墓场时，使与前述墓地棺撑上动手，罪同等判断。"西夏不仅流行火葬习俗，而且在尸体火化以后，还要营造丘墓或建砖墓来埋藏骨灰。元昊追宗认祖以大禹为榜样，建立大夏国。这是夏崇拜的结果。

《旧唐书·党项传》列举了八个强大的党项部落："有细封氏、费听氏、往利氏、颇超氏、野辞氏、房当氏、米擒氏、拓跋氏，而拓跋最为强族。"这使我们想起《史记·夏本纪》："禹为姒姓，其后分封，用国为姓，故有夏后氏、有扈氏、有男氏、斟寻氏、彤城氏、褒氏、费氏、杞氏、缯氏、辛氏、冥氏、斟（氏）、戈氏。"元昊通过拓跋、鲜卑、匈奴亦可追溯到夏后氏、大禹。

元昊称帝后极力宣称自己为北魏拓跋氏之后，上宋表文云："臣祖宗本出帝胄，当东晋之末运，创后魏之初基。"又云："臣祖宗本后魏帝赫连之旧国，拓跋之遗业也。"西夏史诗《夏圣根赞歌》云："四方夷部遣贺使，一中圣处求盟约。"宋夏庆历和议后，宋封元昊为夏国主，元昊对宋称臣，但在夏境内坚持皇帝名号，以正统天子自居。《续资治通鉴长编》记元昊自称青天子，称宋皇帝为黄天子。辽兴宗征讨西夏时曾俘获元昊的"九龙车"，"拱以九龙，惟天子亲郊乃用之"。祭天是正统王朝最重要的大典，元昊效仿中原王朝举行祭天大典。

大夏是自称，有自夸之意；西夏是他称，略带贬义；夏才是正式称谓。当代中国学者习称西夏，偶称夏或大夏，例如，《夏汉字典》[12]，《宋夏关系史》[13]，《辽夏关系史》[14]，《大夏遗珍》[15]及"大夏遗珍——西夏文物精品展"。西方学者亦称大夏或西夏，西方首篇西夏学博士论文名为《党项与党项国家大夏》[16]。

三　大夏、夏与西夏

407年赫连勃勃亦称群臣劝其入继大统，筑坛祭天，即帝位，建大夏国，都城曰"统万"。413年赫连勃勃以叱干阿利为将作大匠，发岭北夷夏十万人于朔方营建都城统万。"夷夏十万"，以夏自居，目他族为夷。顾祖禹《读史方舆纪要》云大夏强盛时期疆域"南阻秦岭、东成蒲津、西收秦陇、北薄于河"，大致包括今陕西秦岭以北、河套地区、山西南部及甘肃大部。431年赫连定攻灭西秦，遭遇吐谷浑首领慕璝袭击被俘，大夏灭亡。大夏国自赫连勃勃称帝至赫连定被俘，历二代三王共25年。赫连勃勃自称大夏可从器物或文物印证。当时工匠造百练钢刀曰"大夏龙雀"："古之利器，吴楚湛卢。大夏龙雀，名冠神都。可以怀远，可以柔逋。如风靡草，威服九区。"[17]其仿莽泉铸币，面文隶书国号"大夏"，年号"真兴"。

夏族是姒姓，"姒"字的本字是"以"。清人王引之已经指出"以"、"允"二字相通。1951年山东省黄县出土八件铜器，铭文也证明"以"、"允"通用。《左传》"允姓之奸"是獫狁的同族，也是匈奴的前身。《史记·匈奴传》开卷称匈奴是夏族后裔不无道理。赫连勃勃大夏国是匈奴复国，而匈奴是夏族后裔，所以赫连勃勃特别强调自己是大禹的后代。大夏国与远古夏族的血统和文化传统并没有断绝[18]。

赫连勃勃是匈奴后裔，自认为是夏后氏之苗裔："朕大禹之后，世居幽、朔。祖宗重晖，常与汉、魏为敌国。中世不竞，受制于人。逮朕不肖，不能绍隆先构，国破家亡，流离漂虏。今将应运而兴，复大禹之业，卿以为何如？"[19]他深受汉文化影响，念念不忘其先祖："朕之皇祖，自北迁幽、朔，姓改姒氏，音殊中国，故从母氏为刘。子而从母之姓，非礼也。古人氏族无常，或以因生为氏，或以王父之名。朕将以义易之。帝王者，系天为子，是为徽赫实与天连，今改姓曰赫连氏，庶协皇天之意，永享无疆大庆。系天之尊，不可令支庶同之，其非正统，皆以铁伐为氏，庶朕宗族子孙刚锐如铁，皆堪伐人。"[20]岭北夷夏降附者数以万计，勃勃置守宰以抚之[21]。赫连勃勃自称为夏，称他族为夷，曾号召夷夏十万筑统万城。"常居城上，置弓剑于侧，有所嫌忿，便手自杀之，……夷夏嚣然，人无生赖。"[22]

后人亦称大夏为夏。清嘉庆《延安府志》云："赫连勃勃疑冢，在延川县东南六十里白浮图寺前。有七冢，相传为夏王疑冢云。"《延川县志》亦云："白浮图寺，在县城南六十里，寺前有七冢，前人以为夏王疑。"1991 年延川县人民政府将其公布为县级重点文物保护单位。

四　夏、大夏与西夏

确凿无疑的夏朝文献还没有发现，商代甲骨文又没有夏的明确记述，我们只能根据周代及更晚的文献来追溯夏史。一般认为夏为中国历史上第一个王朝，夏人主要活动于晋南和豫西，可能由晋南迁至豫境，故晋南有"夏墟"之称。《左传·定公四年》："分唐叔以大路、密须之鼓，阙巩沽洗，怀姓九宗，职官五正，命以《康诰》，而封于夏墟。启以夏政，疆以戎索。"

夏人活动范围并不局限于中原。《晋书·地理志》："夏后氏东渐于海，西被于流沙，南浮于江。"夏又称大夏就很自然，或者说大夏是夏人居住的地方。《左传·昭公元年》："昔高辛氏有二子，伯曰阏伯，季曰实沈，居于旷林，不相能也。日寻干戈，以相征讨。后帝不臧，迁阏伯于商丘，主辰。商人是因，故辰为商星。迁实沈于大夏，主参。唐人是因，以服事夏、商。"

大夏地望游移不定，晋南、临夏、河西走廊、塔里木盆地、巴克特里亚均留下了不可磨灭的踪迹。王国维主要根据《大唐西域记》"觇货逻故国"推断大夏从塔里木盆地往西迁徙："考觇货逻之名，源出大夏（嘉兴沈乙庵先生并西人马括德等并创是说），大夏本东方古国。"[23] 黄文弼主要根据《史记·封禅书》"齐桓公西伐大夏"和《汉书·地理志》"陇西郡有大夏县"认为夏分布于凉州、兰州、河州一带，且以河州（临夏）为中心。[24] 余太山主要根据《史记·大宛列传》和《汉书·西域传》认为大夏故地至少可以追溯到河西地区，活跃于西域广大地区。[25]

夏又称西夏，"西夏东殷"之说由来已久。《博物志·异闻》费昌问冯夷曰："何者为殷？何者为夏？"冯夷曰："西夏东殷。""唐伐西夏"与"樱放丹朱"是关涉陶唐氏与夏、周先人兴衰荣辱和相互关系的重大事件[26]。"唐伐西夏"见于《逸周书·史记解》："昔者西夏，性仁非兵，城郭不修，武士无位，惠而好赏，屈而无以赏。唐氏伐之，城郭不守，武士不用，西夏以亡。"《博物志·杂说》有类似说法："昔西夏仁而去兵，城郭不修，武士无位，唐伐之，西夏云（亡）。"

《穆天子传》卷四亦云："自阴纡西至于西夏氏，二千又五百里；自西夏至于珠余氏及河首，千又五百里。"古人禊饮以曲水流觞为趣，晋人束晳《三日曲水对》："昔周公城洛邑，因流水以泛酒，故逸诗云'羽觞随波'。又秦昭王以三日置酒河曲，见金人奉水心之剑曰：'令君制有西夏'。"[27] 清华简《尹诰》称"夏"为"西邑夏"："唯尹既及汤咸又一德，尹念天之败西邑夏，曰：'夏自绝其有民，亦惟厥众，非民亡与守邑。厥辟作怨于民，民复之用离心，我裁灭夏'。"清华简《尹至》："自西裁西邑，戡其有夏。"[28] "西邑夏"或"夏"在殷的西方，故可称西夏。傅斯年《夷夏东西说》主张夷在东夏在西，东夷西夏斗争开创了中国历史不无道理。李济坚信商人"西指克夏"吸收夏文化创造了商文明："所谓商朝的文明，综合了东夷、西夏和原商三种文化传统。"[29]

五　周代夏崇拜

夏不见于甲骨文[30]。陈梦家认为夏史乃商史中分出，主张夏世即商世[31]。杨宽认为夏史大部为周人依据东西神话辗转演述而成[32]。西方学者普遍不相信夏朝的存在，认为商为中国历史上第一个王朝[33]。

即使夏朝真的存在过，商亦不崇夏。《尚书·汤誓》云："夏氏有罪，予畏上帝，不敢不正。"夏崇拜始于周。[34]《尚书·周书·召诰》："相古先民有夏，天迪从子保，面稽天若；今时既坠厥命。今相有殷，天迪格保，面稽天若；今时既坠厥命。……我不可不监于有夏，亦不可不监于有殷。我不敢知曰，有夏服天命，惟有历年；我不敢知曰，不其延。惟不敬厥德，乃早坠厥命。我不敢知曰，有殷受天命，惟有历年；我不敢知曰，不其延。惟不敬厥德，乃早坠厥命。"《多士》、《多方》、《立政》等篇也不止一处提到"有夏"或"夏"，周公在这里称"有夏"或"夏"为"先民"、"古之人"。周人兴于戎狄，他们强调自己是"自窜于戎狄之间"的夏人，其所居的疆土也是从夏人那里继承而来。《礼记·祭法》："厉山氏之有天下也，其子曰农，能殖百谷。夏之衰也，周弃继之，故祀以为稷。"[35]

多数带铭文的西周铜器出于渭水流域，征伐夷蛮有功而受赏之事是主题，征伐的对象主要是东国、东夷、南国、楚荆、淮夷、南淮夷等。然而在先秦文献中北方戎狄是西周始终的敌人。说明铭文多出于周人或戎狄之手，而文献多出于夷人之笔。周朝败于犬戎，戎狄日盛，诸夏意识渐兴。管仲提出"诸夏亲昵，不可弃也"。齐桓公率先"尊王攘夷"，"葵丘之会"强化了诸夏意识。晋文公继起称霸，城濮之战亦有尊王攘夷之意。齐、晋是周朝的重要封国，仿周尊理所当然。春秋战国时期长城以北及西北人群之游牧化与武装化及其南向争夺生存资源，是华夏认同形成的一个主要因素。[36]

秦楚是夷狄的代表。《史记·秦本记》："秦僻在雍州，不与中国会盟，夷翟遇之。"《春秋公羊传·僖公十一年》："楚，夷国也。"正是这两个夷蛮大国后来主宰了中国的历史。楚国问鼎中原，秦穆公开始以"中国"自居。秦人的族源异常复杂。源自东夷的造父因驾车有功被封于赵地，其后非子善于养马又被周考王封于秦邑，为周附庸，"以和西戎"。嬴政不分夷夏，灭六国，武力统一中国，称始皇帝。楚虽三户，亡秦必楚。楚人刘邦亦夷人之后，建立汉朝。秦汉之际黄帝崇拜达到了高潮，秦皇汉武成了黄帝子孙，夏代传人。

华夷五方格局形成于春秋战国时代。《论语》中未出现"东夷"、"南蛮"等配有方位的民族称谓。《左传·昭公十七年》孔子向郯子说："吾闻之，'天子失官，学在四夷'，犹信。"《孟子·梁惠王上》："莅中国而抚四夷。"《孟子·尽心下》云："君好仁，天下无敌焉。南面而征北夷怨，东面征而西夷怨，奚为后我！"中国、东夷、南蛮、西戎、北狄五方之民及其习性、语言、衣服、器用等与方位整齐配合的观念见于《管子·小匡》和《礼记·王制》，是战国秦汉大一统思想的体现。

《春秋·公羊传》："内其国而外诸夏，内诸夏而外夷狄。"西周时期的"夏"所包含的地理概念是指周人以宗周（关中地区）为中心的活动区域，"夏"所代表的文化族群观念则是指周人与周文化。自宗周倾覆平王东迁洛邑之后，"夏"的地理和文化概念发生了根本变化。自春秋始"夏"与"中国"指中原地区各诸侯邦国。伴随着一统观念的形成，此地理文化概念逐渐成为民族认同的"华夏"概念。[37]傅斯年曾感慨究竟谁是诸夏，谁是戎狄："云周之号称出于后稷，一如匈奴之号称出于夏氏。与其信周之先世曾窜于戎狄之间，毋宁谓周之先世本出于戎狄之间。"[38]周人与羌、戎、狄或吐火罗的关系非常密切，交叠混合，不易区分，在东亚上古史上起了特殊作用。说姬周是戎狄，也未尝不可。[39]

夏、商、周三代是夷夏争斗与转变的时代。从中心到边缘，中心的夷成了夏，边缘成了四夷或海外民族。夏为君子、夷为野人，逐渐成为成见。夷人和夷文化是夏、商、周三代的基础，亦是汉族和汉文化的根本；夏人和夏文化在战国秦汉之际成了主人和主流文化。

"华夏"一词最早见于《尚书·周书·武成》："华夏蛮貊，罔不率俾。"《尚书正义》："冕服华章曰华，大国曰夏。"王闿运撰《尚书笺》云："夏，中国也。始自西夷，及于内地。"孔颖达《春秋左传正义》："中国有礼仪之大，故称夏；有服章之美，谓之华。"从西周的周人以夏自居到春秋的包容诸夏是夏崇拜的普及过程。春秋战国时代是夷、夏观念转换的关键时代。《孟子·滕文公上》总结了夷变夏的普遍性："吾闻用夏变夷，未闻用夷变夏者也。"齐兴于东夷，晋兴于北狄，楚兴于南蛮，秦兴于西戎，故《公羊传·僖公四年》有"南夷与北狄交，中国不绝若线"。虽然有人高唱"尊王攘夷"、"内诸夏而外夷狄"，但无法阻止周朝的灭亡和夷狄的加入。夏与夷狄的分界非常模糊，几乎没有人分得清楚。

《公羊传·昭公二十三年》："不与夷狄之主中国也。然则曷为不使中国主之？中国亦新夷狄也。"反之亦然，如《论衡·宣汉篇》所云，"古之戎狄，今为中国"。

战国时代纷纷号称诸夏，夏由第三人称变为第一人称，夷由"人"变为了"他人"，夷、夏完成了人称和时空的转换。江统《徙戎论》："逮至春秋之末，战国方盛，楚吞蛮氏，晋剪陆浑，赵武胡服，开榆中之地，秦雄咸阳，灭义渠之等。始皇之并天下也，南兼百越，北走匈奴，五岭长城，戍卒亿计。虽师役烦殷，寇贼横暴，然一世之功，戎虏奔却，当时中国无复四夷也。"[40]

三代之前尽是夷，三代之后多成夏，夷、夏消长大致如此。夷狄并非全部被赶尽杀绝了，而是纷纷变夏了。秦汉以降褒夏贬夷成为风气，并逐渐忘记了夷、夏转变的历史。夏为何物，对古人今人来说都是未知数，只能从夷蛮戎狄来推断其存在。夏崇拜实质上是自我崇拜，是民族中心主义的一种表现形式。[41]

六 讨论与结语

夏有三义，即夏王朝、夏民族、夏文化，均与西北中国密切相关。司马迁早就指出："夫做事者必于东南，收其功实者常在西北。"傅斯年《夷夏东西说》论证夏与西方有关，但西到何处没有明言。玉振金声二里头，扑朔迷离夏王朝。夏代之有无仍在激烈争论之中，未有定论[42]。我们假定商朝之前有一个夏王朝或某朝，其准确年代和具体世系不清楚，其民族和文化亦是正在探索的对象。夏王朝、夏民族、夏文化可连环论证，夏民族很可能兴起于西北，入主中原，建立夏王朝，其先进文化大体来自中亚或西亚；西北是上古中国改革开放的前沿阵地。[43]

夏字形从页、从臼、从夂；页人头，臼两手，夂两足，合起来象人形；本义为人。《说文》："夏，中国之人也。"夷从大从弓，甲骨文作"尸"或"人"，本义亦是人。《说文》："夷，东方之人。"如果夷入主中原，则夏为西方之人。朱骏声《说文通训定声》："就全地言之，中国在西北一小隅。故陈公子少西字夏，郑公孙夏字西。"禹定天下九州，执玉帛者万国，治水行天下，其活动的范围极其广阔。古史资料中关于夏商的记录可能分属于东西两个体系，西夏就是东方居民夷对西部居民夏的称呼。夏殷经常相提并论。《尚书·召诰》云："我不可不鉴于有夏，亦不可不鉴于有殷。"《诗经·大雅》谓："殷鉴不远，在夏后之世。"

《尚书·禹贡》多次提到的积石山、合黎山、三危山、鸟鼠山和西河、泾河、渭水、黑水、弱水及流沙都在齐家文化分布区。大禹治水无论是传说还是历史都只可能源自甘青地区，然后向他处展开。禹会诸侯协和万邦都是后续故事，葬于会稽也不能否定其治水河源。《禹贡》明言黄河中下游以及淮河流域和长江下游四州为夷人所居：冀州岛夷，青州嵎夷、莱夷，徐州淮夷，扬州鸟夷。如果有夏，最可能生活于黄河上游地区。《尚书·禹贡》："黑水西河惟雍州，……厥贡惟球琳琅玕，浮于积石，至于龙门西河，会于渭汭。织皮、昆仑、析支、渠搜，西戎即叙。"夏与西戎或羌之关系难解难分。

夏可能与大夏河有关。汉代以前夏人主要活跃于黄河流域。其实夏河或大夏河是黄河的支河，亦可泛指黄河。《方言》第一："自关而西，秦晋之间，凡物之壮大者而爱伟之，谓之夏。"夏意为大，夏河即大河，大夏河是同义反复。《史记·秦始皇本纪》云："禹凿龙门，通大夏，决河亭水，放之海。"夏河或大夏河发源于青海同仁，流经甘肃夏河、临夏，于刘家峡入黄河。《尚书·禹贡》云："导河积石，至于龙门，南至于华阴，东至于底柱。"临夏有积石山和积石峡。大禹治好了泛滥的夏河，华夏之"夏"可能来源于夏河。临夏东南"西羌故地"曾置"大夏县"，"大夏城"遗址在广河县城西南10里左右台地上，当地人叫"夏古城"。大夏河流经甘南和临夏，哺育了羌或党项民族。

夏兴起于西北，与齐家文化有关。西北彩陶的衰落与青铜的兴起表明青铜时代游牧文化占了上风。齐家文化青铜器与中亚、南西伯利亚的铜器样式基本相同，青铜刀常见，偶见青铜矛、浮雕人面青铜匕、空首斧等合范铸造的兵器和铜镜。2002年喇家遗址出土的三孔大玉刀，复原长为66厘米，与二里头玉刀类似，可能是"王者之器"。齐家文化陶器不发达却独具特色，大双耳罐是中亚或西方共有的陶器。齐家文化陶权杖头和四坝文化铜权杖头以及西亚、中亚的权杖头形制相似。夏或大夏活跃于西域，古代巴克特利亚人建立的国家也叫大夏。

周人尊夏，亦是自尊。周人自认为是夏的后人，其所居的疆土也是从夏人那里继承而来。《诗·周颂·清庙之什》："我求懿德，肆于时夏，允王保之"；"无此疆尔界，陈常于时夏"。周自认为是夏的继承者，周代夏崇拜出现了第一个高潮。赫连勃勃、元昊先后建立夏国，实质上是周人崇夏传统的继续。赫连勃勃亦以大禹诸夏继承人自居："昔在陶唐，数钟厄运，我皇祖大禹以至圣之姿，当经纶之会，凿龙门面辟伊阙，疏三江而决九河，夷一元之穷灾，拯六合之沉溺，鸿绩侔于天地，神功迈于造化，故二仪降祉，三灵叶赞，揖让受终，光启有夏。……爰始逮今，二千余载……故能控弦之众百有余万，跃马长驱，鼓行秦赵，使中原疲于奔命，诸夏不得高枕，为日久矣。"[44] 追宗认祖，既是崇拜，也是攀附。[45]

元昊夏国与赫连勃勃大夏国地域大体重合，正好位于齐家文化分布区。《辽史·西夏外纪》："西夏，本魏拓跋氏后，其地则赫连国也。"北魏灭赫连勃勃夏国，先改统万城为统万镇，不久改为夏州。隋改置朔方郡，唐复为夏州。唐末拓跋思恭镇夏州，子孙继之，遂为元昊夏国政治军事经济文化中心。他们继承的不只是土地，还包括文化传统，认为整个西北地区都是大夏国领土。元昊拓跋氏，可通过鲜卑追溯到黄帝；又是党项，可通过羌追溯到禹或夏。《魏书》云："昔黄帝有子二十五人，或内列诸华，或外分荒服。昌意少子，受封北土，国有大鲜卑山，因以为号。其后世为君长，统幽都之北，广漠之野……黄帝以土德王，北俗谓土为托，谓后为跋，故以为氏。其裔始均，入仕尧世，逐女魃于弱水之北，民赖其勤，帝舜嘉之，命为田祖。爰历三代，以及秦汉，獯鬻、猃狁、山戎、匈奴之属，累代残暴，作害中州，而始均之裔，不交南夏，是以载籍无闻焉。"元昊自认为是拓跋后裔："藩汉各异，国土迥殊，幸非僭逆，嫉妒何深！况元昊为众所推，盖循拓跋之远裔，为帝图皇，有何不可？"[46] 元昊下令秃发，恢复鲜卑民族特性。

黄帝、夏、羌、匈奴、拓跋、党项有一脉相承之处，擅长游牧和游击。夏人善于游牧和射猎仍有蛛丝马迹可寻。目前中国发现的最早的较完整羊骨架见于甘肃永靖大何庄齐家文化遗址，其次是二里头。绵羊又称夏羊。《尔雅·释畜》："夏羊，牡羭，牝羖。"《本草纲目·兽·羊》："生秦晋者为夏羊，头小身大而毛长，土人二岁而剪其毛，以为毡物，谓之绵羊。"夏人善射，夏箭即良箭。司马相如《子虚赋》："左乌号之雕弓，右夏服之劲箭。"郭璞注引服虔曰："夏后氏之良弓，名繁弱，其矢亦良，即繁弱箭服，故曰夏服也。"唐李益《从军有苦乐行》："一矢毙夏服，我弓不再张。"赫连勃勃自比轩辕黄帝，善于游击："吾以云骑风驰，出其不意，救前则击其后，救后则击其前，使彼疲于奔命，我则游食自若，不及十年，岭北河东尽我有也。待姚兴死后，徐取长安。姚泓凡弱小儿，擒之方略，已在吾计中矣。昔轩辕氏亦迁居无常二十余年，岂独我乎！"[47] 元昊游牧作风明显："每举兵，必有获，则下马环坐饮，割鲜而食，各问所见，择取其长。""衣皮毛，事畜牧，蕃性所便。英雄之生，当王霸耳，何锦绮为？"[48]

如果真有夏朝，元昊夏国与赫连勃勃夏国是继承者。夏是新石器时代或传说时代到历史时代的过渡期，也是游牧与农耕文化激烈碰撞与融合时期。齐家文化与夏代纪年相当，也是东西民族与文化交流的结果。西北地区处在黄河农业文化与西北草原文化的接合部，形成了独特多元的齐家文化。齐家文化与羌有关，不仅是周秦文化之源，而且很可能就是夏文化。《荀子·大略》云"禹学于西王国"。《史记》载"大禹出西羌"。"西羌古国"可能转化为夏王朝，彝语和汉语同源于原始羌夏语。[49] 如果真有夏民族，最有可能形成于黄河上游大夏河地区，夏末商初四分五裂，部分演变成了汉族，其他变成了羌、匈奴、党项、鲜卑等民族。

国灭人文在，地望常变迁。夏人或夏文化不会因国而灭，探索夏民族夏文化绝不能局限在夏朝或中原。如果我们认同禹或夷，以素食为主的东亚定居农耕民族总是被欺侮，吃肉喝酒的游牧民族经常占上风，中国历史基本上是被侵略的历史。如果我们认同黄帝或夏，以奶肉为主食的游牧民族节节胜利，反复征服定居农耕民族，中国历史是不断侵略和巩固的历史。梁启超认为自黄帝开始华夏民族就是靠武力征服夷、蛮而在中国生息繁衍："中国民族之武，其最初之天性也；中国民族之不武，则第二之天性也。"[50] 赫连勃勃、元昊正是黄帝传统的继承者。如果同时认同炎黄尧舜或夷夏，中国历史就是兄弟混战融合史。西夏、大夏、夏一脉相承，正是中国历史的核心组成部分。

注释：

[1]《顾颉刚全集·宝树园文存》中华书局，2011 年。

[2] 叶舒宪：《河西走廊:西部神与华夏文明》，云南教育出版社，2008 年。

[3] 叶舒宪、古方：《玉成中国:玉石之路与玉兵文化探源》，中华书局，2015 年。

[4] 史金波：《西夏·宁夏·华夏》，《中国民族》2002 年第 9 期。

[5] 克恰诺夫著，王颖、张笑峰译：《唐古特的起源问题》，《第二届西夏学国际学术论坛论文集》，2011 年。

[6] H.A.聂历山著，崔红芬、文志勇译：《西夏国名校考》，《宁夏社会科学》2005 年第 5 期。

[7] 李焘：《续资治通鉴长编》，中华书局，1986 年。

[8]《宋史·夏国传》。

[9]《宋史·夏国传》。

[10]《元文类》。

[11] 余阙：《送归彦温赴河西廉使序》，《青阳先生文集》，国家图书馆出版社，2010 年。

[12] 李范文：《夏汉字典》，中国社会科学出版社，1997 年。

[13] 李华瑞：《宋夏关系史》，河北人民出版社，1998 年。

[14] 杨浣：《辽夏关系史》，人民出版社，2010 年。

[15] 山西博物院、宁夏博物馆：《大夏遗珍》，山西人民出版社，2010 年。

[16] Dunnell Ruth: *Tanguts and the Tangut State of Ta Hsia*, Ph.D. Dissention, Princeton University, 1983.

[17]《晋书·赫连勃勃载记》。

[18] 吴锐：《再论夏文化发祥于渭水流域》，待刊。

[19]《晋书·赫连勃勃载记》。

[20]《晋书·赫连勃勃载记》。

[21]《晋书·赫连勃勃载记》。

[22]《晋书·赫连勃勃载记》。

[23] 王国维：《西胡考》，《观堂集林》，中华书局，1959 年。

[24] 黄文弼：《中国古代大夏位置考》，《西北史地论丛》，上海人民出版社，1981 年。

[25] 余太山：《大夏和大月氏考》，《中亚学刊》第四辑，1995 年。

[26] 韩建业：《唐伐西夏与窜放丹朱》，《北京大学学报》2001 年第 4 期。

[27]《钦定四库全书·汉魏六朝百三家集》卷四十三，(明)张溥辑《晋束皙集》。

[28] 以上文字据先秦史论坛子居先生，http://xianqin.5d6d.com/forum-31-1.html。

[29] 李济：《中国文明的开始》，江苏教育出版社、凤凰出版传媒集团，2005 年。

[30] 陈梦家：《殷墟卜辞综述》，中华书局，1988 年。

[31] 陈梦家：《夏世即商世说》，《古史辨》，上海古籍出版社，1982 年。

[32] 杨宽：《说夏》，《古史辨》，上海古籍出版社，1982 年。

[33] D.N. Keightley: The Shang: China's First Historical Dynasty. In: *The Cambridge History of Ancient China*. Cambridge University Press, 1999.

[34] 李民：《释〈尚书〉"周人尊夏"说》，《中国史研究》1982 年第 2 期。

[35]《国语·鲁语》："昔烈山氏之有天下，其子曰柱，能殖百谷百蔬。夏之兴也，周弃继之。"

［36］ 王明珂：《历史事实、历史记忆与历史心性》，《历史研究》2001 年第 5 期。

［37］ 陈致：《夷夏新辨》，《中国史研究》2004 年第 1 期。

［38］ 傅斯年：《与顾颉刚论古史书》，《傅斯年全集》，联经出版公司，1980 年。

［39］ 王克林：《姬周戎狄说》，《考古与文物》1994 年第 4 期。

［40］ 《晋书·江统传》。

［41］ 易华：《夷夏先后说》，民族出版社，2012 年。

［42］ 许宏：《最早的中国》，科学出版社，2009 年。

［43］ 易华：《夏与西北》，《丝绸之路》2013 年第 10 期。

［44］ 《晋书·载记》。

［45］ 王明珂：《论攀附：近代炎黄子孙国族建构的古代基础》，《中央研究院历史语言所集刊》七十三本三分，2002 年。

［46］ 李焘：《续资治通鉴长编》。

［47］ 《晋书·载记》。

［48］ 《宋史·夏国传》。

［49］ 陈保亚、汪锋：《论原始羌夏语及其转型——兼说蜀、夏、彝和三星堆文化的渊源关系》，首届古彝文化与三星堆文化探源学术研讨会论文，2009 年西昌。

［50］ 梁启超：《中国之武士道》，《饮冰室合集》，中华书局，1989 年。

夏族、夏国、夏文化：世纪之争从头说

吴 锐

（中国社会科学院历史研究所）

一 无名小辈发难：禹是神，不是人，最初与夏无关

1923 年 5 月 6 日，北京《努力周报》副刊《读书杂志》刊登了一篇通信，一石激起千层浪，竟然引发了一场波澜壮阔的古史革命。这封信的作者顾颉刚当年 31 岁，三年前刚从北京大学毕业，在上海商务印书馆编初中本国史教材。他在这封信里提出了前几年形成的"层累地造成的中国古史"观。他认为西周以至春秋初年，那时人对于古代原本没有悠久的推测。周代人心目中最古的人是禹，到孔子时有尧、舜，到战国时有黄帝、神农，到秦有三皇，到汉以后有盘古。可见古史的形成好比堆柴火，后来居上，顾先生称为"层累"。也就是说，现今对古史的认识是根本靠不住的。拿禹来说，他是夏朝的缔造者，历代相传，史圣司马迁郑重写入《史记·夏本纪》，顾先生则认为禹和夏最初互不相干，禹是上帝派下来的神，不是人，慢慢才演变为人王。

后来陈梦家认为夏史乃是从商史中分出，夏的世系就是商的世系。杨宽认为，夏史大部为周人依据东西神话辗转演述而成，"夏"只是上下之"下"，不是朝代名。

顾先生还提出一个引起公愤的假说：禹也许是九鼎上铸的一种动物，因为东汉许慎编写的字典《说文解字》说："禹，虫也"。于是顾先生的观点被简化为"禹是一条虫"，传为笑谈。刘掞黎痛斥："这种《说文》迷，想入非非，任情臆造底附会，真是奇得骇人了。"柳诒徵讥笑顾先生不懂《说文》的义例："比有某君谓古无夏禹其人，诸书所言之禹皆属子虚乌有。叩其所据，则以《说文》释禹为虫而不指为夏代先王，因疑禹为九鼎所图之怪物，初非圆颅方趾之人。"鲁迅 1935 年在小说《理水》里特别加以讽刺。

这封信的收件人钱玄同不是等闲之辈。他是浙江吴兴（今湖州）人，1906 年留学日本早稻田大学，一心排满，认为排满之后就是复古，光复旧物。回国后任教于北京师范大学、北京大学，目睹民国初年种种怪现象，思想来了一个一百八十度大转弯，转而投身新文化运动。1917 年，他向新文化运动喉舌《新青年》投稿，总结出"选学妖孽"、"桐城谬种"两个口号，使新文化运动总司令陈独秀大受鼓舞，认为"以先生（钱玄同）之声韵训诂大学，而提倡通俗的新文学，何忧全国之不景从也"？当"可为文学界浮一大白"。而远在美国留学的胡适更觉得遇到了知音："钱氏原为国学大师章太炎的门人。他对这篇由一位留学生执笔讨论中国文学改良问题的文章，大为赏识，倒使我受宠若惊。"又说："钱教授是位古文大家。他居然也对我们有如此同情的反应，实在使我们声势一振。"1918 年，钱玄同任《新青年》轮流编辑，成为新文化运动的领袖之一。用钱玄同自己的话说，新文化运动是保护眼珠、换回人眼，即对国粹"扬粪"，为德先生、赛先生、穆姑娘开道。钱先生性情之激烈、立场之坚定、为文之幽默、生活之严谨，在他的同代人中都是罕见的。林纾笔下的金心异，鲁迅笔下的金立因、肥头，矛头对

准的无不是这位惊世骇俗的钱先生。从"孔夫子的便壶"到复古派的"放屁"，再到"洋大人的卵脬"，无不在钱先生猛烈的批判火力之下。不少人认为此等俗字，颇与钱先生名门正派的出身、名牌大学教授的身份不合，他则我行我素。几十年来，国人笃信"学好数理化，走遍天下都不怕"，只听说过有个造原子弹的钱三强，未闻钱三强先生有一个曾经叱咤风云的父亲。

钱玄同非常重视顾颉刚的来信，称赞"层累地造成的中国古史"精当绝伦，鼓励顾颉刚不仅要怀疑古史，还要怀疑经学，拨出经学这团"最厚最黑的云雾"。顾颉刚不负所望，在古史、经学、历史地理、民俗学方面都有绝大的贡献，成为一代宗师。1926 年，胸怀宽广的顾先生将讨论古史正反双方的文章结集，以《古史辨》之名自费印刷出版，畅销了十几版，"古史辨学派"因此得名。他的老师胡适称赞《古史辨》"是中国史学界一部革命的书"，"替中国史学界开了一个新纪元"。他的同学傅斯年认为顾先生在史学中的地位有如"牛顿之在力学，达尔文之在生物学"。六十多年后，他的学生杨向奎先生称赞古史辨运动"是有关中国史研究事业中的一种扫荡，也可以说是研究中国古史的启蒙事业，中国文明史的开端应当自何时起，提到史学家的日程上"。

按照恩格斯的看法，文明史的开端以国家的形成为标志。1949 年新中国成立之初，媒体谈到中国文明史，大多数说是四千年，根据的正是恩格斯《家庭私有制和国家的起源》。即使是四千年也不够理直气壮，因为这四千年是从夏朝开始的，当时百废待兴，还没有心思去管夏朝哪一年从哪里兴起。20 世纪 90 年代以来，中国流行保守主义，国学成为时髦，"五千年文明史"成为所有媒体的基调。有人趁机提出"走出疑古时代"的口号，但正如他们自己所说，这只是一个"大胆"提出的口号，既没有一套理论，也没有一套可以操作的法则，最引人注目的是把大量被古史辨运动剔除的有疑问的文献恢复，作为"五千年"文明史的基础。《大戴礼记·帝系》等是支持黄帝一元、三代同源古史框架的基石，他们当然要恢复。1995 年，国家投入巨资启动夏商周断代工程，工程的思路是先确定商朝灭亡的年代，向前反推夏朝的年代。他们选定的武王伐纣的时间是公元前 1046 年，作为整个工程的基石，推定夏王朝的始年为公元前 2070 年。这一结论传到国际，沦为笑柄，因为灭商在公元前 1046 年，是美国学者班大为（David Pankenier）1982 年在《早期中国》（Early China）上发表的成果。李学勤说，大家都说我们有五千年文明史，你怎么知道有五千年文明史？就是从《史记》上推出来的。有人说是公元前黄帝 4600 多年前，有人说黄帝纪元 4700 多年前，再加上炎帝八世正好是五千年，我们说五千年文明史，我们说是炎黄子孙，应该是完全一致的。过去曾经有一个时期，认为炎黄这类的传说统统是神话，是不需要作为历史来考虑的，有些学者就是这么主张。因此他们认为，夏代以前的历史就没法研究，文献上的传说就不值得考证。甚至有人说夏代也不存在，现在大家知道外国很多学者还认为夏代就是一个神话传说，甚至有人说夏代是在商朝的历史上编出来的，当时疑古派学者就用一句话说"东周以前无史"。

可见为了凑足"五千年"，不少人真是费尽了心机，也必然迁怒于古史辨。

二 禹出南方的推测

"层累地造成的中国古史"说的提出，尚是古史辨运动筚路蓝缕的时代。顾颉刚先生主张禹为南方民族传说中之人物，其主要理由为：①《楚辞·天问》对于鲧、禹父子有很丰富的神话。②越国自认为是禹的后代，奉守禹祀。③传说中禹有会于涂山娶于涂山的故事，涂山在今安徽。④禹在会稽召开部落大会，禅于稽，道死葬与会稽，会稽山在今浙江，春秋时为越都。⑤会稽（今绍兴）有大禹陵。⑥古代夏族看南方人为虫种，禹名从"虫"，恐亦此例。⑦东南方为水潦所归，人民有平定水土的需要，因之产生禹的神话。

1994 年，浙江社科院的陈剩勇的著作《中国第一王朝的崛起》，认为夏朝源于长江下游。

上海《解放日报》2001年7月23日报道：

> 中国第一个王朝夏究竟起源何地，历来是史学界探讨的一个谜。为了解开这个谜，包括"夏商周断代工程"科学家李学勤教授在内的诸多史学家日前齐聚安徽蚌埠，举行专题研讨。……
>
> 中国历史文明的源头在哪里？这是每个炎黄子孙都关心的问题。去年秋天，"九五"国家重点科技攻关项目"夏商周断代工程"获得成功，确定夏朝建立时间为公元前2070年，从而把中国可考纪年向前推进了1200多年。但夏究竟源起何地，迄今尚未破解。
>
> 夏朝起源与涂山有关。……只要找到涂山所在地，也就找到了夏王朝文明的发源地。
>
> 然而涂山在哪里，历代史学家都有争论。……为了搞清这一问题，李学勤任会长的中国先秦史学会近年来组织专门研究，掌握大量历史研究资料后，形成比较一致的意见：涂山在蚌埠怀远的可能性很大。
>
> "夏商周断代工程"首席科学家李学勤老先生认为，虽然目前还没有直接的考古发现能证明蚌埠涂山就是历史上的涂山，但就已掌握的资料看，蚌埠涂山是夏王朝发源地的可能性非常大。涂山所在的确定，不仅使中华民族大一统的历史轮廓清晰起来，而且有力地论证了中华文化发源多元化的观点，而不是过去所认为的"只有黄河是中国母亲河"的一元论。
>
> 李老还透露，作为"夏商周断代工程"的延续，"中国古代文明探源工程"正在积极准备中，这项工程将把中国有确切纪年的历史从夏朝再往前推1000年，那时不只夏朝发源地能水落石出，甚至连传说中的黄帝炎帝时代都将揭开神秘面纱。

中国先秦史学会是个空架子，既无人员，也没有办公室，这是所有历史学会的现状，怎么可能"组织专门研究"？更奇特的是，禹起源于南方是古史辨派创始人顾颉刚先生已经放弃的观点，怎么"走出疑古"的人却捡起来当宝贝呢？再者，涂山，按前辈学者如傅斯年、钱穆的考证，即三涂山，在今河南。而且蚌埠在上古是鸟夷族的腹地，夏王朝不大可能起源于此，更何况那时还没有夏王朝。

三 禹出西方的探索

经过十余年的古史讨论，古史辨派名声大振。正如钱穆在1935年所说，"三君者，或仰之如日星之悬中天，或畏之如洪水猛兽之泛滥纵横于四野，要之，凡识字人几乎无不知三君名"。这里的"三君"，指的就是古史辨学派的创始人顾颉刚和他的两位引路人：胡适、钱玄同。顾先生和他的助手童书业已经感到，上述证明禹为南方民族传说中之人物的证据不足，因为：①《楚辞》本为古代神话之总集，其中商、周之传说包罗亦极多，非仅"对于鲧、禹有很丰富的神话"。②越国自认为禹后，乃战国以后之事。越本芈姓，夏是姒姓。③涂山即会稽，本在山东，盖禹之传说由越人启土山东而携至越地。另外，嵩山附近之三涂，有可能就是涂山，其名由姜姓民族携至东方者。④会稽之传说则又由越民族之传播而北上（涂山乃泰山下山，及会稽传说北上，乃与涂山并合为一）。故不能以禹与涂山、会稽之关系证禹之传说发生于南土也。⑤禹名从"虫"，亦即"勾龙"，龙之传说与实物非必南方独有。《史记·封禅书》记秦文公梦黄蛇自天下属地，作鄜畤，郊祭白帝。《山海经》引《开（启）筮》云，"鲧死三岁不腐，剖之以吴刀，化为黄龙也。"黄龙与黄蛇同类，然则水中动物，龙蛇之类西方固有之，是又不能以禹名从虫证其为南方传说中之人物矣。⑥盖中国之西北方地势高低不平，一逢水潦即成州之形状，故九州岛之传说即起于此地，治水之传说亦产生于此。"降丘宅土"，非必南方民族特有之情形也。

1937年，顾先生另辟蹊径，撰写《九州之戎与戎禹》一文，从九州四岳之原在地，推测禹传说之起源，论定禹与西方民族有关。

1948年，顾先生在兰州作《中国历史与西北文化》演讲，指出"夏、商、周并非一个继一个兴起的国家，而为三个存在时代略分前后的大国"。"周是西北的国家，周的祖先起于岐山，但是周人常自称'时夏'、'区夏'，我们可以推想原来的夏，或也是西北的国家，所以周人自以为接受了夏的文化系统。并且后来在西方创立的国家也多称'夏'，如赫连勃勃、赵元昊等都是这样，现在宁夏的名称就是从西夏得名的。同时西北的水也多称'夏'，如大夏河、夏水（汉水）等。假如他日材料充分时，我这个说法或者可以得到证实。"[1]

顾先生晚年将中国古史中的民族分为东、西两大族：

东方族 $\begin{cases} 虞 \\ 商 \end{cases}$ 西方族 $\begin{cases} 夏 \\ 姜 \\ 周 \end{cases}$

其自注："夏——在今陕西中部，后迁于东方洛阳，其疆域远及山东。其宗神为禹。姒姓。"[2]

顾先生这篇读书笔记似乎写于 1968 年。这应当是"夫子晚年定论"了。笔者编辑《古史考》第六卷《帝系的偶像》时，即以此文开篇，"帝系的偶像"也是顾先生原话。

可见一手开创了科学的夏史研究的是顾颉刚先生。从早期的禹为虫，禹为动物，禹为句龙、戎禹，到晚期的禹为图腾，夏起于陕西，筚路蓝缕，以启山林，至今成就最大。

四　古史问题的唯一解决方法：考古学

面对新、旧两派的古史论战，从法国留学归来不久的李玄伯认为，考古学是古史问题的唯一解决方法。现地中藏品，除为商贾盗发者外，大半仍未发掘。设以科学的方法严密地去发掘，所得的结果必能与古史上甚重大的材料。这种是聚讼多久也不能得到的。所以要想解决古史，唯一的方法就是考古学。我们若想解决这些问题，还要努力向发掘方面走。顾先生不赞成李玄伯的看法，认为一切史料都掺杂了人的主观成分，文籍器物都须审查，故事、神话都有助于理解古史的形成。他认为"所谓求于史者，不但各种文献也，考古所得文物及一切社会现象皆是，其范围至广"。顾先生网罗材料的能力无与伦比，当然也是很重视考古的。早在 1926 年著名的《古史辨自序》，顾先生说："知道要建设真实的古史，只有从实物上着手，才是一条大路。"1930 年《古史辨》第二册自序说："所以我的工作，在消极方面说，是希望替考古学家做扫除的工作，使得他们的新系统不致受旧系统的纠缠；在积极方面说，是希望替文籍考订学家恢复许多旧产业，替民俗学家辟出许多新园地。"1932 年《古史辨》第四册自序说："我以为学术界中应当分工，而且中国的考古学已经有了深长的历史，近年从事此项工作的人着实不少，丰富的出土器物又足以鼓起学者们向建设的路上走的勇气，我不参加这个工作决不会使这个工作有所损失。"但考古材料不会说话，不是万能的。指望单用或主要用考古学复原古史，不过是一种狂妄的想法。

可喜的是，1924 年，也就是古史论战的第二年，安特生在今天的甘肃广河县齐家坪发现了新石器时代文化，齐家文化因此得名。因为陶器简陋，使他误认为时代很早。1945 年，夏鼐通过对广河阳洼湾齐家文化墓葬的发掘，第一次从地层学上确认仰韶文化的年代早于齐家文化。安特生主张"中国文化西来说"，长期以来被中国痛骂为帝国主义的走狗。八十多年后，易华等先生重新审视安特生首先发现的齐家文化，认为齐家文化是夏文化，这是一个很好的思路。

关于夏族的发源地，传统上认为在河南。《史记》说颖川、南阳是夏人之居，夏人忠朴，犹有先王之遗风。禹之父号"有崇伯鲧"，学者多认为"崇"是"嵩"的通假字，即嵩山，在登封。此外，自古相传"昔伊洛竭而夏亡"。伊水和雒水发源于黄河以南的崇山峻岭，在殽山和熊耳山之间隔出雒水，在熊耳山和伏牛山之间隔出伊水，伏牛山以南是南阳盆地。颖川、南阳处于河谷地带，自然条件比较优越。

1959 年，徐旭生先生调查"夏墟"时发现河南偃师县二里头遗址，前辈学者徐中舒先生誉为"夏史初曙"。经过多年发掘，确定将二里头文化分为四期，测定文化堆积的年代为公元前 1900 年~前 1500 年，现在压缩到公元前 1750 年~前 1530 年。偃师县现在改为偃师市，属洛阳市下辖的县级市，在洛阳以东 35 公里，南面伊河，北邻洛河。当初，考古学者对二里头四期文化哪一期或哪几期属于夏文化争论很大，不少人主张一、二期属商文化，三、四期属夏文化。现在大多同意邹衡先生最初的主张，即二里头文化一至四期都属于夏文化。前中国考古学会会长夏鼐先生曾对二里头文化发表评论说："至于二里头文化与中国历史上的夏朝和商朝的关系，我们可以说，二里头文化的晚期是相当于历史传说中的夏末商初。但是夏朝是属于传说中的一个比商朝为早的朝代。这是属于历史（狭义）的范畴。在考古学的范畴内，我们还没有发现有确切证据把这里的遗迹遗物和传说中的夏朝、夏民族或夏文化连接起来。我们知道，中国姓夏的人相传都是夏朝皇族的子孙，我虽然姓夏，也很关心夏文化问题，但是作为一个保守的考古工作者，我认为夏文化的探索，仍是一个尚未解决的问题。"[3] 夏所长谦虚地称自己是一个保守的考古工作者，而事实上体现的是一个学者审慎的科学态度，这是那些一味想拉长中国文明的人所不具备的。时至今日，夏文化的研究现状仍然是"夏文化的探索，仍是一个尚未解决的问题"。

自晋初皇甫谧作《帝王世纪》，说禹自安邑都晋阳，后世为山西为夏族中心地带的相当不少。安邑在今山西省夏县西北，晋阳即今太原。1978 年以来，在山西襄汾县陶寺发现龙山文化遗址。陶寺遗址在塔儿山下，塔儿山又名卧龙山、崇山、大尖山，在襄汾县陶寺乡东陲，海拔 1493 米。20 世纪 80 年代，刘起釪先生结合陶寺文化，纵论夏文化始于晋南，然后东进河南。刘先生认为，禹族向东发展到山西南部汾水流域，在历史上留下五个"大夏"或"大夏之虚"，两个"夏虚"，至今有地名曰"夏县"。第一个夏虚位于襄汾、翼城、曲沃之间，有一座处于中心地位的崇山，成为该族的神山，所以夏人的远祖鲧、禹又称为有崇伯鲧、崇禹。在崇山下发现的陶寺遗址，刘起釪先生认为应属夏文化，也说明夏文化起于晋南。禹族有可能兴于陕西，还没有称为"夏"。向东发展到汾水流域，停留下来，创造了"曾经有过数百年长期繁荣"（考古学者介绍陶寺语）的夏文化，才称为"夏"。由于积数百年的经济和文化发展，力量壮大，一举东入豫境，击败鸟夷有扈氏之族，建立了夏王朝，都阳城（河南登封告城镇）。[4] 现在将刘先生设想的夏文化发展路线总结如下：禹族（有可能兴于陕西）→夏（山西汾水流域）→夏王朝（建都河南）。刘先生强调，禹父鲧号称"有崇伯"，这个"崇"并不是流行说法的河南嵩山，而在秦、晋之间。《左传·宣公元年》记载："晋欲求成于秦，赵穿曰：'我侵崇，秦急崇，必救之。'"晋侵崇而秦必急救，此崇必在秦、晋之间。

近年虽然在陕西发现了早于商代的文化遗址，学界惊呼夏文化从别处传播到了陕西，丝毫不考虑夏文化从陕西向东传播的可能性，可见"夏文化必然起源于中原"这种思维定式在考古学家的头脑里是多么顽固。

五　放眼西部找夏族

1.从字源学来看，"夏"字本义指西部

东汉王充已经认为，夏是土地之名，夏是禹的兴起之地，建立王朝之后，就取名为"夏"。夏这块地方到底在哪呢？历代根据东汉许慎《说文解字》"夏，中国之人也"的解释，认为中国指中原，于是都往中原找夏文化，锁定河南、山西。现在很多人迷信考古是最接近自然科学的学科，是最可信的，其实他们很容易受古书的误导。清人朱骏声主张"夏"字的本义为"大"的同时，又说："按，就全地言之，中国在西北一小隅，故陈公子少西字夏，郑公孙夏字西。"[5] 根据古人名、字相应之理，春秋人的名、字夏、西对应，诚如刘起釪先生所说，"说明春秋时人的心目中也认为夏人原是处于中原以西的西土的"[6]。清末王闿运著《尚书笺》，认为"夏，中国也。始于西夷，及于内地"。

不仅如此，后世尚以"夏"代表西北。北魏杨衒之《洛阳伽蓝记》序："北有二门：西曰大夏门，汉曰夏门，魏、晋曰大夏门。"北宋郭茂倩编《乐府诗集》卷三十七《陇西行》，一曰《步出夏门行》。顾颉刚先生据此指出古代即以夏指西北隅。或称夏，或称大夏，一也。[7] 可见"夏"最初只指西北的一块具体地域，是夏人的发祥地。

以上是古代学者和古史辨派对"夏"字指西部的探讨。

在马克思主义学派方面，早在七八十年前，范文澜先生在《中国通史》第一册虽然没有断定夏起源于哪个地方，但他指出中国西部地区称为夏，是其卓识。他引据春秋时郑国大夫子西名夏，证明夏有西义，又指出夏又含有雅、正、大义。宗周诗篇称雅诗，《秦风》诗篇称为夏声，夏声即雅诗，就是用西方人的声音歌唱的诗篇。东方齐、鲁、卫等大国诸侯本从西方迁来，因之东方诸国称东夏，东西通称为诸夏。[8]

《诗经·大雅·大明》记周文王在渭水迎娶姒姓之女，说明直到周初，渭水流域依然有姒姓。

兴起于渭水的周人自称为夏（"区夏"、"时夏"），从黄河下游西迁到陕西、甘肃的秦人也称"夏"。《左传·襄公二十九年》载春秋时吴国著名贤公子季札观周乐，"为之歌秦，曰：'此之谓夏声，夫能夏则大，大之至也，其周之旧乎？'"这里将秦国的音乐称为"夏声"，而且是"周旧"，说明周与秦所处者曾经都是夏境。《诗经·小雅·鼓钟》篇所说的"以《雅》以《南》"也就是"以《夏》以《南》"，这个"雅"也指夏地。战国中期墨家著作《墨子》称引"于先王之书，《大夏》之道之然：'帝谓文王，予怀明德，毋大声以色……'"所引《大夏》在今《诗经·大雅·皇矣》，也可以证明夏、雅相通。这说明甘肃、陕西境内的渭水流域，正是夏、周、秦重要的活动地域。从《尚书》可以看到周族以"夏"自居，现代学者认为周族发祥于西部，相当野蛮，没办法和东部"有册有典"的殷族相提并论，称"夏"是高攀，也是冒充。现在弄清了"夏"字本义是西部，发祥于今陕西西部的周族，当然有资格称"夏"。

1975 年，在湖北省云梦县睡虎地出土的秦简《法律答问》，规定只有妈妈是秦人的小孩才能叫"夏子"。这里"夏"也是西部的意思，不是指"华夏族"，"华夏族"是西周分封国自我感觉良好的自称。

2."夏，中国之人也"的真相

《说文解字》："夏，中国之人也，从夊从页从臼。臼，两手。夊，两足也。"页是人头。这一解释几千年来让人费解，难道只有中国之人有头、两手、两足吗？清代阮元指出"夏"与"颂"字义同，"颂"即"容"，通俗点说，就是"样子"，具体点说，就是歌者、舞者与乐器一起表演的样子。"夏"字的本义就是跳舞的人，舞者摇头晃脑，手舞足蹈，因此"夏"字从夊从页从臼。舞者经常用到夏翟（雉鸟羽毛）作装饰，这种舞蹈因此得名"夏"。可见"夏"舞之得名是因为舞者手持彩色羽毛，与夏国、夏代、夏朝、夏禹、夏族没有关系。

至于"夏"有"大"的意思，是秦晋之间的方言。相传是西汉人扬雄作的《方言》，记载"秦晋之间，凡物壮大谓之嘏，或曰夏"。秦、晋之地是夏族的故土，并不奇怪。

3.夏族姒姓的来源

夏族是姒姓，古人认为来自植物，相传禹的母亲修己吞薏苡而生禹，因姓姒氏。薏苡的果实即薏仁，也称薏仁米，圆形，至今仍是一种常见的食物。

"姒"字的本字是"以"，"允"字在金文中作𠙹，已经是族名，字形是把人、𢀜（以）上下合写，清代王引之已经指出以和允相通。1951 年，在山东省黄县出土八件春秋时代铜器，铭文"庆其以臧"，其他的盨作"允臧"，证明以、允通用。禹的母亲相传名叫脩己，己、以二字相通，夏族的姒姓实际来自母家。𠙹字关键部分就是上半部的𢀜，字形有𢀜、𢀜等变化，是盘蛇的象形。"以"在小篆中作𢀜，还保留蛇的象形。2014 年 8 月 24 日，本人参观广河县博物馆，馆内陈列的一件半山类型陶器，泥塑一条蛇，还彩绘了几条蛇。馆内陈列的齐家文化小型青铜装饰件，也有似蛇似龙的造型。由蛇进一步神化为龙。古人将龙归为虫类，认为是智慧的象征（《左传》："虫莫知于龙"）。禹是一条虫、禹为句龙，是古史辨学派轰动一时、备受挖苦的观点，但现在看来依然是正确的[9]。

4.夏族、獯狁、允姓之奸、匈奴一脉相承

栾调甫前辈已指出"允"即《左传》的"允姓之奸"之"允"，"允"为允人专字，是獯狁的同族。此说受到王献唐先生的高度赞赏。古代注疏家认为獯狁即犬戎，也就是商代的鬼方。到了秦、汉，獯狁的后裔为匈奴，司马迁写入《史记·匈奴列传》。唐代司马贞注释《史记》，说荤粥是匈奴的别名，唐虞已上曰山戎，亦曰熏粥，夏曰淳维，殷曰鬼方，周曰獯狁，汉曰匈奴。古人认识到熏粥（山戎）—淳维—鬼方—獯狁—北狄—匈奴是一脉相承的关系，但还不敢把它们和夏族联系起来。这是受了儒家的"三代之所以直道而行"历史观的影响。

5.商文化无须以夏文化为基础

商国的创立者商族是子姓，发祥于东部，属于"鸟夷"。鸟夷族因以鸟为图腾而得名，在《尚书·禹贡》有两处记载，是一个极其庞大的族系，尧、舜、皋陶、殷人、秦人、赵人都是鸟夷族。鸟夷族发明了文字，鸟夷文明实为东亚文化的根基。殷礼以源远流长的鸟夷文化为基础，无需以夏礼为基础。我主张夏族发祥于西部渭水流域和黄河上游，虽然曾经扩张到东部，但本质上是西部文明。即使商国建立，绝不意味着夏族亡国灭种，它只是向西部老根据地退缩而已。

夏，自古以来理所当然地作为中国历史的第一块基石，与商、周合称"三代"。《论语》记孔子的话："斯民也，三代之所以直道而行也。"[10] 三代，自古以来解释为夏商周三个朝代无异词。孔子还说："殷因于夏礼，所损益，可知也；周因于殷礼，所损益，可知也。其或继周者，虽百世，可知也。"[11] "礼"相当于我们今天所说的"文化"，"因"是因袭、继承的意思。孔子说殷因于夏礼、周因于殷礼，等于说殷文化以夏文化为基础，周文化以殷文化为基础。在儒家看来，没有夏的创始，当然就没有殷的继承。三代文化直线发展，是儒家一派的思想创造，也是他们的历史哲学，但不一定是历史实际。诸子百家对历史有不同的解说，我们不能仅根据他们的解说就信以为真[12]。考古学界分享着这样一个"公理"：商文化年代范围以前的就是夏文化。这在逻辑上是不周延的。以二里头为例，大家都在争论它是夏还是商，根本不考虑它还可能是非夏非商。古代根本不会有大一统的帝国。

6.仰韶文化传统对夏文化的影响需要大力探讨

禹的父亲是鲧，《说文》云："鲧，鱼也。"文献中又写作"鮌"，我主张是"玄鱼"二字的合写。夏族姒姓，禹为句龙，褒姒乃玄鼋所化，都显示出对龙蛇的崇拜，可以追溯到仰韶文化鱼纹。仰韶文化跨越两千年（公元前5000~前3000年），分布极广，甘肃可以说是其发源地。

"华"、"夏"二字意义相通，"华"字的基本意思是草木开花，也有彩色之意，文化传统可以追溯到仰韶文化的花叶纹。除鱼纹外，仰韶文化另一标志性纹饰是花叶纹，可以说令人眼花缭乱，美不胜收（图一）。

图一　仰韶文化花叶纹

六　结语

夏、商、周三代"直道而行"，即连续直线发展，是儒家的历史观，影响至今。像夏朝、夏代这样的叫法出自后人，也是受儒家历史观影响的结果，其实应该称为"夏国"。夏族发祥于西部渭水流域和黄河上游，虽然曾经扩张到东部，但本质上是西部文明。即使商国建立，绝不意味着夏族亡国灭种，它只是向西部老根据地退缩而已。好比大元大蒙古国在明朝建立之后依然存在，只是领土缩小而已。

夏族的后裔犬戎灭亡了西周，周王室被迫放弃今西安市西南的首都镐，逃奔雒邑（今洛阳市）。雒邑是公认的天下的中心，因为在镐京的东边，史称东周。它分为春秋和战国两个时代，战国的预言家预测南方的楚国将取代周室，没想到秦国在西部异军突起，一统天下。秦族是鸟夷族的一个支系，发祥地也在东部，西周时受周族的压迫，被赶到西部。秦帝国的建立，是鸟夷族的成功复国。同样，复国心理也冲击着秦朝，特别是楚国的残余势力不可小觑。他们以"楚虽三户，亡秦必楚"的决心揭竿而起，逐渐形成以项羽、刘邦为代表的两大势力。他们的老家分别是今天江苏省的宿迁、沛县，在远古是鸟夷族的故土，在战国是楚国的领土。秦二世元年（公元前 209 年）七月，陈胜、吴广等人于大泽造反，称"大楚"。不久陈胜自立为王，号为张楚。"张楚"即张大楚国的意思。陈胜封蔡赐为上柱国。上柱国也是楚国的官名，相当于丞相。项羽的叔叔是项梁，项梁之父即楚将项燕，为秦将王翦所戮。陈胜、吴广起兵造反，为项氏复仇提供了良机。《史记·项羽本纪》将项羽等反秦的联合部队称为"楚兵"或"楚军"。灭秦成功，项羽自立为西楚霸王。直到楚人刘邦建立汉朝，在很多场合都尊楚俗，行楚礼。汉初，官方推崇黄老之学，这也是楚国本土的学术思想。大汉国的建立是楚国的成功复国。

秦汉两朝，最大的敌人都是匈奴。由匈奴追溯其祖先到夏族，更可以看出夏族代表的是西部文明，图示如下（图二）。

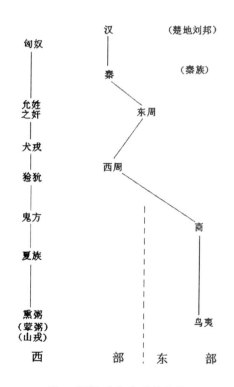

图二 西部、东部文明的传承

看清这点，更加可以说明"商文化年代范围以前的就是夏文化"不能成立。

注释：

[1] 顾颉刚：《顾颉刚全集·宝树园文存》，中华书局，2010 年，第 195 页。
[2] 顾洪：《顾颉刚读书笔记》，台湾联经出版事业公司，1990 年，第 7716 页。
[3] 夏鼐：《谈谈探讨夏文化的几个问题》，《河南文博通讯》1978 年第 1 期。
[4] 刘先生与笔者通信。

［5］朱骏声：《说文通训定声·豫部第九》，中华书局，1984 年，第 452 页。

［6］刘起釪：《古史续辨》，中国社会科学出版社，1991 年，第 152 页。

［7］顾洪：《顾颉刚读书笔记》，台湾联经出版事业公司，1990 年，第 2804 页。

［8］范文澜：《中国通史》，人民出版社，1978 年。

［9］吴锐：《"禹是一条虫"再研究》，《文史哲》2007 年第 6 期。

［10］刘宝楠：《论语正义》，中华书局，1990 年，第 632 页。

［11］刘宝楠：《论语正义》，中华书局，1990 年，第 71 页。

［12］吴锐：《夏殷"直道而行说"质疑》，《文史哲》2014 年第 4 期。

齐家文化："前丝绸之路"的重要奠基者*

李水城

(北京大学考古文博学院)

"中原农业文化传入西北的另一个影响或说结果，是若干地方性的农畜文化的产生。这些也许是代表中原文化对西北地方环境的适应结果，也许是土著文化受了中原文化影响以后的产物。"齐家文化即其中重要一支。[1]

——张光直

一 背景

1.齐家文化的发现、相对年代与文化命名

谈到齐家文化，有三位重要的历史人物是绕不开的。

第一位是齐家文化的发现者，瑞典地质学家安特生博士（Andersson, J.G.）。安特生和中国学者袁复礼 1921 年挖掘了河南渑池仰韶村遗址，这次发掘在中国考古学发展史上具有重要意义。首先，它是现代田野考古学在中国诞生的标志；其次，仰韶村的发现打破了某些西方学者认为中国没有史前文化的谬论；第三，这个发现在学术界引发了"中国史前文化来源于哪里"的争论。也正是为了求证中国史前文化的来源，安特生于 1923~1924 年前往甘（肃）青（海）地区进行了大范围的考古调查发掘，首次在甘肃广河齐家坪和青海贵德罗汉堂发现了齐家文化的遗存。此后，他参考北欧学者对斯堪的那维亚新石器的分期和西欧学者对希腊克里特岛新石器至铜器时代的分期，将中国西北地区的史前文化分为六期，每期估计为 300 年。[2] 他将前三期定为新石器至石铜器过渡阶段，后三期归入早期青铜时代。与此同时，他也接受了"中国文化西来"的说法[3]。

第二位是中国考古学的开拓者夏鼐先生。1944 年，他跟随"中国西北科学考察团"赶赴西北，与吴良才等在兰州、洮河流域开展调查发掘。1945 年 5 月，他在魏家嘴村阳洼湾遗址发掘了两座齐家文化的墓葬，并在填土中发现少量仰韶期（马家窑文化）的彩陶片，从地层上证实了仰韶期与齐家期的早晚关系，修正了安特生对齐家文化年代的误判。[4]

第三位是中国旧石器时代考古的开拓者裴文中先生。1947 年，中央地质调查所委派他前往西北地区进行考古学、地质学调查，在渭水、西汉水、洮河和大夏河流域调查史前遗址约 90 处，并试掘了齐家坪、寺洼山和鸦儿沟等遗址。[5] 经初步研究后他指出："（民国）37 年我分析了齐家坪的材料，曾说它可能是晚于仰韶期的一种遗存。为了明确醒目，我们可迳名之为'齐家文化'。目前所知，它（齐家文化）大体上分布在甘肃一带。"[6] 齐家文化由此而得名。

2.20 世纪 50 年代以来的重要考古工作

20 世纪 50 年代以来，一系列重要的齐家文化遗址被发掘，在很大程度上推动并深化了对齐家文化

* 本文得到国家哲学社会科学重大项目"早期东西文化交流研究"（项目号：12&ZD151）资助。

的认识。

(1) 武威皇娘娘台

1957~1959 年对甘肃武威皇娘娘台遗址先后进行了三次发掘，首次在齐家文化墓中发现铜器，对认识齐家文化的性质和社会发展阶段有重要意义。[7] 1975 年，在进行第四次发掘时，除再次发现铜器外，还发现随葬玉石璧及以男性为本位、体现"男尊女卑"的合葬墓。此外，在齐家文化墓内还发现了少量有明显马厂文化风格的彩陶。据此，有学者提出齐家文化源于马厂文化。[8]

(2) 乐都柳湾

1974~1980 年对青海乐都柳湾遗址进行了大规模的发掘，清理齐家文化墓葬 366 座。其特点是采用土洞墓、普遍流行独木棺葬具，随葬彩陶较普遍，且大多与马厂文化彩陶类似，被看作为齐家文化来源于马厂文化之说提供了新证据。鉴于上述种种，发掘者建议命名为齐家文化"柳湾类型"。该墓地也发现有随葬玉器、贫富分化严重、"男尊女卑"及"殉葬"等现象。[9]

(3) 广河齐家坪

1975 年，在甘肃广河齐家坪遗址发掘时，首次出土了大型双耳铜斧和带纽铜镜等重要器皿，还发现 8 人、13 人的多人合葬墓。发掘者认为，这些合葬墓中显示出一人为主，余者"殉葬"的性质，并据此提出齐家文化已进入早期奴隶社会。[10]

(4) 贵南尕马台

1977 年对青海贵南尕马台遗址进行发掘，出土一批铜器。其中，一面铸有七角星纹的大型带纽铜镜（M25）引起学界极大关注。该墓地流行俯身葬，还有无头葬、乱葬等奇特葬俗，代表了黄河上游一带齐家文化的地方习俗。同样，该墓地的贫富分化现象也较突出。[11]

(5) 临潭磨沟

进入 21 世纪以来，最重要的发现当属甘肃临潭磨沟遗址，这是迄今为止发掘规模最大的一处齐家文化墓地，清理齐家文化墓葬数百座。发现各种形态的偏洞室墓、多人合葬以及大量与早期东西文化交流有关的遗物，包括铜器、金器和各类装饰品等。[12]

其他经正式发掘的齐家文化重要遗址还有甘肃永靖大何庄[13]、秦魏家[14]，天水师赵村与西山坪[15]，武山傅家门[16]；青海互助总寨[17]，大通黄家寨[18]、长宁[19]，同德宗日[20]，民和喇家[21]；宁夏隆德页河子[22]，固原海家湾[23]；内蒙古阿拉善旗鹿圈山[24]等。

二 齐家文化："前丝绸之路"奠基者

齐家文化自发现以来，有关该文化的来源、去向、年代、分布、演变分期、文化性质、社会发展阶段以及与周边地区其他考古学文化的关系等诸多问题在学术界都曾有过热烈讨论，也曾引起国际学术界的高度关注[25]。遗憾的是，近年来对齐家文化的研究陷入低迷，临潭磨沟遗址发现后状况才有所改观，但仍有不尽如人意之处。正是在此背景下，我们与哈佛大学人类学系商议在甘肃洮河流域开展区域考古的合作调查与发掘，希望能再次引起学界对齐家文化的关注和重视，推动并深化"社会复杂化进程"以及"早期东西文化交流"的研究。

本文之所以将齐家文化视为"前丝绸之路"的奠基者，与齐家文化分布的地理区位和西北地区的文化演进格局有着密切关系。20 世纪 70 年代初，张光直先生曾就中国西北地区的史前文化发展说过这样一段话："西北的地理位置在亚洲史前史上非常重要，这里不但是东西古文化之间的走廊，沟通中原与中亚的文化史；同时也是南北古文化之间的走廊，沟通着草原与西南的文化史。西北地区在东西文化交通史上的地位是学者熟悉的，但它在南北文化交通史上的地位则常为人们所忽略。中原文化自东而西传入西北，时代愈远，地域愈西，则变化愈大。换言之，这个程序不但是中原文化的输入，而且是中原文化的'西北化'。"[26] 张先生的这段话不仅适用于西北地区的地理环境，也适用于这个地区考古学文化的演进趋势，其中就包括齐家文化。

为展开这一话题，可通过如下案例加以说明。

1.史前农耕文化的西渐

进入到公元前四千纪（4000-3000BC），中国境内的史前文化出现了第一次大规模的扩张。这次以"仰韶文化庙底沟类型"为代表的文化扩张代表了中原地区"农耕文化"的大范围扩散，特别是在中国的西北地区表现得尤为充分。有趣的是，这次扩张与近东地区农耕文化传入欧洲、沿着多瑙河传播的历史进程非常之类似。其后果是在欧洲催生出 LBK（Linienbandkeramik，线纹陶文化）为代表的农耕文化，同时将麦类作物种植技术引入欧洲，并逐渐征服融合了中石器时代以来分布在欧洲各地以狩猎—采集为生业的土著民族。[27] 在中国西北地区，具体表现为"仰韶文化庙底沟类型"为代表的农耕文化不断西渐，在陇山左近催生出马家窑文化，该文化及其后裔半山—马厂文化则沿着黄河、湟水及河西走廊继续西进，同时也将旱作农业传入更加边远的西部地区。

进入龙山时代，即公元前三千纪的下半叶（2300BC），又出现了第二波的文化西进浪潮，并导致了齐家文化的出现。此次文化西进同样带有强烈的农耕文化扩张色彩，其结果是将半山—马厂文化挤压到更为偏远的黄河上游、湟水上游及河西走廊一带。齐家文化控制这一区域后迅速坐大，成为横跨甘肃、青海、宁夏、四川、内蒙古数省区，跨越史前—青铜时代的区域文化，延续时间非常之久。正是因为这个空间区域恰好控制了东西文化交往的必由之路，为齐家文化成为"前丝绸之路"奠基者的角色奠定了天时地利的重要基础。

2.中国冶金术的起源与发展

十年前我曾就中国冶金术的起源与发展提出一些看法，而且对齐家文化在这一领域所做的贡献给予了高度评价。[28]

不妨这样推测，在齐家文化不断向西扩张的背后，实际上是带有某种迫切的功利需求的。进入公元前三千纪的末叶，东西文化的交流不断加强，一些域外的文化特质陆续被引入中国西北地区，其中之一就是冶金术。

近些年来，在河西走廊的张掖、酒泉、金塔等地的西城驿文化中多次发现与采矿、冶金有关的遗存。如西城驿遗址就出有铜矿石、炼渣、石范、炼炉壁残块、鼓风管、铜器小件等冶炼遗迹、遗物，显示出该文化、甚至更早的马厂文化末期已经掌握了冶炼铜器的技术。联想到河西走廊一带蕴藏的矿产资源，有理由得出这一认识，即西城驿文化很可能代表了中国西部系统地掌握了采矿、冶炼和铸造等一整套流程的特殊手工业群体，并在河西走廊的偏西部形成了一个早期"冶铸中心"，甚至有可能成为相关产品的集散地。这个中心对齐家文化产生了强大的引力，促使其迫不及待地迅速向河西走廊扩张，并与西城驿文化建立了紧密联系。在这个文化互动的进程中，齐家文化习得了冶金术并控制了相关的贸易链条，不断将早期的冶金产品向东部地区传递，在早期东西文化交互的大潮中扮演了关键的角色。[29]

3.齐家文化的权杖头引出的问题

20世纪70年代，广河县博物馆征集到3件权杖头。其中一件为球形（编号 G857），石质，通高6、直径7.6厘米；另一件扁球形（编号 G579，或72G256），石质，通高5.6、直径6.6厘米；第三件为椭圆形（编号 G558），玉石质地，暗绿色，器表打磨光滑，通高3.8、直径3.7厘米。[30] 此外，广河县齐家文化博物馆还藏有数件权杖头的半成品，它们很可能是出自齐家坪墓地的随葬品。

权杖头这类文化特质最早产生在近东的安纳托利亚高原，时代可上溯至距今一万年上下。在地中海东岸的黎凡特和两河流域，权杖的出现也可追溯到前陶新石器B（PPNB）阶段。在死海西岸的纳哈尔—

米什马尔（Nahal Mishmar）曾发现一处人工开凿的洞穴窖藏，出土了 429 件铜器和象牙制品，其中仅铸造的铜权杖头及带柄节杖就超过 400 件，年代早到公元前四千纪前半叶。[31] 后来，此类文化特质向四外传播，公元前三千纪前后传入我国的大西北和长城沿线，并对中原内地产生了一定的影响。[32]

齐家文化的这些权杖头是早期东西文化交往的重要见证，尽管它们的年代不是最早的，但其所处的时空节点非常重要。

4.齐家文化：沟通南北的文化使者

约当公元前四千纪下半叶，部分仰韶中晚期文化沿青藏高原东麓南下进入岷江上游和川西北草原。到了马家窑文化时，已基本掌控了川西北地区，并以此为基地，继续沿着龙门山脉的东缘向成都平原周边和大渡河流域渗透。这一文化交互的后果促成了宝墩文化的出现，也将黄河流域的某些文化因素输入到长江流域。不同的是，进入川西北的马家窑文化并未演变到半山—马厂文化，而是将其文化元素融入并变异为当地的史前文化，对成都平原及西南地区的原始文化产生了深远影响。[33]

约当公元前 2000 年前，齐家文化现身于岷江上游和川西北草原，在茂县营盘山和理县箭山寨均发现有少量齐家文化的遗物。[34] 在四川炉霍甚至采集到一件完整的齐家文化双大耳罐。[35] 如果比较一下河南偃师二里头、甘肃广河齐家坪、磨沟、天水以及四川广汉三星堆等地出土的空袋足陶盉、青铜牌饰等遗物，其形态的近似让人很难不做出相关的猜测与联想。上述考古发现证实，从甘肃南部经川西北折向西南的这条历史大通道早在公元前四千纪便已凿通，并持续到晚近的历史时期，对中国历史的发展产生过重大影响。

此外，内蒙古西部地区新的考古发现为寻找齐家坪遗址的蛇纹陶器和特殊的红彩圈底彩陶器的来源提供了线索。

三　小结

中国西北地区的考古发现表明，早期东西文化交互滥觞于公元前四千纪后半叶，历经千年，发展相对缓慢。公元前三千纪后半叶进入快速发展期。其间，齐家文化扮演了关键的"前丝绸之路"奠基者的角色。

史前时期的文化交互推动并加速了社会的复杂化进程和文明化进程，这是需要进一步关注和深入探讨的重要课题。

中国西北地区史前文化的发展表现出逐步分化、不断分裂、各自割据一方的态势，这与中原核心区文化趋于整合、强化集中、文明化和城市化的演进模式呈现出巨大的反差，这个可姑妄称之为"西北模式"的演进模式为我们认识华夏边缘的文化演进提供了另类视角，可见"多线进化"的文化人类学理论是一个普遍存在的历史规律。[36]

注释：
[1] 张光直：《考古学所见汉代以前的西北》，《中央研究院历史语言研究所集刊》第 42 本第一分。
[2] 即齐家期（公元前 3500~前 3200 年）、仰韶期（含马家窑文化和半山文化，公元前 3200~前 2900 年）、马厂期（公元前 2900~前 2600 年）、辛店期（公元前 2600~前 2300 年）、寺洼期（公元前 2300~前 2000 年）、沙井期（公元前 2000~前 1700 年）。1943 年，安特生又将六期的年代做了较大的改动，前后顺序未变。
[3] 安特生著，乐森璕译：《甘肃考古记》，《地质专报》甲种第五号，1925 年。
[4] 夏鼐：《齐家期墓葬的发现及其年代之改定》，《中国考古学报》第三册，1948 年。
[5] 裴文中：《甘肃史前考古报告》，《裴文中史前考古学论文集》，文物出版社，1987 年。
[6] a.裴文中：《西北考古调查集》，《李四光先生六十岁纪念论文集》，1948 年；b.裴文中：《甘肃史前考古报告》，《裴文中史前考古学论文集》，1987 年。
[7] 甘肃省博物馆：《甘肃武威皇娘娘台遗址发掘报告》，《考古学报》1960 年第 2 期。

［8］甘肃省博物馆：《武威皇娘娘台遗址第四次发掘》，《考古学报》1978 年第 4 期。

［9］青海省文物管理处考古队、中国社会科学院考古研究所：《青海柳湾》，文物出版社，1984 年。

［10］甘肃省博物馆：《甘肃省文物考古工作三十年》，《文物考古工作三十年》，文物出版社，1979 年。

［11］a.青海省文物管理处考古队：《青海省文物考古工作三十年》，《文物考古工作三十年》，文物出版社，1979 年；b.
北京大学考古学系：《1980 年贵南尕马台遗址发掘资料》，北大考古系资料室藏。

［12］甘肃省文物考古研究所、西北大学遗产与考古学研究中心：《甘肃临潭磨沟齐家文化墓地发掘简报》，《文物》2009
年第 10 期。

［13］中国社会科学院考古研究所甘肃工作队：《甘肃永靖大何庄遗址发掘报告》，《考古学报》1974 年第 2 期。

［14］中国社会科学院考古研究所甘肃工作队：《甘肃永靖秦魏家齐家文化墓地》，《考古学报》1975 年第 2 期。

［15］中国社会科学院考古研究所编著：《师赵村与西山坪》，中国大百科全书出版社，1999 年。

［16］中国社会科学院考古研究所甘青工作队：《武山傅家门遗址的发掘与研究》，《考古学集刊(16)》，科学出版社，
2006 年。

［17］青海省文物考古队：《青海互助土族自治县总寨马厂、齐家、辛店文化墓葬》，《考古》1986 年第 4 期。

［18］马兰等：《大通黄家寨及杨家湾墓地清理简报》，《青海文物》第 2 期，1989 年。

［19］青海省文物考古研究所：《青海大通长宁遗址》，《2006 年中国重要考古发现》，文物出版社，2007 年。

［20］青海省文物管理处、海南州民族博物馆：《青海同德县宗日遗址发掘简报》，《考古》1998 年第 5 期。

［21］中国社会科学院考古研究所甘青工作队：《青海民歌喇家遗址发现齐家文化的祭坛和干栏式建筑》，《考古》2004
年第 6 期。

［22］北京大学考古系、固原博物馆：《隆德页河子新石器时代遗址发掘报告》，《考古学研究 （三）》，科学出版社，
1997 年。

［23］宁夏回族自治区展览馆：《宁夏固原海家湾齐家文化墓葬》，《考古》1973 年第 5 期。

［24］齐永贺：《内蒙古白音浩特发现的齐家文化遗物》，《考古》1962 年第 1 期。

［25］Fitzgerald-Huber, Louisa G. Qijia and Erlitou: The Question of Contacts with Distant Cultures, *Early China*, 1995, 20:
17–67.

［26］张光直：《考古学所见汉代以前的西北》，《中央研究院历史语言研究所集刊》第 42 本第一分。

［27］Bellwood, P. *First Farmers: The Origins of Agricultural Societies*, Oxford: Blackwell, 2005.

［28］李水城：《西北与中原早期冶铜业的区域特征及交互作用》，《考古学报》2005 年第 3 期。

［29］李水城：《"过渡类型"遗存与西城驿文化》，《早期丝绸之路暨早期秦文化国际学术研讨会论文集》，文物出版
社，2014 年。

［30］甘肃省文物考古研究所所长王辉先生见告，并示以权杖头线图。

［31］Moorey P.R.S. The Chalcolithic hoard from Nahal Mishmar, Israel, in context. *World Archaeology*, 1988, 20: 171–189.

［32］Li Shuicheng, *The Mace-head: An Important Evidence of the Early interactions along the Silk Roads*, In commemoration of Completion of the Hyrayama Silk Roads Fellowships Programme UNESCO International Symposium on the Silk Roads, 2002.

［33］李水城：《世纪回眸：四川史前考古的发展历程》，《庆贺徐光冀先生八十华诞论文集》，科学出版社，2015 年。

［34］上述遗物分别藏于四川省文物考古研究院和成都市文物考古研究所。

［35］在四川甘孜州炉霍石棺葬墓地采集一件齐家文化的双大耳罐(编号 LR 采:1)。见故宫博物院、四川省文物考古研
究院编著：《穿越横断山脉:康巴地区民族考古综合考察》，四川出版集团·天地出版社，2008 年。

［36］李水城：《西北地区新石器时代考古研究》，《20 世纪的新石器时代考古学》，科学出版社，2008 年。

中国最早青铜时代

——齐家文化的发现与研究

唐士乾[1] 马全忠[2]

(1.甘肃省齐家文化研究会 2.中共广河县委组织部)

齐家文化是分布于甘肃、青海、宁夏、内蒙古地区的一支考古学文化体系，因首先发现于甘肃省广河县齐家坪而得名。

说起齐家文化，有一个人不得不谈，他就是齐家文化的发现者——安特生。1874 年 7 月 3 日，安特生出生于瑞典内尔彻的肯斯塔镇，1901 年毕业于乌普萨拉大学，获得地质学博士学位，从此开始了他的学者生涯。当时，科学探险是学者们乐于从事的活动，安特生也不例外，曾先后两次赴南极考察，这使得他声名大震，成为饮誉世界的地质学家。1914 年，应当时北洋政府的邀请，安特生来华担任农商部矿政顾问，负责寻找铁矿和煤矿。1916 年，袁世凯称帝未果猝然离世，中国局势动荡，无暇顾及安特生的科学调查活动。因经费短缺，安特生无法继续进行地质调查，因而他在征得当时中国地质调查所所长丁文江同意后，将注意力转向古生物化石的收集和整理，机缘巧合，促成了几项重大考古发现，如北京人化石、奉天沙锅屯遗址等。1921 年，安特生在河南省渑池县仰韶村发现了仰韶文化，通过研究，他认为仰韶彩陶是受西亚、中亚的彩陶影响产生的。于是，1923 年春，安特生及其助手赴甘青进行考察，寻找文化迁移的相关证据。安特生甘青考察之旅是受中华文化西来说的影响，虽说这一错误观点如今早已被学术界所摒弃，但不可否认的是安特生甘青考古活动收获颇丰，除发现仰韶期彩陶外，1924 年 6 月，他还在洮河西岸的宁定县（今广河县）齐家坪发现了不同于仰韶期的文化遗存，称之为齐家期，该期陶器"绝无彩色陶器之迹，但美丽之单色压花陶器极为特别"，齐家期"似较仰韶者为早"。自此之后，齐家文化进入了学者们的研究视野，1945 年，夏鼐先生正式将此种遗存命名为齐家文化。

经过多年的考古发掘和研究工作，已发现齐家文化遗址 1100 多处，分布范围极为广泛，若以现在的行政区划分，东起甘肃省宁县，南抵甘肃省文县、成县，西至青海湖北岸，西北至武威，北入内蒙古阿拉善左旗。目前经过发掘的遗址近 30 处，如广河县齐家坪、武威市皇娘娘台、永靖县大何庄、民和县喇家、临潭县磨沟等遗址，收获了一大批遗物，成为研究齐家文化的第一手资料。

通过考古地层关系分析，齐家文化晚于仰韶文化，早于辛店、寺洼、沙井、四坝文化，其绝对年代距今约为 4300~3700 年，基本与夏王朝相始终。中国社科院专家易华、吴锐认为齐家文化就是夏文化，是我国最早的青铜时代文化（图一），是青铜时代世界体系的边缘组成部分，华夏文明发源于齐家文化。

齐家先民的种属通过人骨分析，可确定为东亚蒙古人种，与齐家文化分布区域今人之体质特征也较为接近，如头形较狭长，面部扁平，颧骨高宽等。

环境考古学家的研究发现，距今 4000 年左右，齐家文化分布区域气候比现在要温暖湿润，是一片水草丰美之地。齐家先民们在此过着定居的生活，通过原始农业、畜牧业和狩猎来获取生活所需。当

图一 齐家文化铜器

时，种植的作物主要是粟，我们曾在永靖大何庄遗址一座房址内灶旁的陶罐内发现了炭化的粟粒，可知粟为当时的主要食物。更为神奇的是，考古工作者在民和县喇家遗址一个陶碗中，还发现了面条状遗存（图二），有学者推测这是由脱壳的粟面粉制成的面团经反复拉抻而成，文献中关于小麦粉制作面条的文字记载到汉代才出现，但是喇家的面条将这一历史推溯到了 4000 年前。我们还曾在齐家文化的遗址中发现了盐，说明齐家先民们已知调和五味，使食品味道更加鲜美。除了种植作物，齐家先民还饲养牲畜和狩猎来补充肉食。饲养牲畜种类主要有猪、牛、羊、马、狗、驴等，狩猎的对象有鹿、麅、鼠、鼬、鼢鼠等，所用的狩猎工具有石矛、石弹丸和骨镞等，以骨镞为常见。

图二 喇家遗址发现的面条

齐家先民们聚族而居，依靠集体的力量与自然界抗争。他们往往将聚落选建在河流两岸的台地上，离水源较近，便于取水。聚落的规模大小不等，大者百万平方米以上，小者不足一万平方米，但多在 5 万~7 万平方米。聚落内有房子、窖穴、陶窑、墓葬与石圆圈遗迹等多种建筑遗存。房子多为半地穴式建筑，即房子部分是建于地下的，平面多呈圆形和长方形，大多数房子的居住面及其四壁靠近底部的部分抹有一层白灰面，平整光洁，坚固美观，而且能起防潮的作用。如永靖县大何庄遗址 F7，为一座方形半地穴式建筑，面积约 36 平方米。门向西南，斜坡门道连接室内和室外，呈长方形，居住面和四壁先涂一层草拌泥，然后再抹一层白灰面。房内四角各有柱洞一个，大小相同。在房内中间面对门口处设有一个高出居住面约 3.5 厘米的圆形灶址，直径 1.2 米，是先民们做饭用的"锅台"，在灶址周围发现有 10 余件碗、盆、罐和器盖等日常用的陶器。在室外周围距四壁 1~1.4 米处共发现柱洞 10 个，大体为对称性排列，这一空间应是一回廊式建筑，依据发掘现象，可以将 F7 复原成一座方形平顶带回廊的建筑。

窖穴与房子交错分布，一般都位于房子附近或周围，主要用来储存粮食或其他物品，大小不一，小者口径约 1 米，大者口径可达 2 米，形制有口大底小的锅形、口小底大的袋形、口底大体一致的桶形。窖穴废弃后，往往成为倾倒生活垃圾的垃圾坑。

陶窑是先民们烧制陶器的地方，属横穴窑，由窑室、火膛与火道等组成。窑室平面呈椭圆形，直径 0.7~0.85 米，窑底有环状火道，火道火膛位于窑室前面，呈圆角方形，与火道相通，在窑室和火膛之间有一隔梁。在窑室、火膛与火道的表面都涂抹一层草拌泥，经长期火烧烤成坚硬的琉璃体，呈青灰色或灰黑色。一个聚落中往往有几座陶窑同时使用，反映出当时的制陶业已经具备一定规模。

齐家先民们生前聚族而居，死后聚族而葬，有着自己的氏族公共墓地，墓地规模大小不等，大者有墓葬二三百座，少者几十座。如永靖秦魏家墓地共有 138 座墓，大何庄墓地为 83 座墓，皇娘娘台墓地为 88 座墓，青海尕马台墓地为 43 座墓，这大概与当时氏族或部落的规模是相一致的。葬制以竖穴土坑墓为主，呈长方形或圆角长方形，部分是凸字形。葬具有长方形木棺与独木棺等，较为特殊的是独木棺，它是在一段圆木中间挖出长方形的凹槽，外形酷似独木舟，一般长约二米，宽半米左右。葬式有单人葬与合葬两种。单人葬可分为仰身直肢葬、二次葬、俯身葬、侧身葬、瓮棺葬等，以仰身直肢葬为主。合葬墓有成年男女合葬、成年与儿童合葬、多人合葬等，以成年男女二人合葬较为常见。这种成年男女合葬有一共同特点，即男的为仰身直肢葬，女的为侧身屈肢葬，面向男子，位于前者的左边或右边，这是女子屈从、依附男子的真实写照。这种成年男女合葬墓的出现，反映了当时的婚姻形态已由对偶婚过渡为一夫一妻制。在武威皇娘娘台遗址发现的一男二女合葬墓中，男的居于中间，二女分列左右屈附其旁，这显然是夫妻（妾）合葬的反映。说明当时男子在社会上居于统治地位，女子处于从属和被奴役的地位。另一种合葬墓是殉葬墓，即墓主人与被殉人是处于不平等的地位。如乐都柳湾 M314，墓主人为成年男性，仰身直肢卧于棺中，另一青年女性却侧身屈肢卧于棺外，并有一肢腿被压在棺下，这显然是为墓主人殉葬的。齐家文化发展到晚期，用人殉葬的习俗越来越盛行。

在永靖大何庄与秦魏家等遗址还发现一种平面呈圆形的"石圆圈"遗迹，位于墓地的一角或附近。它利用天然的扁平砾石排列而成，直径约 4 米，在其附近还发现卜骨与牛、羊的骨架，显然与原始宗教信仰有关，可能是在埋葬死者、杀牲祭祀、占卜问事等宗教活动时所留下的遗迹。

齐家文化的社会性质处于父系氏族公社阶段。在齐家文化墓葬中出土的随葬品种类与数量都有显著的差别，例如秦魏家墓葬中随葬的猪下颌骨，少的仅 1 块，多的竟达 68 块。这种以猪为主的家畜应是当时衡量财富的标尺，家畜数量上的悬殊正是当时已出现财产分化、贫富不均的真实反映。总之，从齐家文化的社会发展阶段来看，应处于氏族公社走向瓦解、阶级社会正在产生的时代。

齐家先民有着原始的审美意识，主要是通过彩陶、雕刻、装饰品来体现的。这一时期陶器虽不如马家窑时期丰富多彩，但器形繁多、制作工艺精湛，别有一番情趣。其彩陶主要施以黑彩或红彩（图三），纹样有蝶形纹、蕉叶纹、正倒三角纹、网格纹和方块连续带纹。雕刻品均为陶塑陶刻，有人头和鸽、

图三　齐家文化彩陶

猪、象、羊等形象，还有铃、乐器及象形器等等。如广河齐家坪遗址出土的鸟形器，通高 12 厘米，小圆头，凸眼睛，椭圆腹，筒形尾，三柱足，造型栩栩如生；秦安县堡子坪发现的羊形陶哨，高 3.5 厘米，形似站立的绵羊，外施一层白色陶衣，羊鼻有两孔，尾部还有一孔，外表饰有大小不一的圆点纹，是一件难得的工艺品。

　　齐家先民早已远离我们，但透过考古发掘资料，他们的脸庞似乎清晰地浮现在我们眼前。齐家文化在历史长河中虽短暂，却耀眼。

试论林家遗址马家窑文化房址的性质

朱延平

（中国社会科学院考古研究所）

1977 年甘肃省东乡族自治县林家遗址的发掘，揭露了一批马家窑文化遗存。此次发掘出土的铜刀是迄今为止中国境内发现的最早的青铜制品[1]，仅此一项，已说明该遗存具有非同一般的性质。

从《甘肃东乡林家遗址发掘报告》[2]（下称《报告》）披露的资料来看，这里的马家窑文化遗迹以房址和灰坑为主，介绍的较为详细的是房址。房址分上、中、下三层，数量分别为 17、6 和 4 座。中、上两层房址只做了概述和举例说明，下层房址则每座都有图、文介绍。本文主要分析下层的 4 座房址，旨在解读该遗址马家窑文化房址的性质。

一

据介绍，下层的 4 座房址都是挖在生土中（剖面图显示是挖在"次生土"层中）的单室半地穴建筑，由门道和主室组成。《报告》所说的门道，各自朝向并不一致，F9、F19 均朝西北，F24 朝西，F26 朝向东南（图一）[3]。此地属于黄土高原西部边缘地带，强劲的西北风是区域气候的一个显著特征，故而当地一般民居在建造时首要考虑的应该是避风、朝阳等问题。发掘区所在地"破寺角"位于西面大夏河和东面红泥沟汇合处的坡岗之西北端（图二），此坡岗虽较平缓，但从河、沟流向可知，总的坡势是南高北低，故此西北端处正是临风的坡面（图三）。因此，从门道位置而论，F9、F19、F24 不仅不能避风，而且，恰好是迎风且朝阴。如此看来，这些房址的"门道"究竟有着怎样的功能尚不无疑问。

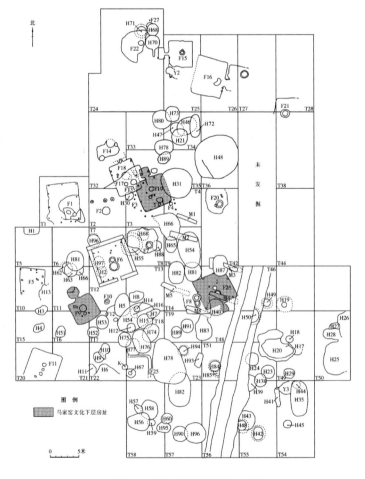

图一　探方、遗迹平面分布图

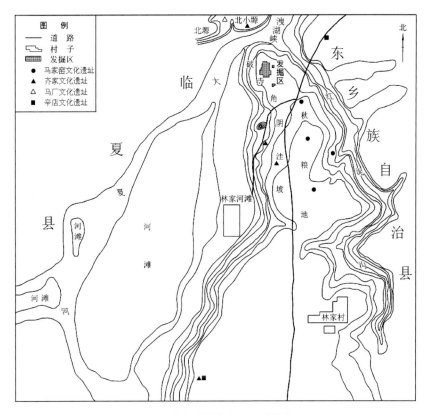

图二　林家遗址发掘区周边地貌

图三　破寺角发掘区（西北—东南）

二

　　按照《报告》对地层的描述，在下层房址分布的主要区域内，属于马家窑文化的主要是第4、5两层，第4层"大部分经过夯筑，土质很坚硬"。第5层是"灰褐色粘土草拌泥。夯筑极坚硬"。第6层是"下层半地穴房址内的堆积"，为"夯筑硬土"。[4] 既然都是夯筑之土，则无论半地穴内的第6层，还是其上的两层，都不应被视作房址废弃后的自然堆积，而当是某种特意的填筑。

　　如《报告》所说，第5层的堆积特点是"叠压于下层房址之上，其他地方很少发现"[5]。"T16–19、48北壁地层剖面图"（图四）则显示，F9到F26所在的发掘地段内，第5层仅叠压在这两座半地穴房址之上，其覆盖范围只是稍大于房址，而未形成连续分布的堆积层。像F26之上的第5层，甚至可

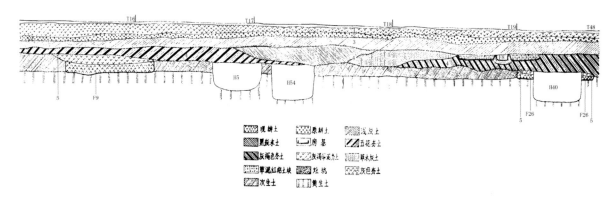

图例：现耕土　原耕土　浅灰土　黑灰末土　房基　五花夯土　灰褐色夯土　灰褐红花夯土　草木灰土　草泥红烧土块　灶坑　灰色夯土　次生土　黄生土

图四　T16–19、48 北壁地层剖面图

以考虑在很多地方并未超出 F26 的边线。由此不难想象，这里的第 5 层很可能是专门用于覆盖在某座下层房址上的夯筑之土。F19 之上也有一层"褐色草泥土"，其主要分布范围似乎也基本不出 F19 的边廓（图五），故可认为，此层和 F9、F26 之上第 5 层的情形应是相同的。

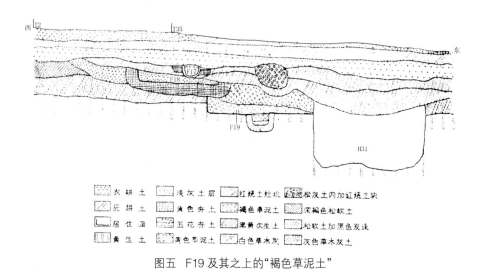

图例：灰耕土　浅灰土层　红烧土灶坑　松灰土内加红烧土块　灰耕土　黄色夯土　褐色草泥土　深褐色松软土　居住面　五花夯土　黑黄次生土　松软土加黑色发沫　黄生土　黄色烂泥土　白色草木灰　灰色草木灰土

图五　F19 及其之上的"褐色草泥土"

这些房址废弃后，地穴内埋土夯填，再于其上堆土夯筑，这和夯土封墓、墓上覆土起丘的做法何其相似。看来，至少在封埋者的心目中，这批房址绝非一般的住所，而不啻某种圣迹。

三

下层的 4 座地穴主要结构大体一致：主室和门道基本上都是方形或接近方形；主室与门道之间有过道相连；主室内一大一小两灶址多在中轴线上，大灶皆位于靠近门道的一侧；主室普遍设有柱洞，而小灶的近旁均有两柱洞，其中 3 座房址的小灶左右两侧各一柱洞，一座房址的两柱洞处于中轴线上。

值得注意的是，存留于这批房址中的遗物，也显现出特定的礼序。

保存较好而介绍最全面的是 F19。从平面图来看（图六），与此房址相关的陶容器共有 4 件：主室西侧中部置一带流彩陶盆（钵）F19:26，西南部置一夹砂粗陶罐，门道内地面上有一彩陶瓶 F19:11，门道西侧长方形灶坑内置一夹砂粗陶罐；主室内共有石器 4 件，皆位于西南部带流彩陶盆和夹砂粗陶罐之间，约呈东西向一字排列，分别是两件石器、一件磨石（F19:3，扁平梯形，上端有孔，形如石钺，刃部磨平）和一件石纺轮；门道内也有石器 4 件，偏靠西侧而呈南北一线列置，为三件石刀和一件扁平长条形钻孔砺石。

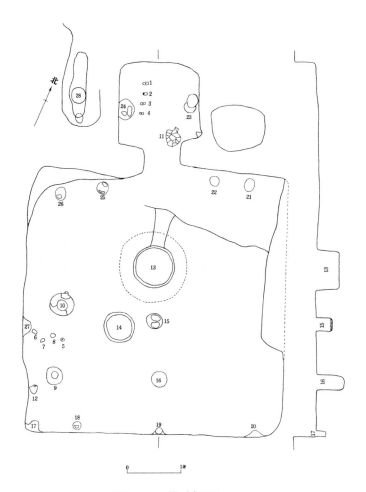

图六　F19 平、剖面图

1、3、4.石刀；2、6、7.石器；5.石纺轮；8.磨石；9、28 夹砂粗陶罐；10.带流彩陶盆；11.
彩陶瓶；12.夹砂陶片；13、14.灶坑；15、16、18、19、21~26.柱洞；17、20、27.柱础

由此可见，F19 的陶容器和石器均围绕着"4"这个件数。陶容器更可表述为两两成对的组合：

①两彩陶容器（图七）和两夹砂粗陶罐；

②主室内和门道侧各拥有一彩陶容器和一粗陶容器。

F24 的"东南角出有较多的石器和骨器"[6]。而陶容器也不乏位于东南角的，如以在房址内的部位来看，则与前述 F19 主室遗物的分布区基本一致（图八）。F24 的石器（不包括石片）也是 4 件：一石斧和一石凿靠近东壁，一石刀和另一石凿在其西南而与前者隔有一定的距离。从相对位置上亦可区分出配对成双的石器组合。

F24 平面图显示该房址有 3 件陶容器，小口曲颈鼓腹彩陶罐 F24:6 在东南角（从《报告》图版看此罐应完整），一件红陶罐靠近东壁，彩陶罐 F24:1 位于小灶内。但《报告》介绍此房址"灶旁置残破彩陶器二件"[7]，也许 F24:1 实际上是分属两件彩陶容器的残体（图九）。抑或与 F19 同样，F24 的陶容器很可能也遵循成双之组合乃至"4"这个数字。

F9"室内遗物仅有残破陶器和骨针等数件"[8]。平面图上未记载这些遗物的位置（图一○）。而所发表的遗物中，符合"残破陶器"之概念的该房址陶容器共有 4 件[9]：彩陶钵 F9:8、彩陶钵 F9:54、大口曲颈鼓腹彩陶罐 F9:22、大口曲颈鼓腹夹砂粗红陶罐（图一一）。不仅件数与"4"吻合，更可理解为两钵两罐的成对定制。

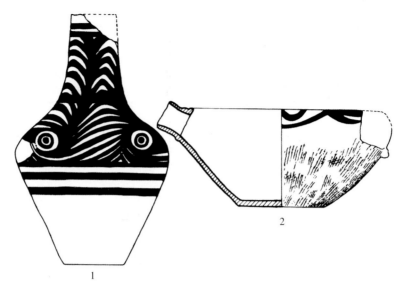

图七　F19 的两件彩陶容器
1.彩陶瓶 F19:11；2.带流彩陶盆（钵）F19:26

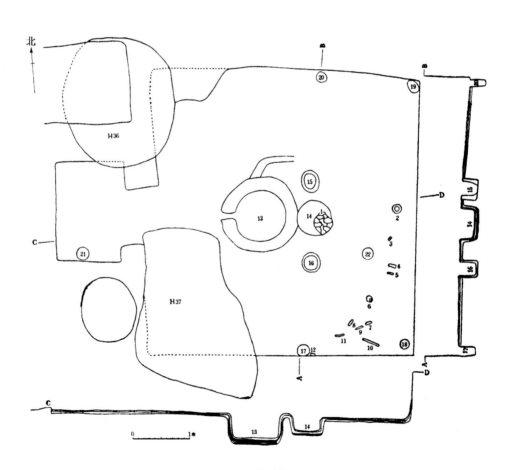

图八　F24 平、剖面图
1、6.彩陶罐；2.红陶罐；3.彩陶刀；4.石斧；5、7.石凿；8.石刀；9.骨笄；10.骨料；11.骨刀；12.石片；13、14.灶坑；15~22.柱洞

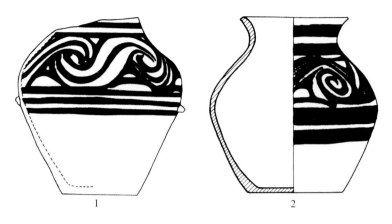

图九 F24 的两件小口曲颈鼓腹彩陶罐
1.F24:1；2.F24:6

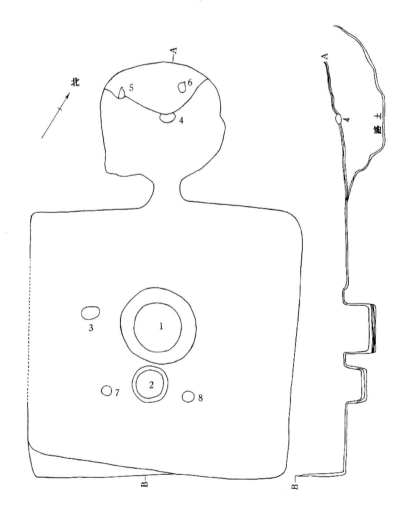

图一〇 F9 平剖、面图
1、2.灶坑；3~6.石头；7、8.柱洞

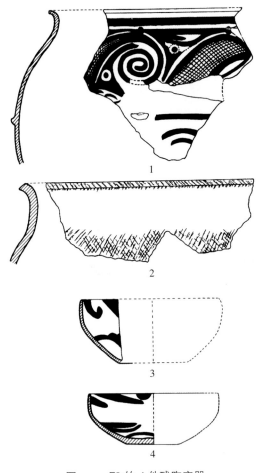

图—— F9 的 4 件残陶容器

1.大口曲颈鼓腹彩陶罐 F9:22；2.大口曲颈鼓腹夹砂粗红陶罐；3.彩陶钵 F9:54；4.彩陶钵 F9:8

　　F26 仅 "出有几块陶片"[10]（图一二）。此房址被多所遗迹打破，特别是北角被 H87 打破，但这能否成为该房址少有遗物的原因则不清楚。

　　总之，通过以上的分析可以窥知，在存留一定陶、石器的林家下层房址中，陶容器和石器是按照特设的位置，并基本遵循两两成对的规制而以固定的件（组）数刻意摆放的。此种情形可类比于葬仪。换言之，这批房址作为圣所的性质已十分明显，将其视作阴宅或宗庙乃至地宫之类的祭祀性建筑群也许更为贴切。

　　　　四

　　如前述，发掘区地处两河之交的坡岗终端，临河而居的显赫位置自然是祭祀、膜拜的理想境地。而林家马家窑文化遗存的圣迹属性，也不会仅限于这 4 座房址。事实上，与祭祀相关的遗存在上层之时，无论就其规模还是丰富程度而言，都达到了空前的水平。例如，F16 这座上层房址，是发掘区内 "仅有的一座连间、隔间建筑"，且出有大量遗物。从该房址平面图[11]和发表的器物不难看出，成组的遗物至少有 4 件石斧、4 件石锛、2 件弹丸（石、陶各一）、4 件夹砂粗陶罐、4 件彩陶容器，后者包括 2 件双耳彩陶壶（瓶）、1 件彩陶盆和 1 件完整的大口曲颈鼓腹彩陶罐（图一三）。甚至石块也成组布列：主室南部东壁下 4 件石块排成一线，另 2 件较大石块置于西北角。因此，至少可以相信，在整个马家窑文化时期，林家遗址是一处重要的祭祀场所。

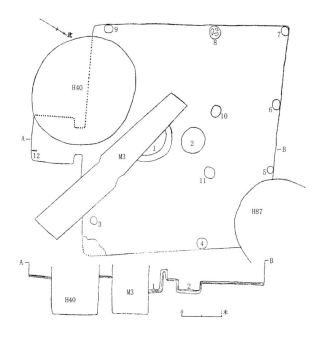

图一二　F26 平、剖面图

1、2.灶坑；3~11.柱洞；12.骨刀

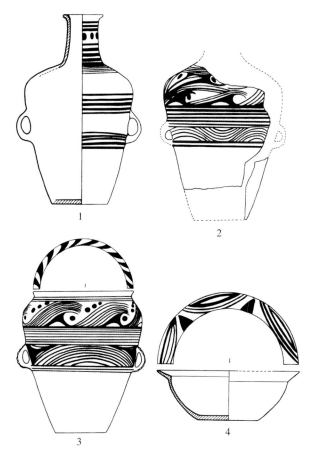

图一三　F16 的彩陶容器

1.细长颈高肩瓶 F16:4；2.长颈溜肩壶 F16:5；3.大口曲颈深腹罐 F16:7；4.宽折沿盆 F16:25

注释:

[1] 孙淑云、韩汝玢:《甘肃早期铜器的发现与冶炼、制造技术的研究》,《文物》1997 年 7 期。

[2] 甘肃省文物工作队、临夏回族自治州文化局、东乡族自治县文化馆:《甘肃东乡林家遗址发掘报告》,《考古学集刊·第 4 集》, 中国社会科学出版社, 1984 年, 第 111~161 页。

[3]《甘肃东乡林家遗址发掘报告》"探方、遗迹平面分布图"(图三)未见 F24, 也没有该房址所在的探方 T53。

[4] 甘肃省文物工作队、临夏回族自治州文化局、东乡族自治县文化馆:《甘肃东乡林家遗址发掘报告》,《考古学集刊·第 4 集》, 中国社会科学出版社, 1984 年, 第 112~113 页。

[5] 甘肃省文物工作队、临夏回族自治州文化局、东乡族自治县文化馆:《甘肃东乡林家遗址发掘报告》,《考古学集刊·第 4 集》, 中国社会科学出版社, 1984 年, 第 113 页。

[6] 甘肃省文物工作队、临夏回族自治州文化局、东乡族自治县文化馆:《甘肃东乡林家遗址发掘报告》,《考古学集刊·第 4 集》, 中国社会科学出版社, 1984 年, 第 117 页。

[7] 甘肃省文物工作队、临夏回族自治州文化局、东乡族自治县文化馆:《甘肃东乡林家遗址发掘报告》,《考古学集刊·第 4 集》, 中国社会科学出版社, 1984 年, 第 117 页。

[8] 甘肃省文物工作队、临夏回族自治州文化局、东乡族自治县文化馆:《甘肃东乡林家遗址发掘报告》,《考古学集刊·第 4 集》, 中国社会科学出版社, 1984 年, 第 115 页。

[9] 甘肃省文物工作队、临夏回族自治州文化局、东乡族自治县文化馆:《甘肃东乡林家遗址发掘报告》,《考古学集刊·第 4 集》, 中国社会科学出版社, 1984 年, 第 153 页。

[10] 甘肃省文物工作队、临夏回族自治州文化局、东乡族自治县文化馆:《甘肃东乡林家遗址发掘报告》,《考古学集刊·第 4 集》, 中国社会科学出版社, 1984 年, 第 118 页。

[11] 甘肃省文物工作队、临夏回族自治州文化局、东乡族自治县文化馆:《甘肃东乡林家遗址发掘报告》,《考古学集刊·第 4 集》, 图一三, 中国社会科学出版社, 1984 年, 第 121~122 页。

从仰韶到齐家

——东亚大陆早期用铜遗存的新观察

许　宏

（中国社会科学院考古研究所）

关于东亚大陆早期用铜遗存问题，长期以来存在着不同的意见。如何看待年代偏早的零星用铜遗存？是否存在铜石并用时代？测年技术的进步如何改变对各区域用铜史乃至青铜时代肇始问题的认识？如是种种，都有必要在新的时点上进行梳理分析。本文即拟对相关问题做粗浅的探讨。

首先要对本文论述的空间范畴做一限定。作为地理概念的东亚大陆，既不限于今日之中国，也不等同于今日中国的范围。诚如有学者指出的那样，"中国广阔的大西北地区在地理上可归入中亚范畴，在文化上也与后者保持着很大的类似性"[1]，所以本文关于东亚大陆早期青铜遗存的讨论，不包括出土了众多早期铜器、地理上属于中亚的新疆地区。

一　由对"铜石并用时代"的异议说起

20 世纪 80 年代，严文明正式提出了在中国新石器时代和青铜时代之间存在一个"铜石并用时代"的概念。同时，他把铜石并用时代再分为两期："仰韶文化的时代或它的晚期属于早期铜石并用时代，而龙山时代属于晚期铜石并用时代"[2]。文中提出了"是否一开始出现铜器就应算是进入了铜石并用时代"的问题，作者的回答应是肯定的："如果说仰韶文化早期的铜器暂时还是孤例，而且制造方法还不明了，那么仰韶文化的晚期显然已知道炼铜，至少进入了早期铜石并用时代。"目前，这一划分方案成为学界的主流认识。

另一种划分方案是"把发现铜器很少，大约处于铜器起源阶段的仰韶文化时期归属新石器时代晚期。可把龙山时代笼统划归为铜石并用时代（目前也称新石器时代末期）"[3]。与此相类的观点是"仅将龙山、客省庄、齐家、石家河、陶寺、造律台、王湾三期、后岗二期及老虎山等龙山时代的考古学文化或文化类型视为铜石并用时代"。其理由是"我们目前还不能仅据新石器时代晚期的后段所产生的若干新因素去推想当时'可能'或'应该'有了铜器，所以，将一个实际上尚未出现铜器的时期也归并为'铜石并用时代'应该说是名不副实的"[4]。

的确，在前述第一种方案中，铜石并用时代"早期大约从公元前 3500 年至前 2600 年，相当于仰韶文化后期。这时在黄河中游分布着仰韶文化，黄河下游是大汶口文化，黄河上游是马家窑文化。在长江流域，中游的两湖地区主要是大溪文化晚期和屈家岭文化，下游包括太湖流域主要是崧泽文化"。其中，长江流域的大溪文化晚期、屈家岭文化和崧泽文化中尚未发现铜器及冶铜遗存，其他地区"这阶段的铜器还很稀少，仅在个别地点发现了小件铜器或铜器制作痕迹"[5]。而在《中国通史·第二卷》"铜石并用时代早期"一节近 70 页的叙述中，完全没有对铜器和冶铜遗存的具体介绍。类似情况也见于《中国西北地区先秦时期的自然环境与文化发展》一书，在关于铜石并用时代早期一千年（公元前3500~前2500年）遗存几十页的叙述中，仅一处提及了林家遗址出土的马家窑文化青铜刀[6]。由此可见这一阶段铜器及冶铜遗存乏善可陈的程度。故学者对此多采取存而不论、一笔带过的处理方式[7]。

在认可"铜石并用时代"存在的观点之外，更有学者认为"其实铜石并用时代（Chalcolithic Age）又称红铜时代（Copper Age），是指介于新石器时代和青铜时代之间的过渡时期，以红铜的使用为标志。西亚在公元前6000年后期进入红铜时代，历经2000余年才进入青铜时代。红铜、砷铜或青铜四千年前左右几乎同时出现在齐家文化中，数以百计的铜器不仅证明齐家文化进入了青铜时代，而且表明中国没有红铜时代或铜石并用时代"[8]。

关于"铜石并用时代"和"红铜时代"的关系，中国考古学家有自己的界定："过去一般认为，铜石并用时代是已发明和使用红铜器但还不知道制造青铜器的时代，所以有时也称作红铜时代。现在看来，这种理解有些绝对化了。不错，有些地区的铜石并用时代文化中只有红铜器而没有青铜……另一些铜石并用时代的文化则有青铜……中国不但在龙山时代有青铜和黄铜，就是仰韶时代也有青铜和黄铜，这当然与所用原料的成分有关，不能因为有这样一些情况而模糊了铜石并用时代和青铜时代的界线，以至于否认中国有一个铜石并用时代。"[9] 与此类似的表述是："无论哪种意见所述铜石并用时代，都不能把它等同于铜石并用时代的概念。即使是目前发现红铜器较多的齐家文化，也并不能纳入单纯的红铜时代。中国早期没有形成一个红铜时代，走了不同于亚欧其他国家的冶铜发展道路。"[10]

鉴于上述，东亚大陆是否存在铜石并用时代？如果存在，是否能早到公元前3500~前2500年这个时期？这都是值得进一步探讨的问题。

二 关于"原始铜合金"遗存的发现

在东亚大陆早期铜器及冶铜遗存的发现中，较早的几例尤为引人注目。这里试综合学术界的发现与研究成果略作分析（表一）。

陕西临潼姜寨黄铜片、黄铜管状物[11]，属仰韶文化半坡类型，约公元前4700年。

陕西渭南北刘黄铜笄[12]，属仰韶文化庙底沟类型，约公元前4000~前3500年。

"原始铜合金"概念的引入，可以较好地解释这类早期用铜遗存："从矿石中带来的杂质，其存在标志着冶炼红铜的失败与早期冶铜技术的不成熟。含有这些杂质的铜与后来人类有意识进行人工合金而得到的各种铜合金，具有本质上的不同，并不能因为这些铜中含有锡或铅，就称之为青铜，更不能认为它们同于后世的人工有意识制造出来的铜合金。为了使二者有所区别，把这种早期的、偶然得到的、含有其他元素的铜叫作'原始铜合金'比较合适"。因而，"姜寨的'黄铜'片的出现，既是可能的，又是偶然的，应该是选矿不纯的产物。虽然这是1件世界上年代最早的'铜锌合金'，但它的出现对于后来的冶炼黄铜的技术并无任何实际意义，应属于原始铜合金。"[13] 如此获取的原始铜合金偶然性大且不能量产，在各地皆昙花一现，与后来的青铜冶铸有大时段的冶金史空白。仰韶文化的黄铜、马家窑文化的青铜刀（详后）含渣量均很高，表明当时还没有提纯概念。

山西榆次源涡镇陶片上红铜炼渣[14]，属仰韶文化晚期晋中地方类型[15]，约公元前3000年。

东乡林家青铜刀[16]，锡青铜，单范法铸造，属马家窑文化马家窑类型晚期。最初认为约当公元前3000年前后[17]，21世纪初推断为公元前2900~2700年[18]。这是目前东亚地区发现的最早的青铜器。该遗址的灰坑中另出有铜渣，应"是铜铁共生矿冶炼不完全的冶金遗物"，"可认为中国在冶炼红铜、青铜之前，存在着利用共生矿冶铜技术的探索实践阶段"[19]。

严文明指出，"现知在甘肃有丰富的铜矿，有些矿石中偶尔也会含有少量锡石即氧化锡，用木炭加温即可还原。所以林家青铜刀子的出现，可能与当地矿产资源的条件有关，不一定是有意识地冶炼青铜合金

表一　东亚早期用铜遗存发现情况一览（仰韶时代）

BC	西北地区		北方地区		中原—海岱地区			
	河西走廊	河湟—陇东	内蒙中南部—陕北	内蒙东南部—辽西	关中及左近	晋中南	郑洛	海岱
					姜寨 黄铜片/管 4700			
4500								
4000								
					北刘 黄铜笄 4000-3500			
3500								
				西台 陶范? 3800-2900				
3000								
							源涡镇 红铜渣?	
2900		林家 青铜刀 2900-2700						
2800								
2700								
2600								
2500								大汶口 铜绿 2600-2300
2400								

的结果"。而"回顾人类文化发展的历史，往往有一些极重要的发明开始带有偶然性质，如果适应了社会的需要，就会很快推广和不断发展；如果一时并不急需，就将长期停滞甚至中断而失传，等到产生了新的社会需要后才重新发展起来。人类用铜的历史也有类似的情况"[20]。显然，这些零星的偶然发明，由于有很大的时间空白，不排除中断、失传的可能性，我们还无法将其作为后来龙山时代晚期集中用铜现象的清晰源头来看待。

另一方面，如滕铭予所言，"尽管我们提出马家窑文化的铜刀，作为原始铜合金是一种偶然的现象，但它的出现毕竟标志着甘青地区在仰韶时期已经出现了人工冶铜技术"[21]。

也有学者认为，林家青铜刀所显现的"青铜技术的出现，仍不能不考虑西方文化渗入的可能性"[22]。这对早期用铜遗存出现的偶然性、断裂性以及合金的复杂面貌来说，不失为一个合理的解释。

三　新的测年更新对区域用铜史的认识

前引仰韶文化和马家窑文化用铜遗存的年代测定，都是早年进行的，在目前高精度系列测年的框架下，恐怕有重新审视调整的必要，但目前还缺乏最新的研究。泰安大汶口墓地 M1 骨凿上曾发现铜绿[23]，该墓的年代属大汶口文化晚期。这是一个用铜遗存随学科进展而年代被不断下拉的典型例证。

关于该墓所属的大汶口文化晚期的年代，20 世纪 80~90 年代推断为约公元前 3000~前 2600 年[24]；21 世纪初推断为约公元前 2800~前 2500 年[25]。最新的认识是，"大汶口文化结束的时间和龙山文化兴起的时间约为公元前 2300 年前后，比传统的认识晚了约 200 年"[26]。

由是，以往认为偏早的华东地区用铜遗存的年代被下拉约 300 年以上，强化了用铜遗存西早东晚的态势。但应指出的是，西北和北方地区既往的测年数据，与黄河中下游和长江中下游遗存的系列测年数据不具有可比性。中原地区"与传统的考古学文化谱系的编年框架相比较，新的认识普遍晚了约 200 至 300 年"[27]。就西北和北方地区早年的测年结论而言，这是一个可资比较的参考数值。

北方地区红山文化的用铜史，因测年工作的进展，也有重新审视的必要。

首先是凌源牛河梁冶铜炉壁残片，原推断为红山文化晚期遗存，约当公元前 3000 年前后[28]。后经碳十四测年，"炉壁残片的年代为 3000±333–3494±340BP，要比红山文化陶片和红烧土年代晚约 1000 多年，属夏家店下层文化的年代范围"[29]。

除此之外，另两处关于红山文化铜器和冶铜遗存的发现则尚存异议。

一处是在凌源牛河梁遗址第二地点 4 号积石冢的一座小墓内曾发现一件小铜环饰，经鉴定为红铜。[30] 发掘者称此墓为"积石冢顶部附葬小墓"，认为"这项发现地层关系清楚，材料可靠，被冶金史界称为我国迄今发现的最早的铜标本之一，也证明这一地区的冶铜史可追溯到五千年前红山文化"。[31]

但在牛河梁遗址正式发掘报告中，该墓被列于 4 号冢主体之外的"冢体上墓葬"，这 3 座小墓"利用原冢的碎石砌筑墓框并封掩，叠压或打破冢体顶部的堆石结构"。除了这座 85M3 出土了铜耳饰和玉坠珠各一件外，其他两座小墓无任何随葬品。[32] 报告没有明言其年代，但显然是将其当作晚期遗存的，在结语中也未再提及红山文化铜器发现的重要意义。安志敏指出，"当时目睹的一座石冢表层的石棺里曾出土过一件铜饰，似不属于红山文化的遗存"。结合前述冶铜炉壁残片属于夏家店下层文化的情况，他断言"牛河梁遗址具有不同时代的文化遗存，已经是无可怀疑的事实"[33]。

据报道，敖汉旗西台遗址曾出土两件小型陶质合范，当用于铸造鱼钩类物品，一般认为"可视为探索红山文化铸铜技术的重要线索"[34]。该遗址 1987 年发掘，发掘面积达 5400 平方米，但一直未正式发表材料。最初的简讯中并未提及陶范的发现[35]，近年所发《简述》[36] 中报道了西台遗址出土陶范的情况："陶范 两组合范，F202①层出土两组保存较完整合范。第 1 组外形呈长方体，每扇长 5、宽 3.5、厚 2 厘米，上面留有浇口，范腔为一鸟首，应是铸造小青铜饰的模具。第 2 组较小，每扇长 2.5、宽 2.1 厘米，留有浇口。另外，在房址 F4 和南部围壕内共出土 6 件单扇的陶范，均为残件。"

由此可知，敖汉西台遗址出土的陶范不止 2 件，而是有若干发现。惜语焉不详，无法获知细节。依《简述》，"西台遗址虽未作碳–14 年代测定，从出土遗物看，属红山文化中期。大约在距今 6500~6000 年"，而陶质合范"是铸造青铜器的模具"。对于陶范的年代与性质的判定都不知何据。如此早的冶铸青铜的遗存出现于东亚尚闻所未闻。另有学者推测这一红山文化陶范的年代在距今 5800~4900 年之间[37]。我们还注意到，与凌源牛河梁遗址相类，西台遗址也属复合型遗址，"包含新石器时代兴隆洼、红山和青铜时代夏家店下层和夏家店上层等多种文化遗存"[38]，"有一部分夏家店下层类型与红山类型时期的遗址重合"[39]。看来，这批陶范是否属红山文化，尚无法遽断。

综上，到目前为止，尚无可靠的证据表明红山文化晚期遗存中存在用铜的迹象。

四　齐家文化用铜遗存的阶段性变化

齐家文化虽发现较早，但一直没有建立起综合的分期框架。1987 年，张忠培发表了《齐家文化研究》一文[40]，可以认为是奠基之作，其初步的分期研究结束了把延续数百年的齐家文化当作一个整体看待的局面。

就用铜遗存而言，他把齐家文化分为三期8段，指出经过鉴定为青铜制品的遗迹单位均属于齐家文化第三期；而早于第三期的铜器，经鉴定者全部为红铜。他认为出土红铜器的阶段"已进入金石并用时代的发展阶段。齐家文化三期7、8段的几件青铜器，当是制铜技术进入一个新阶段的标志"。"在中国广大土地上孕育出来的许多不同谱系的考古文化中，还只有齐家文化可能被认为是独立地走过了纯铜—青铜这一基本完整的制铜技术的过程"。在此基础上，滕铭予提出了更为系统的甘青地区早期铜器起源和发展的序列：红铜、原始铜合金—红铜—红铜、青铜—青铜，认为这"反映了这一地区早期冶铜技术从不成熟到成熟的发展过程"[41]。

依前述韩建业的分期方案，"齐家文化中期"相当于龙山时代后期的铜石并用时代晚期（约公元前2200~前1900年），偏西河西走廊东部诸遗址发现红铜器；而"齐家文化晚期"相当于夏代晚期至商代初期的青铜时代前期（公元前1900~前1500年），红铜与锡青铜、铅青铜、铅锡青铜共存[42]。

一般认为陇山山麓地区以天水师赵村第七期遗存为代表的"齐家文化早期"（约公元前2500~前2200年），"可看作是客省庄二期文化的地方变体"[43]，也有学者指出这类遗存"与柳湾为代表的西部齐家文化是有差异的。反之，却与关中客省庄文化更为靠近"[44]。更多的学者倾向于这类遗存并不属于齐家文化[45]。就目前的认识，后者的看法似更为切实。无论如何，在这类遗址中尚无用铜遗存发现。

如果将陇山山麓地区年代偏早、不见用铜遗存的所谓"齐家文化早期"遗存排除于齐家文化之外，而铜石并用时代晚期"铜石并用"才名副其实，那么上述齐家文化就跨铜石并用时代和青铜时代前期两大阶段。

在最新发掘的甘肃临潭磨沟齐家文化墓地中，北区的墓葬年代较早，约当齐家文化中期。"值得注意的是，在M1202和M1467的随葬陶器中，各有1件白陶盉，形态甚似二里头文化的同类器物"[46]（图一）。从白陶盉的形态上看，与二里头文化第二期晚段（绝对年代在公元前1650年前后）相当，可知这类墓葬的年代不早于此。这与最新估定的齐家文化的年代框架大致吻合："暂时可以将齐家文化的年代上限定在公元前三千纪末叶，年代下限则相当于公元前二千纪中叶，公元前2100~前1450年应当是一个可以参考的年代范围"[47]。可知齐家文化青铜器的存在年代上限相当（或略早于?）二里头文化的起始年代，下限则相当于二里岗文化早期。

图一　磨沟齐家文化墓地M1202出土陶器

五　关于东亚大陆青铜时代肇始的问题

青铜时代是"以青铜作为制造工具、用具和武器的重要原料的人类物质文化发展阶段"[48]。一个共识是，"青铜时代必须具备这样一个特点：青铜器在人们的生产、生活中占据重要地位，偶然地制造和使用青铜器的时代不能认定为青铜时代"[49]。

关于中国青铜时代的肇始时间则众说纷纭。部分学者认为龙山文化晚期或龙山时代已进入青铜时代，年代约当公元前3000年或稍晚[50]。因用铜遗存仅有零星的发现，并不符合上述青铜时代的特点，故可以不考虑其可能性。

20世纪80年代以降，一般把成批出土青铜礼容器、兵器、工具、饰物等的二里头文化作为中国青铜时代早期文化。由于20世纪80年代对二里头文化进行碳素测年的数据落在公元前2080~前1580年，所以一般认为公元前2000年左右是中国青铜时代的上限[51]。

嗣后，有研究者将西北地区的早期用铜遗存纳入青铜时代，认为存在西北地区和中原地区两大独立起源地，但在绝对年代上，仍认为二者大体在公元前2000年前后进入青铜时代[52]。

据最近的研究，最早进入青铜时代的当属新疆地区，年代上限在公元前2000年左右。其次为甘肃、青海和陕西地区，进入青铜时代的年代上限在公元前1900年前后，主要包括四坝文化和晚期齐家文化。至公元前1800年左右，在北方地区出现了朱开沟文化和夏家店下层文化；与此同时或稍晚，在中原地区诞生了青铜时代文化——二里头文化，通过二里头文化，青铜技术还传播至黄河下游的岳石文化等当中。这清晰地勾勒出早期青铜文化流播的主方向是自西向东[53]。

由对东亚大陆各地用铜遗存最新年代学研究成果的系统梳理（见表一），对上文提及的四坝文化、晚期齐家文化、朱开沟文化、夏家店下层文化、二里头文化和岳石文化的用铜遗存，还有进一步探讨的必要（表二）。

河西走廊张掖西城驿冶炼遗址的发掘，提供了串联起马厂文化、齐家文化和四坝文化用铜遗存的最新信息。西城驿遗址"一期为马厂晚期遗存，年代为距今4100~4000年"；"二期文化因素较为复杂，年代为距今4000~3700年"；"三期为四坝文化遗存，年代为距今3700~3600年"。"西城驿遗址一期与酒泉照壁滩遗址、高苜蓿地接近，二期与武威皇娘娘台遗址接近，三期与民乐东灰山、玉门火烧沟遗址年代接近。干骨崖略晚于西城驿遗址三期。"[54]

所谓"文化因素较为复杂"的二期遗存，被称为"过渡类型"或西城驿文化[55]。"'过渡类型'遗存是进入河西走廊的齐家文化在向西发展的过程中和马厂类型融合后所产生的一支新的文化遗存"。"在河西走廊的中西部……齐家文化的陶器多与'过渡类型'的陶器共存。"[56]这就把叠压于这类遗存之上、原定为公元前2000~前1500年之间的四坝文化遗存的年代，下压到了公元前1700~前1600年之间。而与齐家文化前期大体共时的西城驿二期铜器的材质还是以红铜为主；到了属于四坝文化的西城驿三期则以合金为主，合金中砷青铜为多[57]。

以四坝文化为代表的河西走廊地区进入青铜时代的时间，在公元前1700年前后；河湟与陇东地区的齐家文化晚期（以齐家坪、秦魏家为代表，相当于张忠培所分第三期7、8段）与其大体同时。关于齐家文化晚期的用铜遗存，张忠培指出，"由于还存在相当数量的红铜制品，和有时仍采用冷锻技术制作青铜器，故即使把这时期归入青铜时代，也只能是这时代的伊始阶段"[58]。这一观点目前看来也是中肯的。

内蒙古中南部鄂尔多斯朱开沟遗址的第三、四段遗存中出土若干锥、针等小件铜器。其中第四段的测定年代为距今3685~3515年，相当于"夏代的晚期阶段"；第三段的出土器物"与二里头遗址第二期遗存中出土的部分同类期都颇为一致"。如与中原地区的高精度系列测年相比照，其上限应不早于公元前1600年。从出土用铜遗存看，只是到了相当数量的青铜兵器和容器出现的该遗址第五期，该地才已进入青铜时代，已相当于二里岗文化晚期阶段[59]。

至于内蒙古东部和辽西地区夏家店下层文化出土铜器，一般认为约当夏至早商时期，其年代多被推定在公元前2000~前1600年之间[60]。目前集中出土且经年代测定的，只有赤峰敖汉旗大甸子遗址集中出土的一批青铜器。这批铜器的年代区间，在公元前1735~前1460年[61]，如与中原地区的高精度系列

表二　东亚早期用铜遗存发现情况一览（龙山—二里头时代）

BC	西北地区		北方地区			中原—海岱地区		
	河西走廊	河湟—陇东	内蒙中南部—陕北	内蒙东南部—辽西	关中及左近	晋南	郑洛	海岱
2300		马厂：蒋家坪青铜刀 2300-2050 ？	石峁（老虎山）2300-1800			陶寺 2300-1800	王湾三期 2300-1800	龙山 2300-1800
2200			二里半红铜环 2300？					
2100	马厂晚：酒泉红铜器，西城驿一期炉渣 2100-2000	齐家 2100-1450				陶寺中：砷铜容器片 2100-2000	王城岗：青铜容器片 2050-2000	
2000						陶寺晚：红铜铃 2000-1900		
1900	齐家：皇娘娘台红铜器；西城驿二期砷、锡青铜 2000-1700			夏家店下层				
1800			朱开沟	？	东龙山		新砦：红铜容器片 1850-1750	
1700	四坝：西城驿三期、东灰山、火烧沟 1700-1600	齐家坪、秦魏家		大甸子（陶鬶爵）1735-1460？		东下冯	二里头（二至四期）1700-1530 青铜礼器群	岳石
1600	干骨崖	磨沟（白陶盉）			？			
1500				牛河梁炉壁 1500-1000	北村类型	东下冯类型	二里岗类型	大辛庄类型

说明：浅灰色代表不见或罕见青铜器的遗存，深灰色代表出有青铜器的遗存。

测年相比照，不排除年代更晚的可能性。从大甸子墓葬的随葬品中伴出与二里头文化二期风格近似的陶鬶、爵之类器物看，知其年代上限应不早于二里头文化二期，而下限应已相当于二里岗文化早期。其他地点出土的夏家店下层文化铜器，尚未见有明确早于这一年代数据的例子。

中原地区在二里头文化之前，仅有零星的用铜遗存发现。如襄汾陶寺遗址发现有红铜铃和砷铜齿轮形器、容器残片等，但未见青铜[62]；登封王城岗遗址曾出土青铜容器残片[63]；新密新砦遗址曾出土红铜容器残片[64]等。二里头文化第一期发现的铜器尚少，且均为小件器物。第二期开始出现铜铃和嵌绿松石铜牌饰等制作工艺较复杂的青铜器，第三期始有成组的青铜礼容器和兵器等出土[65]。故就目前的考古材料而言，中原地区进入青铜时代的时间，至多是二里头文化第二期。依最新的系列测年结果，二里头文化第二期的上限不早于公元前1680年[66]。

至于海岱龙山文化和岳石文化中零星发现的用铜遗存，多为小件工具和装饰品，应为中原文化影响所致，尚未在其所处的社会中显现出"显著的重要性"（张光直语），因而难以认为其已进入青铜时代。

就目前的认识，整个东亚大陆多地区大致进入青铜时代的时间约当公元前 1700 年前后。第一批进入青铜时代的考古学文化，只有四坝文化、齐家文化晚期、夏家店下层文化和二里头文化。这些最早的青铜时代文化间的交流关系，还有待于进一步探究。

六　小结

综上所述，东亚大陆公元前 4700~前 2300 年之间所出现的零星用铜遗存应属"原始铜合金"，是古人"利用共生矿冶铜技术的探索实践"的产物，其出现具有偶然性且不能量产，与后来红铜、青铜器的生产存在大时段的冶金史空白。因而，这一阶段应仍属新石器时代的范畴。而由上述观察可知，东亚大陆应不存在以使用红铜器为主要特征的所谓"铜石并用"时代。齐家文化铜器出现的初始阶段、陶寺文化中晚期是否仅使用红铜，还有待于今后的发现。即便它们都有一个以使用红铜器为主的阶段，其延续时间也不过 200~300 年。在多数区域，早期铜器的使用呈现出红铜、砷铜、青铜并存的状况。延续时间短、各种材质的铜器共存，暗寓着用铜遗存出现的非原生性。如多位学者已分析指出的那样，东亚大陆用铜遗存的出现，应与接受外来影响关系密切。至于东亚大陆部分区域进入青铜时代的时间，依据最新的年代学研究，要晚到公元前 1700 年前后了。

注释：

[1] 李水城：《西北与中原早期冶铜业的区域特征及交互作用》，《考古学报》2005 年第 3 期。

[2] 严文明：《论中国的铜石并用时代》，《史前研究》1984 年第 1 期。

[3] 任式楠：《中国史前铜器综论》，《中国史前考古学研究——祝贺石兴邦先生考古半世纪暨八秩华诞文集》，三秦出版社，2003 年。

[4] 张江凯、魏峻：《新石器时代考古》，文物出版社，2004 年。

[5] 苏秉琦：《中国通史·第二卷·远古时代》，上海人民出版社，1994 年。

[6] 韩建业：《中国西北地区先秦时期的自然环境与文化发展》，文物出版社，2008 年。

[7] a.石兴邦：《青铜时代》，《中国大百科全书·考古学》，中国大百科全书出版社，1986 年；b.张海、陈建立：《史前青铜冶铸业与中原早期国家形成的关系》，《中原文物》2013 年第 1 期。

[8] 易华：《从齐家到二里头：夏文化探索》，《夏商都邑与文化（一）》，中国社会科学出版社，2014 年。

[9] 严文明：《论中国的铜石并用时代》，《史前研究》1984 年第 1 期。

[10] 任式楠：《中国史前铜器综论》，《中国史前考古学研究——祝贺石兴邦先生考古半世纪暨八秩华诞文集》，三秦出版社，2003 年。

[11] 韩汝玢、柯俊：《姜寨第一期文化出土黄铜制品的鉴定报告》，《姜寨——新石器时代遗址发掘报告》，文物出版社，1988 年。

[12] a.西安半坡博物馆、渭南市博物馆、陕西省考古研究所：《渭南北刘遗址第二、三次发掘简报》，《史前研究》1986 年第 1、2 期合刊；b.孙淑云、韩汝玢：《甘肃早期铜器的发现与冶炼、制造技术的研究》，《文物》1997 年第 7 期。

[13] 滕铭予：《中国早期铜器有关问题的再探讨》，《北方文物》1989 年第 2 期。

[14] 安志敏：《中国早期铜器的几个问题》，《考古学报》1981 年第 3 期。

[15] 严文明：《论中国的铜石并用时代》，《史前研究》1984 年第 1 期。

[16] 甘肃省文物工作队、临夏回族自治州文化局、东乡族自治县文化馆：《甘肃东乡林家遗址发掘报告》，《考古学集刊·第 4 集》，中国社会科学出版社，1984 年。

[17] 甘肃省博物馆：《甘肃省文物考古工作三十年》，《文物考古工作三十年》，文物出版社，1979 年。

[18] 任式楠：《中国史前铜器综论》，《中国史前考古学研究——祝贺石兴邦先生考古半世纪暨八秩华诞文集》，三秦出版社，2003 年。

[19] 孙淑云、韩汝玢:《甘肃早期铜器的发现与冶炼、制造技术的研究》,《文物》1997 年第 7 期。

[20] 严文明:《论中国的铜石并用时代》,《史前研究》1984 年第 1 期。

[21] 滕铭予:《中国早期铜器有关问题的再探讨》,《北方文物》1989 年第 2 期。

[22] 韩建业:《中国西北地区先秦时期的自然环境与文化发展》,文物出版社,2008 年。

[23] 山东省文物管理处、济南市博物馆:《大汶口——新石器时代墓葬发掘报告》,图版 32:13,文物出版社,1974 年。

[24] a.严文明:《论中国的铜石并用时代》,《史前研究》1984 年第 1 期;b.栾丰实:《大汶口文化的分期和类型》,《海岱地区考古研究》,山东大学出版社,1997 年。

[25] 任式楠:《中国史前铜器综论》,《中国史前考古学研究——祝贺石兴邦先生考古半世纪暨八秩华诞文集》,三秦出版社,2003 年。

[26] 北京大学:《国家科技支撑计划项目"中华文明探源工程(二)"——3500BC–1500BC 中国文明形成与早期发展阶段的考古学文化谱系年代研究》,中国考古网,2011 年 11 月 24 日。

[27] 北京大学:《国家科技支撑计划项目"中华文明探源工程(二)"——3500BC–1500BC 中国文明形成与早期发展阶段的考古学文化谱系年代研究》,中国考古网,2011 年 11 月 24 日。

[28] a.郭大顺:《赤峰地区早期冶铜考古随想》,《内蒙古文物考古文集(第一辑)》,中国大百科全书出版社,1994 年;b.苏秉琦:《中国通史》,上海人民出版社,1994 年。

[29] a.李延祥、韩汝玢、宝文博、陈铁梅:《牛河梁冶铜炉壁残片研究》,《文物》1999 年第 12 期;b.李延祥、朱延平、贾海新、韩汝玢、宝文博、陈铁梅:《辽西地区早期冶铜技术》,《广西民族学院学报(自然科学版)》2004 年第 2 期。

[30] 韩汝玢:《近年来冶金考古的一些新进展》,《中国冶金史论文集》,北京科技大学,1993 年。

[31] 郭大顺:《赤峰地区早期冶铜考古随想》,《内蒙古文物考古文集(第一辑)》,中国大百科全书出版社,1994 年。

[32] 辽宁省文物考古研究所:《牛河梁红山文化遗址发掘报告(1983~2003 年度)》,图版一七六,文物出版社,2012 年。

[33] 安志敏:《关于牛河梁遗址的重新认识——非单一的文化遗存以及"文明的曙光"之商榷》,《考古与文物》2003 年第 1 期。

[34] 刘国祥:《西辽河流域新石器时代至早期青铜时代考古学文化概论》,《辽宁师范大学学报(社会科学版)》第 29 卷 1 期,2006 年。

[35] 杨虎:《敖汉旗西台新石器时代及青铜时代遗址》,《中国考古学年鉴·1988》,文物出版社,1989 年。

[36] 杨虎、林秀贞:《内蒙古敖汉旗红山文化西台类型遗址简述》,《北方文物》2010 年第 3 期。

[37] 任式楠:《中国史前铜器综论》,《中国史前考古学研究——祝贺石兴邦先生考古半世纪暨八秩华诞文集》,三秦出版社,2004 年。

[38] 杨虎:《敖汉旗西台新石器时代及青铜时代遗址》,《中国考古学年鉴·1988》,文物出版社,1989 年。

[39] 陈红:《辽河上游新石器——青铜时代经济生活的推测》,辽宁师范大学硕士学位论文,2008 年。

[40] 张忠培:《齐家文化研究》,《考古学报》1987 年第 1、2 期。

[41] 滕铭予:《中国早期铜器有关问题的再探讨》,《北方文物》1989 年第 2 期。

[42] 韩建业:《中国西北地区先秦时期的自然环境与文化发展》,文物出版社,2008 年。

[43] 韩建业:《中国西北地区先秦时期的自然环境与文化发展》,文物出版社,2008 年。

[44] 李水城:《中国西部地区史前考古的几点思考——〈师赵村与西山坪〉读后》,《中国文物报》2001 年 9 月 7 日。

[45] a.籍和平:《从双庵遗址的发掘看陕西龙山文化的有关问题》,《史前研究》1986 年第 1、2 期合刊;b.张忠培、杨晶:《客省庄与三里桥文化的单把鬲及其相关问题》,《宿白先生八秩华诞纪念文集》,文物出版社,2002 年;c.陈小三:《河西走廊及其邻近地区早期青铜时代遗存研究》,吉林大学博士学位论文,2012 年。

[46] 钱耀鹏、周静、毛瑞林、谢焱:《甘肃临潭磨沟齐家文化墓地发掘及主要收获》,《西北大学学报(哲学社会科学版)》2009 年第 5 期。

[47] 陈小三:《河西走廊及其邻近地区早期青铜时代遗存研究》,吉林大学博士学位论文,2012 年。

[48] 石兴邦:《青铜时代》,《中国大百科全书·考古学》,中国大百科全书出版社,1986 年。

[49] 蒋晓春:《中国青铜时代起始时间考》,《考古》2010 年第 6 期。

[50] a.李先登:《试论中国古代青铜器的起源》,《史学月刊》1984 年第 1 期;b.陈戈、贾梅仙:《齐家文化应属青铜时代——兼谈我国青铜时代的开始及其相关的一些问题》,《考古与文物》1990 年第 3 期。

[51] a.张光直:《中国青铜时代》,生活·读书·新知三联书店,1983 年;b.严文明:《论中国的铜石并用时代》,《史前

研究》1984 年第 1 期；c.石兴邦：《青铜时代》，《中国大百科全书·考古学》，中国大百科全书出版社，1986 年。

[52] 白云翔：《中国的早期铜器与青铜器的起源》，《东南文化》2002 年第 5 期。

[53] a.韩建业：《中国西北地区先秦时期的自然环境与文化发展》，文物出版社，2008 年；b.韩建业：《略论中国的"青铜时代革命"》，《西域研究》2012 年第 3 期。

[54] 陈国科、李延祥、潜伟、王辉：《张掖西城驿遗址出土铜器的初步研究》，《考古与文物》2015 年第 2 期。

[55] a.李水城：《"过渡类型"遗存与西城驿文化》，《早期丝绸之路暨早期秦文化国际学术研讨会论文集》，文物出版社，2014 年；b.陈国科、王辉、李延祥：《西城驿遗址二期遗存文化性质浅析》，《早期丝绸之路暨早期秦文化国际学术研讨会论文集》，文物出版社，2014 年。

[56] 王辉：《甘青地区新石器—青铜时代考古学文化的谱系与格局》，《考古学研究（九）：庆祝严文明先生 80 寿辰论文集》，文物出版社，2012 年。

[57] 陈国科、李延祥、潜伟、王辉：《张掖西城驿遗址出土铜器的初步研究》，《考古与文物》2015 年第 2 期。

[58] 张忠培：《齐家文化研究（下）》，《考古学报》1987 年第 2 期。

[59] 内蒙古自治区文物考古研究所、鄂尔多斯博物馆：《朱开沟——青铜时代早期遗址发掘报告》，文物出版社，2000 年。

[60] 白云翔：《中国的早期铜器与青铜器的起源》，《东南文化》2002 年第 5 期。

[61] 中国社会科学院考古研究所：《大甸子——夏家店下层文化遗址与墓地发掘报告》，科学出版社，1996 年。

[62] 高江涛、何努：《陶寺遗址出土铜器初探》，《南方文物》2014 年第 1 期。

[63] a.李先登：《王城岗遗址出土的铜器残片及其他》，《文物》1984 年第 11 期；b.河南省文物研究所、中国历史博物馆考古部：《登封王城岗与阳城》，文物出版社，1992 年。

[64] 北京大学震旦古代文明研究中心、郑州市文物考古研究院：《新密新砦——1999~2000 年田野考古发掘报告》，彩版一六、一七，文物出版社，2008 年。

[65] 陈国梁：《二里头文化铜器研究》，《中国早期青铜文化——二里头文化专题研究》，科学出版社，2008 年。

[66] a.张雪莲、仇士华、蔡莲珍、薄官成、王金霞、钟建：《新砦—二里头—二里冈文化考古年代序列的建立与完善》，《考古》2007 年第 8 期；b.中国社会科学院考古研究所：《二里头(1999~2006)》，文物出版社，2014 年。

中国西北青铜文化圈的形成

刘学堂

（新疆师范大学）

中国境内，早期青铜文化出现、分区与形成，是新石器时代末期至夏商考古研究中的重要问题。对这一问题的认识，学术界长期处于比较模糊的状态。21 世纪以来，随着新的考古发现接踵而来和学术研究视野的不断拓展，提出了一个世界体系下青铜之路[1]的学术概念。青铜之路的始末，与中国西北青铜文化圈的形成关系密切。

一

1994 年出版、白寿彝教授主编的《中国通史》第二卷，以中原青铜文化系统即夏商周文化为中心，阐述了中国青铜文化的发展历程[2]；罗越和夏含夷主编《剑桥中国先秦史》，专列一章详细阐述中北方青铜文化系统的某些问题[3]。2003 年，孙华教授论述中国早期青铜文化，认为中国早期的青铜文化可以分为中原地区、甘青地区、北方地区、东北地区、四川盆地区、华中地区、东南地区、华南地区、云贵地区等九个区。不过，孙华教授在这里讲的不是以特定区域、具共同特征的青铜器群，而是归纳的这些地区青铜时代考古文化的基本面貌、主要特征和它们之间的相互关系[4]。

除了上述综合论述外，不少学者还对青铜器中的一些器物特征和相关因素进行过专题研究。这些具体个案研究，一般都会将中原式的青铜器和中国北方系的青铜器分开，也有学者将四川盆地为中心及附近地区发现的早期青铜器称为西南青铜器，把西南青铜器与中原和北方的青铜器分开研究。中原式的青铜器、中国北方系青铜器和西南青铜器相对独立发展，它们之间存在着密切关系，对此，学术界并没有多少异议。只是这些研究中，很少有学者涉及新疆早期青铜器，直到 20 世纪 80 年代以后，才有部分学者关注到了新疆青铜器的发现。不同的学者从不同角度对新疆地区早期青铜器的时代定位，新疆早期青铜器与中国北方系早期青铜器的关系，以及新疆早期青铜器与甘青地区早期青铜器的关系展开深度的调查，研究工作不断推进。特别是近二十年以来，一些学者开始从内陆欧亚更广泛的世界视野观察新疆发现的早期青铜器群，引起了国内外学界的关注。李水城教授说，有关这一领域的研究在当前"颇显萧条的西部考古中依旧是个难得的亮点"[5]。

二

西北地区早期青铜器的讨论，一直是中国早期铜器文化研究的重点之一。

李海荣先生认为，中国北方系的青铜器"是以战国时期秦、赵长城及燕北长城西段为中心的地区……西部以乌鞘岭东麓致至贺兰山东麓一线为界"[6]，把新疆早期青铜器划在了中国北方系青铜器的圈外面。林沄先生认为，"中国北方地区青铜器时代的文化面貌各异，在中国考古学中被分成许多考古学文化，但在青铜器方面有相当多的共同特征。它们一方面有别于中原地区的青铜器，另一方面又有别于中国东北地区和新疆地区的青铜器"[7]。林先生在研究过程中，把甘青包括在北方地区青铜器的分布区内，而将新疆划在北方青铜器分布区的圈外。杨建华教授认为，"新疆地区，是一个与'北方地带'既有区别又有联系的一个地区，……它正好界于中国北方地区与欧亚大草原以及中亚的过渡地带"[8]。

2002 年，李水城教授曾提出，中国西北部是探索早期铜器起源的重要区域。他说，公元前 2000 年前后"中国西北地区存在三个不同的亚文化区。即东部河湟谷地的齐家文化区，中部河西走廊的四坝文化区，西部的新疆东部文化区（以天山北路墓地为代表）。三个亚文化区之间存在直接或间接的文化互动"，新疆哈密"天山北路墓地的冶铜业与四坝文化有极大的相似"，可"将河西走廊与新疆东部整合为西北地区的西区，与齐家文化的东区相对应"。李水城先生将齐家文化独立为东区，除在铜器类型上与西区有别外，还认为造成这种区别的原因是"齐家文化冶炼业没有经历砷铜这个阶段，抑或可能是齐家文化较早地发现了锡青铜更加优越的性能"。他提出"齐家文化可同时向东（二里头文化）西（四坝文化）两个方向进行文化互动，并很快地形成又一个冶铜中心，其冶铜技术兼具东西两方面的特征，即铜器类别、形态有着明显的西部印记；但冶铜技术则接近中原（锡青铜）"。[9] 2005 年，李水城又将黄河流域及新疆地区的早期（有的晚到西周及以后）铜器划分成六个冶金文化圈：龙山—二里头文化圈、河湟谷地文化圈、河西走廊和四坝文化圈、新疆东部的天山北路—焉不拉克文化圈、伊犁河—准噶尔盆地周边的青铜文化圈、天山中段的察吾呼文化圈。再从宏观上将上述冶铜文化圈整合为东西两区，两个大的冶铜文化圈，分别是"东区以龙山—二里头文化、齐家文化为代表，这一地区是从冶炼红铜直接发展到锡青铜；西区包括四坝文化、天山北路—焉不拉克文化、察吾呼文化和伊犁河—准噶尔盆地周边的青铜文化等，这几支文化圈基本是从冶炼红铜到砷铜再进而发展到锡青铜"。这些文化圈在考古文化上存在着互动，特别新疆东部哈密地区的天山北路—焉不拉克、四坝文化之间关系密切，四坝文化与齐家文化之间，齐家文化与二里头文化间也存在着较为密切的关系。[10]

梅建军教授等则主要站在科技冶金史学的视野，注意到新疆哈密的天山北路、河西走廊的四坝文化和齐家文化铜器间存在着密切关系的同时，还发现它们之间存在着的区别，"实际上，齐家、四坝和天山北路之间也存在一些明显的差异，比如就已发表的资料而言，有銎矛仅见于齐家，带援铜刀出于天山北路和齐家而不见于四坝；一端呈喇叭状口造型的耳环和四羊首权杖仅见于四坝等等。造成这种差异的原因应该跟这些文化相互接触和联系的方式、时间和机制有关"[11]。

2006 年，潜伟先生提出"2000BC 左右，甘肃河西走廊的马厂文化和四坝文化（火烧沟）开始进入到哈密盆地（天山北路），带来了彩陶、砷铜与含各种杂质的铜合金，到公元前 16 世纪至公元前 15 世纪这种影响达到高潮；与此同时，也有一支欧罗巴人种的文化活跃在哈密盆地，与河西走廊来的彩陶文化相互交融，促进了天山北路的繁荣"。他认为"新疆哈密地区及甘肃河西走廊的砷铜有可能是共熔还原法生产出来的"，"根据目前的资料，新疆哈密地区与甘肃河西走廊的这些早期砷铜缺乏从外地传播而来的通道，而本地已经具备了砷铜独立起源的必要条件，因此推测这些砷铜是本地生产的，并可能影响到南西伯利亚的卡拉苏克文化"。"天山北路与四坝文化的铜器，无论从器物类型、材质还是制作技术方面来看，都具有较强的相似性，并且与四坝文化晚期的干骨崖墓地更加接近；同时，天山北路铜器有少部分与四坝文化的铜器类型不同，而与本地年代较晚的焉不拉克和南湾墓地有相同之处。目前没有太多的证据说明天山北路铜器在新疆境内有其来源，与中亚和南西伯利亚的安德罗诺沃文化也联系较弱，更大可能从河西走廊的马厂文化和四坝文化找来源；天山北路墓地三、四期可能与南西伯利亚的卡拉苏克文化有关系，铜器也似有这样的迹象"。[12]

三

公元前 2000 年前开始，新疆地区青铜业逐渐快速发展起来。目前考古发现比较重要的与冶铜相关的考古文化遗存，自西向东有阿尔泰山南麓的克尔木齐类型遗存、东部天山南麓罗布淖尔三角洲的小河文化、哈密盆地的天山北路墓地。

先说阿尔泰市的克尔木齐墓地。这一墓地距阿尔泰市不远，共发掘墓葬 32 座。这一墓地不同时代的墓杂糅在一起，情况复杂，只有很少的几座墓葬早到了青铜时代。王炳华先生最早提及克尔木齐墓地的部分陶器，认为其年代可能早到阿凡那羡沃文化时期[13]。王博先生对这一区域类同的材料进行了整合分析，提出了"切木尔切克文化"的概念，认为其属于青铜时代[14]。具体的铜器实际上只包括一件铜铲，另外还有铜刀和铜镞，以及发现的石制铜范。2002 年，林梅村先生提出克尔木齐青铜时代的陶器，源于阿凡纳谢沃陶器，年代在公元前 2200~前 1900 年之间。林梅村认为，克尔木齐文化人群在阿尔泰山南麓的出现，当与黑海里海北岸亚姆纳雅人的东向运动有关，并将其作为欧罗巴人种集团的一支，即他所说的操印欧东方语支的吐火罗人到达新疆东部的标志。这一人群并未在阿尔泰驻足，而是继续南下，奇台县西卡尔孜发现一件橄榄形陶器[15]，被认为是欧罗巴人种集团南下时途经奇台留下的一个证据。欧罗巴人种集团再度南下，进入天山山脉，穿越天山腹地，分布到塔里木盆地的东部区域，最后在孔雀河流域创造了古墓沟—小河文化。[16] 林梅村的研究重新引起了人们对阿尔泰青铜时代遗存性质的关注，学术观点纷出。综合看来，多数学者认为阿尔泰山南麓的那些青铜时代的文化构成因素并不单纯，其中包含有亚姆纳雅文化因素、阿凡那羡沃文化因素、奥库涅夫文化因素、辛塔什塔—彼德罗夫卡文化因素、安德罗诺沃文化因素，甚至还有更晚的卡拉苏克文化因素。不久前，著名的考古学家林沄先生从 2003 年布尔津县阔帕尔谷地出土的两件陶器说起，进而对克尔木齐墓地青铜时代墓葬的诸文化因素进行了细致入微的分析。林先生指出，此前的研究者虽然纷纷举证论述克尔木齐类型与阿凡纳羡沃文化、奥库涅夫文化、安德罗诺沃文化等之间存在着的文化关系，但所举实例并不像他们所言那样证之凿凿，不少缺乏可比性因素，举例不实，存在明显的主观臆断。[17] 克尔木齐墓地与外阿尔泰地区青铜时代诸文化之间的关系，似曾相识，但又不能确认；似有亲缘关系，又不能明确其互相嬗变的轨迹，实际上是一种若即若离的关系，是经历了"杂交"历史之后的文化再现。近些年以来，不断见到阿尔泰山南麓青铜时代考古新发现的报道，新出土的陶器形体更为特殊，阿凡纳羡沃传统陶器基础上的变形表现得更充分，其中的一组陶器更接近阿凡纳羡沃典型器物。新的资料显示，至少在距今 4500 年以内，已经有源于中亚北部草原，特别是南西伯利亚米奴辛斯克盆地的阿凡纳羡沃的人群南下抵达至阿尔泰山南麓一带。

阿凡那羡沃人是怎样出现在米奴辛斯克盆地的？这一直是中亚考古的热点和难点问题。多数学者倾向性认为，阿凡那羡沃人群在米努辛斯克盆地的突然出现与亚姆纳雅人的东迁有关。亚姆纳雅人东迁的途径，不同学者也做过试探。郭物说，在亚姆纳雅文化形成过程中，起过关键作用的另有一支文化，称为瑞品文化，它的年代比亚姆纳雅文化还要早。中亚草原上的瑞品人，其中的一支于公元前 3700 年开始，经 200 多年的迁徙，越过乌拉尔河，向东来到哈萨克草原地区。后来他们继续东进，终于来到叶尼塞河的中游，与这里的土著居民，或者一些相向东来的东方人群相遇，开始了阿凡那羡沃历史的新阶段。体质人类学家研究也分辨出阿凡那羡沃人属于原始的欧罗巴种，这显然与他们的西方出身有关。[18] 阿凡那羡沃人已经较普遍地使用了铜器，掌握着比较先进的冶铸青铜技术。他们用红铜打制耳环、手镯等饰件，还有针、锥、小刀等用工具，另外还发现有金、银和陨铁制作的饰物。有学者推测，阿凡那羡沃人一定使用过类似亚姆纳雅式的带銎扁斧，只是没有成批出土。阿凡那羡沃人在米努辛斯克盆地生活的年代，最初学者们一般推定在公元前 2200 年前后或更晚。近年来的研究成果显示，至少在公元前三千纪的中叶以前，阿凡那羡沃人已经显出繁盛的景象。

其次，说说罗布淖尔三角洲的小河文化。小河文化相关遗存，最早由英国探险家斯坦因发现于罗布湖的北岸。新中国成立前，不断有中外学者在孔雀河两岸发现史前时期的遗迹遗物[19]，其中最重要的是瑞典学者贝格曼 1934 年调查的小河五号墓地[20]。小河墓地的发现，不仅是新疆、甚至是中亚史前考古的重要事件。

新中国成立后小河文化的重要发现，首推 1978 年罗布淖尔三角洲的孔雀河古墓沟墓地的发现发掘，这一墓地以出土保存相当完好，被称为"楼兰美少女"的干尸而闻名。孔雀河古墓沟墓地几乎未见金属器，也没见陶器，发掘者最初怀疑它是新石器时代的遗存。罗布泊发现新石器时代干尸的消息不胫而走，国内学界纷纷扬扬，莫衷一是。这一墓地的 6 座墓葬结构非常独特，地表环围墓室竖着数成百根的木桩，木桩的一端被削成了尖状，斜面平直光滑，绝非是粗笨的石器所能为，此外还有精致的木雕人像和其他木骨质地的器物。观察过这些木制品的学者，相信它一定是用锐利的金属器削刻而成，当时一定存着金属工具。后来，考古工作者又认真整理了墓地材料，确实见有小的铜片，都是纯铜。针对这些复杂的现象，人们又做了一组碳十四数据，年代多集中在距今 4000~3800 年间。此后，孔雀河古墓沟墓地被定格在距今 3800 年前后[21]，墓地使用的上限要超过距今 4000 年。

小河文化发现与研究的全面推进，始自 2002 年开始全面发掘的小河墓地。发掘过程中，考古学者不断在墓地沙层中采集到 1 厘米大小的不规则铜片。这些铜片原镶嵌在墓葬中象征男根、女阴的立木和其他礼仪宗教式器物上面。小河墓地发掘始终，一直都未见有青铜工具出土。同孔雀河古墓沟墓地相比，小河墓地地表的木筑建筑更为宏观，更为复杂。小河墓地形成过程中伐木无数，大都是高大粗壮的胡杨红柳，胡杨红柳的木质坚硬细密，小河人能从树根砍断，且削面整齐，即使在现在，也只有刃部锋利无比的宽刃大斧才能胜任。小河文化的木器异常灿烂。精雕细凿的木雕人像、木雕人面像、木桶、别针，以及无数祭典的器物，有些木器上还精心装饰具宗教功能的密集三角，这些都需要成组成套的刻具，非有刃部相当锋利的刻刀才能为之。有经验的考古学家曾经忠告过我们，研究原始文化时，一方面要始终被客观材料牵着牛鼻子走，同时还要考虑到那些未发现但能断其存在过的技术因素。对于生活在偏居东部天山一隅的罗布淖尔三角洲小河人来讲，他们无疑已经广泛使用了青铜工具。小河墓地发掘将近尾声，才开始清理公共墓区一侧那座独立成葬的木房式、高级别的陵墓。这座墓葬的墓室内残存遗物不多，在墓室底部发现了一件圆形石质权杖头，两件木雕人面像。更为重要的是发现了一面带金环的圆形铜镜，铜镜圆面平直，直径 5 厘米大小，背面有钮，钮外有金环附着。墓地还发现一件铃形铜器，以及一件外形呈柳叶状的带銎铜镞。

小河墓地的墓葬分上下五层，早晚之间遗迹遗物变化明显，可大致分为早晚两期。取自小河墓地不同层位的植物种子、动物毛皮等近 30 个样品的系列测年，并经数据拟合，墓地的年代范围落在公元前 1950~前 1400 范围，早晚期分界约在公元前 1700 年前后。小河墓地发现后，考古学家又在位于塔克拉玛干腹地、和田克里雅河伸向沙漠尾闾的沙漠腹心区找到另一处小河文化的墓地，命名为克里雅河北方墓地。墓地地表采集文物，即代表克里雅河北方墓地废弃年代的遗存，与小河墓地早期遗存接近。就是说，克里雅河北方墓地整体年代要早于小河墓地。克里雅北方墓地废弃的年代，用地表采集的 5 个标本测出的碳十四年代落在公元前 1880~前 1700 年范围。据此进一步地判断，小河文化的人群最早出现在塔里木盆地的年代要早于公元前 2000 年。[22]

第三，谈谈哈密盆地的天山北路墓地。20 世纪 80 年代，在哈密市区的天山北路墓地发掘墓葬约 700 座。这里的墓葬大多是土坑壁砌土坯的小墓，另一些是小的竖穴土坑墓，墓葬密集排列，蜂窝一样错挤着。经常见到一些墓葬的墓边被其他墓葬叠压、破坏。墓葬的墓室都很小，长不过 1 米，宽多在半米以上，最宽的不到 1 米。墓内均葬一人，侧身屈肢，双腿蜷曲至胸前，双手略呈抱膝状。死者蜷曲的下肢旁常放着一件彩陶双耳罐。这种彩陶罐短颈、鼓腹，纹样和器形与河西走廊马厂和四坝文化同时代同类器物十分相似，有的甚至难分彼此。墓地出土器物以青铜器的数量最多，铜器主要为装饰器，其次是生活用具和生产工具。大量的装饰品中，有一部分既是装饰品，同时还充当原始萨满施法时的巫具，或者萨满服饰上的装饰，有的器物形体特殊，是专门的萨满巫具。装饰品主要有耳环、手镯、簪、牌饰、扣、珠、管、镜、铃铛等，其中各种牌饰最为常见。天山北路墓地出土各类铜器当以千计，以牌饰为大宗，牌饰有圆形、长方形、三角形等，有镂孔牌饰，有的牌饰上铸出图案。牌饰以圆形最多，大小不一，表面多平直，部分略呈凹面或微凸，一般平素无纹，有的边缘有两个小孔眼，或背有小钮。圆形牌饰中直径较大的就是早期铜镜，大多为平素无纹的直板铜镜，部分镜背面有一桥形钮，少量纹饰镜，纹饰一般是绕钮一圈或数圈的圆圈纹，圆圈外饰以放射状线，或在圆圈纹间填饰放射状短线。耳环、手镯、铜管、铜珠、泡形铜饰等也发现不少。耳环多是用圆铜丝弯曲成的圆形，其次有桃形，桃形耳环的两端砸成扁圆状或端头变粗。生产工具和武器中最多的是铜刀，小铜刀直柄或环首，柄部铸出凹槽，范有单面也有双面，刀刃多翘。另外还有短剑、穿銎斧等。天山北路墓地使用的时间比较长，早期墓葬陶器中包含有马厂文化因素、四坝文化因素，还有外来文化影响下的特殊器物。[23] 这一墓地使用年代的上限，能推倒在距今 4000 年前。

四

甘青黄河上游和河西走廊，是中国西部早期铜器集中发现的另一重要区域。自西向东，发现青铜器的重要考古文化有河西西部的马厂—四坝文化和甘青地区的齐家文化。

首先说说河西走廊发现的早期青铜器。这一地区最早的青铜器出自甘肃东乡林家马家窑文化类型的 F20，是一件青铜刀，也是目前为止中国境内所见最早的一件完整的成型青铜器。另外还有 2 块铜碎渣。[24]

河西走廊一带属于马厂类型遗存的青铜器，有出自永登蒋家坪[25]、酒泉高苜蓿地、酒泉照壁滩的残铜刀、铜块。四坝文化的墓葬和遗址在河西西部的山丹、民乐、张掖、高台、金塔、酒泉、玉门、瓜州都有发现，它们均位于祁连山以北地区。最初，在属于四坝文化的墓葬和遗址中，铜器只是零星的偶见，到了 1976 年，考古工作者在玉门市的火烧沟发现并发掘了火烧沟墓地，青铜器成批出土，引起了学界的震动。河西地区属于四坝文化的遗址数量并不多，但每处都有铜器出土，数量多寡不一。火烧沟墓地发掘 312 座中 106 座墓中随葬有铜器，出土铜器总数超过 200 件[26]，比后面讲的齐家文化所见铜器的总数还多。但如果与哈密盆地的天山北路墓地比较，又是小巫见大巫。酒泉干骨崖墓地出土 48 件铜器，是四坝文化铜器的另一个重要发现地。另外，民乐东灰山墓地出土铜器 16 件，安西鹰窝树墓地出土铜器 7 件。近年来，在火烧沟附近新发现一处四坝文化的墓地，出土铜器 20 余件，还出土有铸造铜器的陶范。目前发现的属于四坝文化的铜器总数，已经接近 300 件。值得一说的是民乐东灰山墓地和遗址，这里发掘了 247 座墓葬，其中只有 10 座墓葬里零星见有铜器，每座墓里只为孤零 1 件，器小类简，工具只有几件尖头的铜削和小的铜锥，装饰品也只有几件铜手镯和耳环。火烧沟墓地和东灰山墓地是东西毗邻的同一文化的两个部落的集体墓区，两个部落的群体规模差距不大，却在青铜制造业方面相差悬殊，值得关注，从中可以窥视青铜冶铸技术进入河西后的骤然辉煌与顿减。[27]

马厂—四坝文化青铜器的另一个重要发现，是 2007 年以来，甘肃省文物考古所和北京科技大学对张掖西城驿遗址进行的考古调查和发掘。发掘者将这一遗址分为三期，分别相当于马厂晚期、马厂向四坝的过渡时期（西城驿二期）和四坝时期，绝对年代在公元前 4100~前 3600 年间。其年代大体与新疆东部哈密天山北路墓地、塔里木盆地东部小河文化的年代重合。张掖西城驿遗址，处于马厂文化类型晚期的第一期，发现有少量的炼铜炉渣。相当于马厂文化类型向四坝文化过渡的第二期，冶金遗物逐渐丰富起来，除锥、环、泡、管等铜器外，还有石质的镜范、炉渣、炉壁残块、鼓风管等。相当于四坝文化时期第三期，冶金遗物主要有铜器、矿石、炉渣、炉壁残块以及鼓风管、石范、铜颗粒等，铜器类型有刀、环、泡、锥等。张掖的西城驿一带，很可能是河西地区进入青铜时代早期的重要冶铜中心。遗址自早至晚除发现丰富的冶金相关遗存外，还发现麦子和土坯等，小麦和土坯显然是西来的文化因素。[28]

其次，谈谈齐家文化的铜器。甘青地区青铜文化真正发展起来，是到了齐家文化和四坝文化。到目前为止，在甘肃青海境内齐家文化核心分布区的大多遗址和墓地铜器出土寥若晨星。甘肃境内共发现齐家文化遗址650处以上，青海境内发现齐家文化遗址更多，达1100多处，齐家文化的墓葬遗址的分布相当密集，出土器物的总数当以万计。在近两千处齐家文化的遗址里，出土铜器的遗址和墓葬仅有十多处，不足百分之一。李水城2005年的统计，齐家文化铜器的总数不过130件[29]。潜伟2006年的统计，齐家文化8处遗址出土铜器，共见铜器75件[30]。截止到2014年，齐家遗址出土的铜器，重要的有甘肃武威皇娘娘台的30件，青海贵南尕马台的39件，甘肃积石山县新庄坪的12件，甘肃武威海藏寺的12件，甘肃永靖秦魏家的8件，青海互助总寨的4件，甘肃广河齐家坪的3件。铜器的种类简单，有刀、斧、锥、环、矛和镜等。在齐家文化出土青铜器比较集中的墓地里，值得提及的是尕马台墓地，这一墓地43座齐家文化的墓葬中，有9座墓葬出土有青铜器，另有4座墓的铜器已经锈毁，仅在局部人骨处遗留有绿色铜锈痕迹。齐家文化中，属尕马台墓地发现铜器最为集中，但种类单一，除一件铜镜外，其余铜类均为小件装饰品，以铜环、指环、手镯、泡为主。制法大多为热锻成型，偶见的铜镯是铸造的，仅见的铜镜用合范铸制，显出较高的工艺水平。最近，冶金史家又对尕马台出土的22件铜器进行了成分分析，除12件铜泡不含砷外，其余10件器物均含砷。其中，砷铜4件，类砷铜2件，铅青铜1件，红铜3件，锡青铜12件。显示多种合金并存，以锡青铜为主。[31]比起齐家文化其他墓地和遗址，尕马台人在青铜工业方面显赫一时。尤其是尕马台墓地的M25，出土了一面七角星纹的铜镜，学术界将其当作是中国境内最早的一枚铜镜。这面铜镜一经出土，犹如投石击水，引发关于铜镜探源的波浪涟漪。这枚铜镜自出土后一直被当作是圆形平板镜，但据任晓燕女士最近介绍，这枚镜在清理中发现有木柄与铜镜上的双孔系绳捆绑，据此可知尕马台这件所谓的中国境内最早铜镜原来带有木柄。[32]尕马台墓地墓葬的布局和葬俗葬式非常奇特，40余座墓葬排列比较整齐，墓葬里多葬单人，也有合葬墓。40余座墓葬中有30多座为俯身葬，一些个体的头颅不知去向，也有二次葬和扰乱葬现象。尕马台墓地墓葬习俗与其后的卡约文化非常相近。铜器中除知名度极高的七角纹铜镜外，其余多是一些装饰品，有指环、手镯、铜泡，也与其后的卡约文化铜器风格相类相似。比较而言，尕马台墓地从埋葬习俗到铜器风格，与齐家文化的差距较大。近来有学者认为，尕马台人只是齐家人的后裔，他们已经演变成了早期的卡约人，不能再算入齐家文化的范畴。[33]尕马台墓地的年代的上限，可能不会早于公元前1500年。

五

从内陆欧亚更宽广的视野看，西亚和中亚的西部距今六千年开始繁荣起来的青铜文化四向传播，进入中亚东部的时代不会晚于距今五千年。距今4500年前后，阿尔泰山地出现东方最早的、掌握着先进冶铜技术的人群。新疆东部天山的哈密盆地和罗布淖尔三角洲地区距今2000年以前突然出现的青铜器群，在当地未有先兆，犹如天降。越来越多证据表明，这一区域青铜业的异军突起，与公元前2500年前后开始由北向南的人群迁徙和文化的互动有关。继而随着东西文化的互动，青铜工业迅速在甘青河源之地、河西走廊蔓延开来，揭开了齐家文化和四坝文化中青铜工业的序幕。青铜器自西向东的传播，走出的是一条青铜之路。伴随着青铜之路进入东方的不仅有青铜技术，还有小麦的种植技术、牛羊的畜养技术。这些物质层面的因素，共同对东方文明的发展与成熟产生了深远的影响。[34]西来文化对黄河上源的影响，很可能萌芽于马家窑文化时期，特别是在马家窑文化的半山类型里，陆续出现一些包括家养绵羊、奇异的葬俗、墓葬形制在内的新文化因素，沟通了半山类型与西方之间的联系。西方文化对河源地带的影响，到了齐家早期和马厂时期频繁起来，比如马厂彩陶中突然流行的"卐"字符号，就是西来文化潜入河湟地区的有力证据。[35] 至齐家中晚期、四坝文化时期，东西文化的交流达到一个新的高峰。

六

考古发现表明，中国早期青铜文化分布区内，绝大多数的铜器都是在该考古文化分布区内制作，并非由外来直接的传入品。

新疆阿尔泰克尔木齐墓地早期遗存为代表的考古文化类型，与南西伯利亚的阿凡纳谢沃文化关系密切。阿凡纳谢沃文化在公元前 2500 年到公元前 2000 年前后。克尔木齐墓地早期的 M17 出土两件石范[36]，一件是用来铸造铜刀，范刀的形式同 M16 中发现的铜刀；另一件是铸造铜铲的范，塔城地区发现过同类铲的实物[37]。近年来，伊犁、塔城、昌吉等地发现过多件早期青铜竖銎斧、穿銎斧、矛和镞的石范[38]。阿尔泰青河县三海子发现有上下相合的一套石范，从范的样子看，铜液是由器物的尖部注入，用这一石范一次可铸造一把环首刀、二把小铜锥和一把带细柄的小锤，其中细柄小锤在考古中尚未发现过实物[39]。四坝文化火烧沟墓地曾采集到一件双连镞石范，范上镞的形状与出土器物一样[40]。四坝文化火烧沟居民铸造的那件著名的青铜权杖头，常常被看作是中国早期冶铸铜器技术发展的阶段性和标志性器物。青铜权杖头的外形很像是一个梨状的铜管，中部圆球状鼓起，中空，高 8、口径 2.8 厘米。权杖体下有穿銎的短管，铸成平行四道凹螺旋装饰，銎管中有段木柄，权杖梨状凸鼓的腹部铸出对称的四个羊首，羊角圈卷，虽未细致表现羊首，但已神形具备。四羊装饰的青铜权杖头需要多模合范的技术才能铸制出来，表明火烧沟青铜工匠的合范技术已经十分娴熟。最近发掘的张掖西城驿遗址，在属于四坝时期文化层中采集到一件铸权杖头的石范，已残，石质较坚硬，残高约 6.4 厘米。该范似半个权杖头，内腔较为干净光洁，没有明显的使用痕迹，推测是在加工过程中因破裂而废弃的半成品。该范与火浇沟居民铸制的青铜权杖头主体形状极为接近。这类造型复杂的权力仪式类器物为当地所铸造。新疆东部天山青铜时代早期遗址、河西西部的西坝文化，最常见的青铜器物之一是铜镜。西城驿遗址第二期发现有铸镜石范，说明铜镜也是当地铸造。[41]

七

南西伯利亚、阿尔泰及哈萨克斯坦东部一带的金属产品多以锡青铜制成。比如奥库涅夫文化和塞伊玛—图比诺文化的青铜器，几乎都用锡青铜制作；安德罗沃诺文化的铜器也主要为锡青铜，锡含量集中在 3%~10% 的范围，砷铜极少见。[42] 新疆塔城地区出土的安德罗诺沃文化风格的铜器，均为锡青铜制成，含锡量与典型的安德罗诺沃铜器相同，在 2%~10% 范围内。[43] 哈密天山北路墓地所出铜器多为锡青铜，19 件被测样品中有 15 件用锡青铜制成。[44] 潜伟等人对天山北路墓地的 89 件样品进行检测，发现 61 件为锡青铜。[45] 马家窑文化那件最早的铜刀，用激光微区分析，结果是锡青铜，估计锡的含量在 6%~10%。永登蒋家坪马厂文化类型遗址出土一件铜刀，经激光微区分析也是锡青铜。[46] 齐家文化武威皇娘娘台遗址出土的 30 件铜器，经检测均为红铜。永靖秦魏家 8 件铜器标本，检测 7 件，有 2 件含锡。广河齐家坪出土的铜镜为锡青铜制作。四坝文化火烧沟墓地检测的 65 件标本中，有一半是合金，较多的亦是锡青铜。民乐东山灰检测的 15 件铜器标本中，有 2 件是含锡的青铜。酒泉甘骨崖遗址 48 件铜器，有 45 件进行了检测，30 件是含锡的青铜。安西鹰窝树出土的 7 件铜器，经检测全为锡青铜。[47] 2005 年，李水城将齐家文化青铜器和河西走廊、新疆东部青铜器划分相互独立的东区和西区，主要是他认为齐家文化的冶金技术属于东方的锡青铜传统，后来他又依据这一标准，将龙山—二里头铜器纳入到东区内。

实际上在西区的合金铜器中，更多的依然是锡青铜。据此，梅建军等认为"锡青铜在新疆东部的普遍使用并非一种孤立现象，而很可能与整个欧亚草原地带的文化演进存在着某种关系"[48]。进一步说，齐家文化和西坝文化中的锡青铜技术也很可能同西方冶铜技术有渊源关系。所以，是否能依这一标准将齐家文化青铜器与四坝和新疆东部青铜器分开，作为一个相对独立的青铜文化圈，值得商榷。

西北地区青铜合金中发现有含砷的砷青铜，更引起了冶金史家们的更多关注。据研究，人类在公元前五千纪后期到公元前四千纪上半叶就开始使用砷铜，砷铜是人类冶金史上出现最早的合金。考古学家列举以下例证说明砷青铜向东传播的过程。伊朗 Susa 发掘出土的公元前 4000 年前后的 19 件铜器中，6 件铜器的含砷量 1%；属于公元前 3900~前 3500 年的遗址中出土的 18 件铜器中，有 11 件砷铜，含砷量高达 5%，研究者认为这是具有典型意义的人类最早使用砷铜的实例；公元前 4000 年前后，砷铜广泛传播，在许多地方逐渐取代红铜而成为最重要的金属；公元前 3500~前 3000 年的叙利亚、巴勒斯坦、以色列、埃及、希腊及东南欧部分地区均使用过砷铜制品；公元前 3000~前 2000 千年的意大利、伊比利亚及高加索出现过砷铜器，公元前 2500 年~前 2000 年印度的哈拉帕文化也发现了砷铜器。锡青铜大约在公元前四千纪在近东地区出现，但是真正替代砷铜是到了前二千纪初期。在早期青铜时代（EBA）和中期青铜时代（MBA），砷铜仍占有着统治地位，到了晚期青铜时代（LBA），锡青铜才取代砷铜成为最重要的金属合金。[49] 亚欧草原西部是早期砷青铜发现最重要的地区，青铜时代的中期，欧亚大陆交界处的乌拉尔一带就出现了砷铜的重要生产中心。俄罗斯考古学家切尔尼克认为，砷铜代表的是欧亚草原中西部乌拉尔山一带的技术传统，这种技术其后向中亚传布，阿巴舍沃文化的铜器以砷铜为大宗。据切尔尼克统计，在 353 件塞伊玛—图比诺的金属器物中，砷铜，包括含锑的砷铜有 125 件，占 36%。切尔尼克认为砷青铜在阿尔泰地区的出现，反映了这一技术由西向东传播。

最初，冶金史家在四坝文化民乐东灰山墓地见到多件砷铜制品时，并没有意识它们与中西文化的交流有关。[71] 第一次对四坝文化火烧沟墓地的 65 件铜器进行成分分析，发现有 5 件含有少量的砷，但不能确定为砷青铜。后来又对这一墓地的 29 件样品进行检测，有 13 件样品的含砷量超过了 2%，确定为砷铜器，且这些砷铜器物主要是铸造的。[72] 李水城和水涛认为，这些砷铜器是用铜砷共生矿冶铜的自然结果，而非远距离贸易传播的结果。[73] 新疆地区，最早在鉴定哈密五堡墓地的青铜器时，发现 1 件铜环和 1 件小铜铃含砷，含砷量在 3%~5%，另在哈密市的天山北路墓地，也发现 1 件含砷量在 2% 的锡青铜。后来，对天山北路墓地 19 件器物检测时没有发现砷铜[74]，接着冶金史家又对天山北路墓地 89 件铜器检测，见有砷铜 10 件，同时发现这一地区的南湾、五堡、焉不拉克及黑沟梁等墓地均出有砷铜。哈密腐殖酸厂墓地出土的一件铜扣，还是由铜砷铅三元合金制成。天山北路墓地检测出砷铜后，冶金史专家也怀疑它们与冶炼共生矿关[75]。罗布淖尔三角洲的小河墓地标本检测的结果如下：7 件"金耳环"中，除 1 件为纯金器外，其余 6 件均为金银合金所制；14 件铜器中，锡青铜有 9 件，纯铜器 2 件，铜铅合金 2 件，铜锡砷三元合金 1 件。梅建军认为，小河墓地检测结果说明，锡青铜在新疆青铜时代的金属器中占有主导地位。小河墓地发现了中国境内年代最早的纯锡器，意义重大，表明这里最早出现的锡青铜就是用铜、锡两种金属配炼的合金，而不是共生矿的结果。纯锡器的存在和锡青铜的普遍而持续地使用，又暗示新疆史前时期很可能就有了比较充足的锡矿和铜矿来源。小河墓地出土铜器中有 1 件残铜箭镞，这件镞的含锡量达 7.1%，且是铜、砷、锡的三元合金，含砷 1.5%；另有 1 件为铜和铅的合金。这些鉴定结果表明，小河人掌握着高超、复杂的合金技术。金属材料来源的多样性，透视出小河文化与同时代其他文化之间存在着密切联系[76]。小河人冶金工业多元并存，所以一定不会处于青铜冶金技术发展的初始期，而是已达到相当成熟的地步，处于繁盛阶段。西城驿遗址第一期仅见铜炉渣，第二期开始有铜砷的合金，从二期到三期，砷青铜呈现增多趋势，共发现 9 件砷青铜。砷青铜的砷含量在 2.3%~7.16%，大部分集中在 5% 左右。据研究，砷含量在 2%~6% 时，砷青铜具有最好的综合机械性能。西城驿遗址包含大量铜渣、矿石等冶铜遗物，说明砷青铜器物为当地生产。[77] 冶金史家在早些时候对齐家文化铜器检测时也没有发现任何砷铜的踪迹，后来重新检测时也找到了砷青铜产品。（表一）

表一　中国境内早期青铜器中发现的砷铜简表

出土地点	鉴定器物类型	鉴定铜器数量	砷铜件数
甘肃民乐东灰山[50]	耳环、刀、锥、管	15	12
甘肃酒泉火烧沟[51]	?	37	13
甘肃酒泉干骨崖[52]	耳环、泡、锥、刀	46	10
广河齐家坪[53]	刀、镜、镯、泡、锥	8	2
天山北路墓地[54]	扣、牌饰、铜珠、手镯、耳环、针、锥、镞	69	11
新疆哈密五堡[55]	环、铃	2	多件
新疆哈密腐殖酸厂[56]	环、残铜片	2	1
新疆哈密黑沟梁[57]	管、镜	2	?
新疆哈密焉不拉克[58]	?	?	?
新疆巴里坤南湾[59]	?	?	?
新疆尼勒克奴拉塞铜矿[60]	数件	数件	
内蒙古朱开沟[61]	针、凿、臂钏、耳环、指环、环首刀、戈	33	4
河南偃师二里头[62]	残片、锥、笄、熔铜块	22	4
山西襄汾陶寺[63]	铜环、铜片、铜铃、齿轮形器	4	1
山西夏县东下冯[64]		17	1
青海同德宗日遗址[65]	铜环、铜饰等	3	1
甘肃省临潭陈旗磨沟遗址	耳环、扣、泡、环、臂钏	46	22[66]
青海贵南尕马台[67]	铜镯、铜镜、铜泡等	30	11
甘肃省玉门古董滩[68]	残铜片、铜颗粒	?	2
甘肃玉门砂锅梁[69]	残铜块、铜颗粒	12	4
张掖西城驿遗址[70]	锥、环、条	34	9

　　新疆和甘青地区早期砷青铜的发现越来越多，使人们逐渐意识到它的存在和早期东西文化的交流相关。潜伟等也曾认为，"砷铜在我国北方和西北地区已经不是孤例，它们与北方草原文化及西方的早期青铜文明之间的联系是值得深入研究的课题，特别是西北地区自古就是中西文化和技术交流的重要环节，这里出土的砷铜理应受到格外重视"。砷铜器的不断发现更进一步地反映出，新疆、甘青地区早期青铜文化与欧亚草原青铜文化间存在着联系及相互影响。[78] 李水城在后来的文章中也指出，河西走廊至东疆一带的砷铜合金很有可能受到了中亚地区的技术影响，欧亚之间早期砷铜工艺对了解砷铜在新疆及河西走廊的出现有重要价值，在研究这些砷铜时，不可忽视东西方之间的交互作用。[79]

　　西北砷青铜冶炼起源研究中，特别值得注意的还有新疆伊犁尼勒克奴拉赛铜矿。冶金史专家最早在这里找到铜砷铅合金的炼渣。奴拉赛铜矿是目前中亚地区发现的规模最大的一处古铜矿冶遗址，这一遗址位于伊犁尼勒克县伊犁河支流喀什南岸。由这一矿井最后使用阶段、矿口支木所测的碳十四年代，集中在距今 2500 年前后[80]，这个数据反映的是奴拉赛古铜矿废弃的大体年代。哈密腐殖酸厂的一件铜扣经过鉴定，就是利用奴拉赛铜矿最晚阶段的铜砷铅三元合金制成，两者在年代上也大体相同。奴拉赛矿区发现有十余处古矿井，其中在一号矿体下 15 米深处发现有一深 30、宽 6、长 8 米的古代采空区。据调查，奴拉赛及其附近的圆头山一带，方圆数公里矿山中的富矿脉早已被古人开采殆尽。奴拉赛铜矿曾长期开采，使用的时间相当长久。奴拉赛铜矿冶炼工艺类型研究表明，这是一处"目前我国发现的使用'硫化矿—冰铜—铜'工艺最早的，也是亚欧大陆唯一的一处通过添加砷矿物来冶炼高砷铜合金的古矿冶遗址"，遗址铜渣中的"砷是另外添加的，因而所获产品砷铜也应是古人有意追求的"，经研究发现"砷应是在流程后期的还原熔炼工序中添加的"，"流程后期的还原熔炼冶炼的是经过焙烧的冰铜，同时添加砷矿物，最后获得砷铜"。[81] 奴拉赛古铜矿开采的上限还难以确定。战国以前的数个世纪，伊犁河谷就已进入早期铁器时代。早期铁器时代，人们普遍使用铁器，古人更迫切需要寻找的是铁矿，然而传统还在延续，冶铜业并没有荒废。当时冶铸工业还处于原始阶段，人们全靠手抬肩挑运送矿料，用粗笨的石器掘山开矿。奴拉赛人开矿用的石器在矿洞里和矿前随手可捡，石器呈亚腰状，亚腰处用于捆绑系绳。这样的手工作业条件下，奴拉赛的矿工们不可能一朝一夕就把整个山体挖空。奴拉赛铜矿让我们联想到，高加索山区相邻中亚西部区域掌握着砷青铜技术的几支产业大军，在进入公元前三千纪后已经开采了许多大型的矿脉，掀起了中亚地区青铜革命的浪潮。史前时期，没有国家，更无行政的边界，人们自由活动。所以在更早的时候，中亚西部那些寻铜的矿师在东进过程中发现了奴拉赛这座最富的矿脉。这一推测不会是空穴之风。

从目前的发现看，中国含锡特别是含砷的铜合金，主要发现在西北阿尔泰山麓，哈密盆地青铜时代墓葬、马厂晚期到四坝文化遗址和墓葬、齐家文化较为普遍发现，此外朱开沟文化、二里头文化也有少量发现。陶寺遗址出土的轮形铜器显然是西来的，也是一件砷铜制品。从砷铜器的发现量来讲，越向东越少，以至于偶见，到中原内地已基本被新的青铜冶炼技术取代。欧亚大陆东西方砷铜器的发现不是一种偶然现象，它为我们指示出一条砷青铜冶炼技术由西向东的传播线路：由欧亚草原到阿尔泰山区、伊犁河谷，到新疆东部，再到河西的甘肃地区，新疆东部和甘青地区是砷青铜的主要分布区。中国北方地区和中原地区偶见的砷铜器，很可能是受到新疆、甘青地区砷青铜影响的结果。砷青铜器的存在，是新疆东部和甘青地区区别于中国北方和中原地区早期青铜器的一个重要特征。

最近梅建军博士等通过对新疆出土的早期铜器的铅同位素比值研究，对制作这些铜器铜料的来源进行了有益的探索。所检测的标本分别是出土于和静县察吾呼墓地的 5 件铜器[82]，采自尼勒克奴拉赛铜矿的 12 件矿石、炉渣及铜锭[83]，以及出土于哈密天山北路、腐殖酸厂、黑沟梁和庙尔沟的凿、残铜片、牌饰、剑、扣、镜、刀等。检测结果发现，察吾呼沟墓群、天山北路墓地所出铜器的矿料来源于天山山脉所蕴藏的金属矿产。虽然这方面的科学研究刚刚开始，所测的标本发现地点和数量都不多，但从初步研究结果看，新疆不少铜器的铜料来源可能与奴拉赛铜矿有关。腐殖酸厂墓地由铜砷铜三元合金制成铜扣，这种合金组成恰与奴拉赛炼铜遗址的铜锭成分吻合，如上所讲，可明确表明这件铜器是用奴拉赛生产的铜料制成。[84]

八

新疆地区，以伊犁河谷为中心，包括新疆北疆的一些地区，发现的早期铜器可以和中亚的安德罗诺沃文化划为同一个冶金文化圈或受到安德罗诺沃冶金文化圈的影响，其主要器类有垂背斧（横銎斧）、镰刀、有銎凿或有段的凿、矛、铲、锤、折背刀、直柄宽刃刀、直柄双面刃的刀等，主要为生产工具，有的可能是武器。这些类型的铜器不少在亚欧草原地带很早就出现了，是亚欧草原地区青铜文化的主要组成部分。以伊犁河谷为中心，准噶尔盆地西和北缘应该是中央欧亚草原青铜文化向西分布的边缘区域，在今天的中国青铜文化版图上构成了一个独特的背靠中央欧亚草原的青铜文化圈，它对新疆天山地区，并通过新疆对中国青铜文化产生了深远影响。[85]

2015 中国·广河
齐家文化与华夏文明国际研讨会论文集

公元前三千纪末到二千纪上半叶，首先出现在新疆东部，以哈密天山北路墓地和罗布淖尔小河文化为代表，并很快在河西走廊四坝文化和甘青地区的齐家文化分布区蔓延开来的青铜器群共性突出，它与以二里头青铜器为代表的中原式青铜器和以鄂尔多斯式青铜为代表的中国北方系青铜器有很大区别，更与欧亚北部和西部草青铜地带的青铜器判然有别，从而形成了西北青铜文化圈。西北青铜文化圈的青铜器，工具主要以各类铜刀为主，有直柄和环首柄的，其次是骨柄铜锥。环首和直柄的铜刀，几乎是西北青铜文化圈铜器的标志性器物，形体上大同小异，不同区域的文化略显差异。其他形体较大的工具和武器很少发现，并多与北方草原同类器同脉共源。构成青铜器群的大宗主流还有各种饰件，主要有圆形牌饰（铜镜或镜形饰）、方形牌饰、蝶形牌饰。其中铜镜在东天山地区突然兴起，流至河西，经河湟谷地，传播到中原地区，源流轨迹清楚。[86] 只要比较一下哈密天山北路墓地出土的蝶形铜牌[87] 与青海大通上孙家寨出土两件蝶形牌饰[88]，就知道了这类器物自西向东传播的先后与源流；只要比较一下天山北路墓地放射状纹的镂孔牌饰[89] 与广河齐家文化博物馆收藏的太阳纹铜牌饰[90]，就会发现它们文化上同源共流，还会对陶寺文化那件孤独的齿轮形铜器的来源有比较清楚的认识；只要将哈密天山北路墓地那些长方形镂孔牌几何纹牌饰[91] 与西北地区到中原二里头文化中突然流行起来的长方形镶嵌绿松石兽面铜牌[92] 对比一下，它们的源流就会更清楚一些；只要将密天山北路墓地出土桃状铜耳环与齐家文化和四坝文化同类耳环放在一起，就会发现它们几乎不存在大的变化。另外还有权杖头，对此李水城先生有过系统的论述[93]，西城驿权杖头铸范的发现，使人们对权杖头流布与使用的情况了解得更多。铜管饰以及各种泡饰、铜珠、联珠铜饰等等，西北甘青地区的发现与哈密天山北路墓所见可谓一脉相承。大体上以此为基础，形成了中亚东部西区新的青铜文化传统，构成了面向中国西北和北方地区的青铜文化区域。这支青铜文化在向东和北传播演化的过程中，又形成了具有地方青铜文化特征的早期青铜文化圈。如上所述，中国由公元前二千纪初开始逐渐形成的早期冶金文化圈大体可划分为西北青铜文化圈、黄河中下游的中原青铜文化圈和北方地区青铜文化圈。

西北青铜文化圈是本文完善的一个新的概念。这一青铜文化圈主要包括甘青地区马厂文化、齐家文化、四坝文化、卡约文化、辛店文化、诺木洪文化及其后沙井文化才及河西一带的"兔葫芦组"；新疆地区哈密盆地的林雅文化、焉不拉克文化、吐鲁番盆地的洋海文化、苏贝希文化，罗布泊的小河文化，焉耆盆地和库车盆地的察吾呼沟文化，塔里木盆地南缘的扎滚鲁克文化等。中国西北青铜文化圈内不同区域发现的青铜器，从文化特征上看前后相承，其发展、变化的线索和轨迹都比较清楚。时代上，西北青铜文化圈始于公元前三千纪末，向后一直延续到战国，有的地区甚至到了汉代。另外通过比较发现，黄河中下游青铜文化圈和中国北方青铜文化圈的铜器群区别明显，分布区域虽有交错，但是各有自己分布的中心区，西北青铜文化圈与黄河中下游青铜文化圈之间的区别更为明显，对此学术界已有过讨论。西北青铜文化圈与中国北方青铜文化圈间则存在着千丝万缕的关系，表现出更多的共性，这也是一些学者将这一青铜文化圈内的甘青铜器纳入北方青铜器文化圈认识的重要原因。

这里之所以将甘青、新疆和中国北方青铜文化分开，将其作为一个相对独立青铜文化圈，主要考虑到它们两者之间至少存着以下重要区别。①两个青铜文化圈内青铜器物群中的同类器物，不少形态上有明显变化、区别。②西北地区普遍存在砷铜，中国北方地区砷铜只是偶见，这些砷铜很可能是由西北地区传入。③这两个不同的青铜文化圈内，考古文化之间的关系甚为密切，不少考古文化间存在着文化上的互动或同源关系。这一时期，甘青地区有着自己相对独立的考古文化发展和演变谱系；新疆虽然也存在着与甘青地区相对独立考古文化谱系，但新疆地区青铜文化圈内上述的考古文化和西北地区的史前考古文化存在着很深的亲缘关系。比较而言，中国北方地区和西北的甘青、新疆西北地区基本属于不同的考古文化谱系区，而且在空间上也存在着很大的距离。④这两个文化圈虽然在青铜文化面貌上存在着不可忽视的共性，但是它们发展的轨道并不完全相同，各自存在着其内在的演变规律。中国西北区青铜文化圈出现和形成的年代较早，以小河文化、林雅文化、四坝文化、齐家文化为代表，公元前二千纪初到公元前二千纪前半已经较为繁荣。公元前二千纪中叶以后的诸阶段，这一区域内的青铜文化并未有突出或者明显的发展，个别考古文化中的青铜文化和此前阶段相比甚至还出现了衰退迹象，如从林雅文化到焉不拉克文化，由齐家文化到辛店文化等。总的看来，西北青铜文化圈中的铜器制作业到公元前一千纪的后半开始走向衰落。中国北方地区青铜文化出现略晚，夏代时这里的青铜文化圈尚未形成，从公元前二千纪中叶开始并经商周的发展，中国北方的青铜文化才走向繁荣，其后这种局面虽在不同地区和时段有所起伏，但一直延续到春秋战国。⑤中国北方地区具有代表性的青铜文化因素，如短剑、战斧等武器，以及各种形态和不同表现方式的动物纹牌饰，在西北地区并没有真正地发展起来，西北青铜文化圈中发现的动物纹牌饰和偶见的短剑显然是由中国北方区传入。⑥如上所述，中国北方青铜文化圈始源于西北文化圈。另外需要补充说明的是，两者之间的相似性可能是由于西北地区和中国北方在生产经济、环境方面具有更多的一致性，而和黄河中下游黄土地带差别明显，因而前两者在文化上存在着更为密切的关系。[94]

九

梅建军博士曾借用戴蔻琳关于"彩陶"和"草原冶金"的传统说法，评价过笔者关于西北青铜文化圈的论述。梅建军认为"西北青铜文化圈"这个概念是较为适当的，它的确有助于从总体上把握西北地区早期冶铜业的区域特征，无论是齐家还是四坝或天山北路，尽管其铜器与"欧亚草原冶金区"有着千丝万缕的联系，但这些文化有一个共同的基本特征，那就是这些人群使用彩陶容器，也拥有一些独特的铜器类型，提示着区域性技术创新的存在。这样一种"既联系又区别"的观点，对当下认识和讨论早期青铜冶金在中国其他地区的发展具有重要的启示意义。[95]

中国西北文化圈的形成过程，是以西方青铜技术西东互动与东方彩陶艺术东西向流布为背景展开的一场意义深刻的历史对话，是一场青铜革命。始于西方的冶金技术、小麦种植技术以及牛羊驯养，这些更多体现技术层面的要素，以及器物造型和其他一些在精神领域起作用的象征符号系统，都是构成西亚早期文明的核心要素。它们历经曲折征程，辗转进入东部天山、河西走廊和甘青河湟流域，经过沿途的文化影响逐渐脱离其在原发之地的本初意义，由传入因素转化为地方因素。它们来到东亚西部，从东部天山到河湟流域，不断与东方发达的彩陶艺术、粟黍类农业种植、猪鸡等家畜饲养技术汇流（这些都是构成东亚以黄河流域为中心的早期文明的核心要素），再加上随后而至的通神的玉器工业，交相辉映。不同渊源的文化文明因素，在中国西北的辽阔地区碰撞，产生了无与伦比的文化创造力，最终孕育出了齐家文化相对成熟的文明体。齐家文化融汇黄河流域文明要素和西来的文明要素为一体，是欧亚东方具有完善的文明体系结构，最早叩开文明大门的文化体，很快在与中原互动的过程中拉开了中原早期文明的历史序幕。

注释：

[1] a.易华：《青铜之路：上古西东文化交流概说》，《东亚古物（A卷）》，文物出版社，2004年；b.刘学堂：《青铜长歌》，甘肃人民出版社，2015年。

[2] 白寿彝：《中国通史（第二卷）》，上海人民出版社，1994年。

[3] 孙华：《中国青铜文化体系的几个问题》，《考古学研究——庆祝邹衡先生七十五寿辰暨从事考古研究五十年论文集》，科学出版社，2003年。

[4] 孙华：《中国青铜文化体系的几个问题》，《考古学研究——庆祝邹衡先生七十五寿辰暨从事考古研究五十年论文集》，科学出版社，2003年。

[5] 李水城：《中国西北地区的早期冶铜业及区域文化的互动》，《吐鲁番学研究》2002年第2期。

〔6〕李海荣:《北方地区出土夏商周时期青铜器研究》,文物出版社,2003 年。

〔7〕林沄:《夏代的中国北方系青铜青铜器》,《边疆考古研究(第一辑)》,科学出版社,2002 年。

〔8〕杨建华:《东周时期新疆地区与周边地区的文化联系》,《庆祝张忠培先生七十岁论文集》,科学出版社,2004 年。

〔9〕李水城:《中国西北地区的早期冶铜业及区域文化的互动》,《吐鲁番学研究》2002 年第 2 期。

〔10〕李水城:《中国西北地区早期冶铜业及区域文化的互动》,《考古学报》2005 年第 3 期。

〔11〕梅建军、高滨秀:《塞伊玛—图比诺现象和中国西北地区早期青铜文化》,《新疆文物》2003 年第 1 期。

〔12〕潜伟:《新疆哈密地区史前时期铜器及与邻近地区文化的关系》,知识出版社,2006 年。

〔13〕王炳华:《新疆地区青铜时代考古文化试析》,《新疆社会科学》1985 年第 4 期。

〔14〕王博:《切尔木切克文化初探》,《考古文物研究——纪念西北大学考古专业成立四十周年文集》,三秦出版社,1996 年。

〔15〕奇台县文化馆:《新疆奇台县发现的石器时代遗址与古墓》,《考古学集刊 (2)》,1982 年。

〔16〕林梅村:《吐火罗人的起源与迁徙》,《新疆文物》2002 年第 3、4 期。

〔17〕林沄:《关于新疆北部切尔木切克类型遗存的几个问题》,载《庆祝何柄棣先生九十华诞论文集》,三秦出版社,2008 年。

〔18〕关于阿凡纳美沃在米奴辛斯克盆地出现的情况,这里主要参考了郭物的博士论文 《新疆天山地区公元前一千纪的考古学文化研究》。

〔19〕伊弟利斯·阿不都热苏勒、李文瑛:《罗布泊地区古代人类活动》,《中国罗布泊》,科学出版社,2007 年。

〔20〕(瑞典)贝格曼著,王安洪译:《新疆考古记》,新疆人民出版社,1997 年。

〔21〕a.王炳华:《孔雀河古墓沟发掘及其初步研究》,《丝绸之路考古研究》,新疆人民出版社,1996 年;b.王炳华:《古墓沟人社会文化生活中几个问题》,《丝绸之路考古研究》,新疆人民出版社,1996 年。

〔22〕a.小河墓地的材料主要引自伊弟利斯·阿不都热苏勒、李文瑛:《解读楼兰史前文明之谜——新疆罗布泊小河墓地》,《中国年度十大考古新发现·2004》,生活·读书·新知三联书店,2006 年;b.《罗布泊史前环境与人类活动》,《中国罗布泊》,科学出版社,2007 年;c.新疆文物考古研究所:《2002 年小河墓地考古调查与发掘报告》;d.吉林大学边疆考古中心编:《边疆考古研究·第 3 辑》,科学出版社,2004 年;e.《2003 年罗布泊小河墓地发掘简报》,《文物》2007 年第 10 期;f.小河考古队:《新疆罗布泊小河墓地全面发掘圆满结束》,《中国文物报》2005 年 4 月 13 日。

〔23〕李水城:《天山北路墓地一期遗存分析》,《俞伟超先生纪念文集》,文物出版社,2009 年。

〔24〕甘肃省文物工作队:《甘肃东乡林家遗址发掘报告》,《考古学集刊 (4)》,科学出版社,1984 年。

〔25〕孙淑云、韩汝玢:《甘肃早期铜器的发现与冶炼、制造技术的研究》,《文物》1997 年第 7 期。

〔26〕李水城、水涛:《四坝文化铜器研究》,《文物》2000 年第 3 期。

〔27〕刘学堂:《四坝文化与青铜之路》,《百色学院学报》2015 年第 1 期。

〔28〕甘肃省文物考古研究所等:《甘肃张掖市西城驿遗址》,《考古》2014 年第 7 期。

〔29〕李水城:《中国西北地区早期冶铜业及区域文化的互动》,《考古学报》2005 年第 3 期。

〔30〕潜伟:《新疆哈密地区史前时期铜器及其与邻近地区文化关系》,知识出版社,2006 年。

〔31〕a.罗武干、任晓燕、王倩倩等:《青海省贵南县尕马台墓地出土铜器的成分分析》,待刊;b.任晓燕:《论尕马台墓地丧葬习俗及相关问题》,2015 年中国·广河齐家文化与华夏文明国际研讨会论文。

〔32〕a.罗武干、任晓燕、王倩倩等:《青海省贵南县尕马台墓地出土铜器的成分分析》,待刊;b.任晓燕:《论尕马台墓地丧葬习俗及相关问题》,2015 年中国·广河齐家文化与华夏文明国际研讨会论文。

〔33〕关于尕马台墓地的认识,这里主要参考和同意陈小三博士在其博士论文 《河西走廊及其邻近地区早期青铜时代遗存研究》中表述观点。

〔34〕刘学堂、李文瑛:《史前"青铜之路"与中原文明》,《新疆师范大学学报》2014 年第 2 期。

〔35〕刘学堂、李文英:《公元前二千纪的新疆 (二)》,《新疆民族研究论集》,民族出版社,2015 年。

〔36〕新疆社会科学院考古研究所:《克尔木齐古墓葬发掘简报》,《文物》1981 年第 1 期。

〔37〕a.李肖:《新疆塔城市考古新发现》,《西域研究》1991 年第 1 期;b.新疆文物局等:《新疆文物古迹大观》,0983 号,新疆美术摄影出版社,1999 年。

〔38〕刘学堂、李溯源:《新疆发现的铸铜石范及其意义》,《西域研究》2008 年第 4 期。

〔39〕这套石范是吕恩国先生在青河县三海子考古调查时在当地哈萨克族老乡家里发现,承蒙吕先生惠示昭片,特表感谢。

〔40〕李水城、水涛:《四坝文化铜器研究》,《文物》2000 年第 3 期。

[41] 甘肃省文物考古研究所等:《甘肃张掖市西城驿遗址》,《考古》2014 年第 7 期。

[42] 梅建军:《中国的早期铜器及其区域特征》,待刊。

[43] 梅建军、科林·希尔、王博、李肖著,鲁礼鹏译:《新疆早期铜和青铜器的冶金学研究》,《新疆文物》1999 年第 3~4 期。

[44] 梅建军:《中国的早期铜器及其区域特征》,待刊。

[45] 北京科技大学冶金与材料史研究所:《新疆哈密天山北路墓地出土铜器的初步研究》,《文物》2001 年第 6 期。

[46] 孙淑云、韩汝玢:《甘肃早期铜器的发现与冶炼、制造技术研究》,《文物》1997 年第 7 期。

[47] 孙淑云、韩汝玢:《甘肃早期铜器的发现与冶炼、制造技术研究》,《文物》1997 年第 7 期。

[48] 梅建军、刘国瑞、常喜恩:《新疆东部地区出土早期铜器的初步分析和研究》,《西域研究》2002 年第 2 期。

[49] 潜伟、孙淑云、韩汝玢:《古代砷铜研究综述》,《文物保护与考古科学》12 卷第 2 期,2000 年。

[50] 孙淑云:《东灰山遗址四坝文化铜器的鉴定及研究》,《民乐东灰山考古——四坝文化墓地的揭示与研究》,科学出版社,1998 年。

[51] 孙淑云:《东灰山遗址四坝文化铜器的鉴定及研究》,《民乐东灰山考古——四坝文化墓地的揭示与研究》,科学出版社,1998 年。

[52] 马清林、胡之德、李最雄:《中国古代镀锡青铜器（五）》,《故宫文物月刊》2001 年第 217 期。

[53] 潜伟、孙淑云、韩汝玢:《古代砷铜研究综述》,《文物保护与考古科学》12 卷第 2 期,2000 年。

[54] 北京科技大学冶金史研究所等:《新疆哈密天山北路墓地出土铜器的初步研究》,《文物》2001 年第 6 期。

[55] 梅建军、刘国端、常喜恩:《新疆东部地区出土早期铜器的初步分析和研究》,《西域研究》2002 年第 2 期。

[56] 梅建军、刘国端、常喜恩:《新疆东部地区出土早期铜器的初步分析和研究》,《西域研究》2002 年第 2 期。

[57] 梅建军、刘国端、常喜恩:《新疆东部地区出土早期铜器的初步分析和研究》,《西域研究》2002 年第 2 期。

[58] 梅建军、刘国端、常喜恩:《新疆东部地区出土早期铜器的初步分析和研究》,《西域研究》2002 年第 2 期。

[59] 梅建军、刘国端、常喜恩:《新疆东部地区出土早期铜器的初步分析和研究》,《西域研究》2002 年第 2 期。

[60] 梅建军、刘国端、常喜恩:《新疆东部地区出土早期铜器的初步分析和研究》,《西域研究》2002 年第 2 期。

[61] 李秀辉、韩汝玢:《朱开沟遗址出土铜器的金相学研究》,《朱开沟——青铜时代早期遗址发掘报告》,文物出版社,2000 年。

[62] a. 李水城:《西北与中原早期冶铜业的区域特征及交互作用》,《考古学报》2005 年第 3 期;b. 北京科技大学冶金与材料史研究所等:《中国早期冶金研究的新进展》,《科技考古（第三辑）》,科学出版社,2011 年。

[63] 北京科技大学冶金与材料史研究所等:《中国早期冶金研究的新进展》,《科技考古（第三辑）》,科学出版社,2011 年。

[64] 北京科技大学冶金与材料史研究所等:《中国早期冶金研究的新进展》,《科技考古（第三辑）》,科学出版社,2011 年。

[65] 徐建炜、梅建军、格桑本、陈洪海:《青海同德宗日遗址出土铜器的初步分析》,《西域研究》2010 年第 2 期。

[66] 这 22 件含砷青铜,因是无损分析,是否砷青铜还无法确定,可能会有部分砷铜合金存在。参见北京科技大学冶金与材料史研究所等:《中国早期冶金研究的新进展》,中国社会科学院考古研究科技考古中心《科技考古（第三辑）》,科学出版社,2011 年。

[67] a. 徐建炜、梅建军、孙淑云、许新国:《青海贵南尕马台墓地出土铜器的初步科学分析》,《文物科技研究（第七辑）》,科学出版社,2010 年;b. 罗武干、任晓燕、王倩倩等:《青海省贵南县尕马台墓地出土铜器的成分分析》,待刊;c. 任晓燕:《论尕马台墓地丧葬习俗及相关问题》,2015 年中国·广河齐家文化与华夏文明国际研讨会论文。

[68] 北京科技大学冶金与材料史研究所等:《中国早期冶金研究的新进展》,《科技考古（第三辑）》,科学出版社,2011 年。

[69] 北京科技大学冶金与材料史研究所等:《中国早期冶金研究的新进展》,《科技考古（第三辑）》,科学出版社,2011 年。

[70] 陈国科、李延祥、潜伟、王辉:《张掖西城驿遗址出土铜器的初步研究》,《考古与文物》2015 年第 2 期。

[71] 张忠培先生在解释东灰山出土的砷铜器时认为,这种制铜"技术来自西方说在此遇到了困难,因为和地理上位于它的西方的同一文化、同一时期的居民已经迈进了青铜时代。同样,也不能把东灰山居民的砷铜器或其制造技术解释为来自东方,因为与东灰山同时的东方居民也已跨进了青铜时代的门槛,而且他们的先民从未经历过使用与制造砷铜的历史阶段",因为"东灰山是一个使用或制造砷铜的孤岛"。见张忠培:《东灰山墓地研究》,《中国考古学:走向与推进文明的历程》,紫禁城出版社,2004 年。

[72] a. 潜伟、孙淑云、韩汝玢:《古代砷铜研究综述》,《文物保护与考古科学》12 卷第 2 期,2000 年;b. 孙淑云、韩汝玢:《甘肃早期铜器的发现与冶炼、制造技术的研究》,《文物》1997 年第 7 期。

［73］李水城、水涛：《四坝文化铜器研究》，《文物》2000 年第 3 期。 他们认为"根据地质部门掌握的资料，河西走廊境内的祁连山北麓一带，有色金属矿藏分布十分丰富，已发现硫砷铜矿、砷、铜矿和其他种类的含砷铜矿"。

［74］梅建军、刘国瑞、常喜恩：《新疆东部地区出土早期铜器的初步分析和研究》，《西域研究》2002 年第 2 期。

［75］梅建军、刘国瑞、常喜恩：《新疆东部地区出土早期铜器的初步分析和研究》，《西域研究》2002 年第 2 期。

［76］a.陈坤龙、凌勇、梅建军、伊弟利斯：《小河墓地出土三件铜片的初步分析》，《新疆文物》2007 年第 2 期；b.梅建军、凌勇、陈坤龙、伊第利斯、李文瑛、胡兴军：《 新疆小河墓地出土部分金属器的初步科学分析》，《西域研究》2013 年第 1 期。

［77］陈国科、李延祥、潜伟、王辉：《张掖西城驿遗址出土铜器的初步研究》，《考古与文物》2015 年第 2 期。

［78］a.潜伟、孙淑云、韩汝玢：《古代砷铜研究综述》，《文物保护与考古科学》12 卷第 2 期，2000 年；b.孙淑云、韩汝玢：《甘肃早期铜器的发现与冶炼、制造技术的研究》，《文物》1997 年第 7 期；c.梅建军：《关于中国冶金起源及早期铜器研究的几个问题》，《吐鲁番学研究》2001 年第 2 期。

［79］李水城：《中国西北地区早期冶铜业及区域文化的互动》，《考古学报》2005 年第 3 期。

［80］王明哲：《尼勒克县古铜矿遗址的调查》，《中国考古学年鉴·1984 》，文物出版社，1985 年。

［81］梅建军、李延祥：《新疆奴拉赛古铜矿遗址冶炼技术初步研究》，《自然科学史研究》17 卷第 3 期，1998 年。

［82］梅建军等：《新疆察吾乎墓地出土铜器的初步科学分析》，《新疆文物》2002 年第 3、4 期。

［83］梅建军等：《新疆奴拉赛古铜矿遗址的科学分析》，《吐鲁番学研究》2002 年第 2 期。

［84］梅建军等：《新疆东部出土早期铜器的铅同位素比值研究》，待刊。

［85］刘学堂：《新疆地区青铜文化的发现与研究》，《吐鲁番学研究》2005 年第 2 期。

［86］刘学堂：《中国早期铜镜的发现起源与传播——再论中国早期铜镜源于西域说》，《西域史林》，三秦出版社，2013 年。

［87］哈密博物馆：《哈密文物精粹》，科学出版社，2013 年

［88］刘宝山：《青海史前的铜泡饰、铜片饰和联珠饰》，《青海文物》1999 年第 11 期。

［89］哈密博物馆编：《哈密文物精粹》，科学出版社，2013 年。

［90］易华、唐士乾：《世界著名中国最早青铜时代——齐家文化铜器》，《丝绸之路》总 284 期。

［91］哈密博物馆：《哈密文物精粹》，科学出版社，2013 年。

［92］陈小三：《试论镶嵌绿松石牌饰的起源》，《考古与文物》2013 年第 5 期。

［93］李水城：《文化的馈赠与文明的成长》，《庆祝张忠培先生七十岁论文集》，科学出版社，2004 年。

［94］童恩正：《试论我国从东北至西南的边地半月形文化传播带》，《南方文明》，重庆出版社，2004 年。

［95］梅建军：《中国的早期铜器及其区域特征》，待刊。

齐家文化与四坝文化铜器年代再认识

陈国科

(甘肃省文物考古研究所)

在早期铜器研究中[1]，齐家文化和四坝文化铜器一直被视作甘青地区甚或中国早期铜器的主要代表，这不仅是由于这两支文化所见铜器数量较多，更因为其年代相对较早。齐家文化出土铜器遗址有多处，包括皇娘娘台、海藏寺、大何庄、秦魏家、新庄坪、商罐地、杏林、魏家台子、磨沟、齐家坪、尕马台、总寨、沈那、长宁、宗日等。齐家文化的年代有学者定为公元前 2615~前 1529 年，年代集中在公元前 2300~前 1900 年[2]，也有学者定在距今 4200~3800 年[3]。以往在研究齐家文化铜器时，也多将其年代划定在距今 4200~3800 这一时段内。但是从陈旗磨沟墓地新近的测年来看，齐家文化及其铜器的年代可能要更晚一些。[4] 四坝文化出土铜器的遗址主要有火烧沟、东灰山、干骨崖、鹰窝树等，近几年正在发掘的张掖西城驿遗址也出土了多件铜器。以往检测的四坝文化碳十四数据共有 10 个，其中东灰山遗址 2 个，火烧沟墓地 4 个，干骨崖墓地 4 个，经过校正的数据共 8 个，基本落在 1940±120BC-1580±125BC 之间，成为学界考察四坝文化绝对年代的主要依据。研究者据此给出四坝文化的年代也相差不大，基本不超过 2000BC-1500BC 这一范围，相当于中原地区的夏代至商代初期。[5] 这也是大家对四坝文化铜器年代的基本判定。而西城驿遗址的最新发掘，对四坝文化及其铜器年代的确定提供了一些新的认识。[6]

由于齐家铜器、四坝铜器在中国早期铜器研究和铜冶金研究中具有重要的地位，其年代的确定，对于我们认识甘青地区早期铜器的产生与发展，探讨甘青地区与周边地区早期铜器之间的关系，理解中国西北地区早期冶金的一些现象等具有重要意义。故本文主要利用齐家文化、四坝文化已有的分期研究成果，结合张掖西城驿遗址发掘研究所取得的一些新的认识，就齐家文化和四坝文化铜器的年代再进行一些讨论。

一　齐家文化铜器的相对年代

关于齐家文化的分期研究分歧较大，张忠培分为三期 8 段[7]，水涛分为四期 6 段[8]，陈小三分为四期 5 段[9]，张天恩[10]、王辉[11]、韩建业[12] 等分为三期。现在来看，这不仅仅是对齐家文化的分期问题，其中还包括了对齐家文化本体的界定问题[13]。在这里我们尽量避免这些过于复杂的争论，仅结合各研究者的基本认识进行一些判断，以解决铜器的相对年代。

皇娘娘台遗址　30 余件铜器主要出自遗址，只有一件出自 M24。出土铜器的单位虽不能确定在分期中的位置，但张忠培先生认为皇娘娘台遗址的大部分铜制品能早到齐家文化一期 3 段，不会晚到二期 5 段，按其分期标准，主要应处在齐家文化的早期晚段和中期。尽管在皇娘娘台遗址的分段上，水涛与张先生有些出入（二者都将皇娘娘台分为四段，但在一些墓葬的时段划定上出入较大），但将皇娘娘台主体定在齐家文化中期上没有大的争议。王辉、韩建业等也都将皇娘娘台划在齐家文化的中期。皇娘娘遗址一段（以 F8 为代表）遗存数量较少，是否出土铜器也无法考证。皇娘娘台遗址的铜器年代，初步确定在齐家文化中期应大致不谬。

海藏寺遗址　依韩建业的认识，海藏寺与皇娘娘台都为齐家中期。海藏寺遗址铜器也可定在齐家中期。

大何庄遗址　张忠培分为 4 段，水涛分为 2 段，陈小三依水涛意见亦分为 2 段。该遗址在齐家文化的整体期段中，依水涛四期 6 段来看分别处在 4 段和 6 段，依陈小三的四期 5 段来看处在 4、5 段。张先生将大何庄划在三期 8 段的第三期中，并指出大何庄 T30:27 红铜片早不过三期 6 段。整体来看，大何庄处在齐家文化的晚期。这也与王辉、韩建业等的认识相一致。故可将大何庄铜器定在齐家文化晚期。

秦魏家遗址　秦魏家的分段较为复杂。秦魏家出土铜器 6 件，3 件出自墓葬，3 件出自遗址。出土铜器的墓葬依次为 M19、M70、M99，这三座墓葬不包括在"三层"墓葬中。"三层"墓葬在秦魏家被划在早段，而且在齐家文化整体期段中处于较靠前的位置，在中期或中期偏早。这三座墓葬依张忠培的三期 8 段，则处在 7、8 段上；依水涛的四期 6 段，则处在 5、6 段上；依陈小三的四期 5 段，则处在 4 段中。基本上都处在齐家晚段。而且张先生明确指出 M99 应在 8 段，且已做检测的 KG3730②:27 年代早不到二期 5 段，这两个单位出土的铜器都晚于皇娘娘台。这样出土铜器的 6 个单位中有 4 个都确定在了齐家晚期，其他两个无法知晓早晚。王辉、韩建业等将秦魏家整体定在了齐家文化的晚期。目前我们可以将秦魏家的铜器定在齐家晚期。

新庄坪遗址　新庄坪器物均为调查采集。对于新庄坪的分期也存在几种认识。韩建业直接将其划入齐家文化晚期；王辉将其划入齐家文化中期，即与皇娘娘台相当；陈小三将新庄坪分为 3 段，依次与其对齐家文化四期 5 段分法中的 2、3、5 段对应，也即大部分与皇娘娘台能对应。由于是调查所得，对于铜器的小时段划分极为困难。由于在调查时曾发现有明显四坝特征的彩陶双耳罐（图一），应属四坝早段器物，而四坝要晚于皇娘娘台遗址，所以我们更倾向于将这批铜器定在皇娘娘台之后，即为齐家晚期遗存。

图一　齐家文化、四坝文化遗址出土彩陶双耳罐
1.新庄坪；2.火烧沟；3.西城驿三期

齐家坪遗址　王辉、韩建业将齐家坪划入齐家文化晚期。水涛将其划分为 3 段，分别与其四期 6 段分法中的 2、4、6 段相对应，整体上看跨齐家文化的中、晚两期。陈小三分为 3 段，与其对齐家文化划分的四期 5 段中的 3、4、5 相对应，整体看处在齐家文化的中期和晚期，与磨沟对应。齐家坪铜器出土在该遗址分期的晚段，属齐家晚期。

磨沟遗址　王辉将其划入齐家文化晚期。陈小三则划分 3 段，与齐家坪可对应。从磨沟最新的碳十四测年来看，其下限到公元前 1500 年左右，这一年代与西城驿三期下限相当，也即与火烧沟、东灰山年代相当。在磨沟发现了与火烧沟形制相同的"靴式罐"（图二）、石杈杖头，而且在磨沟也出土了与火烧沟相似的喇叭口耳环。综合来看，磨沟与四坝文化早段的年代应该相当，所以也要晚于皇娘娘台，可划在齐家晚期。

图二　磨沟墓地与火烧沟墓地出土"靴式罐"
1.火烧沟墓葬出土；2.磨沟齐家墓葬出土

此外，依韩建业的认识，宗日 M319 类遗存可划入齐家中期，依陈小三的划分长宁遗址可进入齐家中期序列。岷县杏林、康乐商罐地、临夏魏家台子、青海贵南尕马台、西宁沈那、互助总寨等遗址依韩建业观点都可划入齐家晚期。王振认为互助总寨遗址 3 座铜器墓随葬的陶器以双小耳罐为主，其形制与皇娘娘台遗址同类器十分相近，依张忠培的三期 8 段，可定在齐家文化一期 3 段到二期 4 段左右。[14]就总寨和尕马台遗址，陈小三提出了新的认识，他认为总寨不应划入齐家，也不应划入卡约，而是齐家文化柳湾类型向卡约文化过渡阶段的遗存。尕马台难以从器物形态方面来对其文化渊源与流向进行论述。尕马台遗址中发现的铜镜不宜认定为齐家文化的代表性铜器[15]。总寨及尕马台的文化性质或许还需要继续探讨，但是从整体来看，二者都处在齐家文化晚期应该问题不大。

通过上述分析，我们发现，以往认定为齐家文化的铜器，在空间分布上主要集中在河西走廊东段及洮河、湟水流域，在时间上主要集中在齐家文化中期和晚期。中期主要在河西走廊东部及青海部分地区，晚期主要在洮河、湟水流域。齐家文化早期未见有铜器出土。目前我们暂可将齐家铜器划分为早、晚两段，分别与齐家文化的中期和晚期对应（表一）。

表一　齐家文化铜器相对年代

铜器分段	文化分期	主要遗址
早段	齐家中期	皇娘娘台，海藏寺，宗日，长宁
晚段	齐家晚期	大何庄，秦魏家，齐家坪，磨沟，新庄坪，商罐地，杏林，魏家台子，沈那，尕马台，总寨

二　四坝文化铜器的相对年代

四坝文化的分期研究主要以火烧沟、东灰山、干骨崖遗址材料为主，以四坝滩、沙锅梁、鹰窝树等遗址的材料为辅，依次有李水城的五期说[16]、水涛的三期 7 段说[17]、陈小三的四期 5 段说[18]。下面就几处重要遗址的分期进行一个简单的讨论，以便我们对四坝铜器的相对年代有个整体的把握。

火烧沟墓地　李水城与水涛都将其分为五组（段），其中李水城对五组遗存进行了整合，分为早、中、晚三期。陈小三以水涛的分组为基础重新分为四组。

干骨崖墓地　李水城分为 4 段，水涛分为 3 段，陈小三对干骨崖墓地的分期基本依据水涛的观点。

东灰山墓地　李水城的分期结论相对笼统，大致属于四坝文化的一、二期。水涛将东灰山分为 2 段，陈小三分为 4 个年代组，而发掘者将其分为三期七组[19]。相似之处在于，李水城、水涛、陈小三都认为东灰山墓地的年代与火烧沟相当或有一定重合。

四坝滩遗址　李水城分为三期，一期相当于火烧沟早中期，二期相当于火烧沟晚期和干骨崖前期，三期相当于干骨崖后期。水涛认为相当于四坝文化第二期，即相当于火烧沟 3、4 段。

砂锅梁遗址　李水城认为可分为两期，一期相当于火烧沟中期，二期相当于干骨崖前期。水涛认为相当于四坝文化第二期，即相当于火烧沟 3、4 段。

鹰窝树遗址　李水城认为鹰窝树遗址可分为三期，一期相当于火烧沟墓地早、中期，二期相当于干骨崖墓地前期，三期相当于干骨崖墓地后期。水涛认为鹰窝树遗址相当于四坝文化三期 6、7 段，即相当于干骨崖遗址的 2、3 段。陈小三认为可以为三组，第一组相当于干骨崖墓地的第一组；第二组相当于干骨崖墓地第二组；第三组明显晚于各遗址任何一组遗存，可能属于四坝文化年代最晚的遗存。

在四坝文化的整体分期上，李水城与水涛认为火烧沟墓地与干骨崖墓地基本为前后相继的两个阶段，火烧沟墓地的最后一段与干骨崖墓地的第一段重合。而陈小三则认为火烧沟墓地与干骨崖墓地有较长时间的对应，火烧沟墓地第 2 段、第 4 段分别与干骨崖第 1 段、第 2 段相对应。

由于受材料的限制，以及对个别材料的认识还存在较大分歧，目前四坝文化的分期研究仍没有一个足以令人信服的结论。在这里主要参考李水城、水涛对四坝文化分期的观点，将四坝文化的铜器整体分为两个阶段（表二），第一阶段以火烧沟、东灰山等出土铜器为代表，第二阶段主要以干骨崖墓地为代表。对于分期存在较大争议的鹰窝树遗址铜器，暂归入第二阶段。砂锅梁、四坝滩遗址暂不做划分。

表二　四坝文化铜器相对年代

铜器分段	文化分期	主要遗址
早段	四坝早期	火烧沟，东灰山
晚段	四坝晚期	干骨崖，鹰窝树

三　西城驿遗址的新收获

西城驿遗址地处河西走廊中部，被认为是一处与早期铜冶金活动密切相关的聚落址，除了发现一些铜器外，还发现了炼铜的炉渣、矿石、炉壁、鼓风管、石范等。西城驿遗址可以划分为三个时期的遗存，一期为马厂晚期遗存，年代为距今 4100~4000 年；二期文化内涵丰富，暂可称之为"西城驿二期遗存"，其中包含有一组由马厂晚期向四坝文化过渡的遗存，年代为距今 4000~3700 年；三期为四坝文化遗存，年代为距今 3700~3600 年，下限可至距今 3500 年前后 [20]。通过对西城驿二期遗存的分析研究，可以初步确定西城驿二期遗存包含四组文化因素 [21]，A 组为马厂晚期遗存，B 组为齐家遗存，C 组为"过渡类型" [22] 遗存，D 组为四坝文化遗存。D 组陶器与西城驿遗址三期遗存所见陶器风格一致，与民乐东灰山、玉门火烧沟所见最为相近，是典型的四坝文化早段遗存，主要出现在二期晚段，数量极少。A、B、C 三组共存较多，A 组在二期早段较多，往后逐渐减少，B、C 两组在二期中段时比重相当。这种现象表明马厂晚期和齐家文化在河西走廊的中部发生了融合，之后形成了李水城所命名的"过渡类型"。在很长时间里齐家文化与"过渡类型"共存，对四坝文化的形成产生重要影响。随着"过渡类型"遗存内涵的确定，可将其命名为西城驿文化 [23]。由此我们可以确定西城驿文化与马厂、齐家、四坝之间的相对关系，即西城驿文化晚于马厂、早于四坝，与齐家文化有共存。

近几年在河西走廊地区发现了一批西城驿文化时期的遗址，如缸缸洼、火石梁、一个地窝南、二道梁等，在这些遗址上都发现了炉渣、矿石等与铜冶金相关的遗存，在这些遗址上也都发现了齐家文化遗存。

四 齐家、四坝铜器年代再认识

由于西城驿遗址出土齐家文化完整器较少，我们暂不能通过齐家文化陶器的直接比对将西城驿遗址与皇娘娘台两遗址联系起来，但两遗址出土的西城驿陶器却特征鲜明，极易进行联系和比较（图三）。皇娘娘台出土典型西城驿彩陶的墓葬有 M6、57M9、57M1、M30、M31、M32、M47 等，此外采集有 3 件西城驿彩陶。张忠培将 M47 划入 2 段，将 M30、M32 划入 4 段。水涛将 M30、M31、M47 划入 2 段，将 M32 划入 3 段。李水城将皇娘娘台西城驿彩陶分为体现早晚的 A、B 两组，A 组包括 M6、M32、57M1 的彩陶，B 组包括 M30 的彩陶以及 3 件采集品。由此看来，对于皇娘娘台遗址所见西城驿彩陶的早晚划分还存在着一定的争议。所以在皇娘娘台遗址与西城驿遗址的年代关系的探讨上，我们暂时放弃将西城驿遗址二期的早、中、晚 3 段与皇娘娘台遗址的 4 段[24]严格对应，只进行大致的对照。从上述不同观点中可以看出一点，西城驿文化的彩陶在皇娘娘台遗址的 2~4 段可能都有存在，西城驿文化主要与齐家文化中期遗存共存[25]，西城驿二期与皇娘娘台遗址主体的年代相近，则皇娘娘台遗址的铜器年代应与西城驿二期铜器的年代大致相当，但这一时期两支文化的铜器还难于区分。

图三 西城驿遗址、皇娘娘台遗址所见西城驿文化彩陶

近几年来，我们在开展西城驿遗址发掘时获取了一批碳十四样本，做了科学测年。而西城驿遗址的测年数据与我们以往所知齐家文化、四坝文化的碳十四数据略有出入。由于西城驿遗址文化层延续性较好，检测样本较为系统，所以我们倾向于西城驿碳十四测年数据的可靠性。结合西城驿遗址层位和类型学分析，我们可以对马厂、齐家、四坝的年代重新进行一些认识（表三）。马厂文化的年代下限在距今4000 年左右，与以往测年数据基本吻合。张忠培将齐家文化分为三期 8 段，认为第一期在公元前三千纪后半段的前段，第二期在公元前三千纪后半段的后段，第三期已进入夏纪年，在公元前 2000 年前后。依西城驿的测年来看，以往对齐家文化年代的确定要偏早一些。齐家一期的年代暂不能明确；皇娘娘台遗址主体齐家文化与西城驿文化共存，大致为齐家中期，其年代应与西城驿二期相当，年代应在距今4000~3700 年；三期可能会更晚，依磨沟墓地的测年，可能到距今 3500 年。四坝文化年代的上限应在距今 3700 年左右，早段估计在距今 3700~3500 年，晚段可能在距今 3500 年以后。新疆东部哈密地区以天山北路墓地为代表的早期铜器，来自于河西走廊冶金中心，不论天山北路人群是否从事着铸造活动，这一区域都是河西走廊冶金中心重要的组成部分，从西城驿文化时期一直到四坝文化时期[26]。天山北路

墓地年代为公元前 19 世纪到公元前 13 世纪，分为四期 8 段 [27]。从陶器来看，干骨崖应不晚于天山北路四期。则火烧沟、东灰山的年代应在距今 3700~3500 年，干骨崖的年代在距今 3500 年至公元前 13 世纪之前。洮河流域齐家和河西走廊四坝文化之间的交流，李水城和陈小三都已经有过讨论，在陶器器形、纹饰等方面都提供了一些证据。在这里需要提出的是，齐家和四坝文化的交流年代应以四坝文化出现年代上限起，主要集中在齐家晚期、四坝文化早期，年代为距今 3700~3500 年。这对我们理解甘青早期铜冶金方面的很多现象具有重要意义。

表三 马厂、齐家、西城驿及四坝文化铜器的年代及关系

年代	文化及时段	主要遗址
距今 4100~4000 年	马厂文化晚期	高苜蓿地、照壁滩、蒋家坪等
距今 4000~3700 年	齐家文化中期、西城驿文化	宗日、长宁，皇娘娘台，海藏寺；西城驿、缸缸洼、火石梁、一个地窝南、二道梁、天山北路一期部分遗存等
距今 3700~3500 年	齐家文化晚期、四坝文化早段	大何庄、秦魏家、齐家坪、磨沟、新庄坪、商罐地、杏林、魏家台子、沈那、孕马台、总寨；东灰山、西城驿、火烧沟、天山北路一期部分遗存等
距今 3500~3300 年	四坝文化晚段	干骨崖、鹰窝树、砂锅梁、西土沟、天山北路二期及三期遗存等

五 结语

西城驿文化铜器是首次发现和确定，由于西城驿文化与马厂类型、四坝文化一脉相承，与齐家文化同时共存、相互交融，西城驿文化年代的确定，对于马厂、四坝、齐家文化年代和铜器年代的重新认识和确定具有重要意义。初步可将马厂铜器年代定在距今 4000 年前，西城驿铜器年代为距今 4000~3700 年，四坝铜器的年代约在距今 3700~3300 年，齐家铜器年代约在距今 4000~3500 年。齐家文化与马厂晚期、西城驿、四坝早段都有一定的共存关系，目前齐家文化铜器与西城驿文化、四坝文化铜器在黑水河流域甚至河西走廊地区还难以明确区分。

注释：

[1] 一般指商代以前的铜器。

[2] a.李水城：《西北地区新石器时代考古研究》，《中古考古学研究的世纪回顾·新石器时代考古卷》，科学出版社，2008 年；b.王辉：《甘青地区新石器——青铜时代考古学文化的谱系与格局》，《考古学研究》2012 年第 9 期。

[3] 水涛：《甘青地区青铜时代的文化结构和经济形态研究》，《中国西北地区青铜时代考古论集》，科学出版社，2001 年。

[4] 陈建立、毛瑞林等：《甘肃临潭磨沟寺洼文化墓葬出土铁器与中国冶铁技术的起源》，《文物》2012 年第 8 期。

[5] 杨月光等：《四坝文化研究现状及相关问题》，待刊。

[6] 甘肃省文物考古研究所等：《甘肃张掖市西城驿遗址》，《考古》2014 年第 7 期。

[7] a.张忠培：《齐家文化研究（上）》，《考古学报》1987 年第 1 期；b.张忠培：《齐家文化研究（下）》，《考古学报》1987 年第 2 期。

[8] 水涛：《甘青地区青铜时代的文化结构和经济形态研究》，《中国西北地区青铜时代考古论集》，科学出版社，2001 年。

[9] 陈小三：《河西走廊及其邻近地区早期铜器时代遗存研究——以齐家、四坝文化为中心》，吉林大学博士学位论文，2012 年。

[10] 张天恩、肖琦：《川口河齐家文化陶器的新审视》，《中国考古学研究——庆祝石兴邦考古半世纪暨八秩华诞文集》，三秦出版社，2004 年。

[11] 王辉：《甘青地区新石器——青铜时代考古学文化的谱系与格局》，《考古学研究》2012 年第 9 期。

[12] 韩建业：《中国西北地区先秦时期的自然环境与文化发展》，文物出版社，2008 年。

[13] 陈小三将以往陇山山麓地区被认为是齐家文化的遗存重新进行了认定，将其剔出齐家文化。

[14] 王振：《从齐家文化铜器分析看中国早期铜器的起源与发展》，吉林大学硕士学位论文，2006 年。

[15] 陈小三：《河西走廊及其邻近地区早期铜器时代遗存研究——以齐家、四坝文化为中心》，吉林大学博士学位论
文，2012 年。

[16] 李水城：《四坝文化研究》，《考古学文化论集（三）》，文物出版社，1993 年。

[17] 水涛：《甘青地区青铜时代的文化结构和经济形态研究》，《中国西北地区青铜时代考古论集》，科学出版社，2001 年。

[18] 陈小三：《河西走廊及其邻近地区早期铜器时代遗存研究——以齐家、四坝文化为中心》，吉林大学博士学位论
文，2012 年。

[19] 甘肃省博物馆、吉林大学考古系：《民乐东灰山考古——四坝文化墓地的揭示与研究》，科学出版社，1998 年。

[20] 甘肃省文物考古研究所等：《甘肃张掖市西城驿遗址》，《考古》2014 年第 7 期。

[21] 陈国科、王辉、李延祥：《西城驿遗址二期遗存文化性质浅析》，《早期丝绸之路暨早期秦文化国际学术研讨会论
文集》，文物出版社，2014 年。

[22] 李水城首先提出"过渡类型"概念，指从马厂文化向四坝文化演变的过渡形态。

[23] a.李水城：《"过渡类型"遗存与西城驿文化》，甘肃省文物考古研究所等：《早期丝绸之路暨早期秦文化国际学术
研讨会论文集》，文物出版社，2014 年；b.陈国科、王辉、李延祥：《西城驿遗址二期遗存文化性质浅析》，甘肃
省文物考古研究所等：《早期丝绸之路暨早期秦文化国际学术研讨会论文集》，文物出版社，2014 年。

[24] a.王辉：《甘青地区新石器——青铜时代考古学文化的谱系与格局》，《考古学研究》2012 年第 9 期；b.张忠培：《齐家文
化研究（上）》，《考古学报》1987 年第 1 期；c.张忠培：《齐家文化研究（下）》，《考古学报》1987 年第 2 期。

[25] 李水城：《四坝文化研究》，《考古学文化论集（三）》，文物出版社，1993 年。

[26] 陈国科：《黑水河流域早期铜矿冶遗址研究》，北京科技大学博士学位论文，2015 年。

[27] 吕恩国、常喜恩、王炳华：《新疆青铜时代考古文化浅识》，宿白：《苏秉琦与中国当代考古学》，科学出版社，2001 年。

先秦时期冶金术中西交流的两次浪潮*

陈建立

(北京大学中国考古学研究中心)

一 世界视野下的中国古代冶金技术

很长时间以来，中国冶金技术起源及其传播问题一直是历史学、考古学和科技史研究的重点内容。但关于中国冶金技术究竟是本土起源，还是自其他地区传入，尚存在较大争议。

近年来基于考古学文化方面的新研究，关于中国早期冶金术与西方地区之间关系的认识越来越明晰。2005 年李水城通过中国西北地区、中原地区和中亚以及西亚地区早期铜器和冶铜业的系统分析，指出"中国西北地区早期冶铜业的发达是与中亚地区保持文化互动为前提的"，"中国西北地区对来自中亚及以远地区的冶金术并非全盘被动地接受，而是主动加以改造和利用，并不断形成自身的特色"，"而中原地区冶金术的真正崛起并形成独立的华夏风格，则是在二里头文化晚期才最终实现"。[1] 显而易见，西北地区在冶金术的东西交流方面起到独特而重要的作用。这点在 2009 年由 Benjamin W. Roberts 等人公布的一张欧亚大陆冶铜术起源与传播示意图中（图一）[2] 也得以反映。从这张图上可以看出，西亚和东南欧地区最早出现冶铜术，并以此为中心逐渐向外传播，至于中国冶铜技术起源的年代，被定在公元前三千纪，并与中亚地区有密切联系。2014 年，刘学堂和李文瑛通过青铜器、小麦和黄牛等为代表的物品与技术的东西传播与交流研究，指出"内陆欧亚的青铜技术最早发生在这一区域的西南部，然后向周围传播，其中南北向和西东向的传播是青铜技术传播的主要方向和途径"[3]。2015 年，林梅村、刘翔和刘瑞等发表的系列文章，在梅建军等关注的中国和俄罗斯出土倒钩铜矛的基础上，进一步指出塞伊玛—图尔宾诺文化在中国的重要性，以实物说明中国冶金术来自欧亚草原文化；再次揭示了中国与西方之间的文化交流是从欧亚草原开始的，中国文明的发展是中国文化与世界其他国家或民族优秀文化不断交流的历史。[4] 但需要指出的是，关于中国和俄罗斯等地倒钩铜矛的形制、风格与制作工艺需要更加深入的研究，以更准确地判定这种现象在中国冶金技术起源上的价值。

在冶金技术研究方面，以北京科技大学冶金与材料史研究所等单位为代表的冶金考古研究团队，对先秦时期早期冶金技术和金属制品的制作工艺进行了非常系统的研究，为研究冶金术的中西交流提供了大量科学数据。梅建军等对近十年来的研究工作进行了总结，指出早期冶金术的东西方交往必将成为未来研究的一个重要方向[5]。笔者于 2014 年也从青铜器陶范铸造、青铜表面镀锡以及金器的生产工艺等方面初步讨论了冶金术的中西交流问题，提出中国先秦时期冶金技术是在自身文化和技术传统的基础上，不断吸收、消化外来技术，并逐渐形成特色鲜明的冶铸技术体系，秦汉以后这种交流愈加广泛，冶金技术是正确阐释史前时期中西交流的重要内容之一。[6] 但这一体系与西方的关系仍有许多不明之处，

* 本文得到国家社会科学基金重大课题"史前时期中西文化交流"（项目号：12&ZD151）、国家科技支撑计划"中华文明形成过程中的资源、技术与生业研究"（项目号：2013BAK08B03）和国家文物局"文物保护科技优秀青年研究计划"（项目号：2014226）的资助。

>5000 BC
>4000 BC
>3000 BC
>2500 BC
>2000 BC
>1000 BC

图一　冶铜技术的起源与传播示意图

因此系统开展中国早期冶金技术发展历程研究显得极为紧迫。

二　冶金术中西交流的第一次浪潮：公元前三千纪至公元前二千纪

这一时期是中国冶金技术起源与早期发展的重要阶段，一些冶金技术具有明显的西方因素。

新疆是冶金术中西传播与交流最为重要的地区之一。新疆出土数量众多的早期铜器，并发掘了尼勒克奴拉赛古铜砷铜冶炼遗址，梅建军、潜伟和笔者等与新疆文物考古研究所、伊犁博物馆等单位合作对新疆早期铜器、金器和铁器进行了较为系统地检测分析。结果表明，新疆早期铜器多是小件的装饰品、工具和兵器；合金种类多样，有红铜、锡青铜、铅青铜、铅锡青铜、砷青铜和锑青铜等等，锡青铜占有主导地位；制作工艺有铸造也有锻造，表现出工艺的复杂性；与中亚地区铜器在器形、材质和制作工艺上有较强的联系。在小河墓地发现了迄今中国境内最早的纯锡和金银合金制品[7]，但迄今尚未在新疆发现早于公元前 9 世纪的确切有关铁器和冶铁技术冶金学证据[8]。因此，新疆和中亚以及中原地区青铜和早期铁器时代的文化交流、年代整合以及冶金术传播问题需要进一步研究。

甘青地区是研究中国冶铜技术起源、金和铁使用的另一关键地区。迄今，在甘肃发现了一批中国境内年代最早的青铜器、冶铸遗迹和遗物。如东乡林家出土距今约 4700 年的马家窑文化晚期的锡青铜刀、永登蒋家坪马厂文化时期的锡青铜刀[9]，以及近几年在张掖发掘的属于马厂晚期—四坝早段（4100-3600BP）的西城驿青铜冶铸遗址[10]。由此可见，至迟在公元前 2000 年左右，甘肃已经开始具有较为成熟的青铜冶铸技术，其是使用"氧化矿—铜"工艺先冶炼纯铜，在冶炼流程后段添加含有砷、锡等合金元素的矿石炼制青铜合金，未能实现冶炼、铸造的分离，反映了河西走廊早期青铜冶金技术的特征。[11]

值得注意的是，越来越多的冶金遗物证据表明中西之间的冶金术存在较强的联系，采矿石锤、鹿角镐、坩埚和鼓风嘴等矿冶工具都是例证。如仅在张掖西城驿、樟树吴城、郑州小双桥遗址、安阳殷墟、洛阳北窑、宝鸡周原等遗址的铸铜作坊中出土的一种形制类似、用作鼓风嘴的伞状陶管，与在俄罗斯伏尔加河流域年代为 2000-1800BC 的 Kalinovka 遗址铸铜工匠墓中出土的鼓风嘴[12]形制基本相同。在中西相距甚远的两个地区出土形制和功能类似的器物，必然是有联系的，这也是饶有兴趣的一个话题。

其实，自中原地区开始青铜冶炼和铸造之时，就表现出中原地区先民根据需要对外来技术进行改良和革新的能力。虽然在中国早期铜矿开采、冶炼和铸造发展过程中能找到来自西方的技术因素，但当青铜冶炼技术通过区域交流进入中原之时，即结合中原地区在新石器时代晚期就已经有的本土化找矿、高温控制和制模翻范技术的知识积累，被迅速地吸收、消化并改进提高，创造了青铜器组合陶范铸造技术。这一铸造技术传统的形成，是中原地区文化和技术发展的必然选择。而作为夏商周三代物质文明的集中者，青铜器的装饰、制造技术和使用组合是区别于其他青铜文明的重要特征。这一青铜礼器铸造技术的发生地，即在河南、山西和陕西为中心的中原核心地区，显示了中原文化兼容并蓄、博采众长的优点。

这一时期金银制品的使用同样体现了这个特点。从分析结果来看，商和商以前早期金饰件多为金银合金的自然金，金银比例不稳定、波动较大，金制品多为锤揲成型，表面经过磨光处理，有的还利用了金丝工艺，殷墟遗址的个别金器可能为铸造而成。从金子的使用来看有地域特征，如中原及其以南地区除少量单件的人身装饰品外，多以贴金和包金的形式对其他材质的器物进行表面装饰，与北方和西北地区使用金耳环、金臂钏等装饰用法不同，这可能与文化和工艺传统有关，也与这一时期青铜器的使用情况类似。这一现象也说明了早期金的使用具有一定的草原文化因素，但在中原地区有一定改造。

甘肃临潭陈旗磨沟墓地出土的铁器为研究中国冶铁技术起源提供了新例证。根据铁条（M444:A7）的金相组织、夹杂物元素组成特征墓葬年代的综合分析，可以判定其为块炼渗碳钢锻打而成，系人工冶铁制品，年代为公元前 14 世纪左右[13]，是目前中国境内出土最早的人工冶铁证据。这是冶炼技术偶发性的产物，还是成熟阶段的产品？是本地独立生产的，还是自其他地区输入的？是使用工具，还是有意制作的"装饰"器具？尽管其性质还不十分清楚，但目前在河北藁城台西村、北京平谷刘家河、河南浚县和三门峡等地也发现了商代中晚期和西周时期的陨铁制品，即较多地出土于中原和北方地区。所以，中国冶铁技术起源与欧亚草原这一文化传播带应有联系，这应是未来研究的重点。

从以上论述可知，尽管不能排除冶金技术在中国境内独立起源的可能性，但与西方的关系已较为明显，即更有可能来自中亚和西亚地区，铜、金和铁的冶炼和使用均是如此。公元前三千纪与公元前二千纪之交，中原地区零星出现一些青铜冶铸遗物或青铜期以后，在二里头遗址就出现了具有官方经营性质的铸铜作坊，利用块范法铸造青铜器并逐渐形成了青铜礼制传统。金的使用与西方有一定关系，其传入中国的时间与青铜技术相当，但中原地区将金从北方地区常用的人身装饰转变为器物表面装饰，并最先开始铸造金器（殷墟晚期）。公元前 14 世纪时，西北地区出现了中国最早的人工冶铁制品，冶铁技术也可能与西方有关。总之，公元前三千纪至公元前二千纪，冶金术中西交流的第一次浪潮，也是冶金术自西方传入和在中原地区再创造的阶段。

三 冶金术中西交流的第二次浪潮：公元前一千纪

两周时期青铜冶铸技术得到持续发展，其特点是块范法铸造技术成熟，冶铸规模大、范围广；春秋早期中原地区率先发明了生铁冶炼技术，并至迟在汉代形成较为完备的生铁技术体系。这一时期中国冶金技术上体现出更多的独创性，但在青铜器表面装饰、金珠工艺以及铁器表面装饰等方面也具有较强的外来因素。

镀锡技术是其中一例。近年来，我们先后对多批镀锡铜器进行了检测分析，认定采用了热镀锡技术。如发现的西周时期的镀锡铜器出土于甘肃灵台白草坡、陕西岐山宋家庄和扶风姚家、西安少陵原、山西翼城大河口等墓地，春秋至西汉时期的镀锡制品主要出现在内蒙古凉城、宁夏固原、甘肃张家川以及清水和秦安、重庆峡江流域、四川成都和盐源、云南晋宁等地。由此可见，中国的铜器表面镀锡技术自西周早中期开始出现以来一直到西汉时期，集中发现于从东北到西南的半月形文化传播带地区，其中陕甘宁地区镀锡制品年代最早，其他地区较晚。值得注意的是，2012 年和 2015 年，笔者两次考察俄罗斯图瓦共和国阿尔赞Ⅱ墓出土器物，其中一件铜刀也经镀锡处理，其年代为公元前 7 世纪；而在英国、法国、西班牙、希腊等地也发现不少早期镀锡制品，其中英国出现于公元前 2000 年左右，法国和西班牙稍晚，一直流行于中世纪东南欧地区。因此从时间上来看，中国北方地区约在西周中期或更早出现镀锡技术，春秋战国时期得到较为广泛的应用，而在这个时期或更早的欧洲已有镀锡技术出现并已在地中海周边地区广泛使用。无独有偶，在陕西宝鸡地区（如石鼓山墓地和姚家墓地）还多次发现锻造的铜甲片类器物，其制作技术也应与西方有一定联系。[14] 因此，结合中国北方地区在欧亚大陆所处的特殊地理位置，探讨周原等周文化发源地出现的诸多外来文化因素，探讨镀锡等金属技术的传播与交流很有必要。

金器上金珠的制作（本文称金珠工艺）又是一例。所谓金珠工艺，是用金制成直径小于 1mm 的金珠，然后用这些金珠排列成不同的图案，焊接于金器的主体部分，起到装饰作用的一种工艺。这种器物在中国北方地区多有发现，如新疆乌拉泊水库出土的战国至西汉的金耳坠、新疆阿合奇县库兰萨日克出土的战国至西汉的金耳坠、新疆特克斯县出土的战国至西汉的葡萄形金耳坠、内蒙古杭锦旗阿鲁柴登出土的战国晚期的金耳坠、山东临淄商王墓出土的战国晚期金耳坠、河北易县辛庄头出土的战国晚期金耳坠和金铋，以及马家塬墓地出土的大量金珠工艺装饰品等。这些金饰品上的金珠颗粒呈线形、曲面形或堆积的"品"字形排列，马家塬墓地的金珠颗粒还排列成未在其他地方所见的三角形锯齿状特殊图案。我们对马家塬墓地的金珠工艺进行分析，发现金珠大者直径约 0.4mm，小者约 0.2mm，并使用与金珠和金饰件主体成分不同，即银含量较高的金银铜合金焊料焊接而成。[15] 其实，这种在战国晚期出现在中国北方地区的金珠工艺与欧亚草原也有密切联系。如在哈萨克斯坦、俄罗斯南西伯利亚和蒙古等地发现一些相当于中国先秦时期同样工艺的器物，在西亚和地中海沿岸地区出土有年代更早的金珠工艺制品。所以，中国先秦金珠工艺制品的出现远晚于中亚、西亚和古希腊等地，如马家塬墓地这类器物三角形锯齿状图案的艺术风格与希腊、西亚、欧亚草原西部极为相似，应是受西方文化影响的结果。但同时期或更早的中亚、西亚及地中海周边地区使用含铜较高的金合金焊料，这种差别说明马家塬金制品的焊接技术具有本地化特点。

铁器与冶铁技术的交流与传播在这一阶段呈加速趋势，并表现出新的特点。新疆是研究中国冶铁技术起源的重要之地，多位学者做过非常深入的考古学文化研究，但冶金考古研究工作相对较少，如尚未在新疆地区发现早期冶铁遗址，早期铁器制作技术研究方面也存在较多空白。为此，我们对新疆出土早期铁器进行了制作技术和年代学研究，结果表明，在技术方面，早期主要是块炼铁，汉代开始出现生铁；在年代方面，从目前的情况看，新疆地区开始使用铁器的时间定为公元前 8 世纪左右比较合适，当然，这个结论还需要更多有代表性的年代数据的支持。目前，在黄河上游的甘肃、青海和宁夏等地出土的早于公元前 5 世纪的早期铁器已有 50 多件，赵化成发现公元前 5 世纪中叶以前中国人工铁器多出土于包括新疆在内的中原地区偏西的地区[16]，这是值得关注的现象。而最值得重视的是，在豫陕晋交界地带集中出土了一批西周晚期和春秋早期的陨铁、块炼铁和生铁制品，也进一步说明了中原地区的创造力，即铁器和冶铁技术传播到这一地区不久，就创造性地把陨铁和块炼铁技术转变为生铁冶炼技术，逐渐发展出一套成熟的生铁冶炼和利用生铁制钢的技术体系，并向周边地区传播，这也是古代世界独一无二的创造。学界对朝鲜半岛和日本列岛生铁制品和冶铁技术研究较多，基本一致认为来自中国大陆，但韩国部分学者也有不同声音。近年来，笔者多次赴俄罗斯对早期生铁制品的使用情况进行考察，注意到在俄罗斯的南西伯利亚地区出土较多的匈奴时期的生铁制品，如铁斧、犁铧等；汉代以后的生铁制品在图瓦共和国、米努辛斯克地区和阿勒泰地区也有较多发现。这无疑也是中国中原生铁技术系统向西方传播的重要证据。

中原地区生铁的发明既有技术的基础，也是技术对文明适应性变革的表现，这背后更是人的因素。正因为先秦时期有比较发达的青铜器陶范铸造技术传统，才在具有西方特点的块炼铁技术传播到豫陕晋交界地带的中原地区之后，即迅速发明了生铁冶炼及生铁铸造技术，完成了中国冶金史上的又一个重大转折，这必有其内在逻辑。商周青铜器的生产技术及其管理制度，为铸铁技术的产生和发展奠定了基础。一旦能够把铁从矿石中还原出来，这种铸造技术的传统和优势使生铁的冶炼和铸造变得十分容易。铸造的生铁脆硬易裂，限制了它的使用，这时高超的窑炉和高温控制技术又一次派上了用场。将铁器或生铁原材料放在窑炉内并控制炉内气氛进行退火处理，可改变生铁器物内碳的存在状态和含量，从而提高其韧性、延长其使用寿命。所以，生铁冶炼技术的产生及其制钢体系的建立，是块炼铁技术与青铜器陶范铸造技术相结合的必然结果，也是中原文化吸收外来技术进行再创造的结果，再次体现了兼容并蓄、博采众长的中华文明特质。

通过以上讨论可以看出，西周早中期，镀锡技术可能自西方传入，最先在陕甘宁地区开始出现，并以此为中心向周边传播；春秋早期，中原地区在块炼铁技术的基础上率先发明了生铁冶炼技术，这是世界冶金史上又一个属于中国的重大发明创造；战国秦汉时期，生铁冶炼和生铁制钢技术体系已经基本完备，开始向周边地区传播生铁技术；战国时期金珠工艺从西方传来，但制作技术上具有本土特点。因此，可以说公元前一千纪是冶金术中西交流的第二次浪潮，其特点是尽管有西方冶金技术的传入，文化交流也更加广泛，但中国在冶金术方面的创造更加突出。

四　结语

本文通过公元前三千纪至公元前一千纪铜、金和铁等金属技术的发展与传播的简单讨论，认为中国早期冶金技术的发展道路是不断吸收、消化各外来技术，逐渐形成特色鲜明的冶铸技术体系，中西冶金术的传播与交流可分为两个阶段，即以青铜冶铸技术为代表的第一阶段和以生铁冶炼为代表的第二阶段，两个阶段的特点均有"引进—吸收—再创造—反馈"的规律，从而形成冶金术中西交流的两个浪潮。古代中国创造的青铜范铸和生铁冶炼技术体系，在世界冶金技术及人类文明的发展史上具有重要地位。中国古代冶金技术的发展历程也体现了兼容并蓄、海纳百川的中华文明特质。其实，先秦两汉时期社会的每次重大变革均与冶金技术自外界传入和本土创造有关。

但这些结论仅仅是长时段和粗线条的认识，应当看到，冶金技术的传播与交流具有分阶段的不平衡性、传播方式的多样性，冶金技术在不同文化下的作用也有所不同。如何更细致的梳理冶金技术的传播路线，研究这种传播的技术与社会原因，并深入分析冶金技术对传入地的影响，应是一项长期的研究任务。因此，关于冶金的技术特征、年代和传播问题，以及冶金术与中华文明起源和发展的关系问题应是未来的研究重点。

参考文献：

［1］李水城：《西北与中原早期冶铜业的区域特征及交互作用》，《考古学报》2005 年第 3 期。

［2］Benjamin W. Roberts, Christopher P. Thornton and Vincent C. Pigott. Development of metallurgy in Eurasia. *Antiquity*, 2009, 83: 1012~1022.

［3］刘学堂、李文瑛：《史前"青铜之路"与中原文明》，《新疆师范大学学报（哲学社会科学版）》2014 年第 2 期。

［4］a.林梅村：《塞伊玛—图尔宾诺文化与史前丝绸之路》，《文物》2015 年第 10 期；b.刘翔：《青海大通县塞伊玛—图尔宾诺式倒钩铜矛考察与相关研究》，《文物》2015 年第 10 期；c.刘瑞、高江涛、孔德铭：《中国所见塞伊玛—图尔宾诺式倒钩铜矛的合金成分》，《文物》2015 年第 10 期。

［5］Jianjun Mei, Pu Wang, Kunlong Chen et al. Archaeometallurgical studies in China: some recent developments and challenging issues. *Journal of Archaeological Science*, 2015, 56: 221~232.

［6］陈建立：《中国古代金属冶铸文明新探》，科学出版社，2014 年。

［7］梅建军、凌勇、陈坤龙等：《新疆小河墓地出土部分金属器的分析》，《西域研究》2013 年第 1 期。

［8］陈建立、梅建军、王建新等：《新疆巴里坤东黑沟遗址出土铁器研究》，《文物》2013 年第 10 期。

［9］孙淑云、韩汝玢：《甘肃早期铜器的发现与冶炼、制造技术的研究》，《文物》1997 年第 7 期。

［10］a.北京科技大学冶金与材料史研究所、甘肃省文物考古研究所：《张掖西城驿冶金遗址调查报告》，《考古与文物》2015 年第 2 期；b.甘肃省文物考古研究所、北京科技大学材料与冶金史研究所、中国社会科学院考古研究所等：《甘肃张掖市西城驿遗址 2010 年发掘简报》，《考古》2015 年第 10 期。

［11］a.陈国科、李延祥、潜伟等：《张掖西城驿遗址出土铜器的初步研究》，《考古与文物》2015 年第 2 期；b.李延祥、

2015 中国·广河
齐家文化与华夏文明国际研讨会论文集

陈国科、潜伟等:《张掖西城驿遗址冶铸遗物研究》,《考古与文物》2015 年第 2 期。

[12] a. Gimbutas, Marija. *Bronze Age of Cultures in Central and Eastern Europe*, London, Mouton, 1956, p548; b. R.F. Tylecote,
A History of Metallurgy, *The Institute of Materials*, 1992, p22.

[13] 陈建立、毛瑞林、王辉等:《甘肃临潭陈旗陈旗磨沟寺洼文化出土铁器及中国冶铁技术起源》,《文物》2012 年第 8 期。

[14] 陈坤龙、梅建军、邵安定等:《陕西宝鸡石鼓山新出西周铜甲的初步科学分析》,《文物》2015 年第 4 期。

[15] 黄维、陈建立、吴小红等:《先秦时期金珠颗粒制品的考古发现与初步研究》,《文物科技研究(第八辑)》,科学
出版社,2012 年,第 70~77 页。

[16] 赵化成:《公元前 5 世纪中叶以前中国人工铁器的发现及其相关问题》,西北大学文博学院:《考古文物研究》,
三秦出版社,1996 年,第 289~300 页。

齐家文化玉器所反映的中原与陇西两地
玉文化的交流及其历史背景的初步探索

朱乃诚

（中国社会科学院考古研究所）

　　齐家文化玉器在许多方面表现出与中原地区玉文化存在着的密切关系，这种密切的玉文化关系应是与夏王朝形成之前至夏王朝被灭以后这一中国历史上极为重要发展时期中原与陇西之间的社会背景有关。所以，齐家文化玉器与玉文化的发展、兴衰，应是隐含着夏时期前后的中原与陇西之间的一段秘史，具有极为重要的研究价值与极大的研究空间。

　　本文主要分析齐家文化玉器中具有中原地区文化传统的器类及其反映的中原与陇西两地玉文化的交流，并对其历史背景做初步的探索。

一　齐家文化玉器中的中原文化传统

　　齐家文化玉器发现很早。但通过考古活动发现的玉器，则是从 1924 年开始的，即当年安特生在广河县购买的传说出土于半山瓦罐嘴遗址的玉琮、玉璧、三璜联璧等玉器[1]。

　　迄今已在甘肃、青海、宁夏三省区近百处遗址发现了齐家文化玉器，数量大概在三千件以上，而经文物考古部门调查、发掘以及征集的玉器约有千余件，器形种类大约有 20 多种。这些齐家文化玉器大都是在齐家文化分布区域内制作的，部分为齐家文化外部输入品，其文化传统相当复杂，有的具有本地的文化传统，有的则不具有当地的文化传统。

　　经过粗略的分析，在齐家文化玉器中具有中原文化传统的玉器器类大概有以下几种。

1.玉钺

　　齐家文化玉器中的玉钺是新出现的器类。仰韶文化晚期已出现了石钺，如大地湾第四期出土了穿孔石钺[2]，所以齐家文化中玉钺的文化传统可以追溯至甘肃东部的仰韶文化晚期。而齐家文化中那些棱角分明、制作精致的玉钺可能是由中原地区传入的，其文化传统应在中原地区。列举以下几例。

　　宁夏西吉兴隆镇单孔玉钺（图一）[3]，1999 年出土，呈深黑色。背部穿一孔，为单面穿孔，但在另一面穿孔位置有穿孔定位痕迹。背端缺一角。长 9.5 厘米，宽约 4.3 厘米，厚 0.6 厘米。

　　宁夏西吉兴隆镇双孔玉钺（图二）[4]，1999 年征集，呈黄褐色，有深线色纹理。背部穿两孔，都为单面穿孔。长约 24 厘米，宽 7 厘米，刃宽 6.5 厘米，厚 1.2 厘米。

　　甘肃静宁李店村玉钺（图三、四）[5]，呈青色。在背部的全器三分之一处穿一孔，在背端中轴一侧竖列穿两个小孔。背端的另一侧残缺一大角，残缺处的断茬呈现出色彩陈旧不同的早晚两种特征现象。长 15.2 厘米，宽 5 厘米，厚 1.2 厘米。这件玉钺穿三孔，而且一大两小，不合常制，可能不是同时穿孔制作的。依据背端两个小穿孔的位置偏于一侧以及断茬呈现出早晚两种特征等现象推测，这件玉钺原本制作了一个穿孔，即全器三分之一处的大穿孔，后来在使用过程中背部残断一大角，于是再制作了背端的两个小穿孔，以便在玉钺柄端残缺一大角的情况下绑缚木柄，继续使用。至于背端一侧下部残断处呈略新的断茬，可能是后来又残断一角所致。

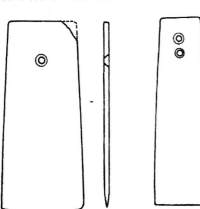 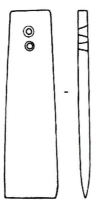  

图一　兴隆镇单孔玉钺　　图二　兴隆镇双孔玉钺　　图三　李店村三孔玉钺　　图四　李店村三孔玉钺局部

甘肃庄浪野狐湾玉钺（图五）[6]，1974 年出土后征集，现藏甘肃省博物馆，呈淡绿色夹青灰黄斑纹。为扁平长方形，单面平刃，平背。在全器上端四分之一处穿一孔，此孔两侧的边棱向柄端内收成凹弧形，形成钺柄。在穿孔至刃部之间的中部饰两组八道平行凸棱弦纹，每组四道，正反两面相同，并通过边棱相连接，其中一侧边棱上的凸棱弦纹已被磨去。长 29.5 厘米，宽 11 厘米，厚 0.4 厘米。全器抛光很好，制作精工，尤其是器身上的两组八道平行凸棱弦纹，凸棱细而笔直，表现出极高的制作工艺。这是一件由体量很大的二里头文化玉璋或玉刀改制的作品。

庄浪王家高塬玉钺，1976 年出土，呈墨绿色，含黑色藻叶纹。背部穿一孔。长 11 厘米，刃宽 10 厘米，背宽 8 厘米，厚 0.4~0.7 厘米（图六）[7]。

图五　庄浪野狐湾玉钺　　　　　　　　图六　王家高塬玉钺

　　以上五件玉钺是齐家文化中较为特殊的玉钺。其中，李店村玉钺残缺后再利用的现象，似表明当时比较珍惜这种玉钺，而其原本的形制棱角规整。兴隆镇单孔玉钺的玉质与其他玉钺不同，呈深黑色，器身较薄，边棱规整，显示出较为精工的制作技术。兴隆镇双孔玉钺器形长大、厚重，棱角规整。这两件玉钺的形制、玉质与甘肃武威皇娘娘台、榆中甘草店、青海民和喇家遗址出土的玉钺有明显的区别，可能都不是齐家文化制作的。王家高塬玉钺为刃部外侈的近方形玉钺，这是一种形制规范的钺，在齐家文化中不多见。野狐湾玉钺是这些玉钺中制作最为精致的一件，器身上的细凸棱纹风格与二里头 5YLⅦ KM7：5 牙璋阑部与柄部的细凸棱纹的风格接近[8]，柄部两侧内收成凹弧形则是其特殊的形式。推测这件玉器原本不是甘青地区齐家文化制作的，可能是由中原夏王朝区域制作后流传到齐家文化分布的陇西地区的。而柄部两侧内收成凹弧形以及一侧边棱上磨去细凸棱纹，可能后来改制而形成的，至于是在中原地区改制的还是在陇西地区改制的，目前尚难考证。

　　这五件玉钺，在玉料与形制方面与其他齐家文化玉钺有明显的区别，可能都不是齐家文化制作的，而是来自中原地区的输入品。

2.玉铲形器

　　齐家文化中的玉铲形器目前见到的有 3 件，都是征集品。形制呈扁薄窄长条形，端刃，柄端穿一孔。其使用方式一直不能明确。

　　甘肃东乡玉铲形器（图七）[9]，曾称为铲，呈灰绿色青玉，有褐色斑块。端刃，缺失一小角。刃部略宽于器身。柄部穿一孔。柄部一侧内收，使得柄部特征突出。长 33.2 厘米，宽 3.6 厘米。

　　青海同德宗日玉铲形器（图八）[10]，曾称为凿，呈墨绿色。端刃，刃部略宽于器身。柄部略有内收，柄部穿一孔，孔径较大。从器身的前半段向刃部逐渐趋薄，刃部有一磕斑。长 29 厘米，刃宽 4 厘米，柄端宽 3.3 厘米，厚 0.6 厘米。

　　宁夏固原上台村玉铲形器（图九）[11]，曾称为圭，呈青色。端刃，刃部明显宽于器身，器身两侧边略呈斜弧状。刃部与柄端有密集的纵向磨痕。柄部偏上穿一孔，为两面穿，孔径较大。长 30 厘米，刃宽 4.3 厘米，柄端宽 3.4 厘米，厚 0.5~0.7 厘米，孔径 0.8 厘米。

　　这三件玉铲形玉器都是征集品，年代与文化属性不明。但考古发掘表明，宗日遗址年代最晚的文化遗存是齐家文化，所以推测这三件玉铲形玉器都属齐家文化。

　　从器形角度分析，这三件玉铲形器虽然都呈扁薄窄长条形，但也略有区别。其中同德宗日玉铲形器、固原上台村玉铲形器的平面都有向中轴的内凹弧，固原上台村玉铲形器的凹弧更为明显些。这种形制上的细微区别，或许表明它们的制作年代存在着早晚关系。

　　从这种扁薄窄长条形玉铲形器的形制特点看，其使用功能可能是一种武器而不是一种工具，在安装长柄之后可能是一种直击类武器。

　　这三件扁薄窄长条形玉铲形玉器在齐家文化玉器中较为少见，玉质也很特殊，可能不是齐家文化制作的。这类玉器在延安芦山峁一带有发现（图一〇）[12]。笔者曾分析芦山峁一带发现的这种扁薄窄长条形玉铲形器可能与夏王室的遗存有关。

　　据此笔者认为，齐家文化中的这种扁薄窄长条形玉铲形器是由中原地区流传到齐家文化分布区的。因为齐家文化发展过程中对这种玉器没有社会需求，所以后来的齐家文化玉器中不再有这类形制。

3.玉刀

　　齐家文化玉刀的数量也不多，主要见于甘肃古浪峡口和青海大通上孙家寨、同德宗日、民和喇家等遗址。此外，在甘肃武威皇娘娘台、海藏寺曾发现玉刀，但未见公布。

　　古浪峡口大玉刀（图一一）[13]，呈青绿色，间棕、黑色条纹。为近长方形的梯形薄片状。在刀背约等距离穿四个孔，在最后一个孔内侧的近中轴处又穿一孔，使得刀尾处多一个玉刀与木柲之间的加固

图七　东乡玉铲形器　　　图八　宗日玉铲形器　　　图九　固原上台村玉铲形器　　　图一○　芦山峁玉铲形器

点，以便更好地发挥大玉刀的使用功能而不易使木柲脱落。长 65.5 厘米，宽 12.5 厘米。

　　上孙家寨大玉刀（图一二）[14]，呈青黄色。为近长方形的梯形薄片状。背部有 4 个约等距离的穿孔。刀尾一角残断。长 54 厘米，刀头宽 10.3 厘米，刀尾宽 0.8 厘米，孔径 1~1.2 厘米。

　　宗日 95TZM200:2 玉刀（图一三）[15]，呈青灰色。平面近梯形。在刀尾的背部内收，形成刀柄。斜直刃微内弧，双面刃。刀头端磨出刃，为端刃。背部穿两孔，单面穿，孔径为 1.2 厘米。刀尾（刀柄之前）正中穿一孔，单面穿，孔径 0.5 厘米。长 18.7 厘米，刀头宽 5.6 厘米，刀柄端宽 3.7 厘米，厚 0.5 厘米。

　　宗日 95TZM200:3 玉刀（图一四）[16]，呈灰色。刀头端残缺一角，在刀尾的背部亦残缺一小条。斜直刃微内弧，双面刃。刀头端磨出刃，为端刃。刀柄端亦磨薄，可能与将刀柄插入有机质（如木质柄）内安装木柄有关。在全器约四分之一的刀尾中轴穿一孔，单面穿，孔径 1 厘米。长 28.5 厘米，刀头宽 5.5 厘米以上，刀柄端宽 4.6 厘米，厚 0.5 厘米。

　　宗日 95TZM200:4 玉刀（图一五）[17]，呈青灰色。平面近梯形。刀头宽，刀尾窄。斜直刃微内弧，单面刃。直背。在刀尾中轴穿两个孔，单面穿，前大后小，孔径分别为 1 厘米、0.7 厘米。长 23.4 厘米，刀头宽 6 厘米，刀尾宽 4.4 厘米，厚 0.5 厘米。

图一一　古浪峡口大玉刀

图一二　上孙家寨大玉刀

图一三　宗日 95TZM200:2 玉刀

图一四　宗日 95TZM200:3 玉刀

图一五　宗日 95TZM200:4 玉刀

喇家 L:4 大玉刀（图一六）[18]，已断为两节，呈青绿色，有浅黄色斑点。在刀尾的背部内收，形成刀柄。斜直刃微内弧，双面刃。背部等距离穿三孔，刀柄上穿一孔，孔径 0.7~0.8 厘米。长 41.2 厘米，宽 6.5 厘米，厚 0.8 厘米。刀背最后一个穿孔前约 1 厘米至刀柄端有一层褐色水锈样的色彩，与大玉刀其他部位的器表可以明显地区分出来。这刀尾柄端异样的色彩，可能与裹着物或安装木柲并被水浸泡有关。

喇家遗址发掘出土的一件 T534（4）大玉刀（图一七）[19]，仅存约前半部分，呈淡绿色，夹杂白色斑纹，并有褐色水锈。背部存两个穿孔，单面穿，其中一个穿孔在断裂处，仅存半个圆孔，孔径 2 厘米。残长 32.8 厘米，宽 16.6 厘米，厚 0.4 厘米。此件大玉刀的复原长度可能在 65 厘米以上，是齐家文化中发现的最大、最薄的大玉刀。这件大玉刀出自喇家遗址的沙层内，器表的褐色水锈可能与出自沙层并遭水浸泡有关。

甘肃省博物馆藏 35978 号玉刀（图一八）[20]，为四孔大玉刀，呈灰白色，有紫褐色蔓枝斑纹。刀尾两侧略微内收并磨去边棱，形成刀柄，刀柄较长。在接近刀柄端的中轴处穿一孔。刀背穿三孔，一孔在刀头处，一孔在接近刀柄处，另一孔在器身约二分之一处。长 43 厘米，宽 6.8 厘米。这件玉刀的柄部特征鲜明，是一件手握刀柄直接使用的玉刀。这种形制的玉刀，是为握柄钝刃刀，可称为棒刀，目前少见。

图一六　喇家 L:4 大玉刀

图一七　喇家发掘大玉刀残件

图一八　甘肃省博物馆藏四孔大玉刀

以上八件玉刀形制各不相同，如依据器形的大小可分为两大类，即大玉刀与小玉刀；如果依据安柄的方式或柄部的特征，可分为四类。

第一类，仅刀背穿孔的大玉刀。有上孙家寨大玉刀、喇家 T534（4）大玉刀。

第二类，不仅在刀背穿孔。在刀尾也穿孔或形成柄部的。有古浪峡口大玉刀、喇家 L:4 大玉刀、宗日 95TZM200:2 玉刀。

第三类，仅在刀尾穿孔的。有宗日 95TZM200:3 玉刀、宗日 95TZM200:4 玉刀。

第四类，握柄钝刃刀。仅一件，甘肃省博物馆大玉刀（藏品号 35978）。

其中第二类中的宗日 95TZM200:2 玉刀与第三类中的宗日 95TZM200:3 玉刀都为双刃刀，即有边刃又有端刃，似可另外为一类。

玉刀的形制不同，可能反映了年代的区别。从器物形制的角度分析，第一类大玉刀仅在刀背穿孔以绑缚木柲，显得较为原始。属第一类大玉刀的喇家 T534 （4） 大玉刀为发掘品，为喇家遗址齐家文化的偏晚阶段，年代在公元前 2000 多年到公元前 1900 年前后[21]。据此，推测第一类玉刀的年代在公元前 2000 多年到公元前 1900 年之间。第一类玉刀的形制与陶寺文化大玉刀接近，如下靳村 M358 玉刀，已改制为玉钺的陶寺 M3168:10 大玉刀等。其他三类玉刀的年代大概都在喇家齐家文化偏晚阶段之后至二里头文化二期之前，即在公元前 1900 年至公元前 1680 年之间。

这八件玉刀的制作都较为精致，玉质与皇娘娘台、喇家等遗址出土的大宗玉器不同，可能不是齐家文化制作的。形制与陶寺文化玉刀相同，表明这些玉刀也是来自中原地区。

这些玉刀在中原地区的制作年代有明显的早晚区别，而在甘青地区的埋藏年代，除了喇家 T534 （4） 大玉刀具有出土层位及相关年代信息外，其他七件玉刀的埋藏年代还有待新的发现以便做更为具体的研究。

4.牙璋

目前在齐家文化遗址中发现的牙璋仅有一件，出自积石山县新庄坪遗址 （图一九）[22]，呈青色，有竖向弯条形斑纹。柄端斜直，柄一侧有一小凹口，柄上偏移中轴一侧有两个竖向排列的穿孔，上大、下小。上端为刃，是原牙璋上部 （刃部） 残断后改制磨出的刃部，为双面刃。长约 17 厘米，厚约 0.8 厘米。牙璋经过改制，刃部及柄端的小穿孔以及柄部侧边的小凹口可能都是改制时所为。原本的牙璋还要长一些，可能在 20 厘米以上，刃部可能是全器的最宽处。

如果这件牙璋的阑角保留了原来的特征，那么从阑角处尚未出牙的特征分析，原件应是一件形态比河南巩义花地嘴 2003T20H123 祭祀坑出土的牙璋更为原始的牙璋。其最初的制作年代可能在新砦一期或更早些，至于其改制的年代有待分析。

5.束柄齿棱端刃器

目前仅见一件，由甘肃会宁县博物馆征集 （图二〇）[23]，呈黑色，为墨玉。现已断为两节。端刃，刃部斜弧状。束柄，柄两侧呈内凹弧形，在柄两侧边内凹弧的上下两端，分别有上下两个极为细尖的齿棱，其中一侧边的柄端一个齿棱已受损。在柄部以上约器身四分之一范围的中轴线上穿三个孔，是为绑缚木柲而设的穿孔。形制似牙璋不是牙璋，似刀不是刀，似圭不是圭，故依据其形制特征暂称之为"束柄齿棱端刃器"。长约 54 厘米，极薄。

这种形制的束柄齿棱端刃器目前仅见此一件，无从比对。但从玉料为墨玉，器形很薄，器身无阑而在束柄处饰有细尖齿棱等特点分析，其制作工艺较高，不是齐家文化制作的，应是由中原地区传入的。

这件束柄齿棱端刃器的柄部形制与石峁城址出土的一件大玉刀的柄部形制接近，都为内凹弧形的束柄。但石峁大玉刀内凹弧形的束柄

图一九　新庄坪牙璋

图二〇　会宁县博物馆藏
束柄齿棱端刃器

上没有细尖齿棱。表明这件束柄齿棱端刃器的年代要晚于石峁大玉刀。

束柄齿棱端刃器细尖齿棱的特点，与二里头文化三期牙璋上的扉牙以及二里头文化二期玉钺上的扉牙有近似的特征而更加细尖，表明束柄齿棱端刃器的年代要早于二里头文化二、三期。而在陶寺文化晚期玉器上还没有出现这种尖细齿棱的玉雕工艺，说明束柄齿棱端刃器的年代要晚于陶寺文化晚期。

综上分析，束柄齿棱端刃器的制作年代应在陶寺文化晚期之后至二里头文化二期之前，传入齐家文化的年代可能在二里头文化三期之前。

6.玉有领璧

目前在齐家文化遗址中发现的玉有领璧仅有一件，出自积石山县新庄坪遗址（图二一）[24]，呈青色。平面近正圆形，边缘有一处内凹，可能是受玉料局限或是受损后再加工所致。整器素面无纹。领部外壁略有凹弧，局部保留有横向的剔刻痕迹，领内壁光滑。整器已脱离有领璧的原始形态。直径约 12 厘米，孔径约 6 厘米。这件玉有领璧也不是齐家文化制作的，是由中原传入的。

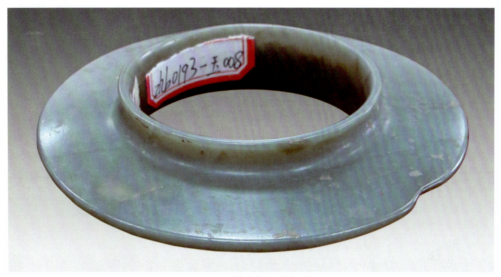

图二一　新庄坪玉有领璧

有领玉璧最早见于陶寺文化，是陶寺文化盛行手腕装饰而发明的一种器类[25]。清凉寺发现的一件腕饰（图二二），是一种不规则有领璧，可能是有领璧产生初期的作品，之后才形成了形制规范、用料较少的有领璧。山西临汾下靳村墓地 M279 墓葬出土的一件陶寺文化有领玉石璧（图二三）[26]，是目前所见年代最早的有领璧，璧体（肉）内厚外薄，断面呈三角形，凸领较短，外领壁略微斜直，内领壁略有弧鼓。整个形制犹似由内厚外薄的环形玉璧演化而来。

二里头文化的有领璧，领壁有弧度。如洛达庙 T22:10 有领玉璧（图二四）[27]，璧面厚薄较均匀。

齐家文化的这件有领玉璧，短小的领外壁呈凹弧形，凸领的制作工艺较高，璧体扁薄而平整，显然已脱离了有领玉璧的原始形态，其年代不会早于二里头文化。推测这件有领玉璧应是由中原地区传入的，其文化传统在中原地区，应与二里头文化有关。

7.玉琮

齐家文化玉琮绝大部分是齐家文化制作的，但是齐家文化玉琮的文化传统却不是在陇西，而是在中原的陶寺文化。

目前在齐家文化发现的约 50 多件玉琮中，从考古发掘出土的层位及同层位的陶器陶片看，可以确定年代较早的是天水师赵村 M8 出土的素面玉琮[28]（一起出土的还有玉璧）；而从形制角度分析，年代最早的大概是静宁后柳沟村出土的两件刻纹玉琮[29] 和通渭县西岔出土的圆形短射玉琮[30]。

图二二　清凉寺 M146:3 腕饰

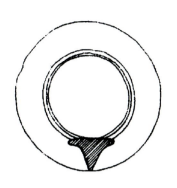

图二三　下靳村 M279 有领璧

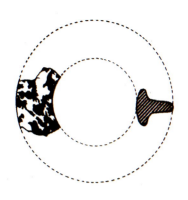

图二四　洛达庙 T22:10 有领璧

其中瓦垄纹玉琮保留着玉琮四壁中轴的竖槽刻纹（图二五）。这种玉琮四壁中轴施刻竖槽纹饰使得琮体的四个角面界线清晰，是由良渚文化发明的。

在良渚文化晚期至广富林文化时期，玉琮经历着由刻纹玉琮向素面玉琮的演变，玉琮四壁中轴的竖槽刻纹逐渐消失。而中原地区的陶寺文化，在太湖地区文化的影响下，也正在经历着由刻纹玉琮向素面玉琮的演变，玉琮四壁中轴的竖槽刻纹逐渐消失。

静宁后柳沟村与两件刻纹玉琮一起出土的还有两件素面玉琮[31]、三件特大型玉璧，两件刻纹玉琮的制作年代要早于两件素面玉琮的制作年代。这似乎显示着在静宁后柳沟村这四件玉琮的制作之间，即在齐家文化早期阶段，也已完成了刻纹玉琮向素面玉琮的演变，玉琮四壁中轴的竖槽刻纹逐渐消失。所以在这之后的齐家文化玉琮都是素面玉琮。

静宁后柳沟村瓦垄纹玉琮的竖槽特征在甘青宁地区没有文化源头，而与陶寺 M3168:7 玉琮（图二六）所具有的竖槽特征的风格相同。由此说明后柳沟村瓦垄纹玉琮与陶寺文化玉琮有关。

图二五　后柳沟村瓦垄纹玉琮

图二六　陶寺 M3168:7 玉琮

　　当然，陶寺 M3167:7 玉琮所具有的竖槽特征是在良渚文化玉琮的发展影响下在中原地区产生的。但是，良渚文化玉琮与齐家文化玉琮在时间与空间方面都存在着一段缺环，而陶寺文化玉琮与齐家文化玉琮在时间与空间方面能够紧密相接。所以静宁后柳沟村瓦垄纹玉琮应是源自陶寺文化。

　　静宁后柳沟村瓦垄纹玉琮是齐家文化玉琮中最为精致的一件，一起出土的另一件刻纹玉琮亦十分精致，它们可能都是由中原地区制作后传入齐家文化的。至于这两件刻纹玉琮与另外两件素面玉琮以及三件玉璧在何时一起埋藏的，尚待考证。

　　西岔圆形玉琮的琮体外壁形成了三个凸出的面与三个竖槽刻纹（图二七）。这种形制的玉琮是良渚圆形玉琮之后的一种发展形式，并且影响到陶寺文化。

　　1980 年在山东诸城前寨遗址出土的一件圆形玉琮（图二八）[32]，形制与西岔圆形玉琮接近，在琮体外壁形成了四个凸出的面与四个竖槽刻纹，属大汶口文化末期，其年代在公元前 2300 年之前，是太湖地区传播到海岱地区的。

图二七　西岔玉琮　　　　　　　　　　　　　　　图二八　诸城前寨玉琮

　　在陶寺遗址发现的 M1267:2 圆形玉琮（图二九）[33]，琮体外壁形成四个凸面与四个竖槽刻纹，凸面上还刻有三道平行凹槽纹，但射部消失。这是良渚圆形玉琮的进一步演化形式，年代可能要晚于诸城前寨圆形玉琮与西岔圆形玉琮，可能是在中原地区的陶寺文化时期制作的。

　　综上，西岔圆形玉琮应不是齐家文化的作品，而是太湖地区的作品，并且可能是经过中原地区的陶寺文化传播到陇西地区的。至于在何时由中原地区传入陇西，由于西岔圆形玉琮是一件征集品，尚难推断，如果其出自齐家文化遗址，那么应该是在齐家文化时期传入的。

　　需要指出的是，齐家文化从早期开始出现的素面玉琮，有的与陶寺文化素面玉琮具有相同的特征与风格，制作简略，器形不规整，尤其是射口的制作风格相同。如静宁县博物馆藏的一件素面矮体玉琮（图三〇）[34]与芮城坡头遗址出土的陶寺文化素面玉琮（图三一）[35]，在玉质及形制方面具有相同的特征与风格。

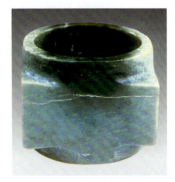

图二九　陶寺 M1267:2 玉琮　　　图三〇　静宁县博物馆藏矮体玉琮　　　图三一　坡头 1 号玉琮

这些现象显示，虽然齐家文化玉琮的文化传统在中原地区的陶寺文化，但是齐家文化早中期与陶寺文化中晚期可能存在着密切的文化交流，所以两地的素面玉琮具有相同的风格。由于这种密切的文化交流，不排除部分陶寺文化的素面玉琮是由齐家文化制作的可能。

8.多璜联璧

齐家文化的多璜联璧有近 20 件，有三璜联璧、四璜联璧。其中师赵村遗址出土的两件三璜联璧（图三二、三三），其年代在公元前 2000 年前后，喇家 M17 墓葬中出土的两件三璜联璧（图三四、三五），年代在公元前 2000~前 1900 年。

图三二　师赵村 1984KTT403②9-10-11
三璜联璧

图三三　师赵村 1984KTT403②12-15-16
三璜联璧

图三四　喇家 M17:6 三璜联璧

图三五　喇家 M17:8 三璜联璧

多璜联璧亦可能是陶寺文化盛行手腕装饰而发明的一种器类。目前在陶寺文化中发现有二璜联璧、三璜联璧、四璜联璧、五璜联璧、六璜联璧，在齐家文化中仅发现三璜联璧与四璜联璧，以及多璜联璧的组合件璜形玉片，估计今后也会发现二璜联璧、五璜联璧。

这种多璜联璧的文化传统是在中原地区，但是齐家文化的三璜联璧、四璜联璧等多璜联璧大都是在齐家文化分布区域内制作的。

9.玉璧

玉璧是齐家文化玉器中数量最多、最有特色的一种器形，基本为素面，分玉质和石质，在整个齐家文化分布区内都有发现，总数在450件以上。在永靖秦魏家还出土了小型的骨璧与蚌璧，永靖大何庄也出土了小骨璧。

齐家文化玉璧的种类、形制多样，可分为圆形、椭圆形、圆角方形、不规则形等几种，但以圆形玉璧为主。圆形玉璧中，特大形玉璧都属于小孔玉璧，大型玉璧也以小孔玉璧为主。这种现象可能与玉璧制作的大小规格有关。而大型玉璧的玉质与制作通常较好。数量最多的则是中型玉璧。

这些数量众多的齐家文化玉璧应该存在着年代上的早晚区别。就现有的资料分析，在考古学单位方面明确属齐家文化早期的有十分规范的圆形玉璧，如师赵村M8:2大型小孔玉璧（图三六）。由此推测那些大型、特大型小孔玉璧，以及形制规整、制作精致的玉璧，可能都属齐家文化早期。

而在考古学单位方面明确属齐家文化晚期或偏晚阶段的玉璧，有椭圆形玉璧和圆角方形玉璧，如民和喇家遗址F4房址出土的椭圆形玉璧（图三七）、皇娘娘台遗址出土的57WH:53椭圆形玉璧（图三八）、皇娘娘台75WXT7（M40）M66:11石璧（图三九）、皇娘娘台75WXT11（M15）M41:1圆三角形石璧（图四○）以及秦魏家石璧等。由此推测，那些椭圆形玉石璧、圆角方形玉石璧、不规则形玉石璧，大都属齐家文化晚期。

齐家文化玉璧的文化传统较为复杂。在甘肃东部的秦安大地湾遗址出土了仰韶文化晚期（大地湾四期）的QD0:224石璧（图四一）[36]，呈黑色，经闻广先生鉴定为半玉质。平面为圆角近方形，边棱经磨

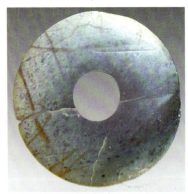  

图三六　师赵村M8:2大型小孔玉璧　　　图三七　喇家F4椭圆形玉璧　　　图三八　皇娘娘台57WH:53椭圆形玉璧

图三九　皇娘娘台　　　　　　图四○　皇娘娘台　　　　　图四一　大地湾四期QD0:224石璧
75WXT7（M40）M66:11石璧　　75WXT11（M15）M41:1圆三角形石璧

过，穿孔偏离中央一侧，为单面穿，孔壁有旋转痕迹。两面都较为平整。长9.2厘米，孔径2.8厘米，厚0.7厘米。在甘青宁地区发现的年代如此早的石璧仅此一件，可谓是孤证。目前不知这件石璧是后期混入仰韶文化晚期文化层中的，还是确实是仰韶文化晚期制作的。如果是仰韶文化晚期制作的，那么齐家文化玉石璧的文化传统要追溯至这件石璧。

陕西高陵杨家寨遗址曾在仰韶文化一个灰坑中出土一件玉璧，形制十分规整，大概是由太湖地区传入中原地区的。由此也可以表明甘青宁地区仰韶文化晚期的玉石璧可能源自中原地区的仰韶文化，而仰韶文化玉璧的文化传统应与太湖地区有关。

然而，齐家文化早期的玉璧与大地湾遗址出土的玉石璧，在质地与形制方面有着明显的区别。如天水师赵村M8出土的玉璧、静宁后柳沟村与四件玉琮一起出土的三件玉璧，玉质很好，形体较大，平面为圆形，边棱清晰，形制规整。这种玉璧的文化传统应与陶寺文化有关。

陶寺文化有厚0.1~0.2厘米的玉璧，薄如纸，表明其制作工艺极高[37]。齐家文化玉璧应是在陶寺文化的影响下发展起来的，其文化传统自然是中原地区的陶寺文化。

需要指出，在陶寺文化晚期也存在着与齐家文化玉璧相同质地、相同形制的玉璧。如在山西芮城坡头遗址出土了许多与齐家文化圆形玉璧的玉质及形制风格相同的玉璧（图四二）[38]，但制作都较为规整。又如在陶寺遗址也出土了与齐家文化圆形玉璧的玉质及形制风格相同的玉璧。

图四二　坡头19号玉璧

这些现象同样表明，齐家文化早中期与陶寺文化中晚期存在着密切的玉文化交流，所以两地有质地、形制相同的玉璧，也不排除部分陶寺文化的玉璧是齐家文化的作品。从齐家文化中有许多玉璧芯的情况分析，齐家文化是制作玉璧的，而在陶寺文化中还没有发现玉璧芯。

另外，在齐家文化分布区域内有着丰富的玉矿资源，而在陶寺文化分布区域内玉矿资源相对较为贫瘠。陶寺文化与陇西地区齐家文化关系密切，其中的一个原因可能与陇西的玉矿资源有关。

二　中原地区玉文化对陇西地区齐家文化影响的路线分析

通过以上分析，笔者认为以上八种玉器器类，即齐家文化玉器中的大玉刀、牙璋、玉铲形器、束柄齿棱端刃器、有领璧、多璜联璧、玉琮、玉璧等，都不具有甘青宁地区的文化传统。其中大玉刀、牙璋、玉铲形器、束柄齿棱端刃器不仅数量少，而且玉质不见于齐家文化玉器的其他器类中，甘青地区是否具有制作这类玉器的玉料与玉矿有待探索。

就现在所掌握的资料等信息推测，齐家文化中的这类玉器应是由中原地区包括陕北一带传入的。那些传世的同类玉质的同类玉器恐怕都不是齐家文化的作品，有些玉钺也是由中原地区传入的。

如果依据齐家文化中发现的明显属中原地区包括陕北一带传入的玉器的出土地点进行分析，大致能够发现中原地区玉文化对陇西地区齐家文化影响的路线图。

中原地区向甘青地区齐家文化的影响，大概存在着两条由东往西的路线。一条由陇山东麓转折陇山北麓、陇山西麓，经会宁、定西，到达齐家文化核心分布区域的洮河、大夏河一带。另一条由渭河溯流而上，经甘肃东部的天水、陇西，到达洮河、大夏河地区。

由齐家文化核心分布区域的洮河、大夏河一带再往西的影响，可能存在着三条路线。一条是由大夏河下游沿黄河西进，到达青海东部黄河流域的民和、同德一带。另两条由洮河下游顺黄河而下，再分别溯湟水、庄浪河而上，分别到达青海湖一侧以及祁连山东麓的乌稍岭一侧。

而甘肃武威以西至张掖一带受中原地区的文化影响较小，所以这里的玉文化以本地的文化特色为主。其中张掖黑水国遗址出土的齐家文化阶段的玉器及其玉料是纯粹的本地区的文化传统。

三　齐家文化时期中原与陇西两地玉文化交流关系的历史背景探索

齐家文化时期，中原地区对陇西地区的玉文化影响不局限于一个时期，可能是分批次发生的。至少可以区分为三个阶段。

第一阶段是陶寺文化中晚期阶段，主要是玉琮、玉璧、多璜联璧、玉铲形器、玉刀等所表现的陶寺文化对齐家文化的影响，以及他们之间在玉文化方面的互相交流。这一阶段可能延续的时间较长，经历了陶寺文化的中晚期与齐家文化的早中期。

第二阶段大概是在二里头文化三期之前，主要是少量精致或改制的玉钺、牙璋、束柄齿棱端刃器、有领玉璧等所表现的二里头文化前期对齐家文化中晚期的影响。

第三阶段大概是在二里头文化四期及四期之后，主要是铜牌饰等所反映的二里头文化后期对齐家文化晚末期的影响。这一阶段的中原地区对陇西地区的文化影响目前还不是很明了，但应该是存在的，可能主要局限在甘肃东部区域。而四川西部成都平原的三星堆月亮湾发现的与二里头文化相同的遗存，可能与二里头文化末期阶段对陇西齐家文化影响然后折向川西北有关。

这三个阶段的年代，即是齐家文化玉器从早到晚的总体年代，大约在公元前 2200 年至公元前 1500多年，在中原地区相当于陶寺文化中期至二里头文化四期及之后。而齐家文化中的那些中原地区包括陕北一带文化传统的玉器器类，主要是与陶寺文化玉器与二里头文化（包括新砦期）玉器的器类有关[39]。在这个年代范围内，中原地区正经历着夏王朝形成之前至夏王朝被灭亡之后这一重要的历史发展阶段。如果与传统史学中的传说时代相联系，这个年代范围内的中原地区正经历着尧舜时期至夏王朝前期、夏王朝灭亡前后以及夏社被废黜时期。齐家文化玉器与陶寺文化中期至二里头文化四期玉器之间的密切关系，可能与这段重要历史发展阶段的史实背景有关。

第一阶段的陶寺文化中晚期，在中原地区正经历着夏王朝形成之前及夏王朝前期的历史发展阶段。如果将陶寺文化中期对齐家文化的影响与传统史学的传说历史相整合，那么这可能如杨建芳先生所推测的与"尧时舜'窜三苗于三危'"事件有关[40]。

1998 年，杨建芳先生分析陕西龙山、山西龙山和齐家等文化遗存中的一些玉石陶器和某些信仰习俗同石家河文化、良渚文化的颇为相似甚或相同，认为这是长江流域曾有一部分居民迁徙至西北地区，与"舜窜三苗于三危"的传说相符。由此他进一步认为"舜窜三苗于三危"的传说并非子虚乌有。

舜"窜三苗于三危"的传说见于《尚书·舜典》与《史记·五帝本纪》。在传统史学中，关于"三苗"主要有三种说法，高诱注《淮南子·修务训》中将三苗认作为帝鸿氏、少昊氏、缙云氏这三族之苗裔；徐旭生在《中国古史的传说时代》一书中认为三苗是东夷族的一支，属蚩尤部落；现在许多学者认为三苗是古代南方民族，主要分布在长江中游地区。关于"三危"，则通常认为在今甘肃敦煌一带。

现在看来，这个"三苗"应是指当时已经来到中原地区活动的"三苗"，而"三危"可能就是指的陇西地区。

从另外一个角度分析，如果我们将传统史学中传说的"舜窜三苗于三危"事件，看成是反映了在夏王朝形成之前尧舜时期的中原地区与陇西地区已经存在着密切的文化联系，那么这种文化联系在陶寺文化与齐家文化的玉器与玉文化方面得到了明确的反映。至于"舜窜三苗于三危"事件是否确实存在，可在这一阶段的中原与陇西的文化交往关系中进一步探索。

第二阶段的二里头文化前段（三期之前），在中原地区正经历着夏王朝被灭亡前后的历史发展阶段。齐家文化中改制的玉钺、牙璋、束柄齿棱端刃器、有领玉璧等玉器，都是二里头文化三期以前的作品，其中最为重要的是积石山新庄坪遗址出土的牙璋。

笔者曾依据对牙璋的研究提出，中原以外地区的牙璋是夏人遗痕，都是夏部族活动以及夏遗民流闯四方而从中原地区传出去以及后来在当地仿制的。牙璋从中原地区向四周的传播分前后两个时期。前一个时期是二里头文化三期以前，牙璋可能是伴随着夏王朝的灭亡而传播到各地的。后一个时期是二里头文化四期及四期之后，牙璋可能是夏社被废黜之后传播到各地的。[41]

积石山新庄坪牙璋是一件早期形态牙璋的改制品，应是夏王朝灭亡前后伴随着夏部族的败师逃窜陇西而传播到齐家文化核心分布区的大夏河下游地区。据此推测，齐家文化中二里头文化前段的玉钺、牙璋、束柄齿棱端刃器、有领玉璧等玉器，也可能是夏王朝灭亡前后夏部族的一支携带逃窜至陇西的结果。

第三阶段的二里头文化后段（主要指四期及四期之后）对齐家文化的影响，目前在玉器方面尚没有看出有明确的反映。但天水发现的绿松石铜牌饰（图四三）[42]是属于二里头文化四期的作品。

二里头文化的铜牌饰已发现好几件，并形成了一个早晚演化的系列，是二里头文化的一种标志性文化遗存[43]。天水发现的绿松石铜牌饰，从材质、形制、图案结构及风格等方面都与二里头四期的 84Ⅵ M11:7 绿松石铜牌饰相同（图四四），无疑是二里头文化四期的作品。

图四三　天水绿松石铜牌饰　　　　　图四四　二里头 84ⅥM11:7 绿松石铜牌

绿松石铜牌饰在甘肃东部的天水一带发现，必然是在二里头文化四期及四期之后从中原地区传来的。一起传来的可能是一大批遗存，或许与人群的迁徙有关。

笔者曾提出，二里头遗址三、四期出现的宫城、宫殿等大型建筑的增减等反映的二里头文化的繁荣景象，以及其所处的年代，表明二里头遗址三、四期可能是作为夏都的延续，是汤做夏社使然。后来夏社被废黜之后，夏部族的一支辗转西迁。在川西成都平原的月亮湾、三星堆以及金沙遗址出土的大批后期形制的牙璋很可能是这种西迁的结果。这大概还是传统史学中"禹兴于西羌"传说的史实背景[44]。

现在看来，如果将天水发现的绿松石铜牌饰与在川西成都平原的月亮湾、三星堆以及金沙遗址出土的大批二里头文化四期及四期之后的铜牌饰、牙璋等遗存联系起来，那么夏部族的一支在夏社被废黜之后辗转西迁川西成都平原时，可能经过甘肃东部地区，甚至还在甘肃东部地区有过短暂的发展，所以在甘肃东部地区留下了可与川西成都平原月亮湾、三星堆以及金沙遗址大批遗存进行对比分析的属于二里头文化后期的遗存。而四川广汉中兴乡月亮湾燕家宅旁一坑中出土的数十件玉石璧很可能与齐家文化玉石璧有关，其中不排除有齐家文化的作品，如直径达 70.5 厘米的巨型玉石璧[45]。

《史记·六国年表》所记"禹兴于西羌"的西羌，自然包括陇西。所谓"禹兴于西羌"，可能是夏部族的一支从中原来到了陇西，其中的一支又可能折转到达川西成都平原。他们的后裔自然将夏部族及禹作为自身的族源。这种部族的迁徙以及对族源的追溯，加上久而久之的演绎，则形成了"禹兴于西羌"的传说故事。如此推测，那么传统史学中"禹兴于西羌"的传说确实是有史实背景的，并非子虚乌有，只是西周以来的传说将其史实背景的前后关系颠倒了。至于齐家文化核心分布区域的"大夏河"这一河流地名，是否也与这一被颠倒的历史背景有关，有待研究。

传统史学中的"舜窜三苗于三危"、"禹兴于西羌"等传说故事及其史实背景，需要今后进行更深入的探索剖析才能逐渐明了。而公元前 2200 年前后至公元前 1500 年前后，中原地区的陶寺文化与二里头文化对陇西地区齐家文化的影响、二里头文化后期对陇西地区及川西成都平原地区的文化影响，以及中原与陇西两地之间文化的互相交流现象，则将越来越清晰地被揭示出来。

注释：

[1] J. G. Andersson, *Researches Into The Prehistory of The Chinese*. The Museum Far Eastern Antiquities. 1943.

[2] 甘肃省文物考古研究所：《秦安大地湾——新石器时代遗址发掘报告》，文物出版社，2006 年。

[3] a.北京艺术博物馆、中国社会科学院考古研究所等编：《玉泽陇西——齐家文化玉器》，北京美术摄影出版社，2015 年 7 月；b.罗丰：《黄河中游新石器时代的玉器——以馆藏宁夏地区玉器为中心》，图 2.1，《故宫学术季刊》第 19 卷第 2 期。

[4] a.北京艺术博物馆、中国社会科学院考古研究所等：《玉泽陇西——齐家文化玉器》，北京美术摄影出版社，2015 年；b.罗丰：《黄河中游新石器时代的玉器——以馆藏宁夏地区玉器为中心》，图 6.3，《故宫学术季刊》第 19 卷第 2 期。

[5] a.古方：《中国出土玉器全集（15）》，科学出版社，2005 年；b.图片由张树伟拍摄提供，谨此致谢。

[6] a.图片为 2015 年 4 月 23 日笔者参观甘肃省博物馆时拍摄；b.李晓斌、张旺海：《甘肃齐家文化玉器研究》，《陇右文博》2009 年第 2 期。

[7] 王裕昌：《甘肃省馆藏齐家文化玉器调查与研究》，《玉泽陇西——齐家文化玉器》，北京美术出版社，2015 年。

[8] 朱乃诚：《关于夏时期玉圭的若干问题》，《玉魂国魄：中国古代玉器与玉文化学术讨论会文集（六）》，浙江古籍出版社，2013 年。

[9] 古方：《中国出土玉器全集（15）》，科学出版社，2005 年。

[10] a.青海省博物馆、青海民族博物馆：《河湟藏珍·历史文物卷》，文物出版社，2012 年；b.古方：《中国出土玉器全集（15）》，科学出版社，2005 年。

[11] a.宁夏固原博物馆：《固原文物精品图集》，宁夏人民出版社，2011 年；b.古方：《中国出土玉器全集（15）》，科学出版社，2005 年。

[12] 朱乃诚：《时代巅峰冰山一角：夏时期玉器一瞥》，《玉魂国魄：玉器·玉文化·夏代中国文明展》，浙江古籍出版社，2013 年。

[13] 古方：《中国出土玉器全集（15）》，科学出版社，2005 年。

[14] a.青海省博物馆、青海民族博物馆：《河湟藏珍·历史文物卷》，文物出版社，2012 年；b.古方：《中国出土玉器全集（15）》，科学出版社，2005 年。

[15] a.陈洪海：《关于宗日遗址第 200 号墓出土的玉器》，《宗日遗址文物精粹论述选集》，四川科学技术出版社，1999 年；b.古方：《中国出土玉器全集（15）》，科学出版社，2005 年。

[16] a.陈洪海：《关于宗日遗址第 200 号墓出土的玉器》，《宗日遗址文物精粹论述选集》，四川科学技术出版社，1999 年；b.古方：《中国出土玉器全集（15）》，科学出版社，2005 年。

[17] a.陈洪海:《关于宗日遗址第 200 号墓出土的玉器》,《宗日遗址文物精粹论述选集》,四川科学技术出版社,1999 年;b.古方:《中国出土玉器全集(15)》,科学出版社,2005 年。

[18] a.叶茂林、何克洲:《青海民和县喇家遗址出土齐家文化玉器》,《考古》2002 年第 12 期;b.古方:《中国出土玉器全集(15)》,科学出版社,2005 年。

[19] 古方:《中国出土玉器全集(15)》,科学出版社,2005 年。

[20] 图片为 2015 年 4 月 23 日笔者观摩甘肃省博物馆藏品时拍摄。

[21] 张雪莲、叶茂林、仇士华、钟建:《民和喇家遗址碳十四测年及初步分析》,《考古》2014 年第 11 期。

[22] 图片为 2015 年 4 月 22 日笔者参观临夏博物馆观摩时拍摄。

[23] 图片为 2015 年 4 月 21 日笔者参观会宁县博物馆观摩时拍摄。

[24] 图片为 2015 年 4 月 22 日笔者参观临夏博物馆观摩时拍摄。

[25] 朱乃诚:《时代巅峰冰山一角——夏时期玉器一瞥》,《玉魂国魄:玉器·玉文化·夏代中国文明展》,浙江古籍出版社,2013 年。

[26] 宋建忠:《山西临汾下靳村墓地玉石器分析》,《古代文明·第 2 卷》,文物出版社,2003 年。

[27] 河南省文物研究所:《郑州洛达庙遗址发掘报告》,《华夏考古》1989 年第 4 期。

[28] 中国社会科学院考古研究所:《师赵村与西山坪》,中国大百科全书出版社,1999 年。

[29] 古方:《中国出土玉器全集(15)》,科学出版社,2005 年。

[30] 王裕昌:《甘肃省馆藏齐家文化玉器调查与研究》,《玉泽陇西——齐家文化玉器》,北京美术摄影出版社,2015 年 7 月。

[31] 古方:《中国出土玉器全集(15)》,科学出版社,2005 年。

[32] 山东博物馆、良渚博物院:《玉润东方:大汶口—龙山·良渚玉器文化展》,文物出版社,2014 年。

[33] 中国社会科学院考古研究所:《考古中华:中国社会科学院考古研究所成立六十年成果荟萃》,科学出版社,2010 年。

[34] 图片为 2015 年 4 月 21 日笔者观摩会宁县博物馆藏品时拍摄。

[35] 李百勤、张惠祥:《山西·芮城坡头玉器》,《文物世界》2003 年增刊。

[36] 甘肃省文物考古研究所:《秦安大地湾——新石器时代遗址发掘报告》,文物出版社,2006 年。

[37] 高炜:《陶寺文化玉器及相关问题》,《东亚玉器》,香港中文大学中国考古艺术研究中心,1998 年。

[38] 李百勤、张惠祥:《山西·芮城坡头玉器》,《文物世界》2003 年增刊。

[39] 至于在石峁遗址发现的大量陶寺文化中晚期的陶器、玉器等遗存,则反映了石峁遗址与陶寺文化存在着密切的关系。这种密切的文化关系所反映的究竟是石峁遗址一带受到了陶寺文化的影响,这里属陶寺文化的分布范围或是陶寺文化分布的一个飞地,还是石峁一带对陶寺文化产生了文化影响仍有待研究。

[40] 杨建芳:《"窜三苗于三危"的考古学研究》,《东南文化》1998 年第 2 期。

[41] 朱乃诚:《牙璋研究与夏史史迹探索》,《夏商都邑与文化(二):纪念二里头遗址发现 55 周年学术研讨会论文集》,中国社会科学出版社,2014 年。

[42] 天水绿松石铜牌饰图片由黄翠梅教授提供,谨此致谢。

[43] 朱乃诚:《二里头文化"龙"遗存研究》,《中原文物》2006 年第 4 期。

[44] 朱乃诚:《牙璋研究与夏史史迹探索》,《夏商都邑与文化(二):纪念二里头遗址发现 55 周年学术研讨会论文集》,中国社会科学出版社,2014 年。

[45] 冯汉骥、童恩正:《记广汉出土的玉石器》,《文物》1979 年第 2 期。

故宫博物院藏齐家文化玉璧综述

徐 琳

（故宫博物院）

1924 年，在甘肃广河的齐家坪遗址发现了一些早期的文化遗存，由此命名了齐家文化。20 世纪 70 年代以来，在甘肃、宁夏、青海等齐家文化遗址陆续发现和出土了千余件玉器[1]。由此，也使学术界开始关注西北地区出土的玉器，发表了多篇论文和文章，彩色图片也有所发表[2]。对照考古出土品，转过头来检视故宫的藏品，笔者才发现故宫所藏的齐家文化玉器竟然数量颇丰，是所收藏的史前各文化玉器藏品中数量最多的，这一点和邓淑苹先生所述台北故宫博物院及海外各大博物馆收藏的齐家玉器数量普遍比良渚、红山玉器多的看法是一致的，这些玉器因光素器较多，许多被改制或者镶嵌成为其他用品，如成为家具或建筑的镶嵌物，或者用作插屏芯等等，所以除了故宫玉器库房外，在故宫其他部门或专业小组也有保藏，直到目前为止笔者都无法将其全部甄别出来加以统计，只是初步估计有二百余件。

故宫博物院藏的齐家文化玉器有玉璧、玉琮、玉环、玉刀、玉斧、玉璜、玉锛等器形。来源十分复杂，有些为清宫旧藏，有些来自于 20 世纪五六十年代的收购、调拨和捐献，也有记载较为明确出土地点的收购品，但大多数没有经过认真整理和研究。因数量庞杂，实难一步到位将其整理公布，笔者在此先将大部分玉璧公之于众，以飨读者。

一　清宫旧藏玉璧（故字号玉器）

1.琢有乾隆御制诗文的玉璧

（1）故 99212，乾隆御题玉璧（图一）

玉质青白色，表面还泛有部分黄色沁，玉中有少许白浆，无水线，整体润泽，目测为质地较好的透闪石玉。璧非正圆，边缘有缺损，厚薄不匀，单面钻孔。外径 29.9~31.5 厘米，内径 6.8~7.35 厘米，厚 1~1.35 厘米[3]。璧面上有原始的片切割痕，侧面看并不十分平整。

此玉璧表面在清代乾隆年间可能曾经修磨，同时进行了部分染色，但因玉质较好而染色不多，只是顺着斑纹、裂纹及边缘进行了处理。玉璧的大孔一面加刻了乾隆十二年（1747 年）所做的一首《汉玉璧》诗："本来犹是昆冈石，一片红云变英白。入土出土千年易，形如满月径逾尺。天然岂有刚刻迹，为縠为蒲不可识。毫采内藏土华蚀，庇荫嘉縠此其德。特达廉贞寿而泽，宜登宣室之笄席。"后有"乾隆丁卯孟夏御题"及"几瑕怡情"、"得佳趣"两方阴刻篆书方章款。诗文琢以行书，笔意刚劲有力。此璧也是目前看到的北京故宫所藏乾隆时期加刻御制诗文最早的一件齐家文化玉璧，但乾隆帝将其认定为汉时之物，认为玉料来源于昆仑山。

图一　故 99212 玉璧

（2）故 84360，乾隆御题玉璧（图二、三）

玉璧本白玉质，有大面积糖色，外缘有部分还带有玉皮，并被沁为红褐色。目测为透闪石玉。玉璧较小，内孔大，故也可称之为环。外径 6.8 厘米，内径 3.6 厘米，厚 0.2~0.4 厘米。内外圈均不甚圆。中孔单面钻，钻孔时因解玉砂对工具的磨损较为严重，留下外口大、内口小的喇叭形状，孔钻入到底时采用敲击取芯[4]，故内小孔处并不圆整，有部分的断茬锯齿痕迹。璧面一侧有片切割留下的原始斜面，故玉璧一面并不十分平整（图四）。

玉璧表面有清代重新打磨痕迹，反面刻琢一首《御题汉玉璧》诗："藉甚结璘车，飞来古月如。吉云常映护，精气早含储。佩德思无斁，不雕质有余。永惟君子贵，讵止重瑶琚。"楷书字体，字口内填金。此诗为乾隆十七年（1752 年）所作。

图二　故 84360 玉璧　　　　　图三　故 84360 玉璧　　　　　图四　故 84360 玉璧

（3）故 83908，乾隆御题玉璧（图五）

玉璧通体呈黄褐色，器表有黑褐色牛毛条纹沁斑，故看不出原玉色，边缘有小部分黄白色沁点。整璧外缘不够规整，非正圆。外径 15.9 厘米，内径 4.5 厘米，厚 0.6~1 厘米。

玉璧一面雕琢一首乾隆二十八年（1763 年）所写的御制诗（图六），名为《题汉玉璧》："土华盈手襞璘璘，大孔规圆制朴淳。进道不如先驷马，同心有若掷河滨。诚看特达经千载，言念温其见古人。质以天全容以粹，世间烧染自纷陈。"后有"癸未春御题"及一阴刻"乾"字方框印。书体为隶书。从诗文中看出，乾隆知道世间烧染玉器的情况很多，但并不认为此玉璧有染色。而此玉璧外表所呈现的颜色确实与清宫常见玉器上的染色有所不同，更为自然，但其沉重的色调及顺着肌理进入的褐色条纹是否自然沁色所致，还需进一步科技检测为定。

玉璧清代时被改装为木座插屏的屏芯，后木座及花牙缺失，仅留下了玉璧。

（4）故 83909，乾隆御题玉璧（图七）

青绿色玉质，玉质中原带有部分糖色，表面也有部分白色和褐色沁。整体有清代的轻微染色。单面钻孔，璧面一侧有片切割的凹痕。玉璧内外周均不圆，厚薄不均。外径 15.2~15.4 厘米，内径 6.8~6.9 厘米，厚 0.55~0.7 厘米。

玉璧一面琢有乾隆三十六年（1771 年）所写的一首御制诗《题古玉素璧》："玉气全沈土气埋，千年佳壤伴谁哉。胜于刻画成蒲谷，为许为郏慢致猜。"后有"乾隆辛卯御题"款及阳文叉形"乾"字圆章和阴刻"隆"字方章。另一侧有"乾隆御玩"四字方形款。诗文款识用金文大篆体写成。从诗中可知，乾隆是喜欢这种古朴而有沁色的素璧的，认为胜于刻划出谷纹、蒲纹的玉璧。此诗作于乾隆 61 岁之时，收录于《御制诗文全集》第三集卷九十九中，从诗中可以看出，乾隆帝对玉器的时代，猜测可能为西周至春秋时期，是诸侯小国许国（河南地区的诸侯小国，后被楚灭）或者郏国（楚地的一个小国家，后被楚灭）的玉器，说明随着乾隆阅历日丰，对这类玉璧的年代断定已经和年轻时有所不同，倾向于向前推至周代。同时，乾隆皇帝对玉璧的欣赏角度也逐渐转换，不仅重视光素玉璧的古朴之气，也十

图五　故 83908 玉璧

图六　故 83908 玉璧御制诗

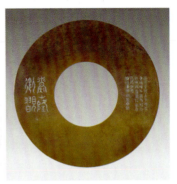

图七　故 83909 玉璧

分注重对埋土千年玉气的欣赏，也就是我们所说的包浆和沁色，值得称赞。

（5）故 103954，乾隆御题大玉璧（图八）

玉璧本身青白色，但璧面被清代染色为褐黄色。璧较大，外周不圆，厚薄不匀。外径 30.8~31.9 厘米、内径 6.5 厘米、厚 0.6~1.1 厘米。中孔单面钻。

器身的两面都有一定的清代重新打磨痕。一面满刻乾隆四十九年（1779 年）所作的一首御制诗《汉玉素璧》："玉之古率称汉耳，斯突周姬疑复姒，蒲谷辨等匪所云，惟存素质合太始。中规面圆尺以盈，肉倍其好平如砥。沧瀛涌出大轮团，有去晕作红黄紫。一点精莹不受遮，留照三千万劫里。" 诗文以楷、行、隶、草、篆五种书体雕琢，满布器身，诗后有"乾隆己亥御题并识"款识及"几暇怡情"、"得佳趣"两方阴刻方章。乾隆作此诗时已经 69 岁，从诗文中看出，此时的乾隆对这件玉璧的时代已经有了疑问，虽然题目还定为汉玉，但是怀疑其可能到西周末年。

以上五件玉璧，现在看都应归属于齐家文化时期。但是在乾隆时期还是基本归为汉时之物，只是乾隆皇帝已经看出这些玉璧与汉代的蒲纹玉璧、谷纹玉璧有所不同，晚年更是写出了自己的疑问，猜想有些玉璧时代早到西周，同时对玉器的沁色、包浆都有了一定的认识。在没有近代考古学标准器以及科学历史年代观的支持下，乾隆皇帝的认识算是超前了，至少代表了当时对此类玉璧研究的最高学术水平。

2.清宫旧藏无诗文玉璧

（1）故 83900，玉璧（图九、一〇）

玉璧呈深绿色玉质，外围有深褐色的一圈糖色包围，并有一定灰白色的玉皮色和沁色，无后染色。玉璧单面钻孔，外圈不圆，厚薄不均。外径 18.7 厘米，内径 5.8~5.9 厘米，厚 0.35~0.4 厘米。器身有明显的片切割痕迹。

图八　故 103954 大玉璧

图九　故 83900 玉璧

图一〇　故 83900 玉璧

（2）故 83905，玉璧（图一一、一二）

玉质中央深绿色，三边向外周过渡为灰白色，近边缘及表面有石皮并被沁为黄褐色。玉璧另一边没有这样的过渡带，可见原材料上风化皮较多，用来作玉时特意就料边皮制作，保留了原料的三边原貌。玉色及沁色天然，并无染色。外径 18.9~19.1 厘米，内径 6~6.3 厘米，厚 0.4~0.8 厘米。不甚圆，厚薄不匀，切割时一面较平，另一面明显的有高低弧度（图一三）。单面钻孔。

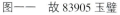
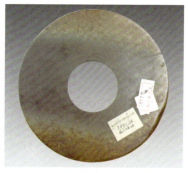

图一一　故 83905 玉璧　　　　图一二　故 83905 玉璧　　　　图一三　故 83905 玉璧

（3）故 83941，玉璧（图一四、一五）

玉质深绿色，玉中有黑斑杂质，外围大部分有黄褐色石皮和沁斑，并在残缺处有极少量的清代染色。玉璧较厚，器身不圆，表面有片切割痕迹，并有清代的重新打磨痕迹，估计是为了修整器身不平而打磨。外径 31.2 厘米，内径 6.3 厘米，厚 0.8~1.1 厘米。单面钻孔，在钻孔的底部敲击取芯，所以小孔径的一面有锯齿痕。

这件玉璧清代时加装了铜珐琅的云形扣饰，并加配同样的磬形珐琅提头，配以木架，用于悬挂陈设而用。

图一四　故 83941 玉璧　　　　　　　图一五　故 83941 玉璧

（4）故 83997，玉璧（图一六、一七）

青绿色玉质，但在璧面有近一半区域有外围红褐色石皮及顺着绺裂而入的褐色沁色，另一半则是单纯的玉质本身的深绿色。玉璧采用切方为圆的方法，但并没有磨圆，还有稍显平直之边缘。玉璧厚薄不匀，边缘有磕缺。外径 21.9~23.3 厘米，内径 4.7~5.2 厘米，厚 0.5~0.6 厘米。单面钻孔。

玉璧配有清代紫檀木座陈设，璧孔有突出的爻卦乾形木座孔柱。

（5）故 84003，玉璧（图一八、一九）

玉质一半为青绿色，绿色中有黑色的条带状结构；另一半为黄白色到黄褐色过渡，应是原矿的风化石皮并受沁颜色加深而成，此部分玉材中有褐色的卷毛纹结构。玉璧内孔基本为单面钻，钻面处有旋痕还有一点台阶痕。内孔有一定的倾斜度，因钻到底部后敲击取芯，故在孔径小的一面留下断茬，外缘采

图一六　故 83997 玉璧

图一七　故 83997 玉璧

图一八　故 84003 玉璧

图一九　故 84003 玉璧

用去角并修磨为圆的方法，并不十分圆。外径 12.2~12.25 厘米，内径 5.2~5.5 厘米，厚 0.4~0.65 厘米。此璧无清代后染色，除有一定的包浆外，呈现出玉璧原貌。

（6）故 84047，玉璧（图二〇、二一）

图二〇　玉璧故 84047

图二一　玉璧故 84047

玉璧与前述故 83908 玉璧材质相似，正反两面均为黄褐色，已看不出玉材原色，但无后代染色，玉质中杂有黑色草花纹，表面还有一些白色点状沁斑。外径 15.6~16 厘米，内径 4.5~5 厘米，厚 0.5~0.8 厘米。中孔单面钻，有一定的倾斜度，外周采用去角为圆的方法，不圆且有伤缺。

（7）故 85346，玉璧（图二二）

玉璧明显分为两种颜色，一小部分为灰白色玉质，上有黄沁色，大部分为含明显的点状石墨黑色，器内夹杂着黑褐色的蚁线纹。玉质内有条状水线。器内孔单面钻，孔壁倾斜。玉璧的原始切割厚薄不均，有明显的倾斜，外径不圆。外径 15.4~15.8 厘米，内径 4.1~4.8 厘米，厚 0.5~1 厘米。

（8）故 95738，玉璧（图二三、二四）

玉质色较为斑杂，有大面积的青黑色，同时夹杂了黄白色，外圈有风化天然石皮，呈红褐色，但不似后代染色。玉璧满布细碎的绺裂纹。玉璧较厚，外周不圆，器表不平。内孔单面钻，孔壁倾斜角度大，一面有振截法取钻芯时留下的不圆滑的齿牙痕。玉璧外径 19.8~20 厘米，内径 4.6~5.3 厘米，厚 1.2~1.8 厘米。

图二二　故 85346 玉璧

图二三　玉璧故 95738

图二四　玉璧故 95738

（9）故 84056，玉璧（图二五、二六）

青白玉质，较为匀净温润，表面有清代后染的黄色。内孔单面钻孔，钻孔处斜坡较大。玉璧一面留有原始的片切割痕迹，另一面有原始切割的呈月牙形的倾斜面（图二七）。整体切剖厚薄不匀。外径 13.3 厘米，内径 5.2~5.6 厘米，厚 0.3~0.4 厘米。

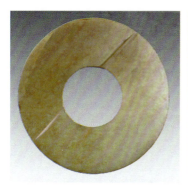

图二五　故 84056 玉璧

图二六　故 84056 玉璧

图二七　故 84056 玉璧

（10）故 84078，玉璧（图二八）

玉璧白色部分洁白莹润，但有大面积的褐糖色夹杂其中，并有一部分风化石皮保留，无后染色。玉璧单面钻孔，但孔壁倾斜度不大，外周不甚圆。外径 12.6~12.7 厘米，内径 5.2~5.3 厘米，厚 0.3~0.5 厘米。

（11）故 84607，玉璧（图二九、三〇）

青白色玉质，玉质温润，内有大量的褐糖色，一面有风化石皮及白色水沁。内孔单面钻，倾斜度较大。外周不甚圆，外径 10.1 厘米，内径 4.8 厘米，大口径 5.2 厘米。

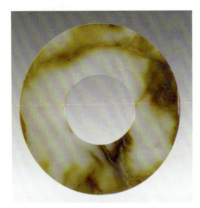

图二八　故 84078 玉璧　　　　图二九　故 84607 玉璧　　　　图三〇　故 84607 玉璧

（12）故 84611，玉璧（图三一、三二）

玉璧本白色，但有大量的褐红色沁以及盘玩的包浆痕。璧孔单面钻，倾斜度较大，外周不甚圆。厚薄不匀。外径 7.3~7.4 厘米，内径 2.5~2.65 厘米，厚 0.1~0.4 厘米。

（13）故 84925，玉璧（图三三）

玉璧青白色，原有糖色，但被后代大面积的红褐色染色遮盖，分辨不清。玉璧单面钻孔，璧孔倾斜度较大，外周切方为圆法制作，还留有较直的边缘。外径 7.6~7.8 厘米，内径 3.6~4 厘米，厚 0.5 厘米。

此件小玉璧清代后配紫檀爻形乾字木座，木座又为盒盖，盒内红绒布下覆盖了一个圆圆的容镜。玉璧成为漂亮的镜盒盖装饰。玉璧一面有清代墨书"六"字，原是永寿宫之物。

图三一　故 84611 玉璧　　　　图三二　故 84611 玉璧　　　　图三三　故 84925 玉璧

（14）故 84929，玉璧（图三四）

玉璧原为青绿色，但表面有大量的红褐色沁并有红色染色。内孔单面钻，有一定倾斜度，外周不甚圆。外径 8.9~9 厘米，内径 2.2~2.4 厘米，厚 0.5~0.6 厘米。内孔壁一面有振截法取钻芯时遗留的不圆滑的齿牙痕。

玉璧一面有清代墨书"六"字，原与故 84925 一起放于永寿宫。清代后配紫檀圆盒式底座，只是盒身已遗，只留下带有爻卦的乾字孔柱木座。

图三四　玉璧故 84929

（15）故 84597，嵌玉璧圆形木几（图三五~三七）

圆形木几中间嵌玉璧，玉璧青白色玉质，内夹杂白色石斑和黑色杂质，表面有清代后染色，两面原始切剖的十分不平整，均有深深的片切割痕，反面的片切割痕尤甚，并留下敲击断裂的锯齿痕（图三八）。另外在反面璧孔旁边还有一条深深的砣痕，估计是后来加刻的痕迹。

此玉璧尺寸较大，外径约 31~33 厘米，厚约 2.3 厘米。清代用紫檀木包镶，做成几座形，十分别致。几高 15 厘米，外径 34.9 厘米，厚 2.7 厘米。玉璧嵌于木座之中就成了一个圆几，因玉璧内孔被木头包镶，无法得知钻孔情况。

（16）故 83939，玉璧（图三九、四〇）

玉璧由糖白色过渡到青绿色，玉中有糖色、水线还有白斑。边缘及绺裂处也有清代后染色。玉璧不甚圆，单面钻孔，内孔倾斜度较大。外径 25.5 厘米，内径 6.4~6 厘米，厚 1 厘米。玉璧虽经过清代重新打磨抛光，依然有原始璧面切剖不平的痕迹。

图三五　故 84597 嵌玉璧圆形木几

图三六　故 84597 木几中玉璧

图三七　故 84597 木几中玉璧

图三八　故 84597 玉璧

图三九　故 83939 玉璧

图四〇　故 83939 玉璧

此玉璧清代时被改制为插屏座芯，正反两面均加刻了清代花纹。一面琢刻星宿云纹，主要以有吉祥寓意的奎宿和璧宿组成。一面为日月海水江崖纹。玉璧装入紫檀插屏座中，前有爻形乾字璧芯扣，后背插板刻划填金松竹梅岁寒三友图。作为案头陈设以供欣赏。类似这样被加刻清代纹饰的早期玉器在清宫旧藏中较多。（图四一、四二）

（17）故 225211，玉璧（图四三、四四）

青白色玉质，玉中有黑色斑点杂质，表面有红褐色沁斑及清代染色。玉璧单面钻孔，孔内有旋痕，孔壁倾斜度较大。外圈不甚圆。外径 14.7~14.8 厘米，内径 4.5~5 厘米，厚 0.6~0.7 厘米。

玉璧清代时后加琢花纹，两面纹饰相同，每面阴刻三对共六只夔龙纹，两面交缠，以阴刻回纹为地。此玉璧由书画组移来，可能原和某件书画共放一处。

图四一　故 83939 木座插屏　　　　　　图四二　故 83939 木座插屏

图四三　故 225211 玉璧　　　　　　　图四四　故 225211 玉璧

二　新中国成立以后新收玉璧（新字号玉器）

（1）新 196662、新 196663，玉双璜联璧（图四五、四六）

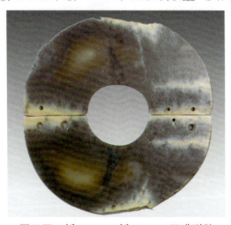 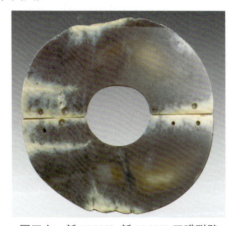

图四五　新 196662、新 196663 玉璜联璧　　图四六　新 196662、新 196663 双璜联璧

　　玉璧由两件大小、弧度基本一致的片状玉璜对接而成，玉质本为白色，但是靠近风化皮附近被大片的糖色包围，并有较厚的乳白色风化石皮。糖色向乳白色风化皮过渡部分有大量的黑色蚁状斑点。新 196662 玉璜，长 20.4 厘米，高 10 厘米，厚 0.7 厘米；新 196663 玉璜，长 20.2 厘米，高 10 厘米，最厚

0.7 厘米。两件拼对在一起，外径 20.2~20.4 厘米，内径 7.5 厘米。两件玉璜采用成型对开的方式制作，所以在玉料、大小及钻孔方面基本一致（图四七）。新 196662 玉璜的两侧一边两孔、一边一孔，新 196663 玉璜的两侧各有两孔，用时以麻绳相连，即成一璧。玉璧边有残缺，应是就料而为。

图四七　双璜采用成型对开方式制作

这两件玉璜是 1986 年由一位名叫赵旭信的甘肃人捐献，同地出土的还有一件玉环，共给了奖励 250 元。据赵旭信讲，这三件玉器为 1986 年 4 月在甘肃省镇原屯字白马出土，出土点距离地表两三米深处。查阅地图，镇原县隶属于甘肃省庆阳市，屯字镇在庆阳市东南，因距时已远，不知白马是否指白马村。白马村在屯字镇东 3 公里的景家洼，当地有白马庙、古城白马池、白马泉，故不知此白马到底是指哪一个。总之，这三件玉器的出土地点靠近出土齐家文化玉器的大坬山，从器形、玉质分析应为齐家文化玉器。另据调查，在庆阳市博物馆和华池县博物馆也藏有征集于本地的齐家文化玉器，可以确定的有三件，介绍为玉锛、玉铲、玉环。而附近的平凉市，其各地县博物馆藏有的齐家文化玉器有近百件之多，其中就有联璜玉璧[5]。可知此片区域是齐家文化玉器发现的一个集中地点。

（2）新 196664，玉环（图四八）

玉质青绿色，有绺裂，曾断裂，后粘补。外缘还有红色沁斑。玉环内外圈均不圆。外径 9.65 厘米，内径 6.5 厘米，厚 0.4 厘米。玉环中间微弧凸，两边缘渐收成刃状，但不锋利。

这件玉环与上述两件玉璜同为甘肃人赵旭信捐赠，亦出土于同一地点，但这件玉环无论从玉料还是造型特征看似乎和齐家文化有所区别，倒是与东北地区出土的玉器有所相似。联想到近些年齐家文化地区常常出土具有其他文化区域特征的玉器，本人认为这件玉器并非齐家文化，而是来源于东北地区文化的玉器，和吉林出土史前玉器有一定的相似性。可能是通过上层交流或因战争到了齐家文化地区。

（3）新 10335，玉璧（图四九）

图四八　新 196664 玉环　　　　　　　　图四九　新 10335 玉璧

玉质十分斑杂，主体为青绿色，间有白花、黑点、红褐色风化皮和沁斑，五彩斑斓，呈条带状分布。总体看来透闪石化程度不够。玉璧不圆，边缘有缺，单面钻孔。外径 19.1~19.2 厘米，内径 4.7~5.1 厘米，厚 0.8~1 厘米。器身留下明显的片切割痕及切割完敲击震断的不规则的锯齿痕。钻孔处也有取钻芯时的振截痕。器身厚薄不均，切割十分不平。

此玉璧 1954 年 1 月由章乃器先生捐献入宫。章乃器先生 1945 年发起成立中国民主建国会，曾担任粮食部长，是著名的爱国民主人士。章先生为收藏大家，曾捐给故宫一千余件文物，以青铜器居多，包括 41 件玉器。

（4）新 47736，玉璧（图五〇）

玉质白色中夹杂大量黑点，分布密集，似墨玉，边缘有黄色风化石皮并被沁为红褐色。外径 8.7 厘米，内径 2.6 厘米，厚 0.3~0.6 厘米。单面钻孔，孔内倾斜度较大。外周不甚圆。

此璧为廖泰初先生捐献。廖泰初先生是著名的教育学家，早年就读燕京大学，并留校任教，1956 年将所藏 187 件玉器捐献给故宫博物院。

（5）新 51578，玉璧（图五一）

图五〇　新 47736 玉璧　　　　　　　图五一　新 51578 玉璧

玉质黄绿色，乳浊状基本不透明，玉中夹杂大量蚁状黑色水草花形矿物，外周有黄褐色石皮。单面钻孔，孔壁倾斜度较大，孔边缘有钻孔取芯时敲击遗留下来的振截痕。玉璧切剖十分不平，厚薄不均，两面均有遗留下来的片切割痕迹，并有片切割震断时遗留的齿牙形断茬痕迹。外径 26.8~27.2 厘米，内径 5.5~6 厘米，厚 0.4~1.4 厘米。

此玉璧 1956 年由文物局调拨给故宫，原是岳彬所藏。岳彬是清末民国时期的大古玩商，精明奸诈，民国时参与了不少盗墓活动，组织盗卖了帝后礼佛图等北魏石窟，新中国成立后被捕入狱，1954 年死于狱中。他的文物后来被没收，相当一部分移交给了故宫，其中玉器数量颇多，从器物品貌看多为出土之物。

（6）新 98936，玉璧（图五二、五三）

玉料本为青玉，但被大面积的糖色包围，只留有小部分的青玉，边缘还有些土沁斑。玉器切剖不甚圆，且厚薄不均。外径 10.5 厘米，内径 4.2 厘米，厚 0.4 厘米。单面钻孔，小孔径处有敲击取芯留下的振截痕。

此玉璧 1957 年收购自振寰阁，还保留着当时的标签 "特艺公司前门经营管理处"，当时购价 15 元。北京特种工艺品公司是新中国成立的一个公司，主要做外贸生意，当时为了给国家挣外汇，出口了很多的中国文物。

（7）新 99032，玉璧（图五四、五五）

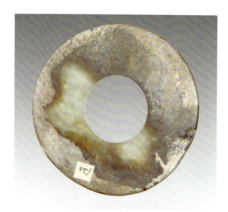

图五二　新98936玉璧　　　　　　　图五三　新98936玉璧

图五四　新99032玉璧　　　　　　　图五五　新99032玉璧反面

　　玉璧颜色斑杂，主体仅有小部分还看到青绿色玉的本质，大部分为褐糖色，另有近一半的褐色风化皮色。另一面则有大面积的灰白色的沁斑覆盖。玉璧单面钻，孔壁有一定的倾斜度。厚薄稍不匀，外圈圆度不够，器身有片切割痕迹。外径18.7厘米，内径5.5~5.6厘米，厚0.55~0.6厘米。

　　此玉璧调拨自文物局，为1957年收购于振寰阁之物。

（8）新99033，玉璧（图五六、五七）

图五六　新99033玉璧　　　　　　　图五七　新99033玉璧

　　玉璧深绿色玉质，外围三面有黄褐色风化皮。玉璧单面钻孔，孔壁倾斜度很大，外圈采用切方为圆的方法，逐步倒角，故不够圆整。外径17.2~17.4厘米，内径6.7~6.8厘米，厚0.3~0.65厘米。器身有多处片切割痕迹，厚薄不匀。

　　玉璧调拨自文物局，1957年收购自振寰阁。

（9）新 112673，玉璧（图五八、五九）

图五八　新 112673 玉璧　　　　　　　图五九　新 112673 玉璧

玉璧中央青绿色，绿中有黑色斑块及斑点。绿色玉质外有部分糖色，璧面的三边部分均被灰白色至褐色的风化石皮包围。单面钻孔，孔壁倾斜度较大，外周不圆，厚薄不匀。外径 12.5~12.8 厘米，内径 5~5.4 厘米，厚 0.15~0.5 厘米。璧面有片切割痕迹。切割的极为不平整，一面有弧凸现象。

此玉璧 1959 年 11 月由文化局调拨给故宫，原为陈鑑塘所藏。陈鑑塘是北京民国时期的大古玩商，民国时期参与了不少盗墓、销赃活动，新中国成立后他的不少文物被没收。

（10）新 117154，玉璧（图六○、六一）

图六○　新 117154 玉璧　　　　　　　图六一　新 117154 玉璧

深绿色玉质，并有大面积深灰色风化皮及黄褐色沁。玉璧已残缺一块。单面钻孔，外周亦不甚圆，厚薄不匀。外径 21.9 厘米，内径 5~5.1 厘米，厚 0.8~1 厘米。

此玉璧 1957 年收购自特艺公司前门经营管理处，当时定时代为周，名为"玉拱璧"，收购价 18 元。

（11）新 123876，玉璧（图六二）

青绿色玉质，外缘有灰色及黄褐色风化皮和沁色。单面钻孔，外周不甚圆。外径 8.8 厘米，内径 3.7 厘米，厚 0.4 厘米。

此玉璧为故宫 1959 年收购入藏。

（12）新 127824，玉璧（图六三、六四）

白玉质，玉质十分温润，外围有糖色，并有黄褐色风化皮。单面钻内孔，孔壁倾斜度较大，在小孔

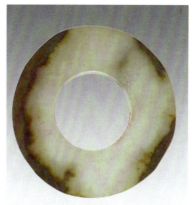

图六二　新 123876 玉璧　　　图六三　新 127824 玉璧　　　图六四　新 127824 玉璧

一面有敲击振断取芯后留下的振截痕。玉璧外周不甚圆，厚薄不匀，但有后期盘玩的包浆。外径 10.9 厘米，内径 4.6~5.5 厘米，厚 0.5~0.6 厘米。

此玉璧为故宫 1960 年收购入藏。

（13）新 130753，玉璧（图六五、六六）

图六五　新 130753 玉璧　　　　　　　图六六　新 130753 玉璧

玉璧本色为白玉质，但取材时以大面积的褐糖色为主，外缘有黄褐色的风化皮，表面又有灰黄色沁覆盖，加上几缕长长的水线，使得玉色看起来十分丰富，但是目测依然是透闪石玉。玉璧单面钻孔，孔壁倾斜度较大，外周不圆，厚薄不匀。外径 15.1~15.3 厘米，内径 5.8~6 厘米，厚 0.5~0.7 厘米。

玉璧为故宫 1960 年收购，当时购价 15 元。

三　对故宫所藏齐家文化玉璧的综合分析及相关思考

1.收藏状况分析

故宫所藏的这批齐家文化玉璧以清宫旧藏为多，达 20 余件。5 件刻有乾隆御制诗的玉璧，说明至少到清中期，齐家玉器已有出土并进入宫中。另外，清末民国时期金石学家吴大澂著录的《古玉图考》中曾收有一些璧琮之器[6]，后所收藏之物部分辗转入藏上海博物馆，黄宣佩、王正书两位先生曾对其进行考证，发现有齐家玉璧 4 件、琮 2 件、刀 3 件、铲 1 件[7]。这些玉器加上世界各大博物馆在 20 世纪 60 年代以前购藏的带有明显出土痕迹的齐家玉器，说明一直到清末民国时期，齐家玉器依然还有出土，并且数量不在少数，也可见当年齐家玉器的制作和使用曾经繁荣一时。

清宫旧藏玉璧许多存在染色现象。染色现象在清代玉器中，尤其是乾隆时期收藏的古玉器中多见，常常是为了遮盖绺裂瑕疵而有意为之，高古玉器上常会染红色，而时作玉为了遮绺掩瑕常会染成黄色。另外还有少部分玉璧存在重新打磨、抛光的现象。这种重新打磨是清代为了加刻乾隆御制诗文或者加刻纹饰而进行处理的方式，也有的是为了重新利用，如能平整的装入插屏而稍加打磨，但一般没有对器物原貌进行大的改动。

新中国成立以后新收入宫的玉璧主要为捐献、收购和没收之物，时代集中于20世纪50年代和60年代初期，这批玉器不见后期的改制、打磨和染色现象，较多地保留了出土时的原状。其中玉璜联璧有较为明确的出土地点。目前齐家文化地区出土有三璜联璧以及四璜联璧 [8]，但这种双璜联璧者十分少见。其以同一块玉料制作，并非先做成璧再剖为璜，而是就料的大小无法做璧而先做璜再联成璧，采用的成型对开工艺最大限度的用料，在工艺上相当进步，一般这种治玉工艺要到西周以后才较为多见。

2.工艺问题

笔者之所以将故宫所藏的这批玉璧确定为齐家文化玉璧，是与目前所见考古发掘出土及征集的齐家玉器进行形制、治玉工艺、玉料等多方面比对得出的。这批玉璧较多地显示了齐家文化玉璧的特征。

在成型方面，均采用片切割方法成型，玉璧上常会留下或多或少的片切割痕迹，有些器身留有一道，有些正反两面留有两道切割痕。切割时常常留下因对切错位而形成的高低台面，以及对切到底时敲击使之断裂而留下的锯齿痕，这些锯齿痕有些后期被打磨光滑，有些并无修整。玉璧切剖时往往不平整，常常产生厚薄不匀的现象，有些玉璧侧看有明显的弧度，置之桌面亦不平整。

玉璧的外缘也多不规整，往往采用先切割成方，后逐渐去角磨圆的方法，逐渐由方变圆，并且有些玉璧还保留了直的方边。

玉璧的钻孔基本采用单面钻孔方式，有些孔壁的倾斜角度较大，在钻到底部时孔径变小，并留下因敲击振断造成的毛茬，邓淑苹先生称其为振截痕。这些痕迹后期有的经过打磨，有的并无再行打磨，故邓淑苹先生就此认为齐家玉璧并非为人手腕套戴 [9]，有一定道理。

因考古材料可比对者并不丰富，笔者并没有对这批玉璧进行分期，但是从玉璧的制作工艺上，笔者认为还是有早晚之分的。除却清代打磨改制的玉璧外，这批玉器中一些切割痕迹较重、切剖不平、钻孔粗糙、留下明显振截痕、后期打磨也不精细的玉璧，笔者认为时代稍早。相比之下，那些用料较好，切剖较为规整，且切割痕迹留下较少，钻孔及外缘较为圆整的玉器，可能为齐家文化鼎盛时期制作，但是否已进入齐家文化晚期还需进一步深入研究。

3.玉料问题

故宫所藏的这批玉璧，目测均为透闪石玉料。个别玉璧因清代染色以及沁色过重看不出玉质原色，但其他玉璧或多或少都能看出温润的玉质本色，其颜色十分丰富，有些还十分斑杂。玉料的原色有白玉、青玉、深绿色玉、灰白色玉等，其白色玉料与甘肃静宁县治平乡后柳沟村出土的玉璧相似（图六七），绿色的玉璧玉料与师赵村出土的玉璧也十分相似（图六八）。

需要注意的是，故宫所藏的大多数玉璧都有其他杂色的侵入，最多的是糖色，分浅糖色到深褐糖色多种色调，一般位于玉璧外围，从部分糖色到三面糖色，只有少数几件全部被糖色环绕。另外，许多带糖的玉璧同时还带有风化皮。这些特点与目前发现的齐家玉器非常类似（图六九）[10]。

需要注意的是，齐家玉器上的风化皮色并非玉器子料的外皮，也非在河流中冲刷而成，而是玉矿在自然环境中长期受辐射、雨淋等自然风化所致。中国地质大学珠宝学院施光海教授经过多年对玉矿的野外调查，发现不同的山料有不同的表现形式，依据产状、位置、有无接触空气、水的作用等因素可以对山料再进行分类：一是深部山料，即此类原料未经过任何物理和化学风化作用，没有任何后期外来物质注入，是真正的原生矿。二是残积山料，矿石原料被风化土层掩盖，基本无风吹日晒，但多数会遭遇水沁或过水，这样就容易有外来铁质的侵入等，因为有物质带进带出，这样的山料会形成风化层，有的还可出现满皮。三是裸露的山料，即原料裸露于空气中或者有裂隙通达表面，无土覆盖，经受辐射、风吹和雨淋。[11] 后两种玉料虽然是山料，但是都可能形成糖色和风化皮（图七〇、七一），有些风化皮还十分厚。经检测，风化皮的部分依然是透闪石质，其风化皮常常是灰白色，如果有铁分子侵入，也常常会形成褐色或黑色的水草纹，呈蚁状分布。

图六七　甘肃静宁县治平乡　　　　图六八　甘肃天水市师赵村 8 号　　　图六九　甘肃临洮县
　　　后柳沟村出土玉璧　　　　　　　　墓出土玉璧　　　　　　　　　　出土玉琮

图七〇　且末天泰玉矿区所采残积山料，玉料呈糖色　　图七一　裸露的山料中带有一定厚度风化皮壳的玉石
（图片引自施光海：《新疆和田山料分类及和田子料的形成　　（图片引自施光海：《新疆和田山料分类及和田子料的形成
　　初探》，《中国宝石》2015 年 5、6 月学术专刊）　　　　　初探》，《中国宝石》2015 年 5、6 月学术专刊）

　　了解这一自然状况后，再看齐家文化的玉璧，不仅有大面积糖色，而且还带有厚厚的风化皮，风化皮部分经检测依然是透闪石玉[12]，且有些风化皮中还带有蚁状分布的褐色或黑色的水草纹，这些和施教授的山料玉矿调查十分一致。故笔者认为齐家玉器中一部分带有糖色以及风化皮的玉器应该采自山料，而并非河中子料，只是这种山料距离地表很近或裸露于地表，常年受日晒雨淋，极易形成糖色和风化皮。想来齐家人并不认为这种糖色和风化皮是缺憾，反而认为这样更彰显玉器颜色的丰富多彩，更符合当时的审美标准，所以在制作玉器时不仅没有将其去掉，而且故意留皮制作以示美观。需要说明的是，笔者在此并不否认齐家玉器中有用子料做成的玉器。

　　关于齐家玉料的来源问题，在学术界还颇多分歧。基本上学者都认为齐家玉料主要为就地取材，这和目前的考古及地方玉矿发现基本吻合。

　　2011~2014 年，甘肃省文物考古研究所对肃北县马鬃山镇的河盐湖径保尔草场和寒窑子草场两处玉矿遗址进行了调查和发掘。径保尔草场在镇西北约 22 公里处，调查确定遗址面积约 600 万平方米，发现古矿坑 266 处，均为露天开采。发掘的半地穴式房址多为拣选玉料的作坊，在作坊遗址中发现了玉料与毛坯。玉料的形体不大，有的是初选后的精料，有的是边角废料，多青色玉、青灰色玉、浅黄色玉、糖色玉，少量为白玉，均是透闪石玉料。玉料外有或薄或厚的石皮，多呈白色、黄色或者绿色。毛坯料形体较小，形制一般不规则，局部经过磨制，较光滑。发掘者认为遗址年代跨度较长，上限是四坝文化，经骟马文化，下限应到汉代。寒窑子草场在镇东北 37 公里处，发现矿坑 6 处、石料堆积 2 处，其玉矿遗址规模较小，玉料多青玉，且以露天开采为主，最早开采时间为骟马文化时期。[13]

除马鬃山以外，这些年在甘肃境内的马衔山、武山、临夏等地区也都发现了玉矿资源，只是前些年一直没有考古或地质工作者对其进行详细的调查研究，这些消息最早是制作仿古玉器以及对玉料比较关心的玉雕界人士及收藏家告知的，也是这些人最早使用和采集的。马衔山位于临洮县上营乡和峡口镇境内，目前看到的马衔山出产的玉料，玉色材质与齐家玉器有很大的相似性，其玉矿资源距地表较近或裸露于地表（图七二），山料带有糖色或风化皮。另外，马衔山一带也有子料（图七三），山料和子料均较易开采。

图七二　甘肃临洮马衔山玉矿
（照片为社科院易华研究员拍摄）

图七三　马衔山玉子料
（笔者 2015 年拍摄）

综合近年发现以及部分玉矿与齐家玉器的比对，齐家玉器的玉料极可能来源于甘肃地区，当时主要是就地取材，就近取材。[14] 目前需要做的是对玉矿资源进行科学调查，进一步的科学分析、比对。

目前就齐家文化玉料来源较有争议的是齐家玉器是否已经使用了新疆和田玉，和田玉是否早在齐家文化时期，即距今 4300~3600 年前就已进入甘青地区。争议主要集中在一些白色玉料上。从故宫藏品看，一些白色玉璧（故 99212、故 84056）以及故 84078、新 127824 玉璧的白色部分与和田玉料确实有一定的相似性。乾隆皇帝早年认为故 99212 玉璧"本来犹是昆冈石"，说明乾隆时期对玉料的认识基于清代大量使用新疆和田玉的用玉实际，还停留在看到白玉就认为是新疆昆仑山玉的认识阶段。目前一些学者也认为齐家文化中出现的白色玉来自于新疆的昆仑山。[15]

但是，据笔者这几年对新疆玉矿的调查，这些白色玉料并不来自新疆，尤其是新疆和田。新疆和田地区古代容易开采的是河中子料，这种情况一直维持到明代。明《天工开物》一书记载，来自新疆地区的玉料多采自和田地区的白玉河、墨玉河和绿玉河，夏季来临，人们多至河中捞玉。[16] 另外，我们目前看到无论古代还是现代的和田子料玉器，均不见带有糖色（糖色是山料玉的次生色），更不见带有厚厚的风化皮，所以齐家带有糖色的白玉料和青玉料不可能是来自和田的子料。虽然在昆仑山所产的山料中有糖色和风化皮的存在，但昆仑山海拔较高，开采不易，即使清代也是有限的开采，仅集中在几个矿点，更不要说距今 4000 年左右的齐家人了。所以，即使在目前发现的齐家玉器中有让人怀疑可能来自新疆昆仑山的玉器，但其玉料未必真正来源于遥远的新疆，最多是临近齐家文化地区的青海昆仑山的玉料或甘青交界处的玉料被偶然零星的带到齐家文化区域，这不是齐家文化用玉的主要来源，也不能支持新疆和田玉在齐家文化时期已进入文化的视野。另外，早在齐家时期就有了和西域沟通的玉石之路或说玉帛之路的观点笔者认为也值得商榷。

四　结语

故宫所藏的这批齐家文化玉璧均为传世品，除个别有大致的出土地点外，其他均属于历代传世之物，但因大多流传有序并入宫较早，可信度较高。笔者通过对其来源及器物特征详细梳理，从玉料、玉料上的糖色和风化皮等次生变化、治玉工艺中的钻孔以及外缘的制作和切割痕迹等多方面与目前出土与征集可信的齐家文化玉璧对比，认为这些玉璧应归属为齐家文化玉器。在此统一归类公布发表，以期从传世玉器角度对齐家文化玉器研究有所补充。另外笔者支持齐家文化玉料就地取材之说，并不认为此时和田玉已进入中原，零星的白色玉料可能来源于甘青交界处的玉矿或青海昆仑玉。

注释：

[1] a.甘肃省博物馆：《甘肃武威皇娘娘台遗址发掘报告》，《考古学报》1960 年第 2 期；b.中国科学院考古研究所甘肃工作队：《甘肃永靖大何庄遗址发掘报告》，《考古学报》1974 年第 2 期；c.中国科学院考古研究所甘肃工作队：《甘肃永靖秦魏家齐家文化墓地》，《考古学报》1975 年第 2 期；d.甘肃省博物馆：《武威皇娘娘台遗址第四次发掘》，《考古学报》1978 年第 4 期；e.青海省文物管理处考古队、中国社会科学院考古研究所：《青海柳湾——乐都柳湾原始社会墓地》，文物出版社，1984 年；f.北京大学考古实习队、固原博物馆：《德隆页河子新石器时代遗址发掘报告》，北京大学考古系：《考古学研究（三）》，科学出版社，1997 年；g.青海省文物管理处、海南州民族博物馆：《青海同德县宗日遗址发掘简报》，《考古》1998 年第 5 期；h.中国社会科学院考古研究所：《师赵村与齐山坪》，中国大百科全书出版社，1999 年；i.中国社会科学院考古研究所、青海省文物考古研究所：《青海民和县喇家遗址 2000 年发掘简报》，《考古》2002 年第 12 期；j.中国社会科学院考古研究所甘青工作队、青海省文物考古研究所：《青海民和喇家遗址发现齐家文化祭坛和干栏式建筑》，《考古》2004 年第 6 期；k.叶茂林等：《民和官亭盆地考古初获成果》，《中国文物报》2000 年 3 月 15 日。

[2] a.张忠培：《齐家文化研究（上、下）》，《考古学报》1987 年第 1、2 期；b.黄宣佩：《齐家文化玉礼器》，邓聪：《东亚玉器（I）》，香港中文大学中国考古艺术研究中心，1998 年；c.叶茂林：《从青海喇家遗址出土资料再论齐家文化玉器》，《海峡两岸古玉学会议论文专集》，台湾大学出版委员会，2001 年；d.叶茂林、何克洲：《青海民和县喇家遗址出土齐家文化玉器》，《考古》2002 年第 12 期；e.刘志华、孙玮：《武威皇娘娘台出土的齐家文化玉石器》，《台北故宫文物月刊》2003 年第 11 期；f.王国道、崔兆年：《青海齐家文化玉器研究》，杨伯达：《中国玉文化玉学论丛续编》，紫禁城出版社，2004 年；g.李天铭、刘志华：《甘肃省博物馆藏齐家文化玉器》，杨伯达：《出土玉器鉴定与研究》，紫禁城出版社，2004 年；h.古方：《中国出土玉器全集》，科学出版社，2005 年；i.王正书：《齐家文化玉器考察及上海博物馆藏吴大澂玉器的文化归属》，《上海博物馆集刊》第十集；j.叶茂林：《再谈齐家文化玉器》，《中国文物报》2006 年 5 月 10 日；k.王玉妹、李天铭：《关于齐家文化玉器的调查报告》，《考古与文物》2011 年第 4 期；l.邓淑苹：《万邦玉帛——夏王朝的文化底蕴》，许宏：《夏商都邑与文化（二）》，社会科学出版社，2014 年；m.谢端琚：《黄河上游史前文化玉器研究》，《台北故宫学术季刊》第十九卷第二期。

[3] 本文所录尺寸，外径两个尺寸指最窄和最宽尺寸；内径因多为单面钻孔，两个尺寸分别指一面的小孔径和另一面的最大口径；厚如果有两个尺寸，则指最薄和最厚处尺寸。

[4] 邓淑苹先生将其称为振截法取芯，本文从此说。见邓淑苹：《万邦玉帛——夏王朝的文化底蕴》，许宏：《夏商都邑与文化（二）》，社会科学出版社，2014 年。

[5] 王玉妹、李天铭：《关于齐家文化玉器的调查报告》，《考古与文物》2011 年第 4 期。

[6] （清）吴大澂著，桑行之等：《说玉》，上海科技教育出版社，1993 年。

[7] a.黄宣佩：《齐家文化玉礼器》，邓聪：《东亚玉器（I）》，香港中文大学中国考古艺术研究中心，1998 年；b.王正书：《齐家文化玉器考察及上海博物馆藏吴大澂玉器的文化归属》，《上海博物馆集刊》第十集；c.张尉：《上博藏齐家文化玉器综述》，《玉泽陇西——齐家文化玉器》，北京出版集团公司、北京美术摄影出版社，2015 年。

［8］a.中国社会科学院考古研究所甘青工作队、青海省文物考古研究所：《青海民和喇家遗址发现齐家文化祭坛和干栏式建筑》，《考古》2004 年第 6 期；b.邓淑苹：《万邦玉帛——夏王朝的文化底蕴》，许宏：《夏商都邑与文化（二）》，社会科学出版社，2014 年。

［9］邓淑苹：《万邦玉帛——夏王朝的文化底蕴》，许宏：《夏商都邑与文化（二）》，社会科学出版社，2014 年。

［10］古方：《中国出土玉器全集》，科学出版社，2005 年。

［11］施光海：《新疆和田玉山料分类及和田玉子料的形成初探》，《中国宝石》2015 年 5、6 月学术专刊。

［12］2015 年 6 月，笔者前往上海博物馆观摩馆藏的原吴大澂收藏的几件齐家玉器，据上博研究部谷娴子女士介绍，她对这批玉器都曾进行过检测，均是透闪石玉，风化层部分也检测过，依然是透闪石玉。

［13］甘肃省文物考古研究所：《甘肃肃北马鬃山玉矿遗址 2011 年发掘简报》，《文物》2012 年 8 期。在 2015 年 1 月举办的 "2014 年中国考古新发现" 中国社会科学院考古学论坛上，甘肃省文物考古研究所的陈国科先生介绍了后面几年的发掘情况。

［14］学术界多位先生均持此见，如叶茂林、闻广、王正书、邓淑苹等。

［15］《齐家文化与玉帛之路文化考察访谈》，《丝绸之路》总第 302 期。

［16］（明）宋应星著，罗振玉署：《天工开物》，国际文化出版公司，1995 年。

上海博物馆藏齐家文化玉器综述

张 尉

（上海博物馆）

齐家文化是我国黄河上游新石器时代晚期到青铜时代早期的文化，因 1924 年瑞典考古学家安特生及其助手发现于甘肃省广河县齐家（祁甲）坪遗址而得名。根据碳十四数据显示，齐家文化的年代跨度为公元前 2615~前 1529 年，绝对年代集中在公元前 2300 年~前 1700 年，最盛期是公元前 2000 年前后，约在公元前三千年后半叶至公元前二千年之间，共分为 3 期 8 段，与马厂类型年代持平或稍晚，相当于黄河中游的二里头文化，也就是新石器时代晚期到中原文化的夏王朝和商代早期。

齐家文化分布地域广大，面积达几十万平方公里。现已发现遗址 1100 多处，东起泾水、渭河流域，西至河西走廊西部、湟水流域及青海湖畔，南抵白龙江流域，北达内蒙古西南部及宁夏南部，主要分布地区即甘肃大部、青海东部、宁夏南部、陕西北部和内蒙古西南部，其中心区域在甘肃中西部及青海东部。[1]

齐家文化玉器是齐家文化的重要组成部分。自 20 世纪 50 年代以来，经科学考古陆续发现的齐家玉器主要出于甘肃省临夏回族自治州广河县齐家坪[2]、永靖县大何庄[3] 和秦魏家[4]、积石山县新庄坪[5]，平凉市灵台县桥村[6]、武威市皇娘娘台[7]、天水市师赵村与西山坪[8]、武山傅家门[9]、甘南藏族自治州临潭县磨沟[10]；青海省海东市乐都区柳湾[11]、民和县喇家[12]、海南藏族自治州同德县宗日[13]、西宁市沈那[14]；宁夏回族自治区固原市原州区店河[15]、隆德县页河子[16]、彭阳县海家湾[17] 等地，此外，尚有一些零星出土和采集、征集的玉器散见于各地考古部门和博物馆。齐家文化玉器种类主要包括礼仪器、装饰品和工具等。其中礼仪器主要有玉璧、玉琮、玉刀等，装饰品主要有玉璜、玉环、玉镯、玉珠、玉饰等，工具主要有玉斧、玉铲、玉锛、玉凿、玉纺轮等。

齐家文化玉器近年来日渐引起人们关注，其主要原因是经考古出土的玉器数量不断增多，为人们深入认识和研究提供了科学准确的实物资料，随着研讨和收藏的升温，其影响逐步凸显。作为史前西北地区重要的一支玉文化，其自成一体的玉器品类和内涵、与其他地区文化玉器的关系，以及在华夏文明进程中的作用都是人们颇感兴趣的话题。

过去受文字和实物材料等的局限，上博馆藏玉器中没有被认定为齐家文化的器物。伴随这些年来相关出土和研究资料的相继公布，尤其是 20 世纪 90 年代末笔者和同事们曾亲赴陕西、甘肃、青海、宁夏等地考察，走访了许多有关的考古部门和文博单位，掌握了大量第一手资料，从而对齐家文化玉器有了较为全面深入的了解和认识。在此基础上，对馆藏品中原定为新石器时代或三代的器物进行了复鉴，从中识别出一批可归属于齐家文化的玉器。

这批玉器有很大一部分系 20 世纪 70 年代末集中征集于现代著名书画家、鉴赏家吴湖帆。吴湖帆为清末著名古文字学家和金石学家吴大澂之孙，玉器原多为吴大澂旧藏，其中不少曾著录于吴大澂的《古玉图考》。吴大澂，初名大淳，字止敬，又字清卿，号恒轩，晚年又号愙斋，别号白山云樵，江苏省吴县（今江苏苏州）人。清道光十五年（1835 年）生，光绪二十八年（1902 年）卒。同治六年（1867 年）进士，历任编修、陕甘学政、河北道、太仆寺卿、北洋会办、左副都御使、广东巡抚、河道总督、湖南巡抚等职。曾受命赴山、陕襄办赈务，不辞劳苦，亲赴灾区勘察。善诗文、书画、篆刻。著有《说文古籀补》、《字说》、《愙斋集古录》、《恒轩所见所藏吉金录》、《古玉图考》、《毛公鼎释文》、《秦汉名人印辑》、《续百家姓谱》、《愙斋诗文集》、《北征日记》、《皇华纪程》等。来源于吴湖帆的这批齐家玉器很有可能是吴大澂当年在西北公务时收藏的，作为一名金石学家，其留意对当地玉器等文物的搜集是不难理解的。此外，也表明齐家文化玉器至少于 19 世纪后半叶即已流散至了民间。

这批玉器有玉璧、玉环、玉琮、玉刀、玉斧等，基本涵盖了齐家文化的重要玉器品种。现择其要者略述于下。

1.玉璧

玉璧，外径 22.5 厘米，内径 4.8 厘米，厚 0.7~2 厘米。玉呈墨绿色间赭褐色，扁平圆形，素面无纹，一面写有金粉字"宏璧"，当为吴大澂所书；中央单面穿一孔，孔内遗有螺旋痕。此璧制作不甚规范，外径不圆，器面厚薄不均，表面当中遗有一条参差不齐的直线切割痕，为齐家玉璧的重要特征，曾著录于《古玉图考》（图一）[18]。材质经矿物鉴定为软玉[19]。齐家玉璧所见数量较多，除圆形外，还有椭圆形、圆角方形等形式，或大或小，不少是石质制品。

 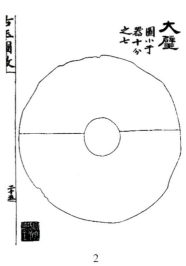

1   2

图一　齐家文化玉璧

玉璧，外径 24.9 厘米，内径 5.8 厘米，厚 0.5~1.5 厘米。玉呈黄绿色，裂纹颇多，内含黑色。器形、特点与上者基本相同，一面有吴大澂所书金粉字"宏璧，镇圭尺十二寸"，并也遗有一条直线切割痕，残留的切割沟痕为 0.1 厘米（图二）。材质经矿物鉴定为软玉。

玉璧，外径 20 厘米，内径 6.3 厘米，厚 0.7~0.9 厘米。玉呈淡青绿色间褐黄色条纹。扁平圆形，素面无纹，中央单面穿一孔，外径不甚规则，器面厚薄不均，表面当中遗有直线切割痕（图三）。材质经矿物鉴定为软玉。此器玉质在齐家文化中多见，如甘肃临夏博物馆藏玉璧（编号：齐 218）就与此接近。

2.玉环

玉环，外径 12.7 厘米，内径 5.5 厘米，厚 0.3~0.7 厘米。玉呈暗青色间黄褐色，内含黑色丝絮状纹。椭圆形，器面厚薄不均，当中单面穿一孔，孔内遗有螺旋痕（图四）。材质经矿物鉴定为软玉。

3.玉琮

玉琮，高 18.6 厘米，宽 9 厘米，上孔径 7.2 厘米，下孔径 6.7 厘米。玉呈灰青绿色，局部有赭黄褐色斑纹。长方柱体，两端射部作有棱角的圆形，中间穿孔，孔内壁近一端处有对钻留下的台阶痕（图五）。材质经矿物鉴定为软玉。玉琮在齐家文化中数量较少，大小皆有，大多素面无纹。此琮与宁夏隆德沙塘页河子出土玉琮风格相近。

图二　齐家文化玉璧

图三　齐家文化玉璧

图四　齐家文化玉环

图五　齐家文化玉琮

4.玉刀

　　四孔玉刀，长 37.3 厘米，宽 7.1 厘米，厚 0.3~0.5 厘米。玉呈青中间褐色，内含不规则团块。扁平长条梯形，平背，双面刃，刃微弧，左右两端宽窄不一，窄端钝尖，近刀背等距单面钻三圆孔，中间二孔和边上二孔钻向相反，窄端近边孔处亦有一穿，曾著录于《古玉图考》，定名为笏（图六）。材质经矿物鉴定为软玉。玉刀当系从石刀演变而来，不作实用，应属仪仗用具，其与后世大臣上朝所执掌的朝板（笏）有所不同。多孔玉刀也是齐家文化中较有特色的品种，如青海大通县上孙家寨齐家文化墓地便出土过一件（图七）。此刀与之造型相似，且玉质亦相近。

1

2

图六　齐家文化四孔玉刀

三孔玉刀，长 54.8 厘米，宽 10 厘米，厚 0.8 厘米。玉呈灰绿色，内含灰蓝色等不规则布丁团块和黑色草藻状纹。扁平长条形，上端平背，凹凸起伏，有拗折痕，下端双面刃，刃微弧，左右两端宽窄不一，宽端有双面刃，近刀背等距单面钻三圆孔，孔内留有螺旋痕（图八）。材质经矿物鉴定为软玉。

图七　齐家文化四孔玉刀

图八　齐家文化三孔玉刀

通过对以上几类代表性馆藏品的观察，比照出土实物，可以大致看出齐家玉器的一些主要特征。

第一，相较红山、良渚等类别丰富、特点鲜明的玉器文化，齐家玉器品种较少，主要的仅十几种，原创器物亦不多，主要为受其他文化影响的礼仪器，如玉璧、玉琮、玉刀等，其次为装饰品、工具等，但礼仪器有些器形较大，颇有特色。

第二，相较红山、良渚等造型讲究、工艺精致的玉器，齐家玉器琢工多简单粗犷或留有加工痕迹。圆形往往不规则，见棱见角，厚薄不一；穿孔一般单面钻，呈上大下小的喇叭形，孔内常见钻后留下的螺旋遗痕，出钻处边沿亦常见钻具即将钻通时钻芯被强行敲下的磕缺痕，这可能是为了省时或防止钻具损坏而采用的处理手法；一些有刃部的器物多系双面开刃，器面和器侧往往存留有剖材后的对向直线切割错位痕或拗折痕。齐家玉器多无装饰纹样，这种素面无纹的作风或许是齐家先民的刻意追求，从而成为它的又一大特色。

第三，齐家玉器材质据矿物分析，"是具有沉积构造特征的软玉，其典型者有布丁石（pudding stone）与韵律条带（rhythmic banding）等，这些构造可以共生在一起说明来自同源。这类软玉以黄色调与低浓度（low chroma）之 neutral gray 为基础，而变化其明度（value）之深浅直至黑色，这类软玉中也有少数色调偏绿与浓度偏高者。具布丁石构造的软玉，其中边界不清的不规则团块（nodules）比诸基质（groundmass）颜色可深可浅，此类团块主要是内碎屑（intraclasts），个别为外碎屑（extraclasts）者则外观犹如角砾岩（breccia）"。这种玉质多见于齐家文化和陕西龙山文化（客省庄二期文化），具有鲜明的西北地区特色，较易于与其他地方玉质相区分，对辨别史前西北玉器具重要参考价值。[20] 齐家玉器的材质来源较为复杂，多认为系就地取材，"其东有渭河之滨的武山鸳鸯玉，中部则有兰州附近的马衔山玉料，西部则更多为祁连山的祁连玉和青海玉或昆仑玉等，主要为透闪石、蛇纹岩、阳起石或试金石类墨玉等。当然，其中也还有一些玉料含有较重的石质，反映出在玉石崇拜初始阶段或材料紧缺时制作者对选材的无奈。此外，在齐家玉器中发现还有近 1/3 的玉器，其材质与新疆和田玉一致"[21]。

齐家文化玉器既具有自身的区域特点，又与其他多种新石器时代文化玉器有着广泛密切的联系，显示出较相一致的共性特色，且包含了丰富的内在含义。

首先，不少学者曾指出，良渚、龙山等文化玉器都或多或少给予齐家文化玉器以一定的影响。虽然齐家玉器有它自身的发展演变脉络，但其一些重器如玉璧、玉琮则是江南太湖流域良渚文化的典型器物，尤其是齐家玉琮，尽管制作不及良渚玉琮精致，且大多素面无纹，但它是受到良渚文化的影响应属无疑。不然很难想象，不同地区的人们在毫无交流的前提下先后创造出同一种特殊造型的器物来。从文化年代上来看，其顺序传播的路径可能是通过中原陶寺文化，山西襄汾陶寺遗址就出有类似的玉琮[22]。也有学者在对西北史前玉石陶器及信仰习俗考察后认为，西北地区与长江中下游一带存在着一些相同或相似的文化因素或现象，应是文化直接传播或间接影响的结果，与《尚书·尧典》中 "舜窜三苗于三危" 的古史传说相符[23]。在以后的商周墓葬中，还时常可以见到素面的玉琮，从文化背景、内涵及时代风格考虑，并对实物玉质和做工进行分析，笔者认为有些可能系齐家文化的孑遗。

其次，多孔玉（石）刀早先常散见于长江和黄河流域的下游地区，稍后才在西北地区较集中的被大量发现。陕西龙山文化和齐家文化均有不少多孔玉刀，仅陕西神木石峁一地就出土有十数件之多[24]，一来表明其器形可能源自于东方，二来也反映出陕西龙山文化和齐家文化二者之间紧密的相互交流和影响关系，它们与二里头文化之多孔玉刀应有直接的传承关系。

最后，相较于史前东部地区发达的玉文化，西部地区玉器似乎显得略逊一筹，有些学者甚而认为，东部沿海是 "崇尚玉的部落"，中西部是 "擅长彩陶的部落"。然而，在东部玉器逐渐走向衰落之际，西部玉器却异军突起，这不能不引发人们的思考。在普遍将玉器与文明社会进程紧密关联的今天，探求齐家文化玉器特有的社会功能和内在意义等已愈益受到人们的重视，随着考古工作和多学科交流的进一步深入，齐家玉器的研究空间定将得到更大的拓展。

注释：

[1] 王裕昌：《齐家文化玉器散论》，《博物馆研究》2012 年第 4 期。

[2] 古方：《中国出土玉器全集（15）》，科学出版社，2005 年。

[3] 中国科学院考古研究所甘肃工作队：《甘肃永靖大何庄遗址发掘报告》，《考古学报》1974 年第 2 期。

[4] 中国科学院考古研究所甘肃工作队：《甘肃永靖秦魏家齐家文化墓地》，《考古学报》1975 年第 2 期。

[5] 甘肃省博物馆：《甘肃积石山县新庄坪齐家文化遗址调查》，《考古》1996 年第 11 期。

[6] 甘肃省博物馆考古队：《甘肃灵台桥村齐家文化遗址试掘简报》，《考古与文物》1980 年第 3 期。

[7] a.甘肃省博物馆：《甘肃武威皇娘娘台遗址发掘报告》，《考古学报》1960 年第 2 期；b.甘肃省博物馆：《武威皇娘娘台遗址第四次发掘》，《考古学报》1978 年第 4 期；c.刘志华、孙玮：《武威皇娘娘台出土的齐家文化玉石器》，《台北故宫文物月刊》总第 248 期。

[8] 中国社会科学院考古研究所：《师赵村与西山坪》，中国大百科全书出版社，1999 年。

[9] 中国社会科学院考古研究所甘青工作队：《甘肃武山傅家门史前文化遗址发掘简报》，《考古》1995 年第 4 期。

[10] 甘肃省文物考古研究所、西北大学文化遗产与考古学研究中心：《甘肃临潭县磨沟齐家文化墓地》，《考古》2009 年第 10 期。

[11] 青海省文物管理处考古队、中国社会科学院考古研究所：《青海柳湾——乐都柳湾原始社会墓地》，文物出版社，1984 年。

[12] a.中国社会科学院考古研究所甘青工作队、青海省文物考古研究所：《青海民和县喇家遗址 2000 年发掘简报》，《考古》2002 年第 12 期；b.叶茂林、何克洲：《青海民和县喇家遗址出土齐家文化玉器》，《考古》2002 年第 12 期；c.中国社会科学院考古研究所甘青工作队、青海省文物考古研究所：《青海民和喇家遗址发现齐家文化祭坛和干栏式建筑》，《考古》2004 年第 6 期。

[13] 青海省文物管理处、海南州民族博物馆：《青海同德县宗日遗址发掘简报》，《考古》1998 年第 5 期。

[14] a.青海省文物考古研究所、西宁市文化局文物管理所：《西宁小桥沈那齐家文化墓地》，《中国考古学年鉴·1992》，文物出版社，1994 年；b.青海省文物考古研究所：《西宁市沈那齐家文化遗址》，《中国考古学年鉴·1992》，文物出版社，1994 年。

[15] 宁夏文物考古研究所：《宁夏固原店河齐家文化墓葬清理简报》，《考古》1987 年第 8 期。

[16] 北京大学考古实习队、固原博物馆：《隆德页河子新石器时代遗址发掘报告》，《考古学研究（三）》，科学出版社，1997 年。

[17] 宁夏回族自治区博物馆：《宁夏固原海家湾齐家文化墓葬》，《考古》1973 年第 5 期。

[18] 可参见甘肃天水师赵村 8 号墓出土的玉璧，见古方：《中国出土玉器全集（15）》，科学出版社，2005 年。

[19] 本文馆藏玉器矿物成分均由同仁谷娴子小姐使用必达泰克 MiniRam III 拉曼光谱仪检测，谨致谢忱！

[20] 闻广：《中国大陆史前古玉若干特征》，邓聪：《东亚玉器 （第二册）》，香港中文大学中国考古艺术研究中心，1998 年。

[21] 王裕昌：《齐家文化玉器散论》，《博物馆研究》2012 年第 4 期。

[22] 高炜：《陶寺文化玉器及相关问题》，邓聪：《东亚玉器（第一册）》，香港中文大学中国考古艺术研究中心，1998 年。

[23] 杨建芳：《"窜三苗于三危"的考古学研究》，《东南文化》1998 年第 6 期。

[24] a.戴应新：《回忆石峁遗址的发现与石峁玉器（上）》，《收藏界》2014 年第 5 期；b.戴应新：《神木石峁龙山文化玉器》，《考古与文物》1988 年第 5、6 合期。

齐家文化玉器的特征
及甘肃齐家文化玉器的重要性

——以甘肃省馆藏齐家文化玉器为例

王裕昌

（甘肃省博物馆）

　　齐家文化玉器是中国史前玉器的重要组成部分，与代表东越玉文化板块的良渚文化玉器、代表东夷玉文化板块的红山文化玉器交相辉映。随着考古发掘及研究工作的不断深入，齐家文化玉器别具特色的玉文化体系也渐被世人认知和了解。由于它是在特定的地理环境中滋生、发展，因而具有鲜明的地域文化特色，这正是它能够大放异彩的主要原因。甘肃省境内发现的齐家文化玉器品类繁多、特色鲜明、体系完整，能够全面反映齐家文化的特征及其重要性。本文在对甘肃省馆藏齐家文化玉器进行全面、科学调查的基础上，对齐家文化玉器的主要特征和甘肃齐家文化玉器的重要性作深入探讨。

一　齐家文化玉器的特征

1.玉质（玉材）及沁色特征

　　齐家文化玉器的玉质（玉材）具有多样性和广泛性。选料多样，因石制器、兼收并蓄，石质多变是其用料特点。经检测，齐家文化玉璧所用的玉材为透闪石、阳起石（软玉）以及蛇纹石等。王国道、崔兆年将齐家文化玉器的玉质或材质分为两类，"一类是硬度相对较大的透闪石玉，这类玉器质地致密细腻，肌理干净，手感温润，它应该是外来玉材。另一类是细晶质、粗晶质沉积构造的杂色阳起石玉、蛇纹石玉，它们一般硬度相对较低，玉质肌理或多或少含有浅褐色、深褐色藻叶状纹或斑块" [1]。丰富的玉材使得齐家文化玉器具有色泽丰富的鲜明特征，不仅有浅绿色、墨绿色、青绿色、碧绿色，也有青白色、乳白色、山黄色、灰色等。出土玉石器的沁色主要为白色、灰白色或鸡骨白，这种沁色的形成应是受齐家文化所处地理位置的影响，加之玉器多掩埋于陇上黄土之中，故光泽沉稳。

　　一般来说，新石器时代的先民制作玉器所选用的玉材多为就地取材，而齐家先民却是例外。齐家文化玉器原料大多来自青海格尔木、甘肃临洮和榆中交界的马衔山、武山鸳鸯镇、酒泉祁连山等地，有极少量是来自遥远的昆仑山和田、阿尔金山且末、若羌等地。

　　甘肃东部和中部地区出土的大部分齐家文化玉器的玉材较为精良，有和田软玉、蛇纹石玉（酒泉玉、祁连玉）等，如静宁县后柳沟村出土的三璧、四琮。西部地区出土的齐家玉器大多玉材较差，含有较重的石质材料，如武威皇娘娘台遗址出土的一大批石璧。但也有制作较为精细的，如武威皇娘娘台遗址和海藏寺出土的玉璧、玉镯、玉璧芯、玉璧芯等，都是有和田玉特征的玉料。杨伯达先生曾指出，出土于武威海藏寺、皇娘娘台、永靖等地的齐家文化遗址和墓葬中，有 15 件玉器被初步认为是和田玉，

图一　有和田玉特征的部分齐家文化玉器
1.临夏市南龙乡出土玉琮；2.武威皇娘娘台遗址出玉璧；3.武威海藏寺遗址出土玉镯（块）；4.武威皇娘娘台遗址出土玉琮芯；5.武威皇娘娘台遗址出土玉璧芯；6.武威皇娘娘台遗址出土玉璧芯；7.安定区出土玉环；8.秦安县博物馆藏玉管饰；9.积石山县新庄坪出土玉环；10.静宁县后柳沟村出土瓦棱纹玉琮；11.庄浪县大塬地出土长方形玉器；12.秦安县堡子坪出土玉璧；13.临潭县磨沟遗址出土玉斧

其产地可能是阿尔金山玉矿或昆仑山余脉之玉矿（图一）。[2] 笔者认为，齐家文化玉器材料大部分应来自甘青地区，但由于其分布地域又属新疆和田玉通往中原的必经之地，因而有少量材料属于新疆和田玉也属情理之中。由此可以断定，早在齐家文化时期，和田玉料已经传播到河西走廊和甘青地区。

2.造型特征

（1）器型简单朴拙、粗犷豪放

齐家文化玉器器形较为单一，制作粗犷，风格质朴，与良渚文化有一定联系，但又有明显区别。齐家文化玉璧平实、大众化的造型与良渚玉璧风格一致。齐家玉璧以呈正圆形的居多，也有椭圆形、多边形或不规则形、方形圆角等（图二）；玉琮仍保持着良渚文化外方内圆的基本形状，分高、矮两种，光素的较多（图三），刻纹的极少，偶有刻瓦棱纹者，而良渚文化玉琮上的人面、兽面纹饰已不复存在；璜也都光素无纹，呈扇面形或弧曲形，两端各钻一孔（图四）。可以说，齐家文化玉器仅仅保留了良渚文化玉器的影子，尤其以璧和琮更为明显。

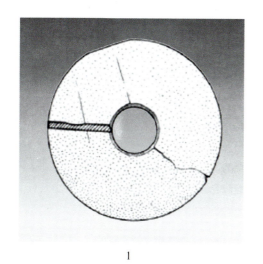

1   2

图二　师赵村遗址出土玉璧 M8:2

1   2

图三　静宁县后柳沟村出土玉琮

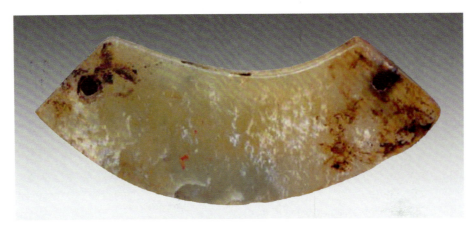

图四　灵台县北庄村桥村遗址出土玉璜

相比于良渚玉器的精雕细琢，齐家文化玉器的制作工艺总体上显得更为粗糙。璧、琮比良渚文化的形体小，大部分加工很粗，多用透闪石。但是一些玉材较好、体量较大的器物，多作过认真修整造型。如齐家玉璧大多厚薄不均，边缘多有磨痕、切痕等，极不规整，对几何形体的把握要求不严，但也有部分玉璧浑圆规整、合乎规矩，厚薄均匀、打磨精细；玉琮体外表抛磨光洁，射口圆齐，中孔挖腔修磨匀净，管钻痕迹少见。而那些器形较小、材质较粗劣的玉琮则修整抛磨不太精致，中孔甚至不加善后处理，保留着最初的加工状态，似半成品。这一造型特点似乎与时代早晚有着密不可分的关系。齐家文化早期玉璧选材优良，制作工艺精美，有不少精品问世，经过精加工后的玉璧厚薄较为均匀。而到中、晚期，齐家文化先民对玉璧由重视实物转为观念上的信仰，相当部分玉璧材质较差，如皇娘娘台出土的260多件玉璧含有较重的石质材料，厚薄不均的现象较为突出。再如师赵村遗址陪葬的一件玉璧只有一面磨光（见图二）。

（2）一些器物向大而薄的趋势发展

齐家文化玉器中不乏恢宏之器，玉刀、玉铲大多较长。甘肃境内出土的6件玉刀，长度分别为65.5厘米、28.8厘米、23.4厘米、18.7厘米、54厘米和32.8厘米。1976年会宁县牛门洞遗址出土的一件玉牙璋，长54.2厘米、宽9.9厘米、厚0.1~0.2厘米（图五）。距首部18.8厘米处、14.2厘米处、8.8厘米处有三个单面穿圆孔，孔内未做打磨修理。中部残断后修补。首部上下有凹槽，一端两小牙，一端一小牙。两面刃。这件玉牙璋用整块大玉料切割磨制而成，制作规整精致，属礼器中的"王者之器"。二里头文化玉器中也有同类型的大玉石刀或大型牙璋，长度均在25厘米以上，最长的可达65厘米。[3]

图五　会宁县牛门洞出土的玉牙璋

齐家文化玉铲长度一般在30厘米以上，如1958年东乡县出土的一件玉铲长33.2厘米、宽3.6厘米、厚0.6厘米（图六）。这种大型化的趋势显然不是按照器物的实用功能发展的，应该是出于人们的某种特定需要。若以皇娘娘台遗址第四次发掘的齐家文化墓葬为例，将这种大型玉刀与实用铜刀、石刀的长度进行对比，发现齐家文化遗址出土的红铜刀长18厘米、石刀的长度一般在10厘米以下[4]，反差极为明显，充分说明玉刀和大型玉铲绝非实用，有可能是用于特定礼仪场合的祭祀和仪仗器。另一方面，这些器物的厚度与本身不甚协调，玉刀的厚度一般在0.5~0.8厘米之间，玉铲的厚度一般在0.5~0.9厘米之间，与硕大的器形相比极不协调。这种特性在二里头文化玉器，如大型玉刀和大型牙璋中也存在。

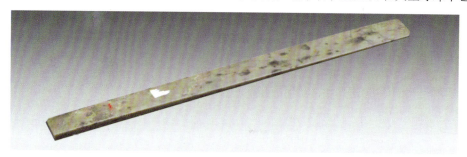

图六　东乡县出土玉铲

（3）独具特色的多璜联璧

齐家文化的"多璜联璧"是玉璧造型上的一大突破。多璜联璧又称玉围圈，多以3件等长或不等长的弧曲形玉片，每端钻一孔或二孔，连缀成璧、环或瑗的形状，也有4片、5片或6片连缀成圆形器的，有的呈椭圆形。因三璜联璧一般用一块玉料切割成三扇形坯，再精细逐磨而成，因而色泽大小、形状基本一致，容易联结成一璧，故将其称之为联璧。庄浪县博物馆藏的3件三璜联璧（图七，1~3），天水师赵村遗址出土的2件三璜联璧（图七，5、6），都是由3片玉璜对接成为一块完整的璧。这种三璜组璧的形式在史前玉器中较为独特。红山玉器中的三联璧是呈长条状的，与齐家文化的多璜组璧有很大区别。

图七　多璜联璧

1~4.庄浪县博物馆藏的多璜联璧三璜联璧和四璜联璧；5、6.天水师赵村出土的三璜联璧

黄河中游地区属陕西龙山文化的山西襄汾陶寺遗址和临汾下靳墓地中也出土过少量多璜联璧，然而玉璜制作很不规矩，绝大多数大小不一，厚薄不同，璜面不平，没有经过精致的打磨处理，有的并非用同一块玉料制成，与齐家文化的三璜联璧明显不同。多璜联璧总体来说可算是齐家先民独创一种玉器造型，体现出齐家先民的艺术想象力和创造力。但不可否认的是，齐家文化玉璧在造型上拥有自己特色的同时也保留着红山、良渚、龙山等文化玉璧的基本形式。另外，民间收藏中还发现有二联、四联、五联、六联等多璜联璧（图七，4）。笔者认为大型的多璜联璧是"小玉大作"，即用零星的、大小块不等的玉材或下脚料做成璜形，每端钻孔，连缀成璧。至于这种器形，台湾学者杨美莉解释为仿石圆圈状祭坛[5]。不论作何解释，有一点可以肯定，从形制、加工、玉材及数量几个方面来看，多璜联璧是齐家文化玉器的重要器形和独特器物，其寓意值得认真地研究。

（4）器物种类少，没有发现象生类玉器

齐家文化玉器种类少，造型简约，大多为几何形，主要以礼器和生产工具为主。就目前考古发掘和已发表的齐家文化遗址资料而言，与龙山文化玉器相比，齐家玉器在器形方面表现得更加单一，龙山玉器中的玉戈、玉璇玑等器物在齐家玉器中并未出现；与良渚文化玉器相比，良渚玉器中以玉琮为大宗，而齐家玉器以玉璧为大宗；与红山文化玉器相比，齐家玉器中没有发现诸如人物、动物、植物等象生类的玉器作品。

按常理来讲，常见的动植物是古人艺术创作的主要对象，而齐家文化玉器中却没有发现这类器物。这一特点与二里头文化玉器相似。在二里头文化中，其他质地器物上表现出来的动植物种类较多，但在玉器上发现很少，仅有鸟首玉饰和在玉柄形器上的兽目纹饰。

3.纹饰特征

（1）玉器多素面无纹

齐家文化玉器普遍采用比较朴素简化的形式，多素面无纹。早期器形较单一，不甚规圆，器壁厚薄不匀；中晚期器形多样，构思大胆，无论大器还是小件器多制作精致，常见细线平行线阴刻装饰，如静宁县后柳沟村出土的2件玉琮（图八，1、2）和庄浪县野狐湾遗址出土的1件玉钺（图八，3），分别饰

1   2   3

图八　施纹饰玉琮、玉钺
1.静宁县后柳沟村出土瓦棱纹玉琮；2.静宁县后柳沟村出土青绿弦纹玉琮；
3.庄浪县野狐湾遗址出土减地凸雕直线纹玉钺

有弦纹、瓦棱纹和减地凸雕直线纹。大多玉器光素无纹，不加装饰，以素为美。至于不施纹饰的原因，可能与齐家先民的某种意识形态有关，或是因为齐家先民并不擅长在玉器上琢磨图纹，限于发掘资料较少、典型遗址发掘还不够多等，尚不能够做出具体的解释。但无论是素面无纹者还是有装饰纹样的，都显示出浑圆饱满、质朴无华、凝重大气、崇尚自然的风格。

与齐家文化玉器多数素面无纹相比而言，二里头文化、龙山文化以及良渚文化玉器均有装饰物。二里头文化玉器流行在器物上装饰齿扉和刻纹，其璧、戚、牙璋、钺、刀甚至戈上都有齿状物，而且一般时期越晚齿状饰越大、越复杂。[6] 戈到二里头文化四期时才出现齿状物，体现了这种风格逐渐扩大和强化的过程。齐家玉器不尚装饰，其纹饰不似良渚玉器纹饰那般注重细腻、精细，也不似红山纹饰那般追求跌宕雄奇，反而在粗糙中带了份随性的跃动，具有了率性气息。

（2）玉刀等器物穿孔间距注重对称

对称这种源于人类朴素的审美、实用观念在齐家文化玉刀的钻孔技术上得到了体现。目前出土的6件齐家文化玉石刀均有穿孔，分为两穿、三穿或多穿，穿孔集中靠近刀背处，间距几乎相等。古浪县峡口出土的一件五孔玉刀背部两排共有5个圆钻孔（图九，1），背下横排等距离钻孔4个，其最外侧钻孔下为另一钻孔，钻孔较小，且位置特殊。陇西县河蒲村出土的一件四孔玉刀背部一排有4个等距离的圆钻孔（图九，2）。尽管其他器物上没有很明显地体现出这种对称性，但从玉刀这一类器物的制作特色来看，在齐家文化时期，人们的审美意识已上升到注重器物细节制作的程度，这也是原始制造业技术进步的重要体现。

1

2

图九　玉刀
1.古浪县峡口出土的五孔玉刀；2.陇西县河蒲村出土的四孔玉刀（残）

（3）玉璧壁孔周围有砣具留下来的痕迹

在甘肃出土的许多齐家文化玉璧上留有砣痕。这些痕迹呈斜坡状，为同心圆弧线和较深的阴弧线痕。临夏州博物馆、榆中县博物馆各藏有一件呈不规则圆形、未制作完成的玉璧（图一○），璧外缘都未修磨，边缘参差不齐，中心单面钻孔痕迹明显但尚未钻通，都是未制作完工的玉璧。这两件玉璧也为我们提供了齐家玉璧制作工序应该是先钻孔后修边的佐证。从海藏寺遗址出土的玉器边角料、半成品、毛坯，以及其中一块玉板尚留有清晰的切割痕迹，可以推断当时已有磨玉作坊，玉石加工已从石器制造业中分离出来，有了专业的制玉工具——砣，只是还很原始。从这一角度来说，玉璧上存在砣痕是合理的。当然，也不排除这些痕迹是由硬尖石器留下的。

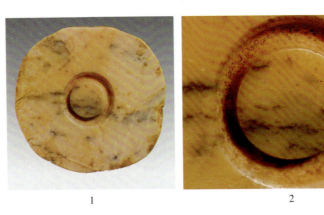

1　　　　　　　　　　2　　　　　　　　　　3

图一〇　未完工玉璧

1、2.临夏州博物馆藏未完工玉璧；3.榆中县博物馆藏未完工玉璧

4.制作工艺特征

（1）切割工艺：应用了以机械原理为技术的金属快速切割法

经过对实物标本的观察研究，发现齐家文化玉器在制作时，会预先根据器物的大小厚薄将玉料切割成形后再加工磨制（图一一）。庄浪县杨河乡郭李家遗址出土的一件玉料（图一一，1），呈薄片状，从玉料残留切割面观察，有高低两个切割面，在切割时使用了非常薄的无齿板锯，切割平直光滑，两个切割面之间有1毫米左右的板锯切割痕。切割面因长时间平行擦而显得平整光滑，并出现类似"玻璃光"的效果，说明当时已使用了金属薄片或线状工具，并借助了机械原理快速予以切割。由此也证明了齐家先民在玉料切割过程中就可同时完成切割面的抛光工艺，这是齐家文化玉器制作工艺方面非常独特的一种现象。甘肃临夏市博物馆馆藏的一件三璜联璧，其中三号璜片上留有一道明显的切割痕迹（图一一，5），穿孔时正好钻在切割线上。武威皇娘娘台遗址出土的一件不规则方形玉璧（图一一，6），薄厚不均，表面留有多道长度不等的直线切割痕迹，凹凸起伏，也未做任何打磨处理。武威皇娘娘台遗址出土的三件不规则石璧（图一一，7~9），薄厚不均，表面都留有明显直线切割痕迹。甘肃定西市安定区内官营镇清溪村出土的一件玉璧（图一一，10）和甘肃省博物馆从定西团结乡高泉村征集的一件玉璧（图一一，11），器表通体打磨并残留有切割玉料时留下的痕迹。这些都充分说明齐家先民已经娴熟地掌握了解玉、制玉技术，并有了专门的机械解玉工具和专门的治玉工匠。

（2）钻孔技术：应用了管钻法

虽说钻孔技术早在新石器时代早期就已经使用，但齐家文化的钻孔技术相当娴熟。出土齐家玉器上的孔大多为单面钻，孔壁保留着钻具借助解玉砂旋转的螺旋痕迹。武威海藏寺遗址和定西内官营清溪村出土的三件玉璧中部单面穿孔呈斜坡状，并留有明显管钻痕迹。临夏州博物馆馆藏一件青灰色玉质玉铲（图一二，1、2），上端中部有两个单面穿圆孔，上孔钻通，出钻处打磨修饰，下孔未钻通，管钻痕迹非常明显。积石山县新庄坪出土一件青绿玉璧、玉璧芯（图一二，3~5）完整地保留了齐家文化时期制玉技术的全过程：先行单面打孔，在即将钻通之际以强力将钻芯打下。使孔壁和圆芯上留有螺旋钻痕、毛茬及崩缺痕迹，在一侧面保留有钻孔的断茬，厚不足0.2毫米，说明当时所使用的管状工具壁厚仅1毫米左右。玉璧芯是管钻时产生的下脚料，其直径是当时管具的直径。这组玉璧、芯的发现，对研究齐家文化玉器的工艺特征具有重要的价值，是不可多得的珍贵标本。总的来看，齐家文化琢玉从选材、切割、钻孔、琢磨、抛光，已形成一套完整的制作工艺，并带有明显的作坊生产性质。

图一一 切割痕迹明显的玉器

1.庄浪县郭李家出土玉料；2、3.灵台县北庄村桥村出土玉料；4.庄浪县博物馆馆藏玉斧；5.甘肃临夏市博物馆馆藏三璜联璧中的三号玉璜；6.武威海藏寺遗址出土不规则圆角方形玉璧；7~9.武威皇娘娘台遗址出土不规则石璧；10.定西市内官营清溪村出土玉璧；11.甘肃省博物馆藏玉璧

1   2

3   4   5

图一二　管钻痕迹明显的玉器

1、2.临夏州博物馆藏玉铲；3~5.积石山县新庄坪出土玉璧和玉璧芯

5.文化特征

（1）齐家文化玉器分化显示了社会观念的进步

新石器时代晚期，玉器手工业与石器手工业最终分离，玉器加工等手工业均发展到一个前所未有的高度。齐家文化的玉器制造业较为发达，各种精心制作的华美玉礼器承载着时人笃诚的精神信仰。一方面，齐家文化玉器在玉材选择上明显存在分化。礼器类玉器在用材上与其他类别玉器分化，工具类玉器如斧、锛、铲、凿等的材料多为普通玉料，部分甚至接近石质。只有在出现了类别的高低不同之后，才有可能在材料方面做出相应的选择。这种分化表明宗教信仰等观念在当时人们心目中占据高位，同时也显示了当时人们精神文化生活水平的提高。另一方面，齐家文化中存在由神玉观念支配的巫师玉的迹象。所谓神玉观念，是把玉神圣化、神话化的结果，即《说文解字》"巫以玉事神"的礼仪活动之核心观念。齐家文化的玉器生产取得了非凡的业绩，独特的玉文化对史前文化意识、地域意识、民族意识的形成有较大的影响和推动作用，从中可清晰探究到步向文明的足迹。

（2）齐家玉文化与三代文明关系密切

齐家文化的崛起和衰落，恰好处在中国史前玉器时代终结期，即最后五六百年的范围内。换言之，在我国现已发现的四大史前玉文化中，唯独齐家文化同上古史的三代文明最为接近。从时间上来看，齐家文化与夏文化几乎同时同步；从空间上来看，齐家文化的分布范围与夏和周的势力范围密切相连，部分甚至是重合的。夏和周在文化来源上都和地处西北的甘肃东部地区有关，而且周人还自认为是夏人的后代。特殊的历史时段和空间位置分布，决定了它和华夏文明开端的密切关联，以及对夏商周三代玉文化的深远影响。在夏文化遗址中，特别是偃师二里头遗址三、四期中出土了一批玉器，它们大多光素无纹，抛光莹润，器形长大宽薄，少数有纹饰的也主要以阴刻线为主，均极具齐家文化玉器的风格。夏代所处的公元前 21 世纪至前 17 世纪是我国自玉器时代向铜器时代转化的阶段，而齐家文化所处的时代大体上与此相当，这就能够为夏商周探源研究提供重要转向，启示我们重估齐家文化在华夏文明起源方面的重要作用。[7]

（3）齐家文化玉器是中华多元一体的玉文化重要组成部分

齐家玉文化本身与周边玉文化之间存在着紧密的联系与交流，各文化在自身的上升发展过程中，由于地域的扩大及与周边文化的交流，进而在器物的种类、形状、制作工艺、社会功用等方面相互影响与融合。玉文化间的联系和交流以渐进的方式给双方注入了新的血液与活力。杨伯达先生认为，即使齐家玉文化确实接受了良渚玉文化的璧、琮，也不妨碍它独立发展的史实，这从其璧、琮所用玉材及形式的异同便可了解；齐家玉文化的璧、琮不是良渚玉文化的翻版，这也是有目共睹的。[8] 至于齐家文化与陕西龙山文化的关系，目前学术界普遍认为它们由于地域相近，可能有较频繁的交流，关系较为密切，但不能说它们属于同一文化系统。[9] 杨伯达先生研究认为，大约距今四千年前，南、北两系玉器互相融汇为山东龙山玉文化、陕西龙山玉文化以及齐家玉文化，这三支玉文化先后在中国的东部、北部及西部分别进入了自己的高峰，遥相辉映，像三把火炬似地照亮通向文明时代的殿堂，在全国玉文化的地位举足轻重。[10] 时间稍晚的四川三星堆文化玉器与齐家文化玉器的关系较为密切。三星堆文化玉器似乎更多地吸收了齐家文化玉器的特点，同时又与二里头文化部分器物有较多共同点，一些玉器品种甚至与二里头文化玉器是一脉相承的，因此二者可能在文化的源流上有着共同的大背景。此外，齐家文化玉器的形制品种在后世的传袭中几乎大部分都得到了延续和发展。比如辉煌的青铜器时代，中原地域的很多青铜器造型及特征与齐家文化玉器有着极大的渊源。总之，齐家文化玉文化本身与周边玉文化之间的联系与交流，充分显示出它是中华多元一体的玉文化的重要组成部分。

6.其他特征

齐家文化玉器中无镶嵌绿松石的现象。绿松石饰是新石器时代晚期比较常用的装饰品之一，但与其他史前文化相比较，齐家文化玉器中没有镶嵌绿松石的现象。在齐家文化遗址中发现了许多松石、玛瑙、水晶材质的片状、管状、珠状装饰物，如甘肃武威皇娘娘台出土的绿松石饰品（图一三，1~5）、积石山县新庄坪出土的绿松石项链（图一三，6）、永靖县大何庄遗址发现的玛瑙珠（图一四，1）、临潭磨沟遗址发现的滑石珠（图一四，2）等均具有齐家文化的鲜明特色。这些饰品制作精美，多为素面，少有纹饰，细腻朴拙，极具齐家文化风格。

二 甘肃齐家文化玉器在齐家文化玉器研究中的重要性

雷从云先生在《中国史前玉文化和黄河上游齐家文化玉器》一文中指出，"今天，我们可以毫不夸张地说，它（齐家文化）还有一批独具特色的玉器，其内涵之丰富，品种之繁多，工艺之精美，令人折服"，"齐家文化玉器，无论是正式发掘出土品、采集品，还是早年、近年收藏品，都表现出强烈的时代特点和鲜明的地域文化特色，成为齐家文化最具标志性的文化特色之一"[11]。

甘肃是齐家文化的最初发现地。齐家文化因 1924 年首先发现于甘肃广河县齐家坪遗址而得名，齐家文化在甘肃境内分布地域十分广泛，以甘肃中部为核心，从河西走廊到陇东南地区，地理跨度几百公里，东起泾水、渭水河流域，西至甘肃河西走廊，南达白龙江、西汉水上游等流域，发现齐家文化遗址1000 余处，出土玉石器约有 3000 余件[12]。

甘肃境内出土发现的齐家文化玉器品类繁多、特色鲜明、体系完整，是目前甘青宁三省区中种类最全的，全面反映了齐家文化玉器的整体面貌特征，为我们认识和探讨齐家玉器的价值和地位提供了有利条件。在甘青宁三省区文博单位和其他单位收藏并已确定的齐家文化玉器中，甘肃境内的收藏数量占到总数的 80%[13]，是甘青宁三省区中最早开始齐家文化考古发掘和最先发现齐家文化玉器的省份，也是

图一三　齐家文化绿松石饰品

1~5.武威皇娘娘台遗址出土；6.积石山县新庄坪出土

图一四　其他质地的齐家文化管珠饰品

1.永靖县大何庄遗址出土玛瑙管状饰品；2.临潭县磨沟遗址出土滑石项链

目前齐家文化玉器发现、出土、收藏品最重要、数量最多的省份。特别是甘肃省出土发现的齐家文化玉礼器，是代表齐家文化玉器在中国古代玉器中地位的重要遗存，是专家、学者们进一步研究齐家文化特征，研究齐家文化社交、宗教、礼仪，研究齐家文化玉器的价值、地位以及中华玉文化起源、发展、传播情况等问题最为直接、最具代表性的珍贵实物。

甘肃出土发现的齐家文化玉器充分反映的齐家文化玉器的玉材特征、加工技术及工艺水准。如甘肃省静宁县平治乡后柳沟村出土的"静宁七宝"和庄浪县野狐湾遗址出土减地凸雕直线纹玉钺，制作精美、工艺高超，从器形到制作工艺，都充分体现了齐家文化玉器高度的治玉水平，也完全可以代表齐家文化玉器制作加工的最高工艺水平。

甘肃出土的齐家文化玉器最先引起学界重视，并由此引发齐家文化玉器研究的热潮。长期以来，学者讨论齐家文化主要集中在其独具特征的陶器和因冶铜业发展生产大量的红、青铜器两方面，而对齐家玉器的认识和研究则明显不足。随着考古调查和发掘的齐家玉器数量和品种的增多，逐渐丰富了人们对齐家玉器的认识。杨伯达先生是最早呼吁文博界应该重视齐家文化玉器研究的老一辈学者。杨先生1996年在甘肃境内进行国家一级品鉴定过程中开始积极关注齐家文化的玉器问题，并于1997年发表了《甘肃齐家玉文化初探——记鉴定全国一级品所见甘肃古玉》一文，对甘肃齐家玉器给予了肯定和呼吁，他在总结齐家文化玉研究的意义时认为"齐家玉文化的确认，填补了我国新石器时代晚期（龙山文化期）玉文化的空白"[14]。从此引起了文博界对齐家玉器的重视。从那以后，专家、学者纷纷前来甘肃对齐家文化玉器进行考察，并发表了许多有关齐家玉器的图典和论述，使齐家玉器获得了应有的地位，与红山、良渚、龙山文化玉器齐名比肩。

甘肃出土的齐家文化玉器是探索齐家玉文化的源头的关键。20世纪90年代以来，海内外专家、学者越来越多的关注甘肃齐家文化及其玉文化，焦点之一便是齐家玉文化的源头。从史前文化角度考察，礼器中最为重要的璧与琮，在以良渚文化为中心的东部沿海地区远古遗存中发现较多，在新石器时代其他地区古文化中很少见到。但齐家文化遗存中璧、琮的数量却非常可观。令人费解的是，在齐家文化与相邻近其他文化之间找不到玉器方面影响、传播和交流的迹象。就连早于齐家文化，被学界认为与齐家文化有渊源关系的马家窑文化中也难觅齐家玉器的孕育轨迹。这似乎说明齐家玉文化是一支独立发展起来的西北古代文化。但是，通过器形分析，齐家玉文化与良渚玉文化之间是存在必然联系的。那么这又给文物工作者带来一个重要的研究课题，即齐家玉文化同良渚玉文化之间的联系途径是如何建立起来的？正如杨伯达先生所说："这先后两支南北玉文化在璧、琮上的联系绝非偶发事件，其中必有从未被觉察或者说根本还未想到的历史联系，现今居然展现在我们眼前，这好像天方夜谭似的，但实物俱在，是不容忽视的。"[15]

综上所述，甘肃齐家文化玉器在齐家文化玉器研究中的重要性是不容置疑的。

三　结语

从已发掘出土的齐家文化玉器来看，通常光素无纹，以素为美，造型简单朴拙、粗犷、豪放，做工精琢细磨，方圆中矩，线条流畅。因此，齐家文化玉器的总体特征可用"材质上乘、品种多样、器形美观、制作精致、大气凝重"五个方面来概括。这是我国史前文化的西部特色，其高度发达的彩陶文化抑制了玉文化的抬头，到彩陶文化业已衰落、青铜文化刚刚萌生之间隙，玉文化在外力刺激下充分发展并逐渐繁荣，进而形成了处于野蛮与文明之交的古羌玉文化。

笔者认为，齐家文化出土的玉器不仅本身有重要的研究价值，而且也是中国玉器在黄河流域上游发展演化进程中承上启下的实物依据，其重要性完全可以与红山文化玉器、良渚文化玉器等相提并论。通过对齐家文化遗址的发掘与论证，以及分析判断齐家文化玉器对后世商周玉器的重大影响，齐家文化玉器是中国古玉文化中一个十分耀眼的亮点，是我国西北地区古玉文化的核心。处于黄河上游的齐家文化在华夏文明的形成中扮演了一个十分重要的角色，而齐家文化玉器更是不可或缺一环。

附记：本文为甘肃省文物局文化遗产保护领域甘肃省省级科研课题"甘青宁馆藏齐家文化玉器的调查与研究"的阶段性成果。在调查过程中，各文博收藏单位给课题组提供了很大的支持和帮助，课题组全体同志也对本课题全力以赴、积极参与并付出辛勤劳动，文中引用天水师赵村遗址出土玉器照片资料由中国社会科学院考古研究所古代文明研究中心朱乃诚研究员提供，在此一并表示感谢。

注释：
[1] 王国道、崔兆年：《青海齐家文化玉器研究》，《中国玉文化玉学论丛（续编）》，紫禁城出版社，2004年。
[2] 杨伯达：《甘肃齐家玉文化初探——记鉴定全国一级品所见甘肃古玉》，《陇右文博》1997年第1期。
[3] 郝炎峰：《二里头文化玉器的考古学研究》，中国社会科学院研究生院硕士学位论文，2005年。
[4] 甘肃省博物馆：《武威皇娘娘台遗址第四次发掘》，《考古学报》1978年第4期。

［5］杨美莉：《齐家文化玉器的性质与特色》，《淡江史学》第 11 期。

［6］郝炎峰：《二里头文化玉器的考古学研究》，中国社会科学院研究生院硕士学位论文，2005 年。

［7］何松：《中国史前时期玉器的主要分布地域与特征及其玉文化》，《宝石和宝石学杂志》2005 年第 2 期。

［8］杨伯达：《甘肃齐家玉文化初探——记鉴定全国一级品所见甘肃古玉》，《陇右文博》1997 年第 1 期。

［9］谢端琚：《试论齐家文化与陕西龙山文化的关系》，《文物》1979 年第 10 期。

［10］杨伯达：《甘肃齐家玉文化初探——记鉴定全国一级品所见甘肃古玉》，《陇右文博》1997 年第 1 期。

［11］雷从云：《中国史前玉文化和黄河上游齐家文化玉器》，《财富珠宝》2004 年 11 月 3 日第 6 版。

［12］谢端琚：《甘青地区史前考古》，《20 世纪中国文物考古发现与研究丛书》，文物出版社，2002 年。谢端琚先生《甘青地区史前考古》为 2002 年出版，所以书中没有收录 2008 年齐家文化磨沟遗址的数据，故文中最终统计数据与原书中统计不同。

［13］王裕昌：《甘肃馆藏齐家文化玉器调查与研究》，《玉泽陇西——齐家文化玉器展》，北京美术摄影出版社，2015 年。

［14］杨伯达：《甘肃齐家玉文化初探——记鉴定全国一级品所见甘肃古玉》，《陇右文博》1997 年第 1 期。

［15］杨伯达：《甘肃齐家玉文化初探——记鉴定全国一级品所见甘肃古玉》，《陇右文博》1997 年第 1 期。

金属弧形项饰的出现与玉璜串饰的再兴

——从齐家文化谈起

黄翠梅

（台南艺术大学）

玉璜以及珠管和玉璜穿系组成的玉璜串饰，是中国古代极具特色的胸颈饰品，其中又以新石器时代晚期（公元前 4000~前 2300 年）以及西周至春秋时期（公元前 1000~前 500 年）两个阶段的发展最为兴盛；前者主要分布于长江流域，后者则盛行于黄河中下游地区。而介于这两个阶段之间的，则是长达千年的沉寂。

然而就在玉璜项饰传统趋于停滞的公元前 2000 年以后，甘青地区和晋陕山地却先后出现一种具有圆弧轮廓的月弧形或弓形的金属项饰，到了公元前 8 至前 3 世纪，它们更广泛分布于中国北方长城地带。由于这些金属项饰外观与玉璜相近，故往往被以"铜璜"、"金璜"或"璜形项饰"等称之。然而除了名称上的联结外，有关金属弧形项饰[1] 和玉璜项饰二者的分布范围互有区隔却交替兴盛的现象，以及导致这个现象的可能原因，则迄今未有研究论及，这些问题即是本文欲探索的重点。

一　金属弧形项饰的萌芽及分布

薄片状的铜质或金质月弧形饰是春秋战国时期盛行于中国北方长城地带的颈部装饰（图一）[2]，其萌芽阶段可以上溯至公元前 1500 年的西北地区。

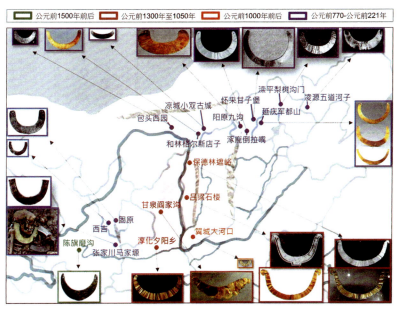

图一　考古出土公元前 15 世纪至前 3 世纪的金属弧形项饰[3]

2008~2011 年间，甘肃省文物考古研究所和西北大学在位于甘肃省洮河西南岸与磨沟河西岸的甘南藏族自治州临潭县陈旗乡磨沟遗址进行了抢救性发掘，总计发掘或清理墓葬 1688 座，其中绝大多数属于齐家文化墓葬，少数则为寺洼文化墓葬。由于部分墓葬同时发现齐家文化陶器和新类型的寺洼文化陶器，显示这两种文化具有很强的内在联系和发展关系。[4]

磨沟墓葬种类包含竖穴土坑墓和竖穴土坑偏洞室墓，而又以后者占大多数。墓中出土陶器、石器、骨器、铜器乃至金质饰品等 13000 余件（组）文物[5]，其中铜器种类相当丰富，包括极具北方草原文化特征的铜削和铜耳坠、铜扣（泡）、铜牌饰、铜管、铜珠、铜环、铜项饰、铜钏、菱形铜片等饰品，而铜耳坠、铜管、铜钏和铜项饰都属齐家文化首次发现。[6]

2008 年在齐家文化晚期 118 号墓中发现的月弧形铜项饰，是目前中国境内已知年代最早的金属项饰。这件铜项饰外径 17.46 厘米[7]，弧身自中段最宽处逐渐向两端收尖，状似月弧，其两端各有一穿孔，应系作为系挂之用（图二）。[8] 目前除了铜项饰的彩照外，其他相关材料尚未发表。

图二　甘肃临潭县陈旗乡磨沟齐家文化晚期 118 号墓出土的月弧形铜项饰
（引自《2008 中国重要考古发现》）

除了上述月弧形铜项饰外，中国西北地区也曾见到类似的月弧形石项饰。例如 19 世纪 20 年代瑞典学者安特生获自甘肃瓦罐嘴、现藏瑞典斯德哥尔摩远东古物博物馆的文物中，即有一件月弧形石饰（图三）[9]。这件月弧形石饰中宽外窄、末端收尖，左右各有一穿孔，应是作为项饰使用，推测不同材质的月弧形项饰曾经在西北地区蔚为风气。

图三　安特生获自甘肃瓦罐嘴的石质月弧形饰
（引自《中华历史文物》）

到了晚商至早周之间（公元前 1300~前 1000 年），金属项饰开始出现在晋陕高原南流黄河两岸和关中地区，惟造型和尺寸出现变化，金属材质种类也更为多元，部分学者主张它们可能不只是一般的装饰品，而是代表贵族或首领身份的标志物。[10]

例如，1971 年在南流黄河以东、吕梁山西麓的山西保德林遮峪发现的一座商代晚期墓葬中，即随葬了 30 件青铜器（包括鼎、豆、瓿、提梁卣、铃首剑、有銎斧、车马器、铜贝和饰品等）、2 件玉琮、数件金丝和 2 件薄片弓形金饰。其中 2 件弓形金项饰均出于墓主胸部，外径分别为 26 厘米和 29.1 厘米，其基本轮廓为中宽外窄、尾端外勾的弓形，左右两端各有一细小穿孔（图四），与齐家文化尾部收尖的月弧形铜项饰有所差异。除了金项饰外，墓主颈部和胸部还有一组由 18 枚红玛瑙、绿松石等珠管组成的串饰（图五）。[11]

图四　山西保德林遮峪出土的弓形金项饰
（笔者自摄于山西省博物院展厅）

图五　山西保德林遮峪出土的多彩珠饰
（笔者自摄于山西省博物院展厅）

位于保德南方约 400 公里的石楼一带也有多处墓葬出土金属弧形项饰。1959 年山西吕梁石楼桃花庄一座商代晚期墓葬中出土了 20 余件铜器（包括鼎、簋、甗、盘、爵、斝、瓿、觥、觚、卣、壶、斗、戈、斧、镞、泡和 1 件弓形铜饰）、10 件金器（包括 1 件长条形金片、8 件月牙状耳饰和 1 件弓形金饰），以及包括玉璜在内的 20 件玉器。[12] 其中弓形金饰器身平薄，外径 29.8 厘米（图六），外形和保德林遮峪出土者类似[13]；弓形铜饰高 17 厘米，外径尺寸不详，全器边缘起棱，中段最宽处之下方另有一长方形突出（方首），两端也向外勾出，据报出于墓主头部附近[14]。此外，石楼义牒晚商墓葬也曾发现一件"璜形铜器"，但具体形式不明[15]；而石楼褚家峪和石楼后兰家沟墓葬中则各出土一件和桃花庄类似带有方首的弓形铜饰（图七），外径分别为 24.8 和 24.5 厘米，其中石楼后兰家沟另有素面残玉璜共出。[16]

图六　山西吕梁石楼桃花庄出土的弓形金项饰
（引自《中国金银玻璃珐琅器全集(1)·金银器(一)》）

图七　山西吕梁石楼褚家峪出土的弓形铜项饰
（引自《文物》1981 年第 8 期）

另外，位于南流黄河以西的陕东北以及渭河北岸也有金项饰出土，但外形不同于南流黄河以东晋西北所见。2005 年陕西北部甘泉县阎家沟在修建工程中发现了 94 件青铜器（包含鼎、簋、甗、卣、尊、罍、觚等青铜容器，钺、戈、铃首剑、铃首匕、刀、镞等兵器，以及铜马、泡和筒形器等）、1 件金箔片、3 枚骨镞和 6 枚绿松石管，据报同出于一座商代晚期墓葬。[17] 该金箔片外径残长 29 厘米，呈月弧形，一侧已残，另一侧略损，隐约可见一穿孔（图八），可能原附着于某种有机材质表面。[18] 1982 年位于渭河北岸的咸阳市淳化县夕阳乡也曾出土一件月弧形金饰，全长 23.3 厘米，其两端内勾，端末呈细线螺旋，工艺相当细致（图九），年代大约为商末至周初。[19] 这件月弧形金饰既是商周时期关中地区所仅见，也是已知金属弧形项饰分布的南界，对于了解关中地区与晋陕高原和北方草原的文化交流别具重要意义，可惜具体出土情况未见报告。

图八　陕西甘泉阎家沟出土的月弧形金饰
（引自《考古与文物》2007 年第 3 期）

图九　陕西淳化夕阳乡出土的月弧形金饰
（引自《中国金银玻璃珐琅器全集(1)·金银器(一)》）

进入公元前 1000 年之后，西周各国贵族佩戴玉璜组佩的风气大兴，而前一阶段见于晋陕地区的月弧形或弓形金属项饰虽迄今无发现，但晋南地区却出土了一件造型与玉璜雷同的金璜。截至 2010 年，山西翼城县被归为媿姓狄人所有的大河口霸国墓地已揭露墓葬 300 余座，其中年代大约为西周早中期（昭穆时期）的 1 号、2 号和 4004 号墓中除了出土大量中原式青铜礼器外，也分别随葬了 1 至 2 组的二璜或三璜组佩，其中部分玉璜为素面扇形。[20]

比较特别的是，在被盗扰的 6022 号墓的盗洞中发现了一件以西周玉璜为范本的金璜（图一〇）。该件金璜外径仅 5.5 厘米，两面均饰有上下相造、顺反相间的螺旋状细线阳纹，从其纹饰布局和中段的三角螺旋纹可知，此器显系模仿中原地区西周中晚期的玉璜造型及其简化双龙纹饰（图一一），唯其尺寸较小，并以阳线取代阴刻。这件金璜的出现不仅说明中原地区佩璜传统对周边少数民族的影响，也反映了霸国与北方草原民族的联系。

图一〇　大河口霸国 6022 号墓盗洞中发现的金璜
（笔者摄于首都博物馆"呦呦鹿鸣"展）

图一一　河南三门峡虢国西周晚期 2001 号墓出土的玉璜拓片
（引自《三门峡虢国墓》）

到了春秋战国阶段（公元前 8 至前 3 世纪），中原地区贵族佩戴玉璜组佩的风气已然停歇，但在中国北方边缘地带，金属弧形项饰新一轮的生命周期却正在展开。

此时包括内蒙古包头西园、和林格尔新店子、凉城小双古城，北京延庆军都山，河北阳原九沟、涿鹿倒拉嘴、怀来甘子堡、滦平梨树沟门，辽宁凌源五道河子，宁夏固原、西吉以及甘肃马家塬等地墓葬都可见到铜质、金质或银质项饰的踪迹，其中除了固原、西吉和马家塬出土的金属项饰为半环形外，其他全数为中宽外窄的月弧造型，基本外观差异不大。前述这些地点又可以归为三个具有不同文化属性的区域。

1.内蒙古中南部地区

包括内蒙古中南部地区土默川平原的包头西园（1件铜项饰）[21]、和林格尔新店子（1件金项饰）[22] 以及岱海南岸凉城小双古城（1件铜项饰）[23] 等3处春秋晚期至战国早期墓地。此一地区的墓葬形式多为竖穴偏洞室墓，且墓内殉牲（马、牛、羊）数量众多，反映出浓厚的游牧经济色彩和鲜明的地方特色。近年有学者主张偏洞室系源自甘肃中部的沙井文化，而后沿着黄河北上传播至内蒙古中南部。[24] 然而甘肃磨沟偏洞室墓的发现，还可以再将此类葬俗出现的时间提前到齐家文化晚期阶段。此外，和林格尔新店子男女居民和凉城小双古城男性居民颅骨形态均与现代北亚人种颅形极为相近，而与内蒙古中南部自古以来土著居民所具有的东亚人种颅型特征明显不同。[25] 显示该地区文化内涵不仅和西北地区关系密切，也很可能与人群的迁移有关。

2.冀北丘陵山地

包括位于冀北丘陵山地太行山脉以北和燕山山脉周围的北京延庆军都山（3件金项饰）[26] 以及河北阳原九沟（1件金项饰）[27]、涿鹿倒拉嘴（1件金项饰）[28]、怀来甘子堡（2件金项饰）[29] 和滦平梨树沟门（1件金项饰）[30] 等春秋早中期至战国早期墓地。此一区域的墓葬形式均为长方形土坑竖穴墓，文化面貌应属兼具北方游牧民族与畜牧部族特色、以直刃匕首式青铜短剑为主要特征的山戎文化遗存。[31] 另位于冀北丘陵山地东侧的辽宁凌源战国中晚期墓葬也出土了1件金项饰，但由于出土兵器中不见青铜短剑，显示文化面貌与山戎有别。[32]

3.陇山西麓

包括位于陇山西麓的甘东宁南地区的宁夏固原[33]、西吉[34] 和甘肃张家川马家塬[35] 等春秋晚期至战国时期墓地，其中又以马家塬墓地为代表。马家塬墓地位于甘肃东南部张家川回族自治县，2006年至2014年间发掘了战国晚期墓葬32座、祭祀坑2座。由于这些墓葬多数为阶梯式墓道竖穴偏洞室墓，墓中又普遍存在殉牲（马、牛、羊）现象，发掘者推测其文化属性应与活动在此一地区的西戎诸部族中的一支有关。此外，墓主除随身带有短剑、铜刀、铜镜、铜斧和铜啄等外，身上和四周普遍发现有料珠、红玛瑙珠、绿松石珠、金珠、银珠、炭精珠、金管、金牌饰等组成的装饰品，少数还佩戴着金银项饰。这些工具武器和装饰品中包含许多来自欧亚草原中部、西部和西亚等地区的文化因素，其中部分饰品还可能直接从外地输入。[36]

2007~2008年，先后在马家塬墓地13号[37]、15号墓[38]、16号墓[39] 发现了银项饰以及金、银项饰（图一二、一三）。它们的外径约20厘米上下，弧身宽窄一致，两端口缘平直，左右各穿2孔，造型和其他地区普遍见到的月弧形金属项饰颇有差别，却与半环形素面玉璜相当接近，似乎是月弧形金属项饰和玉璜的混合产物。

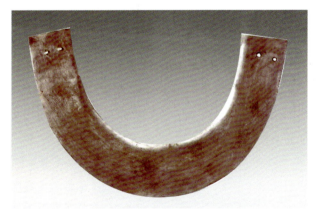

图一二　马家塬15号墓出土的银项饰

图一三　马家塬16号墓墓主身上佩戴的金、银项饰

另外,马家塬墓地与宁夏南部的铁器文化关系也相当密切,二者可能分属西戎文化的不同支系。[40]
而类似马家塬所见弧身宽窄一致且两端平直的银项饰,也曾在宁南固原和西吉的春秋晚期至战国时期墓
葬中发现。[41]

二 玉璜串饰的沉潜和复兴

考古资料显示,进入公元前 2300 年以后,长江中、下游地区的玉器发展趋于式微,佩戴玉璜和玉
石饰件的风气也基本停滞;相对而言,在黄河中游晋南一带的清凉寺、陶寺和下靳等地,璧、环、多璜
联环、镯、琮等玉饰则逐步兴起。其中玉璜主要是多璜联环的组件,一般为 2~6 件一组,大小不一,外
形亦不甚规整,出土时多数套戴在墓主的臂腕上(图一四),仅有极少数零星的玉璜出于墓主头颈附近
(图一五)。[42]

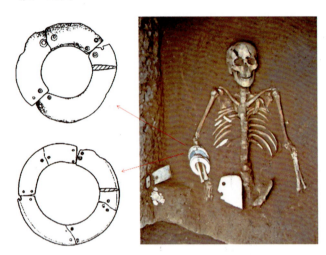

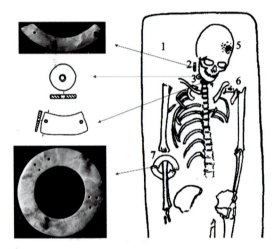

图一四　清凉寺 54 号墓主臂腕上佩戴的多璜联环
(引自《考古学报》2011 年第 4 期)

图一五　下靳 47 号墓绿松石头饰、玉石颈饰和
多璜联环腕饰出土情况
(引自《中国出土玉器全集(3)》;
《文物》1998 年第 12 期)

大约在公元前 2200 年左右,黄河上游甘青地区开始出现璧、环、琮、多璜联环等玉器。其中多璜
联环的组合已经极具规范性,它们多数由 2~4 件外形规整一致的素面玉璜组成,其中又以近 120°圆心角
的扇形玉璜较为常见。目前包括青海喇家(图一六)、甘肃天水师赵村(图一七)和皇娘娘台等齐家文

图一六　齐家文化喇家遗址 17 号墓出土的三璜联环
(引自《中国出土玉器全集(15)》)

图一七　天水师赵村遗址出土的三璜联环
(引自《中国出土玉器全集(15)》)

化早期墓葬[43]，以及甘肃定西、会宁和宁夏固原等地都有素面扇形玉璜出土[44]。然而值得注意的是，在已知具有明确出土位置的齐家墓葬中，尚无以玉璜作为墓主项饰之例。

进入齐家晚期阶段以后，随着金属制品的兴起，玉器的发展似乎不复兴盛。然而遗留自早期阶段的齐家旧玉却在公元前二千纪后叶大量流向中原地区，进而在商周贵族生活中担当举足轻重的角色。例如商代晚期的安阳妇好墓中便随葬了数量众多的素面扇形玉璜（图一八），以及许多由齐家素面玉璜改制的动物形玉饰（图一九）。[45]

除了构成中原商代玉饰的重要内容外，齐家旧玉更在西周时期玉璜组佩兴起的过程中发挥了关键性的影响。大约在公元前1200~前1000年的先周至早周阶段，素面扇形玉璜开始和红玛瑙及绿松石等珠管等搭配组合成多彩珠管玉璜串饰，并在西周中期以后进一步发展成为中原地区彰显贵族身份的玉璜组佩。而在这个蜕变转化的过程中，宝鸡地区很可能扮演先行者的角色。[46]

图一八　妇好墓出土的齐家文化素面扇形玉璜
（引自《殷墟玉器》）

图一九　妇好墓出土由素面玉璜改制的动物形玉饰
（引自《殷墟玉器》）

1974~2003年，考古学者曾先后在渭河两岸的宝鸡纸坊头、竹园沟和茹家庄等地发掘了多座先周（约商末）至西周早、中期阶段的墓葬。[47]根据笔者统计，这些墓葬共计出土11组由红玛瑙珠管(管)、绿松石珠（管）和玉璜穿级组成的多彩珠管玉璜串饰，它们分别隶属于8位强国高阶墓主及2位殉妾，其中又以纸坊头先周贵族墓（M3）出土的年代最早。这些玉璜串饰出土时均佩戴在墓主的颈下及胸腹部位，各组玉璜的数量为 1~5 件不等，其中年代属于先周和西周早期的 6 组串饰均搭配素面扇形玉璜（图二〇、二一），而属于西周中期的串饰中也有 3 组全部或部分搭配素面扇形或近半环形玉璜。从这些玉璜利落的轮廓和规整的制作工艺可知，它们多数应为齐家文化遗物。

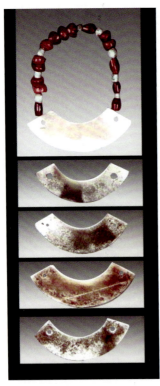

图二〇　宝鸡竹园沟 BZM7 出土的玉璜项饰　　　　图二一　宝鸡竹园沟 BZM4 出土的串饰及玉璜
　　（据《强国玉器》资料推测复原）　　　　　　　　（据《强国玉器》资料推测复原）

大约从西周早期晚段的昭王时期开始，萌芽自宝鸡一带的玉璜串饰逐渐沿着渭河、黄河以及汉水流域向周原、关中平原、晋南山地、山东半岛以及豫西山地和黄淮平原过渡带发展，其影响甚至远及汉东地区。而随着玉璜串饰的东传，不仅原本的素面玉璜被装饰着西周典型双龙纹或人龙纹的玉璜所取代，包括珠管构件的种类、色彩组合以及玉璜的大小、弧度和数量的配置也逐渐规范化，一步步向作为周代贵族崇高身份与等级象征的玉璜组佩发展。[48]

三　金玉交会：传承？传播？

综上所述，自公元前 2300 年起，长江流域以玉璜作为项饰或胸腹饰的风气已经式微，而黄河中上游地区的玉器工业虽然有所发展，玉璜却罕作为项饰佩戴。直到多彩珠管和金属弧形项饰在甘青和晋陕地区兴起以后，佩戴玉璜项饰的传统才开始大规模复兴。因此玉璜组佩在周代贵族墓葬中的流行，一方面折射出以新石器时代长江流域的玉璜项饰传统为基础的记忆重建，另一方面也见证了中国北方新一波装饰品味对西周各国的影响。

公元前 2000 年以后，红玛瑙珠已经在中国西北地区的新疆哈密、青海同德宗日遗址、甘肃永靖齐家文化大何庄遗址、甘肃玉门四坝文化火烧沟遗址，以及东北地区的内蒙古敖汉旗夏家店下层文化大甸子墓地发现。[49] 而约莫在相同时期，包括铜质和金质耳环、指环、手镯和臂钏等各种小型金属饰品也开始出现在中国北方地区。[50] 目前的研究表明，新疆和甘青地区的红玛瑙珠可以往西追溯到西亚和印度河流域[51]，而作为中国北方系青铜器核心内容之一的金属饰品，也明显受到欧亚草原文化因素的影响[52]。换言之，新疆和甘青地区佩戴多彩珠管和金属饰件的装饰风尚，其根源可能都与欧亚草原地区偏好艳丽璀璨的身体装饰有关。

如前所述，齐家文化晚期磨沟遗址出土的多种金属饰品不仅具有草原文化特征，也很可能与中亚地区甚至更远的西亚地区青铜文化存在渊源关系，其中作为本文讨论重点的月弧形项饰，其至在大西洋沿岸也有分布。例如位于欧洲西北部的爱尔兰地区，曾经出土多件新石器时代晚期至青铜时代早期的月弧形金项饰（图二二）。[53]它们的器身平薄，弧形两端均錾刻细密的菱格纹饰，制作精美细致，外径大约介于 20~25 厘米之间。由于器身弧度甚大，故一般以"项圈"称之。

图二二　大英博物馆藏爱尔兰出土的黄金项圈
（Seven Thousand Years of Jewellry）

到了公元前 1300~前 1000 年，晋中、晋北和陕西东北部的南流黄河两岸，不仅出土了弓形或月弧形金属项饰，而且部分墓葬同时出土红玛瑙、绿松石等珠饰，不排除原与金项饰组合佩戴。

由于晋陕高原南流黄河两岸遗址出土的商代晚期青铜器自身特色鲜明，学术界对于它们的年代和文化归属曾经提出各种不同看法。一般认为晋陕高原的青铜遗存属于与中原地区商文化并行发展并互为影响的地区文化，或可以合称为"石楼—绥德类型"[54]，或分别命名为"石楼类型"和"保德类型"[55]，或归属于同一考古学文化——李家崖文化[56]。然而无论其文化性质如何区分，多数学者同意这些遗址出土的铃首剑、管銎斧、管銎钺、长叶矛、双环首刀等青铜工具和武器与欧亚大草原青铜文化关系密切。此外，中亚吉尔吉斯曾经发现一种器身下缘带有方首、两侧尖端各有一穿的月弧形金项饰，这种方首状的设计与石楼桃花庄、褚家峪和后兰家沟出土的弓形铜项饰非常类似。[57]

另外，有关渭河北岸陕西淳化夕阳乡出土的金项饰，相关资料迄今未见发表，但是自 1970 年以来，淳化县境多处地点曾陆续发现包含月牙形金耳饰以及容器、兵器工具、车马器和饰品等在内的一批铜器。李伯谦将它们归入"石楼—绥德类型"[58]。朱凤瀚则以"黑豆嘴类型青铜器"称呼其中较具地方特色的兵器和工具等器物，并认为当地金饰可能是与"石楼—绥德类型"交流所得[59]。林沄大致同意朱凤瀚的主张，但进而指出淳化出土的条形有穿带孔刀、半月形有銎钺和管銎斧等黑豆嘴类型青铜器不仅受到来自青海地区的影响，也可能与西亚和埃及等地存在文化上的联系[60]。综合上述，陕西淳化一带应与南流黄河两侧的文化内涵接近，夕阳乡出土的金项饰不排除也和北方草原文化有关。

宝鸡地区三面环山，西出甘肃及河西走廊，东接长安，南邻汉中，北连宁夏与内蒙古并进而与欧亚草原及大漠相通，自古便是各地文化交流往返的咽喉要塞。无论就地缘关系还是文化传统而言，宝鸡不仅和齐家文化分布范围接壤，也与寺洼文化的领域部分重合，并可能向东沿着渭河与淳化和晋陕高原互动。因此在公元前二千纪末叶，它既是北方草原多彩装饰风尚传入渭河流域的前哨站，也成为启动齐家文化扇形玉璜再生之路的重要据点[61]。而随着周人政治势力的拓展，玉璜组佩在中原及其邻近地区展开了为期数百年的兴盛发展。相对而言，此时中国西北和晋陕高原的金属弧形项饰则未见出土。

到了公元前 5~前 3 世纪的春秋晚期至战国时期，北方游牧民族势力逐渐崛起，不仅周王室的国力渐衰，常见于中原地区上层贵族墓葬中的玉璜组佩也已不复流行。相对而言，金属弧形项饰除了在中国北方的内蒙古中南部地区、冀北丘陵山地以及陇山西麓等广大边缘地带兴起外，在蒙古、贝加尔湖以及图瓦地区也有所发展[62]，欧亚草原民族的装饰品味再次取得了强势的主导地位。其中工艺及装饰最为精美华丽者，首推 2003 年在南西伯利亚图瓦共和国阿尔宗二号斯基泰贵族夫妇墓（Kurhan Arzhan-2，公元前 8~前 7 世纪）[63] 以及 1971 年在乌克兰托沃斯塔斯基泰贵族大墓（Tovsta Mohyla Kurhan，公元前 4 世纪）[64] 出土的黄金项圈（图二三、二四）。

　　除了出土金银项饰以外，马家塬墓地也可见到深具欧亚草原文化特色的珠管项饰。例如马家塬 16 号墓除了出土一对金银弧形项饰外，墓主颈部还佩戴了一组由金珠、红玛瑙珠、绿松石珠等多系并列的多彩联珠项饰（图二五），而类似的多彩珠项饰在 18 号墓中也有发现。在此之前，此种多彩相间、多系并列的联珠项饰不曾见于中国境内，但早在公元前 2500 年左右就已经盛行于西亚的乌尔王朝（图二六）。[65]

图二三　阿尔宗二号斯基泰贵族夫妇墓出土的黄金项圈
（Im Zeichen Des Goldenen Greifen）

图二四　托沃斯塔斯基泰贵族大墓出土的黄金项圈
（Scythian Gold）

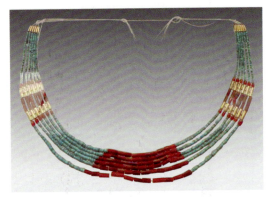

图二五　马家塬 16 号墓出土的多彩联珠项饰
（由左骏拍摄及提供，特此致谢）

图二六　公元前 2500 年乌尔王朝的多彩联珠项饰
（Art of the first cities – the third millennium B.C. from the mediterranean to the Indus）

　　事实上，金属和玉质饰品之间交替兴盛或交互混用的现象不仅在弧形项饰的发展过程中有所反映，也见于耳饰、臂饰等其他类型饰品。笔者曾经分别撰文指出，夏家店下层文化时期（约公元前 1600 年）对新石器时代玉玦耳饰、玉臂饰和玉石坠饰的重新利用，以及云南滇文化（约公元前 6~前 1 世纪）佩戴大小成套月牙状玉玦耳饰的风尚，既是对北方草原同类金属饰件的模仿，也各自立足于辽西地区和长江流域的佩玉风尚。[66]

　　换句话说，对于外来元素的吸收往往以自身记忆为基础，而记忆的重建又有赖足够强度的外因作为触媒。至于传播（外来影响）与传承（传统记忆）力度的强弱，则随着外来文化与内在传统势力的消长而出现不同的结果。

　　乔梁曾经梳理中国古代农耕和畜牧集团各自偏重玉质和黄金饰品的现象，并且指出"中原与北方，农耕与畜牧，不同的区域，不同的生业集团在选择推崇装饰人体材料方面的异趣，溯其根源应当是文化传统的差异"[67]。象征西周贵族身份等级的玉璜组佩，正是宝鸡地区在北方草原金属饰品的启发下，以取材自齐家文化的旧玉对自身的佩玉传统进行了重建，而后又逐步规范化和中原化的结果。因此当玉璜组佩发展达于极盛之时，深受周人礼制传统影响的霸国狄人墓葬中虽然出现了模仿玉璜造型的金璜，但此种杂糅了中原象征和异域品味的金璜终究只是昙花一现的新鲜尝试，未能融入周代贵族璜佩的主流。

　　纵使到了周王室的势力已一蹶不振，而游牧民族又驰骋在中国北方广大的草原区域的战国晚期，地理位置与中原地区相邻的甘肃马家塬在深受草原文化影响的同时，仍与秦文化和中原文化保持密切关系，不仅随着秦人加入了华夏化的进程，也与秦人进行紧密的工艺品贸易活动。[68] 20 世纪 70 年代内蒙古准格尔旗西沟畔 2 号战国墓和河北易县燕下都辛庄头 30 号燕国墓葬中都曾出土背面刻有记重铭文的金、银饰件[69]，一般认为它们是秦、赵两国为北方少数民族制作之物[70]。此外，1999 年西安西郊秦国工匠墓也曾发现制作动物纹牌饰和泡饰等饰品的模具[71]，它们被视为秦人为北方民族制作金属饰品的证据[72]，而马家塬墓地所出土地动物纹金饰也被认为得自秦人[73]。

　　因此，佩戴于马家塬 15 号和 16 号墓主颈部外形近似素面玉璜的金、银项饰，很可能是秦人为了迎合西戎的装饰品味，而融合了北方草原月弧形金属项饰和中原半环形素面玉璜的折中产物。它们一方面显示了草原民族身体装饰无远弗届的传播力量，另一方面则反映了中原文化的佩璜传统无比强韧的生命力。

　　至于为金玉之间这场千年交会揭开序曲的，则是齐家文化晚期磨沟遗址出土的月弧形铜项饰和遗留自齐家文化早期阶段的素面玉璜。

注释：

[1] 本文所称"弧形项饰"，泛指所有具有月弧形、弓形或半环形轮廓且两端有孔的颈部装饰。
[2] 乌恩岳斯图：《北方草原考古学文化比较研究——青铜时代至早期匈奴时期》，科学出版社，2008 年，第 210~213 页。
[3] 图中各地出土玉璜图片来源详见下文相关段落注释。
[4] 甘肃省文物考古研究所、西北大学文化遗产与考古学研究中心：《甘肃临潭磨沟齐家文化墓地发掘简报》，《文物》2009 年第 10 期，第 23、24 页。
[5] 毛瑞林：《黄河上游的早期青铜文明临潭磨沟遗址齐家文化墓地》，《大众考古》2013 年第 5 期，第 42~47 页。
[6] a.甘肃省文物考古研究所、西北大学文化遗产与考古学研究中心：《甘肃临潭县磨沟齐家文化墓地》，《考古》2009 年第 7 期，第 17 页；b.钱耀鹏、周静、毛瑞林、谢焱：《甘肃临潭磨沟齐家文化墓地发掘的收获与意义——2008 年度全国十大考古新发现之一》，《西北大学学报（哲学社会科学版）》2009 年第 5 期，第 9 页。
[7] 有关磨沟铜项饰之尺寸系由西北大学钱耀鹏教授提供，中国社会科学院考古研究所朱乃诚主任转告，在此一并致谢。
[8] a.谢焱、毛瑞林、钱耀鹏：《甘肃临潭陈旗磨沟齐家文化、寺洼文化墓地发掘》，国家文物局：《2008 中国重要考古发现》，文物出版社，2009 年，第 45 页；b.毛瑞林：《黄河上游的早期青铜文明临潭磨沟遗址齐家文化墓地》，《大众考古》2013 年第 5 期，第 46 页。
[9] 袁德星：《中华历史文物》，河洛图书出版社，1977 年，第 30 页。
[10] 梅建军、李明华：《关于我国北方商周墓葬所出"弓形饰"的若干问题》，《西域研究》2007 年第 3 期，第 122 页。
[11] 吴振录：《保德县新发现的殷代青铜器》，《文物》1972 年第 4 期，第 62~66 页。
[12] 谢青山、杨绍舜：《山西吕梁县石楼镇又发现铜器》，《文物》1960 年第 7 期，第 51~52 页。
[13] 杨伯达：《中国金银玻璃珐琅器全集(1)·金银器(一)》，图 4，河北美术出版社，2004 年。
[14] 谢青山、杨绍舜：《山西吕梁县石楼镇又发现铜器》，《文物》1960 年第 7 期，第 52 页。
[15] 石楼县人民文化馆：《山西石楼义牒发现商代铜器》，《考古》1972 年第 4 期，第 29~30 页。
[16] a.杨绍舜：《山西石楼褚家峪、曹家垣发现商代铜器》，《文物》1981 年第 8 期，第 50~52 页；b.郭勇：《石楼后兰家沟发现商代青铜器简报》，《文物》1962 年第 Z1 期，第 33~34 页。
[17] 王永刚、崔风光、李延丽：《陕西甘泉县出土晚商青铜器》，《考古与文物》2007 年第 3 期，第 11~22 页。
[18] 王永刚、崔风光、李延丽：《陕西甘泉县出土晚商青铜器》，《考古与文物》2007 年第 3 期，第 11~22 页。

[19] 杨伯达：《中国金银玻璃珐琅器全集(1)·金银器(一)》，图 7，河北美术出版社 2004 年。

[20] 山西省考古研究所等：《呦呦鹿鸣——燕国公主眼里的霸国》，科学出版社，2014 年。

[21] 内蒙古文物考古研究所、包头市文物管理处：《包头西园春秋墓地》，《内蒙古文物考古》1991 年第 1 期，第 19~20 页。

[22] 内蒙古文物考古研究所：《内蒙古和林格尔县新店子墓地发掘简报》，《考古》2009 年第 3 期，第 9~11 页。

[23] 内蒙古文物考古研究所：《内蒙古凉城县小双古城墓地发掘简报》，《考古》2009 年第 3 期，第 22~23 页。

[24] a.内蒙古文物考古研究所：《内蒙古和林格尔县新店子墓地发掘简报》，《考古》2009 年第 3 期，第 12 页；b.内蒙古文物考古研究所：《内蒙古凉城县小双古城墓地发掘简报》，《考古》2009 年第 3 期，第 24~25 页。

[25] a.内蒙古文物考古研究所：《内蒙古和林格尔县新店子墓地发掘简报》，第 12、13 页；b.内蒙古文物考古研究所：《内蒙古凉城县小双古城墓地发掘简报》，第 26~27 页。

[26] 北京市文物研究所：《军都山墓地·玉皇庙(第 2 卷)》，文物出版社，2007 年，第 327~332 页、第 894~896 页。

[27] 郑绍宗：《略论中国北部长城地带发现的动物文青铜饰牌》，《文物春秋》1991 年第 4 期，第 6~7 页。

[28] 陈信：《河北涿鹿县发现春秋晚期墓葬》，《文物春秋》1999 年第 6 期，第 31~32 页。

[29] 贺勇、刘建中：《河北怀来甘子堡发现的春秋墓群》，《文物春秋》1993 年第 2 期。

[30] 承德地区文物保护管理所、滦平县文物保护管理所：《河北省滦平县梨树沟门墓群清理发掘简报》，《文物春秋》1994 年第 2 期，第 27~29 页。

[31] 靳枫毅：《军都山山戎文化墓葬制与主要器物特征》，《辽海文物学刊》1991 年第 1 期，第 66~67 页。

[32] 辽宁省文物考古研究所：《辽宁凌源县五道河子战国墓发掘简报》，《文物》1989 年第 2 期，第 60 页。

[33] 钟侃：《宁夏固原县出土文物》，《文物》1978 年第 12 期，第 86 页、第 88~89 页。

[34] 延世忠、李怀仁：《宁夏西吉发现一座青铜时代墓葬》，《考古》1992 年第 6 期，第 574 页。

[35] a.早期秦文化联合考古队、张家川回族自治县博物馆：《张家川马家塬战国墓地 2007~2008》，《文物》2009 年第 10 期，第 45 页；b.早期秦文化联合考古队、张家川回族自治县博物馆：《张家川马家塬战国墓地 2008~2009 年发掘简报》，《文物》2010 年第 10 期，第 21 页。

[36] 王辉：《马家塬战国墓地综述》，《西戎遗珍：马家塬战国墓地出土文物》，文物出版社，2014 年，第 10~31 页。

[37] 马家塬墓地 13 号墓的一件银项饰出土时已经残断成数截，目前尚未修复完成。感谢甘肃省文物考古研究所王辉所长慨允笔者于 2015 年 8 月在该所库房参观马家塬墓葬出土文物。

[38] 早期秦文化联合考古队、张家川回族自治县博物馆：《张家川马家塬战国墓地 2007~2008》，《文物》2009 年第 10 期，第 45 页。

[39] 早期秦文化联合考古队、张家川回族自治县博物馆：《张家川马家塬战国墓地 2008~2009 年发掘简报》，《文物》2010 年第 10 期，第 21 页。

[40] 王辉：《马家塬战国墓地综述》，《西戎遗珍：马家塬战国墓地出土文物》，文物出版社，2014 年，第 30 页。

[41] a.钟侃：《宁夏固原县出土文物》，《文物》1978 年第 12 期，第 86 页，第 88~89 页；b.延世忠、李怀仁：《宁夏西吉发现一座青铜时代墓葬》，第 574 页。

[42] 山西省考古研究所、山西运城市文物局、芮城县文物旅游局：《山西芮城清凉寺史前墓地》，《考古学报》2011 年第 4 期，第 525~560 页。

[43] a.中国社会科学院考古研究所编著：《师赵村与西山坪》，中国大百科全书出版社，1999 年，第 170~175 页、第 212~214 页；b.中国社会科学院考古研究所甘青工作队、青海省文物考古研究所：《青海民和喇家遗址发现齐家文化祭坛和干栏式建筑》，《考古》2004 年第 6 期，第 6 页；c.刘志华：《武威皇娘娘台出土的齐家文化玉石器》，《台北故宫文物月刊》总第 248 期，第 97 页。

[44] 2009 年笔者在中国社会科学院考古研究所甘青考古工作队队长叶茂林先生陪同下，曾拜访甘青宁各地博物馆，并亲见甘肃定西、会宁、天水和宁夏固原等地征集的素面弧形玉璜。

[45] 黄翠梅：《中原商代墓葬出土玉器之分类与相关问题》，费孝通：《玉魂国魄——中国古代玉器与传统文化学术讨论会论文集》，燕山出版社，2002 年，第 226~229 页。

[46] 黄翠梅：《彤云皦日·珠玉交辉——西周至春秋时期的玉璜组佩》，中国社会科学院考古研究所、良渚博物院：《天地之灵——中国社会科学院考古研究所发掘出土商与西周玉器精品展》，浙江古籍出版社，2013 年，第 21~29 页。

[47] a.卢连成、胡智生：《宝鸡强国墓地》，文物出版社，1988 年；b.宝鸡市考古研究所：《陕西宝鸡纸坊头西周早期墓葬清理简报》，《文物》2007 年第 8 期，第 28~47 页。

[48] 黄翠梅：《彤云皦日·珠玉交辉——西周至春秋时期的玉璜组佩》，中国社会科学院考古研究所、良渚博物院：《天地之灵——中国社会科学院考古研究所发掘出土商与西周玉器精品展》，浙江古籍出版社，2013 年，第 54~57 页。

[49] 黄翠梅：《文化·记忆·传记——新石器时代至西周时期玉璜及串饰》，《第四届国际汉学会议论文集——东亚考古的新发现》，中央研究院，2013 年，第 121~125 页。

[50] 乌恩岳斯图：《北方草原考古学文化研究——青铜时代至早期铁器时代》，科学出版社，2007 年，第 21~26 页。

[51] a.Jessica Rawson, In Search of Ancient Red Beads and Carved Jade in Modern China, *Cabiers d'Extrême-Asie* 2008, 17: 10-11; b.黄翠梅：《流光溢彩·翠绕珠围——西周至春秋早期的梯形牌联珠串饰》，陈光祖：《金玉交辉——商周考古、艺术与文化论文集》，中央研究院历史语言研究所，第 592~593 页。

[52] a.Emma Bunker, Cultural Diversity in the Tarim Basin Vicinity and its Impact on Ancient Chinese Culture, *The Bronze Age and Early Iron Age Peoples of Eastern Central Asia*, vol.II, 1998: 611; b.李水城、水涛：《四坝文化铜器研究》，《文物》2000 年第 3 期，第 36~44 页；c.林沄：《夏代的中国北方系青铜器》，《边疆考古研究》，2002 年，第 1~12 页；d.李水城：《西北与中原早期冶铜业的区域特征及交互作用》，《考古学报》，2005 年，第 3 期，第 239~278页。

[53] 有关爱尔兰出土黄金项圈所属年代目前尚无定论，其中一说为新石器时代晚期至青铜时代早期（约公元前 2400~2000 年），另一说为青铜时代早期（约公元前 2000 年或公元前 1800~前 1500 年）。参见 a. Hugh Tait, *Seven Thousand Years of Jewellry*, London: The Trustees of the British Museum, 1986; b.http://www.museum.ie/en/site/search~results.aspx?query=lunula; c. http://www.britishmuseum.org/research/collection_online/collection_object_details.aspx?objectId=818350&partId=1.

[54] 李伯谦：《从灵石旌介商墓的发现看晋陕高原青铜文化的归属》，《北京大学学报（哲学社会科学版）》1988 年第 2 期，第 167~184 页。

[55] a.沃浩伟：《晋陕高原商周时期青铜器分群研究》，杨建华、蒋刚：《公元前 2 千纪的晋陕高原与燕山南北》，科学出版社，2008 年，第 56~67 页；b.蒋刚、杨建华：《陕北、晋西北南流黄河两岸出土青铜器遗存的组合研究》，《文物世界》2007 年第 1 期，第 11~19 页。

[56] a.乌恩岳斯图：《北方草原考古学文化研究——青铜时代至早期铁器时代》，科学出版社，2007 年，第 142~167页；b.常怀颖：《山西保德林遮峪铜器墓年代及相关问题》，《考古》2014 年第 9 期，第 63~74 页。

[57] 梅建军、李明华：《关于我国北方商周墓葬所出"弓形饰"的若干问题》，《西域研究》2007 年第 3 期，第 116~123 页。

[58] 李伯谦：《从灵石旌介商墓的发现看晋陕高原青铜文化的归属》，《北京大学学报（哲学社会科学版）》1998 年第 2 期，第 170~176 页。

[59] 朱凤瀚：《古代中国青铜器》，南开大学出版社，1995 年，第 665 页。

[60] 林沄：《黑豆嘴类型青铜器中的西来因素》，《考古》2004 年第 5 期，第 65~73 页。

[61] 黄翠梅：《文化·记忆·传记——新石器时代至西周时期的玉璜及串饰》，《第四届国际汉学会议论文集——东亚考古的新发现》，中央研究院，2013 年，第 95~151 页。

[62] 乌恩岳斯图：《北方草原考古学文化比较研究——青铜时代至早期匈奴时期》，科学出版社，2008 年，第 211~212 页。

[63] 麦克·爱德华斯（Mike Edwards）：《在马背上打造黄金文化》，《国家地理杂志》2003 年第 6 期，第 32~49 页。

[64] http://www.encyclopediaofukraine.com/display.asp?linkpath=pages%5CT%5CO%5CTovstaMohyla.htm。

[65] Joan Arus and Ronald Wallenfels ed., *Art of the First Cities – the Third Millennium B.C. from the Mediterranean to the Indus*, New York: Metropolitan Museum of Art, 2003.

[66] a.黄翠梅：《红霞翠影·瑶华缤纷：大甸子墓地的珠管串饰及玉石佩饰》，杨晶、蒋卫东：《玉魂国魄——中国古代玉器与传统文化学术讨论会文集(六)》，浙江古籍出版社，2014 年，第 185~186 页；b.黄翠梅：《瑶环百迭·瑜珥玙璲：云南滇文化的玦饰》，刘翠溶：《中国历史的再思考》，联经出版社，2015 年，第 145~174 页。

[67] 乔梁：《美玉与黄金：中国古代农耕与畜牧业集团在首饰材料选取中的差异》，黄翠梅：《2003 海峡两岸艺术史学与考古学方法研讨会论文集》，台南艺术大学艺术史学系、艺术史与艺术评论研究所，2005 年，第 227 页。

[68] 王辉：《马家塬战国墓地综述》，《西戎遗珍：马家塬战国墓地出土文物》，文物出版社，2014 年，第 30 页。

[69] a.石永士：《燕国的衡制》，《中国考古学会第四次年会论文集》，1982 年，第 173~175 页；b.伊克昭盟文物工作站、内蒙古文物工作队：《西沟畔匈奴墓》，《文物》1982 年第 7 期，第 2~4 页。

[70] a.李学勤：《东周与秦代文明》，文物出版社，1984 年，第 274~277 页；b.埃玛·邦克(Emma Bunker)：《中国游牧民族的艺术——具有蛮夷风味的东周、秦及汉代艺术品》，《中国艺术文物讨论会论文集·器物（下）》，故宫博物院，1992 年，第 578 页；c.罗丰：《中国制造——关于北方动物纹金属牌饰》，《文物》2010 年第 3 期，56~58 页。

[71] 陕西省考古研究所编著：《西安北郊秦墓》，三秦出版社，2006 年，122~124 页。

[72] 罗丰：《中国制造——关于北方动物纹金属牌饰》，第 58~62 页。

[73] 王辉：《马家塬战国墓地综述》，《西戎遗珍：马家塬战国墓地出土文物》，文物出版社，2014 年，第 30 页。

齐家文化玉石璧的研究

杨 晶

（故宫博物院）

　　齐家文化是我国西北地区新石器时代晚期兴起的一支重要的考古文化遗存，主要分布于甘肃和青海境内，其年代晚于马家窑文化而早于辛店文化。自 20 世纪 70 年代开始，齐家文化的玉石器就引起了学术界的关注，20 世纪 90 年代后期以来齐家文化玉石器的研究一直方兴未艾，近年来还一度呈现出持续升温的态势。在齐家文化玉石器中，尤以玉石璧的出土数量最多，堪称齐家文化最具代表性的器物。由于这类器物大都很少经过科学的检测，因而本文只好暂且统称为玉石璧，以便于叙述。关于齐家文化玉石璧的研究，以往在形制特征、制作工艺及材料来源等方面业已取得了丰硕的成果，但在用途、源流等方面则很少有深究的。为此，在前人研究的基础上，笔者尝试通过对相关资料的解析，重点探讨一下齐家文化玉石璧的用途与来源问题。

一　齐家文化玉石璧的发现

　　据已公布的资料，齐家文化的玉石璧，地点明确的主要出自甘肃威武皇娘娘台、海藏寺和永靖秦魏家、积石山新庄坪遗址，以及青海乐都柳湾、民和喇家等遗址。这里简要地归纳一下这些遗址玉石璧的出土状况及其形制特征。

　　甘肃武威皇娘娘台遗址，位于武威县城西北约 2.5 公里处的一个土丘上。20 世纪 50 年代曾经进行过三次发掘，揭露面积 750 平方米，在 M24 中出有一件石璧。[1] 1975 年该遗址又进行了第四次发掘，揭露面积 560 余平方米，出土大量的玉璧、石璧。据该遗址第四次发掘的简报介绍，有 24 座墓葬随葬玉石璧，该遗址出土玉石璧的数量多达 264 件。[2] 又据刘志华、孙玮两位《武威皇娘娘台出土的齐家文化玉石器》一文中记述，皇娘娘台遗址前后四次发掘的遗物，甘肃省博物馆实际登记入藏玉、石璧 208 件，其中正式藏品璧 128 件，该文还发表了 17 件玉石璧的图片。[3] 武威皇娘娘台遗址出土的玉石璧，大体有圆形、椭圆形和方形（圆角方形）三种形制（图一）。

图一　武威皇娘娘台遗址出土的玉石璧

甘肃武威海藏寺遗址，南距武威皇娘娘台遗址仅有 1.5 公里。1983~1985 年，在该遗址陆续出土了一批玉石器，其中有玉璧 37 件、石璧 47 件，还有大量的玉石器半成品、毛坯、原材料，因此武威海藏寺遗址被认定为是一处齐家文化的玉石加工作坊址。由于这里与武威皇娘娘台遗址距离很近，故而也被推定为皇娘娘台遗址的一部分。[4] 王裕昌先生在《甘青宁博物馆馆藏齐家文化玉琮、玉璧研究》一文中，发表了武威海藏遗址出土的一件不规则的圆角方形玉璧和一件不规则的圆形玉璧的图片。[5] 仅据已披露的部分资料可知，这里出土的玉石璧，至少应有圆形和圆角方形两种形制。

甘肃永靖秦魏家遗址，位于永靖县莲花城西南的台地上。1959 年和 1960 年进行过两次发掘，揭露面积达 1011 平方米，出土石璧 5 件，其中一件出自 M75，一件出自 T6。[6] 据发掘简报介绍，该遗址出土的玉石璧有圆形、椭圆形与圆角方形三种形制。

甘肃积石山新庄坪遗址，位于积石山县银川乡新庄坪村的银川河台地上。1989 年 10 月对遗址进行调查，认为该遗址属于齐家文化的遗存，在此采集到石璧 9 件，均为圆形，还有一件半成品呈不规则的方形[7]。王裕昌先生在《甘青宁博物馆馆藏齐家文化玉琮、玉璧研究》一文中，发表了该遗址出土的一件圆形青玉璧和玉芯的图片。[8] 可知，新庄坪遗址出土的玉石璧有圆形和方形两种形制（图二）。

图二　积石山新庄坪遗址出土的玉石璧

青海乐都柳湾遗址，位于乐都县之东湟水北岸的台地上。1974~1978 年进行过多次发掘，在齐家文化 M1046 中出有石璧一件，形制不甚浑圆；在同时期的 M980 中也出有小玉璧一件，形制为圆形。[9]

青海民和喇家遗址，位于民和县官亭镇东约 1 公里的黄河北岸二级台地上。1981 年在喇家遗址曾经征集到一批玉器，其中有 2 件玉璧，形制均为圆形。[10] 2000 年对该遗址进行了正式发掘，揭露面积500 余平方米，在 F4 中发现了 3 件玉璧。[11] 2002~2003 年在该遗址 V 区台地上发现一座形制特殊的墓葬 M17，墓中出土多件玉器，发掘者认为其中有两件"玉璧"。[12] 但从科学出版社 2005 年出版的《中国玉器出土全集》甘肃、青海、宁夏、新疆卷中所发表的喇家遗址 17 号墓出土的玉器图片来看，这两件"玉璧"称作"玉环"恐怕更合理一些，因而这里暂不讨论喇家 M17 出土的玉器。据已公布的资料可知，喇家遗址出土的玉石璧大都为圆形（图三）。

据报道，在甘肃广河齐家坪以及临夏、定西等地也曾出土过齐家文化的玉璧[13]，可惜只刊载有图片，少有翔实的文字介绍。

此外，陇山山麓一带的甘肃天水师赵村、武山傅家门、静宁后柳沟和晨光梁、会宁油坊庄，以及宁夏固原沙塘等地也出土过玉石璧，可是关于这些遗址考古学文化性质的认定一直存在着明显的误区。实际上对于甘肃天水师赵村遗址的考古学文化属性，张忠培先生和笔者在 2002 年发表的《客省庄文化单把鬲的研究——兼谈客省庄文化流向》一文中就已经明确地指出，从目前对这一地区及其邻近地区考古

图三 民和喇家遗址出土的玉石璧

学文化的认识来看，天水师赵村遗址不是齐家文化遗存，应该属于客省庄文化。[14] 新近关于齐家文化的相关研究，也大体上支持了我们的这一看法。[15] 同样，对于宁夏海原、固原、西吉、兴隆等地出土的玉器，罗丰先生在 2001 年发表的《黄河中游新石器时代的玉器——以馆藏宁夏地区玉器为中心》一文中并未将其归入齐家文化的范畴。[16] 有鉴于此，笔者主张不宜将陇山山麓一带所发现的玉石器一律归入齐家文化。

当然，对于齐家文化的内涵，学术界尚需要一个清晰的界定，只有明确了齐家文化的内涵，才不至于将甘青宁地区出土的玉器统统都归入到齐家文化，从而使这一地区不同考古学文化间的区别越来越模糊。本文所谓的齐家文化遗存具有特定的含义，以陶器群而言，主要是指以威武皇娘娘台、永靖大何庄、永靖秦魏家及乐都柳湾等遗址所发现的高领折肩罐、双大耳罐、单耳罐、侈口罐等器类为代表的遗存，包括兰州、临夏、广河等地的相关遗存，而不包括渭河流域上游和泾河上游等地陇山山麓一带的相关遗存。

关于齐家文化各典型遗址之间的年代序列，至今已有三种具有代表性的观点：第一种观点是谢端琚先生在 1979 年提出的，他认为各典型遗址由早至晚顺序为天水七里墩（包括秦安咀坪）—大何庄—秦魏家—皇娘娘台。[17] 第二种观点是张忠培先生在 1987 年提出的，他将齐家文化分遗存为三期八段，一期包括瓦家坪 K82.5、柳湾 M267、皇娘娘台 F8 等典型单位；二期包括皇娘娘台遗址、秦魏家下层遗存为代表的一些遗存；三期包括大何庄 F7、秦魏家墓地的其他一些墓葬（上层墓葬）为代表的遗存。[18] 第三种观点是水涛先生在 2001 年提出的，他把齐家文化遗存分为四期六段，第一期包括柳湾一段；第二期包括柳湾二段、皇娘娘台二段和三段、齐家坪一段、秦魏家三层；第三期包括柳湾三段、皇娘娘台四段、齐家坪二段、大何庄下层和秦魏家二层早段；第四期包括齐家坪三段、秦魏家二层晚段、大何庄上层及尕马台遗址。[19]

很显然，第一种观点与第二种观点的出入较大，两者的顺序甚至是相反的；而第二种观点与第三种观点的出入不大，两者的顺序基本上是一致的，只不过后者更加细化且全面一些。这三种观点，可以说基本上代表了自 20 世纪 70 年代末期以来在齐家文化分期这一问题上阶段性的认识。

那么，参照上述的分期方案，我们可对出土玉石璧的齐家文化遗存进行早晚关系的讨论。甘肃武威皇娘娘台墓地，在张忠培先生的分期中被归入二期，在水涛先生的分期中被归入二期和三期。甘肃永靖秦魏家 M75 为该遗址的下层遗存，在张忠培先生的分期中秦魏家下层遗存被归入二期，在水涛先生的分期中亦被归入二期。甘肃乐都柳湾墓地 M980 和 M1046 为该墓地偏晚阶段的遗存，从随葬的陶器来看，应归入水涛先生所划分的柳湾三段，即三期。青海民和喇家遗址 F4 出土的陶器，具有齐家文化较晚的特征，F4 无疑应属于齐家文化偏晚阶段的遗存。甘肃积山新庄坪遗址采集的陶器与甘肃永靖秦魏家遗址的出土物相似，两者年代亦应大体相当。这样一来，若按照早、中、晚三期来梳理的话，武威皇娘娘台墓地属于齐家文化中期的遗存，永靖秦魏家遗址 M75 和新庄坪遗址属于齐家文化中期或中期偏晚的遗存，乐都柳湾墓地 M980 和 M1046 属于齐家文化中期偏晚的遗存，民和喇家遗 F4 址属于齐家文化晚期遗存。

经碳十四测年及整合分析[20]，民和喇家遗址齐家文化偏早段的年代，被推定在距今 3800~3700 年前后，校正年代在公元前 2300~前 2000 年；民和喇家遗址齐家文化偏晚段的年代，被推定在距今 3600 年左右，校正年代为公元前 2000~前 1900 年。而齐家文化的年代，一般被推定在距今 4100~3600 年左右。仅据已公布的资料可知，目前所见的齐家文化玉石璧只出自齐家文化中期和晚期的遗存。

二　齐家文化玉石璧的用途

从《周礼》、《礼记》等古文献的记载来看，周代的玉璧主要是作为礼仪用器、祭祀用器、丧葬用器。那么，距今 4100~3600 年这一时段齐家文化的玉石璧，在当时究竟是如何使用的呢？以下主要通过对甘肃武威皇娘娘台墓地玉石璧出土情况的分析进行相关的探讨。

甘肃武威皇娘娘台墓地共经历了四次发掘，前三次发掘清理了 26 座墓葬，第四次发掘清理了 62 座墓葬。由于前三次发掘所公布的墓葬资料很少，我们只能依据第四次发掘所公布的资料进行相关的讨论[22]。在讨论相关问题之前，有几个数据有必要更正一下。其一，据第四次发掘简报记述，在第四次发掘的 62 座墓葬中，有随葬品的墓葬共计 52 座。检索该发掘简报中所附的"武威皇娘娘台第四次发掘墓葬登记表"不难发现，实际上只有 49 座墓有随葬品，而不是 52 座墓。其二，据第四次发掘简报介绍，共有 24 座墓随葬玉石璧，可是在"武威皇娘娘台第四次发掘墓葬登记表"中只有 23 座墓出土玉石璧，另有一座墓 M71 中出有一件"石罐"。核查第四次发掘简报的文字记述可知，该遗址并没有出土石罐，很显然这里应是将 M71 所出的石璧误写成"石罐"了，所以如果加上 M71 这一座墓的话，那么随葬玉石璧的墓葬才是 24 座。其三，关于第四次发掘所出土的玉石璧数量，据发掘简报的文字描述有 264 件，但在"武威皇娘娘台第四次发掘墓葬登记表"上只记录有 208 件，核查 M32、M83 两墓的平面图可知，在死者足下的小石子内各出一件玉石璧，而这两件玉石璧都未列入随葬品的编号之中，因此根据墓葬登记表和平面图所提供的资料，在第四次发掘的 24 座墓葬中有据可查的只有 210 件玉石璧。

在甘肃威武皇娘娘台墓地第四次发掘清理的 62 座墓葬中，单人葬 40 座，二人合葬墓 12 座，三人合葬墓 2 座，乱葬墓（利用废弃的窖穴放置骨架，有的肢体不全）5 座，未见人骨架的 3 座墓。在 40 座单人葬墓中，有 10 座随葬玉石璧，占单人葬墓的 25%，其中成年人 9 座、小孩 1 座。在 12 座二人合葬墓中，有 10 座随葬玉石璧，约占二人合葬墓的 83%，其中两个成年人的合葬墓 8 座、一成年人与一小孩的合葬墓 2 座。两座三人合葬墓皆随葬玉石璧，占三人合葬墓的 100%，均为三个成年人的合葬墓。在 5 座乱葬墓中，只有一座随葬玉石璧，占乱葬墓的 20%，墓主为两个成年人。在三座无人骨墓中，只有一座随葬玉石璧，约占此类墓的 33%。

武威皇娘娘台墓地的随葬品，以陶器和玉石器占大宗。据不完全统计，该墓地各墓随葬品的平均数值应在 8~10 件（组）左右[21]。在随葬玉石璧的 10 座单人墓中，有 7 座墓的随葬品为 10~19 件（组），余下 3 座墓的随葬品为 2~5 件。在随葬玉石璧的 10 座二人合葬墓中，有 7 座墓的随葬品为 12~37 件（组），余下 3 座墓的随葬品为 2~6 件。在随葬玉石璧的两座三人墓中，M66 的随葬品为 15 件，M48 的随葬品竟达 95 件（组），为该墓地随葬品数量最多者。综上，这些出土玉石璧的墓葬，大多数墓的随葬品都在 10 件（组）以上，少数墓的随葬品虽不足 10 件组，但大都以玉石璧为主。值得注意的是，在武威皇娘娘台墓地随葬品数量较多的 M30（随葬品 43 件）、M46（随葬品 20 件组）、M48（随葬品 95 件组）、M52（随葬品 28 件组）、M59（随葬品 19 件组）这 5 座墓葬中，无一例外地皆随葬有玉石璧。

武威皇娘娘台墓地的葬式男女有别，仰身直肢的死者为男性，侧身屈肢的死者为女性。在 10 座随葬玉石璧的单人葬墓中，除两座成年人墓的葬式不明外，有 6 座成年人墓的葬式均为仰身直肢，只有一座成年人墓及唯一的一座小孩墓的葬式为侧身屈肢。在 10 座随葬玉石璧的二人合葬墓中，除一座两个成年人合葬墓的葬式不明外，有 7 座两个成年人的合葬墓葬式是完全一致的，左侧的死者为仰身直肢，右侧的死者为侧身屈肢；两座成年人与小孩的合葬墓，其中一座墓中成年人的葬式为仰身直肢、小孩的葬式则为侧身屈肢，另一座墓中成年人与小孩葬式均为侧身屈肢。两座随葬玉石璧的三人合葬墓葬式是一致的，居中的死者为仰身直肢，左右两侧的死者均为侧身屈肢。综上可知，在随葬玉石璧的单人墓中，仰身直肢的（男性）死者明显要多于侧身屈肢的（女性）死者；在随葬随葬玉石璧的合葬墓中，侧身屈肢的（女性）死者则略多于仰身直肢的（男性）死者。

从武威皇娘娘台墓地玉石璧的出土数量来看，10 座单人葬墓共计出土 46 件，约占玉石璧总数的 22%；10 座二人合葬墓共计出土 50 件，约占玉石璧总数的 24%；两座三人合葬墓共计出土 98 件，约占玉石璧总数的 47%；一座乱葬墓出土 1 件，不足玉石璧总数的 1%；一座无人墓出土 9 件，约占玉石璧总数的 4%。可见该墓地的玉石璧大都出自成年人的墓葬，尤以成年男女的三人合葬墓的出土数量最多。

从武威皇娘娘台墓地玉石璧的出土位置来看，在单人葬墓中，有 4 座成年人墓玉石璧的出土位置较为明确：M32 死者左侧的腰腹处放置有 6 件玉石璧，其足下的小石子内还有 1 件玉石璧（图四）；M83 死者的手臂处和腰腹处放置有 6 件玉石璧，其足下的小石子内还有 1 件玉石璧（图五）；M40 死者右侧

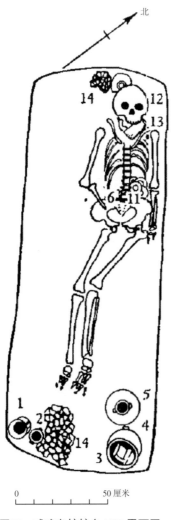

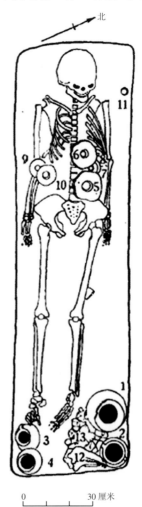

图四　威武皇娘娘台 M32 平面图
6~11 为玉石璧，足下小石子内
还有一件玉石璧

图五　威武皇娘娘台 M83 平面图
5~10 为玉石璧，足下小石子内
还有一件玉石璧

的胸部放置 1 件玉石璧；M59 死者的两手臂之间放置有 11 件玉石璧。在二人合葬墓中，有 4 座墓玉石璧的出土位置较为明确：M27 成年死者的胸部放置 1 件玉石璧；M38 男性死者的腹部放置 3 件玉石璧，女性死者的腹部至手臂上放置 2 件玉石璧；M52 男性死者的胸腹至髋骨上下放置 20 件玉石璧；M76 的男性死者和女性死者腰部各置 1 件玉石璧。在三人合葬墓中，M48 男性死者骨架的上下放置数十件玉石璧，在右侧女性死者的上方被扰乱之处亦有几件玉石璧；M66 居中（男性）死者身上有多件玉石璧，左侧（女性）死者身上只有 2 件玉石璧。可见，一墓随葬 1~3 件玉石璧的，往往摆放于死者的骨架之上；一墓随葬 6 件以上玉石璧的，则集中堆放于死者骨架的上下。在男女合葬墓中，玉石璧较多地置于男性一侧。笔者注意到，放置于 M32 死者左腹处的 6 件玉石璧原本应当是上下叠放在一起的。同样的情况可能也见于 M46 和 M65。据墓葬登记表介绍，M46 和 M65 这两座墓各自随葬的 6 件或 8 件玉石璧均置于小石子之内。参照该墓地小石子往往集中出土的状况，推测 M46 和 M65 这两座墓中的玉石璧或许也是上下叠放在一起的。

从武威皇娘娘台第四次发掘的遗迹平面图来看，在皇娘娘台墓地中出现了一些随葬玉石璧数量较多的墓葬，而这些墓葬往往相对集中地分布在一起。如 M48 随葬 83 件玉石璧，其周边的 M52、M41、M59、M50 这四座墓，分别随葬 20 件、11 件、11 件、9 件玉石璧；再如 M66 随葬 15 件玉石璧，与之其相邻的 M46 和 M65 分别随葬 6 件和 8 件玉石璧（图六）。按照墓葬和灰坑的布局，大体可以将该墓地划分为若干个区块，像 M48 和 M66 这两座随葬众多玉石璧的墓葬，其墓主人俨然称得上各自所在区块的核心人物。

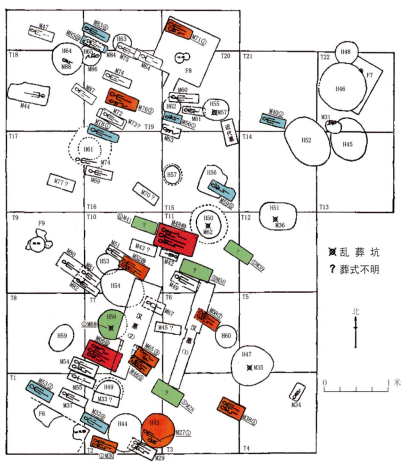

图六　武威皇娘娘台墓地遗迹图
圆圈中的数字为玉石璧的数量；"？"表示死者的葬式不明

在武威皇娘娘台墓地 M40、M48、M52、M66 这四座墓葬中人骨上，还发现了涂有红色颜料的现象，而这四座墓葬无一例外地都随葬玉石璧。从随葬品的摆放位置，到死者的安葬方式，显然表明玉石璧的使用应是葬仪中一项隆重的礼遇。它不仅象征着财富，更象征着墓主人的身份。因此，随葬玉石璧的数量可以说与墓葬规模的大小、死者人数的多少息息相关，而葬仪背后所折射的不单单是死者生前的社会地位和威望，更蕴涵着人们对玉石璧的崇拜与信仰。

齐家文化的玉石璧不光自出自墓葬，在居住址中也有发现。2000 年在青海民和喇家遗址 F4 中出土了 3 件玉璧，其中两件置于东壁北段，另一件置于紧贴该墙壁的陶瓮内。该房址修建考究，制作规整，其东壁北段有重砌的一段加厚墙体，墙面上均匀地涂有一层黑色涂层，玉璧均被放置在黑色壁面的左近（图七）。鉴于这种特殊的现象，发掘者将 F4 推定为集体活动的场所或兼具进行宗教活动的场地[23]。该房址出土的玉璧，无疑在这里所举行的特殊活动中扮演着十分重要的角色。

如果说武威皇娘娘台墓地出土的玉石璧表述的是齐家文化先民对未来世界的一种向往的话，那么民和喇家房址出土的玉石璧表述的则是齐家文化先民对现实世界的一种期许。从这种意义上讲，齐家文化的玉石璧虽然制作工艺简洁，却以特定的形态积淀着原始宗教礼仪中炽热的情感和巨大的能量。

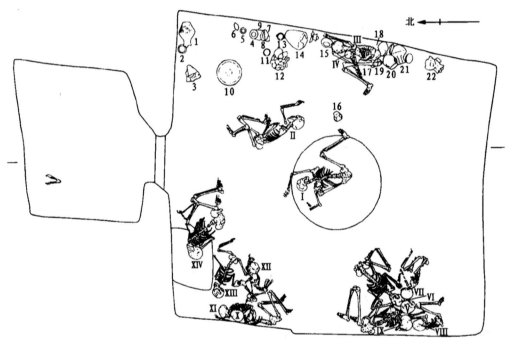

图七　民和喇家 F4 平面图
4、5 为玉璧；6、7 为玉料；23 为玉璧，在 22 陶瓮中

三　齐家文化玉石璧的来源

齐家文化的主要分布区在青海东北部以及甘肃武威以东至兰州一带的河湟地区，向南或许到了甘南一带。据目前所知，在这一区域内早于齐家文化的遗存中尚未发现文化性质明确的玉石璧[24]，而在齐家文化分布区毗邻的陇山地区，即甘肃、宁夏、陕西三省交界处的渭河流域上游和泾河流域及其上游等地，则发现了为数不少的玉石璧。

甘肃天水师赵村和武山傅家门是渭河上游地区两处经过科学发掘重要的遗址[25]。在天水师赵村遗址 M8 出土一件玉璧，在该遗址 F25 内还出土一件质地为大理岩的圆角方形石璧。在武山傅家门遗址 H1 出土两件石璧，在该遗址的 F10 出土一件石璧，质地均为大理岩。这两处遗址的文化性质相同，武山傅家门遗址 H1 和 F10 的年代晚于天水师赵村遗址的 M8 和 F25。天水师赵村遗址 M8 和 F25 属于该遗址第七期文化。而师赵村遗址第七期文化的年代，被发掘者推定在公元前 2138~前 1906 年。由鬲、斝等陶器的特征来看，师赵村遗址第七期文化的年代，应早于以瓦家坪 K82.5、柳湾 M267、皇娘娘台 F8 等典型单位为代表的齐家文化早期遗存的年代。

据罗丰先生 2001 年发表的《黄河中游新石器时期的玉器——以馆藏宁夏地区玉器为中心》一文介绍，在宁夏固原、海原、西吉、德隆等地都出土过玉璧，这些玉璧均为征集品，无可供判断的标准陶器共生，其年代只能简单地比定为大约相当于齐家文化时期。[26] 据《德隆页河子遗址发掘报告》记述，页河子遗址龙山时代遗存与镇原常山、固原店河、西吉兴隆、固原海家湾、灵台桥村、海原菜园子遗址的面貌接近。发掘者虽认为页河子龙山时代遗存第二期二段的相对年代与秦魏家和皇娘娘台遗址的年代相当，并且文化形制亦相同，却明确地指出陇东地区的齐家文化与河湟地区的齐家文化在面貌上存在着有一定的区别。[27]

诚然，渭河上游及泾河流域地区与河湟地区之间考古学文化的差异，或许不但反映在时代上，而且反映在内涵上。正是囿于这种文化内涵的差异，笔者才主张不将以师赵村第七期为代表的玉器遗存归入齐家文化，同样也不将固原、海原、西吉、德隆等地的玉器遗存归入齐家文化。虽然河湟地区、渭河上游地区、泾河及其上游地区出土的玉石璧很可能属于不同的考古学文化，不过它们之间的共性却是有目共睹的。这些玉石璧绝大部分采用单面钻孔，器表上留有明显的锯切割痕迹，往往一面平整而另一面不够平整。这种共性，一方面折射出这些玉石璧应处于大体相近的社会发展水平之下，另一方面亦折射出不同的考古学文化之间存在着一定的交往关系。陈小三在《河西走廊及其邻近地区早期青铜时代遗存研究》一文中，把陇山山麓一带的考古学文化划分为师赵村和页河子两种不同的类型，并将甘肃天水师赵村以及秦安、静宁、庄浪等地出土的玉器归入师赵村类型，而将宁夏海原、固原、海原、西吉、隆德等地出土的玉器归入页河子类型。[28] 尽管笔者不完全赞成其中一些地点的玉器归属，但是赞成不将陇山山麓一带所发现的玉器一股脑地再划入齐家文化之中。

关于齐家文化玉器的来源，长期以来西北地区的玉器受东方影响之观点可以说占据着主导地位。黄宣佩先生在《齐家文化玉礼器》一文中曾经明确地指出，齐家的璧与琮，在本地未见产生与演变的轨迹，器形与用途又与良渚如此相似，年代又晚于良渚，所以很自然地联想齐家璧与琮是受到良渚影响的产物。[29] 而介于东南地区与西北地区之间的中原地区，理所应当地承担着东西两方接力传递的角色，只是它们之间是通过什么途径、以何种方法发生接触等等一系列问题，一直有待于深入的研究。近些年来，邓淑苹先生则提出了相反的看法，她认为晋南运城盆地出现的华西风格的玉器是西边齐家文化强力扩张的结果，并进一步提出"璧琮组配"的礼制先萌芽于黄河中上游，经过"上层交流网"传播至太湖流域，才刺激了良渚晚期的居民将玉琮越做越高、越做越方的，玉琮与玉璧共同作为通神密码的载体。[30]

大约距今 6000~5500 年前后，史前时期的璧环形玉器业已形成了两大不同的系统：以红山文化为代表的东北系统，以崧泽文化为代表的东南系统。东北系统的璧环形玉器，形状有圆形和圆角方形，外缘多偏薄，这种风格的璧环在大汶口文化、龙山文化中得以发展；东南系统的璧环形玉器，形状为圆形，外缘近平齐，这种风格的璧环在良渚文化中得以弘扬。据 2006 年出版的《秦安大地湾——新石器时代遗址发掘报告》记述，在甘肃秦安大地湾第四期文化遗存中有一件石璧（半玉），编号为 QD0:224（图八），圆角方形，内孔上口略大，孔壁有旋纹，长 9.2、宽 2.8、厚 0.7 厘米。[31] 大地湾第四期文化的年代被推定在大约距今 5500~4900 年，如果这件玉石璧的归属不误的话，应该是渭河上游一带乃至整个西北地区已知年代最早的玉石璧。秦安大地湾遗址出土的这件玉石璧，形状为圆角方形，外缘近平齐，仅从形制的特征上看，似乎兼具东北与东南两大系统的特点。不过，在西北地区大地湾四期文化和稍晚的大地湾五期文化中尚未发现使用璧环形玉石器的习俗，那么这件石璧的来历就显得至关重要了。令人遗憾的是，秦安大地湾遗址的报告中并未介绍这一件石璧的具体出土状况及共存物，详情不得而知。

图八　秦安大地湾遗址出土的石璧

　　总之，在相关资料较为匮乏且基础性研究尚不充分的当下，若要分辨出东方影响西方还是西方影响东方这两种截然相反的观点孰对孰非，着实不是一件很容易的事情。不容忽视的是，在陕西高陵杨官寨遗址中发现了不少石环 [32]，可惜发掘简报中并没有对这些石环进行介绍。如果能够搞清中原地区玉石璧的发展脉络，对于认识齐家文化乃至西北地区玉石璧的来源问题，无疑是很有裨益的。

注释：
[1] 甘肃省博物馆：《甘肃武威皇娘娘台遗址发掘报》，《考古学报》1960 年第 2 期。
[2] 甘肃省博物馆：《武威皇娘娘台遗址第四次发掘》，《考古学报》1978 年第 4 期。
[3] 刘志华、孙玮：《武威皇娘娘台出土的齐家文化玉石器》，《台北故宫文物月刊》总 248 期。
[4] 梁晓英、刘茂德：《武威新石器时代晚期玉石作坊遗址》，《中国文物报》1993 年 5 月 30 日。
[5] 王裕昌：《甘青宁博物馆馆藏齐家文化玉琮、玉璧研究》，《丝绸之路》2011 年。
[6] 中国社会科学院考古研究所甘肃工作队：《甘肃永靖秦魏家齐家文化墓地》，《考古学报》1975 年第 2 期。
[7] 甘肃省博物馆：《甘肃积石山县新庄坪齐家文化遗址调查》，《考古》1996 年第 11 期。
[8] 王裕昌：《甘青宁博物馆馆藏齐家文化玉琮、玉璧研究》，《丝绸之路》2011 年。
[9] 青海省文物管理处考古队、中国社会科学院考古研究所：《青海柳湾——乐都柳湾原始社会墓地》，文物出版社，1984 年。
[10] 叶茂林、何克洲：《青海民和喇家遗址出土齐家文化玉器》，《考古》2002 年第 12 期。
[11] 中国社会科学院考古研究所甘青工作队、青海省文物考古研究所：《青海民和喇家遗址 2000 年发掘简报》，《考古》2002 年第 12 期。
[12] 中国社会科学院考古研究所甘青工作队、青海省文物考古研究所：《青海民和喇家遗址发掘齐家文化祭坛和干栏式建筑》，《考古》2004 年第 6 期。
[13] 古方：《中国玉器出土全集（15）》，科学出版社，2005 年。
[14] 张忠培、杨晶：《客省庄文化单把鬲的研究——兼谈客省庄文化流向》，《北方文物》2002 年第 3 期。
[15] 陈小三：《河西走廊及其邻近地区早期青铜时代遗存研究》，吉林大学博士学位论文，2012 年。
[16] 罗丰：《黄河中游新石器时代的玉器——以馆藏宁夏地区玉器为中心》，《故宫学术季刊》第 19 卷第 2 期。
[17] 谢端琚：《试论齐家文化与陕西龙山文化的关系》，《文物》1979 年第 10 期。
[18] 张忠培：《齐家文化研究》，《考古学报》1987 年第 1、2 期。
[19] 水涛：《甘青地区青铜时代的文化结构和经济形态研究》，《中国西北地区青铜时代考古论文集》，科学出版社，2001 年。
[20] 张雪莲等：《民和喇家遗址碳十四测年及初步分析》，《考古》2014 年第 11 期。

〔21〕本文将各墓中出土的小石子或者串珠，只按照一件（组）进行统计。

〔22〕甘肃省博物馆：《武威皇娘娘台遗址第四次发掘》，《考古学报》1978 年第 4 期。

〔23〕中国社会科学院考古研究所甘青工作队、青海省文物考古研究所：《青海民和喇家遗址 2000 年发掘简报》，《考古》2002 年第 12 期。

〔24〕1924 年前后瑞典人安特生曾经在甘肃宁定县（现为广河县）购得一批玉器，相传出自瓦罐嘴。有的学者认为这批玉器属于马家窑文化半山类型的，有的学者则认为应属于齐家文化的玉器。因披露的资料太少，本文暂时搁置不议。

〔25〕a.中国社会科学院考古研究所：《师赵村与西山坪》，中国大百科全书出版社 1999 年；b.中国社会科学院考古研究所甘青工作队：《武山傅家门遗址的发掘与研究》，《考古学集刊·16》，科学出版社，1997 年。

〔26〕罗丰：《黄河中游新石器时代的玉器——以馆藏宁夏地区玉器为中心》，《故宫学术季刊》第 19 卷第 2 期。

〔27〕北京大学考古实习队、固原博物馆：《德隆页河子新石器时代遗址发掘报告》，《考古学研究（三）》，科学出版社，1997 年。

〔28〕陈小三：《河西走廊及其邻近地区早期青铜时代遗存研究》，吉林大学博士学位论文，2012 年。

〔29〕黄宣佩：《齐家文化玉礼器》，《东亚玉器》，香港中文大学中国考古艺术研究中心，1998 年。

〔30〕邓淑苹：《龙山时期四类玉礼器的检视与省思》，《玉魂国魄——中国古代玉器与传统文化学术讨论会文集(六)》，浙江古籍出版社，2014 年。

〔31〕甘肃省文物考古研究所：《秦安大地湾——新石器时代遗址发掘报告》，文物出版社，2006 年。

〔32〕陕西省考古研究院：《陕西高陵县杨官寨新石器时代遗址》，《考古》2009 年第 7 期。

齐家文化玉器与用玉传统研究

曹芳芳

（广东省博物馆）

　　齐家文化是龙山时代黄河上游地区一支重要的考古学文化，厘清其玉器与用玉传统对于理解龙山时代的文化与社会具有重要意义。本文以地方类型为考察单元来研究其玉器与用玉传统。

　　由于齐家文化分布范围十分广阔、延续时间较长，因此关于其地方类型划分和分期问题，早在 20 世纪 50 年代就有研究者撰文涉及，之后又有多位学者发表了相关文章，各家观点不一，大体可将有关论点归纳为"两群说"[1]、"两类型说"[2]、"三类型说"[3] 等。纵观这些研究，"三类型说"相对来说分析资料更为全面，也是较新的研究成果，但是也有其缺陷与不足。谢端琚的"三类型说"是将齐家文化划分为东、中、西三区，其中东区和西区又各划分为两个类型，东区的两个类型是时代上的早晚关系，而西区的两个类型却是因地域不同而文化面貌不同，具有并行的发展关系，由于划分标准不同，所以容易造成混乱。陈小三据文化面貌不同将齐家文化划分为柳湾类型、皇娘娘台类型、磨沟类型，虽然三者是并行发展的关系，但是反映在地域上，则发现皇娘娘台类型地域过大，地跨谢文所谓的东、中、西三区。地方类型的划分原是要反映同一考古学文化因地域分布不同而产生的差别，地方类型范围分布过大则失去了这一意义。相对来说，陈批的三区分法则没有上述问题，更接近实际。因此，笔者采纳陈批的三区分法，即将齐家文化划分为位于东部的泾渭上游地区、位于中部的洮河流域地区和位于西部的河湟地区。[4]

一　出土概况

1.泾渭上游地区

（1）考古发掘所获玉器

　　泾渭上游地区包括甘肃东部和宁夏南部，考古发现玉器的主要遗址有甘肃天水师赵村与西山坪[5]、秦安寺嘴坪[6]、灵台桥村[7]、武山傅家门[8]；宁夏隆德页河子[9]、固原店河[10]、西吉兴隆[11] 等。

（2）甘肃采集或征集玉器

　　1984 年，静宁县治平乡后柳沟村发现一个齐家文化祭祀坑，从中出土了四璧四琮。[12]

　　1956~1957 年在渭河上游进行文物普查工作时，在渭源、陇西、武山三县区域内发现有玉环 1 件。[13]

　　1961 年，秦安县兴国镇堡子坪遗址出土玉琮、玉璧、玉环等 5 件[14]；1964 年，秦安县兴国镇杨家坪出土玉璜 1 件；1972 年，秦安县郭集乡榆木村出土玉琮 1 件。

　　1975 年庄浪县良邑乡苏苗塬齐家文化遗址在水平梯田建设过程中，出土玉璧、玉环、玉璜联璧（环）等器 18 件。另外，该县水洛、南坪、盘安、万泉、柳梁、赵墩、杨河、阳川等乡（镇）出土齐家文化玉器 100 多件，但皆为馆藏，无报告发表。[15]

　　1981 年，礼县宽川乡一个农民向天水市文化馆交售一组 3 件青玉玉璜，现收藏于天水市博物馆。[16]

（3）宁夏采集或征集玉器

宁夏境内的固原、隆德、海原、西吉等县亦采集和征集一批玉石器，工具类玉器有斧 8 件、铲 3 件、锛 1 件、凿 4 件、磨棒 1 件、研磨器 1 件、玉纺轮 2 件，玉礼器包括环璧 16、三联璧 1 件、四联璧 1 件、玉琮 9 件、玉圭 2 件，另有玉芯 2 件、玉片 1 件、琮芯 1 件，此外还披露有 2 件玉柄器和 1 件玉筒。[17]

2.洮河流域地区

（1）考古发掘所获玉器

洮河流域地区主要分布于以兰州为中心的甘肃中南部，包括黄河上游及其支流洮河、大夏河流域，是齐家文化遗址最为集中的区域，较为集中的分布在甘肃中南部的洮河沿岸。发掘的遗址主要有永靖秦魏家[18]、大何庄[19]、张家咀与姬家川[20] 以及广河齐家坪[21]、临潭磨沟[22] 等，出土玉器的遗址有秦魏家、大何庄、磨沟、齐家坪、青岗岔[23]。

（2）采集或征集玉器

新庄坪遗址[24] 位于甘肃省临夏回族自治州积石山县银川乡，距大何庄和秦魏家两个齐家文化遗址约 10 公里。遗址东西宽约 500、南北长约 600 米，面积约 30 万平方米，包括一个完整的齐家文化遗址和墓葬区。调查采集玉石璧 9 件、绿松石珠 169 粒，此外还有铜镯 5 件、铜泡 6 件、铜刀 1 件。9 件璧均为圆形，中间有穿孔，最大者直径 19、厚 0.6 厘米，最小者直径 4.3、厚 0.4 厘米。其中一件为半成品，周边呈不规则方形，未经磨制，直径 22 厘米。

榆中县征集有玉璧、环、腕饰、铲等。[25]

定西市出土玉器的地点有多处，出土玉器 60 余件，种类包括玉璧、环、璜、琮、铲、刀、管等。[26]

陇南市发现的齐家玉器大部分为采集品，有玉璧、琮、铲、臂钏等。琮的数量最多，共 4 件，其中一件为三棱形，王玉妹指出在当地的一家私人博物馆亦有一件这样的琮[27]。

3.河湟地区

河湟地区包括甘肃西部和青海东部地区，西界可至河西走廊的张掖黑河流域，北界则达内蒙古南部。经过发掘的遗址主要有甘肃武威皇娘娘台[28]、海藏寺[29] 和古浪县朵家梁遗址（尚无资料发表）；青海乐都柳湾[30]、民和喇家[31]、互助总寨[32]、大通上孙家寨[33] 和黄家寨[34]、贵南尕马台[35]、西宁沈那[36]、同德宗日[37]；内蒙古巴彦淖尔市阿拉善旗白音浩特镇鹿圈山[38]。出土玉器的遗址有皇娘娘台、海藏寺、朵家梁、柳湾、喇家、沈那、长宁[39]、宗日、上孙家寨等，还有个别遗址零星出土或采集有玉器。

古浪县峡口出有玉刀 1 件[40]；新鲜公社四队出有玉斧 1 件[41]。

贵南尕马台遗址发现齐家文化绿松石饰 31 件。[42]

1980 年在民和中川旱台遗址清理齐家文化墓葬 1 座，出土玉璧 1 件。[43]

1991 年在青海平安东村墓地发掘的齐家文化 M2 出土玉璧 3 件、凿形器 1 件和绿松石珠 1 件。[44]

1991 年在青海尖扎直岗拉卡乡砂石料场遗址，发现齐家文化玉石璧 1、绿松石 10 件。[45]

二 器类概况

有学者曾对甘肃境内出土的齐家文化玉器数量进行统计，从 20 世纪 60 年代至今，甘肃境内出土和发现的齐家文化玉器达 3000 多件。[46] 若加上青海、宁夏考古发掘出土和采集的齐家文化玉器，这一数量将会更多。正是由于采集、征集或其他考古背景不明的玉器数量过多，大量墓葬中出土的玉器数量反而显得较为贫乏，使我们对齐家文化制作和使用玉器的能力、观念、意识产生了一定的疑窦。因此，在此进行器类考察时，我们将考古背景明确的器物，如出土于墓葬、房址、灰坑、地层的，与采集、征集、农民上交的玉器分开，分别进行考察和说明。

1.考古出土所见玉器器类

考古发掘所见齐家文化玉器器类有礼仪用玉、装饰用玉、丧葬用玉、工具用玉和制作玉器时的玉料和副产品（表一）。礼仪用玉有琮、璧、多孔刀，基本不见钺的踪影，其中玉石璧和玉琮为礼仪用玉的主体，多孔刀相对较少。装饰用玉与此时其他考古学文化相比器类较少，且以绿松石饰和管珠坠饰等为主，环和璜数量较少。丧葬用玉只有口琀一类，皆为绿松石饰或珠充用。工具用玉数量较多是齐家文化不同于其他用玉考古学文化的一大特色，有斧、铲、锛、凿、纺轮等，且使用痕迹明显。此外还有制作玉器的玉料和一些副产品，数量较多。在武威海藏寺遗址发现的玉器、石器、半成品、毛坯和原材更多，很可能是制作玉石器的作坊遗存，可见齐家文化本地有生产、制作玉石器的能力。

表一　齐家文化考古出土所见玉器统计表

遗址		琮	璧	多孔刀	环	璜	绿松石	管珠坠饰	口琀	斧	铲	锛	凿	纺轮	半品	毛坯	玉料	璧芯
		礼仪用玉			装饰用玉				丧葬	工具用玉					副产品			
师赵村	M	1	1															
	F、D				2	10												
桥村												1						
傅家门			2															
页河子	D		1									1						
店河							2											
秦魏家	M		2				36											
	D		3															
大何庄	M						8	2										
	D						12											
磨沟							2	570										
齐家坪	M						>1204											
	?	1	1															
青岗岔							10											
皇娘娘台			208			2	27		√		1							4
海藏寺			83		1							8				161		
柳湾			2				34	2	1	5		3	3	3				
喇家	M		5		3		2	7				1	3				3	3
	F		3							1		1					2	
	D			1														
	H		1															
宗日		1	3		1		146	47										
大孙家寨			1															
沈那		√			√		√					√	√				√	
长宁			2					1		3		3	4	1			2	3
孕马台							31											
旱台			1															
东村			3				1							1				
直岗拉卡			1				10											

注：M 为墓葬，F 为房址，D 为地层，H 为灰坑。

2.采集、征集或农民上交玉器器类

目前，齐家文化所见玉器中的多数都为采集或征集，而且采集玉器的种类比考古发掘所见玉器种类还要丰富（表二）。礼仪用玉中，璧的数量依然是最多的，但是琮也为数不少，而且出现的地点更多，多孔刀依然少见。装饰用玉和工具用玉种类与考古发掘所见相差不大，而副产品中见到的为边角料和半成品与考古发掘所见亦较为接近。需要指出的是，目前考古发掘所见的齐家文化玉琮非常少，而采集所得的为数并不少，其中缘由非常值得深思。

表二　齐家文化采集、征集或上交玉器统计表

遗址	礼仪用玉			装饰用玉						工具用玉					副产品	
	琮	多孔刀	璧	环	璜	臂钏	腕饰	绿松石饰	管珠坠饰	斧	铲	锛	凿	纺轮	边角料	半成品
苏苗塬			18													
静宁七宝	4		3													
堡子坪	√		√	√												
秦安县	1			1												
礼县宽川					3											
渭河上游				1												
采集	√		√		√					√	√				√	
新庄坪			9					169								
齐家坪	2		1													
采集	√		√	√	√	√		√		√					√	
古浪县		1	√							√						
喇家		1	3							2		1				√
红崖村[47]	1															

三　用玉传统分析

正如上文所说，我们对齐家文化用玉有一定的疑窦，因此本文先以考古发掘的玉器入手，考察考古发掘遗迹单位所见玉器的使用制度和背景，再以此为切入点，对采集所见齐家文化玉器进行相关解读。

由于齐家文化延续时间较长，因此需按阶段对其用玉传统进行分析。本文采用最新的齐家文化分期研究，即陈杰的《齐家文化的分期与源流——以齐家坪遗址为中心》一文中的研究成果。[48] 第一期为齐家文化的形成和初步发展期，二、三期为齐家文化的鼎盛期，三期晚段之后各区域的齐家文化开始向不同方向发展，与甘青地区之后出现的寺洼文化、卡约文化和四坝文化等关系密切（表三）。本文根据齐家文化发展的进程，将其分为三个阶段，即一期的形成和初步发展阶段，二、三期的鼎盛阶段和四期的分化阶段。

1.考古发掘所见齐家文化用玉传统

属于第一阶段的用玉遗存有秦魏家一期、皇娘娘台、大何庄一期（无墓葬为一期）、师赵村第七期、页河子齐家文化遗存、柳湾齐家文化遗存、宗日齐家文化遗存等。

属于第二阶段的用玉遗存有齐家坪一期和二期、秦魏家二期和三期、大何庄二期、喇家齐家文化遗存等。

属于第三阶段的用玉遗存有齐家坪三期、磨沟晚期。

表三 齐家文化主要遗址分期对应表[49]

齐家文化	齐家坪	秦魏家	皇娘娘台	大何庄	师赵村	桥村	页河子	兴隆	新庄坪	磨沟	柳湾	长宁	黄家寨	那威	朵家梁	宗日	尕马台
一期1段				一期	√	√	√	√	√		√	√				√	√
一期2段		一期	一期	一期	√	√	√	√	√		√	√				√	√
一期3段		一期		二期		√	√	√	√					√	√	√	√
二期	一期		二期						√				√				
三期1段	二期1段	三期		二期					√	√			√				
三期2段	二期2段	三期		二期					√	√			√				
三期3段	二期3段	三期		二期					√	√			√				
四期	三期								√	√			√				

（1）第一阶段考古发掘所见齐家文化用玉状况（表四）

1）器类构成

第一阶段的玉器，礼仪用玉有玉石璧、琮、多孔刀等，主体为玉石璧，琮只有1件，此时多孔刀只出现于宗日遗址。装饰用玉有璜、环、绿松石珠、管珠坠饰等，其中以绿松石珠或绿松石饰的使用最为普遍和流行。工具类斧、铲、锛、凿、纺轮等一应俱全。武威海藏寺遗址还发现了可能为玉石器作坊的遗存。由此可见，齐家文化一开始便具备了大规模生产和制作玉石器的能力，而且第一阶段的器类已涵盖齐家文化所有玉石器的种类。

表四 第一阶段考古发掘所见齐家文化部分用玉墓葬统计表

遗址	墓葬	年龄	玉石器	其他器物	备 注
皇娘娘台	M?		绿松石珠2	陶器4、石料数块	口琀
	M24	成人3	石璧1、绿松石珠若干	陶器16、铜锥1	绿松石珠佩于两女性颈上，石璧在右侧女性右肘部
	M27	成人1、小孩1	石璧1	陶器9、小石块28	在H43内，石璧在成人身上
	M28	成人2	石璧3	石凿1、猪下颌骨1	
	M30	成人2	石璧1	陶器37、猪下颌骨5	
	M32	成人1	石璧6、绿松石1、粗玉石片3	陶器5、石斧1、小石子186	石璧位于头部右侧及腰部左侧，绿松石在左肩下，粗玉石片在两肋下
	M38	成人2	石璧5、绿松石珠6	陶器7、小石子53	璧3件位于男子腰部，2件位于女子腰部与手部；绿松石珠为两人口琀
	M39	成人1	石璧2	无	
	M40	成人1	石璧1、粗玉石块2	陶器6、猪下颌骨2、小石子55	骨架涂红，石璧置于胸部，两手旁及髋骨上各放粗玉石块1件
	M41	成人1	石璧11、玉璜1	无	
	M42	小孩1	绿松石珠6	陶器3	口琀
	M46	成人2	石璧6	陶器11、猪下颌骨2、小石子216	
	M48	成人3	石璧83、玉璜1	陶器10、小石子304	石璧和玉璜均在男子身上
	M50	？	石璧9、璧芯3	骨锥1	未见骨架

续表

遗址	墓葬	年龄	玉石器	其他器物	备 注
皇娘娘台	M51	成人1	绿松石珠1	陶器2、猪颌骨1、石片11	
	M52	成人2	石璧20、粗玉石片4	陶器9、猪下颌骨7、小石子186	石璧全在男性骨架上，其下还垫有4块粗玉石片
	M53	成人1	石璧3	猪下颌骨1、小石子13	
	M54	成人2	绿松石珠6	陶器12、猪下颌骨1、小石子5	
	M56	小孩1	石璧1	陶器3	
	M58	成人2	石璧2	猪下颌骨1	
	M59	成人1	石璧11	陶器5、猪下颌骨2、小石子62	石璧位于两手和小臂之间
	M65	成人1、小孩1	石璧8	陶器7、小石子84	石璧在脚端的小石子堆内
	M66	成人3	石璧15	无	左侧屈肢骨架上2件，男性身上13
	M68	成人2	石璧1	陶器4	
	M71	成人2	绿松石珠4	石罐1	
	M76	成人2	石璧2、粗玉石片4	陶器7、小石子64	石璧于男女腰部各一，玉石片位于二人脚端
	M78	成人1	石璧1	陶器8、小石子11	
	M83	成人1	石璧6、璧芯1	陶器4、猪下颌骨1、小石子34	6件石璧放置于腹部及右手肘部,左肩旁有石璧芯
	M85	成人1	石璧10、玉铲1	无	
	M88	小孩1	绿松石珠3	陶器4	
秦魏家	M36	儿童1	绿松石珠30	陶器2	绿松石珠放在耳旁或颈部附近，石璧放在胸前
	M43	儿童1	绿松石珠4	陶器1	
	M75	成人1	石璧1	陶器2	
	M135	成人1	绿松石珠1	陶器4	
师赵村	M8	?	琮1、璧1	无	二次葬

注：除表中所列举用玉墓葬之外，柳湾齐家文化墓葬亦有用玉，但数量较少，前文的统计表中已能体现出所需信息,因此不再重复统计。

2）使用方式

玉石璧的使用与陶寺文化区别较大。陶寺的玉石璧主要佩戴于手腕或手臂之上，只有极少数的放置于胸腹部。而目前我们并没有见到一例齐家文化的玉石璧佩戴在手臂或手腕之上的例子，而是多见于放置在胸腹部、身体其他部位或身体周围，少数和小石子堆放在一起。皇娘娘台M59的石璧位于两手和小臂之间，从摆放位置看应是死者下葬时手抱着一批石璧（图一），这种方式较为独特。由于琮的数量极少，又出自一个残剩少量骨骼的二次葬"墓葬"[50]中，从墓中位置看亦不是像陶寺文化的琮一样套在墓主手臂上，而是放置于一旁。由于宗日遗址没有发表详细的报告，从简报中我们还无法得知多孔刀的使用方式与组合。

绿松石珠多为装饰品，或放置在耳部，或放置在颈部或手腕处。在皇娘娘台和柳湾出现了绿松石珠放置于死者口中的现象，这一现象在皇娘娘台墓地中较为明显，应为充当口琀之用。

3）性别特征

由于秦魏家用玉墓葬较少，因此以皇娘娘台和柳湾墓地为例，分析齐家文化第一阶段的用玉性别特征。

皇娘娘台墓地中的合葬用玉墓中，除了M24的玉器皆在女性身上之外，其余的M27、M38、M48、M52、M66、M76等墓葬中，有些墓中玉石随葬品全部置于男性身上，有些绝大部分置于男性身上，只有较少的玉石器放置在女性或小孩身上。而且，这些墓中男性皆为仰身直肢，而女性则皆为侧身屈肢且多面向男性（图二、三）。不仅如此，皇娘娘台所有男女两性合葬墓皆是如此，"均为男左女右，男子

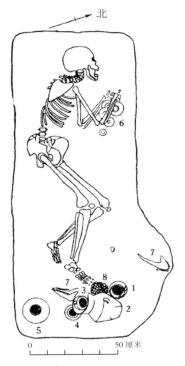

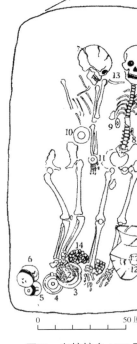

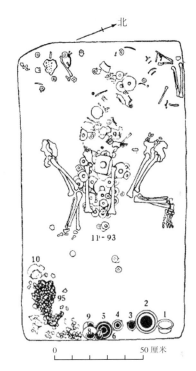

图一　皇娘娘台 M59 平面图　　　图二　皇娘娘台 M38 平面图　　　图三　皇娘娘台 M48 平面图

居于墓内正中，为仰身直肢葬，女子则侧身屈肢于其旁，面向男子。唯 M76 女子是背向男子的。这种葬式与永靖秦魏家的成人合葬墓是一致的，所不同的是秦魏家为男右女左"。由此可见，男性此时已占据家庭和社会的主导地位，女性只有屈从于他们。

柳湾墓地则表现出另一种男女之别，即性别的分工。柳湾男女两性 "在随葬石斧、锛、凿与陶纺轮等生产工具方面有着明显的区别。例如在 11 座女性墓中，除 M141、M1008 不出小件器物外，其余 8 座墓的随葬品除了陶容器就是石、陶纺轮与串珠等装饰品，而不见石斧、锛、凿、刀等生产工具；相反，在 18 座男性墓中，除 2 座（M282、M1062）是随葬陶纺轮外，其余 15 座都分别随葬有石斧、锛、凿、到等生产工具，而绝不见纺轮与串珠等装饰品。就是合葬墓中也是男女有别，石斧、锛等生产工具放在男性一侧，而纺轮等却放在女性一侧"。[51]

4）等级特征

由于齐家文化墓葬多是成组成排的氏族公共墓地[52]，因此并没有出现大墓相对集中的现象。其实，齐家文化墓葬之间的区别表现方式与同时期中原地区墓葬等级区分不同，中原地区大墓往往不仅随葬品多、种类丰富，而且墓坑体量大、棺木制作较精。而齐家文化墓葬的墓室体量一般并没有这方面的作用和优势，而是一般坑大埋人多、坑小埋人少，只有极少数单人墓葬墓坑相对稍大，体现出较为不同。而且齐家文化墓葬还有较多的合葬墓、部分扰乱葬和二次葬，这些因素的存在使得齐家文化墓葬的等级因素更加模糊。因此，齐家文化墓葬的等级区分不如中原地区那样非常明显，如果有等级区分的话，更多的是体现在随葬品的多寡，但也只是一个较为粗略的划分，并不能如中原地区那样细致。因此，玉石器的等级特征也因为这些状况而变得较不明朗。

5）区域特征

第一阶段三个区域内皆有玉器的发现，但最主要还是河湟地区，集中于皇娘娘台墓地和海藏寺玉石器作坊遗址。除了琮和多孔刀，这两处地点的玉器涵盖了所有齐家文化玉器种类。另外，多孔玉刀最早在此地区出现，加入玉礼器的范畴。因此，河湟地区齐家文化第一阶段的用玉规模和种类，自出现开始就表现出较为发达和成体系的状况。其次便是东部的泾渭上游地区，用玉集中于师赵村遗址，虽然数量不多（15 件），但较绿松石饰来说皆为重器，尤其是出土了琮（目前第一阶段只出土这 1 件玉琮），而且这批玉器制作规整、玉质精良。而此时中部的洮河流域多为绿松石饰，其他只见到石璧，在用玉方面则表现得较为沉寂。

（2）第二阶段考古发掘所见齐家文化用玉状况（表五）

表五　第二阶段考古发掘所见齐家文化用玉遗迹单位统计表

遗址	墓葬	年龄	玉石器	其他器物	备注
磨沟	M164	合葬	滑石珠 50 余	陶器 8、石球 1、贝壳 1	滑石珠在人骨颈部
	M206	合葬	滑石珠 70 余	陶器 9、骨器 4、石器 4、铜管 1	滑石珠为儿童项饰
	M303	合葬	滑石珠 450 余件、绿松石 2	陶器 20、石器 7、骨器 11、贝壳 3、铜环 1	滑石珠和 1 件绿松石在人骨颈部，1 件绿松石珠在人骨盆骨上
齐家坪	M28	成人 3、儿童 1	绿松石饰 34	陶器 19、石凿 1	
	M42	13 人合葬	绿松石片 668	陶器 1，陶片、骨片若干、牙饰 1、蚌壳 1、石珠 2	绿松石片排成梯形，两端有长方形牙骨片装饰，位于 8 号男性人骨的髋骨处
	M44	成人 2	绿松石片 502	陶器 8	绿松石片位于女性下肢骨之间
	M90	成人 1	绿松石片若干	陶器 4	绿松石片在右肩处
	M110	8 人合葬	石斧 1	陶器 20、骨锥 1	石斧在 7 号男性左臂处
秦魏家	M23	成人 1	绿松石珠 1	陶器 4、卜骨 1、猪下颌骨 2、小石块 40	绿松石珠放在耳旁或颈部附近
	M81	成人 2	绿松石珠 1	陶器 3、石凿 1	
	M134	成人 1、儿童 1	绿松石珠 1	陶器 5、猪下颌骨 15	
大何庄	M6	小孩 1	绿松石珠 2	侈口罐 1	装饰品多见于小孩墓，如绿松石珠和玛瑙珠位于耳旁
	M14	成人 1	绿松石珠 1	羊下颚骨 6	
	M69	小孩 11	绿松石珠 4、玛瑙珠 2	陶器 2	
	M82	小孩 1	绿松石珠 1	无	
喇家	M17	成人男性 1	三璜合璧 2、璧 2、璧芯 3、管 2、环 1、小璧、玉料 1、锛 1、三角形玉片 1、凿 1	无	在套口填土中三璜合璧、锛、玉料、璧芯、三角形玉片和小璧芯各 1 件，且摆放位置讲究；在长方形竖穴墓口的填土中发现三璜合璧及璧芯各 1 件；璧 2、管 2、环 1、纺轮 1（或为小璧）均堆置在头颈部，另在右侧足端发现凿 1 件
	M12		玉璧 1、玉环 1、玉管 1、绿松石管 1、绿松石珠 1	不明	放置在墓主胸部
	M11		玉料 1		
	M8		玉片 2		
	M2		玉环 1、凿形器 2、玉料 1	不明	4 件玉器放置在一起，位于墓主右腹部
	F4		璧 3、玉料 2		
	F7		玉斧 1、玉锛 1		
	H19		玉璧 1		
	土台		玉刀 1		

1）器类构成

第二阶段用玉遗迹单位内所见礼仪用玉中除了玉琮不见外，其他都有所发现。装饰用玉和工具用玉同第一阶段差别不大。

2）区域特征

这一阶段洮河流域开始崛起，但是在用玉方面依然较为简单，多为绿松石饰。绿松石饰的使用独树一帜，甚至出现了绿松石片与骨片镶嵌而成的牌饰，佩挂于男性的腰部，这显然并非一般的装饰品。河湟地区在用玉方面的势头依然强劲，主要集中于喇家遗址。喇家遗址所见玉器与洮河流域的绿松石饰相比，皆为真正的玉器。泾渭上游地区此时考古发掘则所见玉器甚少。

3）使用方式

这一阶段的绿松石饰皆为装饰品，已不见置于口中的现象。玉器方面，只有喇家 M17 玉器的背景较为明确，同第一阶段使用方式相同。

4）性别特征

在洮河流域，所见玉石器基本皆为绿松石饰，这些绿松石饰多置于女性和小孩的头部、颈部、耳部，因此他们在绿松石的装饰方面占有优势，而由绿松石组成的牌饰则可能为男性所有。河湟地区，喇家 M17 墓主为成年男性，且这座墓葬位于一个堆筑的土台顶部的中心位置，而其他用玉墓葬的性别情况还无法得知[53]，因此，我们只能得出 M17 男性在占有玉器资源方面拥有超强的优势。

5）等级特征

洮河流域的磨沟、齐家坪、秦魏家、大何庄等第二阶段的用玉墓葬既有单人葬也有两人合葬和多人合葬，而且墓葬之间差别不大，因此等级特征不明显。相比而言，河湟地区的喇家遗址只有 M17 信息明确，其他用玉墓葬信息仍较不明。然而我们知道在 M17 所在的土台东南边沿位置低于顶部约 1 米左右，分布着 10 座没有太明确分布规律和方向性的墓葬（图四），这些墓葬不像其他齐家文化墓地那样排列有序，而且儿童小坑墓和成人墓混在一起，还伴有用途不明的杂乱小坑，除了个别墓向向北，其余大体都是向着 M17，发掘者将这些墓葬看作是 M17 的祭祀葬。这批墓葬是否是 M17 的祭祀葬虽仍需再探讨，但即便我们把它们看作普通墓葬看待，它们之中无一出土玉器，甚至没有其他随葬品，显示出了较为破落的景象。因此，鉴于 M17 所处位置的特殊性和墓内玉器的丰富性，可以推断此墓应是较高等级和较高规格的墓葬，甚至可能是该遗址最为重要的首领或巫师。

图四　土台边沿的祭祀性墓葬（东—西）

（3）第三阶段考古发掘所见齐家文化用玉状况

进入第三阶段后，此前所分析的遗址大部分此时已不再使用玉器，只有少数遗址的年代延续至晚期，而考古发掘已基本不见玉器。因此，此阶段齐家文化的用玉传统随着齐家文化的分化已渐趋消逝。

2.非考古发掘所见玉器反映的问题

（1）分布特点

虽然泾渭上游地区考古发掘所见玉器不是很多，但是采集和考古背景不明的玉器数量和地点却相当之多（表六）。吉林大学王玉妹曾专门赴甘、青、宁三省，调研各级和各地博物馆馆藏齐家文化玉器，从其调研报告[54]中亦可知道东部的泾渭上游地区博物馆藏玉器数量和地点也是最多的。其他两个地区与考古发掘较为相称。

表六 《中国出土玉器全集》第十五卷所见考古背景不明之玉器统计表 [55]

地区	遗址	璧	琮	多孔刀	圭	环	镯	玉片	铲	锛	斧	凿	芯	玉料
泾渭上游地区	静宁后柳村	3	4											
	静宁晨光梁	1												
	静宁李店村						1		1					
	静宁县				1									
	陇西县				1									
	甘谷渭水峪		1											
	秦安杨家坪											1		
	会宁油坊庄	2											1	
	定西三十里铺	1				1				1				
	定西四月八山	1												
	定西清溪村		1		1	1								
	定西高泉村		1											
	渭源七圣村	1				1								
	渭源北寨											1		
	宁夏上台村				1									
	宁夏沙塘乡	1						1						
	宁夏河川乡	1												
	宁夏白崖乡		1											
洮河流域	榆中甘草店	1							1					
	积石山县新庄坪	1				1								
	临洮		1											
	临洮李家坪		1											
	东乡县（铲）				1									
河湟地区	古浪峡口			1										
	民和阳坪	1												
	民和喇家	2		1		2			1				1	
	民和清泉旱台					1								1
	乐都白崖子											2		

（2）玉礼器组合

需要特别提及的是玉琮的分布，由于考古发掘所见玉琮甚少，而目前所见齐家文化玉琮多为采集，因此采集玉琮的分布足可说明齐家文化玉琮的区域特征。根据表一、表二和表六，我们可以看出泾渭上游地区是玉琮最主要的分布区，洮河流域亦有一定数量，而河湟地区不论是考古发掘还是非考古发掘只见到一件琮。在《中国出土玉器全集》第十五卷发布了喇家遗址出土的玉芯，由于该玉芯厚达7.9厘米，故编者将其称为"玉琮芯"。而我们认为这颗玉芯不一定是玉琮芯，因为芯的厚度说明不了其成形玉器最终为何样。与琮的分布截然相反的是多孔玉刀，从目前考古和非考古所得玉器看，它只分布于河湟地区，而中部的洮河流域和东部的泾渭上游地区则不见其踪迹。如此，齐家文化的玉礼器组合可分为两个系统，即中、东部的玉礼器为琮、璧组合，而西部为刀、璧组合。

（3）玉琮与静宁八宝

目前齐家文化所见玉琮只有师赵村的一件为"墓葬"所出，其余皆为采集。至于齐家文化玉琮的数量，尚无一个准确统计。闫亚林在其博士论文中披露甘肃博物馆藏齐家文化玉琮11件、隆德县文管所藏1件，综合其他材料，可确定为齐家文化玉琮的至少有38件。[56] 即使数量和出土地点已不算少，然而齐家文化玉琮分布的一个显著特点即是河湟地区基本无琮。

迄今甘、青、宁三省发表有21件琮的资料（表七）。根据这21件琮的高矮之分，可分为三型：

A型　矮扁琮，皆形体较小，有师赵村M8:1及渭水峪、清溪村、李家坪、高泉村、固原中河乡等地点出土玉琮（图五）。

B型　方形琮，数量最少，有临洮县、齐家坪、红崖村、海原县等地点出土玉琮（图六）。

C型　高体琮，包括静宁后柳村4件及海原县、沙塘乡、山门村、南湾村等地点出土玉琮（图七）。

表七　甘、青、宁出土齐家文化玉琮统计表

省份	地点	颜色	边长（cm）	高（cm）	孔径（cm）
甘肃	师赵村 M8:1	浅黄绿色	5.2~5.5	3.4~3.9	4.2~4.5
	齐家坪	黄绿色	3.7~3.9	3.7	
	渭水峪	黄绿色	5.6	2	
	临洮县	色泽不一	6.8~7	8	6
	清溪村	色泽不一	6.7	4.1	4.9
	李家坪	色泽不一	6.3	5.4	5.8
	高泉村	黄绿色	5.5	3.2	
	后柳村 1	青色	8.2	14.7	8.2
	后柳村 2	青绿色	7.2	16.7	7.2
	后柳村 3	湖绿色	7.2	16.7	7.2
	后柳村 4	青色	8.3	12.8	8.3
青海	红崖村	豆绿色	4.5	4.4	4.4
宁夏	海原县 1	黄绿色	5.5	5.2	4.5
	海原县 2	黄绿色	6.8	12	
	固原中河乡	豆绿色	7.5	5.3	5.3
	北山梁 1	黄绿色		5	3
	北山梁 2	白色		5.1	2.8
	北山梁 3	白色		7.6	3.7
	沙塘乡	青绿色	8.1	19.5	8
	山门村	墨绿色	9.1~9.4	12	
	南湾村	棕黄色	6.8	11.7	

齐家文化玉琮多光素无纹，只有静宁后柳村的两件玉琮分别有瓦楞纹、弦纹，宁夏南湾村玉琮上刻有凤鸟纹。虽然罗丰认为是当时的刻纹，但不少学者指出凤鸟纹应为后刻。笔者也更加赞同后者，因为

图五　齐家文化 A 型玉琮
1.高泉村出土；2.清溪村出土；3.师赵村出土 M8:1；4.渭水峪出土

图六　齐家文化 B 型玉琮
1.齐家坪出土；2.李家坪出土；3、4.红崖村出土

图七　齐家文化 C 型玉琮（静宁后柳村四宝）

如此具象的凤鸟纹到后世才出现。如此，静宁后柳村两件带纹玉琮是目前齐家文化仅见的两件带纹器物。这两件琮的纹饰展现出无比高超的工艺，因此时常怀疑其文化归属，但目前又找不出比较满意的证据，只能暂时存疑。

从分布地点上看，高体琮多分布于宁夏境内和靠近宁夏的静宁县，而矮体琮和方形琮则在齐家文化东区分布较为普遍。

（4）有领环与牙璋所反映的文化交流

据闫亚林对甘青地区博物馆藏玉器的调查，临夏州博物馆藏有领环和牙璋各 1 件（图八、九），清水县博物馆藏有牙璋 1 件（图一〇）。[57] 临夏州博物馆的有领环和牙璋皆出自于积石山新庄坪遗址，该遗址经过调查，有一处完整的齐家文化遗址和墓葬区，并采集有 9 件玉石璧和 169 粒绿松石珠，还有 10 余件铜器。清水县博物馆藏牙璋 1965 年出土于该县连珠村。从器形来看，两件牙璋均经过改制。

玉质有领璧环在史前时期极为少见，目前仅有少数几例。它最早见于临汾下靳墓地[58]和洛阳西干沟龙山文化一期遗存[59]，近年山西清凉寺墓地出土1件玉质异形有领器[60]，这几件都属于考古发掘品。另外，在山东海阳司马台遗址还采集有1件有领玉璧[61]，虽然笔者对其是否属于龙山文化存疑，但相对商代较大规模使用有领璧环来说，其年代仍属较早，二里头时期至今尚未发现有领璧环。而商时期是有领璧环大规模使用的时期，这一时期有领璧环主要分布于郑州商城、殷墟、三星堆和新干大洋洲商墓。不管是从有领璧环最早出现的地域，还是大规模使用时期的分布来讲，甘青地区都不在范围之内。因而，此地出土有领璧环当为外来之物。

近年来随着石峁遗址的发掘及巩义花地嘴出土牙璋的公布，牙璋的起源与传播又成为讨论的热点。总体来讲，有关牙璋起源有三种观点：一是起源于山东说，二是起源于中原说，三是起源于华西说（主要指陕北）。[62]笔者曾有文章指出山东不会是牙璋的起源地[63]。但无论是何种观点，齐家文化所在的甘青地区也不是牙璋的起源地，此件牙璋应为黄河中游传播至此地。

新庄坪遗址同时出土了有领环与牙璋，无独有偶，山东司马台遗址亦同出有领环与牙璋，在南中国及越南也发现有传播至此的这两类器物。由此可见，牙璋在向外传播的过程中可能并不是孤立无援。

图八　新庄坪遗址出土有领环　　　　　图九　新庄坪出土牙璋　图一〇　清水连珠村牙璋

四　齐家文化用玉观念

虽然已发掘的齐家文化墓葬为数不少，但是墓葬中用玉比例不是非常高，如果除去绿松石、滑石珠、玛瑙珠以及工具类的实用玉石器，这一比例将会更低（表八）。其中师赵村M8和宗日M200很可能并非墓葬，若然，则只有皇娘娘台一处墓地有较为像样的用玉现象。皇娘娘台遗址墓葬中的玉器以玉石

表八　齐家文化主要遗址墓葬用玉比例统计表

遗址	总数	用玉	比例	备　注
师赵村	3	1	33.3%	琮1件，璧1件
店河	6	2	33.3%	绿松石饰2件
秦魏家	138	12	9.4%	其中10座墓只有绿松石饰，2墓各随石璧1件
大何庄	82	4	4.9%	4墓中玉石器皆为绿松石珠，其中一墓还有玛瑙珠2件
磨沟	346	3	0.9%	皆为滑石珠
皇娘娘台	88	>29	>33%	石璧较多
柳湾	366	<30	<8.2%	绿松石饰多件，石璧2件；生产工具十多件
喇家	3	1	33.3%	
宗日	222	<20	<9%	玉刀3件、璧1件，绿松石饰多件，玛瑙珠多件

璧为主，另外还有一个比较独特的现象是该遗址的墓葬中有 19 座随葬有数量不等的小石子，这些随葬小石子的墓葬绝大部分同时随葬有石璧。由于这些墓葬一半为合葬墓，同时不随葬玉石璧和小石子的墓葬也不见得陶器的数量就会很少，反而相当一部分不随葬玉石器的墓葬陶器十分丰富，因此，是否随葬玉石器并不是等级差异所造成的。发掘者认为这些璧大小不等，有的很厚重，似不能作为装饰品，很可能是作为一种交换用的货币来随葬的。[64] 我们从报告中还获取了这样一个信息，即几座出土有粗玉石片的墓葬皆有玉石璧随葬，而这些"粗玉石片一般都有截锯的痕迹，是制作石璧剩下的废料"。制作剩余的边角料，无疑制作玉石璧的工匠更易获得，而如此大量的玉石璧显然需要"有一部分具有专门技术的人来承担"。巧合的是，在距皇娘娘台 1.5 公里的海藏寺遗址就发现了玉石器作坊，而且所出玉器中玉石璧的数量最多。因此，很可能部分随葬玉石璧的墓葬死者就是当时的制玉工匠。

　　与墓葬出土玉器较少截然不同的是，齐家文化大部分玉器皆为采集或征集。前文我们推断齐家文化玉器在 3000 件以上，如今看来墓葬中所见玉器不及齐家文化玉器总量的四分之一。而师赵村 M8 和宗日 M200 出有"重器"的墓葬，其实有很多疑点。师赵村 M8 长 2.3、宽 1.1、深 0.2 米，坑内有人体下颌骨与一段肢骨，一琮一璧并列置于西壁北部（图一一）。发掘者将其定为二次葬，而根据陈洪海对甘青地区史前文化中的二次扰乱葬的研究，二次扰乱葬有骨骼凌乱、墓穴平面不是很规整、填土中包含物异常的特征[65]，这座墓葬在后两点上皆不符合，而且这座墓不是骨骼凌乱而是骨骼甚少。与其同期的两座墓虽然骨骼亦不全，但是皆有十几块砾石以象征葬具，随葬品基本为陶器，这些特征与 M8 差异较大。另外，齐家文化墓葬不见玉琮随葬的现象，而 M8 玉琮是唯一有出土单位的琮。因此，笔者怀疑 M8 并非一座墓葬，而很可能是一座祭祀坑。宗日 M200 更是不见人骨和陶器（图一二），陈洪海已经指出这应是一处较为特殊的祭祀性遗存[66]，闫亚林则进一步指出师赵村 M8 和宗日这座墓葬有不少相通之处，

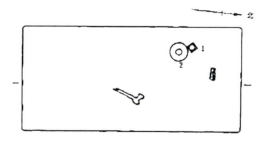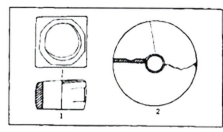

图一一　师赵村 M8 平面图及其所出玉器

图一二　宗日 M200 平面图

都可能是墓祭的有关器物[67]。而静宁后柳沟村祭祀坑出土了四琮四壁，其中 7 件被追缴回来，皆属精品。闫亚林指出固原张易张毛洼北山梁上采集的 3 琮、10 壁、2 璧芯和海原山门采集的 1 琮、1 璧可能与静宁后柳沟村玉器性质接近。[68]

除此之外，喇家遗址 M17 所在的人工土台和周边小墓葬群等遗存组合及建筑方式表明，人工土台不是简单的墓地形式，而是一个不断有祭祀性埋葬和祭祀仪式活动的祭坛，与良渚文化的祭坛比较，喇家遗址祭坛的诸多现象都与之相类似。[69] 喇家遗址 F4 房址由于地震和洪水瞬间被毁灭，从而保存了屋内原状的陈列（图一三）。在东壁北段紧贴白灰面墙壁上有似为二次重砌的一段凸出墙面，墙面上均匀地涂有一层黑色涂层，可能具有某种特殊的含义。玉璧、玉料和石矛均集中放于黑色壁面旁，一件盛于敛口瓮中的玉璧亦紧贴黑壁放置。贵重的礼器玉璧等集中放于黑色壁面，似乎具有不同寻常的含义。发掘者根据若干遗迹现象及遗物的分析，认为 F4 显示出不同于喇家遗址其他一般家庭住房的性质，有可能是集体活动的场所或进行宗教祭祀活动的场地。[70]

图一三　喇家遗址 F4 平面图

1.陶高领双耳罐；2.陶尊；3.带流罐；4、5.玉璧；6、7.玉料；8.石矛；9.石刀；10.陶盆；11.陶杯；12、13、17、18、20、21.双耳罐；14、15.敛口瓮；16.三大耳罐；19.双大耳罐；22.侈口罐；23.玉璧（置于敛口瓮中）；24.骨器（置于敛口瓮内）

与此同时，我们也看到齐家文化多处居址和墓地存在祭祀行为[71]，而同时期其他地区墓葬很少见此现象，由此更加凸显出齐家文化多事鬼神的浓重色彩。更有学者指出龙山时代出现了新旧两种用玉传统对峙的形象——以陶寺、山东龙山文化为代表的史玉传统和以齐家、石家河文化为代表的巫玉传统，而巫的主要职责就是事神求福，沟通天地。[72] 这无疑是对齐家文化用玉传统的精辟概括。

如此看来，齐家文化不少玉器与遗存都与祭祀相关。从这些情况和齐家文化墓葬用玉现象来看，齐家人并不是十分崇尚于把玉器放入墓中，而是更愿在事神求福的祭祀中使用玉器。如此，我们则不难发现齐家文化更注重玉器通神的功能，而采集或征集的玉器中应该有为数不少是用来祭祀。

五　小结

综上所述，我们可以大致归纳出齐家文化玉器与用玉传统的特征和发展过程。

在器类构成方面，墓葬遗存所见器类构成与采集器类构成在礼仪用玉方面差异较大，至今已发掘齐家文化墓葬不下 1000 余座 [73]，但至今仍无确定无疑的墓葬出土玉琮。与此同时，体形硕大的多孔玉刀加入了礼仪用玉的行列。装饰用玉主要是各具特色的环、璜和绿松石饰，绿松石的运用更为普及和广泛。工具用玉数量较多，斧、铲、锛、凿、纺轮一应俱全，而且各个地区皆普遍分布，这是齐家文化用玉与其他考古学文化较为不同的一面。

在区域分布方面，除了琮和多孔玉刀，其他器类皆普遍流行于整个齐家文化分布区。琮分布于齐家文化分布区的中、东部，而多孔刀分布于西部，两者基本呈互不干扰状态。

在性别差异方面，墓葬材料所表现的性别用玉的差异主要体现在玉石璧、绿松石饰和工具用玉，除了绿松石饰女性和小孩占有较大的优势外，其他两类完全无法与男性相较。绿松石饰是玉器中最为普通的一类，而璧和工具用玉与此相比不仅是重器，而且功用极为重要。因此，齐家文化男性在用玉方面占有绝对的主导地位。

在发展过程方面，齐家文化第一阶段，用玉即表现出了较为发达和成熟的状态，甚至有专门的玉石器作坊，这一阶段河湟地区的用玉显示出超越其他两个地区的强势；第二阶段，中部的洮河流域崛起，齐家文化用玉呈现遍地开花、全局繁盛的状况；至第三阶段时，由于齐家文化的分化，其用玉传统和文化也随之烟消云散。

在用玉观念方面，齐家人不像其他用玉族群那样热衷于将美玉放入墓中，而是更多的可能用于事神求福，巫玉色彩浓重。

注释：

[1] 安志敏：《甘肃远古文化及其有关的几个问题》，《考古通讯》1956 年第 6 期。

[2] 胡谦盈：《试论齐家文化的不同类型及其源流》，《考古与文物》1980 年第 3 期。

[3] a.谢端琚：《试论齐家文化与陕西龙山文化的关系》，《文物》1979 年第 10 期；b.谢瑞琚：《试论齐家文化》，《考古与文物》1981 年第 3 期。陈小三亦将齐家文化划分为三个类型：柳湾类型、皇娘娘台类型、磨沟类型，与谢瑞琚的东、中、西区的三分法不同。

[4] 陈圯：《齐家文化的分期与源流——以齐家坪遗址为中心》，北京大学博士学位论文，2013 年。

[5] 中国社会科学院考古研究所：《师赵村与西山坪》，中国大百科全书出版社，1999 年。

[6] 任步云：《甘肃秦安县新石器时代遗址》，《考古通讯》1958 年第 5 期。

[7] 甘肃省博物馆考古队：《甘肃灵台桥村齐家文化遗址试掘简报》，《考古与文物》1980 年第 3 期。

[8] 中国科学院考古研究所甘肃工作队：《甘肃武山傅家门史前文化遗址发掘简报》，《考古》1995 年第 4 期。

[9] 北京大学考古实习队、固原博物馆：《隆德页河子新石器时代遗址发掘报告》，《考古学研究（三）》，科学出版社，1997 年。

[10] 宁夏文物考古研究所：《宁夏固原店河齐家文化墓葬清理简报》，《考古》1987 年第 8 期。

[11] 钟侃、张心智：《宁夏西吉县兴隆镇的齐家文化遗址》，《考古》1964 年第 5 期。

[12] 邓淑苹女士 2009 年前往静宁博物馆观摩这些玉器。另查明这批玉器出土时是四琮四璧，因一件玉璧已破损成多块，故未上缴。

[13] 甘肃省文物管理委员会：《甘肃渭河上游渭源、陇西、武山三县考古调查》，《考古通讯》1958 年第 9 期。

[14] 李晓斌、张旺海：《甘肃齐家文化玉器研究》，《陇右文博》2009 年第 2 期。

[15] 李晓斌、张旺海：《甘肃齐家文化玉器研究》，《陇右文博》2009 年第 2 期。

[16] 李晓斌、张旺海：《甘肃齐家文化玉器研究》，《陇右文博》2009 年第 2 期。

[17] 罗丰：《黄河中游新石器时期的玉器——以馆藏宁夏地区玉器为中心》，《故宫学术季刊》第 19 卷第 2 期。

[18] 中国科学院考古研究所甘肃工作队：《甘肃永靖秦魏家齐家文化墓地》，《考古学报》1975 年第 2 期。

[19] 中国科学院考古研究所甘肃工作队：《甘肃永靖大何庄遗址发掘报告》，《考古学报》1974 年第 2 期。

[20] 中国科学院考古研究所甘肃工作队：《甘肃永靖张家咀与姬家川遗址的发掘》，《考古学报》1980 年第 2 期。

[21] a.甘肃省博物馆：《甘肃省文物考古工作三十年》，《文物考古工作三十年（1949~1979）》，文物出版社，1979 年；b.陈圯：《齐家文化的分期与源流——以齐家坪遗址为中心》，北京大学博士学位论文，2013 年。

［22］甘肃将文物考古研究所、西北大学文化遗产与考古研究中心：《甘肃临潭磨沟齐家文化墓地发掘简报》，《文物》2009 年 10 期。

［23］甘肃省博物馆：《甘肃兰州青岗岔遗址试掘简报》，《考古》1972 年第 3 期。

［24］甘肃省博物馆：《甘肃积石山县新庄坪齐家文化遗址调查》，《考古》1996 年第 11 期。

［25］王玉妹：《齐家文化玉器的考古学研究》，吉林大学硕士学位论文，2012 年。

［26］这批玉器一部分见于《中国出土玉器全集》，一部分为甘肃博物馆的内部资料，见于王玉妹《齐家文化玉器的考古学研究》。

［27］王玉妹：《齐家文化玉器的考古学研究》，吉林大学硕士学位论文，2012 年。

［28］a.甘肃省博物馆：《甘肃武威皇娘娘台遗址发掘报告》，《考古学报》1960 年第 2 期；b.《武威皇娘娘台遗址第四次发掘》，《考古学报》1978 年第 4 期。

［29］梁晓英、刘茂德：《武威新石器时代晚期玉石器作坊遗址》，《中国文物报》1993 年 5 月 30 日第 3 版。

［30］青海省文物管理处考古队、中国社会科学院考古研究所：《青海柳湾》，文物出版社，1984 年。

［31］a.叶茂林等：《民和官亭盆地考古初获成果》，《中国文物报》2000 年 3 月 15 日头版；b.中国社会科学院考古研究所甘青工作队、青海省文物考古研究所：《青海民和县喇家遗址 2000 年发掘简报》，《考古》2002 年第 12 期；c.叶茂林：《青海民和喇家史前遗址的发掘》，《考古》2002 年第 7 期；d.叶茂林、任晓燕等：《青海民和喇家遗址发现齐家文化祭坛和干栏式建筑》，《考古》2004 年第 6 期；e.叶茂林、何克洲：《青海民和县喇家遗址出土齐家文化玉器》，《考古》2002 年第 12 期。

［32］青海省文物考古队：《青海互助土族自治县总寨马厂、齐家、辛店文化墓葬》，《考古》1986 年第 4 期。

［33］a.许兴国：《试论卡约文化的类型与分期》，《青海文物》1988 年创刊号；b.古方：《中国出土玉器全集（15）》，科学出版社，2005 年。

［34］马兰等：《大通县黄家寨、杨家湾墓地发掘简报》，《青海文物》1989 年第 2 期。

［35］a.《我省考古工作的一项重大发现》，《青海日报》1978 年 2 月 18 日；b.许兴国、格桑本：《我省齐家文化的发掘及其研究》，《青海社会科学》1981 年第 3 期。

［36］a.王国道：《西宁市沈那齐家文化遗址》，《中国考古学年鉴·1993》，文物出版社，1995 年；b.吴平：《西宁市沈那遗址》，《中国考古学年鉴·1994》，文物出版社，1997 年。

［37］a.青海省文物管理处海南州民族博物馆：《青海同德县宗日遗址发掘简报》，《考古》1998 年第 5 期；b.古方：《中国出土玉器全集（15）》，《科学出版社》，2005 年。

［38］齐永贺：《内蒙古白音浩特发现的齐家文化遗物》，《考古》1962 年第 1 期。

［39］a.青海省文物考古研究所：《青海长宁遗址抢救性考古取得重要成果》，《中国文物报》2006 年 12 月 20 日；b.闫亚林：《西北地区史前玉器研究》，北京大学博士学位论文，2010 年。

［40］古方：《中国出土玉器全集（15）》，《科学出版社》，2005 年。

［41］梁继红：《武威出土的几件玉器》，《陇右文博》1999 年第 2 期。

［42］《我省考古工作的一项重大发现》，《青海日报》1978 年 2 月 18 日。

［43］刘小河、刘杏改、高东陆：《民和县官亭、中川古代文化遗址调查》，《青海考古学会会刊》1982 年第 4 期。

［44］任晓燕：《平安县东村古墓葬及窑址发掘简报》，《青海文物》1994 年第 8 期。

［45］胡晓军：《尖扎县直岗拉卡乡齐家文化遗址发掘简报》，《青海文物》1996 年第 10 期。

［46］李晓斌、张旺海：《甘肃齐家文化玉器研究》，《陇右文博》2009 年第 2 期。

［47］王国道、崔兆年：《青海齐家文化玉器研究》，杨伯达：《中国玉文化玉学论丛续编》，紫禁城出版社，2004 年。

［48］陈玭：《齐家文化的分期与源流——以齐家坪遗址为中心》，北京大学博士学位论文，2013 年。

［49］据陈玭《齐家文化的分期与源流——以齐家坪遗址为中心》一文研究成果统计而得。

［50］后文分析这座墓并不是墓葬。

［51］青海省文物管理处考古队、中国社会科学院考古研究所：《青海柳湾》，文物出版社，1984 年。

［52］中国社会科学院考古研究所：《中国考古学·夏商卷》，中国社会科学出版社，2003 年。

［53］表中所列的其他喇家遗址用玉墓葬是根据《中国出土玉器全集》第十五卷统计而得，在喇家遗址发表的简报或其他材料中尚无见到这些用玉墓葬的材料。

［54］王玉妹、李天铭：《关于齐家文化玉器的调研报告》，《考古与文物》2011 年第 4 期。

［55］为了体现统计的完整性，本表与表二有少许重复。

［56］闫亚林：《西北地区史前玉器研究》，北京大学博士学位论文，2010 年。

［57］闫亚林：《西北地区史前玉器研究》，北京大学博士学位论文，2010 年。

［58］宋建忠：《山西临汾下靳墓地玉石器分析》，《古代文明（第 2 卷）》，开明文教出版社，2003 年。

［59］中国社会科学院考古研究所编：《洛阳发掘报告》，北京燕山出版社，1989 年。

［60］a.山西省考古研究所等：《山西芮城清凉寺新石器时代墓地》，《文物》2006 年第 3 期；b.山西省考古研究所等：《山西芮城清凉寺史前墓地》，《考古学报》2011 年第 4 期。

［61］王洪明：《山东省海阳县史前遗址调查》，《考古》1985 年第 12 期。

［62］由于相关研究文章甚多，在此不一一列举。具体可参看香港中文大学中国考古艺术研究中心编《南中国及邻近地区古文化研究》一书，其中有多篇有关牙璋的论述，还有孙庆伟、朱乃诚、邓淑苹等人有关牙璋研究的文章。

［63］曹芳芳《龙山时代玉器与用玉传统的嬗变——以黄河流域为中心》，北京大学硕士学位论文，2014 年。

［64］甘肃省博物馆：《武威皇娘娘台遗址第四次发掘》，《考古学报》1978 年第 4 期。

［65］陈洪海：《甘青地区史前文化中的二次扰乱葬辨析》，《考古》2006 年第 1 期。

［66］陈洪海：《宗日遗存研究》，北京大学博士学位论文，2002 年。

［67］闫亚林：《西北地区史前玉器研究》，北京大学博士学位论文，2010 年。

［68］闫亚林：《西北地区史前玉器研究》，北京大学博士学位论文，2010 年。

［69］中国社会科学院考古研究所甘青工作队、青海省文物考古研究所：《青海民和县喇家遗址发现齐家文化祭坛和干栏式建筑》，《考古》2004 年第 6 期。

［70］中国社会科学院考古研究所甘青工作队、青海省文物考古研究所：《青海民和县喇家遗址 2000 年发掘简报》，《考古》2002 年第 12 期。

［71］马文轩：《史前祭祀遗存初步研究》，北京大学学士学位论文，2013 年。

［72］孙庆伟：《巫玉、史玉与德玉——中国早期玉器传统的损益》，浙江省文物考古研究所等：《权力与信仰——良渚遗址群考古特展》，文物出版社，2015 年。

［73］中国社会科学院考古研究所：《中国考古学·夏商卷》，中国社会科学出版社，2003 年。

从清凉寺墓地探史前西、东二系
"璧、琮文化"的交汇

邓淑苹

（台北故宫博物院）

一　前言

2014 年 10 月下旬笔者与同行学者前往山西太原、侯马、运城参访，主要的目标是真正认识晋南芮城清凉寺遗址出土玉器的面貌。承蒙发掘者薛新明研究员的悉心讲解，我们获得极宝贵的知识。回台后诸事纷扰，此短文仅为笔者学习的初步心得，尚祈专家们指正。

拙文拟简要从史前闪玉料的大致类别，公元前第三千纪"璧、琮文化"可能形成过程，推论清凉寺遗址可能是史前西、东二系"璧、琮文化"的交汇与融合的结果。

二　华西、华东各有垄断性玉料

笔者曾宏观地检视公元前 2300~前 1550 年，即龙山文化至夏时期华夏大地上的玉器文化[1]，确认当时在华夏大地上可能有至少七种外观颇不相同的闪玉（nephrite）矿被开采使用[2]。因为闪玉料是珍贵的稀有物质，可能被不同地区的统治阶层所垄断。

笔者常强调，华夏大地以大兴安岭—太行山等山脉链区隔成华西、华东二大区块，二区地势高低有别、自然生态、人文景观不同。事实上，在史前至历史早期，华西、华东所用的闪玉料也不同。大致华西地区有四种外观明显不同的玉料。

第一种华西闪玉以青白色为主，清亮莹润，类似大家习称的"和阗玉"，常在原生矿就被三氧化二铁沁染而形成大片深褐色有如红糖的"糖玉"，有时内部还散布似虫蚁般的包裹物（图一）。

第二种华西闪玉是细腻不透明的暗草绿色至蓝绿色，常被灰白色的宽带包围（图二）。师赵村出土的璧与琮即属之。

第三种华西闪玉有明显的团块或波浪条斑的沉积岩文理，无透明感，从浅的牙白、牙黄到灰褐、灰蓝。据闻广教授研究，这种闪玉是由很小的雏晶紧密堆积而成，所以可剖成很薄的大片而不会崩碎，先民多用之制作长形带刃器（图三）。[3]

第四种则为墨绿、深褐近乎黑色的闪玉，经检测含铁量特高[4]。可能被石峁文化统治者垄断，专用以制作牙璋、长刀（图四）。其他华西方国也未必能获得这种玉料。

华东地区主要使用图五、图六这两种闪玉，前者斑杂结构明显、呈无透明感的黄褐色，后者莹润、微带半透明黄绿色至草绿色。第三类华东闪玉呈带瓷光的奶白、牙白、牙黄色，细腻无透明感（图七）。新石器时代遗存中这种玉料不多见，但到了商晚期，这种闪玉多用以制作戈、有领璧等与仪式有关的玉器。[5]

由于玉料属垄断性稀有物质，所以我们见不到用典型华西玉料制作典型华东造型纹饰的玉器，反之亦然；但由于征战、迁徙频繁，可见到典型华东玉器被带到华西地区，反之亦然。如图六就是被带到陕北神木石峁的山东龙山文化牙璧。

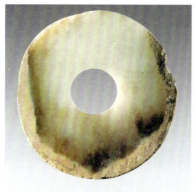

图一 齐家文化玉璧
径 8.8 厘米，甘肃武威皇娘娘台出土
（引自《甘肃省博物馆文物精品图集》）

图二 齐家文化玉围圈散片
长 25 厘米，宁夏隆德沙塘出土
（引自《固原历史文物》）

图三 山西龙山文化玉戚
山西黎城出土
（引自刘永生、李勇《山西黎城
神面纹玉器》）

图四 石峁文化 玉牙璋
长 32 厘米，山西历史博物馆藏
（笔者 2006 年摄于陕西历史博物馆库房）

图五 山东龙山文化玉戚
长 16.5 厘米，山东五莲丹土出土
（引自《玉润东方》）

图六 山东龙山文化玉牙璧残片
长 11.2 厘米，石峁征集
（引自《玉魂国魄——玉器·玉文化·夏代中国文明展》）

图七 山东龙山文化玉圭
长 19.7 厘米，山东昌乐袁家出土
（引自《玉魂国魄——玉器·
玉文化·夏代中国文明展》）

三 黄河上中游"璧、琮文化"的形成

目前的考古资料显示，如龙岗寺、大地湾等遗址的仰韶文化早期先民（公元前 5000~前 4000 年），已会采用闪玉制作工具。大地湾第四期（约公元前 3300~前 3000 年），也就是仰韶文化晚期的先民，已

能用闪玉制作方圆形璧。庙底沟文化杨官寨遗址（约公元前 3500 年）已出土外径 16.9 厘米的石璧，以及无射口的萌芽期石琮（补充于附记）。到了公元前第三千纪，分布于甘肃的半山文化（公元前 2600~前 2300 年）[6]、齐家文化（公元至前 2300~前 1600 年）多用闪玉制作璧、玉方筒（或称"原始玉琮"）、三璜联璧及斧锛等带刃器。20 世纪初，瑞典科学家安特生曾在甘肃宁定（今日广河）半山瓦罐嘴采集一批玉璧、原始玉琮，三璜联璧、斧锛等，现藏于瑞典的东亚博物馆（stasiatiska Museet），1943 年曾发表专文报道。[7] 谢端琚认为该遗址为单纯的半山期遗存。[8] 图八玉璧器表带一断面作 "V" 形的直条切痕[9]，应属早于齐家文化的制作痕。[10] 图九的圆孔玉方筒也是玉琮在萌芽期的样式。[11] 从其色泽观察，它们应多为闪玉。虽然安特生采集的这些玉器在 2015 年以彩图发表，可惜图版甚小，颜色失真，也看不清器表上有断面作 "V" 形的直条切痕。[12] 无法让读者轻易理解此批玉器制作时间应该早于下文所介绍的齐家文化早期璧与琮。

接续半山文化的齐家文化发展迅速，分布面积广，并形成几个区域类型。甘肃东部的师赵村类型师赵村遗址曾经科学发掘，在一座二次葬的墓中随葬一璧、一琮（图一〇、一一），经质地检测，为闪玉质。[13] 此玉璧面积颇大（径 18.6 厘米），厚薄甚匀，直条切割痕已被修整不显，同出的玉琮射口虽稍歪斜，但器壁平直，孔壁光润，制作也称工整。显然已是工艺成熟的作品。师赵村是齐家文化早期遗址[14]，碳十四测年数据可达公元前 2335~前 2044 年[15]，据此可知，黄河上游在公元前 2335 年时，雕琢闪玉的工艺已发展甚久，且已超越了简单的砍凿切割与装饰功能，形成 "璧琮组配" 的礼制。

更重要的是，图八、九与图一〇、一一这两组璧与琮，明显为第二种华西玉料。[16]

图八　半山文化玉璧
外径 14.9、孔径 6.3、厚 0.4~0.6 厘米，
瓦罐嘴采集，瑞典东亚博物馆藏

图九　半山文化原始玉琮
宽约 7 厘米，瓦罐嘴采集，瑞典东亚博物馆藏
（臧振华摄于陈列室）

图一〇　齐家文化早期玉璧
径 18.4~18.6 厘米，师赵村 M8 出土

图一一　齐家文化早期玉琮
边长 5.2~5.5 厘米，师赵村 M8 出土

分布于宁夏南部的菜园文化（又称为"常山下层文化"），绝对年代约公元前 2800~前 2200 年。[17] 图一二、一三所示即为该文化较早阶段出土的石质璧与琮。

图一二　菜园文化玉石璧两件
目测径约 6~7 厘米，宁夏海原收购
（2009 年笔者摄于宁夏博物馆）

图一三　菜园文化石琮
高 3.8、宽 4.5 厘米，宁夏沙塘页河子征集
（2009 年笔者摄于固原博物馆）

宁夏南部海原、固原、隆德附近可能曾蕴藏体量庞大的闪玉矿，故这一带征集许多玉质斧、锛、凿、璧、琮、镯、笄、围圈片[18] 等，其中不乏体形厚实壮硕者。谢端琚研究员曾将这批玉器归属菜园文化[19]，后又根据陶器资料将这些遗址归为"齐家文化页河子类型"[20]。可惜这一带始终没有系统地发掘，也无较可靠的测年数据。

宁夏境内同数目璧、琮出土的纪录有二[21]：1984 年海原县海城镇山门村同时出土一璧、一琮[22]（图一四、一五）。1986 年隆德沙塘和平村出土一大璧、一高琮（图一六、一七），不但体大厚重，且玉质、雕工非常相似，显然是用同一块大形玉料制作。其特征表现为有明显沉积岩文理，包括不规则团块或波浪条斑，无透明感，从浅的牙白、牙黄到灰褐、灰蓝都有。这正是笔者前述第三种典型华西玉料中颜色偏浅的。

陕西境内的齐家文化属川口河类型，有三处出土一璧、一琮：宝鸡扶风县城关镇案板坪村（图一八）[23]、宝鸡市贾村陵厚村东北土梁上（图一九）[24]、长安上泉村（图二〇）[25]。

甘肃境内除前述师赵村 M8 出土一璧、一琮外，静宁治平乡后柳河村还发现一个大石板压着一坑，内埋有四件玉琮、四件玉璧，其中一件玉璧因残破而未上缴（图二一）[26]。

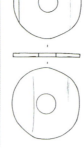

图一四 齐家文化玉璧
径 25.5 厘米，海原县海城镇山门村出土
（引自罗丰《黄河中游新石器时代的玉器》）

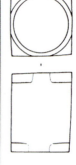

图一五 齐家文化玉琮
高 12 厘米，海原县海城镇山门村出土
（引自罗丰《黄河中游新石器时代的玉器》）

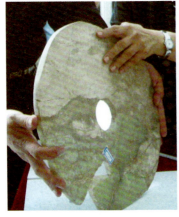

图一六 齐家文化玉璧
径 36 厘米，沙塘乡和平村出土
（2009 年笔者摄于隆德县文管所）

图一七 齐家文化玉琮
高 19.5、宽 8.1 厘米，
沙塘乡和平村出土
（2009 年笔者摄于固原博物馆）

图一八 齐家文化成组玉璧、玉琮
璧径 12.3 厘米，琮高 6.7 厘米，宝鸡扶风县城
关镇案板坪村出土
（引自《周原玉器萃编》）

1   2   3

图一九 齐家文化成组玉璧、玉琮
璧径 21.6 厘米，琮高 7.1 厘米，宝鸡市贾村陵厚村东北土梁出土
（宝鸡博物馆善意提供图片）

图二〇　齐家文化玉琮

高 20.7 厘米，长安上泉村出土

（引自戴应新《神木石峁龙山文化

玉器探索（一）》）

图二一　齐家文化玉璧、玉琮

甘肃静宁治平乡后柳河村出土

（摄于静宁博物馆看板）

图二二　齐家文化玉琮

高 2 厘米、宽 5.6 厘米，甘肃甘谷渭水峪出土

（引自《中国出土玉器全集（15）》）

　　甘肃东端、宁夏南端、陕西西部是三个相连的地区，六盘山（又称为陇山）为此一大范围的核心。分布于此的半山文化、菜园文化、客省庄文化等后来都发展为齐家文化，所以这三个文化或可暂称为"先齐家诸文化"。先齐家诸文化玉器与齐家文化玉器可合并称为"齐家系玉器"。

　　因为缺乏科学考古资料，目前还无法确知先齐家诸文化蜕变为齐家文化的时间与历程。可确知的是，如图九、一九、二二所示器壁切割平直，器身歪，射口或无或很浅的玉方筒（或称为"原始玉琮"）为数甚多，散存各公私收藏。因为做工比齐家文化早期遗址师赵村玉琮（图一一）拙朴甚多，推估应是"先齐家诸文化"的作品。综合分析，玉琮在黄河上中游有它明确的创形理念，那就是"方"。也有其本土的根源及发展历程，它从萌芽（图九），发展（图一九、二二），到定型（图一七、一八、二〇），四个边壁一定平直，顶多是转角磨圆。

　　由于玉璧、玉琮毫无生活上的实际用途，却需耗费大量人力时间制作。因此，推估黄河上中游的玉琮，从萌芽起就是为了与玉璧构成组配的礼器，用作沟通神祖的"灵媒"。我们无法知道在将璧、琮掩埋前曾举行什么仪式，但仪式结束后，可用掩埋（可能还有"沈于河"、"积柴焚烧"等法）仪式将玉器送给神祇祖先。且多只埋璧与琮[27]，鲜见有同埋其他重要文物的情况。笔者怀疑在掩埋时是否有类似"毁器"的行为，因为如图一六所示径达 36 厘米的大璧以及出土于静宁因残破而未上缴的破璧，在正常情况下应该都不是容易被打破的。

　　综上所述，公元前第三千纪，尤其是中段以后，很可能陇山周边的华西先民在"天圆地方"的宇宙观以及"礼神者必像其类"、"同类感通"的思维哲理下，率先发展出"璧琮组配"的玉礼制。此为中国历史上最古老的礼仪定制。

四 长江下游及其周边"璧琮组配"玉礼制的确立

　　长江下游太湖流域的崧泽文化（公元前 4000~前 3300 年）与良渚文化（公元前 3300~前 2200 年），先后衔接，玉雕工艺极为精进。可能通过上层交流网与辽西地区、海岱地区、巢湖地区、岭南地区的政治精英交流各种与神秘信仰有关的信息，所以擅长雕琢胚胎式动物及神秘的神祖—神灵动物面纹。后者又常被称为"良渚神徽"，与之相关的"小眼—大眼面纹"（常被称为"神人—神兽纹"）几乎可加雕在良渚贵族所使用的任何玉制行头上，如手镯、佩璜、管串、梳背、三叉形冠等，也可加雕在象征权力的玉钺上，但绝不琢于具最高通神地位的玉璧上。

　　"良渚神徽"常四个一组地横向排列，雕琢在玉镯外壁，随着神祖鼻子逐渐变高，玉镯就逐渐变方。但良渚先民自始至终都清楚记得，如图二三、二四所示的玉器基本上是"玉镯"。普安桥 M11、新地里 M137，分为良渚文化早期、中期墓葬，这类玉方镯都还戴于墓主手腕。[28] 是否在良渚社会中，这种刻了神祖图像的玉方镯有个特殊的品名呢？一时无法解答。为便于讨论，本文随当下学术界的共识，称其为"琮"。

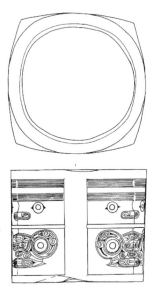

图二三 福泉山 M9 出土二节琮
高 4 厘米

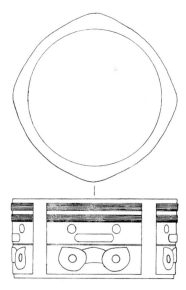

图二四 瑶山 M12 出土二节琮
高 5.8 厘米

　　吴家埠出土一件未完工的方形玉筒，上下器表都以细阴线画出浅圆弧形的轮廓线和圆圈形射口（图二五）。证明在良渚文化中，"弧形边壁"是玉琮的必要条件，必须不怕费工地将切好的平直边壁再加工成弧壁。[29] 如牟永抗研究员的论证，即或良渚玉琮发展成十余节的高柱体，每条分节的凹槽也在四个转角部位特别深切至内部的圆柱体上，若一件高玉琮被切成两节，宁愿破坏器表雕好的神祖面纹，也要修治出圆形的上下射口。[30]

　　良渚文化长达千年，在早、中期时，璧与琮是完全无关的两类玉器。近年在浙江临平玉架山、江苏蒋庄两处的良渚文化晚期墓葬中各出土一件刻有符号的玉璧，同墓群中也出土其他的玉璧、玉琮，但从随葬品摆放位置，看不出璧与琮之间有任何关联。

　　良渚文化晚期时（公元前 2500~前 2200 年）[31]，玉琮朝向高大多节发展，四个边壁变得如图二六、二七所示厚实又平直。良渚晚期的玉璧也变大。璧与琮这两种可能本是无关的玉器，到良渚晚期时，除了追求量体感外，少数璧与琮还在器表以极轻浅的细阴线刻画"鸟立祭坛"、"飞鸟"、"游鱼（？）"、"交互双 L 线"等与天象有关的符号（图二八、二九）。所以牟永抗研究员形容璧与琮是良渚文化里，既有分别又有内在联系的两种玉器。[32] 方向明研究员则提醒笔者注意，在反山 12 号墓与寺墩 3 号墓的墓主左肩部位，各出土一件大形玉琮，它们的上下射口部位都形成圆璧形状，令全器造型好似二圆璧间夹一方琮，或是探索良渚文化璧琮间早有神秘内在联系的物证。

绘线刻书圆弧形轮廓线

绘线刻书圆圈形射口轮廓线

绘线刻书圆弧形轮廓线

图二五　良渚文化未完工玉琮
吴家埠出土
（引自王明达《介绍一件良渚文化玉琮半成品》）

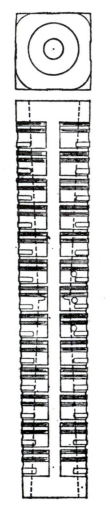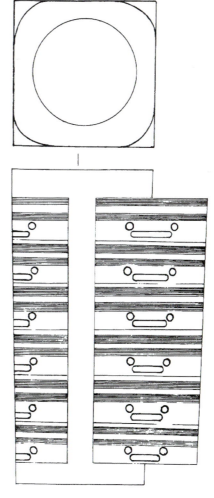

图二六　瓶窑出土六节琮
高 15.5 厘米

图二七　寺墩 M3 出土十三节琮
高 36.1 厘米

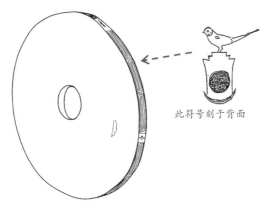

此符号刻于背面

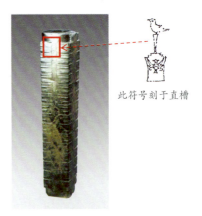

此符号刻于直槽

图二八　良渚文化晚期玉璧
径 23.65 厘米，浙江安溪出土，华盛顿弗立尔博物馆藏

图二九　良渚文化晚期玉琮
高 38.2 厘米，首都博物馆藏
（引自《北京文物精华》）

为何在良渚晚期时，玉琮突然越变越高、越变越方呢？

笔者怀疑，是否良渚文化的贵族通过上层交流网，从黄河上中游先齐家—齐家文化获知"天圆地方"的宇宙观和"礼神者必像其类"、"同类感通"的思维哲理，将自己刻有神祖纹的玉镯加高变方，再与玉璧共同作为通神秘码的载体，在族内完备了"璧琮组配"的玉礼制。

太湖流域以南的岭南地区，以及北的海岱地区也都见到"璧、琮文化"的踪迹，但似乎没有组配现象。辽西的小河沿文化中，只见玉石璧，而无琮的出现。

岭南的石峡文化（公元前 2800~前 2300 年）[33]、海岱地区的至山东龙山文化，也有玉石质璧、琮的制作。但辽西地区的小河沿文化（公元前 3500~前 2000 年）[34]，只见玉石璧，而无琮的制作。

岭南地区的石峡文化与太湖地区良渚文化中晚期之间交流频繁，有的玉琮直接来自良渚文化，但有的是石峡先民自制。[35] 但在海岱地区，到了大汶口文化晚期（公元前 2800~前 2300 年）过渡至山东龙山文化早期（公元前 2300~前 2150 年）时，才见一件分节有眼纹的玉琮（图三〇）。笔者从雕琢风格分析，认为征集自陕北庐山峁的一件黄绿色闪玉琮，应归为山东龙山文化（公元前 2300~前 1800 年）。[36]

虽然太湖流域在崧泽文化至良渚文化早期时会将大孔窄肉玉璧戴作腕饰，到了良渚中晚期，此习俗逐渐停止，但海岱地区大汶口文化晚期的墓葬中，常见墓主手腕戴着肉部甚宽、内厚外薄的玉石璧（图三一）[37]。在辽西的小河沿文化，女性多将玉石璧戴于手腕，男性则常放在墓主的胸颈上。[38] 小河沿、大汶口这两个文化的用璧习俗，或可能是稍晚时山西的陶寺文化、清凉寺墓葬，以及陕西的石峁文化将玉璧用作腕饰习俗的源头。

图三〇　大汶口文化末期至山东龙山文化早期玉琮
高 3.5、边长 7.3、孔径 6.6 厘米，五莲丹土出土
（引自《玉润东方》）

图三一　大汶口文化玉石璧
径约 15 厘米，山东莒县陵阳河出土
（笔者摄于莒系博物馆陈列室）

根据新石器时代末期早段（公元前 3000~前 2300 年）玉器的分布情况（图三二），可以很清楚看出当时华西、华东都盛行璧、琮文化。

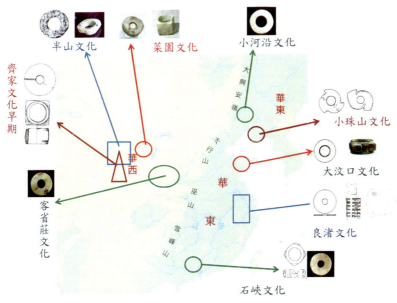

图三二　新石器时代末期早段（公元前 3000~前 2300 年）玉器的分布

了解了玉料的地域性，以及各地区玉器的器类、制作技术，就能了解山西芮城清凉寺墓地是史前西、东两系"璧、琮文化"的会师之处。而主要的文化成分来自华西的齐家文化。

清凉寺遗址从 20 世纪 70 年代至 90 年代就经常意外出土玉器。这些玉器及部分盗掘截获品收藏于运城盐湖博物馆等地。通称为"坡头玉器"。[39]

2002~2003 年，山西省考古研究所在该地作了考古发掘，共发掘 355 座墓，可分四期。经研究得知，大约在公元前2300~前 1900 年间，以公元前 2050 年为分期点，先后有不同的两波居民。前一波留下了第二期共 189 座墓葬，后一波留下了第三期共 105 座墓葬和第四期共 44 座墓葬。发掘出土玉器通称为"清凉寺玉器"。[40] 据发掘主持人薛新明研究员的观察，以前意外出土或盗掘截获的"坡头玉器"主要属清凉寺三期。

公元前 2500 年后，将玉石璧套戴手腕的习俗主要流行在山东的大汶口文化、山西陶寺文化等地。但陶寺文化规格高，所以还出土了不少真正闪玉制作的璧、琮、钺，其中一部分是将得自外地的成品改制再用。图三三所示显然是一件齐家玉琮被切去射口的改制品。图三四所示为是滑石制品，与图三〇丹土出土玉琮颇有相似之处。图三五所示为闪玉制品，戴在墓主右臂肱骨上。根据高炜研究员的描述，后者

图三三　陶寺文化玉琮改制器
中期墓 22 壁龛出土
（江美英拍摄于山西博物院）

图三四　陶寺文化
高 3.2 厘米、长 7.1 厘米、孔
径 6.3 厘米，陶寺 M3168 出土
（引自《东亚玉器》）

图三五　陶寺文化玉琮
外径 7.2~7.5 厘米，高 2.5 厘
米，陶寺 M1267 出土
（引自《东亚玉器》）

有四个前后左右对称且较平的窄直槽，夹着四段较宽、弧度较大的宽段，宽段器表磨三道平行宽阴线。[41]
根据此一分析，笔者多次在中国社会科学院考古研究所陈列室检视过实物，推测它可能是齐家系玉琮改
制。其四个窄直槽左右各有一道垂直宽阴线，阴线直接划过射口器表（图三五长方框内）。

清凉寺二期的文化内涵颇相似陶寺文化，多将玉璧平铺身上或套戴于手腕。图三六所示为清凉寺二
期一座高规格的墓葬，除了墓主外还有两个殉人。共出土 7 件石质璧、3 件多璜联璧，套戴墓主左手腕
或平放在墓主胸腰上。

但在清凉寺二期墓葬中虽见戴璧、铺璧，却几乎全为大理岩、蛇纹石化大理岩，剖面呈内厚外薄的
“楔形”，因质地不坚韧，薄边处常有久戴磨蚀痕，也常断为多截，再于断口附近对钻出小孔以便缀联成
圆，但也有真正的三璜联璧（图三六）。

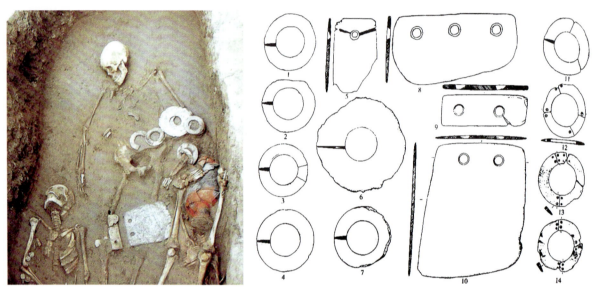

图三六 清凉寺二期大墓 M79 及出土玉石器
（引自《文物》2006 年第 3 期）

大约公元前 2050 年前后，另一批外来者侵占运城盆地，形成第三期墓葬，直接破坏第二期墓葬。
如图三七、三八所示，三期的 M53 叠压在二期 M54 上，所幸还留下套戴一串玉石璧的墓主上半身。

第三期出土的玉器也以璧、大孔璧、多璜联璧为主，仍常平放胸腹上或套戴于手腕。考古发掘出土
两件玉琮，一件出于曾经盗扰的 M52，玉琮套在墓主手尖部位，可能是从腕部滑下的，所以也可能被
当手镯戴。这件玉琮的质地是典型第一类华西闪玉，四个边壁平直，每个边壁有两道垂直阴线贯通上下
射口，只有一侧边还隐约有与垂直线做九十度交叉的两条平行浅磨痕（图三九）。

承蒙薛新明研究员善意告知，第三期还出土一件石质琮，除了每面刻有垂直阴线外，四个转角还刻
三道横线。

非正式考古发掘的坡头遗址出土有两件玉琮、一件石琮（图四○~四二）。这三件素琮呈现典型齐家
文化风格。

清凉寺三期璧类玉器的质地，多属笔者所称第一种、第二种华西闪玉。简报上也认为玉料来自西北
（即指黄河上游），但是简报上的彩图色泽偏差较大。笔者于 2014 年 10 月前往山西省考古研究所、山西
博物院亲自检视实物，在其陈列柜前所拍图档，在得到该所同意后，择数张刊出于此。

图四三至四七都是典型第一种华西闪玉料。如图四三这样洁白温润闪玉制作的窄肉大孔璧（常被称
为“环”），齐家文化喇家遗址也有出土（编号 F27-2）。[42] 图四五虽是窄肉大孔璧，却平置于 M29 墓主
左胸上。图四七双联璜璧的肉颇宽，但与图四八来自山东龙山文化的牙璧一起套戴于墓主左手腕（图四

九）。后者质地是典型第二种华东闪玉料，因为中央被图四七双联璜璧叠压，所以仍保持原来的微透明浅黄绿色，而露在四周的部位被沁成不透明的灰白色。[43] 这里值得强调之处有两点：

首先，第一种典型华西闪玉制作的玉器在掩埋过程中是极不容易受沁的，内中的褐色糖斑是在原生矿时受到三氧化二铁大量沁入结晶格子内所形成。第二种典型华东闪玉可能比较容易受沁，但也不排除是因为这件牙璧贴近墓主，所以较易受有机质沁染之故。

其次，图四七这件双联璜璧，明显是用一件完整齐家文化风格大孔璧切成两半，再于切口附近钻小孔以供绑缚固定的。事实上，在齐家文化中多以一个扇形璜厚片平剖成三片再予以连接成圆，观察每片扇形璜上的玉质纹理多有雷同。这种特意将完整璧切割为二，再缀联成二联璧的成品，是当时晋陕地区的特殊现象。

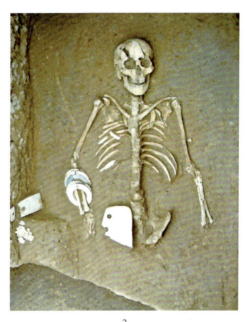

1   2

图三七　清凉寺墓地 M53、M54
1.第三期 M53 破坏第二期 M54；2.M54 局部
（引自《考古学报》2011 年第 4 期）

图三八　清凉寺墓地第三期 M53 及出土玉璧
（引自《考古学报》2011 年第 4 期）

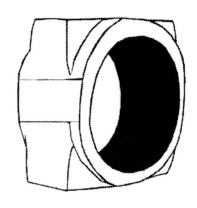

1   2

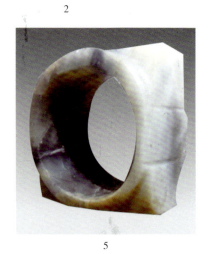

3   4   5

图三九 清凉寺三期玉琮
高 4.2、长 7.3~7.5、孔径 6.2、射高 1 厘米，清凉寺墓 M52 出土
（2、5.黄翠梅绘制、拍摄；3.江美英拍摄；4.笔者拍摄；）

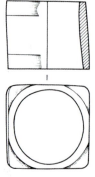

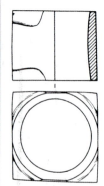

图四〇 清凉寺墓地第三期玉琮
第二种华西闪玉制作，高 6.7、
边长 8.1~8.4、孔径 7.1~7.4 厘米，
山西芮城坡头出土
（引自运城盐湖博物馆广告牌）

图四一 清凉寺墓地第三期玉琮
高 5、边长 6~6.4、孔径 5.2 厘米，
山西芮城坡头出土
（引自《坡头玉器》）

图四二　清凉寺墓地第三期石琮
山西芮城坡头出土
（摄于山西博物院陈列室）

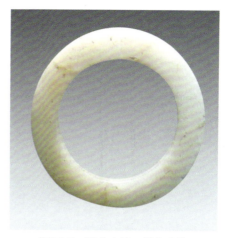

图四三　清凉寺第三期大孔璧
（江美英摄于山西省考古研究所陈列室）

图四四　清凉寺第三期大孔璧
（江美英摄于山西省考古研究所陈列室）

图四五　清凉寺第三期大孔璧
外径 10.5~10.2、孔径 6.2、厚 0.3 厘米
（江美英摄于山西省考古研究所陈列室）

图四六　清凉寺第三期大孔璧
（黄翠梅摄于山西省考古研究所陈列室）

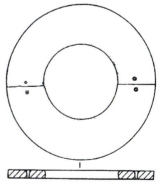

图四七　清凉寺第三期双联璜璧
外径 12.4~12.6、孔径 6.2、厚 0.7 厘米
（黄翠梅摄于山西省考古研究所陈列室，线图引自《考古学报》
2011 年第 4 期）

图四八 山东龙山文化早期玉牙璧
孔径 6.2、中心厚 0.8 厘米，清凉寺三期 M100 出土
（江美英摄于山西省考古研究所陈列室）

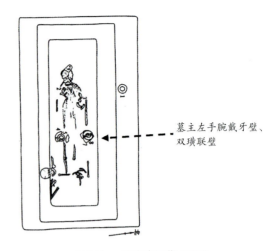

墓主左手腕戴牙璧、
双璜联璧

图四九 清凉寺三期 M100

到了清凉寺四期，丧葬习俗依旧（图五〇）。戴于墓主左手腕是闪玉制作的大孔璧，上面还镶嵌一排绿色矿物嵌片（图五一）。

运城盐湖博物馆曾展出 16 件在清凉寺遗址正式发掘前出土的璧类玉器。目验这批玉器多为闪玉质，少数可能是蛇纹石，呈现浓厚的齐家玉器风格。如图五二所示属第一类华西闪玉料，质、色、尺寸、做工与图五三甘肃静宁出土的齐家玉璧很接近。图五四所示属第二类华西闪玉料，与图五五青海喇家出土者相似。

细观这批玉璧，应非同一时期作品。如图五六这件厚且不太大，孔壁单面钻，倾顷斜度大，钻到底边时再振截取出芯料，说明钻孔工具较软，磨损快；孔壁留有明显宽旋痕，说明磨砂粒子大，钻磨速度慢。处处显示它的制作应早于齐家文化。而图五七这件典型齐家风格玉璧，很可能经长时期戴于手腕，孔壁及孔边器表都已磨得光滑且微微发亮。

值得注意的是，根据发掘人薛新明研究员的分析，清凉寺遗址发展到三期时，人口结构发生了大变化，墓葬人骨的性别检测显示男性是女性的二倍，四分之三的墓主为男性。这明显不正常。此外，墓葬普遍有二层台、洒朱砂，半数墓有殉人，殉者多为青年女性和儿童。

从第三期墓葬毫不留情地直接叠压在第二期墓葬上，可推测第三期墓葬的主人应是外来移民，来此的目的很可能是为了争夺解池出产的池盐，且在此建立了以男性为主的，管理食盐业务的机构。他们多拥有齐家文化璧类玉器（包括大孔璧、联璧）及玉琮，只偶尔有来自华东的牙璧。

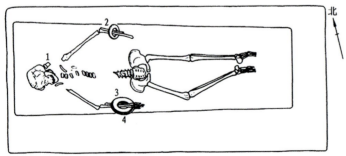

北

图五〇 清凉寺四期 M275
墓主右手腕套戴两件大理岩宽肉璧，左手腕带一件大孔闪玉璧

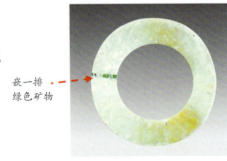

嵌一排
绿色矿物

图五一 清凉寺四期嵌绿色矿物大孔玉璧
外径 10.7~11.1、孔径 5.8~6.9、厚 0.3~0.4 厘米
（图四九至五一均引自《考古学报》2011 年第 4 期）

图五二　齐家文化玉璧

山西芮城坡头出土

（笔者摄于运城盐湖博物馆陈列室）

图五三　齐家文化玉璧

径 32.1 厘米，甘肃静宁祭祀坑出土

（引自《甘肃文物菁华》）

图五四　齐家文化玉璧

山西芮城坡头出土

（笔者摄于运城盐湖博物馆陈列室）

图五五　齐家文化玉璧

喇家 M2 出土

（引自《玉魂国魄·三》）

图五六　清凉寺第三期玉璧

（笔者摄于运城盐湖博物馆）

图五七　清凉寺第三期玉璧

（笔者摄于运城盐湖博物馆）

综上所述，可暂得结论如下。

如图五九所示，当时齐家文化分布范围较广，最东已达陕西的中部，距离芮城清凉寺很近。虽然因出土陶器不多，尚难推断遗址的文化归属，但第三期以男性为主的居民入葬时必将不具生活实用功能的齐家风格璧、琮铺于胸前、套于腕部，却不见具实用功能的玉质带刃器随葬。那么，无论这些玉璧、琮是直接带自母乡，还是玉料来自母乡、在晋南制作，对离乡背井的亡者而言，这一圆、一方的玉器必然有强大的法力，而绝非"装饰品"。

前文已说明，方形玉琮在黄河上中游有本土的创形理念，有明确的祭祀仪轨。图五九用阿拉伯数字标示 1~7 的七个地点，就是前文列举的曾发现出土相同数量的璧与琮的墓葬或祭坑的地点。很可能璧、琮礼制通过上层交流网传至长江下游，才引起良渚文化晚期玉方镯发展成高、方的玉琮。近来最新的考古学年代框架，部分学者已将大汶口文化、良渚文化的结束年代下延至公元前 2100 年。[44]

齐家文化璧多琮少，这一现象可能是由于在齐家文化中有资格拥有璧的人较多，但只有特高级贵族才能拥有玉琮。因此，喇家、皇娘娘台等社群就只有璧而无琮。在齐家文化遗址里，迄今没见到把璧类玉器套戴于手腕的，基本上也没有墓中殉人的习俗。但是，当开拓盐务的前锋带着对璧、琮的信仰来到晋南，也入境随俗的将璧、琮戴在手腕了。受到华东良渚—大汶口—龙山文化流行在玉琮上刻直、横条纹的影响，陶寺文化与清凉寺墓地也出现稍微加刻一点直纹、横纹的玉石琮了。

所以，清凉寺遗址可称为史前西、东二系"璧、琮文化"的会师之处。

齐家文化遗址：
1. 甘肃天水师赵村
2. 甘肃静宁治平乡后柳沟村
3. 宁夏隆德沙塘和平村
4. 宁夏海原县海城镇山门村
5. 陕西宝鸡贾村陵厚村
6. 陕西宝鸡扶风县城关镇案板坪村
7. 陕西长安县上泉村
8. 甘肃白银会宁头寨子镇牛门栋
9. 甘肃广河齐家坪
10. 甘肃武威皇娘娘台
11. 青海民和喇家
12. 陕西宝鸡陇县王马嘴
13. 陕西延安庐山峁

图五九　公元前 2300~前 1800 年黄河、长江流域较多玉器的考古学文化分布图

五　结语

东亚华夏大地上，玉璧萌芽早、分布广。虽然各地区的璧类玉器在造型与做工上常有小差异，如肉的剖面有枣核形、楔形、长方形等变化，中孔或对钻或单面钻，但似乎内涵相似。

远古先民在直观宇宙的变幻、大地的运转、生命的荣枯、物质的久暂后，发展出特有的精气观、宇宙观、同类感通的哲学，以及神祇、祖先、神灵动物三位一体的宗教信仰。这些思维通过上层交流网，逐步在东亚华夏大地上形成共同的文明底层。

"璧琮组配"是东亚大地最古老的玉礼制，可能是公元前 3500 年左右逐渐发展，至少在公元前 2300 年的师赵村时期已成定制。公元前 2050 年很可能在黄河中游芮城清凉寺一带发生过西、东"璧、琮文化"的交汇。迄今尚无法确知璧琮礼制结束于何时，但在公元前 1046 年周王朝成立时，"圭、璧组配"的礼制已是周族祭祀神祇、祖先礼制的既定礼制。随着周王朝长达八百年的统治，遂令圭、璧礼制在中国历史上施行三千余年，直到帝制结束。

附记：本文撰写于 2015 年夏季，近来杨官寨、石峁、碧村、蒋庄等有新的考古资料公布，笔者又查阅到闻广对大地湾出土玉器的质地鉴定正式报告等，令本文多处必须小幅度修改。为免牵动过大，仅以附记方式补充如下。

经笔者研究，史前华西、华东典型闪玉料应各增加一种，即华西为五种，华东为四种。华西所加是一种无透明感的浅棕黄色至灰白色闪玉，以宁夏隆德县沙塘乡页河子玉璧为代表（见《玉泽陇西——齐家文化玉器》第 45 页）。华东地区所增加的为带黑点的碧玉，以赤峰赛沁塔拉出土龙形佩为代表。

闻广对大地湾出土玉器的正式鉴定论文《大地湾玉器地质考古学研究——中国古玉地质考古学研究之七》并未收入正式报告《秦安大地湾》中，而发表于《玉文化论丛·3》（文物出版社，2009 年）。大地湾正式报告中登录编号 QDO:224 的方圆形璧的质地是"半玉"，故未引起学术界注意。笔者阅读闻广正式报告，了解闻广所称的"半玉"意指"不纯的真玉"。该件质地是夹杂其他矿物（可能是叶蛇纹石）的阳起石，而阳起石即是闪玉。

图一二两件收购于宁夏海原的石璧被定为"菜园文化"，主要是因为海原分布菜园文化。当时尚不知道在黄河上中游，石璧的年代可以早到公元前 3500 年。现在比较海原两件石璧与杨官寨出土石璧（杨官寨资料见王炜林：《庙底沟文化与璧的起源》，《考古与文物》2015 年第 6 期），会发现海原石璧应该更早。因为它们尺寸小、厚薄不匀、轮廓上各留有长短数截直条边，可知当初是用"截方取圆"的技术制作。故笔者认为根据工艺技术发展观点，海原璧的制作年代应早于公元前 3500 年。

近年来山西吕梁兴县碧村及陕北神木石峁都出土一些用典型齐家文化玉璧改制成的三牙或四牙璧，以及两片不甚对称的二联璧。所改制成牙璧的"牙"多内敛，整个外轮廓仍是一个圆璧状。笔者认为这类二联璧与圆片改工的牙璧，是晋、陕地区先民对东、西方文化的学习与模仿，与清凉寺三期出现的玉琮（图三九）都可称为"混血儿"玉器。

注释：

[1] 邓淑苹：《万邦玉帛——夏王朝的文化底蕴》，许宏：《夏商都邑与文化》，中国社会科学出版社，2014 年，第146~248 页。

[2] 笔者敢于确认这七种玉料是真的闪玉 nephrite，其实每种玉料都有不同的认知过程。包括陈光祖博士用 X 光绕射分析，陈东和用拉曼光谱，闻广用扫描电镜、同位素分析等结果，再结合笔者个人测试比重数据。

[3] 闻广：《中国大陆史前古玉若干特征》，邓聪：《东亚玉器》，香港中文大学，1998 年，第 220 页。

[4] 陈东和博士利用拉曼光谱及加速器 PIXE（粒子诱导激发 X 光荧光光谱）分析技术，研究巴黎的吉美博物馆所藏早年流散的石峁玉器，发表于其法国凡尔赛大学博士论文中。他发现颜色越深的玉含铁量越高，一般黄绿色玉所含铁离子约在 1 wt% 上下；较深色的良渚文化玉器，铁离子约 3wt%~4 wt%；石峁的深色牙璋铁离子含量高达 5 wt%~12 wt% 左右；锰与镍的含量也比较高。

[5] 荆志淳等：《M54 出土玉器的地质考古学研究》，中国社会科学院考古研究所：《安阳殷墟花园庄东地商代墓葬》，科学出版社，2007 年。

[6] 或称为"马家窑文化半山类型"。

[7] J. G. Andersson, *Researchs into the Prehistory of the Chinese*. Bulletin of the Museum of Far Eastern Antiquties, No.15, Stockholm, 1943 年。

[8] 谢端琚：《黄河上游史前文化玉器研究》，《故宫学术季刊》第 19 卷第 2 期。有学者引述文章认为该地区没有早于齐家文化时期的玉器，是极错误的说法。

[9] 图八引自袁德星：《中华历史文物》，（台北）河洛图书出版社，1976 年。

[10] 笔者曾深入研究新石器时代至齐家—龙山时期玉器制作技术，确知到了齐家—龙山时期，玉器上的直条切割痕多窄而平直，应是工具及技术进步所致。邓淑苹：《天工巧艺——新石器时代玉雕工艺初探》，《故宫文物月刊》总第 283 期，第 58~77 页。

[11] 台北故宫收藏有一批 19 世纪 80~90 年代在甘肃各地收集的半山—齐家系玉器，其中很多件此类玉方筒，或无射口，或有浅射口。部分发表于拙作《圆与方——古人思维中的天地与阴阳》，《故宫文物月刊》总第 386 期。

[12] 朱乃诚：《素雅精致，陇西生辉——齐家文化玉器概论》，《玉泽陇西——齐家文化玉器展》，文物出版社，2015 年。

[13] 中国社会科学院考古研究所：《师赵村与西山坪》，中国大百科全书出版社，1999 年，173~175 页。书中称为"透闪岩"。

[14] 中国社会科学院考古研究所：《师赵村与西山坪》，中国大百科全书出版社，1999 年，第 10 页。

[15] 师赵村齐家文化的年代参考：师赵村 T307（4）的校正年代数据 2317-2042BC，或 T406（3）H1，校正年代数据 2335-2044BC。见中国社会科学院考古研究所：《中国考古学中碳十四年代数据集（1965~1991）》，文物出版社，1992 年，第 282~283 页。

[16] 图八出版图版清晰。图九笔者曾仔细检视过高解析度图档。图一〇、一一展示于中国社会科学院考古研究所陈列室，笔者仔细看过多次。

[17] a.谢端琚：《黄河上游史前文化玉器研究》，《故宫学术季刊》第 19 卷第 2 期，2001 年；b.谢端琚：《宁夏史前考古概论》，《二十一世纪的中国考古学——庆祝佟柱臣先生八十五华诞学术文集》，文物出版社，2006 年。此外固原当地部分数据显示，年代上限还可能再早一二百年。

[18] 多璜联璧是半山文化、齐家文化玉器的重要品类，但有的体积甚大，每个单片不刻意修整轮廓，拼接起来外轮廓不正圆，有学者称之为"玉围圈"，分散后的单片则称为"围圈片"。

[19] 谢端琚：《黄河上游史前文化玉器研究》，《故宫学术季刊》第 19 卷第 2 期。

[20] 谢端琚：《宁夏史前考古概论》，《二十一世纪的中国考古学——庆祝佟柱臣先生八十五华诞学术文集》，文物出版社，2006 年。

[21] 罗丰：《黄河中游新石器时代的玉器》，《故宫学术季刊》第 19 卷第 2 期。

[22] 现藏于宁夏海原县文管所。

[23] 周原博物馆：《周原玉器萃编》，世界图书出版西安公司，2008 年。

[24] 高次若：《宝鸡市博物馆藏玉器选介》，《考古与文物》1995 年第 1 期。

[25] 戴应新：《神木石峁龙山文化玉器探索（一）》，《故宫文物月刊》总第 125 期。

[26] 此资料曾被报道为四琮、三璧。笔者 2009 年前往静宁博物馆，据该馆人员告知，当初出土时是四件璧、四件琮，被乡民瓜分，乡政府得知后设法追缴并拨交给静宁县博物馆，但只追回七件完整者，另一件玉璧因已破损成多块，无法完整复原，因而没有上缴。

[27] 至于甘肃中部皇娘娘台类型、青海东北部喇家类型则不见或少见玉琮。

[28] a.北京大学考古系等：《浙江桐乡普安桥遗址发掘简报》，《文物》1998 年第 4 期；b.浙江省文物考古研究所等：《新地里》，文物出版社，2006 年。

[29] 王明达：《介绍一件良渚文化玉琮半成品——兼谈琮的制作工艺》，钱宪和、方建能：《史前琢玉工艺技术》，台湾博物馆，2003 年。

[30] 牟永抗：《关于璧琮功能的考古学观察》，《东方博物（第四辑）》，杭州大学出版社，1999 年，第 30~33 页。

[31] 近来也有学者认为良渚文化结束于公元前 2100 年（张弛：《社会权力的起源》，文物出版社，2015 年，附录二）。方向明研究员告知，良渚古城葡萄畈和扁担山的堆积也延续到这一时期，负责良渚古城考古的刘斌所长称这段为"良渚文化末期"。

[32] 牟永抗：《关于璧琮功能的考古学观察》，《东方博物（第四辑）》，杭州大学出版社，1999 年，第 36 页。

[33] 广东省文物考古研究所等：《石峡遗址——1973~1978 年考古发掘报告》，文物出版社，2014 年。

[34] 小河沿文化的年代有多种说法，本文取较晚进的论证。参见索秀芬、李少兵：《燕山南北地区新石器时代考古学文化序列和格局》，《考古学报》2014 年第 3 期。

[35] a.朱非素：《广东石峡文化出土的琮兴钺》，浙江省文物考古研究所：《良渚文化研究》，文物出版社，1999 年；b.江美英：《广东出土良渚式雕纹玉石器研究》，《故宫学术季刊》第 30 卷第 2 期；c.方向明：《中国玉器通史·南方卷》，海天出版社，2014 年。

[36] 邓淑苹：《杨家埠、晋侯墓、庐山崇出土四件玉琮的再思》，山东博物馆、良渚博物院：《玉润东方：大汶口–龙山·良渚玉器文化展》，文物出版社，2014 年，第 13~32 页。

[37] a.山东省文物管理处等：《大汶口——新石器时代墓葬发掘报告》，文物出版社，1974 年；b.山东省考古所等：《山东莒县陵阳河大汶口文化墓葬发掘简报》，《史前研究》1987 年第 3 期。

[38] 辽宁省文物考古研究所等：《大南沟——后红山文化墓地发掘报告》，科学出版社，1998 年。承蒙郭大顺先生提示此一分别，特此申谢。

[39] a.陶正刚、王晓莲：《山西芮城县坡头遗址出土玉器与良渚文化关系研究》，杨伯达：《中国玉文化玉学论丛·三编（下）》，紫禁城出版社，2005 年；b.李百勤、张惠祥：《坡头玉器》，文物世界杂志社，2003 年。

[40] a.山西省文物考古研究所等：《山西芮城清凉寺新石器时代墓地》，《文物》2006 年第 3 期；b.山西省文物考古研究所等：《山西芮城清凉寺史前墓地》，《考古学报》2011 年第 4 期；c.陈靓、薛新明：《山西芮城清凉寺新石器时代墓地人口构成研究》，《西北大学学报（哲学社会科学版）》2010 年第 6 期。

[41] 高炜：《陶寺文化玉器及相关问题》，邓聪：《东亚玉器》，香港中文大学中国考古艺术研究中心，1998 年，第 197 页。

[42] 2009 年夏，承蒙业茂林研究员准予检视喇家出土玉器，特此申谢。

[43] 图四九、五〇质地为闪玉，是笔者看了薛新明研究员的演讲简报内容得知，特此申谢。

[44] 2011 年文明探源工程公布考古学年代框架，大汶口、良渚等文化年代下限为公元前 2300 年，但近来也有学者认为应在公元前 2100 年（张弛：《社会权力的起源》，文物出版社，2015 年，附录二）。

清凉寺 M52 玉琮探讨分析

江美英

（台湾南华大学）

一　前言

　　齐家文化的琮璧文化是 20 世纪晚期继良渚文化琮璧文化后在考古学文化、玉器探索的一个重点。20 世纪，齐家文化的琮璧在国外各博物馆的数量不少，但出土数量不多，比起 20 世纪晚期到 21 世纪初大量良渚文化琮璧的考古发掘与讨论，齐家文化的讨论与探索相对也较少。但随着甘肃、青海、宁夏、陕西、晋南等地的考古发掘，及近年碳十四年代新资料的公布，相关学者对齐家文化整体面貌的讨论随之兴起，同时也回顾了早年齐家文化的发掘数据。

　　新石器时代晚期甘肃、山西的文化传播和交流是如何形成与发展的？玉器发展过程又是如何？这些显然是大家都关心的重要课题。台北故宫邓淑苹先生为此次会议撰写《从清凉寺墓地探史前西、东二系"璧、琮文化"的交汇》一文。清凉寺墓地的发掘者薛新民先生撰写《清凉寺史前墓地反映的中原与西北地区文化交流》专文，认为是清凉寺玉器影响了齐家玉器。齐家文化的玉器与晋南的陶寺文化、清凉寺遗址、下靳遗址之间的文化交流与传播若能厘清，对于中国西北地区（邓淑苹先生所指华西地区）史前史的发展极具意义。目前有些环节及资料不能完全说明此问题，但藉此问题的讨论过程，有助于对齐家文化形成历程的了解与对齐家文化玉器的认识。

　　2014 年 10 月，笔者与台湾两位学者专家承山西省考古研究所、山西博物院、社科院考古所等单位的协助，在薛新民研究员的陪同下观摩山西太原、侯马、运城等博物馆藏清凉寺遗址出土的器物，社科院考古所研究员何驽先生也提供了陶寺玉石器的观摩。笔者与 2007 年、2013 年对青海、甘肃、宁夏齐家文化玉器探索参照，有了更多的收获与了解，但仍有许多未解之处。因此拙文仅针对清凉寺墓地第三期 M52:1 出土的玉琮做讨论。此件玉琮最大特色为器表有一竖道，有两道宽阴线刻到射口器表，本文称"清凉寺型玉琮"。

二　清凉寺型玉琮

　　清凉寺墓地第三期 M52:1 出土玉琮，玉质是典型的闪玉（图一）。主要有几大特色：①外形较方、四面边璧平直。②每面边璧有两道垂直阴线贯通上下射口，形成一竖道直槽。

　　故本文所称"清凉寺型玉琮"，特征为每面器表均有两道宽阴线刻到射口，即器表有一从上到下的竖道。这类玉琮在造型上可能是介于有雕线纹分节玉琮到素面玉琮的中间型玉琮。目前这类玉琮数量也不多，史前出土也仅在清凉寺第三期墓葬中。在山西参访过程中薛新明研究员告知，第三期还出土一件石质琮，除了每面刻有垂直阴线外，四个转角还刻三道横线。延安、石峁玉琮为采集品。芮国墓则为较晚期的春秋墓葬。一般推测其与陶寺玉琮（图二、三）或山东地区或受良渚文化因素影响。图四为归类为清凉寺型的玉琮。

图一　清凉寺 M52:1　　　　　　图二　陶寺 M3168:7 玉琮　　　图三　陶寺 M1267:2 玉琮
高 4.2、长 7.3~7.5、孔径 6.2、射高 1 厘米

图四　清凉寺型玉琮

1.清凉寺 M25:1；2.延安安寨出土；3.陕西石峁出土；4.山东诸城前寨出土；
5.芮国 M27:215；6.芮国 M27:216；7.芮国 M27:217；8.芮国 M27:218；
9.台北故宫故玉 0920 玉棕（陈奇玮绘制）；10.台北故宫故玉 3882 玉棕（陈奇玮绘制）

以下针对上述归类为"清凉寺型玉琮"作分析说明。

1.清凉寺墓地第三期 M52:1 玉琮

清凉寺 M52:1 玉琮，相对于其他齐家文化出土、采集或公私立博物馆收藏的玉琮，造型、纹饰、玉质上并不特别突出。但是出土玉琮稀少，此琮虽被扰乱过但基本仍在墓主手指尖部，可推断其应是作为手镯佩戴，且器表有一竖道直槽特征，所以在探索玉琮形制的起源等方面有重要的参考价值（图五，1~3）。

此琮有一面依稀可见两道与垂直线纹平行的浅凹槽阴线纹，看起来并不像同面另一侧可能是制作时留下的磨痕（图五，4~6）。是要继续做线纹或是与其他西北地区出土的分节玉琮有关系？目前还无法确切知道原因。

图五　清凉寺 M25:1 玉琮

（1.引自《文物》2006 第 3 期；2.引自《发现山西——考古人手记》；3.引自《中国古玉器图典》；
5.陈奇玮绘制；6.笔者拍摄于山西省考古研究所陈列室）

2.陕西芮国 M27 出土清凉寺类型玉琮

陕西韩城芮国 M27 出土四件玉琮（图六），从图片、线绘图检视，每件玉琮至少有一面与清凉
M52:1 玉琮相同，具有器表两道宽阴线刻到射口器表的竖道直槽特征。2013 年笔者参观时并未详细检
视，无法确认四件器面是否均为竖道到射口直槽，但至少一面有此现象，所以将此四琮均归为清凉
寺型玉琮讨论。

图六　陕西芮国 M27

芮国 M27:215、M27:216、M27:218 三件玉琮，从资料上判断只有两道线纹构成一直槽面，没有与垂直线交叉的线纹，呈素面现象。M27:217 器表是四道分节阴线，有的阴线到射口器表，有的没有，垂直线较不规整。除直槽面外，在转角器表中间处还有两道阴线，将器表分成上下两节。此器线纹略显粗略。整体而言，芮国 M27 四琮边壁较清凉寺略薄，更适合佩戴于手腕上。

M27 为芮国墓最高规格墓葬，出土的四件玉琮经陕西刘云辉先生等专家判断属齐家文化。甘肃静宁曾采集四壁四琮，虽不是出土发掘，但从采集情况看，四件琮可能也是遗留到春秋时期再作为陪葬品入土的。芮国 M27 四件玉琮均为闪玉，颜色呈青褐色，打模制作均算精致。

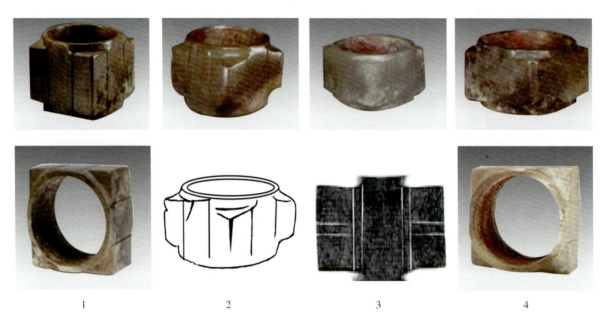

1   2   3   4

图六　陕西韩城芮国 M27 出土清凉寺型玉琮

1.芮国墓 M27:215，边长 7.6~7.8 厘米；2.芮国墓 M27:216，边长 6.9 厘米；
3.芮国墓 M27:217，边长 6.8 厘米；4.芮国墓 M27:218，边长 7.2 厘米

3.延安、石峁采集清凉寺型玉琮

延安安塞、石峁龙山文化研究会各藏有一件清凉寺型玉琮（图七、八），器面均见两道宽阴线刻到射口器表的竖道直槽特征。另外一件石峁龙山文化研究会搜藏的玉琮则未刻到射口器表（图九），两道阴刻线条将器表分成三节。此三件玉琮为黄绿色，一般判断是清亮盈润的闪玉，可说是最精美的玉质之一，类似习称的"和阗玉"。

图七　延安安塞采集清凉寺型玉琮 图八　石峁龙山文化研究会 图九　石峁龙山文化研究会
              藏清凉寺型玉琮   藏玉琮

4.台北故宫藏清凉寺型玉琮

台北故宫清宫旧藏良渚或齐家系的玉琮数量颇多。故宫旧藏故玉 0920 及故玉 3882 两件玉琮，均有两道阴线刻到射口器表的特征。台北故宫这两件清凉寺型玉琮，除部分糖玉、斑纹结构外，玉质清亮莹润，孔壁薄，制作相对规整，上下射口口缘部分与延安、石峁出土器一样较圆滑适合佩戴，而清凉寺 M52:1 孔壁口缘较笔直。

故玉 0920 玉琮，高 4.1 厘米，最宽边 7.2 厘米，孔径 6.3 厘米，较厚处 0.4 厘米，尺寸与清凉寺 M52:1 玉琮差不多。

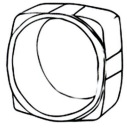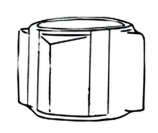

1　　　　　　　　　　　　　　　　2

图一〇　台北故宫藏清凉寺型玉琮

1.台北故宫故玉 0920；2.台北故宫故玉 3882

综合而言，上述清凉寺型玉琮，除共同的器面两阴线到射口器表的特征外，器面较笔直，宽多约在六点多到七点多厘米，高度三点多到四点多厘米，基本上射口均较浅短，中孔较大，算是较小型适合佩戴于手腕的玉琮造型。

三　山东地区直槽线到射口玉琮

山东地区出土及采集的玉琮也是探讨东西方玉琮的重点。其中山东诸城收藏一件玉琮和一件玉镯（图一一，1、2），山东莒县博物馆收藏一件成四分的筒形玉镯。这几件器物与清凉寺玉琮的形成发展不一定相关，但是器壁均有四组两道阴线刻到射口器表或器缘的直槽面现象，值得再观察分析。

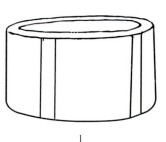

1　　　　　　　　　　2　　　　　　　　　　3

图一一　山东地区出土玉琮、玉镯

1.大汶口文化玉琮（高 3.8、外径 7、内径 5.8、厚 0.5~0.7 厘米，1980 年山东诸城前寨出土，诸城市博物馆藏）；2.大汶口文化玉镯（高 4.5、外径 7.5、内径 5.9、厚 0.7~0.8 厘米，1980 年山东诸城前寨出土，诸城市博物馆藏）；3.山东莒县博物馆玉镯（引自邓淑苹：《史前至夏时期璧、琮时空分布的检视与再思》）

四　相关问题

"清凉寺型玉琮"的发展与甘肃、宁夏以及山西清凉寺、陶寺等其他地区出土或采集的玉琮存在有先后及相互影响关系，因有些问题尚未厘清故本文未讨论。另外如广富林出土的玉琮，因为形制上尺寸较大、中孔小不适合佩戴，故也未放入清凉寺型玉琮范畴讨论。坡头三件玉石琮大致应与清凉寺 M52 这件玉琮为同时期，也均能当手镯佩戴，邓淑苹先生专文作了讨论，故本文未论述相关问题。

拙文通过对清凉寺 M52 玉琮以及十余件同器型玉琮分析比较，认为此类玉琮具有以下特征：①外形较方，四面边壁平直。②每面边壁有两道垂直阴线贯通上下射口，形成一竖道直槽。③玉琮尺寸、孔壁尺寸及孔壁磨滑程度均适合当手镯佩戴。

本文列举从东到西、年代从大汶口到春秋的"清凉寺型玉琮"及其相关玉器，主要是想说明以下几个重点。

第一，这种带竖道直槽的玉琮应有其发展脉络。从竖槽、线纹的特征分析，笔者认为可上溯到良渚文化因素，只是中间的传播环节尚未明朗。

第二，陶寺、清凉寺玉器在 20 世纪玉器研究兴起时都归类为齐家文化或齐家文化系统。但根据近年陶寺、清凉寺等考古新发现，各文化都有自己的发展特色，玉器间的交流传播是如何进行？是否应都视为齐家文化系统可再做讨论。

第三，从薛新民先生告知清凉寺第三期玉器用料分析，清凉寺玉器用料应是来自西北地区的齐家文化。齐家文化圈或先齐家出现大量玉器，如隆德、静宁等地又大又精美的齐家玉器，清宫旧藏及海外藏大量齐家文化玉器，都表明齐家玉器在史前玉器及文化交流上扮演着重要角色。

第四，清凉寺 M52:1 玉琮的起源、文化特色若能认清，有助厘清华西地区（西北地区）史前文化及玉器的发展。

本文梳理竖槽到射口的"清凉寺型玉琮"，彼此间不一定有交流，但是竖槽的玉琮特征，应都是受良渚文化玉琮直接或间接的影响。希望随着日后考古资料的丰富，可以厘清清凉寺、陶寺、齐家文化之间的关系。

良渚文化琮璧扩散至于齐家文化轨迹的探讨

方向明

（浙江省文物考古研究所）

根据"中华文明探源工程"的研究成果，对传统考古学文化谱系的绝对年代框架进行了重大的修正，其中良渚文化结束的时间不晚于公元前 2300 年，庙底沟二期文化晚期（或龙山文化早期）的年代下限也可晚至公元前 2300 年前后，大汶口文化结束的时间和龙山文化兴起的时间约为公元前 2300 年前后，陶寺文化可延续至公元前 1800 年前后龙山时代的末期。[1] 最新的陶寺遗址考古成果发布会报道陶寺遗址"兴建与使用的时代为距今 4300~4000 年"[2]。

齐家文化主要由马家窑文化、常山下层文化发展而来，有七里墩、秦魏家、大何庄、皇娘娘台、柳湾、师赵村等类型，与客省庄文化、菜园文化相关，距今 4300~3800 年。[3]

环太湖地区新石器时代末期是良渚文化末期或后良渚文化时期，钱山漾文化、广富林文化目前已被多数研究者认为可以作为龙山文化至"夏"时期初环太湖地区前后发展的两支地方性文化，其中钱山漾文化距今 4400~4200 年。[4]

玉器是良渚文化的重要内涵，是聚落等级和规模的反映，也是原始宗教信仰和观念意识形态的体现。自崧泽文化以来，良渚玉文化走过了近千年的历程，形成了以品质、数量、种类、组合、刻纹工艺等多种因素相结合的用玉制度，良渚文化、良渚玉文化是一种玉器文明，对周边同时期和后续的考古学文化有着深远的影响，琮、璧为代表的良渚玉器往西影响扩散到黄河上游的齐家文化，成为齐家文化玉器的主要内涵。良渚和齐家相隔直线距离两千多公里，琮、璧是如何影响扩散过去的？良渚玉器的对外影响到底有什么样的特点？为什么仅仅有琮、璧这两种器形？本文主要就这些问题进行讨论。

一　石峡：物质需求和精神慰藉的分裂

良渚玉文化对于周边地区的影响大体有三路。

首先，北路跨越长江向江淮、海岱地区传播和扩散。良渚文化早中期阶段，北路几乎没有什么进展，大汶口文化晚期，海岱地区与良渚文化交流频繁。新沂花厅、萧县金寨也出土了丰富的良渚文化式玉器[5]，为良渚文化晚期乃至稍后阶段良渚玉文化的向北扩散埋下了伏笔。

其次，沿长江上溯。长江在江西湖口接纳鄱阳湖水系后便进入下游，湖口以北是大别山，大别山将江淮平原和江汉平原分割，在新石器时代就有着各自独立的考古学文化谱系。长江流经安徽境内的又称皖江，孕育了玉文化高度发达的凌家滩文化以及以潜山薛家岗遗址为代表的薛家岗文化。如果说在距今 6000~5300 年的崧泽文化阶段，长江下游地区的交流存在过空前的繁荣，那么在良渚文化时期，无论是早期还是晚期，良渚玉文化的扩散实际上非常短续和零星。潜山薛家岗遗址中，仅 M47 出土有良渚文化琮式管[6]。在公布的安徽境内出土玉器中，皖江流域几乎没有琮、璧的报道[7]。这一态势也直接影响到良渚文化以后良渚玉文化沿长江上溯的扩散，如石家河文化玉器中几乎没有多少良渚玉

文化的因子。

再次，沿钱塘江流域进入赣江，然后抵达岭南。石峡遗址出土了丰富的良渚文化式玉器，有琮、璧、钺、筒形环镯、锥形器，甚至嵌玉漆器等。岭南地区发现复式节高琮的不仅石峡一处，韶关市曲江乌石镇床板岭、肇庆市封开禄美村均有发现，可见在岭南地区琮被广泛接受。[8] 同时，我们发现石峡与良渚文化相关的出土玉器年代跨度甚大。如 M42:4 玉龙首环（报告中期）、M99:5 玉龙首环（报告早期–Ⅱ）、M17:13 兽面纹有填白的琮（报告早期–Ⅱ）、M69:28 有脸庞状线兽面纹琮（报告早期–Ⅱ）[9]，是良渚文化早期风格的玉器，要早于 M105:1 复式节高琮（报告早期–Ⅱ）、M6:2 桃形眼兽面纹镯式琮（报告晚期）的年代（图一）；M69 还出土了不少大孔环璧，如 M69:27、M69:3，大孔玉璧也仅出现在良渚文化早期。《石峡遗址》报告未公布之前，笔者曾据零星报道提出良渚与石峡的交流并非只在良渚文化晚期，而是贯穿了良渚文化的始终[10]。《石峡遗址》指出："推测石峡文化先民，于太湖地区良渚文化中期、晚期时，两地曾有过直接交往。粤北石峡遗址和太湖地区之间并无高山大岭相隔，可以推测石峡文化先民们是通过南岭的隘口，而后顺着赣江上游支流河谷进入赣江干流两岸，向北经鄱阳湖区，再沿着长江中下游河谷平原，进而入长江三角洲以南太湖为中心的苏南平原。"[11] 龙首纹玉器源自崧泽文化晚期和良渚文化早期的玉雕龙，主要流行于良渚文化的中心——良渚遗址群，是良渚文化早期与兽面纹共存的良渚文化玉器主题纹样，良渚文化中晚期之后龙首纹完全被兽面纹替代。石峡遗址出土的这两件龙首纹玉器如果年代等同于良渚文化晚期才出现的复式节高琮，那么是琢玉工匠记忆并掌握了良渚文化的早中期玉器？这是一件匪夷所思的事情。

与出土丰富的良渚文化式玉器相比，石峡遗址良渚文化式的陶器实际上数量极少。鼎和三足器中不见鱼鳍形足，28 件壶中有子口的 11 件，长颈鼓腹没有双鼻的 9 件。石峡壶口为子口，良渚壶盖为子口，一个内盖，一个外套，两者迥然不同。与良渚文化双鼻壶相似的 E 型仅 3 件，复原的 M44:4 类双鼻壶在良渚文化属于中期阶段，如上海闵行马桥Ⅰ M5:2 [12]。标识良渚文化进入晚期新阶段的袋足鬹，石峡共出土 3 件，均出于石峡报告中的晚期 M54。石峡遗址的随葬陶器几乎完全采用本地的种类和组合，但是反映墓主身份等级和观念精神的玉器却几乎完全引进良渚文化式，而且还不局限于石峡一地，这是一个非常值得讨论的文化现象。在这样的传播和扩散过程中，物质的需求和精神的慰藉好像是可以分裂的，这可为探索良渚文化晚期良渚玉文化大范围扩散的动因提供有益的启发。

二 花厅的挫折和金寨的启示

与良渚文化时期石犁的扩散和传播一样，良渚玉文化在良渚文化晚期沿长江上溯几乎没有什么进展，但在这一时期有了新的动向，除了继续与岭南交往，还开始大规模跨越长江向北扩散。扩散的线路非常清晰，留下了连贯的印迹。海安青墩出土了玉琮，阜宁陆庄遗址北距废黄河（淮河）约 4 公里处采集有玉琮。[13] 兴化张郭镇蒋庄遗址发现良渚文化墓地，出土有玉琮、玉璧。[14]

新沂花厅遗址所在已近沂蒙山南麓，完全抵达了大汶口文化分布的腹地。花厅南区墓地年代要早于北区墓地，北区墓地与良渚文化晚期大体相当，出土了冠状器、琮式管、镯式琮等典型良渚式玉器（图二）。花厅 M50:9 镯式琮兽面纹为良渚文化晚期桃形眼，填刻的螺旋纹转角呆板。随葬有本地大汶口文化的典型陶器，也有部分良渚文化的典型陶器。玉器看上去具有浓厚的良渚文化色彩，但实际上有相当一部分玉器不是良渚文化式的，如小型的环璧。一些小型环璧的边缘继续保持趋薄的工艺特征，完全是大汶口文化时期小环璧的特征，也是红山玉文化南向交流到长江流域在海岱地区留下的孑遗。如花厅 M20，出土瓦足皿、垂棱豆等良渚文化晚期风格的陶器，墓主左右上肢佩戴的却是大孔环璧，环璧的边缘渐薄，这类作为臂穿的环璧或"瑗"，在良渚文化早期之后就不见了。当然，良渚文化晚期玉琮已经扩散到海岱地区脚下是一个事实。但同时我们还要注意到，良渚式的玉璧没有在花厅出土[15]，这与大

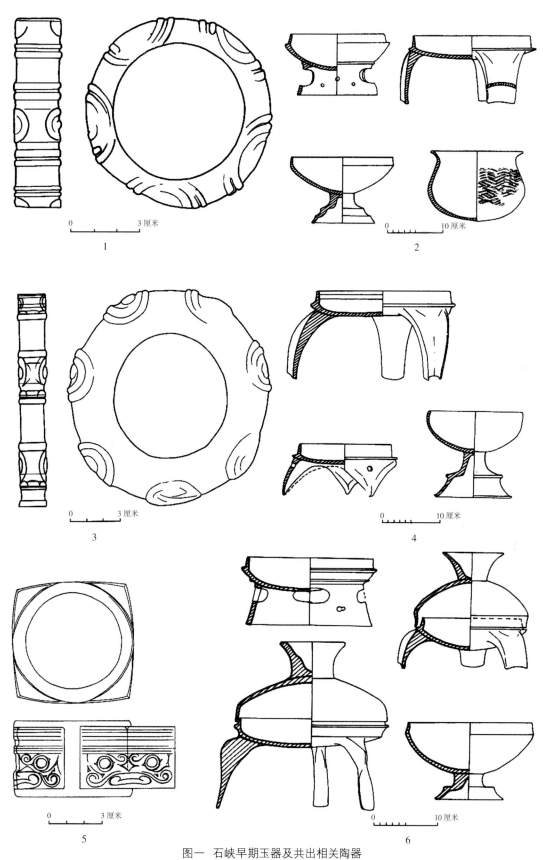

图一 石峡早期玉器及共出相关陶器

1、2.玉龙首环（M42:4）及共出陶器；3、4.玉龙首环（M99:5）及共出陶器；5、6.玉琮（M17:13）及共出陶器

图二　新沂花厅 M20 及出土的环璧等

1、10~12、16~23、62.玉锥；2~8、14、15、31.玉珠；9、60.玉镯；13、25.石钺；24、26.玉瑗；27.玉环；28.石铲；
29.陶杯；30、39、43、48、52、54、55、56.陶罐；32、34、35、38、42、59、63、64.陶豆；33、45.残陶器；36、50.陶盉；
37、40、57.陶鼎；41.石器；44.器盖；46、49.背壶；47.骨器；51.陶壶；53.圈足盆；58.大口钵；61.穿孔石斧；
65.绿松石耳坠；66、67、76.猪头骨；68~73.猪颌骨；74.猪骨架；75.狗骨架；77.双耳罐

汶口文化晚期至龙山文化时期良渚式的玉器仅限于玉琮而不见玉璧似乎一脉相承，海岱地区龙山文化的
玉器自始至终恪守着自己的传统。

　　跨越长江并途经兴化、阜宁等地抵达泰山脚下，一些研究者早就指出了良渚文化向北扩散的这条道
路。[16] 良渚文化玉琮在抵达海岱地区后，后续的龙山文化先民对其进行了完全的改造，而且他们始终
拒绝玉璧的进入，并在自己小环璧传统的基础上发展了动态旋转的"牙璧"。海岱地区龙山文化时期琮实
际上数量不多，最常引用的就是 1978 年五莲丹土出土的那件玉琮[17]，与其说是琮，不如说是环镯的四

角附加直角形凸块。龙山文化玉器以钺、刀为主，两城镇采集的玉圭刻纹、临朐朱封 M202:1 透雕冠饰的介字形冠兽面像[18] 是龙山文化时期的"神徽"。

良渚玉文化在向海岱地区龙山文化地盘的扩散中碰了壁，受到了挫折，因为向东北是大海，所以向西北是正常的选择，这可能最终成为一条关键的扩散道路，直指了中原。

目前良渚文化玉器出土数量最为丰富、分布最北的安徽萧县金寨遗址很值得注意。金寨遗址据说早有"玉石塘"之称，1986 年出土了数量丰富的玉器，虽然没有出土琮，但有璜、锥形器和璧等，璜有桥形璜，说明其年代要早于良渚文化；出土的玉璧外径 19 厘米，是典型的良渚文化玉器。[19] 金寨与花厅纬度相当，直线距离约 130 公里，但是金寨遗址处在沂蒙山西部，所在区域越过菏泽、商丘的黄泛区就直抵郑洛地区了。

这条路线的细节目前还不清晰，但线索不少。淮河北的怀远龙王庙遗址出土了一对改制的玉饰件，雕琢有獠牙的兽面纹[20]，这类兽面纹属于良渚文化早期。如果要再追溯的话，这条通向中原腹地的道路早在凌家滩文化时期就已经铺设好了。灵宝西坡墓地出土的横截面呈扁橄榄形的修长型玉石钺、南阳西峡老坟岗积石墓出土的玉石斧[21]，均有凌家滩玉文化的影子。

相对而言，良渚玉文化在良渚文化早期沿长江上溯并没有走多远，到了良渚文化晚期依然，迄今屈家岭文化、石家河文化早期几乎没有良渚式玉器的发现[22]。湖北蕲春坳上湾采集有玉琮，但细节不详[23]。石家河文化晚期玉器中琮的数量极少。肖家屋脊遗址出土了多件玉人头、玉虎头、玉蝉，以及鹰纹笄、柄形器等，不见琮璧。枣林岗 M38 出土的琮仅是残件。澧县孙家岗墓地的年代可能与钱山漾文化阶段接近，M9 出土了两件玉璧，外径分别为 16.3 厘米、10 厘米；出土的 M14:7 璧，外径仅 4.4 厘米，实在算不上玉璧。[24] 倒是这一区域，璜又开始重新复苏，肖家屋脊 W6:56、孙家岗 M4:1 璜体利用片切割开片，这种平面玉器利用片切割开片的技术，基本不见于崧泽文化和良渚文化，值得引起今后的重视。

三　清凉寺：连通陕晋地区与西北齐家文化分布区之间的桥梁

良渚玉文化向中原扩散的线路是关键性的，从其向岭南的扩散中可以得知，一种原本代表身份等级地位、反映原始宗教信仰的玉文化可以完全被当地的原生考古学文化所接纳，更何况良渚文化晚期，良渚玉器已经浓缩为琮、璧、钺三大类了，这让良渚玉文化的扩散更为便捷。

琮、璧两类可以良渚文化早期良渚遗址群反山 M20、良渚文化晚期武进寺墩 M3 出土器物对比为例[25]：玉器种类越来越单一；体形体量趋向简单，如琮复式节不断重复，射孔不讲究，射孔保留管钻台痕不再修治，璧的外径加大；刻纹由原来的繁缛向简约发展，线条越来越呆板，虽然神人兽面纹的记忆还在，但已经很少精雕细琢在玉器上了，琮节面多只剩下"小眼面纹"[26]，之前研究者多认为良渚文化晚期阶段原始信仰和崇拜发生了变化，神走上了人形化的道路，实际上并非如此简单。根据良渚遗址群最新的考古成果，良渚古城的宫城、皇城、外郭的系统三重结构是在良渚文化晚期阶段"进一步发展，最终形成"[27]。说明迟至良渚文化末期或钱山漾文化阶段，良渚古城依旧顽强地保持着稳定，这种稳定肯定是琮、璧扩散的坚强后盾。

接下来，也就是通向中原和黄河中上游的道路了。芮城清凉寺墓地出土玉器可以给我们很多启示。

芮城清凉寺位于晋西南中条山的南麓、黄河的北侧，与黄河对岸的河南灵宝西坡隔黄河相望，地理位置极其重要，是要冲之地，与盐湖解池也仅一山之隔。对清凉寺墓地年代的认识有一个过程，早先认为属于庙底沟二期文化晚期，与陶寺遗址早期接近，距今 4500~4300 年[28]。之后发掘者进行了修订，把 355 座墓葬分为四期，其中第二至四期的 338 座墓葬跨庙底沟二期文化晚期至龙山文化晚期，年代范围在公元前 2300~前 1900 年[29]。清凉寺第二至第四期墓葬随葬的大量玉石器特征十分鲜明，可以作为连通陕晋地区与西北齐家文化分布区之间的桥梁。

从出土数量上看，清凉寺玉石器的种类主要是钺、环璧和联璜环璧，琮、牙璧仅是个例，以第二期出土的数量为最多。清凉寺的环璧有着鲜明的特征，内缘厚而外边趋薄，横截面为楔形。环璧的这类特征见于红山文化、大汶口文化早中期、凌家滩文化，为良渚文化玉璧所绝对不见。良渚文化玉璧均利用线切割剖开，在后期打磨修治中不进行边缘趋薄，边缘趋薄对于小型环璧来说耗工费时还算尚可，对于大外径的环璧而言就不同了。另外，清凉寺环璧最厚也大多在0.5厘米，与良渚文化玉璧最厚约1厘米也有区别。所以表面上看清凉寺的环璧具有良渚式玉器的风格，但是关键的工艺完全有别。此外，在清凉寺墓地中，环璧多数作为臂饰，也有放在墓主上肢一侧或置于墓主胸部，而环璧作为臂饰是良渚文化所不见的。以这些现象简单地推测单一受到良渚玉文化扩散的影响，还需要作进一步的厘清，与其说是直接受到了良渚玉文化的影响，不如说更多是受到黄河下游海岱地区玉文化的波及。

清凉寺墓地出土的系列联璜环璧可以为这类玉器的源起和发展提供说明，联璜环璧无疑是本地区的特色，后来的分布范围更广，一直覆盖到齐家文化的分布区域。那么联璜环璧是如何出现的呢？

联璜环璧与断裂后修补缀合的环璧不同，它们由独体璜形器联缀而成，由二或三个璜形片联缀而成（图三）。如清凉寺M155:2双联璜环璧，由两个对开的璜形器联缀而成。清凉寺墓地出土的环璧，中孔大而器薄，极易发生断裂，墓地中就出土了不少断裂之后缀补的环璧，或许当时的工匠注意到了这一现象，就索性利用分体联合加以缀合，这一工艺摆脱了玉料体量上的限制。一开始这样的分体缀合似乎没有什么等分或规律，如清凉寺M82:3等[30]。等分的缀合环璧或许就是受到了上述的启发，在清凉寺墓地中，两两缀合的联璜环璧往往就是一切为二，如清凉寺M100:6，玉色和纹理完全吻合。三等分或以上的等分，也是取材于同一玉材，如清凉寺M100:4。这类联璜环璧拆分后，其独体的璜形器呈扇形，与新石器时代以来顶面接近齐平的璜有着本质的区别。在清凉寺墓地中，没有发现单独的扇形的璜形器出土，说明单独佩戴的扇形璜源自于此类联璜环璧。在清凉寺墓地中，等分缀合的联璜环璧均为晚期阶段。

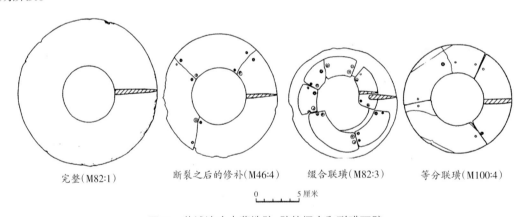

完整(M82:1)　　　断裂之后的修补(M46:4)　　　缀合联璜(M82:3)　　　等分联璜(M100:4)

0　　　　5厘米

图三　芮城清凉寺墓地璧、璧的缀合和联璜环璧

联璜环璧拓展了璧的内涵和功能，并重新唤起了新石器时代璜的记忆，台南艺术大学黄翠梅教授称之为"文化记忆"[31]。在西周组佩中，扇形璜成为组佩中璜的主要形制就绝非偶然了。清凉寺除了出土环璧、琮等良渚式的玉器之外，也有石家河文化的玉虎头像、山东龙山文化的牙璧，结合陶寺出土的石家河文化风格介字形冠兽面、黎城采集的刻划"祖神"扉棱玉钺，包括陕北石峁大型聚落中心在内的陕晋地区出土玉器，也为齐家玉文化的兴起提供了背景。

陕晋地区龙山时代至夏时期出土的良渚式玉器中，琮的数量总体上不多，情况较为复杂，客观上也折射出当时对于这类特殊造型玉器的态度。如陶寺出土的玉琮中，有类似五莲丹土的M3168:7琮，有圆角琮M1267:2，也有仅为射口部位的M1271:4。[32] 此外，陶寺ⅡM22:129琮外廓方正，没有射口[33]。这一时期这一区域琮的情况也见于陕北石峁、芦山峁、新华等地出土和采集物中。神木新华对琮也进行了切割改制，如99K1:10玉铲即是从玉琮上切片改制而成，留有上下射口，玉铲长12.2厘米（也就是原琮的高度），切片厚仅0.25厘米。[34] 对大刀大钺进行切片改制，琮也不例外，说明这一时期这一区域对于琮没有被赋予新的观念意识或者宗教含义，良渚文化玉琮本身承载的神圣内涵早就摒弃了，不可能直接源自于良渚玉文化。

　　齐家文化出土玉琮数量很少，不过馆藏数量不少。叶茂林1997年统计齐家文化出土玉石器时，琮仅3件，璧"极多"，绿松石"极多"。[35] 《中国出土玉器（15）》公布了不少馆藏齐家文化玉琮（图四），多素面，体态方正，除了圆筒形之外多直边，射口的切割往往呈溜肩状，其形制完全被商周时期的琮所继承。芮城清凉寺出土的琮也是这类，目前尚不能断定这类琮具体的源起和发展。闫亚林在他的博士论文《西北地区史前玉器研究》中，将甘青宁地区齐家文化玉器分为五组——东部、中部、青海东部、河西东段、宗日组，其中东部区组包括六盘山为中心的陇东、宁夏西固山地区，有多组琮璧组合；中部区组包括洮河—大夏河流域及民和官厅盆地，也多见琮；其余区组少见或不见琮。琮主要出土于齐家文化分布区的东部，结合陕晋地区的相关发现，可以基本断定陇东、关中这一区域是商周时期琮的主要源起地。

图四　甘肃地区采集的齐家文化系玉琮
1.广河齐家坪；2.甘谷渭水峪；3.临洮；4.定西内官营镇清溪；5~8.静宁后柳沟采集
（引自《中国出土玉器全集》）

　　齐家文化璧的数量"极多"。师赵村M8出土有琮璧，其中M8:2璧单面管钻孔，一面留有片切割痕，厚仅0.4~0.5厘米[36]，是齐家文化典型玉璧的特征。璧的横截面不再刻意修治为如清凉寺环璧所见的楔形，说明两者之间有着相当的不同，齐家文化玉璧与清凉寺环璧不是一个系统。

　　笔者曾撰文比较新石器时代玉器片切割工艺南北之间的差异[37]，良渚文化片切割主要用于条形玉器的剖料切割，如管、锥形器，以及扁榫的制作和减地，大面积的平面剖料均用线切割，玉钺、玉璧均如此。同一种工艺使用场合不同，同一种玉器使用不同的工艺，切割的工具不同可能仅是一方面的原因。齐家文化玉璧多较之良渚文化玉璧薄，单向管钻孔，可能也与玉料的特性不同有关。[38]

武威皇娘娘台是迄今出土玉石璧数量最多的遗址，第四次发掘 62 座墓葬中有 24 座出土玉石璧，共 264 件，M48 三人合葬中，中间男性墓主随葬石璧 83 件。皇娘娘台玉石璧"一般都放置在髋骨及腰部上下，……个别的在胸部、肘部。头下和手的部位"。皇娘娘台随葬玉石璧的墓葬中往往还随葬小石子和粗玉石片，"小石子大部分是粗玉和大理石料，都是经过人工打击的，粗玉石片一般都有截锯的痕迹，是制作石璧剩下的废料"。[39] 显然，齐家文化除了加工精细的玉璧之外，还共存数量不菲的粗陋的石璧。

齐家文化玉石璧的管钻工艺没有更为详细的报道，但是喇家出土了一件长达 7.9 厘米的钻芯，两端面有清晰的旋转痕迹[40]。钻芯端面留有旋痕，是良渚文化管钻芯的重要特点。如果从管钻芯的工艺特征来分析，璧很可能沿着渭水上溯到陇东，并进而深入到黄河上游，最后抵达齐家文化的地域。

渭水南的西安老牛坡、商洛东龙山出土了丰富的石璧（图五）[41]。老牛坡遗址石璧在"陕西龙山文

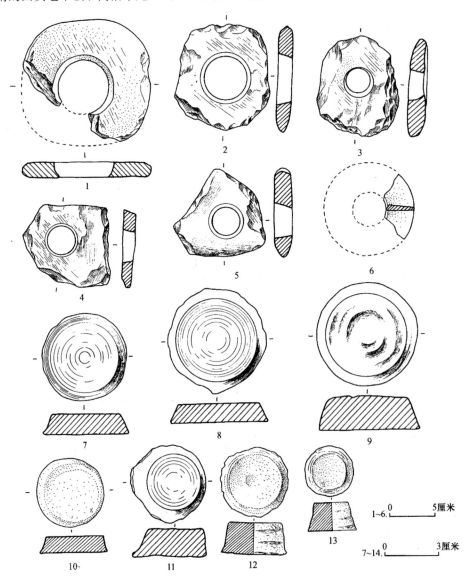

图五　商洛东龙山文化遗存中出土的大理岩璧和钻芯
1~6.璧（ⅢT26③：6、ⅢT7③：2、Ⅲ148：6、ⅢT25③：2、ⅢT25③：3、ⅢT19③：4）；
7~13.钻芯（ⅢT15③：3、ⅢT14③：3、ⅢT14③：4、ⅢT14③：5、ⅢT14③：6、ⅢT25③：4、ⅢT25③：5）

化末期遗存"灰坑和墓葬均有发现，墓葬中多放置在墓主的胸腹部位，石璧多非常简陋，边缘保留琢打痕迹。相比而言，商洛东龙山遗址出土的石璧信息量就丰富了许多。东龙山石璧在龙山文化遗存中就有，可能因为材质为大理岩原因，璧的外郭也多打制而成，单向管钻，绝大多数的管钻芯端面留有旋痕。东龙山墓葬中石璧的出土状况更是丰富多彩。与其说东龙山石璧可能受到齐家文化的影响，不如说东龙山所在的这一区域可能是玉石璧向陇东、河西交流扩散的一个重要节点站，这条关中到陇东再到河西地区的道路很可能就是齐家文化的玉石璧之路。

四　结语

齐家文化琮璧与良渚文化琮璧的传播扩散有关。良渚文化晚期以琮璧为代表的良渚玉文化开始向黄河流域大规模的传播，在层层的接力和反复的拉锯中，传播的结果有很大的不同，黄河下游的山东地区接纳了琮但婉拒了璧，自身发展了牙璧。同时期陕晋地区的情况显得更为复杂些。芮城清凉寺的环璧形制完全不同于良渚玉璧，具有独特的工艺传统，目前还不能简单地等同于受良渚玉璧的影响，清凉寺为代表的玉璧工艺不能建立起与齐家文化玉璧的链接，陶寺少玉璧也说明清凉寺多璧可能是一个特例。

相对而言，渭水以南以西安老牛坡、商洛东龙山为代表的璧，工艺与齐家文化基本一致。如果撇开关中地区与齐家文化分布区之间的传播交流，不妨把齐家文化为代表的这类璧的分布范围看的更大一些。

从目前的资料看，琮在齐家文化玉器中并不占主要，但是包括黄河中上游的这一区域，这一时期确实已经发展完善了那种外郭较为方正、素面、射口多齐直不圆弧或溜肩的琮，这类琮既见于清凉寺、陶寺，也见于师赵村，可以称之为"齐家式琮"。齐家式琮与海岱地区龙山时代的琮迥然不同，也是一个值得深思的文化现象。龙山时代至夏时期，黄河中上游地区各支考古学文化风起云涌，不同生产经济模式的集团激烈碰撞，在稍后的一段时期里这样的碰撞以及随之而来的更大范围的文化交融更是推波助澜。齐家文化所处的地理位置是连接东西方文明的重要节点，陇东到渭水平原，渭水平原直抵郑洛地区，消除了黄河几字形拐弯的地理局限。商周时期琮的形制基本承袭齐家式琮就在情理之中了。

与黄河流域形成鲜明对比的是，南方的长江流域在龙山文化至夏时期的这段历史中，中游的屈家岭文化至石家河文化早期，下游的良渚文化，完全不再有大溪文化和崧泽文化或更早时候的亲密关系，有些老死不相往来的味道，石家河文化晚期玉器中几乎没有玉璧，琮也寥寥无几。但是商周时期的成都平原，玉文化与青铜文明交相辉映，琮璧占据了重要地位，还出现了有领璧，其中金沙和三星堆出土的琮璧应该是商周时期琮璧的流传。

良渚文化之后，太湖流域的广富林文化出土了多件玉琮，玉质斑杂，体形巨硕粗陋，虽然保持了弧凸的外壁，以及射口片切割和线切割两种方式相结合的工艺等良渚文化琮的因子，但是四角凸块的纹样已经完全不讲究了，更忘记了眼睛的雕琢。广富林文化玉琮的性质目前尚有争议，尚不能完全明确是本地传统的延续还是出口转内销的产物[42]，但是哪怕是在原先良渚文化的分布区域，稍后良渚文化仅一二百年的广富林文化就彻底忘记了琮的本意，那么黄河流域先民们不知其本意也就完全可以理解了。《周礼·春官·大宗伯》"以玉作六器，以礼天地四方：以苍璧礼天，以黄琮礼地，以青圭礼东方，以赤璋礼南方，以白琥礼西方，以玄璜礼北方"之语，诚如杨建芳先生所言，是战国时期流行的阴阳五行学说影响下的产物[43]，自然仅是赋予了新意而已。

注释：

[1] 中国考古网：《"中华文明探源工程（二）"——考古学文化谱系年代研究》，http://www.kaogu.cn/cn/zhongdaketi/2013/1025/31394.html。

[2] 中国考古网：《陶寺文明是多元一体中华文明的主脉——陶寺遗址考古成果新闻发布会在京召开》，http://www.kaogu.cn/cn/xccz/20150618/50608.html.

［3］叶茂林：《齐家文化》，王巍：《中国考古学大辞典》，上海辞书出版社，2014 年，第 265 页。本次会议王辉《齐家文化："前丝绸之路"的重要奠基者》演讲中，王辉认为齐家文化的上限可达 2300BC，下限 1500BC，甚至更晚（1400BC，约当晚商）。

［4］丁品：《钱山漾和广富林——环太湖地区新石器时代晚期文化综述》，浙江省文物考古研究所、上海博物馆考古研究部、湖州市文物保护管理所：《钱山漾与广富林——出土文物图录》（会议资料），2014 年。

［5］a.南京博物院：《花厅——新石器时代墓地发掘报告》，文物出版社，2003 年；b.安徽省萧县博物馆：《萧县金寨村发现一批新石器时代玉器》，《文物》1989 年第 4 期。

［6］安徽省文物考古研究所：《潜山薛家岗》，文物出版社，2004 年。

［7］安徽省文物局：《安徽省出土玉器精粹》，众志美术出版社，2004 年。

［8］与广东省文物考古研究所李岩先生交流时，他指出仅限于西江以北，这是正确的见解。

［9］良渚文化分布区之外的脸庞状线兽面纹琮，另有江西靖安郑家坳 1983 年采集，"出自靖安郑家坳新石器时代晚期墓葬发掘工地的一处灰坑中，在发掘后由群众发现采集"。参见万良田、万绪强：《江西出土的良渚文化型玉琮》，徐湖平：《东方文明之光——良渚文化发现 60 周年纪念文集》，海南国际新闻出版中心，1996 年。

［10］方向明：《石峡文化相关玉器基本研究之补充》，广东省珠江文化研究会岭南考古研究专业委员会：《岭南考古研究(7)》，中国评论学术出版社，2008 年。

［11］广东省文物考古研究所、广东省博物馆、广东省韶关市曲江区博物馆：《石峡遗址——1973~1978 年考古发掘报告》，文物出版社，2014 年。

［12］上海市文物管理委员会：《马桥——1993~1997 年发掘报告》，上海书画出版社，2002 年。

［13］浙江省文物考古研究所、上海市文物管理委员会、南京博物院：《良渚文化玉器》，文物出版社、两木出版社，1990 年。

［14］《兴化、东台蒋庄——五星遗址考古发掘》，http://www.njmuseum.com/html/News_content@NewsID@3e4c4c8b-b023-4a85-9615-5f36f81582e0.html。

［15］花厅 M61:8 玉璧外径仅 5.5 厘米，自然应该归属为小型环璧。参见南京博物院：《花厅——新石器时代墓地发掘报告》，文物出版社，2003 年，第 163 页。报告第 196 页提到"花厅北区残墓内出土了 2 件大型玉核芯，推想是在制作大型玉璧时钻下的"。但是这样的玉璧却未见，估计就是制作小环璧的坯件。

［16］南京博物院考古研究所、盐城市文管会、盐城市博物馆：《江苏阜宁陆庄遗址》，徐湖平：《东方文明之光——良渚文化发现 60 周年纪念文集》，海南国际新闻出版中心，1996 年。

［17］杨波：《山东五莲县丹土遗址出土玉器》，《台北故宫文物月刊》总第 158 期。

［18］中国社会科学院考古研究所山东工作队：《山东临朐朱封龙山文化墓葬》，《考古》1990 年第 7 期。

［19］安徽省萧县博物馆：《萧县金寨村发现一批新石器时代玉器》，《文物》1989 年第 4 期。

［20］安徽省文物局：《安徽省出土玉器精粹》，众志美术出版社，2004 年。

［21］a.中国社会科学院考古研究所、河南省文物考古研究所：《灵宝西坡墓地》，文物出版社，2010 年；b.河南省文物考古研究所、南阳市文物考古研究所：《河南西峡老坟岗仰韶文化遗址发掘报告》，《考古学报》2012 年第 2 期。

［22］如鄂北青龙泉出土的定为屈家岭文化晚期的 T62⑥A:67 残琮，因为面貌被彻底改变，报告读识为"长条器"。参见中国社会科学院考古研究所：《青龙泉与大寺》，科学出版社，1991 年。枣林岗石家河文化琮仅为残件。参见湖北省荆州博物馆：《枣林岗与堆金台——荆江大堤马山段考古发掘报告》，科学出版社，1999 年。

［23］汪宗耀：《湖北蕲春坳上湾新石器时代遗址》，《考古》1992 年第 7 期。

［24］a.湖北省荆州博物馆、湖北省文物考古研究所、北京大学考古学系石家河考古队：《肖家屋脊》，文物出版社，1999 年；b.北省荆州博物馆：《枣林岗与堆金台——荆江大堤马山段考古发掘报告》，科学出版社，1999 年。

［25］a.浙江省文物考古研究所：《反山》，文物出版社，2005 年；b.南京博物院：《1982 年江苏常州武进寺墩遗址的发掘》，《考古》1984 年第 2 期。

［26］一般视之为"神人眼"和"兽面大眼"，邓淑萍先生早先称之为"小眼面纹"和"大眼面纹"，实际上更妥切。参见邓淑苹：《考古出土新石器时代玉石琮研究》，《台北故宫学术季刊》第 6 卷第 1 期。

［27］浙江省文物考古研究所：《杭州市良渚古城外郭的探查与美人地和扁担山的发掘》，《考古》2015 年第 1 期。

［28］山西省考古研究所、运城市文物局、芮城县文物局：《山西芮城清凉寺新石器时代墓地》，《文物》006 年第 3 期。

［29］山西省考古研究所、山西运城市文物局、芮城县文物旅游局：《山西芮城清凉寺史前墓地》，《考古学报》2011 年第 4 期。

［30］陶寺和下靳也有多例，如陶寺 M3033 和下靳 M483 出土的联璜环璧。参见古方：《中国出土玉器全集(3)》，科学出版社，2005 年。

［31］黄翠梅：《文化·记忆·传记——新石器时代至西周时期玉璜及串饰》，陈光祖、臧振华：《东亚考古的新发现》，台北中央研究院，2013 年。

［32］高炜：《陶寺文化玉器及相关问题》，邓聪：《东亚玉器》，香港中文大学中国考古艺术研究中心，1998 年。

［33］中国社会科学院考古研究所山西队、山西省考古研究所临汾市文物局：《陶寺城址发现陶寺文化中期墓葬》，《考古》2003 年第 9 期。

［34］陕西省考古研究所、榆林市文物保护研究所：《神木新华》，科学出版社，2005 年。

［35］叶茂林：《齐家文化的玉石器》，中国社会科学院考古研究所：《考古求知集》，中国社会科学出版社，1997 年。

［36］中国社会科学院考古研究所：《师赵村与西山坪》，文物出版社，1999 年。

［37］方向明：《史前琢玉的切割工艺》，《南方文物》2013 年第 4 期。

［38］邓淑苹：《杨家埠、晋侯墓、芦山峁出土四件玉琮的再思》，山东省博物馆、良渚博物院：《玉润东方：大汶口—龙山·良渚玉器文化展》，文物出版社，2014 年。

［39］甘肃省博物馆：《武威皇娘娘台遗址第四次发掘》，《考古学报》1978 年第 4 期。

［40］古方：《中国出土玉器全集（15）》，科学出版社，2005 年。

［41］a.刘士莪：《老牛坡》，陕西人民出版社，2001 年；b.陕西省考古研究院、商洛市博物馆：《商洛东龙山》，科学出版社，2011 年。

［42］黄翔：《广富林遗址出土玉石琮》，杨晶、蒋卫东：《玉魂国魄——中国古代玉器与传统文化学术讨论会文集（六）》，浙江古籍出版社，2014 年。

［43］杨建芳：《玉琮之研究》，《考古与文物》1990 年第 2 期。

蜀 地 西 风

——浅论古蜀玉器中的齐家文化因素及其他

王 方

（成都金沙遗址博物馆）

追溯成都平原用玉的传统，不见于新石器时代晚期的宝墩文化中，直至夏代中晚期之际三星堆遗址仁胜村土坑墓[1]中才出现了一些形制特别的玉石器。后由三星堆文化二、三期始（约当公元前 1700~前 1200 年）出现大量礼仪性玉器，再至十二桥文化金沙时期（公元前 1200~前 650 年）治玉工艺继续精进发展。数量巨大、种类繁多的古蜀玉器，在材料、造型、器类等方面都极具地域特色和鲜明个性，从而形成了独具特色的古蜀玉文化特征。从初步的整理与研究情况看，由三星堆玉器与金沙玉器共同构成的古蜀玉器，无论是种类与形制，还是制作工艺与装饰风格，乃至器物的组合方式都受到了诸多外来文化因素的深刻影响，体现出与外域文化间存在着密切地交流与联系。从古蜀玉文化面貌来看，不仅部分玉器保留着一些长江中下游早期文化的因素，还有大量玉器明显地体现出曾受到黄河流域多种玉器风格的强烈影响。关于前者，笔者曾在拙文《试析古蜀玉器中的良渚文化因素》[2]、《远望大溪——对大溪文化出土玉器的几点观察与思考》[3]中有所论及，而本文仅就古蜀玉器与西北甘青地区齐家文化兼及西北地区其他文化等相关内容进行一些论及。

一 齐家文化玉器与古蜀玉器的基本特征

齐家文化是黄河上游地区新石器时代晚期到青铜时代早期文化，因 1924 年首先发现于甘肃广河齐家坪遗址而得名，分布范围在甘肃和青海境内的黄河沿岸及其支流、陕西西北部、内蒙古西部和宁夏部分地方，其年代约当公元前 2300~前 1700 年。从目前已公布和发表的齐家文化玉器材料看，其类型主要有玉琮、玉璧、多璜联璧、玉环、玉刀、玉斧铲、玉锛、玉凿、绿松石饰、玉臂饰、玉笄等[4]，其中又以玉璧和玉琮最为突出。齐家文化玉材经测定，主要有透闪石、阳起石、透闪石大理岩、透闪石英岩、蛇纹石、蛇纹石化大理岩、大理石、滑石、石英岩、钙铝石榴石等[5]，基本为就地取材。齐家文化玉器颜色以深浅不一的青色为主，浅者近似青白玉，深者为青绿色，透明度底，肉眼可见杂质。色浅者往往带有褐色斑块，即糖色，还有散布的斑点（俗称"蚂蚁脚"）。[6]对齐家文化的研究由来已久，近几年，随着甘肃天水师赵村遗址、甘肃武威皇娘娘台和青海民和喇家遗址、西宁沈那遗址、同德宗日等遗址的发掘，以及大量民间收藏玉器的面世，已发现了数目庞大的齐家文化玉器，对齐家文化玉器的认识与研究日益深入，进一步丰富了齐家文化玉器的内涵，更体现出以璧、琮等为代表的齐家文化玉器在新石器时代晚期中国玉文化谱系中的重要地位。

古蜀玉器主要是指商周时期长江上游成都平原三星堆遗址与金沙遗址出土的玉器。三星堆遗址是夏商时期古代蜀国的都城，其中大部分玉器主要集中出土于 1986 年发现的两个祭祀坑中；一部分为 1929

年当地农民燕道诚在月亮湾自己院内发现，后流散各处；还有一部分为各年陆续在月亮湾、高骈乡和仓包包发现[7]。三星堆这几批玉器的年代主要应在商代中期至晚期，个别可能早至夏代中晚期或商代早期。三星堆玉器种类以几何形为主，主要有璋、戈、璧、琮、刀、矛、凿、锛、斧、铲、斤、匕、戚形佩、坠饰、环、串珠、管等，缺少象生形玉雕作品。两个器物坑中出土的部分玉器经鉴定，确定大部分为透闪石软玉，另有一部分蛇纹石玉、汉白玉、透辉石玉等。三星堆器物坑中所出玉器由于受到火烧，表皮色泽斑杂，多呈现大量沁蚀现象，但内部色泽则多以灰白色为主。根据玉器的质地，一些学者认为三星堆玉器原料主要来自距三星堆不远的西部山区，另有一些玉料是从外地传入。[8] 有的学者提出可能是来源于岷江上游的"龙溪玉"或"岷玉"[9]。还有一些学者根据1974年月亮湾梭子田发现的一坑卵石状玉料，从磨痕看有的可能是"和田玉"[10]，也有些玉器的构造特征与江苏溧阳小梅岭玉矿相似，或许其中有由长江下游输入的玉料[11]。但笔者认为三星堆个别玉器体现出与其他区域玉料的一些相似性（目前尚缺乏相关矿物学数据资料的支撑），三星堆玉器中即使存在个别与本地区玉质不同的玉器，最大可能是这些玉器本身是由外地直接输入的，可以确认的是三星堆绝大部分玉器都是就地取材、本地加工而成的。

金沙玉器均出土于2001年发现的成都市区西北的金沙遗址中，目前出土数量已达2000余件，种类有璧、琮、璋、戈、圭、钺、戚、刀、矛、斧、锛、凿、凹刃凿形器、神人面像、贝形佩饰、镯、环、箍形器、绿松石珠（管、片）、镂空饰件、球形器、瓶形器等。由于玉材选用的广泛以及受当地土壤埋藏环境的影响，金沙玉器表皮多呈现出艳丽的色泽，沁色十分丰富，明显区别于其他地区出土的玉器。对金沙遗址出土的500余件玉器采用油浸法晶体光学鉴定，个别材料做少量X射线衍晶体物相分析，确定玉器材料是以透闪石软玉为主，还有少量的阳起石、透辉石、斜长石、闪长石、滑石、大理石、绿泥石、叶蜡石、绿松石、玛瑙和含水磷酸盐、碳酸盐的多金属矿物，可见金沙时期玉料种类组成极其广泛。[12] 金沙玉器多数呈不透明或半透明，材料内部颜色为白、灰、浅黄褐的基本无色系列，表面则多呈现红、紫、褐、黑等多层次的沁色。2002年11月成都文物考古研究所与成都理工大学联合在成都附近区域进行了岩矿来源的调查工作，初步确定金沙遗址部分玉料可能是来自于四川盆地西北部的汶川龙溪乡一带。《汶川县志二十一·宝石玉石》中也曾记载有"龙溪乡马灯的变质岩中产绿玉和白玉"。金沙遗址中部分青玉与白玉材料可能均系出于该地，这与部分学者对三星堆玉器原料产地的推测相同。此外金沙遗址中还有一部分材料可能是取自于附近河滩地点，这一点也与三星堆情况大致相同。可以确定金沙玉器基本为就地取材制作而成，因此富有极其鲜明的地域特色。[13]

综上我们可以看出，齐家文化玉器与古蜀玉器在文化年代、分布地域、玉器材料、玉器种类上都存在着很大的时空距离。但是我们在古蜀玉器中又看到一些与齐家文化玉器种类相同的器物，如玉琮、玉璧形器、玉刀、玉斧铲凿、绿松石珠块等，他们之间究竟有何联系？影响与传播的渠道又在哪里？

二 古蜀玉器与齐家玉器相关器物

1.玉琮

古蜀三星堆时期出土的玉琮数量比较少。目前见诸报告的主要有四川省博物馆收藏1件，四川大学博物馆收藏2件，三星堆博物馆收藏1件，1986年三星堆一号器物坑1件，三星堆仓包包地点采集小石琮1件，另三星堆博物馆还收藏有1件。这几件玉琮中只有传1929年三星堆遗址真武村燕家院子出土的玉琮外侧刻划有三道平行横线和两个圆圈，正中下端尚有一弧线，似为另一圆圈的残余部分，其纹饰特征与山东五莲县丹土村出土的龙山文化玉琮器上简化人面纹极其相似（图一）。[14] 另三星堆博物馆收藏的那件玉琮上见有三组阴刻平行线纹（图二）。三星堆一号坑出土玉琮（K1:11-2），素面，整器高度大于宽度，器孔较大，射较矮，射口从四角往下切磨呈八角形，射高0.5、壁厚1.1、内径5.2~5.4、外径6.5、长7.2、宽6.5、高7.6厘米（图三）。

图一　1929 年三星堆遗址真武村
燕家院子出土的玉琮

图二　三星堆博物馆收藏玉琮

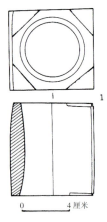

图三　三星堆一号坑
出土玉琮

　　金沙遗址中现已发现 27 件玉琮，它们全部出土于金沙遗址祭祀活动场所，可以说是目前国内除良渚文化、齐家文化以外出土玉琮最多的一处，说明玉琮在金沙宗教礼制系统中占有极其特殊的地位。27 件中仅有两件为高节玉琮（A 型），器表分节开槽，每节上雕琢纹饰，选料精良，制作精湛。其中 Aa 型十节玉琮（图四，1）无论在材质、形制，还是在制作工艺、纹饰等多个方面都与本地玉器有显著的区别，应为典型良渚文化晚期玉琮，经过一千多年的漫长岁月辗转流离传到了金沙。[15] 另一件 Ab 型四节玉琮（图四，2）则为本地仿良渚式玉琮，玉料色泽缤纷，质地细腻，气势不凡，是目前所见商周玉琮中体形最大、制作最精美的一件。[16]

1

2

图四　金沙遗址出土 A 型玉琮
1.Aa 型玉琮；2.Ab 型玉琮

除此之外，其余 25 件玉琮全部为矮方柱体，器表不分节槽，素面无纹，我们将之归为 B 型与 C 型 [17]，同时根据形体的不同又将 B 型分出二亚型。其中 Ba 型有 14 件，整器较方正，整器高度略大于宽度，中孔特大。根据射口形状分出二式：I 式 1 件。标本 2001CQJC:651，射口与三星堆 K1：11-2 相同，切磨为八角形射口，孔壁较厚。器表有黑、褐、黄色沁斑及白化现象，器内外都经过打磨。通高 8.44、宽 6.87、孔径 4.5 厘米（图五）。II 式 12 件，均为圆形射口，孔壁较薄。标本 2001CQJC:177，残。器表有黄、绿、黑沁斑。上下射大小相同。制作规整，打磨光滑。器通高 8.5、宽约 7.3 厘米（图六）。Bb 型共有 11 件，器形更矮小，短射，整器高度小于宽度，中孔较小，孔壁较厚。根据射口的不同形状也分出三式：I 式 2 件，射口为八角形。标本 2001CQJ I T8104[12]:1，射口极矮。整器滑石化现象严重，已失去玉器的光泽。高 5.3、宽 6.1 厘米（图七）。II 式 1 件。2001CQJ I D2:8，器表呈深紫、黄、黑色沁斑。射口呈不规则圆形，体现出从八角形射口向圆形射口的过渡形态。高 4.1、宽 4.3 厘米（图八）。III 式 9 件，圆形射口，器壁薄。标本 2001CQJC:712，器表有褐、黄、黑色沁斑。射口呈圆形，器外壁有一道凸起，为切割时所留下台痕。器表两侧有细密划痕，系打磨时所留。孔壁内有管钻的旋转痕及两面对钻时的错位台痕。通高 3.9、宽 5.2 厘米（图九）。此外还有 1 件 C 型玉琮。标本 2001CQJC:556，单节素面，器扁矮近镯形。为灰白玉，质地坚硬致密，器表有黑色沁斑和铜锈沁斑，可能系与铜器一起埋藏所致。通高 2.6、宽 5.9 厘米（图一○）。从以上情况看，Ba 型、Bb 型玉琮在金沙出土数量最多，玉材普遍内部结构疏松，这类光素无纹、无节槽、中孔较大、射口呈圆形或八角形的矮方柱体或扁体玉琮应是金沙玉琮的主要形制。

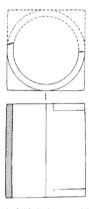

图五　金沙遗址出土 Ba 型 I 式玉琮　　　　　　图六　金沙遗址出土 Ba 型 II 式玉琮

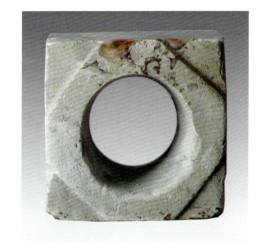

图七　金沙遗址出土 Bb 型 I 式玉琮

图八 金沙遗址出土 Bb 型 Ⅱ 式玉琮　图九 金沙遗址出土 Bb 型 Ⅲ 式玉琮　图一〇 金沙遗址出土 C 型玉琮

在齐家文化中，玉琮是仅次于玉璧的一类器物。据有关学者统计，目前齐家文化已出土或采集的玉琮"可确定至少有 38 件"[18]，出土地点相对集中在甘青接壤的黄河两岸地区。《中国出土玉器全集(15)》公布有明确出土地点的共 10 件（表一）[19]。

表一　有明确出土地点的齐家文化玉琮

地　点	尺寸（厘米）	形　制	图　例
师赵村 M8	高 3.4~3.9、边长 5.5~5.5、孔内径 4.4~4.5	素面矮方体，素面，射口一边高、一边低，切割不平	
广河齐家坪	高 3.7、长 3.9、宽 3.7	素面矮方体，无射，射口一角磨圆	
甘谷渭水峪	高 2、宽 5.6	素面矮方体，射极矮，上大下小，射口呈内圆外八边形	
临洮李家坪	高 5.4、宽 6.3	素面矮方体，射口略呈八角形	
临洮	高 8.8、射高 0.4、宽 6.8~7、射内径 6	素面方柱体，圆形射口	

地 点	尺寸（厘米）	形 制	图 例
定西安定区 内官营镇清溪村	高 4.1、宽 6.7、 射内径 4.9、射高 0.6	矮方体、中孔较大、 射口呈圆环形	
定西团结乡高泉村	高 3.2、宽 5.5	素面矮方体，短射， 射口呈圆形	
静宁治平乡后柳沟 1	高 14.7、宽 8.2、射径 8.2	长方柱体，13 节， 转角雕琢有长凸块， 有直槽	
静宁治平乡后柳沟 2	高 16.7、宽 7、2	长方柱体，四边雕琢 五道一组的弦纹三组， 无直槽	
静宁治平乡后柳沟 3	高 16.7、宽 7.2、射径 7.2	长方柱体，素面， 射口呈环形	
静宁治平乡后柳沟 4	高 12.8、宽 8.3、射径 8.3	长方柱体，素面， 射口呈圆形	

从以上齐家文化玉琮形制特征看，主要以素面方柱体或扁方体为主，射孔一般较大，射口以圆形为主，但也见有射口从八角形切割到圆形的过渡性特征。与之对比，古蜀三星堆 K1:11-2 以及金沙的 Ba 型玉琮与甘肃临洮、静宁治平乡后柳沟 3 号和 4 号玉琮最为接近，它们都呈方柱体，器表光素无纹，整器较方正，器外壁平直，器体高度略大于宽度，中孔较大，孔壁较薄。此外金沙的 Bb 型玉琮又与师赵村 M8、临洮李家坪玉琮类同，器体都扁平矮小，器宽度大于高度，射口也都表现出从八角形切磨到圆形的过渡

形特征。C 型则与定西安定区内官营镇清溪村、高泉村出土的矮体玉琮相似，器体更趋低矮宽扁。

过去曾有学者在观察金沙玉琮后，向笔者指出这类素面矮体的玉琮形制特征面貌与齐家文化出土玉琮具有较高的相似性[20]。这类玉琮表现出与长江下游良渚文化玉琮完全不同的面貌，并且与二里头文化、商周时期其他地区发现的玉琮也有所不同。在目前商周时期除古蜀之外发现的玉琮，基本上都少量阴刻有简单纹饰，或开节分槽，或四角刻划纹饰。如二里头遗址采集的一件玉琮为方柱体，有槽分节，上部出射，下部残，器身至少有三组齿饰，每组各三齿，三齿或三道带状凸棱的长短、宽窄、距离大体相同。该玉琮和良渚玉琮在外形上还有一些相似之处，但不是典型的良渚文化玉琮。殷墟妇好墓共出土玉琮 14 件，大致有两种形式，一种形体较高，四角雕出凸棱，射亦较高。另一种虽为矮体短射，但已在四角凸棱上琢有蝉纹，有的则配以横竖的阴线纹或几何纹[21]。江西新干大洋洲商代大墓出土的一件圆形玉琮，分二节，四角都有突棱形成对称的弧面，其上浮雕蝉纹，两端上下各刻阴弦纹三周，中间各刻阴弦纹二周[22]。西周以后，玉琮的形制更趋退化。在陕西长安丰镐张家坡西周墓地中出土的玉琮（M170:197），虽也是体形较矮，不分节开槽，但整器上又刻划西周时流行的鸟纹图案[23]。河南三门峡虢国墓 M2001 中出一玉琮，内圆外方的结构未变，全无纹饰，但外形已完全近瓶形[24]。从以上分析可见，三星堆 K1:11-2 以及金沙的 B 型、C 型玉琮与西北地区齐家文化玉琮"简陋、扁矮与素面的特征"[25]最为接近，此种类型的玉琮还在山东腾州前掌大商墓见有 1 件，山西晋侯墓地也出土有数件，但数量均没有超过金沙所出。

但是我们从古蜀玉琮的埋藏情况、玉料特征等方面观察，发现古蜀玉琮与齐家文化玉琮在出土年代、原料产地等方面又有很大的区别。三星堆 K1:11-2 玉琮出土于一号祭祀坑中，该坑内除此件玉琮外，还同时伴出了大量的青铜人头像、青铜面具、青铜鸟以及玉璋、玉戈等礼仪性祭祀用品，埋葬年代应与一号坑的年代[26]大致相同，玉料也明显具有本地玉材的基本特征，因此推测应是在本地于商代晚期制作的作品。金沙遗址目前发现的玉琮全部出土于遗址 I 区的"梅苑"东北部地点，经多年发掘已确认该区域是一处宗教祭祀活动场所，时代约当商晚至西周早期[27]。在已出土的玉琮中，有 12 件是从机械开挖的土中清理出来，另外 15 件为发掘品，主要出自于第 7、8 层中，仅 1 件出于第 11 层中。其中 5 件为 Ba 型 II 式，2 件为 Bb 型 I 式，2 件为 Bb 型 II 式，6 件为 Bb 型 III 式。从发掘情况看，第 7 层出土的尖底杯、圈足罐、高颈罐等与十二桥文化一期晚段的相同或相近，其时代当在西周早期[28]；第 6 层出土遗物较少，总体风格和第 7 层遗物接近，时代不会相差太远；第 12 层出土陶片极少，器物主要为金器、铜器和玉器及象牙，器物的形制与广汉三星堆两个器物坑出土器物相同或相似[29]，时代当在商代晚期。因此，我们认为这批玉琮埋藏的年代上限应不过商代晚期，下限可至西周早中期。

金沙遗址的玉材普遍内部结构疏松，质地较差，器物表面则多呈现出艳丽的色泽，沁色十分丰富，同时器物自身的滑石化现象又十分严重，常常在玉琮局部呈现石质特征，这在其他地区的玉琮中极为少见。B 型玉琮在金沙遗址特别流行，这类玉琮虽然总体造型风格上表现出与齐家文化玉琮形制相近的特征，但却又明显区别于齐家玉琮，以深浅不一的青色为主，透明度底，肉眼可见杂质，具有糖色重、斑点多等特征。因此可以认定，古蜀玉琮应是受到齐家文化玉琮造型风格影响，制作年代与遗址自身年代相当，为本地在商周之际利用本地玉材就地制作而成。

2.玉璧形器

玉璧是齐家文化数量最多，也是最为盛行的一类器形。齐家文化玉璧通常有两种造型:一种为扁平圆形，中央有孔，一般直径约 7~40 厘米，个别的达五六十厘米，均为素面，两面制作平整光滑（图一—）。一些玉璧有沁色，主要分布于局部边缘，沁色呈灰白色，特别是带有褐色玉质（糖色）的部分最容易受沁[30]，这类璧有时还常与玉琮形成组配使用，通常一璧一琮[31]。第二种为多联璜玉璧，即由 3 个扇面形玉璜联缀而成（图一二）。每个玉璜两端各穿一孔，用来穿缀。整个玉璧应是由一个完整的玉璧切分成 3 个玉璜，但一般并不是三等分，璜的表面均为素面。齐家的玉环，有称瑗者[32]，或也有称大孔璧[33]，一般环面较窄，环面径小于孔径。据有学者研究，齐家文化以蛇纹石和蛇纹石化大理岩制成的玉璧硬度较低，表面遗留的划纹较多。蛇纹石玉璧透明度较高，而蛇纹石化大理岩玉璧近似不透明，石质感强。[34] 邓淑苹先生也指出，"齐家系玉璧比例上较为器厚孔小，中孔多单面管钻而成……且孔壁多留有断碴。晚期璧的'正面'切璞痕多磨平，'反面'切璞痕常不磨，或为了让璧面尽量大，反面器缘还常保留原矿外表的凹疤"。[35]

图一一　齐家文化玉璧　　　　　　　　　　图一二　齐家文化联璜玉璧

在古蜀玉器中，玉璧也是极有代表性的一类器物，且数量较多。与齐家盛出素面、圆形、厚体玉璧以及多联璜玉璧完全不同的是，古蜀文化中最常见的是有领玉璧，其形制与商代殷墟、江西新干大洋洲商墓出土的同类玉器特征相似，但从其数量看，殷墟目前发现的数量不超过 20 件，新干大墓中仅出土 7 件，而古蜀遗址中发现最多，仅金沙遗址祭祀区内目前就已出土近 80 件。古蜀有领玉璧根据领部的高低又可分出高领（图一三）和矮领（实为在内孔两侧边缘起一周凸起的脊）两种，后者主要见于金沙遗址（图一四）。其中矮领玉璧环面常较窄，环面径一般小于孔径，这一点与青海民和喇家遗址出土的一些大孔璧[36]（图一五）有相似之处。

图一三　三星堆遗址出土高领璧　　图一四　金沙遗址出土矮领璧　　图一五　青海民和喇家遗址出土大孔璧

三星堆和金沙出土的有领玉璧，选料一般都较讲究，玉质较好。有领璧有的环面大于孔径，有的环面小于孔径；有的环面光素无纹，有的环面则刻划着数道等同心圆圈纹，纹饰有的密集，有的稀疏，但大多呈等距分布，制作都非常规整，孔壁、环面打磨也都极为光滑。金沙还出土有一件有领玉璧，在璧外周缘琢出四组齿状饰，这种在有领璧上开牙的方式不见于国内其他地区，具有明显的本地特色。古蜀玉器中也有一些环形器（三星堆报告称瑗，金沙整理时我们对此类器物的定名遵循夏鼐先生的提议[37]，统称为玉璧形器，然后再按孔缘的形制分出有领和矮领两种形式），这类璧通常环面较薄，环径小于孔径，制作也非常规整，有时还成组出土，如三星堆仓包包地点一次出土了同样大小的玉环形器（图一六）。除玉质有领璧外，三星堆和金沙都还发现大量铜质有领璧形器（图一七），通常也为大孔，环面较窄，可见此类器物在古蜀文化中相当流行。金沙遗址还出土了许多环面极窄、环体扁平轻薄、小巧纤细，推测可能是以绶带或其他装饰物件所串联，作为佩玉中的一部分来使用的镯环形器（图一八），与今天流行的手镯已几无差别。因此从古蜀玉璧环情况看，除一些矮领玉璧与齐家文化玉瑗（璧）环面窄、孔径大的形制特征相近，其余则无太大关联。

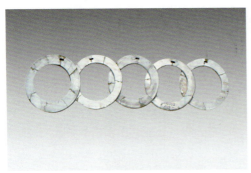

图一六　三星堆遗址仓包包地点　　　　图一七　金沙遗址出土铜璧形器　　　图一八　金沙遗址出土玉镯
　　　　　出土成组玉环形器

古蜀文化还出土了数量较多的石璧。三星堆有许多石璧出土时按从大到小的序列依次垒叠。如1987年真武仓包包出土的两组石璧，其中一组有11件，发掘者定为A型石璧，直径从20.3~7.1厘米，从大到小呈依次递减变化，件与件间相差1厘米左右，发掘者称之为"列璧"（图一九）。[38]这组石璧一般孔径较大，孔宽超过环面宽，且器中部一般较厚，周缘较薄，周边不甚规整，孔多单面管钻完成。B型石璧共计10件，形体较小，仍从大到小递减，厚薄不均，是利用A型石璧芯再次管钻而成。有的石璧芯能与A型石璧套合，器形直径两面不等，外缘呈现管钻的螺旋纹，表明在制作时曾利用大石璧的内芯

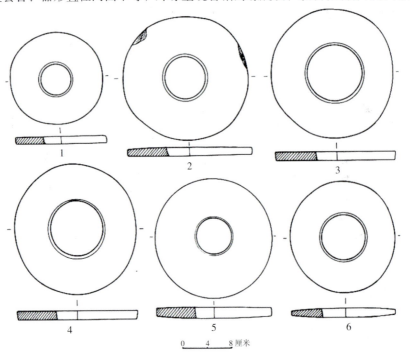

图一九　三星堆遗址出土成组石璧

继续加工成小石璧。[39] 金沙遗址祭祀区早期祭祀活动中也出土了许多形制相似、大小不同的石璧，体量最大的一件直径达 84 厘米，小的仅有 4 厘米（图二○）。许多石璧孔壁涂朱，有的小型石璧也是用加工较大石璧时钻孔留下的孔芯部分再钻孔而成的，许多石璧孔芯外缘还留有管钻的痕迹，有的大小石璧可以相合，这与三星堆遗址这类石璧成套出土的情况相似。这些石璧的埋藏形式也是多种多样，有的从大到小依次排列；有的与石跪坐人像、石虎、石蛇一起放置；有的与石饼形器和石璋一起堆积。古蜀文化中这种石璧的流行，以及管钻取芯并保留璧芯的做法又似与甘肃皇娘娘台、青海喇家遗址中曾出土过的玉石璧及玉璧芯[40] 等情况存在一定的相似性。

图二○　金沙遗址祭祀区出土各类石璧

3. 多孔玉刀

长条形多孔玉刀是齐家文化的一种特征性器形[41]，青海同德宗日遗址、青海喇家遗址、甘肃古浪县峡口等地都有出土或采集，据统计共计有 12 件[42]。据总结有以下几项特征：①形体扁长；②整体为斜梯形，其中短边的一端为窄边，往往背部下凹似手柄状，或在这一器身部位钻孔，这个钻孔多与器身主体的其他钻孔在外径上有别；③刃部多内凹；④孔均单面管钻。[43]

多孔玉刀最早见于距今 5900~5500 年的南京北阴阳营二期文化中，在山东龙山文化中也有较多发现，西北地区除齐家文化以外，更先后在山西陶寺文化、陕西神木石峁文化、河南偃师二里头文化等有所发现，以后则极少见到。[44] 古蜀文化金沙遗址中出土了一件四孔玉刀（图二一），该器平面呈上小下大的梯形，灰白玉，平背，平刃，背部有四个单面钻穿孔，器身宽大厚实，背长 56.4、刃长 62、宽 12~14.2、厚 1.5 厘米。[45] 这件玉刀与喇家 1981 年征集的一件玉刀（L:4）以及甘肃古浪县峡口出土的大玉刀（图二二）、青海同德县巴沟乡出土穿孔玉刀（图二三）在形制上相似，同时也与二里头的多孔玉刀接近。其实早在距今 5500~5000 年左右的岷江上游的营盘山遗址中也曾发现过两件双孔玉刀[46]，其一刀背部平齐，中部有一大一小两个单面钻孔，近背部还有两个未穿透的单向钻孔，其形制特征与西北地区出土的一些多孔玉刀相似（图二四、图二五）；其二刀为弧刃，玉材呈深褐色，上布圆团块状的"布丁石纹"[47]（图二六），通过肉眼观察与齐家文化的玉料十分接近。

4. 玉工具类

齐家文化中一些墓葬中还常见随葬有玉斧、锛、凿、铲（图二七~三○）一类工具用品。其实在黄河流域、长江中下游地区的史前文化诸多遗址中都有这类生产工具在墓葬中出土。但如三星堆和金沙这样将大量玉质工具礼仪化（图三一~三四），并作为祭品频繁用于宗教祭祀活动中的现象还是非常少见。四川盆地这些小型玉质手工工具最早在茂县营盘山遗址中就有少量发现，成都平原宝墩文化中则多见磨制精细的石质工具，商周以后玉质的礼仪化工具在古蜀文化祭祀活动中被大量使用。它们大多利用本地青玉或青白玉制作，刃口大多打磨精细但端部多保留材料自然断面。这类小型手工业工具均少见使用痕迹，显然非实用之物品，而是礼仪化的特殊祭祀用品。这一点明显区别于中原商周文化的玉礼器组合，与西北地区随葬工具的性质或也不同。

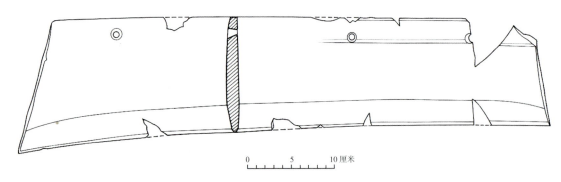

0   5   10厘米

图二一　金沙遗址出土四孔玉刀

图二二　甘肃古浪县峡口出土的大玉刀

图二三　青海同德县巴沟乡出土穿孔玉刀

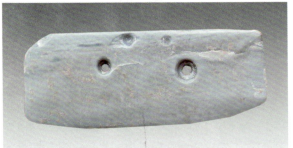

图二四　营盘山遗址出土双孔玉刀一

图二五　青海民和县喇家遗址出土穿孔玉刀

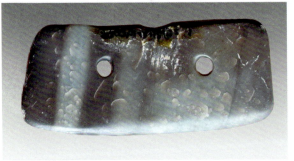

图二六　营盘山遗址出土双孔玉刀二

图二七 齐家文化玉锛　图二八 齐家文化玉凿　　　图二九 齐家文化玉斧　　　图三〇 齐家文化玉铲

图三一　三星堆遗址　　图三二　三星堆遗址　　图三三　金沙遗址出土玉斧　　图三四　金沙遗址出土玉凿
　　　　出土玉锛　　　　　　　出土玉凿

5.绿松石饰

三星堆与金沙遗址中都发现了一些绿松石珠、管饰件（图三五、三六）。

这些绿松石珠、管与甘肃皇娘娘台、青海宗日等地出土的绿松石材料形制大致相似，在二里头文化中更有大量出土。值得特别注意的是宗日墓葬中出土的一种绿松石块（图三七），这种绿松石块据介绍出土数量不少，它是在板岩的一面附有一薄层绿松石[48]，就像两件石材的合成体，非常独特。这种类型的绿松石块我们在金沙遗址祭祀区中也有发现（图三八）。两者之间有何关联，是否具有相同产地，还是一种特殊加工工艺，值得今后持续关注。

图三五　三星堆遗址出土绿松石珠饰　　　　　　图三六　金沙遗址出土绿松石珠

1　　　　　　　　　　2　　　　　　　　　　3　　　　　　　　　　4

图三七　宗日遗址出土各类绿松石珠、块

1.绿松石块（95TZM130:5）；2.绿松石块（95TZM188:3）；3.绿松石块（95TZM82:4）；4.绿松石块（95TZM130:1）

图三八　金沙遗址出土绿松石块

6.玉璋、玉戈

玉璋和玉戈是古蜀玉器中最突出、数量最多的一类器物，三星堆和金沙都有大量出土，充分表明其在宗教活动中占有的重要地位。三星堆玉璋体形一般大而厚重，形态丰富多彩，阑部装饰雕琢更是繁复多样（图三九）。

大多数玉璋的阑部除雕琢出突出器身的牙饰外，还在阑上以细密直线刻划出几组平行纹饰。金沙玉璋除保留与继承三星堆玉璋的特征外，还同时使用大量小型玉璋来进行祭祀，另外在早期祭祀活动中也大量使用了石璋。

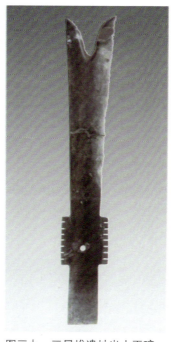

图三九　三星堆遗址出土玉璋

玉戈也是古蜀玉器中的重要品种之一。其中一类体形宽大，中部较厚，三角形前锋锐利，上下边刃打磨较薄，整体造型与中原地区出土的玉戈相近（图四〇）。还有一类在其前端开出深度、大小不同的叉口，形成两个岐锋，阑部雕出齿牙饰的玉戈（图四一），表现出戈、璋合流的趋势，曾被有的学者形象地称为鱼嘴形璋。但由于其锋刃仍呈三角形尖锋状，因此还是应归于玉戈类。这类玉戈形制特殊，过去不见于国内其他区域，是具有鲜明地域性特色的玉器品种。

目前齐家文化中尚未见有玉戈的踪影，玉璋则仅见两例：其一为甘肃清水县出土，其二在甘肃临夏积石山新庄坪发现[49]（图四二、四三）。

清水县的玉璋齿饰高耸繁复。新庄坪的则似为一件改制器，柄部两孔好像与穿孔玉刀有关，其阑部形制上看似与20世纪70年代戴应新先生征集的几件石峁早期玉璋有一定关系。总之目前甘青地区发现的这两例牙璋，并不能说明就与齐家文化直接相关。

有关牙璋的起源目前学术界也有山东龙山文化起源说、石峁文化起源说等不同意见，但早期大量的玉璋主要发现于陕西神木石峁以及二里头文化中，在这二个文化中玉璋均制作精美，表现十分突出，地位非常特殊（图四四~四六）。其后的商代二里岗文化中虽然仍见少量玉璋出土，但已显非主流玉器，商代后期几乎不见玉璋出土。然玉璋在古蜀三星堆王国时期却蓬勃兴起，发扬光大，同时又与玉戈结合开拓创新出崭新的气象，之后又在金沙文化中持续发展，成为古蜀玉器中最具特色的玉器品种之一，出土数量位居全国之首，此后更逐渐向南中国地区扩散、传播，其影响甚至远达越南地区。[50] 这明显是受到了西北地区石峁文化以及中原二里头文化玉璋的辐射与影响，而与齐家文化无关。

图四〇　金沙遗址　　　图四一　三星堆遗址　　　图四二　甘肃清水博物馆
　　出土白玉戈　　　　　　出土岐锋玉戈　　　　　　收藏齐家文化玉璋

图四三　甘肃临夏积石山　图四四　石峁文化玉璋　图四五　石峁文化玉璋　图四六　二里头文化玉璋
　新庄坪发现齐家文化玉璋

三　讨论

通过对以上不尽完备的资料[51]进行粗浅地对比分析，我们有了以下几点不太成熟的认识与思考。

第一，处于长江上游的四川盆地，周缘群山环绕，虽然自古就是一个相对封闭、独立的地理单元，但是在崇山峻岭间又有若干天然的通道被古人利用，道路虽然多有险阻却也自古畅通。人们随着山谷或河流移动迁徙，盆地内由北向南与黄河流域，从东到西与长江中下游地区，由北向南与东南亚地区等早晚间文化都保持着紧密地交流与往来，因此古蜀玉器既具有较强的独特性又体现出文化上的多元性。

第二，在成都平原新石器时代晚期的宝墩文化中，目前尚未发现有玉质礼器，只见一些打磨精细的石质类手工业工具。至夏代中晚期之时，在仁胜村墓地中发现了3件玉锥形器、玉璧形器等与长江中下游的文化密切相关的器物，为我们传递出一个信号，即至少在新石器时代晚期至夏代早中期之际，一股外来的文化已渗入到成都平原的三星堆遗址中，它无疑与长江下游环太湖地区的良渚文化有着极深的渊源，同时这个文化中还包含着一些二里头文化的特质（从玉蜗旋状器看）。之前虽然在远早于宝墩文化的营盘山文化中已显露出西北地区玉文化的一些影响，但在成都平原最早的这批玉器材料中我们尚未见到黄河中上游西北地区玉文化的影响。

第三，在三星堆二、三期文化中，作为宗教礼仪性用器的玉器大量出现（一部分玉器也有可能早至夏晚商初之时，但还需要进一步的考古资料来证实[52]），其间伴随而来的还有大量青铜器的冶铸技术、黄金制作技术。其时的玉器器形以几何形为主，较少动物形玉雕作品；在装饰风格上崇尚简单、素朴的作风，流行在器身外侧雕琢凸起的牙饰，并在器身加刻线纹或弦纹，这些都带有较多的黄河中下游地区玉文化的特质。如大量凹弧刃出扉牙的玉石璋，两侧边出扉牙饰的玉钺和玉戚，出廓的四牙璧、多孔玉刀、平首玉圭，出扉的玉戈，磨制光滑的绿松石珠、管，以及镶嵌绿松石的铜牌饰和陶盉等，还有网格纹、菱形纹、交叉纹等装饰纹样风格都明显保留了山东龙山文化，特别是二里头文化的玉器传统，一些器物与上述文化还有着较明显的承袭关系。近年来随着神木石峁文化材料的日渐丰富，又让我们窥见古蜀玉器与陕北地区玉文化之间可能还存在着某些联系，主要表现在牙璋与牙璧方面。

第四，早在20世纪90年代初，随着山西陶寺、神木石峁更多玉器的出土，邓淑苹先生就首先提出了"华西系统玉器"的概念[53]，这里的华西地区主要包括了黄河中上游和岷江流域等较大的地域范围，同时也包含了从新石器晚期到商周时期很多考古学文化的内容。从前述玉器种类及特征等情况分析，古蜀玉器也确实在某些方面体现出与西北地区（华西）某些玉器具有一定的联系，尤其是金沙时期大量出土的光素低矮的玉琮明显表现出曾受到齐家文化玉琮的深刻影响，而这种风格的玉琮在山西清凉寺遗址、陶寺遗址中也曾有过发现。两者之间石璧以及保留璧芯再制作的方法，以及绿松石与板岩结合为一体的现象也带有某些相似性。但古蜀玉器与齐家玉器的其余一些玉器又有着明显的区别。如古蜀玉器虽然也如齐家一样有着璧与琮，但却没有发现像齐家那样有着一琮一璧的搭配规律。同时我们也还注意到，古蜀玉器除了玉璧、玉琮，还同时存在大量玉璋、玉戈、有领玉璧、玉工具在祭祀活动中使用的现象，这种组合方式区别于齐家而更接近于石峁和二里头。在古蜀玉器中大量存在的出牙玉璋、有领玉璧、玉牙璧（特别是目前四出牙璧主要见于石峁与金沙）等表明了其与神木石峁、二里头文化之间存在着更为密切的关联。另外营盘山、金沙相继发现的多孔玉刀虽然反映出了与西北甘青地区的某种渊源，但正如杨美莉曾提出的，"黄河中、上游的多孔玉刀，与牙璋的制作相互启发，相互分享共同的制作经验，而器面上所留下的丰富文化记号，不外是各个时期宗教、政治、艺术的表现"[54]。而邓淑苹先生也在最近的文章中提出了"这种大量使用有领璧、牙璋、多孔玉刀，以及常大批掩埋玉器于祭祀坑的现象，为主体的组合，可能应是神木石峁的一种特殊文化传统，以后沿着边地半月形传播带至蜀地"的观点[55]。近年来成都文物考古研究所在岷江上游营盘山[56]、沙乌都[57]等遗址的发掘，为我们探寻四川盆地早期文化与西北地区的关系提供了一些新的线索。其中，茂县营盘山遗址的主体文化与甘青地区的马家窑文化（马家窑类型）十分相近，该遗址中发现的玉器主要有穿孔刀、玉凿、玉铲等，数量极少，品种也很单一，但可以看出西北地区玉器已对其产生了一些影响。岷江上游处于农耕文化的边缘地带，西北紧临青藏高原东缘的游牧文化走廊带，游牧民族的大范围迁徙与移动，为成都平原的文化带来了新的气象。目前的考古资料也证明成都平原最早的新石器晚期遗存——宝墩文化可能与岷江上游的新石器文化有联系，但目前我们在宝墩文化中尚未发现有使用玉器的踪迹。直到大约夏晚期至商初期时，三星堆开始出现一些带有外来迹象的玉器。古蜀大量玉器的兴起主要还是在三星堆文化二、三期之际（约当公元前 1700~前 1200 年左右），然后延续至十二桥文化金沙遗址中（约当公元前 1100~前 650 年左右）。总体来看，古蜀玉器造型特征与组合情况更接近于二里头文化与商代二里岗文化的玉器，而与殷商时期玉器风格有着显著区别。那么我们可不可以推测存在以下两种可能：①古蜀玉器中显现出的部分西北地区文化玉器因素极有可能是通过二里头文化（其中又包含着齐家文化、石峁文化）的西进或南迁[58]而辗转进入蜀地；②早在成都平原早期文化阶段，西北地区文化随着人群的移动，沿着岷江流域而进入蜀地，这些外来的移民直接带来了西北地区的文化因素，而这些移民的后代又将某些用玉风格一直延续保留到了金沙时期。总之以上两种可能，无疑都清楚地表明西北地区的玉文化，包括齐家文化玉器风格对古蜀玉器曾产生过一些影响，只是这种影响更大的可能应是间接输入而非直接施加。

第五，古蜀玉器制作精美，器上基本少见使用痕迹，大多数的玉器都不是实用之物品，而是与古蜀王国的宗教祭祀活动密切相关的礼仪性用器，这一点也与齐家文化玉器多出于墓葬的情况有着明显区别。

位于四川盆地西部腹心的成都平原，周边被重重高山阻隔，过去曾一度被认为是偏于一隅的"蛮荒之地"。唐朝大诗人李白曾描述"蜀道难，难于上青天。蚕丛及鱼凫，开国何茫然。尔来四万八千岁，不与秦塞通人烟"；宋代李之仪更有"我住长江头，君住长江尾；日日思君不见君，共饮长江水"的深深悲叹。现在随着大量考古遗存和重要文物的出土，成都平原"与世隔绝"的旧识已成为历史，成都平原早期文化的发展脉络也日渐厘清。近几年来，多方面的考古证据已显现出成都平原与中国其他早期文化间很早就存在着广泛而密切的联系与交流。从古蜀玉器的组合、器类、纹样装饰等细节中我们已能窥见其玉器渊源的多元性，并认识到正是这些外来文化因素的植入才直接推动了古蜀玉器的产生，古蜀玉器也正是在此基础上不断吸收、融合、发展，从而走向繁荣。

注释：

[1] 四川省文物考古研究所三星堆遗址工作站：《四川广汉市三星堆遗址仁胜村土坑墓》，《考古》2004 年 10 期。

[2] 王方：《试析古蜀玉器中的良渚文化因素》，《玉魂国魄——中国古代玉器与传统文化学术讨论会论文集(四)》，浙江古籍出版社，2010 年。

[3] 王方：《远望大溪——对大溪文化出土玉器的几点观察与思考》，浙江省考古研究所：《崧泽文化学术研讨会论文集》。

[4] 叶茂林：《齐家文化的玉石器》，中国社会科学考古研究所：《考古求知集》，中国社会科学社，1997 年。

[5] 古方：《对齐家玉璧与玉琮的新认识》，《收藏》2009 年第 3 期。

[6] 古方：《对齐家玉璧与玉琮的新认识》，《收藏》2009 年第 3 期。

[7] 赵殿增、李明斌：《长江上游的巴蜀文化》，《长江文化研究文库》，湖北教育出版社，2004 年。

[8] 赵殿增、李明斌：《长江上游的巴蜀文化》，《长江文化研究文库》，湖北教育出版社，2004 年。

[9] 苏永江：《广汉三星堆出土玉器考古地质学研究》，《四川考古论文集》，文物出版社，1996 年。

［10］根据杨伯达先生鉴定意见。

［11］赵殿增：《三星堆原始宗教的构架特征》，《中华文化论坛》1998 年第 1 期。

［12］成都文物考古研究所、北京大学考古文博学院：《金沙淘珍》，文物出版社，2002 年。

［13］成都文物考古研究所：《金沙玉器》，科学出版社，2006 年。

［14］转引自杨建芳：《早期蜀国玉雕初探——商代方国玉器研究之一》，《中国古玉研究论文集（上册）》，2001 年。原文见刘振清：《齐鲁文化——东方思想的摇篮》，香港商务印书馆，1996 年。

［15］成都文物考古研究所：《金沙玉器》，科学出版社，2006 年。

［16］成都文物考古研究所：《金沙玉器》，科学出版社，2006 年。

［17］朱章义、王方：《金沙遗址出土玉琮初步研究》，《文物》2004 年第 4 期。

［18］闫亚林：《西北地区史前玉器研究》，北京大学博士学位论文，2010 年。

［19］古方：《中国出土玉器全集（15）》，科学出版社，2005 年。

［20］2003 年邓淑苹先生即向笔者提出此观点。

［21］中国社会主义科学院考古研究所：《殷墟的发现与研究》，科学出版社，1994 年。

［22］郑光：《二里头玉器与中国玉器文化》，《东亚玉器（第二册）》，香港中文大学中国考古艺术研究中心，1998 年。

［23］中国玉器全集编辑委员会编：《中国玉器全集（二）》，河北美术出版社，1994 年。

［24］河南文物考古研究所、三门峡市文物工作队：《三门峡虢国墓》，文物出版社，1999 年。

［25］叶茂林：《黄河上游新石器时代玉器初步研究》，《东亚玉器（第一册）》，香港中文大学中国考古艺术研究中心，1998 年。

［26］参见四川省文物考古研究所：《三星堆·祭祀坑》，文物出版社，1998 年。

［27］《成都金沙遗址Ⅰ区"梅苑"地点发掘一期简报》，《文物》2004 年第 4 期。

［28］江章华、李明斌：《三星堆文化的兴起及其影响——古国寻踪》，巴蜀书社，2002 年。

［29］四川省文物考古研究所：《三星堆祭祀坑》，文物出版社，1999 年。

［30］古方：《对齐家玉璧与玉琮的新认识》，《收藏》2009 年第 3 期。

［31］邓淑苹：《万邦玉帛——夏王朝的文化底蕴》，《夏商都邑与文化》，中国社会科学出版社，2014 年。

［32］叶茂林：《黄河上游新石器时代玉器初步研究》，《东亚玉器（第一册）》，香港中文大学中国考古艺术研究中心，1998 年。

［33］邓淑苹：《万邦玉帛——夏王朝的文化底蕴》，《夏商都邑与文化（二）》，中国社会科学出版社，2014 年。

［34］古方：《对齐家玉璧与玉琮的新认识》，《收藏》2009 年第 3 期。

［35］邓淑苹：《万邦玉帛——夏王朝的文化底蕴》，《夏商都邑与文化（二）》，中国社会科学出版社，2014 年。

［36］发掘者将其称为玉瑗。

［37］夏鼐：《商代玉器的分类、定名和用途》，《考古》1983 年第 5 期。

［38］四川省文物考古研究所三星堆工作站、广汉市文物管理所：《三星堆遗址真武仓包包祭祀坑调查简报》，《四川考古论文集》，文物出版社，1998 年。

［39］四川省文物考古研究所三星堆工作站、广汉市文物管理所：《三星堆遗址真武仓包包祭祀坑调查简报》，《四川考古论文集》，文物出版社，1998 年。

［40］转引自方向明、周晓晶：《中国玉器通史·北方卷》，海天出版社，2014 年。

［41］叶茂林：《甘肃、青海、宁夏、新疆地区出土玉器概述》，《中国出土玉器全集（15）》，科学出版社，2005 年。

［42］王玉妹：《齐家文化玉器的考古学研究》，吉林大学硕士学位论文，2012 年。

［43］方向明、周晓晶：《中国玉器通史·北方卷》，海天出版社，2014 年。

［44］郑光：《二里头玉器与中国玉器文化》，《东亚玉器（第一册）》，香港中文大学中国考古艺术研究中心，1998 年。

［45］成都文物考古研究所：《金沙玉器》，科学出版社，2006 年。

［46］古方：《中国出土玉器全集（13）》，科学出版社，2015 年。

［47］叶茂林：《黄河上游新石器时代玉器初步研究》，《东亚玉器（第一册）》，香港中文大学中国考古艺术研究中心，1998 年。

［48］方向明、周晓晶：《中国玉器通史·北方卷》，海天出版社，2014 年。

［49］邓淑苹：《万邦玉帛——夏王朝的文化底蕴》，《夏商都邑与文化（二）》，中国社会科学出版社，2014 年。

［50］邓聪、王方：《二里头牙璋（ⅤM3:4）在南中国的波及——中国早期国家的起源与扩散》，《夏商都邑与文化（三）》。

［51］本文所有齐家玉器资料主要是限于已发表的考古出土资料及部分采集与征集资料，收录可能会有许多遗漏，更不包括目前未见报道的考古资料或大量民间收藏齐家玉器。

［52］目前四川省文物考古研究院正在三星堆遗址做工作，详细的资料还有待发表后再深入讨论。

［53］邓淑苹：《也谈华西系统的玉器（一）》，《故宫文物月刊》第 11 卷第 5 期。

［54］杨美莉：《多孔石、玉刀的研究》，《故宫学术季刊》第 15 卷第 3 期。

［55］邓淑苹：《万邦玉帛——夏王朝的文化底蕴》，《夏商都邑与文化（二）》，中国社会科学出版社，2014 年。

［56］a.蒋成、陈剑：《岷江上游考古新发现述析》，《中华文化论坛》2001 年第 3 期；b.成都市文物考古研究所：《四川茂县营盘山遗址试掘简报》，成都文物考古研究所：《成都考古发现 2000》，科学出版社，2002 年。

［57］成都文物考古研究所、阿坝文管所等：《茂县沙乌都遗址调查试掘简报》，成都文物考古研究所：《成都考古发现 2004》，科学出版社，2006 年。

［58］江章华：《四川盆地先秦考古学文化的变迁及其动因》，国家社科基金项目"长江上游古文化与中国文明的起源——从宝墩文化、三星堆文化到金沙遗址"第二章，已结题，待刊。

碧村遗址玉器及相关问题分析

马　昇　　张光辉

（山西省考古研究所）

　　碧村遗址位于晋西北的吕梁市兴县高家村镇碧村村北，地处黄河与蔚汾河的交汇处，属典型的黄土丘陵地貌，与陕西神木石峁遗址直线距离约 51 公里。该遗址面积 75 万平方米，以龙山时期遗存为主，除发现石墙和大型石砌排房外，较为引人关注的是该遗址发现的大量玉器，鉴于此，该遗址也被确认是晋西北集中发现史前玉器的首个地点，与陕北高原的石峁等遗址玉器遥相呼应。这一发现不仅丰富了山西龙山时期玉文化的内涵，也将晋南、陕北等黄河中游沿岸其他出土玉器的地点串联起来，更加凸显了晋西地区在玉文化传播路线中的重要作用，因此有必要对碧村遗址玉器出土背景、基本特征等进行梳理，对其相关问题进行初步探讨。

一　碧村玉器出土背景

　　碧村遗址玉器最先发现于 20 世纪 70 年代末期的农田基本建设期间。村民在平田整地中，发现地里有一些"圆石片"，后来逐渐为人所认识，并出现大量盗扰行为，民间也开始收藏这些玉器。

　　碧村遗址位于环河临沟的山麓缓坡地带，在无天险之处砌筑城墙，构成了一个相对封闭的山城。该遗址玉器集中发现于小玉梁这一地点。小玉梁不仅地处遗址的中心位置，也是遗址的核心区域，有高等级的石砌建筑设施。玉器这类珍品被大型建筑的主人所掌握，反映了资源与权利在这一地点的集中。

　　2015 年的田野发掘中，在小玉梁大型建筑东侧发现了肉缘内厚外薄的玉环残片和一些绿松石饰件。同时，在小玉梁集中出土玉器的区域，发现了目前我国保存最好的新石器时代石砌排房。已发现的四座房址两两相连，呈一条直线排列，构成了一组大型石砌排房。这类石砌排房无论是建筑形式还是规模，在我国史前考古中均属首次发现。两座石砌房址单间面积在 70 平方米左右，石砌墙体宽达 0.8~1.2 米，房内圆形地面灶较大者直径超过 2 米，较小者直径也有 1.6 米，两座房址地基也经过统一夯整。这种规格的石砌房屋在此前发现的北方这一时期同类房址中尚未见到，表明出土玉器的小玉梁应是碧村遗址一个高等级阶层活动区域。

　　在目前考古工作中，碧村遗址玉器残片均出土于地层中，未在石砌房址及墙体中发现任何玉器，所以，小玉梁发现的玉器若与该组石砌房址存在关系则有多种可能，至于具体是生活用玉还是祭祀、奠基用玉暂无法确指。但个别玉刀表面残留红色朱砂，根据这一情况推断小玉梁部分玉器应是墓葬的随葬品，这一点在调查中也得到了确认。

二　碧村玉器特点

1.玉器类型

　　目前，据调查明确属于碧村遗址出土的玉器约有一百来件，从器形来看，主要为玉礼器和装饰品，以璧、环、臂钏、琮、刀、钺、璜等为主，暂时未发现牙璋。但从邻近的石峁遗址出土有牙璋的情况来看，不排除该地点也存在牙璋的可能性。

璧　是碧村发现最多的一类玉器，流行环形璧、牙璧和多璜联璧，不见小孔璧。这些玉璧表面均抛光，个别保留有错位切割的台痕，一般是中间厚、边缘薄。

环形璧，圆形、素面、中间厚、边缘薄，多不规整，器面常见相向锯割、错位折断的台阶。2015XB0713A002，墨玉，局部呈青色；内缘厚、外缘薄，一侧保留锯割的断茬台阶，边缘局部厚薄不均，应是切片和打磨不平衡所致；外缘直径 11、好径 6.2、肉宽 2.4、厚 0.2~0.3 厘米（图一，1）。

多璜联璧，一般由二至三个玉璜串联而成，两璜之间有系绳连接的小孔，均为单面钻的斜向穿孔。2015XB0713A006，青白玉；由三个玉璜组成，器表抛磨光滑，每片玉璜两端各有一个穿孔，均为单面钻；外缘直径 9.2、好径 4~4.5、肉宽 2.6~2.8、厚 0.3 厘米（图一，2）。

牙璧，一般制作规整，有三四组牙状突起，部分牙璧在牙状突起附近还有几组齿状饰。2015XB0713A004，青玉；制作规整，器表光滑，四组牙状突起，无齿饰，牙根处有线绳拉锯的割痕；外缘直径 12.5、好径 6.3、肉宽 3.1、厚 0.2~0.3 厘米（图一，3）。

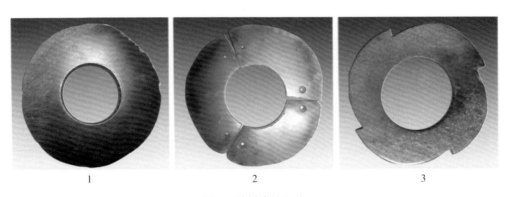

图一　碧村遗址玉璧

1.2015XB0713A002；2.2015XB0713A006；3.2015XB0713A004

环　也是碧村发现较多的一类玉器，器形规整，器表莹润光滑。2015XB0713A008，青玉，有褐色斑块；由两个玉璜组成，两璜之间有对应的一组穿孔；外缘直径 9.1、好径 6.1、肉宽 1.5、厚 0.5~0.6 厘米（图二，1）。

臂钏　有圆形和椭圆形两种，圆形居多，内壁呈亚腰形，器表抛磨光滑。2015XB0713A010，青黄玉；椭圆形，两侧各有一马蹄形穿孔；最大径 7.7、通高 3.1、厚 0.3~0.4 厘米（图二，2）。

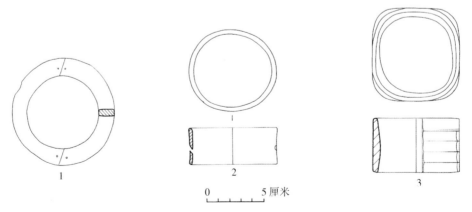

图二　碧村遗址玉环、玉臂钏及玉琮

1.玉环（2015XB0713A008）；2.臂钏（2015XB0713A010）；3.玉琮（2015XB0713A011）

琮　碧村玉琮均为矮体方形琮，内壁呈亚腰形，多素面，个别有阴线纹。2015XB0713A011，墨玉，有细小裂纹；内圆外方，四角圆润；四面中间各有两道竖向阴刻线直通射口，两侧分饰四道横向弦纹；直径 7.6、通高 4.6、射高 0.5、壁厚 0.3~1.3 厘米（图二，3）。

玉刀　长方形，多穿孔，单面钻。2015XB0713A014，青玉；双孔，斜向双面刃，中间厚、两侧薄，一面残留红色朱砂；长 10.8、宽 4.1~4.8、器身厚 0.5、刃厚 0.1 厘米（图三，1）。这件玉刀残留的朱砂表明其应属于墓葬随葬品。

图三　碧村遗址玉刀（2015XB0713A014）

钺　制作精良，有弧刃和斜刃之分。2015XB0713A017，青玉；长条形，单向穿孔，弧刃；长 29.7、宽 8、器身厚 0.3~0.4、刃厚 0.1 厘米（图四，1）。

璜　2015XB0713A019，青玉；一面有九个锥状凹槽，每个凹槽上端各有一钻孔，玉璜两侧也各有一个穿孔，孔眼均为单面钻；长 9.9、宽 3.6、厚 0.5 厘米（图四，2）。2015XB0713A020，乳白色；素面，器表光滑，两端各有一对穿孔；长 14.5、两端宽 4、中间宽 1.8、厚 0.5 厘米（图四，3）。

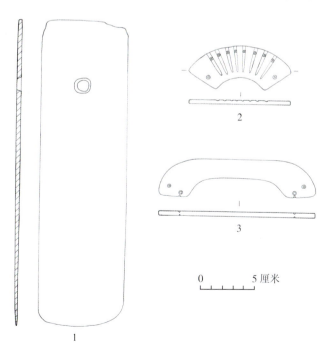

0　　　　　5 厘米

图四　碧村遗址玉钺与玉璜

1.玉钺（2015XB0713A017）；2、3.玉璜（2015XB0713A019、2015XB0713A020）

2.主要特征

碧村玉器多数质地细腻而温润，在选料上相当考究，色泽上多用青玉、青白玉和墨玉。从技术工艺来看，一些玉璧上常留有片割的台面，表明当时较为盛行片割技术；也有采用线割的，在璇玑牙饰上通常保留有较明显的线割拉锯痕迹。钻孔技术较为发达，如璧、钏、环、琮等玉器上，一般内侧呈亚腰形，器体中间直径小，上下两端直径略大，应是双向管钻并琢磨后形成；另一些小型孔眼呈上大下小的马蹄形，属单面斜向钻孔所致。经剖切、钻孔后进入玉器装饰阶段。碧村玉器一般均经琢磨抛光，即使是切割失利的次品也要抛磨光滑，但这些玉器多无纹饰，这也是同时期北方玉器的一大共性。

三 相关问题

1.年代推测

碧村玉器以环形璧、多璜联璧、牙璧、臂钏、环、琮、刀、钺为主要器形，均属于黄河流域龙山时期玉器的常见器类，关于其具体年代，因地层依据的缺乏而难以直接判定。

碧村遗址玉器器形与邻县石峁玉器器形雷同[1]，如多璜联璧、牙璧、玉琮、刀、钺等，且发现有与石峁存在诸多共性因素的石砌城墙及房址，其年代也应密切相关。同时，根据碧村遗址小玉梁玉器出土范围内所发现的大型石砌建筑的地层情况来看，其堆积均为龙山晚期，据此可以初步确定碧村遗址发现的玉器年代当在龙山晚期前后，这一判断也与此前推测吻合。

2.与晋南、陕北等地区玉器的关系

在东方玉文化的催生下，龙山时代的黄河中上游地区迎来了玉器发展的空前繁盛期，这一时期在晋南、陕北、甘青等地均发现了成批出土玉器的重要地点，个别地区流行的用玉习俗还强烈地延续到二里头文化时期。碧村遗址身处这种特殊的时代背景和地理环境中，在玉器的取舍上，虽坚持了大区域的传统，但对于临近的晋南、陕北也有着小区域的倾向，这从玉料的选择以及器类方面即可窥见一斑。

在玉料的选择上，晋南清凉寺[2]、下靳[3]、陶寺[4]等墓地庙二晚期及龙山早期出土的大量玉石器，选料上多采用大理岩，极少见透闪石。即使是规格较高出土千余件玉石器的陶寺墓地中，透闪石玉料仅98件，占总数的9.6%。[5]清凉寺发现的少量透闪石则是在该墓地中晚期出现的。而晋西北的碧村遗址玉石器除部分采用大理岩外，还存在一定数量的软玉，与晋南清凉寺、下靳等地形成一定差异。同样，在陕北的新华遗址K1中[6]，软玉也达到一定的数量，约占总数的28%。从碧村、新华等遗址这一情况来看，晋陕高原龙山时代似乎使用透闪石玉的比例偏高，这可能与其整体时代偏晚及地理位置有关。在器类方面，无论是晋南的清凉寺、下靳和陶寺，还是晋陕高原的碧村、石峁、新华、芦山峁[7]，均以片状玉器为主，璧、环、刀、钺、琮是主要器类，但具体形式又各有偏重，特别是在璧、琮、刀等核心器类种表现最为明显。清凉寺墓地以小孔璧、环形璧、多璜联璧（或环）、宽体穿孔石刀为主要组合（图五，1~4），玉琮、牙璧则是墓地第三期出现的特殊器形。而碧村遗址玉琮多见，玉璧形式也更加丰富，出现了齿饰牙璧，区别于晋南下靳墓地的无齿牙璧，而与石峁同类牙璧如出一辙。同时，晋南盛行的宽体多孔刀，在晋陕高原的碧村、石峁、新华、芦山峁等地也被窄长的穿孔刀逐步取代（图五，5~8）。这些在客观上拉大了晋南与晋陕高原玉器风格间的距离。

此外，甘青地区齐家文化龙山晚期玉器也发现不少[8]。齐家文化玉器多为组织均匀细密的青玉、青白玉，多呈暗绿或青色，器形方面也以片状玉器为主，相较碧村玉器最突出的是多小孔璧、环形璧和多璜联璧，流行条形玉刀，缺乏牙璧；玉琮类型丰富，有矮体和高体之分（图六）。而碧村遗址除多青玉、青白玉外，还有不少墨玉，并流行矮体玉琮，不见齐家文化的方形高体琮，这类玉琮在陕北及晋南也缺乏相关线索。所以，相较于晋南、甘青等地区玉器，碧村玉器在一般特征上与石峁等陕北地区玉器更为亲近，这与其区域文化分布格局较为一致。

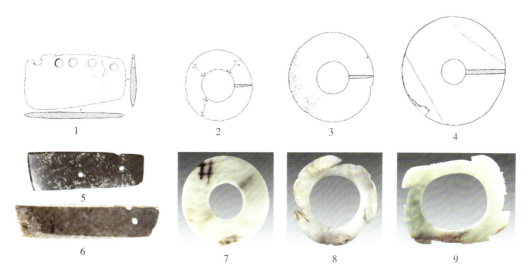

图五　清凉寺与石峁、新华、芦山峁等遗址玉刀与玉璧

1.多孔玉刀（M112:1）；2.多璜联璧（M46:4）；3.环形璧（M82:5）；4.小孔璧（M53:2）；5、6.
玉刀（99K1:12、99K1:32）；7.环形璧（延安文研所藏品）；8、9.牙璧（SSY:42）　（1~4.清凉寺
遗址；5、6.新华遗址；7.芦山峁遗址；8、9.石峁遗址）

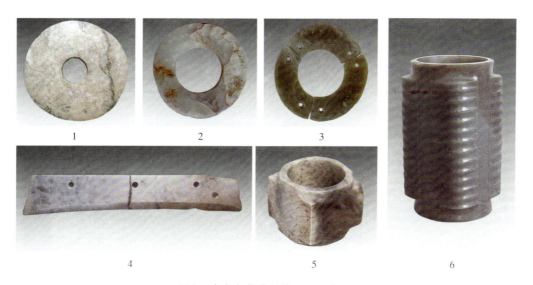

图六　齐家文化典型璧、刀、琮
1.小孔璧（喇家 L:2）；2.环形璧（喇家）；3.多璜联璧（喇家）；
4.玉刀（喇家 L:4）；5.矮体琮（李庄坪）；6.高体琮（后柳沟）

　　总的来说，龙山时期黄河中上游地区在玉文化的西渐中出现了多个区域中心，如晋南、晋陕高原、
甘青等地区盛行的尚玉之风，都是这一大背景下催生的，以往也有学者对这一传播线路进行过讨论[9]。
碧村遗址玉器正是这一时代的产物，而此前的山西中北部包括晋西极少有玉器发现。进入龙山晚期，晋
西黄河沿岸的碧村开始大规模使用玉器。在黄河以西的陕西也有类似情况，老官台文化和仰韶文化时期
玉器集中发现于关中和陕南，进入龙山晚期陕北玉器大量涌现[10]，以石峁、芦山峁、新华等遗址为代
表。这与晋西地区情况如出一辙，表明这一时期玉文化在沿黄河向北、向西传播。相应地，甘青地区的
齐家文化玉器也大体在这一时期大量出现，并与晋南、晋陕高原等构成了黄河中上游地区玉文化的三大
中心。

注释：

[1] a.戴应新：《陕西神木县石峁龙山文化遗址调查》，《考古》1977 年第 3 期；b.戴应新：《神木石峁龙山文化玉器》，《考古与文物》1988 年第 5、6 期；c.戴应新：《神木石峁龙山文化玉器探索》，《故宫文物月刊》总第 125~130 期；d.中华玉文化研究中心、中华玉文化工作委员会：《玉魄国魂——玉器玉文化夏代中国文明展》，浙江古籍出版社，2013 年。

[2] 山西省考古研究所：《清凉寺墓地发掘简报》，《考古学报》2011 年第 4 期。

[3] a.山西省考古研究所：《山西临汾下靳墓地发掘简报》，《文物》1998 年第 12 期；b.中国社会科学院考古研究所：《山西临汾下靳村陶寺文化墓地发掘报告》，《考古学报》1999 年第 3 期。

[4] 古方：《中国出土玉器全集（3）》，科学出版社，2005 年。

[5] 高炜：《陶寺文化玉器及相关问题》，邓聪：《东亚玉器（一）》，香港中文大学中国考古艺术研究中心，1998 年。

[6] a.陕西省考古研究所、榆林市文物保护研究所：《神木新华》，科学出版社，2005 年；b.中华玉文化研究中心、中华玉文化工作委员会：《玉魄国魂——玉器玉文化夏代中国文明展》，浙江古籍出版社，2013 年。

[7] a.姬乃军：《延安市发现的古代玉器》，《文物》1984 年第 2 期；b.姬乃军：《延安市芦山峁出土玉器有关问题探讨》，《考古与文物》1995 年第 1 期；c.中华玉文化研究中心、中华玉文化工作委员会：《玉魄国魂——玉器玉文化夏代中国文明展》，浙江古籍出版社，2013 年。

[8] 北京艺术博物馆、中国社会科学院考古研究所等：《玉泽陇西——齐家文化玉器》，北京美术摄影出版社，2015 年。

[9] a.高炜：《陶寺文化玉器及相关问题》，邓聪：《东亚玉器（一）》，香港中文大学中国考古艺术研究中心，1998 年；b.黄宣佩：《齐家文化玉礼器》，邓聪：《东亚玉器（一）》，香港中文大学中国考古艺术研究中心，1998 年；c.栾丰实：《简论晋南地区龙山时代的玉器》，《文物》2010 年第 3 期。

[10] 杨亚长：《陕西史前玉器的发现与初步研究》，邓聪：《东亚玉器（一）》，香港中文大学中国考古艺术研究中心，1998 年。

齐家文化玉器与中国西部玉矿资源区[*]

——第四、五次玉帛之路考察简报

叶舒宪

（上海交通大学）

一　缘起：五次玉帛之路考察

2009~2012 年间，笔者主持的中国社会科学院重大项目 A 类 "中华文明探源的神话学研究" 完成全部著述和译著工作，2012 年 5 月结项评审，以 24 部书稿的成果获优秀评级。其中 3 部专著，即《中华文明探源的神话学研究》（叶舒宪）、《神话学文明起源路径研究》（王倩）和《神话与古史：中国现代学术的建构与认同》（谭佳），已在 2015 年出版，另外的 21 部译著也将陆续出版。拙著《中华文明探源的神话学研究》篇末 "总结与展望" 部分曾提示：文化大传统的新认识将会带来前所未有的境界和效果。今后，对史前期就已经开启的玉石之路的深入调查与研究，对于认识华夏文明的大传统遗产具有重要意义。

2012 年 5 月的结项会后，笔者带队中国民间文艺家协会的专家组，到陕西榆林参加晋陕蒙三省区秧歌大赛评审。活动期间，在榆林文联协助下驱车到神木县龙山文化古城即石峁遗址考察。同年 10 月，在北京京瑞大厦召开的 "首届中国玉器收藏文化研讨会" 上，笔者宣读论文《玉石之路黄河道刍议》[1]，并在会间向主办方中国收藏家协会学术研究部提出建议，围绕陕西神木县石峁遗址的大量史前玉器召开一次研究中国玉石之路与文化传播的专家级学术会议。古方主任早年在中国社会科学院考古研究所任职时就关注过玉石之路的研究，他当即表示赞同，并开始着手策划这次会议。当年 12 月，陕西神木石峁遗址入选 2012 年中国十大考古发现。2013 年 4 月笔者和古方、向东等专程赴西安、榆林和神木，为此次会议的筹备工作联系承办方榆林文联和协办方陕西考古研究院、陕西省文物局等。2013 年 6 月，由上海交通大学和中国收藏家协会学术研究部合办，榆林文联承办的 "中国玉石之路与玉兵文化研讨会" 顺利召开，来自海内外的 20 位专家提交论文。这次会议上专家们更清楚地认识到石峁龙山文化玉器与山西襄汾陶寺文化玉器、西北齐家文化玉器的关联性，以及三地玉器在玉料取材方面的相关性，并根据实地考察结果设计出新的研究方向，即如何通过中国史前文化中具有核心意义的物质文化的传播轨迹，复原性地认识华夏文明形成过程中以往所未知的关键性因素。中国社会科学院考古研究所李健民研究员总结评价这次会议成功地将考古工作者与民间玉器收藏界整合为一个研究群体。神木县龙山文化研究会胡文高先生的石峁玉器藏品给与会专家留下深刻印象。会间，适逢中央电视台第 10 频道青年导演张桂麟等

　　* 本项研究得到国家社科基金重大招标项目 "中国文学人类学理论与方法研究"（10&ZD100）以及国家社科基金特别委托项目 "草原文化研究" 子课题 "草原玉石之路" 调研支持。

在石峁考古现场采访和拍摄，也对本次会议进行了拍摄，并对相关专家做了现场采访。2014 年 4 月，张导演的四集电视片《石破天惊 石峁古城》在中央电视台播出。2015 年 5 月，笔者和古方主编的会议论文集《玉成中国——玉石之路与玉兵文化探源》由中华书局出版。此书也是将考古学者的论文与民间玉器收藏家的研究经验相结合的一次尝试。这种尝试，大致能体现出文物大量流散民间的中国式经验，与源于西方科学的考古学之间具有广阔的对话和互补空间。

在编撰论文集期间，即 2014~2015 年，中国文学人类学研究会积极谋求和山西、陕西、甘肃、宁夏、内蒙古、新疆等西部各地相关单位协作，策划玉石之路系列考察活动，先后共计六次。其中前四次已经实施完成，后两次尚待实施。兹简述如下，作为本报告的缘起。

第一次考察： 2014 年 6 月，玉石之路山西道（雁门关道和黄河道）考察。笔者和中国社会科学院民族学与人类学研究所的易华研究员等，沿着北京—大同—代县雁门关—忻州—太原—兴县的路线，考察了《穆天子传》中记载的周穆王前往昆仑山寻找西王母，也就是先秦时代西玉东输的路线。7 月，笔者指导的博士后和博士，上海交大唐启翠副教授和四川大学锦城学院杨骊副教授等又做出补充考察。在考察中发现，文献中记载的每一个点都是有据可查的，同时还探索到比这条陆路更古老的水路，即玉石之路山西段的黄河道。水路和陆路两条路线是并行的，沿着黄河与雁门关，自北向南延伸，连接河套地区与中原地区。也就是说，上古自西北进入中原是没有捷径的，需要绕道河套和晋北盆地。在没有马之前，雁门关道难走，黄河道才是正道。我们在黄河岸边的兴县小玉梁山看到龙山文化城墙及墓地，也看到当地民间收藏的史前玉器，与黄河对岸的石峁玉器大同小异。考察成果参见笔者的《西玉东输雁门关——玉石之路山西道调研报告》（《百色学院学报》2014 年第 4 期）、《玉石之路黄河道再探》（《民族艺术》2014 年第 5 期），张建军的《山西兴县碧村小玉梁龙山文化玉器闻见录》（《百色学院学报》2014 年第 4 期）。

第二次考察： 2014 年 7 月，玉帛之路河西走廊道段考察，又可以视为一次对齐家文化与四坝文化的考察之旅。考察团成员有笔者、冯玉雷、刘岐江、郑欣淼、易华、刘学堂、安琪、徐永盛、孙海芳、军政等。考察路线是兰州—民勤—武威—高台—张掖—瓜州—祁连山—西宁—永靖—定西，全程 4300 公里。考察成果包括七部书（将由甘肃人民出版社出版），以及《丝绸之路》杂志的一期专号（2014 年第 19 期）。相关的考察报告和田野笔记，已发表的有笔者的《乌孙为何不称王？——玉帛之路踏查之民勤、武威笔记》、刘学堂的《四坝文化与青铜之路》、冯玉雷的《玉帛之路及其古代路网的调查及研究》（《百色学院学报》2015 年第 1 期），易华的《齐家玉器与夏文化》（《百色学院学报》2015 年第 2 期），以及笔者的《游动的玉门关》（《丝绸之路（文化版）》2014 年第 19 期）、《金张掖，玉张掖》（《祁连风》2014 年第 4 期）、《重逢瓜州日，锁定兔葫芦》（《兰州学刊》2014 年第 5 期）等。这次考察在认识玉料原产地方面有了重要的一次观念更新，即提出"游动的玉门关"和泛指的昆仑玉山这样的概念，认为在我国西部存在一个地域相当广阔的玉矿资源分布区。考察团在瓜州到新疆之间看到长达 20 公里的一座产玉之山，并联系考古新发现的肃北马鬃山战国至汉代的玉矿，大致描绘出西部玉矿资源区的范围。古人获取西部美玉原料，从新疆和田昆仑山的一点一线，拓展为几条大山脉连接而成的一大片区域，包括祁连山、马鬃山和马衔山等新发现的产玉之山。这样就更加接近《山海经》讲述的一百多座产玉之山的叙事真相，使我们对这部先秦古籍的性质刮目相看（参看笔者的访谈录《探秘华夏文明 DNA》，《中国玉文化》2014 年第 5 辑）。

第三次考察： 2015 年 1 月，笔者经内蒙古社会科学院投标申报国家社科基金特别委托项目"草原文化研究"之子项目"草原玉石之路"调研，规划出沿着贺兰山和腾格里沙漠一带通往民勤、武威的考察路线图。在申报等候审批程序的过程中，2 月初，中国文学人类研究会甘肃分会会长、《丝绸之路》杂志社冯玉雷社长带领由杨文远、刘樱、瞿萍、军政组成的考察团，先期展开一次玉帛之路环腾格里沙漠路网考察。这是 2014 年 7 月 "玉帛之路文化考察" 之后，重新圈定的古代玉石之路北部路网。此次考察特别关注从民勤到阿拉善左旗、内蒙古河套、陕北和宁夏等地的运输贸易路线问题。考察报告有冯玉雷的《环腾格里沙漠考察》（《百色学院学报》2015 年第 2 期）。

第四次考察：2015 年 4 月 26 日~5 月 1 日，玉帛之路与齐家文化考察。由甘肃省广河县政府牵头，可以视为一次 "齐家文化遗址与齐家玉器及玉料探源之旅"。考察团成员有笔者、易华、王仁湘、冯玉雷、刘岐江、马鸿儒、杨江南等，人员构成特点是人文学者、考古学者与玉器收藏家结合与互补。考察路线是兰州—广河—临夏—积石山县—临洮县马衔山—定西—兰州。此次考察关注若干重要的齐家文化遗址、公私博物馆收藏的齐家文化玉器情况，还特别关注齐家文化用玉资源的分布，并到临洮县马衔山玉矿区采集玉料标本，希望能够有助于认识齐家文化所用玉料的供应、不同玉料大致的占比情况等。考察成果见《丝绸之路》杂志 2015 年第 13 期专号《玉石之路与齐家文化考察》。

第五次考察：于 2015 年 6 月 7~17 日完成。这是通过内蒙古社会科学院投标国家社科基金特别委托项目 "草原文化研究" 之子项目 "草原玉石之路" 的新调研。考察路线是兰州—会宁—宁夏西海固地区—隆德—彭阳—银川—阿拉善左旗—阿拉善右旗—额济纳旗—肃北马鬃山—酒泉、嘉峪关—兰州。中国甘肃网作为承办单位之一，以网络新媒体方式全程追踪报道了考察的每日情况。本次考察的重点在于草原之路，即草原玉石之路或草原丝绸之路的中段之具体途径。其间要穿越巴丹吉林和腾格里两大沙漠地带，探明从额济纳旗向西到马鬃山、再向西通往新疆哈密的古代路网情况。希望通过草原丝绸之路（我们又称草原玉石之路）北道的田野新认识，从多元的视角，厘清西玉东输的玉矿资源种类，理解早期的北方草原和戈壁地区运输路线与玉石玛瑙等资源调配有何种关系，与金属文化传播又有何种关系。并尝试解说马鬃山玉料输送中原的捷径路线是否存在的疑问。

除了上述五次组团考察之外，近期调研计划中还有以下两次。

第六次考察：玉石之路黄河中游道考察，计划在 2015 年 7 月举行，以河套地区史前文化遗址与晋陕之间的龙山文化玉器普查为主，集中从玉文化角度探讨齐家文化与龙山文化的源流影响关系。

第七次考察：计划在 2015~2016 年举行，研究古代丝绸之路在尚未打通西安、宝鸡、天水路线之时，以宁夏固原为十字路口的路网情况，聚焦从固原到陇东的路线。寻找齐家文化的统治中心，主要关注铜器和玉器。从考古发现和文物普查情况看，齐家文化相关遗址和文物点分布最多的两个地点分别是庄浪、漳县。宁夏的西海固地区则有器形较大、玉质优等的齐家文化玉礼器，特别是白玉质的。为此，这次考察将以固原和平凉为中心，在陇东地区进行拉网式的调研，进一步厘清西北史前玉文化与中原文明的互动关系。

本文是上述第四次和第五次玉帛之路考察活动的学术总结性简报，先期发表的目的是抛砖引玉，求教于相关的行家。

二　齐家文化玉器的新认识

为探讨齐家文化玉器，笔者自 2005 年以来曾经十多次来甘肃及广河县调研。本县的齐家坪是瑞典学者安特生发现并命名齐家文化之地，可惜的是，九十多年过去，这里一直没有展开过大规模的考古发掘。这种情况使得研究者面临实物资料和文献资料都十分匮乏的尴尬状态，难以下手。2007 年，听说广河县新开一座齐家文化陈列馆，我和冯玉雷等慕名而来，结果看到展出的齐家文化陶器多多，玉器很少，也非精品，且没有出土或采集地点的说明。2014 年 7 月的第二次玉帛之路文化考察活动经过广河县，曾专门安排一次专家座谈会，建议当地政府重视本地的齐家文化资源。随即有当地政府投资千万元新建齐家文化博物馆，以及广河县政府与中国社会科学院考古研究所计划在 2015 年夏季联合举办齐家文化国际学术研讨会。2015 年 4 月实施的第四次玉帛之路考察就是为即将落成的齐家文化博物馆布展事宜和齐家文化国际研讨会的筹备工作，由广河县文广新局唐士乾局长等当地领导协助进行的。

　　齐家文化玉器的数量，是困扰研究者的第一道难题。民间收藏界一般认为相当多，但是正式发掘品确实较少。自1924年安特生发现和命名齐家文化以来，经考古发掘出土或遗址采集的齐家文化玉器总数只有区区几百件而已。这个数量大致相当或略多于北方红山文化迄今发掘出土玉器的总数量。但是如果按照这样的比例去判断齐家文化玉器生产规模，难免会陷入一种观念的误区，以为齐家文化先民拥有的玉器数量本来就比较稀少，只能为社会统治阶级所占有和使用。实际上，齐家文化玉器的真实数量要远远多于其他任何一种史前文化，不论是红山文化还是良渚文化。这是笔者建立在十余年来多次考察经验上的判断。依据在于玉料资源是玉器生产的物质基础。中原地区因为缺乏足够的优质玉矿，在仰韶文化后期也没有发展起规模性的玉器生产。而齐家文化所在区域则是玉矿资源最丰富和最多样的。尽管公立的博物馆中齐家玉器藏品数量有限，但是从青海、甘肃和宁夏等地民间收藏齐家文化玉器情况看，其总数量应是考古发掘品数量的十倍以上，堪称成千上万。2013年以来，笔者曾多次到定西的民间收藏家刘岐江开办的众甫博物馆考察，看到数以百计的齐家文化玉器、半成品和玉料情况。2015年5月30日笔者和中国社会科学院考古研究所边疆考古研究室王仁湘研究员到兰州市的收藏家杨江南家中观摩他20年来所收藏的齐家文化玉器，仅不同颜色玉质的玉璧芯子就有二百多个，小玉斧也多达一百多个。收藏者们甚至推测四千年前的齐家文化社会中，有身份的社会成员可能人人都可拥有一件小玉斧，作为身份象征（瑞信），犹如今天每人都有身份证一样。

　　至于坊间出售的齐家文化玉器图册，因为鉴别水平有限，真伪莫辨。叶茂林先生曾对古玉图书市场上这类真伪莫辨的现象提出批评[2]，笔者在《河西走廊——西部神话与华夏源流》书中也有过批评[3]，兹不赘述。近年来高校中通过答辩的研究齐家文化玉器的学位论文作者，在自己和导师都无法识别玉器真伪的情况下，也会不小心引用市面上发行的不靠谱的藏家之书，让人感到防不胜防。考古工作者的研究一般不取材于民间藏品，是出于专业规范的考虑。这样虽能保证研究材料的可靠性，但是也会大大缩减其占有材料的广泛性，限制其研究视野。看来，研究玉文化不辨真伪不行，因噎废食而排斥一切民间藏品也不妥当。虚怀若谷并善于取长补短的折中者，或许能有后来居上的机缘。

　　综合起来看，将数量非常有限的考古发掘品、博物馆征集品与可信度较高的民间藏品三者结合起来看，是目前较全面掌握齐家文化玉器情况的有效途径。以考古发掘品为主，以民间收藏品中"开门"的器物为辅助和参照，根据这样的较为系统和全面的对照，可以大体上明确齐家玉器中存在哪些器形种类，不存在哪些器形种类。当然这样的研究范式也需要研究者自己能够判断藏品的真伪。俗话说，神仙难断寸玉。对于习惯书本作业的学院派人士来说，这是一种很大的知识挑战，需要研究者主动补习中国本土传统的"格物致知"本领。这种学习必须经历较为漫长的经验积累过程，不可能有秘诀或者一蹴而就。

　　例如，玉玦、玉戈、玉柄形器、玉璇玑这四种史前玉器，目前在考古发掘的齐家文化玉器中尚未见到实物。台北故宫邓淑苹女士推测玉戈这种器形或起源于齐家文化的观点，在公私博物馆藏品的普遍验证之下，可以说是值得商榷的。她认为青海民和喇家M12的墓主人右胸上部出土一件玉璧（严格说应为玉瑗）和一件玉片，后者有些像戈形。[4] 但是玉片上既无钻孔，也没有中脊，更没有阑等戈的形制要素，似不能轻易下结论说齐家文化玉器中有玉戈。更不宜以这件疑似的玉片为根据，进一步推论玉戈起源于齐家文化。这样的推论，会导致背离齐家文化玉器种类的实际情况越来越远。因为考古发掘品数以百计，国有博物馆和民间的收藏品数以千计，在两者之中如果都没有发现严格意义上的玉戈，而且当地的资深收藏家们也都表示没有见到过齐家文化玉器中有此类器形的话，勉强立论，其可信度会不足。个别玉器收藏类图书中出现所谓的齐家文化玉戈亦不足为凭。

　　再如齐家文化有没有玉璋的问题。玉璋是史前至夏商周时期标志性的重大玉礼器。曾经在没有文字的时代流行过千年，商周以后逐渐失传不用。据《周礼·考工记》记载："大璋，中璋九寸，边璋七寸，射四寸，天子以巡守。"表明玉璋是上古社会最高统治者必备的权力象征性器物。在文学语言中有"弄璋"和"弄瓦"对言的典故，生男孩叫"弄璋之喜"，生女孩叫"弄瓦之喜"。该典故出自东周时期的《诗经·小雅·斯干》，是国人熟知的常识。因为自齐家文化命名以来九十多年没有官方出版的一部可信的齐家文化玉器标本书，各地大小博物馆公开展出的齐家文化玉器也很不全面，这就给研究者造成一种普遍的错觉，认为齐家文化玉器中没有玉璋。

2005 年古方主编的十五卷本《中国出土玉器全集》问世，其中收录甘肃、青海、宁夏三地的代表性齐家文化玉器共 108 件，为研究齐家文化玉器提供了宝贵的标准器样本。但是这部号称"全集"的大书并非全面，实际上远远没有全面覆盖，容易产生始料不及的误导（以偏概全），据此判断齐家文化玉器中没有玉璋。在考古和文博专业人士撰写的著述中，也一直流行齐家文化没有玉璋的观点。如 20 世纪末期出版的牟永抗等主编的《中国玉器全集·原始社会卷》[5]，仅仅收录齐家文化玉器图片三幅，不要说玉璋，就连齐家文化中常见的玉琮、玉璧也没有收录。笔者在《河西走廊——西部神话与华夏源流》一书中曾就此提出商榷，认为是国学传统中典型的中原中心主义的偏见在制约着当今玉文化研究者的认识和眼界。

近年来倡导齐家文化玉器研究的学者们，也大都被学术出版物所限制，并不清楚齐家文化有没有玉璋。如上海博物馆的黄宣佩以上海博物馆所藏齐家文化玉器为对象，又对甘肃、青海博物馆的史前玉器做一次调研，撰写《齐家文化玉礼器》一文，指出"甘青一带出土玉器概况是：大地湾一期未见玉器，仰韶至马家窑文化中常见玉生产工具斧、锛、凿、铲与饰件珠、管、坠、镯。到了齐家文化出现并盛行璧、琮、刀、铲、璜等玉礼器。而且是璧、璜多，琮、刀少，璋未见。所以习称的华西璧、琮、刀与璜，可以更准确地称为齐家文化玉礼器"。[6]叶茂林的《黄河上游新石器时代玉器初步研究》一文也认为："石峁玉器以璋为代表性器物，而齐家文化尤缺玉璋。据此我们怀疑石峁玉器的年代要明显晚于齐家文化，而不大可能是龙山文化时期。因为齐家文化和陕西龙山文化的联系是非常密切的，不可能不不反映在玉璋上。很有可能石峁玉器的年代可晚至商代"。[7]由于二位撰文时所占有齐家玉器资料不全面，故有关玉璋的判断需要做出纠正：玉璋在齐家文化中已经多次露面，虽然其绝对数量不很多，但是已经不能说"未见"或"尤缺"了。

考察团于 2015 年 4 月 28 日再到临夏州博物馆考察（2014 年 7 月玉帛之路考察团第一次到新落成的该馆考察），该馆的马颖馆长特意兑现一年前的承诺，邀请我们对馆藏的十三件齐家文化玉器精品进行鉴定和定级，使得考察团成员们得以上手观摩 20 世纪 70 年代采集于积石山县新庄坪遗址的玉璋一件（图一）。这件玉璋尺寸不很大，长边 18 厘米，最宽 5.7 厘米，重量 0.2 千克，用暗绿色优质玉料制成，制作形式较为原始，璋后钻有一大一小两个孔。璋的后部一边琢磨出扉牙状，另一边无牙。

图一 临夏州博物馆藏齐家文化玉璋

2015 年 6 月 8 日，第五次玉帛之路考察团在甘肃会宁县委宣传部郭副部长和会宁博物馆马馆长特意安排下，经过一番周折，进入文物库房观摩和拍摄齐家文化玉器。其中最令人振奋的就是在 1976 年牛门洞遗址出土的大玉璋（图二）。该玉璋长 54.2 厘米，宽 9.9 厘米，厚度仅为 0.1~0.2 厘米。这是齐家文

图二　会宁县博物馆藏齐家文化大玉璋

化玉器中尺寸最大的重器之一，仅有青海喇家遗址出土的大玉刀等个别玉器比它更大或更长。该玉璋为青黄色玉质，在光线暗淡时呈现为黑色，用光照则显现为黄色。表面有明显的土沁色斑。玉璋下部分别有三个单面穿孔，中部残断后修补。阑部有凹槽，一端两小牙，一端一小牙。通体打磨抛光精细，因为极薄，好像一大刀片。此玉璋级别之高，罕有其匹，称为齐家文化玉璋王，当之无愧。[8] 目前所知陕西石峁遗址采集的龙山文化玉璋最大者长 49 厘米。河南二里头遗址有一件大玉璋，也是 54 厘米长，但其年代较晚，玉质也不通透。我们在网络上搜索会宁玉璋的信息，也是一无所获，真可谓"养在深闺人未识"。目前的研究认为，玉璋分布在自山东半岛至甘肃东部的大半个中国，最南端到达香港和越南。但是其起源地在何处，传播路线如何，还是悬而未决的疑问。可以预期，会宁大玉璋的再认识和深入研究，将会改写中国玉文化史，对于考察团近年提出的"玉文化先统一中国"说也是一个生动的证据。

　　综上，根据在齐家文化遗址采集的玉璋实物，结合甘肃省博物馆王裕昌先生正在编辑三省区馆藏齐家文化玉器图册中收录的另外一件玉璋（清水县博物馆藏齐家文化玉璋），可以基本判定齐家文化玉器中确有玉璋。在此基础上，方有条件讨论中国史前玉璋分布与传播的源流问题。这不仅对齐家文化研究，而且对整个中国史前玉文化研究都有意义。玉璋作为玉礼器中的大者，自龙山文化至夏商周三代一直沿用。考古发现的标本以陕西神木县石峁遗址的玉璋和四川广汉三星堆遗址的玉璋最为显赫。以此二地点为玉璋传播的最西边界所画出的史前玉璋分布图，目前流行在几大博物馆的玉璋展示现场（如陕西历史博物馆），新出版的《玉魂国魄：玉器·玉文化·夏代中国文明展》也收录此图[9]，图上均没有标示甘肃史前玉璋。朱乃诚 2014 年发表《牙璋研究与夏史史迹探索》一文所录的"牙璋分布示意图"[10]，图中标出发现牙璋的地点 29 个，东起胶东半岛，南达香港和越南河内，却同样没有标示甘肃出土的齐家文化玉璋。倒是 2009 年和 2010 年有两篇学位论文[11] 提到过甘肃齐家文化的玉璋。

　　从地理分布看，积石山县新庄坪遗址采集的这一件玉璋，是迄今所知经纬度最靠西边的一件，抵达甘肃青海交界处，而且这里是历史传说大禹治水"导河积石"的起点处。这足以改写以往的玉璋分布地图，甚至能给迷茫之中的夏王朝探索带来一线曙光。朱乃诚提出新的观点，即牙璋是夏时期兴起、流传的器物，可能是夏部族活动使用的一种特殊的用具。他所依据的出土牙璋以河南巩义花地嘴遗址新砦期祭祀坑的两件为早。据此认为夏都就在中原，自新砦期至二里头文化。中原以外的各地牙璋，是夏王朝覆灭后夏人流窜各地时带去的。

　　又如石峁一带的Ⅰ型、Ⅱ型、Ⅳ型牙璋，大概是汤作夏社之前，伴随着夏部族的败师逃窜西北而传播到那里的；山东东部牙璋的出现可能是夏王朝之后部分夏人东迁的结果。

　　而成都平原的月亮湾、三星堆以及金沙大批形制新颖的牙璋的出现，可能是夏社被废黜之后，夏部族的一支辗转西迁的结果，所以在成都平原出现的牙璋大都属于后期的形式。这大概是传统史学中

"禹出西羌"传说的史实背景。

　　　至于其他地区发现的各种形式的玉石牙璋，也都可能与夏部族在夏王朝之后或夏社被废黜之后四处流窜的史迹有关。[12]

　　在使用玉礼器的物证，即第四重证据来求证无文字的夏代文化这一认识上，笔者与朱乃诚意见一致[13]。不过在有关夏人文化渊源的判断上，则有一定的分歧。自徐旭生 1959 年带队到河南西部一带寻找"夏墟"以来，中国考古界一直有个挥之不去的情结，那就是要在中原腹地找出夏代的都城，就像在安阳找出殷商的都城那样。这种情结的根源还在于正统文化观中占据支配地位的中原中心主义。不过，半个世纪的考古发掘都没有在中原地区找到距今四千年以上的具有王朝气象的夏都，2012 年却在陕北神木石峁遗址找出一个中国史前最大的城址，出土大量玉器，也包括大量的玉璋。根据碳十四测年结果，其始建城的年代距今 4300~4200 年，石峁城晚期则落在距今 4000~3900 年[14]。这也就是说，在新砦期（距今3860~3760 年）和二里头文化一期（约距今 3750 年）出现于中原地区时，北方的石峁古城已经存在了数百年，甚至已经衰败和废弃。如此怎能说石峁的玉璋是中原夏都或夏社废黜后逃亡的夏人带过去的呢？如果真有夏代玉璋的传播现象，那么只能是较早的石峁玉璋传播到中原地区较晚的新砦期和二里头文化，而不大可能是相反的。这就意味着，在新材料面前，我们寻找夏王朝及其都城的目光应该有所西移。

　　据考古发掘报告，2013 年在石峁城墙新发现的玉璋情况如下："（石峁的外城东门址）北城墙（2013Q1）外侧的黑色玉璋出土层位同样属于上述情况，位于④层垫土上部，紧贴上层地面，发现时被砸碎为很多小碎片，经拼对应为两个个体。"两件残损黑色玉璋的正式发掘出土，能够佐证 19 世纪 70年代戴应新在石峁采集的 28 件完整的黑色玉璋（现存陕西历史博物馆）应属于同一时期的同一文化。

　　除了石峁出土玉璋之外，据报告："在距离石峁遗址约 20 公里的新华遗址中，36 件玉器集中出土于一长方形坑 K1 内。……均竖直侧立插入土中，有刃部的器物刃部朝下埋入土中，无刃部者其薄面朝下。36 件玉石器分 6 排排列，每排插置器物数量不等，多者 10 件，少者 2 件。器物与器物之间基本保持平行，器形有钺、铲、刀、斧、环、璋等。"[15]

　　陕北神木县两处遗址（石峁遗址和新华遗址）发现之玉璋（新华遗址长 36 厘米的玉器是玉璋还是玉铲尚有待鉴别）均属龙山文化晚期，其年代早于中原地区出土的新砦期玉璋和二里头文化玉璋，大致相当于夏代早期或先夏时期。目前尚缺乏甘肃积石山县新庄坪齐家文化遗址的确切年代，不能贸然判断石峁玉璋和齐家文化玉璋之间的早晚关系。但是有一点非常明确，那就是石峁与新庄坪之间有着天然联系纽带——黄河。黄河的水道不仅能够成为西玉东输的通道，而且也曾充当东部玉文化向西北地区传播的主渠道。西周的周穆王不正是沿着黄河这条道一路西行的吗？根据目前已经发现的近百件玉璋的分布情况看，西北地区很可能是玉璋的起源地，然后向中原和其他地区传播。其大致的方向与夏禹治水沿着黄河上游至中游和下游的路径一致，即从"导河积石"到开凿龙门。《尚书·禹贡》云："导河积石，至于龙门；南至于华阴，东至于厎柱，又东至于孟津。"[16] 目前还无法确认这条黄河运输线究竟向中下游地区输送过多少西部资源。但是从石峁玉器的巨大数量和玉质的多元化特征看，可能性较大的玉矿来源在西部的黄河上游一带。有一种推测认为石峁当地有玉矿，但是从四千年前到当今，这里还从来没有相关玉矿资源的信息。需要更多考虑的是西玉东输这种历时数千年，甚至一直延续至今的文化现象。

　　2015 年 4 月 28 日在临夏州博物馆观摩的另一件齐家文化玉器精品是有领玉璧（图三），又称凸唇璧。该玉器也是采集自积石山县新庄坪遗址。玉璧呈碧绿色偏黄色，玉质纯洁无瑕，品相优异。以往所报道的有关此类特殊形制的有领玉璧的出土地点也不包括甘肃的齐家文化区域在内，大致上以山东海阳司马台龙山文化墓葬和三星堆遗址出土的有领玉璧为突出代表[17]。因此这件精美的齐家文化有领玉璧或许也能"改写"现有的玉文化史知识。为什么齐家文化中比较少见的精致玉器和器形会集中出现在积石山县新庄坪遗址（图四）？该遗址位于积石山县银川乡新庄坪村银川河沿岸台地，由聚落址、窑址和墓葬组成，文化堆积厚约 3~4 米，后沟墓葬区出土了一批玉石器。2013 年被列为第七批全国重点文物保护单位。王仁湘研究员根据他早年在青海民和喇家遗址的发掘经验，认为这里很可能是齐家文化的一个统治中心。笔者次日上午在新庄坪实地考察时，采集到一块典型的齐家文化居住遗址的白灰地面，还看到农田里遍地散落着的齐家文化红陶片。考察团推测，新庄坪当地一座隆起的高丘，或许就是齐家文化的祭天之台。根据老乡提供的信息，此地田野中以前发现过大件的玉刀和石刀，均被文物商贩收购走了。综上，建议考古部门对新庄坪遗址展开一次重点发掘，或许能够获得更丰富的资料和测年数据，突破齐家文化研究的瓶颈，将总体认识水平提升一步。

图三　临夏州博物馆藏齐家文化有领玉璧

图四　积石山县新庄坪遗址外景

　　在临夏州博物馆观摩到的第三件齐家文化玉器精品是一件白玉琮（图五）。自从《周礼》中明文规定"苍璧礼天，黄琮礼地"的官方礼制信条，一般文物中也确实常见黄色或青黄色的玉琮，很少见到白玉制成的玉琮，尤其是齐家文化的出土玉器和馆藏品中，都罕见此类纯白色的玉琮。从玉质情况看，这件玉器几乎是洁白无瑕，不大像甘肃本地的玉料带有明显深色块，而类似和田白玉。当然这只是出于经验的揣测，在没有数据检测的情况下，难以定论。叶茂林研究员在前引论文中还指出："齐家文化玉器重璧而轻琮的现象，以及联璜为璧的现象，对历史时期的玉器发展产生了明显影响。而齐家文化把和田玉传播到中原，更对中国玉文化产生了深远的影响。可是齐家文化自身却是白石崇拜甚于玉石崇拜，使用白色大理石最为普遍，这是黄河上游地区的文化传统。"[18] 这是很有见地的认识，将齐家文化同更靠西域的新疆和田玉资源联系起来，对于后来研究者具有引导性意义。这也是近年来多次玉帛之路考察始终围绕在齐家文化区域的意图所在。不梳理清楚距今 4000 年前后发生在黄河上游到中游地区的文化运动和物资输送情况，华夏文明的起源就无法真正揭开。《礼记》中规定"天子佩白玉"的国家礼制，传说中"西王母献白环"的神话，《山海经》140 座产玉之山中有 16 座产白玉之山的记述，等等，在齐家文化玉器中存在白玉的事实面前，都要重新加以权衡思考[19]。笔者建议把白玉崇拜的发生视为玉教神话的一场"新教革命"，它不仅彻底改变了中国玉文化的总体发展格局，而且至今仍然决定着玉器市场和玉料市场的巨大价格差异。

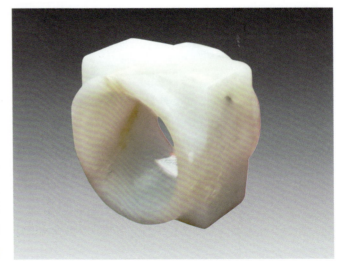
图五　临夏州博物馆藏齐家文化白玉琮

三　中国西部玉矿资源区

与齐家文化玉器研究的薄弱局面相比，对史前期玉料的研究就更显得冷落。中国文学人类学研究会与《丝绸之路》杂志联合组织的 2014 年 7 月玉帛之路考察在甘肃瓜州接近新疆的地方发现一座石英岩的"白玉山"，激发起考察团成员进一步探索玉矿资源的兴趣。2015 年 4 月第四次考察的目的地是临洮县马衔山玉矿。

考察团一行于 2015 年 4 月 29 日上午从积石山县新庄坪遗址出发，驱车经广河县，跨越洮河、大碧河，下午抵达临洮县峡口镇，先到老乡家中观摩当地开采的玉料，特别是来自大碧河的优质籽料（图六）。目前其在玉器市场上的售价，已经和新疆和田玉不相上卜。考察团内的刘岐江馆长为他在定西市的众甫博物馆购藏的一件鹅卵状黄玉籽料，就花费了九万元人民币。据采访当地人的说法，每当大雨过后，在河滩地上就有玉石可以捡拾。不光马衔山下的大碧河如此，就连洮河和广通河也能采集到少量的玉石。四千年前的齐家文化先民们，或许就是这样就地取材，获得优质透闪石玉料的。

图六　临洮峡口镇乡民采集的马衔山玉矿之籽料标本　　　　　图七　马衔山山顶部位的玉矿

考察团随后再驱车走盘山公路前行十余公里，抵达马衔山脚下，徒步登上海拔 3670 米的山峰。笔者和冯玉雷、易华等在当地向导杜天锁带领下，到顶峰看到已经被开采过多年的玉矿坑口（图七）。地面上则遍布着被开采者筛选后抛弃的半石半玉的矿石料。据说是不久前有南方来的浙江玉石商人希望在这里驻扎开采，工棚都搭建好了，但因为和当地村民发生利益纠纷而被赶走了。从现有的情况看，仅有一座孤立的山峰出产玉矿，其玉石储量似乎已经不多，需要进一步的地质学和探矿调研，并扩大搜索范围。根据马衔山的地理位置，笔者绘制出一幅中国西部玉矿资源区的轮廓图（图八），又在此基础上绘制出齐家文化分布区与西部玉矿资源区的对比图（图九），希望有助于说明持续数千年的西玉东输文化现象在玉源地方面的多样性，进一步打开重新思考的空间。

对于这座闻名遐迩的产玉之山，当地村民尽人皆知，很多人家都有籽料玉石的收储，希望随着行情看涨能够待价而沽。学界方面，前人对此产玉之山的研究寥寥无几。管见所及，只有闻广和古方等少数研究者到过马衔山并采集玉石标本[20]。笔者以前也通过甘肃的友人获得过少量籽料标本，并斗胆写有《齐家文化玉器的色谱浅说》[21] 等文章。本次考察也就山料和籽料的不同出处，各采样少许标本。其中的黄玉籽料标本，可以和临夏博物馆藏的新庄坪遗址采集的一件油性十足的青黄色玉琮的玉料做对比，从视觉上很难辨识二者在材料上有多少差别。

四　马鬃山玉矿与草原玉石之路

"玉石之路"是中国学界在 20 世纪后期根据考古发现的玉文化材料而提出的学术命题，相对于 1877 年德国人李希霍芬出于欧洲人视角而命名的"丝绸之路"。2014 年 6 月组团考察以来，认识到"西玉东

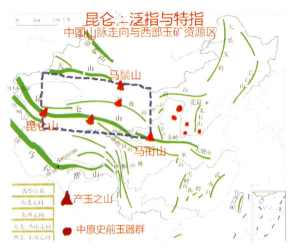

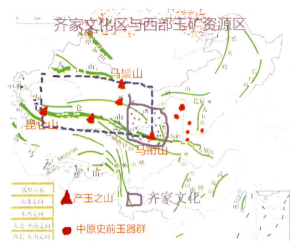

图八　中国西部玉矿资源区示意图　　　　图九　齐家文化分布区与西部玉矿资源区对比图

输"的历史开端与河西走廊地区的史前文化即齐家文化、四坝文化密切相关，而且具有多线路情况，植根于西部玉矿的多源头现象。甘肃临洮的马衔山玉矿和肃北马鬃山玉矿，是近年来新发现的古代玉矿，均出产优质的透闪石玉料，后者被考古学证明为自先秦时代就已经开采使用，这就对历史上认定的以新疆和田玉为单一玉源地的西玉东输格局带来全新的认识，即从一源一线到多源多线。其中最值得关注的是马鬃山玉料输入中原的捷径路线，其未必只有南下绕道河西走廊的途径，可能还有直接向东穿越草原和戈壁的路线，即经过额济纳（居延海）和阿拉善，向东抵达河套地区，再经过晋陕地区南下中原。《穆天子传》一书中周穆王西行和东返的路径，是上古文献中最早涉及草原玉石之路的记载，可以运用文学人类学派首倡的四重证据法，通过实地考察和验证，给予线路重构。

　　现代以来的学界对《穆天子传》西行路线问题聚讼纷纭，莫衷一是。[22] 问题的症结在于多数学者采取案头作业的研究方式，考证的过程是文献到文献。笔者倡议运用文学人类学派首倡的四重证据法，希望通过实地考察和实物验证，给重构工作带来突破。其结果即使不能真实反映西周时代的玉石之路，却至少能反映《穆天子传》所成书的战国时代的人们所认识的玉石之路。这条路与其说是玉石之路河西走廊道，不如说是玉石之路草原道。因为考古新发现的距离中原较近的上古玉矿就位于甘肃西北角靠近新疆之地，其玉料运输途径以内蒙古的戈壁草原为主线和捷径，以河西走廊道为辅线和绕远路径。要证明这一判断，需要首先证明内蒙古西部的两大沙漠地区——腾格里沙漠和巴丹吉林沙漠——在上古时期并非文化的荒漠，而是有人类活动的，有交通路线可以行走的，而且其交通条件是足以和中原文化相联系的。

　　西汉时代以来的统治者在河西地区设立河西四郡，目的不仅仅是占据和护卫中西交通要道河西走廊，也应该包括有效护卫草原玉石之路的畅通，使得马鬃山玉矿资源能够源源不断地输入京师长安。经过这样的视角转换和重新审视，居延和明水两个汉王朝最靠西北端的边境据点之设置，就可以得到更好的理解和解释。

　　第五次玉帛之路考察，是 2014 年 7 月举行的第二次玉帛之路考察（河西走廊道）的续篇，那次的行程中曾经计划从瓜州前往马鬃山，其间的直线距离已经不到 200 公里，可是还是未能成行，留下遗憾，笔者还写下《站在兔葫芦沙丘，遥望马鬃山》一文。11 个月后的第五次考察，更加充分地实施了未能完成的探索：从兰州出发，经会宁、静宁到宁夏的西海固地区，主要考察当地的齐家文化和菜园文化等史前遗址、博物馆藏的齐家文化玉器，再翻越贺兰山北上阿拉善左旗，穿越两大沙漠戈壁地带——"玛瑙的海洋"，经过阿拉善右旗到额济纳，考察居延海和黑城，并把考察团的最终目的地设定在马鬃山。此行先后跨越腾格里沙漠和巴丹吉林沙漠，再沿着黑河—额济纳河一线（古代又称弱水）北上额济纳旗，考察居延海和黑城，再向正西方向行进，经路井、三个井、黑鹰山、乱山子，穿越千里无人区，抵达肃北的马鬃山镇，考察古玉矿遗址和明水的汉代故城遗址。这次考察的关键，是求证从额济纳到马鬃山有没有路径。答案是肯定的，今日汽车能走的地方，古代的驼队也一定能走。

1.草原之路穿越巴丹吉林沙漠

此次考察的第一个认识是，巴丹吉林沙漠在今日号称中国第三大沙漠，属于无人区，但是早在新石器时代就有人类活动所留下的文化遗迹，足以证明草原之路的开通早在史前期。在阿拉善右旗博物馆，馆长展示出一幅"阿拉善右旗文物分布示意图"（图一〇），位于巴丹吉林沙漠东部一带雅布赖山后有星罗棋布的史前文化的古遗址分布，其连线一直通往阿左旗和蒙古国方向，表明这一代无人区曾经是草原之路的必经地带。

图一〇　阿拉善右旗文物分布示意图

阿拉善右旗博物馆新采集到的一件史前陶鬲，器形硕大，与中原地区的陶鬲有着一脉相承的造型特征，又有西蒙地区的地方特色。这虽然只是一件陶器，却多少透露出文化传播的草原戈壁之路线情况。据介绍，阿右旗还从来没有展开过正规的考古发掘工作，馆藏文物大多是采集和征集而来的。在额济纳旗博物馆，同样陈列着一件硕大的陶鬲，属于征集来的民间文物。希望日后能够在这些地区有新的考古发现，证明河套地区和中原地区的典型陶器类型——鬲，是如何沿着草原之路一路向西传播的。

2.草原之路马鬃山至额济纳路段

马鬃山的名字对于中国大多数人而言是完全陌生的，这是位于甘肃省最西北角的肃北蒙古族自治县的一个小镇，人口在一千人上下，百分之九十为蒙古族游牧民。再加上地处边陲荒漠地带，不为人知也就在情理之中。然而，这又是一个大镇，总面积达到 4.2 万平方公里，相当于半个江苏省。这么大的面积，这样少的人口，成全了一个常用成语的真正内涵——"地广人稀"。借用十多年前曾经到这里调查黑喇嘛的当代中国著名的西域探险家、我的同事杨镰研究员的说法：这里"是中国西北最大的无人定居区，是神秘诱人的、有待探索的秘境"[23]。目前在马鬃山镇管辖的领土北端有大约六十公里长的中蒙边界，这也是甘肃省仅有的几十公里国界线。如果新疆和内蒙古的省界各向东西方延伸二十几公里，马鬃山镇就可能从甘肃省地图上消失了。

就在这样一个过去不为人知的国土西北边界地带，2014 年却成为中国社会科学院考古研究所公布的六大考古发现之地，因为这里发现了中国境内最早的玉矿遗址（图一一）。根据发掘简报："马鬃山玉矿遗址位于甘肃省肃北县马鬃山镇西北约 22 公里的河盐湖径保尔草场。2007 年，甘肃省文物考古研究所与北京大学考古文博学院在进行早期玉石之路调查时首次发现此遗址。2008年7月甘肃省文物考古研究所与北京科技大学对其进行了重点复查。2011年10~11月，甘肃省文物考古研究所对此遗址进行了调查和发掘。调查确定遗址面积约5平方公里，发现古矿坑百余处，在第一地点发现防御性建筑11处，发掘面积为150平方米，清理遗迹17处，其中矿坑1处，防御性建筑2处，作坊址2处，灰坑12个。"[24]

图一一　马鬃山玉矿遗址界碑

　　既有玉矿开采的矿坑，又有玉石加工用的作坊，还有相关的防御型建筑，整个玉矿遗址的功能分区十分明确，表明这不是一个民间的随意性的开采矿区，而是有国家组织统一监理和实施开采、运输的战略资源要地。从优等玉石作为华夏国家所亟须的第一战略资源情况看[25]，这个过去不为人知的古代玉矿的存在，有力证明了西玉东输文化现象不是一源一线，而是多源多线的。仅《穆天子传》所记述的产玉之山就有近十处，《山海经》中记载的产玉之山更是多达140处。过去因为没有相关的古代玉矿玉料知识，学界将《山海经》和《穆天子传》当作小说家的虚构想象，而现在则需要根据新出土古玉矿的第四重证据，对西部玉矿资源区给予全盘重审和重构。

　　马鬃山玉矿与马衔山玉矿的最大不同在于，这里的玉料根本就不是当地人群所需要和所消费的，而是中原文化所需要和所消费的。大量的玉矿资源开采后究竟送到哪里去了？走的是怎样的路线？

　　在马鬃山以东地区，通往额济纳的沿途山上有一些古代的烽燧等遗址，可见这是一条鲜为人知却实际存在的运输线路。活跃在这条运输线上的先民，很可能不是远道而来的中原华夏人，而是草原戈壁地带的游牧族群。这正符合《管子》一书所说，尧舜时代的中原统治者"北用禺氏之玉而王天下"。一般认为禺氏即月氏，月氏是匈奴人崛起于草原之前活跃在西北地区的主要游牧族群。这在考古方面的迹象或许相当于史前的四坝文化时代，即早期的青铜时代。

　　马鬃山玉矿作为骟马文化至战国、汉代的玉矿，持续开采时间较长，遗址中发现的金属器情况如下："铜器主要有镞、弩机构件、锥、环、簪、容器残块等，其中以镞为主，有三棱带铤镞和三翼有銎镞两类。铁器主要有镞、矛头及采矿工具等"[26]。表明当时的玉矿开采不仅需要一批工人，同时还需要相当数量的武装人员加以守护。在马鬃山玉矿以西50多公里处的汉代明水故城（图一二），显然是守护交通要道的军事要塞，有着抗击来自西面的敌人威胁、守护国家战略资源（玉矿及其运输线）的重要作用。

　　马鬃山玉矿的玉料（图一三）是在地表以下进行挖掘开采的，不同于新疆和田玉以两条河流中籽料为主，也不同于马衔山玉矿既有山料又有山脉下河流中籽料。马鬃山玉矿在被考古工作者发现之前，当地就有玉石开采和贸易活动，只有充分展开相关调研，才能说明这个古代玉矿是如何发现的，又是谁发现的。学者闫亚林已经认识到：

　　　　目前的考古发现表明，四坝文化后河西走廊西段的考古学文化可能是骟马遗存，二者并不是承继关系。现有的线索表明马鬃山一带玉料使用的时间不会早于四坝文化，马鬃山一带及其东天山区域先后是月氏和匈奴等游牧民族控制与活动之地，先后控制早期东西贸易路线的就是月氏人和匈奴人。马鬃山这里的玉料可能和《管子》等文献中记载的月氏之玉、禺氏之玉有关。从马鬃山经居延到北地郡然后再进入中原地区，这条线路在近代的考古探险家们还在使用，可能就是《史记·赵世家》记载苏厉给赵惠文王书中说'昆山之玉不出，此三宝者皆非王有已'所记载的玉石之路。而古代的游牧民族月氏就是这条玉石贸易路线的主导者和经营者，如此这个玉石之路的形成大概与四坝文化衰落后游牧民族的兴起并控制东西贸易有关，时间也应该在商周以后至战国之际，在这之前应该没有和田玉出现在中原，这条贸易路线形成之初，马鬃山的玉料也很可能出现在其中。河西走廊东段的群羌并不是这条玉石之路的开拓者和经营者，这是今后在玉石之路探索中应该注意的。[27]

图一二　明水汉代古城遗址

图一三　马鬃山玉料（左）与马衔山玉料（右）对比

如果要追问作为丝绸之路前身的草原玉石之路与河西走廊玉路二者的关联性，至少目前有汉代的出土资料表明二者是怎样一种互联互通的网络关系。此处说到的出土资料就是民国时期西北科学考察团在居延发掘到的汉简。劳榦《居延汉简考释》对其中的一枚记事简解说如下：

诏夷虏候章发卒曰："持楼兰王头诣敦煌，留卒二十人，女译二人，留守证。"

按事在昭帝元凤四年，《汉书·傅介子传》及《西域传》并载其事。《傅介子传》云："……介子与士卒俱赍金帛，扬言以赐外国为名，至楼兰，楼兰王意不亲介子，介子阳引去。至其西界，使译谓王曰：'天子使我私报王。'王起随介子入帐中屏语，壮士二人，从后刺之，刃交胸立死。……遂持王首诣关。"此简所记即其事也。……是汉世之立功西域，亦由于声威久著，然后得以好谋而成，非全恃使者之勇略也。夷虏候当为居延都尉下，甲渠候官所属之候。简言诏夷虏候章发卒，盖介子已刺楼兰王，敦煌屯戍之卒不足遣，乃调居延之戍卒西行，所言及之夷虏候章，盖亦在领卒西行之列。其自楼兰发卒留守诸事，亦皆由其人为之。此简据语气考之，应为夷虏候章奉之于楼兰者，其人奉此诏，后持楼兰王头入玉门，诣敦煌。王头既至长安，其人亦返居延。而残诏亦留于居延塞上，与千载后之人想见矣。[28]

居延汉简中这一条记事简的解读表明，在西汉国家最北端的居延要塞与河西走廊要塞之间，存在着明确的军事上的相互呼应关系。当敦煌屯戍的兵力不足时，朝廷可以发诏调动数百公里以外的居延要塞的戍卒去支援，待完成河西走廊方面的支援任务后再返回居延要塞。同样，马鬃山和明水方面也都有路径南下直通河西走廊道，这就充分形成了玉石之路的网状结构。

在2014年第一次玉帛之路的调研报告中，笔者曾经草绘周穆王西行路线图，主要表现穆王从中原出关出塞的路线。如今在第五次玉帛之路考察之后，需要重新绘制以马鬃山玉矿为源地的西玉东输路线图（图一四）。且不论有关穆天子西行的最终目的地为何，至少他到过的地方属于西北大草原和戈壁沙漠地带。《竹书纪年》云："穆王北征，行流沙千里，积羽千里。"[29] 这个流沙在何处？据《尚书·禹贡》的记载："导弱水至于合黎，余波入于流沙。"[30] 有一山一水为坐标，可以相对确认，流沙在弱水向北流过合黎山的方向，汉代即为居延海所在，亦即今日内蒙古的额济纳一带。至于为什么叫流沙，可以从《楚辞·离骚》的汉儒注释中得到理解："忽吾行此流沙兮，遵赤水而容与。"王逸注："流沙，沙流如水也。"据此可知"流沙"之名的由来，是出于在沙漠戈壁地区的人类视觉经验，或者说是一种错觉。

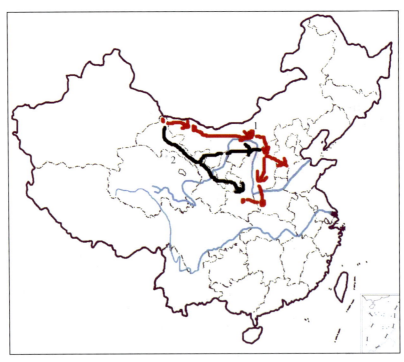

图一四 马鬃山玉输送中原路线示意图
1.草原之路；2.河西走廊道

从周穆王出塞后所到的河宗氏之邦——河套地区，到流沙所在的巴丹吉林大沙漠和弱水流入居延海所在的额济纳，已经给周穆王的西行路线划出一个基本清晰的方向。马鬃山玉矿的新发现，使得整个问题更趋明朗化。因为马鬃山距离额济纳的直线距离为400公里，古今都有道路可以通行，如果存在一条草原之路，则此道为便利之捷径。

汉代居延要塞和明水古城之间一定是有文化上联系的，那就是穿越八百里的草原—戈壁之路。2016年哈密至额济纳的铁路修通后，特别是京新高速修通之后，这条在近现代几乎被人遗忘的草原古道将重新焕发出活力。其历史文化资源和旅游资源之深厚，并不亚于传统意义上的丝路河西走廊道。

马鬃山玉矿的地理位置，介乎新疆与内蒙古之间，左为哈密，右为额济纳，其开矿年代的认定成为关键问题。若是战国和汉代有路，先秦就有路。玉矿遗址出土的骟马文化陶片，表明在距今 3000 年前当地有游牧族群在此采玉运玉，但是他们自己并不消费玉材，而是转运到中原的玉材消费地。

太初三年（公元前 102 年），汉武帝沿着额济纳河绿洲修筑居延防线，南北全长 250 公里，两侧为戈壁沙漠，东北则为居延海。公元 3 世纪初，东汉献帝时在居延设立西海郡，这个名称一直沿用到北朝。"它在中原通西域的交通方面仍起着很重要的补充作用。北魏通西域当河西走廊受阻时，是沿着平城北面的六镇防线，经河套、居延西海郡和马鬃山直抵伊州（伊吾）。同时，它又是自河西通往漠北的'龙城故道'和花门堡回纥牙帐的南北向交通路线，被称为'居延路'。这条交通路线虽然不像河西走廊那么重要，但它却能起到连接丝绸之路沙漠路线和草原路线的作用。"[31]

相比于河西走廊道，草原玉石之路的研究才刚刚开启，虽然资料匮乏，问题纷繁复杂，但展望其未来，在更大的欧亚大草原背景上去深入思考，一定还有更加广阔的研究前景。

五 结语

齐家文化是中国也是世界史前文化中最大批量地生产和使用玉礼器的一个西北地方的文化共同体，可以将该文化视为东亚洲玉器时代后期、青铜时代早期在黄河上游地区形成的一个"古国"。齐家文化约有六百年左右的历史，这不是依赖文字记录，而是由其崇拜物——玉礼器体系所表现的。其同时具备《周礼》"六器"中的五种，即璧、琮、璜、圭（铲）、璋，此外还有玉刀、玉斧、玉勒子（即玉握）和绿松石、天河石制作的珠、管佩饰等。与同时期的东部地区史前玉礼器种类相比，在齐家文化玉器体系中目前未见的是玉戈、玉柄形器、玉玦和玉璇玑。在不排除日后的齐家文化考古中发现此四类玉器的前提下，如今大致能够辨识的玉礼器源流情况如下：璧琮组合源自良渚文化；圭、刀和联璜玉璧组合源自晋陕地区的陶寺文化和客省庄文化；璋与有领玉璧的源流尚没有充足的材料给予确认；玉勒子传统很可能源于齐家文化，是齐家先民的独创，其原初的使用语境和功能还有待探究和解释。

近一个世纪以来，齐家文化研究长期薄弱和冷落的局面，对于中华文明探源而言是一个学术瓶颈。笔者以为，能够尽早走出中原中心主义的封建王朝偏见束缚，寻找中原王朝崛起与西部史前文化的渊源关系，是迫在眉睫的学术攻关任务。当下急需解决的是高精度的齐家文化之起止年代数据。若没有这个研究前提，齐家文化与龙山文化的源流影响关系就无法说清，勉强立论，会把许多研究者的心血和智慧化为乌有。就像早先相当多的一批学者认定二里头遗址是夏代早期王都一样。齐家文化的一线考古学者提出："谢端琚先生直接以测定年代数据定在公元前 2183~前 1630 年之间，并按照不同地区分别划分出早晚或早中晚期。我们认为根据后来更多的测年数据，典型齐家文化的绝对年代大约应该在公元前 2300~前 1700 年之间，最盛期是公元前 2000 年前后。"[32] 这是可以参考的数据，但还不是高精度系列测年新方法得出的结论，所以还有待于检验和补充。正如二里头遗址和龙山文化的年代在高精度测年法更正后，都比以前的认识推后了二三百年[33]。在重新推测齐家文化的年代时，也许同样会有所推后。

《禹贡》和《山海经》等先秦之书记述的西部产玉之山不在少数。甘肃境内的马衔山玉矿和马鬃山玉矿都属于优质的透闪石玉矿，它们的新发现，给齐家文化玉器来源问题，以及石峁玉器和陶寺玉器的来源问题打开了新的思考空间。夏商周秦汉时代的用玉，也不排除有采用多种甘肃玉料的可能性。加上祁连山玉矿和青海格尔木玉矿的再发现与再认识，会根本改变传统的单一性玉源地的西玉东输观念，将一个面积近二百万平方公里的广阔地区视为中原国家西部的玉矿资源区，重新构拟出来。一旦获得这个西部玉矿资源区的整体新认识，再将齐家文化分布图叠加上去，就能够一目了然地判断齐家文化为什么在选玉资源方面得天独厚，占尽先机了。至少目前能够做出解释的两个疑难点是：第一，为什么齐家文化玉器生产后来居上，继北方红山文化和南方良渚文化之后，成为中国史前玉文化中玉器生产数量最多的一个地方文化。第二，为什么齐家文化玉器的用料以优质透闪石玉为主，并且还呈现出玉料的多元化特点。与此有联系的另一个重要疑点问题是，为什么石峁玉器、陶寺玉器和清凉寺玉器（还有 2014 年第一次玉石之路考察所见山西兴县民间收藏的史前玉器）的玉质也明显呈现出多元化的特征？为什么这些距今四千年上下的玉器群都发现在临近黄河及黄河支流的地方，而当地迄今为止都没有发现玉矿？"玉石之路黄河道"假说的提出，成为探索和求证的一个中远期目标。

经过五次玉帛之路考察活动，逐渐明确起来的对中国西部玉矿资源区的新认识，将从总体上改写"西玉东输"的线路图。从一源（新疆和田）一线到多源（新疆、青海、甘肃等）多线，从研究"一路"到探索并再现"路网"。

齐家文化对中国玉文化史的意义，不仅在其自身的玉礼器体系为华夏文明玉礼器体系产生奠基作用，而且在于开启了西玉东输的四千年历程，成为打开西部优质玉矿资源供应与中原国家持久不断的玉石消费之间联系的先驱和中介。只有充分认识这种举世罕见的西玉东输现象的文化意义，才能解释为什么八千年的中国玉文化史要划分为地方玉遍地开花的史前期和昆仑山和田玉独尊的中原王朝历史期。

可以预期，与此相关的新的研究问题还会接踵而至。探索者的远程跋涉也还不能停歇。借用古代名言的改造，为本报告结尾：

知我者谓我心忧，不知我者谓我何求？

玉之所存，师之所存。

注释：

[1] 叶舒宪：《玉石之路黄河道刍议》，http://news.chushan.com/index/article/id/67993。

[2] 叶茂林：《再谈齐家文化玉器》，《中国文物报》2006 年 5 月 10 日。

[3] 叶舒宪：《河西走廊——西部神话与华夏源流》，云南教育出版社，2008 年，第 141~142 页。

[4] 邓淑苹：《万邦玉帛——夏王朝的文化底蕴》，中国社会科学院考古研究所：《夏商都邑与文化（二）》，中国社会科学出版社，2014 年，第 162 页。

[5] 牟永抗、云希正：《中国玉器全集·原始社会卷》，河北美术出版社，1993 年。

[6] 黄宣佩：《齐家文化玉礼器》，邓聪：《东亚玉器（第二册）》，香港中文大学中国考古艺术研究中心，1998 年，第 185 页。

[7] 叶茂林：《黄河上游新石器时代玉器初步研究》，邓聪：《东亚玉器（第二册）》，香港中文大学中国考古艺术研究中心，1998 年，第 182 页。

[8] 叶舒宪：《会宁玉璋王：养在深闺人未识》，http://gansu.gscn.com.cn/system/2015/06/09/0103335.shtml。

[9] 中华玉文化中心等：《玉魂国魄：玉器·玉文化·夏代中国文明展》，浙江古籍出版社，2013 年，第 263 页。

[10] 中国社会科学院考古研究所：《夏商都邑与文化（二）》，中国社会科学出版社，2014 年，第 287 页。

[11] a.王玉妹：《齐家文化玉器的考古学研究》，吉林大学硕士论文，2009 年；b.闫亚林：《西北地区史前玉器研究》，北京大学博士论文，2010 年。

[12] 中国社会科学院考古研究所：《夏商都邑与文化（二）》，中国社会科学出版社，2014 年，第 294 页。

[13] 叶舒宪：《玉的叙事与夏代神话历史》，《中国社会科学报》2009 年 7 月 1 日。

[14] 孙周勇、邵晶：《石峁遗址的考古新发现及有关石峁玉器的几个问题》，叶舒宪、古方：《玉成中国——玉石之路与玉兵文化探源》，中华书局，2015 年，第 52~71 页。

[15] 孙周勇、邵晶：《石峁遗址的考古新发现及有关石峁玉器的几个问题》，叶舒宪、古方：《玉成中国——玉石之路与玉兵文化探源》，中华书局，2015 年，第 52~71 页。

[16] 顾颉刚、刘起釪：《尚书校释译论》，中华书局，2005 年，第 783 页。

［17］邓淑苹的判断是："有领璧的起源与发展是古玉研究中难解的谜题。……笔者怀疑有领璧是石峁先民的创作。"见《万邦玉帛——夏王朝的文化底蕴》，中国社会科学院考古研究所：《夏商都邑与文化（二）》，中国社会科学出版社，2014年，第207页。

［18］叶茂林：《黄河上游新石器时代玉器初步研究》，邓聪：《东亚玉器（第二册）》，香港中文大学中国考古艺术研究中心，1998年，第183页。

［19］叶舒宪：《白玉崇拜及其神话历史》，《安徽大学学报》2015年第2期。

［20］古方：《甘肃临洮马衔山玉矿调查》，叶舒宪、古方：《玉成中国——玉石之路与玉兵文化探源》，中华书局，2015年，第72~79页。

［21］叶舒宪：《齐家文化玉器色谱浅说》，《丝绸之路（文化版）》2013年第11期。

［22］顾实《穆天子传西征讲疏》认为周穆王西征的目的地是西北大旷原，即欧洲大平原。顾颉刚《古史辨自序》则认为周穆王所行最远也就是新疆哈密地区。丁谦《穆天子传地理考证》认为中国人种是来自西亚巴比伦，穆天子西征的原因也是"怀思故土"，目标当为西亚古国。参加李勇先：《山海经·穆天子传集成》，《中国历史地理文献辑刊》，上海交通大学出版社，2009年。也有学者认为穆天子西行的范围不出甘肃或不出青海的。参见杨建新：《古西行记选注》，宁夏人民出版社，1987年，第3、4页。

［23］杨镰：《在书山与瀚海之间》，中国出版集团·东方出版中心，2012年，第138页。

［24］甘肃省文物考古研究所：《甘肃肃北马鬃山玉矿遗址2011年发掘简报》，《文物》2012年第8期。

［25］参看叶舒宪：《玉石之路与华夏文明的资源依赖》，《上海交通大学学报》2013年第4期。

［26］甘肃省文物考古研究所：《甘肃肃北马鬃山玉矿遗址2011年发掘简报》，《文物》2012年第8期。

［27］闫亚林：《关于"玉石之路"问题的探讨》，《考古与文物》2010年第3期。

［28］劳榦：《居延汉简考释》，《汉简研究文献四种（下册）》，北京图书馆出版社，2007年，第17、18页。

［29］方诗铭等：《古本竹书纪年辑证》，上海古籍出版社，2005年，第48页。

［30］顾颉刚、刘起釪：《尚书校释译论》，中华书局，2005年，第782页。

［31］徐苹芳：《从居延到黑城（亦集乃）》，《中国历史考古学论集》，上海古籍出版社，2012年，第392页。

［32］叶茂林：《再谈齐家文化玉器》，《中国文物报》2006年5月10日。

［33］关于二里头文化的高精度测年数据为公元前1750~前1530年。参见张雪莲、仇士华等：《新砦—二里头—二里岗文化考古年代序列的建立与完善》，《考古》2007年第8期。

大夏：大禹的家乡

马俊华 [1]   马宝明 [2]

（1.临夏回民中学 2.广河县文化广播影视局）

甘肃省广河县历史悠久，是齐家文化和半山文化的发源地，历史上曾有过大夏、河诺、木藏城、定羌、太子寺、宁定、广通、广河等县名。大夏是大禹的封地、故乡，是夏朝的源头，而大夏县的建制从西汉以来，时存时废，疆域时扩时减，一直延续到宋代。

一 黄帝出西羌

章太炎说："黄帝系来于氐羌，其中包括禹，亦出自西羌。"[1] 据史书记载，临夏在尧、舜、禹时期属雍州之地，生活在这里的主要是羌族人，他们的部落首领是黄帝、尧、舜和大禹。《甘肃通史·先秦卷》载："黄帝主要活动在中原地区。但黄帝所属的那个部族，却有着漫长的发展史，它很可能和伏羲部族同源，起于甘肃东境。《山海经》中多处言及轩辕丘、轩辕台、轩辕国，其地理位置都在我国西部。《国语·晋语》说，黄帝、炎帝同出少典氏，'昔少典娶有乔氏，生黄帝、炎帝。黄帝以姬水成，炎帝以姜水成，成而异德。故黄帝为姬，炎帝为姜。'姜水在今陕西宝鸡市境内，是渭水的一条支流，炎帝部族早期活动于姜水流域即今关中西部，已大致成为故史学界的共识。至于姬水，今已难考，但多数学者认为其地不会距姜水太远，应在关陇地区的大范围内。有学者认为：'今甘肃临夏就有姬家川地名，而流过临夏注入黄河的就有一条大夏河，夏与姬的渊源关系很深，则姬水也有可能就是这条水。'目前这还只能是一种假说，但主张在甘肃境内寻找黄帝部族早期活动的踪迹，是很有见地的。"[2] 姬家川在永靖县原白塔寺乡境内，按照《甘肃通史》之说，大夏河可能就是姬水，大夏河流域可能是黄帝的家乡。

据史书记载，黄帝时炎帝骚乱，黄帝召集各部落"与炎帝战于阪泉之野"[3]，并打败了炎帝。这时候众诸侯都拥戴轩辕氏做部落联盟首领，确立了黄帝的权威，取代了神农氏的地位，这便是五帝之首的黄帝。

那么"阪泉"在什么地方？众说纷纭，一说在河北逐鹿东南；一说在今北京延庆，说延庆西北十五里有阪山，阪山下有阪泉；一说阪泉在今山西运城市解州镇，等等。既然黄帝和大禹均"出自西羌"，而洮河和大夏河流域是羌族活动的中心地带，黄帝与炎帝之战有可能就发生在这里，不会跑到遥远的东部平原，何况那个时候东部平原还是洪水时期，汪洋一片。

无独有偶，甘肃省广河县城关镇大杨家村附近有一个叫"阪泉"的地方，与《史记·五帝本纪》中记载的黄帝与炎帝的"阪泉之战"中的"阪泉"吻合。20 世纪 80 年代初，农民在这里平田整地的时候，曾发现过大量的齐家文化陶器、玉器等文物。据当地老人回忆，其中有约 20 厘米高的方形玉琮，有约 30 厘米长的大玉铲，还有碎玉无数片，当时老百姓将这些珍贵文物当作不吉之物倒进了广通河（大夏水）。20 世纪 90 年代，有老百姓在农田里浇灌时，水冲出一个宽约 10 厘米、长 33 厘米的碧玉圭（图一）。可以想象，四五千年前，这里是一块非同寻常的地方。在甘肃省广河县大夏川发生"阪泉之战"，从时空分布和发现的器物上来说完全有这个可能。

图一　广河县发现的碧玉圭

二　黄帝封禹于夏

广河县最早称为大夏，来源于夏水。著名学者章太炎说："'夏'之为名，实因夏水而得。"[4] 章太炎说的"夏水"就是今临夏回族自治州境内流经和政、广河两县的广通河。《续修导河县志》载邓隆《漓水·大夏水考》曰："漓水入黄河，大夏水入洮河，《水经注》界限极清，均在故河州境。自明《一统志》误漓水为大夏河（《清一统志》），民国于拉卜楞寺设夏河县，改导河为临夏县，一误再误，遂致名实混淆，不可究诘。……《水经注》：大夏川水出西山二源，合舍而乱流，经金柳城南，又东经大夏县故城南。……《元和志》：'大夏水经大夏县，南去县十步。'……大夏县在今宁定县对河，现在古城刘家庄，道里适符，城址犹存。其为大夏故城确凿可据。而大夏水为今广通河。"[5] 根据以上记载，证明居住在大夏水流域的古羌人被称为"夏族"、"大夏人"，首领叫"大夏长"。他们居住生活的地方有大夏水、大夏川、大夏城之地名。大夏水即今广通河；大夏川即今广河县川；金柳城即今和政县蒿支沟石虎家村一带；大夏县城即今广河县阿力麻土东乡族乡古城村。

史书记载，黄帝"分十二州，分诸侯，赐姓氏，封禹于夏，赐姓姒氏，统领州伯，以巡十二部"[6]。"伯"，古同"霸"，即古代十二个部落联盟的首领。后来，帝舜又给禹"封夏伯，故曰伯禹。天下宗之，故曰大禹"。[7] 这是有关"夏"的最早记载，是大禹在"夏"的地方担任十二个羌族部落首领"夏伯"的记载和大夏故城是大禹家乡的证据，也是"大夏"来源的文字记载。

2011 年 7 月，中央党校哲学部和文史部在京举办了"中国传统文化与中华文明始源"研讨会，对李元星著《甲骨文中的殷前古史》进行研讨。李元星是旅顺博物馆市地级离休干部、研究员，时年 90 岁，这本书是他 50 年研究成果结集而成的毕生力作。他在殷墟甲骨文中发现了"夏"字（图二），证明先有"夏"而后有"夏朝"。

图二　甲骨文"夏"字

三　禹生石纽

《史记·夏本纪》记载："夏禹，名曰文命。禹之父曰鲧，鲧之父曰帝颛顼，颛顼之父曰昌意，昌意之父曰黄帝。禹者，黄帝之玄孙而帝颛顼之孙也。"大禹是黄帝之玄孙，都是羌族人（图三）。《史记·

夏本纪》注释《系本》中说："'鲧娶有辛氏女，谓之女志，是生高密'。宋衷云：'高密，禹所封国'。《帝王纪》云：'父鲧妻修已，见流星贯昴，梦接意感，又吞神珠薏苡，胸坼而生禹。名文命，字密，身九尺二寸长，本西夷人也。'"[8]

　　关于大禹的出生地，《史记·六国年表》记载："禹兴于西羌。"[9]《太平御览》记载："伯禹夏后氏，姒姓也，生于石纽……长于西羌，西羌夷（人）也。"张守节正义引汉扬雄《蜀王本纪》曰："禹本汶山郡广柔县人也，生于石纽。"此外，《新论·术事》、《后汉书·戴叔鸾传》等均载"大禹出于西羌"。顾颉刚说："禹稷伯夷者，向所视为创造华族文化者也；今日探讨之结果，乃无一不出于戎。……禹之来由，虽不可详，而有兴于西羌之说。……甚疑禹本为羌族传说中的人物，羌为西戎，是以古有戎禹之称。"[10]《吴越春秋·越王无余外传》说禹"产于高密，家于西羌，地曰石纽"。以上记载说明，大禹是羌族人，出生于石纽。

图三　夏禹像

　　那么"石纽"在哪里？有几种说法。一般认为"石纽"即今四川省北川羌族自治县禹里乡石纽村。但是，《甘肃通史》中明确说："据《寰宇记》所引《十道录》说，'石纽是秦州地名'，在甘肃东南部。总之不出四川、甘肃两省交界地区的大范围。已有学者做过论证，文化考古显示马家窑文化的一支曾南下岷江上游，在茂汶盆地与土著居民融合形成新的氏族，禹就属于这一支戎羌。当代许多学者都承认古籍中禹部族兴起于西羌之说，并进而认为西羌即马家窑文化主人。"[11]《金楼子》亦云："禹长于陇西大夏县。"[12]《晋书·地道记》中说：大夏县"有禹庙，禹所出也"。[13]这些记载都说明，大禹就出生在大夏，即今广河县。

　　今和政县崸支沟石虎家村一带，历史上曾设过金纽县。明《河州志·古迹》曰："大夏县，州南，有金纽山，隋置县，属枹罕郡。"[14]清《河州志》亦有同样记载。[15]《续修导河县志》载邓隆《漓水·大夏水考》曰："《水经注》曰：大夏川水出西山，二源合舍而乱流。经金柳城南，又经大夏县故城南。……《十三州志》曰：大夏县西有故金柳城，去县四十里，本都尉治。大夏有金纽山。《寰宇记》：大夏水一名白水，出县西南山谷中，又：大夏城西二十里有金剑山，亦有金剑故城，一名金柳城。前凉曾置金剑县于此。"[16]《和政县志》记载："公元325年（晋太宁三年），前凉在和政地置金剑县，治金纽城（又名金柳城，今崸支沟口）。"[17]但是"金纽"之名起于何时不得而知，从《和政县志》记载来看，"金纽"和"金柳"之名应早于金剑县，"金柳"可能是"金纽"的谐音。既然大夏是大禹的封地，大夏古城是大禹的家乡，那么，距大夏故城仅十多里地的"金纽"完全有可能是大禹的出生地。这个"金纽"应该就是史书记载的"石纽"，是大禹的出生之地。西羌是最早生活在赐支河[18]和湟河、洮河、漓水（即大夏河的古名）之间的游牧民族。金纽距大夏古城遗址仅十多里路，与"禹生西羌"、"封禹于夏"、"封夏伯，故曰伯禹"及地名夏水、大夏完全吻合；也与大禹居住于大夏古城，工作于河关[19]，"导河积石"[20]，完全符合情理。

四　西羌与三苗

　　羌是一个历史非常悠久、分布广泛、影响深远的民族。古代文献中把羌人称为"氐羌"、"羌戎"、"西羌"、"西戎"等。汉代以前的古书，多氐羌并提，再早的商代卜辞中以羌为氐羌的总称，用来泛指活动于西北高原上的游牧部落。《诗经·商颂·玄鸟》说："昔有成汤，自彼氐羌，莫敢不来享，莫敢不来王。"郑玄笺云："氐羌，夷狄国在西方者也。享，献也，世见曰王。"孔颖达疏曰："氐羌之种，汉世仍在，其居在秦陇之西，故知在西方者也。"《山海经·海内经》曰："伯夷父生西岳，西岳生先龙，先龙始生氐羌。"郭璞注："伯夷父颛顼师，今氐羌其苗裔也。"《说文解字》中对"羌"的解释是："西戎，牧羊人也。从人，从羊，羊亦声。"

关于羌人的族源，中国最早的史书《尚书·舜典》、《史记》和《后汉书》均有记载。《尚书·舜典》中记载："流共工于幽州；放欢兜于崇山；窜三苗于三危；殛鲧于羽山；四罪而天下咸服。"《史记·五帝本纪》进一步说：帝舜时期，"三苗在江淮、荆州数为乱。于是舜归而言于帝，请流共工于幽陵，以变北狄；放驩兜于崇山，以变南蛮；迁三苗于三危，以变西戎；殛鲧于羽山，以变东夷：四辠而天下咸服"。这个记载是说，帝舜时期，三苗在江淮、荆州等地作乱，于是帝舜建议尧帝，将共工流放到幽州，变为北狄；将驩兜置之于崇山，变为南蛮；将三苗驱逐到三危，变为西戎；将大禹的父亲鲧杀死在羽山，将其部族变为东夷。

对"窜三苗于三危"的另一种解释是，黄帝和尧、舜时期对三苗进行了讨伐战争。大禹任羌族首领时，对三苗又进行了长期的讨伐战争。这场战争时伏时起，延续了很长的时间。三苗终究敌不过北方几个部落的联合力量，在某次对阵中，禹射中了有苗的作战首领，"苗师大乱，后乃遂几"[21]。三苗打了大败仗，以后就逐渐衰亡了。据《墨子·兼爱下》载，禹伐三苗时的誓词说："济济有众，咸听朕言！非惟小子，敢行称乱。蠢兹有苗，用天之罚。若予既率尔群对诸群，以征有苗。"意思是说："你们听我讲话。不是我喜欢打仗，是那苗人前来攻掠，我现在率领你们众邦君长，去惩罚他们。"还说："禹之征有苗也，非以求以重富贵，干福禄，乐耳目也；以求兴天下之利，除天下之害。即此禹兼也；虽子墨子之所谓兼者，于禹求焉。"意思是说，禹征三苗并不是为了求得富贵和福禄，而是为了兴天下之利，除天下之害。以上记载说明，大禹征伐三苗，并将三苗族打败，然后把他们迁徙到三危和河关一带地方，三苗得以有安身之处，融合到羌戎之中，故《尚书·禹贡》曰："三危既宅，三苗丕叙"。

而《后汉书·西羌传》说："西羌之本，出自三苗，姜姓之别也，其国近南岳（衡山也），及舜流四凶，徙之三危，河关之西南，羌地是也。滨于赐支，至乎河首，绵地千里。赐支者，禹贡所谓析支者也。南接蜀汉，徼外蛮夷、西北鄯善、车师诸国。所居无常，依随水草地，少五谷，以产牧为业。"[22]按照《后汉书》作者范晔和《续汉书》作者司马彪的观点，西羌源于三苗姜姓之别部，原居住于江淮、荆州一带，因作乱而被帝舜迁徙到三危和河关一带，成为以后西戎和羌族的先民。对此，《青海通史》有不同的看法："我们也不能忽视司马彪和范晔对《尚书·舜典》的曲解，认为西羌出自三苗。其实，在青海河曲一带，自古以来就有人类活动，这里发现的大量新石器文化遗址，证明早在三苗迁来之前，这里就有众多的土著先民。司马迁在《史记·五帝本纪》中对此有所阐释，说：'迁三苗于三危，以变西戎'。唐马贞的《史记·索隐》又对'变'字做了很好的解释：'变谓变其形及衣服，同于夷狄也'。换言之，即西戎（包括西羌）不是由三苗所变，而是三苗变成了西戎。应该说三苗的西迁为青海河曲土著羌人注入了新鲜血液，推动了羌人社会的发展。"羌族是在三苗族迁来之前已经在这一带生活的土著民族，甘青一带发现的马家窑文化、半山文化、齐家文化均为羌族文化。三苗族被迁徙到三危、河关一带后，融合到了羌族之中。所以、三危、河关一带，黄河、洮河、夏水流域是羌族活动的中心地区，因打了败仗而迁徙来的三苗为羌族增加了新鲜血液，他们是华夏文明的创造者，这里也是华夏文明的发源地之一。

五　三危和河关遗址

三苗族被禹率领的羌族打败，并迁徙到"三危"和"河关"一带，说明"三危"、"河关"是羌族的统治中心。那么，"三危"、"河关"又在什么地方？研究者有许多种说法，一说在今甘肃敦煌东南，也有说三危指康藏卫三地，即整个西藏及四川西部地区，也有认为在甘肃临洮县东南鸟鼠山之西。据《正义括地志》云："三危山有三榱[23]，故曰三危，俗亦名卑羽山，在沙州敦煌县东南三十里。"《水经注》说，三危山在敦煌县东南。《后汉书》注释中说："三危山，今沙洲敦煌县东南山有三峰，故曰三危山。"但《后汉书·西羌传》则说三危在"河关之西南，羌地是也"。据兰州大学杨建新教授考证："河关在今甘肃临夏与青海交界处，其西南正是青海，即古代所谓羌地，也就是所谓'赐支河首'地区。……这里正是秦汉时期羌族活动的中心。"[24]所谓"赐支河"，是古代羌人所居地区的一段黄河。《尚书·禹贡》称为"析支"。《后汉书·西羌传》曰：羌人"滨于赐支，至乎河首"。在今青海省海南藏族自治州境内，又名赐支河曲。"赐支"、"析支"可能是羌人对黄河上中游段的称呼，这里正是古代羌人活动的地区。《青海通史》也说："河关在今甘肃临夏与青海交界处，其西南正是青海境内。所谓'赐支河'，即河曲地区，也就是现在的阿尼玛卿山、西倾山及其以北地区，这里正是古代羌人活动的中心。"[25]河关县在今积石山县大河家，《积石山县志》明确记载："河关县城遗址位于大河家乡康吊村，西汉置河关县，故城残壁断垣犹存。出土文物有石斧、石火盆、汉瓦、砖等物。"[26]这就证明，"河关"在今甘肃临夏与青海交界处的临夏回族自治州积石山县大河家镇康吊村，今青海一带就属三危了。既然河关是羌族的中心、治所，那么包括大禹在内的羌族首领在河关办公，处理各种事务，大禹治水从积石峡和夏湖[27]开始，"导河积石，至于龙门"[28]，就成为顺理成章和符合情理的事了。

六 导河积石

史书记载，大禹治水，始于今积石山县大河家黄河积石关。《尚书·禹贡》曰：大禹"导河积石，至于龙门，南至于华阴，东北至于砥柱，又东至于孟津，……入于海"[29]。《史记·夏本纪》载：禹"道[30]河积石，至于龙门，南至华阴，东至砥柱，又东至于盟津，东过雒汭，至于大邳，北过降水，至于大陆，北播为九河，同为逆河，入于海"。这里的"积石"，就是今甘肃省积石山县大河家黄河积石峡。蔡沈《书经集传》注解曰："积石，地理志，在金城郡河关县西南羌中，今鄯州龙支县界也。"颜师古曰："积石山在金城河关县西南羌中。"[31]据《集解》引孔安国曰："积石山在金城河关县西南羌中"[32]，其地在甘肃、青海接境处。这就是说，大禹带领着以西部羌人为主体的治水大军，自今临夏回族自治州积石山县境内的黄河积石峡开始，顺流而下，逐渐向东，疏通河道，至龙门，再到中原，历尽千辛万苦、千难万险，终于制服了洪水，完成了治水大业。所以，至今在大河家积石关一带有禹王庙、禹王石、支锅石[33]、禹凿积石[34]、斩蛟崖[35]等古迹；临夏一带有禹凿泄湖峡[36]、禹王庄、禹里家、禹成桥、桥窝等大禹治水遗迹。

七 禹凿夏湖

传说大禹在率领治河大军"导河积石"的同时，也开凿了大夏湖。传说那个时候的临夏盆地是一个大湖，名曰"大夏湖"，每到雨季，洪水淹没大量的田地。《史记》借秦二世之口云："禹凿龙门，通大夏，决河亭水，放之海，身自持筑臿，胫毋毛，臣虏之劳不烈于此矣。"[37]《释名·释宫室》解释："亭，停也，亦人所停集也。"《说文解字》解释："亭，民所安也。"所以，这里的"亭"就是"水停止不流"之意，是大禹将停滞的水疏通了。

清《河州志》记载："禹未疏凿时，河州即湖也。"[38]大禹为了将大夏湖的水排出去，带领治水大军选择大夏湖之北的北塬地带安营扎寨，这个村庄就是现在的"禹王庄"。大禹指挥治河大军在现在的泄湖峡地方开挖。挖着挖着，上面的黄土挖尽了，露出下面黑色坚硬的黑曜石，怎么也挖不下去。大禹听说后亲临现场勘查，见又光又滑又黑又硬的石头足有四五里长，遂下令全军集中力量开掘，但是仍收效不大。于是大禹从"禹王庄"搬迁到工地附近的平地，现场指挥。为了施工方便，大禹还在挖出来的深漕上修了一座桥。最后终于挖开了河道，使湖水泄了下去，流入黄河。后人就将这个峡道称为"泄湖峡"，把大禹第二次居住的地方称为"禹里家"，把大禹修造的这个桥叫"禹成桥"，桥边有个村落称为"桥窝"。至今泄湖峡、禹王庄、禹里家、禹成桥、桥窝等地名尚存，人们为了纪念大禹，建了"禹王庙"（图四、五）。《河州志》云："泄湖峡，大夏水从此泄，道旁卧石犹存。"[39] 泄湖峡有两座桥，一名曰"摺桥"，一名曰"泄湖桥"。"摺桥"实际上是"窄桥"临夏人的方言读为"摺桥"，一直误读下来。《河州志》云："摺桥（窄桥），州东一十里，两岸禹凿石迹尚在。……泄湖桥，州东三十里，禹未疏凿时，河州即湖也，既凿导水入黄河，故名。两岸石凿，禹迹犹存。以上俱大夏水。"[40]

图四　临夏泄湖峡一段

图五　泄湖峡大禹脚印石

　　传说泄湖峡尚有大禹刻上去的岣嵝文和鸟迹篆。《续修导河县志》载："鸟迹篆[41]，在泄湖峡。见旧志。相传大禹凿峡时所摹刊。常没于水，水陷时或一见之。"[42] 清朝康熙时期诗人李苏赋诗道："泄湖峡，禹所凿，泄大夏水。石有二篆字，传系禹迹，类岣嵝文。西倾大夏乱石中，一窍才开万派通。绝塞深沟埋禹迹，昔年平地凿蛟宫。奔流石破摧珠玉，激湍人惊骤雨风。咫尺河源同斧削，教余天外忆鸿潆。"

岣嵝文，又称蝌蚪文，据说其内容为大禹治水记事，暗藏着大禹治水图。关于岣嵝碑的记载，最早见于东汉罗含的《湘中记》、赵晔的《吴越春秋》，其后郦道元《水经注》、徐灵期《南岳记》、王象之《舆地记胜》均有记述。原碑面刻有 77 字岣嵝文，因字形似蝌蚪又称蝌蚪文。这 77 字一直被史学界视为"天书"。据说很多人去泄湖峡寻找岣嵝文，但都没有找到。古河州有大禹岣嵝文传说，说明大禹"导河积石"、开凿大夏湖，绝不是空穴来风。

20 世纪 70 年代，在泄湖峡附近的东乡县林家遗址马家窑文化考古发掘中，考古学者发现了中国最早的青铜器——青铜小刀（图六）。1981 年经北京钢铁学院冶金研究所检验，为含锡青铜，测估含锡量 6%~10%，经碳十四测年经校正年代为距今 5000 年左右，这是迄今所知我国发现的时代最早的一件青铜器，有学者称之为"中华第一刀"，现藏中国国家博物馆。林家遗址青铜刀的出土，把我国的青铜冶金史向前推进了一大步，与最早发明青铜冶炼的中亚、西亚一些国家的时间大致相同，证明中国的冶金技术发源地在陕甘宁青新等西部地区，这说明中国也是世界上率先发明和使用冶金技术的国家之一。同时，林家遗址青铜刀的时间大致与大禹时期相同，证明大禹治水时已经使用了青铜器。

图六　林家马家窑文化遗址出土的青铜刀

八　涂山女娇

据史书记载，舜封禹为司空，让他继承父亲鲧的事业，继续治水。禹东奔西走，三十岁时还没有结婚。禹在巡视治水之事时，路过涂山，遇到涂山氏部落之女，一见钟情，十分爱慕，便成了亲。传说大禹遇见的是九尾白狐，但大禹却心甘情愿娶了她，并称之为女娇。

由于治水工作太忙，婚后第四天，大禹又继续前去治水，把涂山女丢在家中独守空房。禹走后，涂山氏女在家天天盼望禹回来，就同侍女到涂山之南守候禹。守呀守呀，一直守了好多天，总是不见丈夫归来，在寂寞难耐中她唱出了思念大禹的一首歌："候人兮，猗！"[43] 这是中国的第一首女声独唱，也是有史可稽的中国第一首情诗。后来，女娇生下了一个男孩，这就是大禹之子启。

大禹离家后，十三年没有回过一次家，期间发生了"三过家门而不入"的故事。《尚书·皋陶谟》载："禹娶于涂山。辛壬癸甲。启呱呱而泣。矛弗子。惟荒度土功。"《史记·夏本纪》载：大禹治水时，"居外十三年，过家门不敢入"。

那么"三过家门而不入"的故事发生在什么地方？各地说法不一，各持己见。《羌族简史》认为大禹三过家门而不入的传说发生在岷江源头之地，因此认为大禹的家乡就是今天的四川羌族地区，即北川县一带。此外大部分人认为"三过家门而不入"的故事发生在河南、安徽一带的涂山国，即安徽省蚌埠市怀远县涂山一带。

无独有偶，甘肃省东乡族自治县考勒乡亦有"当涂山"，其村名叫"当涂村"，距广河县大夏古城不足百里。大禹在积石关、临夏一带治水，巡查工作，路经当涂山，遇见当涂女，是完全符合情理的事。而远在几千里之外的安徽怀远涂山遇见当涂女则是不可想象的事。史书上记载的"涂山"可能就是东乡县"当涂山"，大禹娶涂山女的故事可能就发生在这里。"三过家门而不入"的故事，或许发生在大夏（今广河县），或者发生在东乡县当涂山，绝不会跑到几千里外的安徽省蚌埠市怀远县涂山一带去。

九 涂山之会

大禹治水时，曾召集各部落首领在涂山（一说在会稽山）开会。当时，皋陶为涂山氏首领，禹任命皋陶为刑官，两族结成了牢固的政治联盟，对大禹治水给予了强有力的支持。据《尚书·舜典》记载，帝舜之时，禹为司空，皋陶作士，伯益为虞。禹成为部落联盟的首领后，皋陶、伯益迭为首辅，涂山氏成了夏后氏最倚重的力量。为了进一步获得妻族的支持，大禹便携同女娇在涂山召开了军事会议，商议国家大事。据《左传·哀公七年》记载，"禹合诸侯于涂山，执玉帛者万国"。意思是去朝见禹的部落首领非常多，人人手里都拿着玉帛，仪式十分隆重。玉，就是圭璋。帛，就是包圭璋的束帛。"执玉帛者万国"，说明当时参加会议的部落首领很多。《史记》云："夏之兴也以涂山。"[44] 正是涂山之会确立了禹天下共主的地位。《国语·鲁语》记载："昔禹致群神于会稽之山，防风氏后至，禹杀而戮之。"会议期间，汪芒氏方国的部落首领防风氏因迟到被大禹下令杀了。防风氏被杀后，有许多诸侯为他喊冤，禹不得已派人下去进行调查。结果证实，防风氏确实是为了防洪而延误会期。于是，大禹给防风氏平反，并允许立庙祭祀。魏晋南北朝时期，吴越武康地区建有防风庙，里面的防风氏像，是"龙首牛耳，连眉一目，足长三丈"的模样。

这个涂山，也应该是距大夏古城不足百里的东乡县当涂山。当涂山北面十多里就是黄河，那里有个叫"姬家川"的地方，现在被刘家峡水库淹没了。《甘肃通史》说："今甘肃临夏就有姬家川地名，而流过临夏注入黄河的就有一条大夏河，夏与姬的渊源关系很深，则姬水也有可能就是这条水。"[45] 姬姓出自黄帝出生所在地，为黄帝之姓、周朝的国姓，具有将近五千年的悠久历史，是中国最古老的姓氏之一，姬姓族人可能就是黄帝的嫡系后裔。

十 大夏与夏朝

夏朝是中国传统史书中记载的第一个世袭制王朝，夏朝的"夏"来自大夏。《御批通鉴辑览》记载，帝舜有虞氏时"命九官。命禹宅百揆，弃为后稷，播百谷。契为司徒，敷五教。皋陶作士，明五刑"。过了一段时间，帝舜认为"帝之子商均不肖，于是命禹摄位。禹让与皋陶"。帝舜不许，于是，"禹受命于尧之庙，率百官如帝之初。……封夏伯，故曰伯禹。天下宗之，故曰大禹。王即位，国号夏。王既为众所归，乃即天子位，因所封国为天下之号，以金德王，都安邑"[46]。这里明确记载，禹即位后，"因所封国为天下之号"，将家乡"夏"的名称作为国号。

西北师范大学赵逵夫教授给张学明、赵忠合著的《大禹导河之州》所作序言中说："有的学者认为夏在今陕西省西南部，禹居于夏，故以之朝代名。但例之以后来一些朝代立国的情况，总是用原来的发祥地名以朝代之名，以名其实业之起始。如刘邦为沛人，故起事后号为'沛公'。……曹操于建安十八年（214年）被汉献帝策命为魏公，后又加封为魏王。曹操死后其子曹丕袭其爵，故曹氏代汉，国号为'魏'。司马懿为河内温县人，属春秋时晋地，故司马氏代魏以后国号'晋'，如此等等。"[47] 就是说夏朝名称来源于大禹之封国"夏"，即大夏。

十年后，禹在东巡时得病，"至于会稽而崩"。大禹去世后，葬于会稽。他临终前将国权授予其子益，"三年之丧毕，益让帝禹之子启……于是启遂即天子之位，是为夏后帝启"，历史上称为夏朝。从此中国历史开始了"家天下"的局面，原始社会也转化为奴隶制社会。

十一　大夏古城

据史料记载，城最早出现于黄帝时期。《黄帝内经》载："帝既杀蚩尤，因之筑城。"《轩辕本纪》载："黄帝筑城邑，造五城。"《康熙字典》解释"城"字云："黄帝始立城邑以居。"[48] 夏鲧时出现了"九仞之城"和"城郭"。《吕氏春秋·君守篇》曰："奚仲作车，仓颉作书，后稷作稼，皋陶作刑，昆吾作陶，夏鲧作城，此六人者，所作当矣。"《吴越春秋》曰："鲧筑城以卫君，造郭以居民，此城郭之始也。"西汉刘安著的《淮南子》云："昔者夏鲧作三仞之城，诸侯背之，海外有狡心。禹知天下之叛也，乃坏城平池，散财物，焚甲兵，施之以德，海外宾伏，四夷纳职，合诸侯于涂山，执玉帛者万国。"[49] 文中的"三仞之城"应该是九仞之城，按照古代的礼制，天子的城高九仞，公侯为七仞，伯为五仞，子为三仞。鲧"作九仞之城"，超过了"伯"的规定而达到"天子"的规格，所以诸侯都背叛他。夏禹拆除了超过规定的部分，而保留了"伯"应当有的五仞之城，并对鲧城作了改造，筑了"城"和"郭"[50]，所以"城郭禹始也"[51]。笔者认为，禹所筑的"城郭"，就是今广河县的大夏古城。城堡的出现，说明已经进入阶级社会，生产资料有了较多剩余，社会物资逐渐丰富，是社会进入文明时代的标志。

大夏古城在今甘肃省广河县阿力麻土东乡族乡古城村。《广河县志》记载："在广通河北岸的阿力麻土东乡族乡迤东，今名古城村，是乡政府所在地。经查实，古城遗址在北岸二级阶地上，分为上古城（西）与夏古城（东），中由广通河北岸支流巴家沟长流水分开。古城基本已无地面城垣可寻，唯城基夯土层隐约可辨。据步测，夏古城遗址南北长约 600 米，方形，大于上古城。城内农田中曾拾到马家窑文化、齐家文化和后朝各代的石器、陶片以及汉瓦。城东越过寺沟至贾家村，曾出土过汉代砖瓦和五铢钱等。……阿力麻土古城遗址被不少学者认为是汉代大夏县城的遗址，从遗址所在的地理位置和出土的汉代文物来看，这一看法不是没有道理的。"[52]

据笔者实地考察，大夏古城遗址分上、下两座古城，下古城主要在下古城村（刘家庄），今尤家小学门前有一段城墙遗址，夯土层清晰可见，每层约 10 厘米厚，均埋在地下（图七）。据当地老人说，这个地方自古以来叫作"城门"。位置与《元和郡县志》记载的唐朝时"大夏水经大夏县南，去县十步"完全吻合。原古城墙顺尤家寺沟西岸向北，一直到北面坪地一个崖坎下。这里原来有一道壕沟，20 世纪 70 年代平田整地时被填平了。当时挖出的陶器碎片很多，都被群众扔掉了。在平田整地时，别处土壤松软，而城墙地基处土壤非常坚硬，推土机推土时一滑而过，推不上土。我们步测了古城四址，南北约 600 米，东西约 600 米，总面积为 36 万平方米，基本与《广河县志》记载符合。下古城以西的上古城，南北 600 米，东西 1200 米，总面积为 72 万平方米，是下古城的两倍。

夏朝灭亡后，"大夏"地名一直存在下来。秦昭襄王二十八年（公元前 279 年），秦设置了陇西郡，郡治狄道（今临洮），又从临洮过洮河，灭西羌枹罕侯，置枹罕县。到西汉以后，在原大夏古城的基础上设置了大夏县。以后历代对大夏古城均有修葺和扩建，使大夏县一直沿袭到宋代。现在我们看到的古城遗址可能是汉代的古城。

十二　结论

综上可以证明，大夏（广河县）是大禹的故乡，是羌戎活动的中心；河关（大河家）是羌族的治所，是羌戎首领办公的地方，是夏禹早期的统治中心。因大禹对这一带黄河、大夏河情况熟悉，所以，大禹治水、"导河积石"，就从甘肃省临夏州的大河家积石关和大夏湖开始，至于龙门。大禹继承王位后，"因所封国为天下之号"建立夏朝。大夏是齐家文化分布的核心区域，也是齐家文化的发现命名

图七 尤家小学门前大夏古城遗址

地。齐家文化与夏禹文化在时间、空间及文化元素诸方面高度重合，所以齐家文化就是夏禹文化。齐家文化开创了中国东西文化交流的先河，把中国同中亚西亚和东南沿海的交流提前到公元前 2000 多年。据此，我们有理由相信齐家文化和夏禹文化是华夏文明的重要源头。

注释：

[1] 章太炎：《种姓》，转引自《西北民族研究》1991 年第 2 期，第 2 页。

[2] 刘光华：《甘肃通史·先秦卷》，甘肃人民出版社，2009 年，第 118 页。

[3]《史记·五帝本纪》，中华书局，1959 年。

[4] 章炳麟（太炎）：《中华民国解》，《民报》1907 年 7 月 5 日。

[5] 黄陶庵：《续修导河县志》。

[6]《御批通鉴辑览》，清光绪壬寅三圣堂校正版。

[7]《御批通鉴辑览》，清光绪壬寅三圣堂校正版。

[8]《史记》，中华书局，1959 年，第 49 页。

[9]《史记》，中华书局，1959 年，第 686 页。

[10] 顾颉刚：《九州之戎与戎禹》，转引自《西北民族研究》1991 年第 2 期，第 2 页。

[11] 刘光华：《甘肃通史·先秦卷》，甘肃人民出版社，2009 年，第 123~124 页。

[12]《水经注·河水二》。

[13]《晋书地道记》，原书已佚，《水经注》亦多引此书，今有毕沅辑本，以经训堂本为善，另有丛书集成本通行。

[14]（明）吴祯：《河州志校刊》，甘肃文化出版社，2004 年，第 24 页。

[15]（清）王全臣：《河州志·古迹》。

[16] 黄陶庵：《续修导河县志·考证》。

[17]《和政县志·大事记》，兰州大学出版社，1993 年，第 7 页。

[18] 赐支河亦称析支河，是羌人对今青海一带黄河的称呼。

[19] 河关遗址在今积石山县大河家康吊村，是西羌人的治所。

[20]《尚书·禹贡》。

[21]《墨子·非攻下》，"几"是衰亡的意思。

[22]《后汉书·西羌传》。

[23] 槵 huàn，木名，即无患木，落叶乔木，佛家取其子做念珠，谓之菩提子。

[24] 杨建新：《中国西北少数民族史》，宁夏人民出版社，1988 年，第 188 页。

[25] 《青海通史》，青海人民出版社，2002 年，第 21~22 页。

[26] 《积石山保安族东乡族撒拉族自治县志》，甘肃文汇出版社，1998 年，第 356 页。

[27] 夏湖即今临夏市，详见下文《禹凿夏湖》。

[28] 《尚书·禹贡》。

[29] 宋元人注：《四书五经（上）》，《书经集传》，北京市中国书店出版，1984 年，第 34 页。

[30] "道"同"导"。

[31] 《汉书·地理志》注引。

[32] 《汉书·地理志》注引。

[33] 在大河家康吊村黄河边，有大禹造饭遗留下来的支锅石。

[34] 传说夏禹治河从此开始，石壁有夏禹斧凿之痕。

[35] 传说夏禹治河至此，见蛟龙推波助澜，大兴洪水，危害当地人民，夏禹愤而斩之，血溅石壁，留有血痕。

[36] 今临夏市迤东至河滩有峡谷叫泄湖峡，传说为大禹开凿以泄湖水的地方，留有蝌蚪文。

[37] 《史记·秦始皇本纪》。

[38] （清）王全臣：《河州志·桥梁渡口》。

[39] （清）王全臣：《河州志·古迹》。

[40] （清）王全臣：《河州志·桥梁渡口》。

[41] 鸟迹篆，许慎《说文解字·叙》云："黄帝之史仓颉见鸟兽之迹，知分理之可相别异也，初造书契，百工以刈，万品以察。"《春秋元命苞》一书中载："仓颉，龙颜侈侈，四目灵光，实有睿德，生而能书。于是穷天地之变，仰观奎星圆曲之势，俯察龟文鸟羽山川，指掌而创文字，天为雨粟，鬼为夜哭，龙乃潜藏。"据《史记·黄帝本纪》记载，"鸟文"是中国古代轩辕黄帝"观鸟迹以作文字，此文字之始也"。"鸟文"是古人渔猎时创造的记数数字，之后才逐渐演化出古代象形文字。

[42] 黄陶庵总纂、马志勇校刊：《续修导河县志校刊》，第 255 页。

[43] 《吕氏春秋·音初篇》载："禹行功，见涂山之女。禹未之遇而巡省南土。涂山氏之女乃令其妾候禹于涂山之阳。女乃作歌，歌曰：'候人兮，猗！'"

[44] 《史记·外戚世家序》，中华书局，1959 年。

[45] 刘光华：《甘肃通史·先秦卷》，甘肃人民出版社，2009 年，第 118 页。

[46] 《御批通鉴辑览》，清光绪壬寅三圣堂校正版。

[47] 张学明、赵忠：《大禹导河之州》，甘肃民族出版社，2005 年。

[48] 《康熙字典》，上海书店出版社，1985 年，第 244 页。

[49] （西汉）刘安等：《淮南子·原道训》。

[50] "城"指内城的墙，"郭"指外城的墙。从春秋一直到明清，除秦始皇的咸阳外，其他各朝的都城都有城郭之制。即"筑城以卫君，造郭以守民"，"内之为城，外之为郭"。

[51] 《太平御览》引《博物志》。

[52] 广河县志编撰委员会：《广河县志》，兰州大学出版社，1995 年，第 525~526 页。

甘青地区文明化进程的环境背景*

夏正楷¹　张俊娜²

(1.北京大学城市与环境学院　2.北京联合大学应用文理学院)

　　文明的诞生需要一个孕育的过程，在这个过程中，各种文明元素不断出现和发展、壮大，当积累到一定程度时，由量变到质变，文明诞生。大量的考古资料表明，华夏文明的孕育时期，大致发生在3500-2000BC，相当于新石器文化晚期。这一时期我国不同地区都相继迈开了向文明社会进军的步伐，出现了诸多的文明要素，社会经济面貌也发生了显著的变化，华夏大地上出现了满天星斗、众星捧月的文化格局，逐渐形成以中原地区为核心，由六大文化区组成的大华夏文化圈，甘青地区就是大华夏文化圈的重要成员之一，严文明提出应把这一阶段划归"铜石并用时期"（图一）。

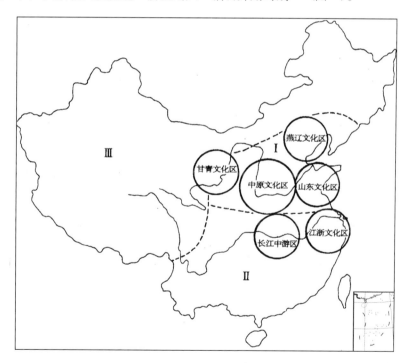

图一　中国新石器文化分区示意图 [1]

一　黄河上游甘青地区的文明进程

黄河上游甘青地区的新石器中期文化以马家窑文化（5300-4500aBP）和齐家文化（4200-3800aBP）

*本文得到国家科技支撑计划项目(项目号：2010BAK67B02)及社会科学基金重大项目（项目号：11&ZD183）赞助。

为代表，文明起始于马家窑晚期（半山类型 4500—43000aBP），到齐家文化时期（4200—3800aBP）发展到高峰，出现一些文明要素，表明此时已经进入文明的孕育阶段。但在 4000aBP 前后，文明进程出现停滞或后退。

1.繁荣的齐家文化

在齐家文化出现之前，甘青地区的马家窑晚期文化（半山文化）中已经出现了青铜制品、记事符号和明显的贫富差别。承继马家窑文化发展起来的齐家文化，以独具特征的陶器、玉器以及红铜器、青铜器的出现为特征。当时的经济形态以粟作为主，并饲养家畜，其中猪占绝大多数。生产工具有骨铲、穿孔石刀和石镰等。制陶业发达，玉器制作精美，包括礼器、兵器和装饰品等。出土的铜制品有铜刀、铜锥、铜镜和铜指环等。住房以半地穴式居多，普遍采用白灰地面，光洁坚实。墓葬规模和随葬品悬殊，显示出贫富不均的社会现实。墓葬中还出现一男二女的成年男女合葬墓，男性仰身直肢，女性侧身屈肢面向男子，反映出当时已有一夫多妻制，男子在社会上居于统治地位。齐家文化中还存在有以人殉葬的习俗。

发达的农业经济和制陶业、铸铜业，以及墓葬中社会等级差别的出现，说明甘青地区齐家文化时期的经济发展和社会复杂化程度已经达到一个相当高的水平。随着农业和手工业经济的迅速发展，贫富分化日趋明显。中心聚落的出现表明当时社会分化的加剧，战争已经成为解决社会矛盾的重要手段，处于文明孕育时期的黄河上游甘青地区，与全国其他地区一样，也迈开了走向文明社会的步伐。

2.齐家文化的衰落

在 3800aBP 之后，齐家文化被辛店文化所取代。辛店文化与齐家文化不同，其经济形态以畜牧业为主，兼营农业。铸铜业有较大的发展，出现有铜锥、铜矛、铜匕、铜凿等。陶器以夹砂红褐陶为主，搀有石英砂、碎陶末、蚌壳末和云母片等，陶质粗糙、疏松，火候较低，器表多磨光，有的施红色或白色陶衣。器形以罐为主，彩陶的数量较多，陶彩与陶胎结合不紧密，易脱落。纹饰粗犷，存在有少量反映畜牧生活的动物纹，如犬纹、羊纹、鹿纹和蜥蜴纹等。

辛店文化的随葬品以陶器为主，还有铜器、装饰品以及牛羊等家畜。此外还发现有殉葬墓，说明辛店文化已进入奴隶社会。

通过对比研究，学者们发现辛店文化早期遗存与齐家文化晚期遗存之间有十分明显的继承发展关系。但相比于繁荣的齐家文化，辛店文化要落后得多，这说明当时黄河上游的文化出现明显的后退，没有跨进文明的门槛。

二 齐家文化形成和发展的环境背景

甘青地区地处大华夏文化圈的西北部，在我国的文明化进程中具有特殊的地位。

1.相对比较优越的自然环境

甘青地区位于我国黄土高原的西缘，它集地貌过渡带、气候过渡带和植被过渡带于一身，构成独特的地理单元。优越的地理环境，得天独厚的自然条件，是齐家文化得以发展的生态环境基础。

（1）地貌条件

这里地处我国二级地貌阶梯和三级地貌阶梯之间的过渡带，过渡带东边是宽阔的黄土高原，西边为连绵起伏的青藏高原。在这一地貌过渡带内，地势起伏明显，河流比降大，下切强烈。受构造的控制，区内分布有众多的第三纪山间盆地，盆地内黄土堆积巨厚，黄土覆盖的低山丘陵、山前黄土台地和黄土阶地广泛发育，是先民们主要的栖息地。

（2）丰富的土地资源和食盐资源

甘青地区地处黄土高原西南，黄土发育。黄土土质疏松，富含矿物质，土壤肥力强，渗水性好，非常适于使用石制工具的早期农耕活动。广泛分布的黄土堆积，为古代人类提供了十分丰富的土地资源，有利于实施广种薄收的粗放型农业模式，保证了早期农业的可持续发展，满足人们对食物不断增长的需求。

自农业诞生之后，食盐就成为人类维持生命的必需品和农业经济发展的重要基石。本区食盐资源丰富，有盐矿分布，食盐容易获取，保证了本区文明化进程的顺利进行。

（3）气候比较适宜

甘青地区地处我国内陆中部，地理坐标北纬 34°~36°、东经 101°~104°之间，为东亚季风的尾闾区，气候区划上属北中温带南缘的亚湿润—亚干旱区，气候比较温暖干燥，≥10℃积温 1600~3400℃，年降雨量在 400 毫米左右。这里具有较好的水热资源，而且水热搭配合理，适宜人类的生活和农作物的生长。与此同时，史前气候的波动对本区影响甚微。本区全新世气候主要变动于暖温带—中温带大陆性草原和季风性森林草原之间，没有出现过十分寒冷干燥的恶劣环境。这样的气候环境有利于史前文化的持续发展。

（4）生物资源丰富

地处植被过渡带的甘青地区位于中温带和暖温带、季风气候和大陆性气候的交界地带，随着全新世气候的变化，气候界线发生移动，造成这一地区动植物种属比较繁多，既有中温带草原、草甸草原和森林草原的动植物，也有暖温带的动植物。丰富的动植物资源为人类的生存和发展提供了多种食物来源和宝贵的物种资源，由此带来农作物种类的多样性，也有利于农业的发展和抗灾能力的提高。

2.以黍粟为主的旱作农业经济形态

齐家文化属于农业文明，它起源于新石器中晚期蓬勃发展起来的原始农业经济。农业经济一直是齐家文化之基石，齐家文化的发展与农业经济有密切的关系（图二）。

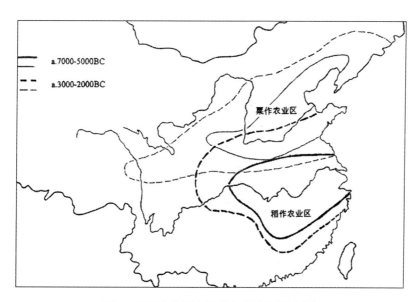

图二　我国南北两大早期农业区示意图 [2]

齐家文化属于以粟和黍为主的我国北方旱作农业。它具有以下优势：

首先，粟和黍具有较高的营养价值，被誉为"最养人的粮食"。尽管粟和黍的产量较低，但由于它们对土地肥力的要求不高，在不同地貌部位的土地上都能够种植。因此，先民们可以利用甘青地区地域辽阔、黄土分布广泛的特征，通过大面积种植弥补单产不高的不足，获取足够的粮食来满足当时对食物的需求。

其次，粟和黍性耐旱，在生长季节不需要大量的水分，甘青地区正常情况下每年 400 毫米的降水量且集中在夏季，可以满足它们在生长季节对于水分的需求，获得较好的收成。即使在距今4200年气候事件之后北方普遍变干的情况下，由于粟和黍（尤其是粟）对水分的利用率较高，它们仍然可以正常生长。

再次，粟和黍的种植完全靠天吃饭，耕作方式简单，田间管理粗放，不用平整土地，也不用灌溉，旱涝保收，因此占用劳动力较少。在保证粮食供给的前提下，可以有较多的剩余劳动力转移到制陶业、冶炼业等手工业领域，以及水工建设、城市和道路建设等领域，为社会分工提供比较充分的人力资源。

齐家文化以粟和黍为主的旱作农业，对于自然条件和耕作技术要求不高，且具有较高的抗灾能力，适宜于甘青地区地域辽阔、黄土堆积广泛、降雨量较少的地理环境，可以为史前人类提供比较稳定的粮食来源，保证了当时社会经济的可持续发展。可以说，以粟和黍为主的旱作农业是甘青地区文明进程持续发展的经济基础。

3.务实的社会

甘青地区的新石器文化承继旧石器晚期文化和新旧石器过渡时期文化演进而来，从老到新，经历了大地湾一期—师赵村一期—仰韶文化—马家窑文化—齐家文化，它们连续演进，一脉相承，构成了一个完整的新石器文化系列，其间即没有中断，也不存在跳跃，是一个稳定发展的社会。这个社会的经济基础是以粟黍为主的旱作农业，在全新世大暖期的自然环境下，旱作农业经济得到蓬勃发展，劳动者自给自足，丰衣足食。农业经济发展的结果，带来了社会的分工和经济的稳定发展、财富的积累和等级的出现，开始了社会复杂化的进程。

一个建立在牢固的农业经济基础上的社会，是一个务实的社会，它比较世俗化，讲究实用。原始宗教的色彩比较淡薄，不像长江流域和辽西地区那样在墓葬中使用各种加工精良的玉器殉葬品，也没有动用大量的人力和财力去修建巨大的祭祀建筑，而是把社会的主要力量用于增加农业产量和提高抵御自然的能力，维持农业的可持续发展。譬如在农作物的种类上，除粟黍之外，他们还大量种植小麦、大豆等，农作物的多样化大大提高了人类抵御自然灾害的能力。而猪、羊和牛的大量驯养，不仅丰富了人类的动物性食物来源，而且也为农耕提供了役力。

4.特殊的地理区位

（1）东西方文化的交流

甘青地区位于我国华夏文化圈的西北部，介于中原地区的龙山文化和河西走廊的草原—绿洲文化之间，特殊的地理位置使这里成为东西方文化交流的枢纽（图三）。

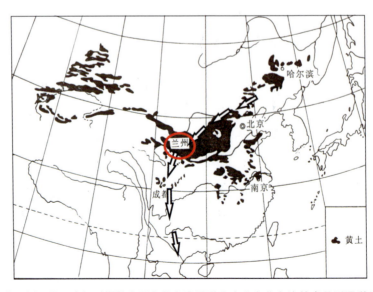

图三　我国新石器—青铜时期的东西文化交流通道和南北文化交流的半月形通道示意[3]

本区以东的中原地区，是我国新石器文化最为繁荣灿烂的地区。在庙底沟时期，中原地区高度发达的仰韶文化向西北扩散，对本区马家窑文化的形成和发展起了重要的推动作用，并促成本区在马家窑文化晚期开始进入华夏文化的孕育时期。由于甘青地区与中原文化具有相同的地理环境，属于同一个地理单元，其间没有明显的地理障碍，因此，随后的齐家文化在自身的发展过程中继续吸收大量的中原文化，两者融为一体，形成基本类同的文化面貌。

甘青地区的西侧与河西走廊相通，两者的自然环境有明显的差别，文化面貌也不相同。但彼此的交流，给甘青地区带来了早期的冶铜技术和小麦的种植。通过河西走廊从中亚传来的这些文化要素，对齐家文化的发展，乃至华夏文明的起源无疑起了重要的作用。与此同时，马家窑文化的西进也有助于河西走廊旱作农业的出现和发展。

（2）南北交流

特定的地理区位、富饶的土地和适宜的气候环境，使甘青地区的史前文化得到迅速的发展。在马家窑文化晚期，这里的彩陶文化制作水平和精美程度已经超过了中原地区。齐家文化时期，这里出现了大型聚落，出土有作为礼器的硕大石磬和玉刀等，显示出强大的国力。沿着我国著名的新石器时期半月形通道（见图三），马家窑人把自己的文化向南扩张到了川西和云贵高原。

特殊的区位条件，适宜的地理环境和一个开放的、兼收并蓄的社会，是甘青地区齐家文化得以发展的重要原因。

三　甘青地区齐家文化衰落的环境因素

甘青地区的齐家文化由马家窑文化稳定发展而来，农业经济比较发达，许多文明要素，如铜器、中心聚落、社会分工、贫富差别等都已经出现，但它最终却没有跨进文明社会的门槛，这与甘青地区的地理区位、自然环境、经济形态和文化等方面特点有着密切的关系。

甘青地区地处我国西北内陆，属东亚季风的尾闾地带（图四），生态环境虽然适宜于人类生存，但相对比较脆弱，属于生态脆弱带。由于年平均降雨量仅400毫米，接近于粟和黍等北方主要旱作作物所需的最低年平均降雨量，因此农业经济发展的基础相对比较脆弱。当4000aBP前后温暖湿润的全新世大暖期濒临结束时，这里的气候更趋干旱，生态环境的恶化迫使原本就比较脆弱的农业经济和建立在此基础上的齐家文化迅速衰落。

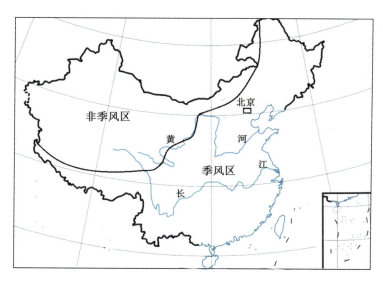

图四　中国季风区和非季风区的分布示意图 [4]

　　尽管地处东西文化交流的结合部，从河西走廊可以吸收草原文化和绿洲文化，从中原可以吸收中原文化，但与其他文化发达地区相距较远，交往困难，文化交流较少。因此，整个社会相对比较封闭，比较保守，其文化的发达程度和文明化进程要滞后于其他地区。

　　受距今 4200 年的全球气候异常事件的影响，在距今 4000 年前后的齐家文化晚期，黄河上游及其支流普遍出现异常洪水事件，如黄河干流的官亭盆地、循化盆地，黄河支流大通河的长宁、湟水的柳湾以及洮河等地，都发现过史前洪水造成的灾难场面和古洪水的遗迹。受甘青地区峡谷和盆地相间的地貌格局控制，这次史前异常洪水事件给本区的先民带来了严重的灾难，大面积的洪涝灾害加速了齐家文化的迅速衰落。

　　甘青地区与河西走廊接壤，河西走廊受高山融雪的影响，草原肥美，绿洲广布，形成以畜牧业为主的草原—绿洲文化，与东部地区的农业文化形成明显的对比。本区地处草原文化与农业文化的接壤地带，两者之间的争斗在这里一直存在。在齐家文化繁盛的大暖期，这里主要以农业文化占主导地位。在距今 4000 年左右，受气候变化的影响，齐家文化趋于衰落，强势的以畜牧为主的草原文化东进，并取代农业文化成为这里的主流经济。

　　脆弱的生态环境，气候的恶化，以及由此引发的外来文化侵入，可能是黄河上游文明化进程终止的主要原因。

注释：

[1] 我国新石器文化分区与我国自然地理区划一致，其中东部地区的北部属旱地农业经济文化区（Ⅰ）；南部属稻作农业经济文化区（Ⅱ）；西部，包括蒙新地区和青藏地区，属狩猎采集经济文化区（Ⅲ）。图据严文明《中华文明史》修改。

[2] 我国北方的旱作农业早期集中在黄河下游和西辽河流域，龙山时期向南扩展到淮河流域，向北到内蒙古，向西到甘青地区的东部。南方的稻作农业早期集中在长江中下游和淮河流域，龙山时期向北扩展到黄河下游，向西到川陕的东部地区。图据严文明《中华文明史》。

[3] 图中从兰州向南的箭头表示马家窑文化的南下路线。图据刘东生等《中国的黄土与风尘堆积》修改。

[4] 我国东部地区属季风区，主要受东亚季风的影响，气候温暖湿润，夏季高温多雨，冬季寒冷少雨，适宜于农业种植，形成季风性农业。西部地区属非季风区，由于地处大陆内部，再加上地形的阻挡，季风基本上已经不能到达，区内气候干燥少雨，除个别地区可以发展绿洲农业之外，其他大部分地区只能发展畜牧业。图据《中国自然地理图集》修改。

主要参考文献：

1.《中国自然地理图集》，中国地图出版社，1998 年。

2. 严文明：《中国文明史》，北京大学出版社，2000 年。

3. 谢瑞琚：《甘青地区史前考古》，文物出版社，2002 年。

4. 韩建业：《中国西北地区先秦时期的重任环境与文化发展》，文物出版社，2009 年。

5. 拉铁摩尔著，唐晓峰译：《中国的亚洲内陆边疆》，江苏人民出版社，2006 年。

6. 甘肃文物考古所、北京大学考古文博学院：《河西走廊史前考古调查报告》，文物出版社，2011 年。

7. 夏正楷：《环境考古》，北京大学出版社，2013 年。

清凉寺史前墓地反映的
中原与西北地区文化交流

薛新明

（山西省考古研究所）

清凉寺史前墓地位于中原核心地带的山西芮城县东北部，在中条山南麓一个南北走向山梁下的缓平坡地上，保存范围近 5000 平方米。2003~2005 年，山西省考古研究所等单位发掘了该墓地，累计清理墓葬 355 座，分为四期。根据碳十四测年数据的分析，如果以 2σ 误差 95.4% 置信度的数据为依据的话，清凉寺墓地第二至第四期的日历年代范围在公元前 2470~前 1700 年之间；若以 1σ 误差 68.2% 置信度的数据为依据的话，清凉寺墓地第二至第四期的日历年代范围在公元前 2300~前 1800 年之间。

一　清凉寺史前墓地玉石器的出土情况

清凉寺史前墓地第二到第四期发现有用玉石器随葬的现象，与本地传统的薄葬不同。

第二期墓葬未被盗扰，玉石器基本都位于下葬时的位置，为我们认识其佩带方式和用途提供了很好的条件。第三期墓葬由于扰乱严重，大部分墓室均遭劫掠，玉石器能够保存在下葬时放置位置者很少，发现于盗洞范围内的器物，甚至不能确认是否属于该墓或这一时期，仅极个别墓葬保存了入葬时的原状。第四期墓葬与三期类似，也被严重盗扰。我们从以下两个方面对玉石器出土情况进行介绍。

1.玉石器的材质

从质地来说，清凉寺发现的玉石器大部分并非矿物学意义上的"玉"，有大理岩、蛇纹石、硅质泥岩、灰岩、石英砂岩等十余种。根据我们对中条山区岩石分布情况的调查，在墓地附近存在着除闪石玉之外的几乎所有石料。第二期除一件透闪石玉的璜形器之外，其他的器物应该都是用本地的岩石制作的。第三期玉石器出现了一些透闪石玉制作的器物，所用的材质不是当地的原料。但使用本地岩石制作的器物占多数，即使是由其他地区引进的材料，也是在本地、由当地工匠制作的，所以当地特色十分突出。第四期只发现了几件器物，其中有 2 件是闪石玉，其余为质地较粗糙的石器，制作水平比第三期有了较大的下滑。闪石玉料稀缺，或者是因为墓主人所在集团财富窘迫，支撑着这些死者的财源发生了较大的变化。

2.形制和种类

第二期时，玉石器的种类较少，主要有单孔或双孔的钺、单孔或双孔的长方或方形石器、多孔石刀、璧、环等，形制简单拙朴，但却是最具有特色的阶段。钺组合和多孔刀是最有代表性的器物，它们在墓葬中的位置和放置方式也类似。钺多数和带孔石器一起出土，二者之间有较窄的空隙，应该有一根竖置的木柄集合在一起。器物多数放在墓主人腹以下的身侧或置于墓主人下肢股骨之上，横向平放为主，刃端位于墓室的一侧；也有一些墓葬的钺竖立在较长的墓壁内侧，刃部向下。带孔石器是钺的附属品，与钺组合配伍、绑缚使用，整体形状为方形或长方形，在器体的中部平面上的钻孔与钺的钻孔相互对应。多孔刀也是本地特有的器物，四边不太直，所有转角均呈和缓的弧形，接近刀背一侧并列单数的小孔。器物多平放，以死者腹部或腿骨之上者略多，也有的放在胸侧与上臂之间，还有的放在骨盆之上，极个别的器物置于死者身下或竖立在一侧的墓壁旁；竖立者刃部向下，顺置平放的刀刃部方向不固定。钺、刀两类器物只在少数等级较高的墓中发现，一般情况下，每座墓葬仅有 1 组钺与带孔石器的组合，多孔刀也是每座墓只随葬 1 件，只有极个别例外。璧、环类器物是最主要的器类，绝大多数都套在墓主人手腕或臂部，也有的象征性地放在腕部或臂旁，只有少数置于胸腹部，是用系带佩在胸前的饰品。每座墓葬的出土数量不一，以 1 件者最多，多者几件被叠置在一起套于小臂上或腕部，最多的达 6 件，应该是装饰品。璧与环被赋予了相同的寓意或具有相同的用途，然而，日常生活中绝对不可能将那么多体量很大的器物佩带于手臂上，也许只有在节日或某些庆典仪式上才偶尔用一次，故此也就有了炫耀财富和某种礼仪的用意。

进入第三期之后，钺和多孔刀这两类在第二期常见的器物极少或不见了，玉石器仍旧以璧、环等器类最为常见，佩带方式也相同，但是不仅器物的细部发生了变化，少数玉璧、环的器体上还带有小孔或镶嵌着绿松石，甚至有一些是新引进的类别或创新的形制。保存下来的器物有琮、牙璧、多边异形玉璧、多片联缀的璧、环、宽体镯、六边形凸沿筒状器、亚腰形管状玉饰和虎头状饰品等精致的器物，展示出了清新的风格。显然一种全新的理念已经取代了原来的意识，有以下几个方面需要特别说明：所有的璧类器物未发现用于"礼天"的迹象。在收集和发掘中共发现玉琮 4 件，应该全部是第三期以后的器类，但只有 M52 的一件玉琮可以确定是被套在墓主人的左侧手上，入葬时随手部放置在其裆部，也没有发现"礼地"的迹象。动物头状装饰品和凹腰形的管状器是新出现的品类，却不是本地的风格。

第四期发现的玉石器极少，主要是璧、环类器物，形制与前两期的同类器物相同。

二 清凉寺墓地玉石器反映的中原与西北地区文化交流

根据以上对清凉寺墓地发现玉石器发现情况的简单总结，并且与其他地区发现的史前时期玉石器特点进行对比，我们认为文化交流是这里出现玉石器并且一度十分兴盛的重要原因，其中中原地区与西北地区的交流在龙山时期较为频繁。

1.玉石料的来源分析

科研人员通过肉眼观察和微量元素、氧同位素检察及年代测试等方式对清凉寺出土玉石器进行了分析，并且对墓地附近的中条山区岩石出露情况进行了考察和鉴定，结合地质部门对清凉寺周围相关岩石出露情况的介绍，得知清凉寺墓地玉石料的主要种类是不同质地的岩石，应当是用本地岩石制成的。用不同质地的岩石分别制作不同的器物，显示了工匠们对玉石器原料较高的认识水平，并且加工的能力、方法、技术已达到较高的水平。发掘发现的器物中只有少数闪石玉。第二期仅有一件残断的玉璜与钺、单孔石器等本期常见器物一起出土，可能只是联璜环类器物的其中一部分，或许是墓主人从其他地方得到的特殊礼品，而不是本地制作的器物，当时本地可能还没有开始加工闪石玉。第三期发现了 21 件用闪石玉制作的器物，种类也有了较大的扩展，最多的是日常生活、重大活动时佩戴的装饰品，其质地和颜色都体现了多来源的特点，但均非本地原料。第四期仅发现有 2 件闪石玉料，其中一件还是联璜璧的一部分，三段中有两段为质量并不太好的闪石玉，与其配伍的另外一段是蛇纹石化大理岩。也就是说，从第二期到第四期，尽管墓主人的身份、所属的人群组织可能发生过变化，但制作这类器物的主要材料并没有改变，显示出一以贯之的传统风格。引人注目的是闪石玉的来源，第二期时，这里的人们还只有接受外来闪玉石馈赠的条件；但第三期墓主人生前已经有了较稳定的闪石玉料来源，但仍旧十分稀缺；第四期时，闪石玉的来源渠道受到了某种因素的影响，变得不太通畅。

在所有的闪石玉中，我们只对其中部分玉料的同位素年龄作了鉴定，其中清凉寺墓地 M153:2 的同位素年龄值为 268±3Ma，地质年代属于海西期；M91:1 的同位素年龄值为 364±4Ma。在中条山区的野外调查中，几个地点均未发现闪石玉出露，地质部门的调查资料也未发现这类记载，所以，清凉寺墓地发现的上述两件闪石玉料不会出自山西省境内。结合以往我们对各地闪石玉同位素年龄值的测试数据分析，这两件玉料的同位素年龄值与西北地区玉料的同位素年龄值比较接近，或许是从西北地区引进的。

综合以上的分析，从质地来说，清凉寺墓地发现的玉石器大多数为本地原料，清凉寺材质的本地化特点十分明确。大约第三期初期，西北地区的玉料传到中原，但原料的稀缺仍旧是客观存在。第四期时，由于经济实力和社会变革的原因，闪石玉料的窘迫变得更加严重。

再根据年代测定，清凉寺墓地的第三期与地处西北、发现有大量玉石器的齐家文化有相当长的时间重合，不排除闪石玉是从齐家文化的居民那里取得的。由于齐家文化的玉器发现很早，而且有大量闪石玉，学术界将其视为内陆地区史前玉石器的标准器物，这种风格并非一朝一夕能够形成，其发展机制需要分析探索。从目前的发现来看，清凉寺一带从西北地区应该只是引入了原料，器物则是由当地的工匠制作而成。

2.形制和种类的分析

中原地区仰韶时期以来，除豫西灵宝西坡发现过钺之外，没有随葬其他玉石器的传统。清凉寺墓地的第二期可能继承了将钺作为较高身份象征的认识，但其他不同阶段的玉石器反映着不同的地域特点，也就是说，制玉的理念是外来的。这里玉石器制作的繁荣与周边地区向中原的文化渗透具有十分紧密的联系，反映了文化汇聚或传播趋势。其中，与良渚文化、薛家岗文化、石家河文化、大汶口与龙山文化之间均有关系，既有引进、继承，也有文化互动。需要重视的是，东南地区可能是通过黄河下游对中原地区施加的影响。然而这种长途跋涉的方式也决定了只能是一种理念的传播，而不会是实物传输。

可能是因为只是引进理念而非实物的缘故，清凉寺墓地第二期玉石器一开始出现便具有了突出的自身特色。仿制的玉石器总会因为材质和技术等方面的原因形成与其原型不同的特点，钺组合、多孔石刀上表现比较明显，是本地玉石器最具有特色的组合，与其他地区的玉石器区别较大。

从第三期开始，清凉寺玉石器发生重大的变化，不见了作为身份象征的钺组合和多孔石刀，延续了装饰用的璧、环类器物，其中不仅有传统意义上的扁圆形整体环或璧，还有异型联璜环、璧、联璜璧、牙璧、璜、琮、梳形器、虎头状饰、管状饰等，器物显得十分精致。以多片联缀的方式为特色的璧、环和矮体玉琮及牙璧等为代表的器物在齐家文化中也比较常见，而且二者不仅形制相近，制作工艺也非常相似，传承关系比较明显，是中原到西北地区的一个重要特色。同时，清凉寺墓地发现玉琮的佩带方式与镯相同，质地、特征与西北地区的玉琮类似，淡化了神秘的色彩，只是作为财富和地位的象征。到底是齐家文化将这种玉石器风格传播到清凉寺一带，甚至有居民迁移到中原，还是清凉寺在第二期的基础上综合了其他地区的玉石器制作技术，率先形成了这种特色，后来在内陆地区盛行呢？

我们注意到以下几个客观存在的事实：①清凉寺第二期出现玉石器时，西北地区还没有形成组合齐全的玉石器，在时间上，这里是中原到西北地区最早出现玉石器的地域。②第三期的器物中，即使璧、环与前期的形制有差别，但整体特点是一致的，有继承本地原来传统的条件和线索，不能因为材质不同掩盖了形制上的雷同。③第三期的玉石器除了与西北地区后来兴起的器物相同的特点外，还有南方、东南地区和黄河下游器物特点存在。其中明显的是牙璧和方形璧的整体形制与山东大汶口文化、龙山文化遗址中出土的同类器接近，虎头状饰品和长江中游地区石家河文化发现的同类器物相似等现象，显示出不同的制玉理念和风格。尤其重要的是，在模仿其他地方的传统器物，在吸纳、融合的同时，也不断改造和文化创新，形成新的器物组合、新的用玉风格，并且进行了技术革新，发明了一些特别的器形，具有在多文化汇聚的前提下进一步得到提升的特点，这在玉石器的发展过程中逐渐成为一个风格的体现。因此，我们认为是清凉寺古代先民首先接受了东部、东南地区的用玉传统理念，开始模仿其他地方流传已久的器物造型，并且

把学习到的新工艺用来加工当地的岩石，从而开始了中原地区最早的玉石器制造业。

以清凉寺为代表的中原这一区域在完成转型发展，制作水平有了较大提高后，又将这些理念传播到内陆地区，最早的目的地应该是临汾盆地，成为陶寺文化玉石器风格形成的一个重要源头；大约在同一时期，这个传统也传播到陕北和西北地区，促成了以陕西神木石峁、甘青地区齐家文化为代表的内陆地区玉石器的发达和兴盛。从目前的发现来看，在清凉寺墓地的第三期时，当地已经把用玉的观念传入了西北地区，然后又引进了西北地区的闪石玉料，那里丰富的玉石料成为中原新的材料来源，清凉寺所测的两件标本与西北地区玉料同位素年龄值属于同一时期大概就是这个原因。与更接近西北地区的陕西石峁一带的居民不同，甚至和陶寺一带强大的政治因素也有差距，清凉寺一带即使已经开始从西北地区输入闪石玉料，但由于属于比较稀缺的珍品，仍旧在本地制作，能在当地找到替代的材料还是会用本地的岩石。应该肯定，这种风格的兴盛和传承显然应当归功于年代偏晚的齐家文化。

清凉寺墓地所处的特殊地理位置是玉石器出现和发达的原因之一。中原地区是周边文化交汇地带，区位的优势使这里成为史前时期东方用玉观念的传承者，并且一直保持着紧密的联系，更为重要的是，这里成为玉石器传统理念由东向西传播的重要媒介。清凉寺一带的居民从墓地第二期代表的阶段开始就可能与一山之隔的运城盐湖一带取得了联系，是盐湖出产食盐最早的外销者之一。正是在这一过程中，他们与其他地区的多个部族有了密切联系，并且引进新的理念，开始制作特色鲜明的玉石器。到第三期以后，这里成为食盐外销管理者的墓地，玉石器是这些新贵们喜爱的装饰品，但清凉寺只存在于第二期的钺类器物在其他地区却一直保持着，显示出两种不同的政治制度和消费观念。清凉寺墓地出土玉石器与东、东南、南部地区玉石器具有一些相似的特点，与西北地区有比较统一的器物风格及部分相似的质地，反映了理念上东向西传和材质上西向东传的史实。

齐家文化考辨

马志勇

(临夏州州志办)

很多人有疑问，齐家文化与禹夏文化有联系吗？齐家文化与华夏文明有联系吗？这曾经也是困惑我多年的问题。

早在 25 年前，我在编写《临夏回族自治州志》时，发现在州境内"夏"字扎堆出现的状况。如临夏州、临夏市、临夏县、大夏河、大夏水、大夏川、大夏部落、大夏古城、大夏县、大夏郡。翻阅古籍，还发现有大夏长、大夏令、夏侯、夏伯、大夏节度衙等一系列带"大夏"的古县名、古官职名、古山水名。在这一带语言中也有"夏人"、"夏家"、"夏话"等，当地群众将"枹地羊"叫"夏羊"，将彩陶称之为"夏陶"。每每为怪，并产生了疑惑，偏远荒漠的大西北果真与华夏民族有什么联系吗？它和齐家文化什么联系？为什么这里的人特别钟情于"夏"？通过遍翻文献史料，并去各地调查文化遗址，走访群众，察看文物，脑子里许多凌乱的思路逐渐条理起来，许多模糊的概念逐渐明晰起来。

禹夏文化与齐家文化究竟有什么联系呢？我认为有以下几点。

一　统一的区域

众所周知，齐家文化广泛分布于甘肃、青海、宁夏、内蒙古等地区，而大禹生于西羌。西羌的发祥地正是河湟洮岷地区。

郦道元《水经注》引《晋书·地道记》说：大夏县"有禹庙，禹所出也"。说明大禹出身的地方是后来被称为大夏县（今广河县）的地方，也就是广河川道中。汉朝的大夏县因大夏人、大夏部落、大夏山水而得名。广河县有禹王庙遗址，有大夏古城遗址，有齐家文化。大禹出身于叫石纽的地方，石纽就是大夏县西 10 公里的今和政县菁支沟，因石山为红色，又称金剑山。山下是石虎家村，历史上曾设过金纽县，《元和志》、《寰宇记》都有记载，前凉时改为金柳县、金剑县（隶属大夏县）。也有记载认为石纽是四川北川县一带。其实，四川的羌族是"战国七雄"之一的秦献公禹后千余年"欲霸西戎"出兵征讨羌人，羌人首领无弋爰剑的孙子卬向南迁徙落居而成的，称之为越嶲羌、白马羌、广汉羌等。据《寰宇记》所引《十道录》说："石纽是秦州地名。"《金楼子》亦云禹长于后来称之为陇西大夏县的地方。这个地方是一个交通枢纽，北去西域，西向青藏，南走四川。

《世本·作篇》载："鲧作城郭，禹作宫室。"禹被任命为夏部落的最高首领夏伯后，开始修城池宫室。这个城池宫室极有可能是广河县的大夏古城。

黄文弼先生在《中国古代大夏位置考》中提出："我国先秦时代的大夏人，约分布在凉州、兰州、河州（河州即今临夏州）一带，河州为其中心活动区。大夏县及大夏水之名，是因古代大夏国而得。"广河是大禹的故乡，又是齐家文化命名地、发现地。夏文化的前期、中期也在甘、青、宁一带，后期传播到中原一带。所以齐家文化与禹夏早中期文化在同一地方。

二　统一的时间

夏朝，约在距今 4100~3600 年，是中国史书中记载的第一个世袭制朝代，年代约当新石器时代晚期、青铜时代初期。根据历史记载，禹传位于自己的儿子启，改变了原始部落的禅让制，开创中国近四千年世袭制的先河，中国历史上的"家天下"从夏朝开始。夏共传 14 代，共 17 位帝王，延续了 471 年。后人常以"华夏"自称，使之成为中国的代名词。

齐家文化是以中国甘肃为中心地区的新石器时代晚期文化，约在距今 4300~3700 年左右，因 1924 年由考古学家安特生在广河县齐家坪发现而得名。

齐家文化的绝对年代正是禹夏王朝时期。齐家文化略早于夏文化，但绝大部分时间重合在一起，约有五六百年左右。因此不管从时间还是空间说，华夏文化和齐家文化都是密切相关的。齐家文化为夏文化起了奠基作用。

三　统一的族民

羌族是中国西部的一个古老民族。《后汉书·西羌传》载，羌族"滨于赐支，至乎河首，绵地千里……所居无常，依随水草。地少五谷，以产牧为业"。《后汉书·西羌传》又说："河关之西南羌地是也。""河关"是河之关塞，今临夏州积石县大河家一带，"河关之西南"，这就说在河、湟、洮、岷之间。据《元和郡县志》载，上古时期，河州（今临夏）为"罕羌侯邑"。居住着罕羌、开羌、钟羌、枹罕羌、罕开羌等羌族部落。

上古时期，中国文化的中心在黄河上游，甘肃临夏古文化在华夏文明探源研究的地位和作用是不容忽视的。多少年来，一些学者热衷于中原中心说，认为华夏文明的源头在中原，世界文明发源于中国，荒漠偏远的西北不会是华夏文明的发祥地。而近年来，国际学者和国内一些专家开始聚焦西部，向接近历史真实迈出了可喜的关键步伐。

司马迁《史记·六国年表》曾明确提出"禹兴于西羌"。《帝王世纪》也指出："伯禹，夏侯氏，姒姓也，生于石纽……长于西羌，西羌夷人也。"

既然夏禹生于羌地，又建立了夏朝，所以夏人兴于西羌是个不争的事实。

尧舜禹至秦汉时期，是古羌人最活跃的时期，古羌人正是齐家文化缔造者，华夏文明的开创者。

禹为鲧之子，又名文命，字高密，生于西羌。据《御批通鉴辑览》载："尧甲子八十有一载，分十二州，封诸侯，锡姓氏，封禹于夏，锡姓姒氏，统领州伯，以巡十二部。"大禹被封为夏地方的诸侯，称为夏伯，也就是说，大禹是夏地方的最高长官。当时的夏，就是河湟洮岷一带。

禹娶涂山氏女，生子启。后来启代益为君主，称"有夏氏"、"夏后氏"。《郑语》称之为"夏禹"。夏禹是中国第一个王朝——夏朝的建立者，同时也是奴隶社会的创建者。

《尚书·禹贡》："导河积石，至于龙门。"甘肃是大禹治水的主要区域。禹治九条河，其中六条在甘肃。尧舜禹时期正是世界性的洪水时期，洪水平息后，华夏文明才有可能东传于中原。齐家文化在华夏文明形成中扮演了重要角色。大禹是从夏地方夏部落走出来的，立国时仍忘不了以自己出身的"夏"为国号。

四　统一的文化

1.陶器

临夏人将陶器称为"夏陶"，可见临夏陶器与夏的关系。其中盉、盂、鬲为夏文化典型器物，而此类陶器在齐家文化中非常普遍。《礼记注疏》载："灌尊，夏后氏以鸡夷，殷以斝，周以黄目。"鸡夷即鸡彝，而齐家陶器中鸡鸟形的器物很多。鸡为凤凰之雏形。《史记·五帝本纪》："《九招》之乐，致异物，凤凰来翔。"

齐家陶器的造型艺术极佳，每一件都是艺术品，有富有观赏价值的三耳罐、两连罐，以及小巧玲珑的小撇口罐，还有兼具观赏性和实用性的三足鬲、盉等。此外还发现了陶制的人头及各种动物塑像，形体小巧，姿态生动。器盖也是齐家文化中常见的陶器类型，说明齐家文化时期人们对饮食卫生也是相当注意，文明程度正不断提升。

齐家文化陶器表面有丰富的图案纹饰。除在素面的陶器上拍压而成的绳纹或篮纹外，还有附加堆纹，以在罐形陶器的口沿外侧居多；有多样的镂空款型；多种形式的刻划纹饰，包括锥刺纹、篦纹、戳印纹、指甲纹、"卍"字纹等，多见于罐体颈部和双耳处。许多不被认识的刻划纹可能是文字的雏形。

2.玉器

中国夏商周三代玉文化特别发达。《尚书·禹贡》："黑水西河惟雍州，……厥贡惟球琳琅玗。"说明西北的雍州地方的贡品，主要是玉器。主要有玉斧、玉铲、玉钺，礼器有戈、圭、刀、牙璋等。

据《左传·定公四年》、《淮南子·说山训》等记载："夏后氏之璜。"齐家文化二联璜、三联璜、四联璜、五联璜出土众多，悬挂于胸的单璜也不少。

"奉圭以待"是那时玉崇拜的一种表现。圭是神的标志，是通神的器物，这就把图腾崇拜和玉崇拜结合在一起了。有玉才能显示神灵，圭代表的是天意。古代传说中关于大禹和玉的记叙还有很多。如《拾遗记》曰：神授禹玉简，"禹即执持此简，以平水土"。《左传·哀公七年》载："禹合诸侯于涂山，执玉帛者万国。"夏之立国和玉文化一定有着重要的关联。

据《尚书·帝命验》载，大禹导河积石时得一黑玉圭，上刻"延喜玉受，德天锡佩"八字，预示吉祥。《太平寰宇记》载，洮河是"禹见长人受黑玉书处"。《水经注》也载："禹治洪水，西至洮水之上，见长人受黑玉书于斯水上。"大禹治水于洮河，遇见高人赠送黑玉书。所谓"书"者，即文字记载。"玉书"者，即刻于玉石上的文字。

根据中国社会科学院研究员易华对齐家玉的研究，发现大玉刀和大玉璋主要流行于夏代，是夏文化的标志，亦是齐家文化的特色。齐家文化玉器在东亚玉文化发展史上起了承上启下的作用，应该是夏代玉器的重要组成部分。

3.铜器

彩陶的衰落与青铜的出现，标志着齐家文化进入了青铜时代。齐家文化出土铜器遗址至少有15处，遗物总数已超过130件。器形包括刀、斧、锥、钻、匕首、指环、手镯、铜泡、铜镜等，其中以兵器和生产工具为主，装饰品次之。形制上总体比较简单，也有铜镜、空首斧等造型复杂的器物。出土红铜或青铜器的比较重要的齐家文化遗址有青海贵南尕马台（49件）、互助总寨（4件）、甘肃武威皇娘娘台（30件）、武威海藏寺（12件）、积石山县新庄坪（12件）、永靖秦魏家（8件）、广河齐家坪（2件）等。

《绝越书》曰："禹穴之时，以铜为兵。"就是说，夏禹的时候以铜作为兵器。最典型的是青海西宁发现的巨型阔叶带钩铜矛，长61.5厘米、宽19.5厘米，銎与刃部结合处有一刺钩，属齐家文化。又传说，"禹铸九鼎"做传国宝器。此时铜器已广泛应用于礼器、生产工具、生活用品等。新材料、新工艺、新技术，这是革命性的发展和进步，是生产力高度发展的标志。

4.手工业水平

《周礼·考工记》云："有虞氏上陶，夏后氏上匠。"说明舜时有较发达的制陶业，夏时有较全面而先进的手工业技术，内容包括制车、兵器、礼器、钟磬、染色、建筑、水利等方面。齐家文化时期，手工业已达到当时的空前水平。齐家玉器制作精美，至今还让人惊叹不已。制作的陶器虽然没有马家窑那样华丽繁缛的纹饰，但制作技术及器形设计已达到崭新的高度。还有原始纺织业。在大何庄一件陶罐上发现的布纹保存较好，每平方厘米范围内可见经纬线各 11 根，可见纺织工艺水平之高。在齐家文化类型的居址与墓葬中，还普遍发现石纺轮和骨针等纺织工具，制作特别精巧。"夏后氏上匠"与齐家文化高超的工艺水平如出一辙。其他工艺水平亦令人叹为观止，不一一细述。

乐器有陶鼓、陶埙、陶铃，在齐家文化中出现很多。在康乐县出土人面陶埙，高 12.6 厘米，左右各三孔，至今还能吹响，人头帽檐上有一小孔，可系小绳悬挂。1987 年临夏市出土齐家文化的高低耳素陶鼓，高 44.4、口径 43、底径 3 厘米，藏于临夏州博物馆。还有陶制小型的瓶形与鼓形响铃，腹内装一小石球，摇时叮当作响。广河博物馆也收藏有不少陶鼓、陶埙、陶铃。玩味性很强的陶器，展现了齐家人的审美情趣和丰富多彩的生活内容。

传说禹兴九韶之乐，启作九韶乐舞，并在大穆之野举行乐舞会，演奏"九韶"、"九歌"、"大夏乐"等音乐。会上"万舞翼翼，章闻于天"。甘肃临夏处处都渗透着这种古老的文化气息。2004 年，甘肃临洮发现了一批距今约 4000 年的陶制娱乐用具陶铃、陶牌等，种类多样，其中有五条长 10~13 厘米不等的陶牌，上面刻有一些圆点和线条构成的符号，用来区别大小。

除此之外，墓葬、祭祀、习俗等方面有许多联系的共同性，不再一一细述。

五　结论

以上四个统一，即同区域、同时间、同族民、同文化特点，说明了齐家文化与夏文化一脉相承。要了解夏文化，必先了解齐家文化；要研究夏文化，必先研究齐家文化。夏文化的早中期就在河州，后期则向东转移了。如果说二里头在夏文化"占了中"的话，齐家文化就"占了先"。齐家文化是开启华夏早期文明的钥匙，起了奠基作用。正如中国社会科学院研究员易华所说："夏民族很可能兴起于西北，入主中原，建立夏王朝，其先进文化大体来自中亚或西亚；西北是上古中国改革开放的前沿阵地。"因此可以说，齐家文化是大夏人的文化符号，齐家文化就是夏文化，甘肃临夏是华夏文明的重要发祥地。炎帝、黄帝、大禹都是甘肃的人文初祖，甘肃被国家列为华夏文明传承创新区，是非常有道理的。华夏探源工程中没有齐家文化是一种缺憾。

社会科学同自然科学一样，是联系的科学。联系是一种普遍存在的客观现象，联系是事物的一种存在方式。文物可以弥补文献之不足，是主要的实物证据，但是如齐家文化，虽然挖掘了，但没有挖掘报告，也是遗憾的事情。马克思主义的历史主义是关于历史联系的科学，要全面、立体、系统、综合、科学地研究，才能得出正确结论。如果只是孤立、单一的研究，把广泛联系的事物割裂开来，实难奏效。

青海喇家遗址动物饲养方式初探[*]

——以锶同位素比值分析为例

赵春燕　吕鹏　袁靖　叶茂林

(中国社会科学院考古研究所)

一　前言

出土动物牙釉质的锶同位素比值分析不仅可以确立当地锶同位素比值范围，在此基础上探讨人及动物的迁移活动，而且可为探索古环境的变迁及动物的驯养等研究提供十分有价值的信息，因此，动物牙釉质和骨骼的锶同位素分析对考古学研究而言具有十分重要的学术价值。[1]

喇家遗址位于青海省民和县官亭镇，主要为齐家文化的遗存。齐家文化距今 4300~3900 年，是新石器时代向青铜器时代过渡的一种文化遗存。喇家遗址保留了地震、大洪水以及山洪袭击的多重灾难遗迹，是极为难得的史前灾难遗址，因此被列入 2001 年度中国十大考古新发现。[2] 不仅如此，经过几年持续不断地发掘，遗址出土了丰富的陶器、石器、骨器和数量较多的玉器，反映出了齐家文化时期人们的生活方式和生存状态；最大磬王的发现，显示了礼乐文明所代表的具有较复杂的社会政治结构。重要遗迹有房址、壕沟、灾难遗迹现场。有些区域既有居住区，也有史前人类的活动广场和祭祀圣地等。遗址的布局结构和变化过程、高规格的遗存等诸多文化现象等，反映出史前社会的较高发展阶段。可以说喇家遗址的新发现，加深了学术界对齐家文化的认识。[3]

喇家遗址也出土了大量的动物遗存。众所周知，人和动物的生存方式都要受到自然环境的制约，从某种意义上来讲，对动物骨骼的分析与研究应与人一样重要。通过研究人对动物的驯养、分配、消费的过程和方式，有助于我们认识当时人类的行为模式，探讨人类社会的经济成分、组织结构和意识形态等诸方面的问题。

最近几年，我们已经连续对二里头遗址、陶寺遗址、瓦店遗址等中原地区的古代动物遗存进行了锶同位素比值分析与研究。[4] 研究结果表明，上述遗址出土不同种类动物的来源不一，与遗址的考古学背景密切相关。换言之，出土动物遗存的锶同位素比值分析与研究可以从不同角度反映当时当地人类社会的经济结构和意识形态等问题。喇家遗址主要为齐家文化的遗存，是新石器时代向青铜器时代过渡的一种文化遗存，同时，齐家文化也是甘青地区史前文化发展的特殊阶段，自有其本身的特色。对喇家遗址出土动物牙釉质的锶同位素比值分析与研究，可为进一步探索人和动物的迁移与驯养方式打下基础。喇家遗址出土动物是否当地驯养，反映了当时人类生存方式的选择，也是社会生活的一个侧面，无疑是探

* 国家自然科学基金项目（批准号：21271186）、国家社会科学基金项目（批准号：12BKG019）、中国社会科学院哲学社会科学创新工程（批准号：WS05_2016_SCX_1805）、嵩山地区文明化进程与华夏文明的形成（批准号：D2-2）和国家科技支撑计划项目（批准号：2013BAK08B03）共同资助。

究齐家文化时期人类社会发展过程的一个重要方面。所以，我们选择喇家遗址出土动物遗骸作为研究对象，通过热电离质谱分析方法对喇家遗址出土动物牙釉质的锶同位素比值进行了测定，以检测数据为基础，探讨了遗址出土动物的来源及饲养方式。

二 原理与方法

锶同位素分析技术应用于考古学研究已经近 30 年了，其原理在国内外文献中都有报道，本文作者也在以前发表的多篇论文中述及，在此不再赘述。[5] 一言以蔽之，不同的矿物和岩石因成矿或成岩的年代不同以及母岩的铷锶含量比不同，其锶同位素组成也是不同的。一般以 $^{87}Sr/^{86}Sr$ 比值作为某一地区的表征指标[6]，通过锶同位素的地区特征可以追溯人类或动物栖息地。出土动物牙釉质能够很好地保持其生存地的同位素比值特征，且很少受到污染，因而成为锶同位素比值测定的首选标本。[7]

具体的方法是，首先确认何种动物是当地动物；其次，以遗址当地出土的动物牙釉质的锶同位素比值的平均值加（减）2 倍的标准偏差来确定当地的锶同位素比值范围；最后，根据当地的锶同位素比值范围，判断其他动物是否为当地出产抑或来源不同。

在参考了国际上的一系列研究成果和我们以前的研究结果，选择了喇家遗址出土的鼠、猪、绵羊和黄牛这几种动物的牙齿作为标本，采用固体热电离质谱方法对其进行锶同位素比值测定。首先确定当地锶同位素比值范围，再以此为标准，探讨其他动物是否为当地饲养抑或是外来的。

三 样品的选择与测定

1.样品的考古学背景

喇家遗址独特的灾难现场遗迹，近年陆续发现的宽大壕沟、小型广场、干栏式礼仪建筑、祭坛与祭祀墓葬等祭祀遗迹，广泛多见的出土玉石器，一一反映出喇家遗址的独特之处。喇家遗址的规模、重要遗迹的发现及王者之器的出土，都已显示本遗址是一处官亭盆地齐家文化时期极为重要的聚落遗址，也是认识及研究齐家文化的重要的聚落遗址之一。喇家遗址的文化遗存包括马家窑文化—齐家文化—辛店文化，其中马家窑文化只有一些遗物可以判别出来它的存在，地层已经破坏无存；齐家文化是喇家遗址的主要遗存；辛店文化只有少量的遗存。马家窑文化的年代大概是距今 4500 年以前；喇家遗址齐家文化的年代为距今 4300~3900 年，因突发的灾难而毁灭；辛店文化的测年数据目前还没有。根据喇家遗址出土动物标本的具体情况，鼠类采集的是骨骼样品，其他动物均采集的是牙齿样品。采集考古出土动物样品具有特殊性，首先，考古发掘出土的标本量是有限的，而且这些有限的标本也不一定完全符合检测的要求；其次，要优先考虑其他学科动物考古学研究的需要，比如食性分析，比如 DNA 等等；最后，在有限的标本情况下，考虑到动物的生存期较短，猪的 M1 在 4~6 个月萌出，P2、P3、P4 均在 12~16 个月后萌出，牙齿的种类不会影响区域锶同位素比值范围的建立，所以，没有全部采集猪的 M1 齿。我们所分析的动物分别来自喇家遗址不同文化时期，样品的具体背景资料情况见表一。

2.样品的前处理

选择喇家遗址出土的 26 份动物牙釉质样品作为研究对象。样品的预处理是在中国社会科学院考古研究所超净实验室内进行的。首先用工具打磨每一个样品表面，除去任何可见的污垢或杂色物质，之后用纯净水超声清洗 3 次，每次 20 分钟；再加入 Milli Q 超纯水，超声清洗 3 次，每次 20 分钟。清洗后的样品加入 5%稀醋酸（优级纯），超声清洗 30 分钟，浸泡 7 小时，将稀醋酸倒掉，再加入 Milli Q 超纯水，超声清洗 3 次，每次 20 分钟。然后样品放入恒温干燥箱干燥后，于 825℃下灼烧 8 小时。

3.锶同位素比值的测定

灰化后的样品首先进行元素分析。准确称取试样于聚四氟乙烯密闭溶样罐中，加硝酸及氢氟酸混匀后加盖密闭，于微波炉上预热，冷却后转移到自动控温电热板上 160℃消解 48 小时。

待消解完全后，冷却至室温，将溶液转移至容量瓶，定容后上机检测。所用仪器为 XⅡ型电感耦合等离子体质谱仪（美国 Thermo Fisher 公司)，Elix-Milli-Q 纯水系统（美国 Millipore 公司）；所用硝酸、乙酸等化学试剂为优级纯。

ICP-MS 仪的主要工作参数为功率：1200W；冷却气流速：13L/min；辅助气流速：0.70L/min；载气流速：0.89L/min。采用标准曲线法。

元素分析之后再进行锶同位素比值测定。首先，准确称取 0.1~0.2g 粉末样品于低压密闭溶样罐中，再准确加入锶稀释剂，用混合酸（HF+HNO$_3$+HClO$_4$）溶解 24 小时。待样品完全溶解后，蒸干，加入 6mol/L 的盐酸转为氯化物蒸干。用 0.5mol/L 的盐酸溶液溶解，离心分离，清液栽入阳离子交换柱（φ0.5cm×15cm，AG50W×8（H+）100-200 目），用 2.5mol/L 的盐酸溶液淋洗锶。蒸干，质谱分析。

同位素分析采用 ISOPROBE-T 热电离质谱计，单带，M+，可调多法拉第接收器接收。质量分馏用 86Sr/88Sr=0.1194 校正，标准测量结果 NBS987 为 0.710250±0.000007。

四　结果与讨论

1.喇家遗址当地的锶同位素比值范围

喇家遗址出土动物牙釉质的锶同位素分析结果列于表一中，其中包含 2 只鼠、8 只猪、10 只羊和 6 头牛，共计 26 份样品。

前面已经提到，若要探索喇家遗址出土动物的来源，首先必须建立当地的锶同位素比值范围，才能以此判断其他动物是否为当地出产抑或来源不同。在参考了国际上一系列的研究结果后，根据喇家遗址出土动物的考古学研究，我们选择了猪牙釉质样品来确定当地的锶同位素比值范围。其理由如下：第一，动物考古学研究结果证明猪是我国最早进行饲养，也是最重要的家畜之一，其判别标准有动物生理形态的标志、动物群组成的标志、动物群年龄结构的标志、社会和文化的标志、分子遗传学的标志及动物食物的标志等。[8] 袁靖先生根据家畜的判别标准，认为早在距今约 8000 年的磁山遗址出土的猪就已是人为饲养的家猪。[9] 喇家遗址出土的猪依据牙齿的测量数据、猪的死亡年龄以及猪遗骸出土时的考古学背景，可认为其为家猪。第二、根据此次对喇家遗址出土动物牙釉质的锶同位素比值的测定结果，经过计算得出猪牙釉质的锶同位素比值的标准偏差为 0.000064，而黄牛的标准偏差为 0.000088，绵羊的标准偏差为 0.000817。猪牙釉质的锶同位素比值的标准偏差远小于其他动物，可以推断猪由当地饲养的可能性也是最大的。

在国际上，一般是以遗址出土的当地动物牙釉质的锶同位素比值的平均值及 2 倍标准偏差来确定当地的锶同位素比值范围[10]。根据喇家遗址出土猪牙釉质的锶同位素比值测定结果，经过计算得到 8 只猪牙釉质的锶同位素比值的平均值为 0.710930，将该平均值加或减 2 倍标准偏差可以得到喇家遗址当地的锶同位素比值范围在 0.711058 ~ 0.710802 之间。由于出土鼠的检测数据只有 2 个，其锶同位素比值分别为 0.710918 和 0.710887，在上述当地的锶同位素比值范围之内，所以这个结果与猪牙釉质的锶同位素比值的检测结果可以互相验证，说明以猪牙釉质的锶同位素比值建立当地的锶同位素比值范围是可行的。在这里没有讨论鼠骨的去污染问题，是因为我们之前发表的关于瓦店遗址出土动物的锶同位素比值分析论文中对此已经探讨过，证明该方法确实可行。[11] 即使鼠骨在埋藏过程中受到污染，而且没有排除，那它们也是代表了埋藏环境即当地的锶同位素比值特征，因此不会影响结论的成立。

至此，我们以喇家遗址出土猪牙釉质样品确定了当地的锶同位素比值范围，再以此判断其他动物是当地的出生还是外来的。判别方法即是通过对喇家遗址出土动物牙釉质的锶同位素比值与当地的锶同位素比值进行比较，不外乎会有两种情况：其一是牙釉质的锶同位素比值在遗址当地的比值范围内，表明该样品代表的个体是在遗址当地出生并被饲养长大，死亡后埋葬在当地；其二是牙釉质的锶同位素比值在遗址当地的比值范围以外，表明该样品代表的个体是在其他地区出生，死亡前或死亡后进入遗址当地并埋葬在当地。

表一 喇家遗址出土动物骨骼和牙釉质的 ^{87}Sr/^{86}Sr 的比值

实验室编号	出土单位	分期	动物种类	采样部位	^{87}Sr/^{86}Sr	2σ
2012613-3	2003 QMLT533H48	早期	鼠	骨	0.710918	0.000008
2012613-19	2003 QMLT534H57	晚期	鼠	骨	0.710887	0.000013
2012613-2	T1106H82	辛店文化	猪	P	0.710842	0.000010
2012613-5	2001 QMLT533H29	晚期	猪	M3	0.710888	0.000012
2012613-9	2005 QMLT0616H68	晚期	猪	M1	0.711034	0.000013
2012613-7	2001 QMLT512①F14②	晚期偏早	猪	M1	0.710972	0.000011
2012613-16	T536M12	晚期	猪	M2	0.710967	0.000011
2012613-17	2001 QMLT501⑥	晚期	猪	M3	0.710943	0.000005
2012613-18	2000 QMLT2711G1②	早期	猪	I	0.710934	0.000008
2012613-25	2007 QMLH92	晚期	猪	M2	0.710861	0.000011
2012613-4	2001 QMLT503H23	晚期	黄牛	P2	0.711056	0.000010
2012613-1	2000 QMLT2613H8	晚期	黄牛	M1	0.711030	0.000011
2012613-23	2001 QMLT512T513F15②	晚期	黄牛	M1	0.710921	0.000008
2012613-24	2005 QMLT534⑤	晚期	黄牛	M2	0.710928	0.000009
2012613-26	2001QMLT512①FF14②	晚期	黄牛	M2	0.711140	0.000011
2012613-10	2006 QMLT1103F32 填土②层	早期	黄牛	P	0.710941	0.000013
2012613-12	2000QMLT2613G1：④	早期	绵羊	M2	0.710872	0.000010
2012613-13	2000QMLT2113G1：⑤	早期	绵羊	M2	0.710892	0.000009
2012613-21	2000 QMLT2711G1②	早期	绵羊	M2	0.710886	0.000008
2012613-14	2001QMLT512①FF14②	晚期偏早	绵羊	M2	0.710916	0.000010
2012613-15	2001QMLT513①FF15	晚期	绵羊	M2	0.711006	0.000008
2012613-20	2005 QMLT1013F23	晚期	绵羊	M2	0.710909	0.000008
2012613-11	2005 QMLT0616H68	晚期	绵羊	M2	0.708375	0.000010
2012613-22	2001 QMLT509⑦	晚期	绵羊	M1	0.710952	0.000014
2012613-8	2005 QMLT0616H68	晚期	绵羊	M3	0.711118	0.000014
2012613-6	2001 QMLT511H26	辛店文化	绵羊	M1	0.711020	0.000011

注：样品的早期与晚期均指齐家文化时期。

2.喇家遗址出土绵羊的来源

为了更直观地说明喇家遗址出土动物的情况，将所测定的 26 份动物牙釉质样品的锶同位素比值绘制在图一中。图一中纵坐标表示锶同位素比值（^{87}Sr/^{86}Sr），横坐标表示动物种类，两条虚线之间的部分就代表遗址当地的锶同位素比值范围。从图一可以明显看出，有 2 只绵羊的牙釉质样品的锶同位素比值不在遗址当地的锶同位素比值范围内，表明这 2 只绵羊可能都不是在当地出生的；其他 8 只绵羊的牙釉质样品的锶同位素比值则位于遗址当地的锶同位素比值范围内，表明这 8 只绵羊可能是在当地出生长大，

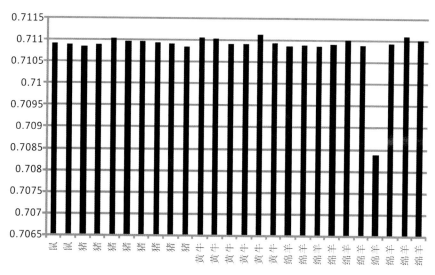

图一　喇家遗址出土动物骨骼和牙釉质锶同位素比值柱状图

死亡后葬于此地。这个结果说明喇家遗址出土的绵羊可能来源不同，有一部分绵羊来自当地，还有一部分绵羊来自外地。但来自外地的绵羊数量很少，大约只占20%，均为晚期出土的绵羊；而早期的绵羊均为当地出生。这一方面说明早期喇家人也许已在当地饲养绵羊，以自给自足为主；另一方面也暗示早期喇家人与外界交流很少，而到晚期才开始与外界接触。

3.喇家遗址出土黄牛的来源

动物考古学研究结果表明喇家遗址出土的牛均属于黄牛，因此本次进行锶同位素分析的样品也全是黄牛。将6头黄牛的牙釉质锶同位素比值与遗址当地的锶同位素比值进行比较得知，仅有1头黄牛的牙釉质样品的锶同位素比值高于遗址当地的锶同位素比值，表明这个动物也许不是当地出生的；而另外5头黄牛的牙釉质样品的锶同位素比值均在遗址当地的锶同位素比值范围内，表明这5头黄牛可能是在遗址当地出生的，死亡后埋藏在此。这个结果同样说明喇家遗址出土的黄牛中，来自外地的数量很少，仅占16.7%左右，且也是齐家文化晚期出土的。

4.喇家遗址先民获取动物资源的方式及所反映的问题

通过上述研究结果可知，在喇家遗址齐家文化早期至晚期，猪已大部分由当地饲养，这由两方面的独立研究结果证实。一方面依据出土猪牙齿的测量数据、猪的死亡年龄以及猪遗骸出土时的考古学背景，认为其为家猪；另一方面则根据此次对喇家遗址出土动物牙釉质的锶同位素比值的测定结果，经过计算得出猪牙釉质的锶同位素比值的标准偏差远小于其他动物，可以推断猪由当地饲养的可能性是最大的。

此外，研究还表明，喇家遗址先民在齐家文化早期至晚期一直自己饲养大部分黄牛和绵羊，至晚期才出现少量的外来黄牛和绵羊。说明喇家遗址的先民可能在早期通过自养动物即可满足生存需要，晚期才出现外来黄牛和绵羊作为补充。其中1只绵羊和1头黄牛牙釉质锶同位素比值的相近（0.711118±0.000014~0.711140±0.000011），有可能来自同一地区。尽管目前还不能确定这些非本地出生的黄牛和绵羊来自哪里（需要大量的同位素分析数据作基础才能判断），但检测结果暗示早期喇家人与外界交流很少，到晚期才开始与外界接触。

动物考古学研究表明，黄牛在公元前7500~前5000年的遗址里已经出现，而绵羊作为家养动物在公元前3000年以前的甘青地区已经被发现[12]，喇家遗址的年代在公元前2500~前1900年左右（距今4500~3900年左右），这段时间西北地区出现一定规模的家畜养殖应该是可能的。

五 结论

喇家遗址出土动物牙釉质的锶同位素比值的测定结果可以获得以下初步结论：

通过测定喇家遗址不同时期出土的鼠、猪、黄牛、绵羊牙釉质的锶同位素比值，经过计算得出猪的锶同位素比值的标准偏差远远小于其他动物，可以推断猪由当地饲养的可能性是最大的。这一结果与依据牙齿的测量数据、猪的死亡年龄以及猪遗骸出土时的考古学背景认为喇家遗址出土的大部分猪为家猪的动物考古学研究结果是一致的。

根据喇家遗址出土猪牙釉质的锶同位素比值测定结果，经过计算得到 8 个猪牙釉质的锶同位素比值的平均值为 0.710930，将该平均值加或减 2 倍标准偏差可以得到喇家遗址当地的锶同位素比值范围在 0.711058~0.710802 之间。出土鼠的检测数据只有 2 个，其锶同位素比值分别为 0.710918 和 0.710887，在上述当地的锶同位素比值范围之内，所以这个结果与猪牙釉质的锶同位素比值的检测结果可以互相验证，说明以猪牙釉质的锶同位素比值建立当地的锶同位素比值范围是可行的。

将遗址出土的 10 只绵羊牙釉质的锶同位素比值与遗址当地的锶同位素比值范围进行比较的结果表明，有 2 只绵羊可能不是在当地出生的；其他 8 只绵羊可能是在当地出生长大，死亡后葬于此地。这个结果说明喇家遗址出土的绵羊来源可能并不相同，有一部分羊来自当地，还有一部分羊来自外地。但来自外地的绵羊数量很少，大约只占 20%，且均为晚期出土的绵羊；而早期的绵羊均为当地出生。

将喇家遗址出土的 6 头黄牛的牙釉质锶同位素比值与遗址当地的锶同位素比值进行比较得知，仅有 1 头黄牛的牙釉质样品的锶同位素比值高于遗址当地的锶同位素比值，表明这个动物也许不是当地出生的；而另外 5 头黄牛的牙釉质样品的锶同位素比值均在遗址当地的锶同位素比值范围内，表明这 5 头黄牛可能是在遗址当地出生的，死亡后埋藏在此。这个结果同样说明喇家遗址出土的黄牛中，有一部分牛来自当地，还有一部分牛来自外地。来自外地的黄牛数量也很少，仅占 16.7% 左右，且也是齐家文化晚期出土的。

上述研究结果表明，喇家遗址先民在齐家文化早期至晚期一直自己饲养大部分黄牛和绵羊，至晚期才出现少量的外来黄牛和绵羊。说明喇家遗址的先民可能在早期通过自养动物即可满足生存需要，所以至晚期才出现外来黄牛和绵羊作为补充。其中 1 只绵羊和 1 头黄牛牙釉质锶同位素比值的相近，有可能来自同一地区。这一方面说明早期喇家人获取动物资源的方式主要以自给自足为主；另一方面也暗示早期喇家人与外界交流很少，而到晚期才开始与外界接触。

注释：

[1] a. Towers J, Montgomery J, Evans J et al. An investigation of the origins of cattle and aurochs deposited in the early bronze age barrows at Gayhurst and Irthlingborough. *Journal of Archaeological Science*, 2010, 37: 508–515；b. Copeland S R, Sponheimer M, Lee-Thorp J A et al. Strontium isotope ratios in fossil teeth from South Africa: Assessing laser ablation MC-ICP-MS analysis and the extent of digenesis. *Journal of Archaeological Science*, 2010, 37: 1437–1446；c.Kennedy B P, Folt C L, Blum J D et al. Natural isotope markers in salmon. *Nature*, 1997, 387: 766–767.

[2] 中国社会科学院考古研究所甘青工作队、青海省文物考古研究所：《青海民和县喇家遗址 2000 年发掘简报》，《考古》2002 年第 12 期，第 12~25 页。

[3] 叶茂林、任晓燕：《喇家遗址发掘与官亭盆地遗址群的聚落考古》，《中国文物报》2005 年 1 月 21 日第 7 版。

[4] a.赵春燕、袁靖、何驽：《陶寺遗址出土动物牙釉质的锶同位素比值分析》，《第四纪研究》2011 年第一期第 22~28 页；b. ChunYan Zhao, Jie Yang, Jing Yuan, et al. Strontium isotope analysis of archaeological fauna at the Erlitou site. *SCIENCE CHINA Earth Sciences*, 2012, 55: 1255–1259；c.赵春燕、吕鹏、袁靖、方燕明：《河南禹州市瓦店遗址出土动物遗存的元素和锶同位素比值分析》，《考古》2012 年第 11 期，第 89~96 页。

[5] a.赵春燕、袁靖、何驽：《陶寺遗址出土动物牙釉质的锶同位素比值分析》，《第四纪研究》2011 年第一期第 22~28 页；b. ChunYan Zhao, Jie Yang, Jing Yuan, et al. Strontium isotope analysis of archaeological fauna at the Erlitou site.

SCIENCE CHINA Earth Sciences, 2012, 55：1255–1259；c.赵春燕、吕鹏、袁靖、方燕明：《河南禹州市瓦店遗址出土动物遗存的元素和锶同位素比值分析》，《考古》2012 年第 11 期，第 89~96 页。

［6］a. Hoppe KA. Late Pleistocene mammoth herd structure, migration patterns, and Clovis hunting strategies inferred from isotopic analyses of multiple death assemblages. *Paleobiology*, 2004, 30: 129–145; b. Aberg G. The use of natural strontium isotopes as tracers in environmental studies. *Water, Air and Soil Pollution*, 1995, 79: 309–322; c. Julia I D. Strontium isotope analysis of Neolithic and Copper age population on the Great Hungarian Plain. *Journal of Archaeological Science*, 2009, 36: 49–497; d. Bentley RA. Strontium isotopes from the earth to the archaeological skeleton: A review. *Journal of Archaeological Method and Theory*, 2006, 13：135–187.

［7］a. Grupe G, Price T D, Schroter P et al. Mobility of Bell Beaker people revealed by strontium isotope ratios of tooth and bone: A Study of southern Bavarian skeletal remains. *Applied Geochemistry*, 1997, 12: 517–525；b. Sillen A, Hall G, Armstrong R. 87Sr/86Sr ratio in modern and fossil food-webs in sterkfontein valley: Implications for early hominid habitat preference. *Geochemical et Cosmochimica Acta*, 1998, 62: 2463；c. Bentley, RA, Price TD, Stephan E. Determining the "local" 87Sr/86Sr rang for Archaeological skeletons: A case study from Neolithic Europe. *Journal of Archaeological Science*, 2004, 31: 365–375；d. Kristin MH, B Brandon Curry et al. variation in Strontium isotope ratios of Archaeological fauna in the Midwestern United States: A preliminary study. *Journal of Archaeological Science*, 2009, 36: 64–73.

［8］袁靖：《中国古代家养动物的动物考古学研究》，《第四纪研究》，2010 年第 2 期，第 298~306 页。

［9］袁靖、Rowan KF：《论中国古代家猪的驯养》，《科技考古（第一辑）》，科学出版社，2005 年，第 207~214 页。

［10］Bentley, RA, Price TD, Stephan E. Determining the "local" 87Sr/86Sr rang for Archaeological skeletons: A case study from Neolithic Europe. *Journal of Archaeological Science*, 2004, 31: 365–375.

［11］赵春燕、吕鹏、袁靖、方燕明：《河南禹州市瓦店遗址出土动物遗存的元素和锶同位素比值分析》，《考古》2012 年第 11 期，第 89~96 页。

［12］袁靖等：《公元前 2500 年~公元前 1500 年中原地区动物考古学研究》，《科技考古 （第二辑）》，科学出版社，2007 年，第 12~34 页。

青海金禅口遗址齐家文化生业模式探析

王倩倩　王忠信　梁官锦

(青海省文物考古研究所)

金禅口遗址位于海东市互助县加定镇加塘村金禅口社西侧的缓坡上，东北与甘肃省天祝藏族自治县隔河相望。遗址地处大通河（又称浩门河）南岸的二级阶地上，南距大通河河谷约 300 米。遗址南北长约 100、东西宽约 80 米，面积约 8000 平方米，海拔 2419 米。2012 年 7~9 月，青海省文物考古研究所对金禅口遗址进行了考古发掘，揭露面积 285 平方米，获得了较为丰富的遗存。已发掘的文化遗迹、出土遗物表明该遗址是一处重要的齐家文化时期聚落遗址。

一　考古发现概况

1.文化堆积与遗迹

遗址区因曾平整土地，修建梯田，文化堆积大部被毁无存，仅在遗址东南部和东北部边缘地带残留有少许遗存，故缺乏贯穿整个遗址区的文化堆积层。另在一些遗迹单位（如灰坑、房址等）分布密集的区域，残存有较薄的地层堆积。

在发掘区域共发现房址 5 座、灰坑 15 个、墓葬 1 座及窑址 2 座（图一、二）。

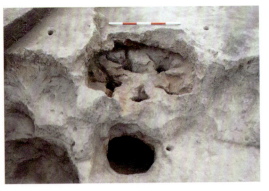

图一　房址　　　　　　　　　　　　　图二　窑址

房址均系半地穴式建筑结构，未见地面墙体建筑。建筑方法为从地面向下挖一深穴，再沿穴边及居室中部栽埋木柱，作为屋顶的支撑，最后铺盖屋顶。五座房址均由居室、门道及门前场地组成。除一座房址外，其余四座平面均呈"凸"字形。穴壁及居住面一般未经特别加工（涂抹草泥、白灰等），其中居住面系在黄褐色生土面上长期踩踏而成，厚薄不均，厚者达几厘米，薄者仅几毫米。每座房址居住面中部偏向门道处均有一椭圆形或圆形灶址，灶面中部有一圆形圜底器座坑。器座坑周壁及灶面一般用泥抹光。灶面由于长期烧烤，都有一层坚硬的烧结面，呈红褐、黑褐、青灰或白色。室内中部一般有 1~2

个中心立柱，壁柱数量多寡不一，但一般都集中在室内一侧。门道依地势而建，开在低处。

灰坑均打破黄褐色生土，除少数为取土坑外，大部分系具有储存功用的窖穴，主要分布于房址周围。平面形状有圆形、椭圆形、圆角长方形几种，以圆形为主。剖面形状有袋状、锅底状及筒状，以袋状为主。袋状灰坑一般较为规整，其余灰坑则较为随意，所有灰坑均无特别加工痕迹。

墓葬为土坑竖穴墓。平面呈不规则形，直壁，平底。墓内填土为灰色，土质较硬，包含较多木炭，出土少量齐家文化陶片及兽骨。未见葬具。墓内埋葬一具人骨，骨骼保存完好，头向北，面略向东倾，仰身屈肢，双手叠放于盆骨处，左腿后曲，右腿紧折，脚置于盆骨后。经鉴定，墓主人为男性，年龄35~40岁。未发现任何随葬品。

窑址均为竖穴式结构，由火口、火膛、火道、窑箅、火眼及窑室组成。火膛置于窑室下面，更利于燃料的充分燃烧和火力的输送，从而增加窑室的温度，使烧制的陶器硬度更大。窑室底部面积不足1平方米，说明一次所烧的陶器数量有限。

2.出土遗物

发掘区内出土遗物丰富，种类齐全，有陶器、石器、玉器、骨（角、牙、蚌）器、铜器及木器等230余件。

陶器是当时人们主要的日用器皿，以平底器为主，个别系圈足器和三足器。平底器有侈口罐、单耳罐、双耳罐、双大耳罐、高领双耳罐等，其中以侈口罐、双耳罐、双大耳罐、高领双耳罐最为常见。圈足器有碗和豆，三足器仅见一件陶鬲。另外还有器盖、纺轮、穿孔陶器和圆陶片等。陶器除素面外，纹饰有绳纹、篮纹、附加堆纹、席纹、方格纹、弦纹、划纹、锥刺纹、圆圈纹、泥丁纹、镂孔等，其中以绳纹和篮纹最为常见，附加堆纹次之，其他纹饰则较少。彩陶数量较少，完整器有双耳罐，余为碎片。彩陶片上多有红陶衣。个别见有白陶衣，纹饰有菱形方格纹、波折纹、宽带纹、斜线纹、三角纹等，以几何形图案为主。

石器有磨制石器、打制石器和细石器。磨制石器主要有斧、锛、凿、刀、石球等。打制石器有刮削器、敲砸器、盘状器、石片、石锤等。细石器数量众多，以细石叶、刮削器、细石核居多。玉器有锛和纺轮。骨制品主要锥、骨凿、针、镞、骨体石刃刀等。青铜器发现数量较少，有指环、耳环、铜泡等，均是小型器物，制法以冷锻为主，说明当时虽然已出现了冶铜业，但尚未普及到农业生产中，工具仍以石器和骨器为主。木器有木案板。

二　相关遗迹、遗物分析

本次考古发掘工作，尤为注重考古学与其他多学科相结合。在发掘过程中，认真提取了各堆积单位内土样浮选样品，同时对所出土的动物骨骼进行了全面、细致的收集。与兰州大学西部环境与气候变化研究院、中国社会科学院考古研究所、北京大学考古文博学院、吉林大学边疆考古研究中心等多家单位合作，采用多种技术手段，对相关的动、植物遗存进行了鉴定和研究，从而为探讨大通河流域齐家文化的生业模式创造了有利条件。

从所揭露的房屋和灰坑遗迹、陶器和磨制石器来看，金禅口遗址的齐家人群过着定居生活，并从事一定的农耕活动。此次清理出 5 座房址，房址的灶面都经过长期烧烤，都有一层坚硬的烧结面，红烧土厚度一般在 6~17 厘米之间，灶中间的器座坑红烧土最厚 9 厘米，有的灶还有二次增筑现象，说明当时人类居住的时间较长。该遗址出土的陶器，常见器形为粗陶罐（侈口罐和双耳罐）、双大耳罐、陶盆、陶碗、高领双耳罐、彩陶罐等，陶器组合以盛储器和炊器为主，这也是定居生活的生动写照。另外，还清理出灰坑 15 个，其中具有仓储性质的窖穴 8 个，这些灰坑深 1 米左右、口径 1~2 米，应该是用来储藏粮食的，表明当时有农耕经济存在。从遗址中发现的房址和出土的石质生产工具，如刀（11 件）、斧（7 件）、锛（4 件）、凿（3 件）这些生产生活工具，说明当地居民从事相当比重的农业生产。

尤为值得注意的是，在发掘面积有限的情况下，该遗址出土了大量的细石器，其中细石核、细石叶、刮削器所占比重最大。石核是加工细石叶的原坯，同时剥离石叶后也可以加工成石器。细石叶是由石核上剥离下来的石制品，可以用作复合工具，如镶于骨刀体上作刀刃，也可以单独使用或加工成其他的用具。刮削器是多用途工具，可以用来宰杀、割肉、刮皮、削制木器等。细石器是一种肉食加工工具，因此金禅口遗址人们的食物构成中肉类当占较大的比例，说明该遗址有更多的狩猎或者畜牧的成分。细石器一般认为与狩猎经济有关，除了用于狩猎和加工肉食外，还可以制成不同的复合工具以从事各种生产活动，比如猎取鸟类，收割植物，切割、磨刨、加工植物根茎等。出土如此众多的细石器，不但与采集狩猎、畜牧业经济有非常密切的关系，同时也可能与农耕经济有一定的关系。

三　植物遗存分析

经中国社会科学院考古研究所科技考古中心和兰州大学西部环境教育部重点实验室鉴定，该遗址浮选出的炭化植物遗存主要分为炭化木屑、植物种子两大类。其中，鉴定出的碳化农作物种子有 10163 粒，包括粟 7055 粒、黍 2821 粒、大麦 271 粒、小麦 15 粒和大麻 1 粒，占该遗址出土碳化植物种子总数的 90.4%。其他可鉴定的植物种子有野稷 (Eriochloa villosa)、狗尾草 (Setaira viridis)、野燕麦(Avena fatua)、早熟禾 (Poa annua)、野大豆 (Glycine soja)、野豌豆 (Viciasepium)、甘草 (Glycyrrhiza uralensis)、胡枝子属 (Lespedeza)、锦葵 (Malva sinensis)、灰菜 (Chenopodium album)、地肤 (Kochia scoparia)、猪毛菜 (Salsola)、绵蓬虫实 (Corispermum hyssopifolium)、杂配藜 (Chenopodium hybridum)、酸模属 (Rumex)、堇菜科 (Violaceae)、堇菜 (Viola verecumda)，共计 16 个不同种属[1]。选取了 10 份碳化作物种子样品，送交北京大学考古文博学院考古年代学实验室进行加速器质谱 (AMS) 测年。测年结果显示，金禅口遗址的年代范围为 2200-1750BC，金禅口遗址碳化小麦种子年代最早为 2030-1890BC，是青海省目前有确切测年数据的最早的麦类遗存，但晚于该遗址碳化粟种子的最早年代 (2200-2020BC)。这些植物种子的出土为研究金禅口遗址齐家文化时期人类对植物资源的利用提供了最直接的证据。

由出土农作物种子的比例可知，以粟、黍为主的旱作农业活动是该地区当时人们所从事的最重要的生计模式之一，这也暗示着粟和黍作物可能是当时人类主要的食物来源之一。粟俗称谷子，是北方地区重要的旱地作物之一，比较耐旱，但是喜温，生育期要求平均气温达到 20℃左右。黍是喜温、耐旱性作物，适应能力强，在半干旱地区能够适宜生长。此外，种植粟和黍对土壤、水肥、保存技术要求不高。遗址中还发现了大麦和小麦遗存，但是前者的数量明显多于后者，这与本区此前的马家窑文化存在显著的区别。马家窑文化普遍发现粟、黍，基本不见其他粮食作物，而金禅口齐家文化遗址大麦与小麦遗存的发现，说明本区在距今 4000 年前后人们对植物资源的开发利用更为多元。究其原因：一是青藏高原东北缘在距今 4000 年以后，全新世大暖期结束，气候开始向干冷化演变，特别是在距今 4000 年前后发生较为显著的气候干冷突变事件。大麦是一种耐寒耐旱作物，如青稞苗期能忍受-10℃低温[2]，因此遗址中发现一定的大麦遗存可能是先民们对气候环境变化适应的结果。另一方面由于土地资源的有限，随着人口的增长，单一种粟类作物难以满足对口粮的需求，人们需要其他作物保障粮食的供给，而距今 4000 年前后正是本区马家窑文化马厂类型通过河西走廊向西扩张，西亚文化向东扩散的重要时期，西亚地区的小麦、羊和青铜器等通过文化交流与扩散于这时开始传入本地区。金禅口遗址出土小麦数量虽然较少，暗示其并非该遗址人类利用的主要植物资源，但至少说明早在 4000 年前本区已经开始利用小麦。

四　动物遗存分析

遗址中出土了较多的动物骨骼，从鉴定结果看，有野生动物和家养动物。其中以野生动物为主，家养动物也占了相当的比例。野生动物以鹿为主，包括马鹿、梅花鹿、狍子、獐、麝等大、中型鹿类动物。在所出土的动物骨中，鹿的可鉴定标本数平均占 50% 以上，最小个体数占 30% 左右。其他的野生动物还有斑羚、岩羊、羚羊、熊、狐、貉、旱獭、野猪以及中型猫科动物、鼬科和鼠类等，数量比例均很少。家养动物以羊为主，主要为绵羊，也有少量山羊。羊在动物群中可鉴定标本数所占比例为 30% 左右，最小个体数占 20% 以上。其次为狗，在动物群中可鉴定标本数所占比例为 4% 左右，最小个体数约占 8%。猪数量极少[3]。

从动物考古资料反映出的信息可以发现，金禅口遗址狩猎经济占有相当的比重。人类的肉食资源获取主要依赖于捕猎，狩猎对象主要是大中型的鹿科动物 (马鹿、梅花鹿、狍子、獐、麝等)，推测这些动物的捕猎主要与肉食资源的获取有关。其次为家畜饲养，其中羊的数量最多，狗其次，猪数量极少，很可能为野猪。家畜的饲养能为人们提供皮毛、奶制品、骨料等副产品，狗还可用于警卫或协助捕猎等。此外，羊为草食性动物，养羊所消耗的饲料以野草为主，以谷物的秸秆等为辅，不会与猪、狗等传统家畜争夺食物。人类可以利用羊间接"食草"，从而获取更多的食物来源。因此，家羊的出现，代表人类开始以草食性动物来开发新的生计资源 (草本植物)，表明畜牧业发展到一个新阶段。[4] 金禅口遗址以养羊业为主，其畜牧业经济与大多数齐家文化遗址以猪骨占绝大多数的家畜饲养经济形态相比有着鲜明的特色。如甘肃永靖秦魏家和大何庄的肉食来源主要依赖于家养动物，且猪占据绝对优势，野生动物只是极小一部分的补充，较少的骨镞和鹿角也从侧面表明狩猎在生产活动中并不占重要地位。[5] 青海大通长宁遗址肉食来源主要以牛羊为主，其次为猪和狗。在肉食资源构成中，长宁遗址并不完全依赖家养动物，还较多地利用了野生动物。[6] 由此看来，不同地区的齐家文化居民在肉食资源获取方面存在非常明显的地区差异。总体来看，齐家文化时期黄土高原西部以畜养为主，青藏高原还保持了较多狩猎成分。其间的差异显然与各地区所处的自然地理环境被人为干扰与破坏有关：黄土高原人类开发历史悠久，人口密度相对较大，自然环境人为破坏和改造较强；而青藏高原人类活动较轻微，人口密度小，自然环境多保持了原始状态，有较多的野生动物种群。

金禅口遗址处于新石器时代向青铜时代过渡的时期，也处于从原始农业向畜牧业的转型时期，这些转变代表了技术、生产力的进步和适应能力的增强。转变背后的因素很可能是多方面的，但是最主要的因应该来源于环境变化、文化因素的传播。该遗址地处大通河下游地区，此区地处祁连山脉东端，受东南季风的影响，水热条件较其他地区更好，植被发育条件非常好，至今在青、甘交界的大通河流域仍然存在着大片原始森林，所以河湟地区那时候气候温暖宜人，河谷阶地土壤肥沃，水草丰茂，并有一定的森林分布，属于森林—草原植被带。这样的地理环境宜农宜牧，是河湟地区齐家文化农牧兼营的重要物质基础。金禅口遗址中狩猎显然占有一定的比重，这是其突出特征，与遗址处于祁连山森林区不无关系。金禅口遗址所处的这种自然环境决定了其齐家文化时期先民的生业模式复杂多样。

五　结论

综上所述，通过出土遗迹、遗物、植物遗存、动物遗存等多方面的分析，金禅口遗址是兼有种植、狩猎和畜牧等多种生产方式的混合经济形态，具有显著的混合型经济、多样化生产特征。该遗址的齐家人群过着定居生活，采取农业、狩猎、畜牧这种复合的经济形式可以从多种生产活动中得到多种资源，在一定程度上避免了剧烈环境变化带给人们的生存风险。金禅口遗址的先民们能因地制宜，既以猎鹿作为主要的肉食来源，又以养羊为主发展畜牧业，以适应当地的生态环境，同时种植粟、黍、小麦和大麦

等农作物。多样化的经济模式既是对独特的高原山地寒温带森林—草原生态系统适应的结果，也是响应环境恶化事件的生存对策。

注释：

[1] 杨颖：《河湟地区金蝉口和李家坪齐家文化遗址植物大遗存分析》，兰州大学硕士学位论文，2014 年，第 5 页。

[2] 周立三：《中国农业地理》，科学出版社，2000 年，第 432 页。

[3] 李志鹏、任乐乐、梁官锦：《金禅口遗址出土动物遗存及其先民的动物资源开发策略》，《中国文物报》2014 年 7 月 4 日。

[4] 李志鹏、任乐乐、梁官锦：《金禅口遗址出土动物遗存及其先民的动物资源开发策略》，《中国文物报》2014 年 7 月 4 日。

[5] a.中国科学院考古研究所甘肃考古队：《甘肃永靖秦魏家齐家文化墓地》，《考古学报》1975 年第 2 期，第 88 页；
　　b.中国科学院考古研究所甘肃考古队：《甘肃永靖大何庄遗址发掘报告》，《考古学报》1974 年第 2 期，第 57 页。

[6] 李琼：《青海省长宁遗址的动物资源利用研究》，吉林大学硕士学位论文，2012 年。

距今 3800 年前后中国西北地区农业的转型

——来自骨骼同位素的证据

董惟妙　安成邦

(兰州大学西部环境教育部重点实验室)

　　骨骼稳定同位素测定技术是基于人和动物所消耗的水和食物会在身体组织中留下独有的印记原则而发展起来的。实验结果表明，身体组织会真实记录所摄入食物的同位素组成，"我即我食" [1]。身体组织稳定同位素组成可以指示个体生前所消耗的饮用水、食物类型以及居留地信息。人和动物骨骼胶原质的稳定碳同位素信息可以反映其生前一段时间 (8~25 年) 饮食中 C_3、C_4 植物的摄入比例。[2] 稳定氮同位素信息反映的是其食物中动物性蛋白的摄入情况，在阶级社会中，可以一定程度上指示个体在居住群落中的阶级地位。通过对一定地域范围内不同时间段居民的连续采样可获知不同时期饮食的特点以及该时段内居民饮食结构所发生的变化。常见的粮食作物中，粟、黍、玉米等属于 C_4 类植物，其 $\delta^{13}C$ 的平均值约为 -12.5‰，而稻、大麦、小麦等则属于 C_3 类植物，其 $\delta^{13}C$ 平均值约为 -26.5‰。[3] C_3 类作物作为新的食物引入固有的以 C_4 类植物为食的人群中会导致该人群的 $\delta^{13}C$ 值发生明显的变化，反之亦然。而 $\delta^{15}N$ 值在食物链中随营养级的升高会产生 3‰~5‰ 的富集 [4]，即生物链中营养级每升高一级，$\delta^{15}N$ 较上一级高 3‰~5‰。通过测定人骨的 $\delta^{15}N$ 值可知古人类在整个食物链中的营养级 [5]。一般来说，营养级越高，肉食摄取越多，$\delta^{15}N$ 值越高，但是并无线性的相关存在，故而无法计算所摄取食物中植物和肉类分别所占的比例。[6]

一　材料

　　中国西北地区是欧亚大陆陆上物质、文化交流重要的通道，链接东方的以粟、黍、稻为特色的中华文明和西方的以大麦、小麦为特色的西亚文明，是研究农业传播的理想地区。而公元前两千纪与公元前三千纪之交又是东西文化交流频繁的时段，这一时期，青铜器、羊连同麦类首次出现在了东方 [7]，而粟黍类遗存开始出现在欧亚草原地带以及欧洲的遗址中 [8]。

　　本文选取西北地区距今 3800 年前后 (约相当于齐家文化中晚期) 的 15 个墓葬出土人类骨骼同位素数据，分时段、分区域对比其同位素结果揭示的食物结构信息以及时间序列上的变化情况。首先将西北地区分为相互联系但又互不相同的三个地理单元，分别是新疆、河西走廊以及甘青地区，在此基础上依据碳十四测年的结果将其分为主体文化落入 3800 年前和 3800 年后的遗址。所选取的位于新疆的青铜时代的遗址分别为哈巴河托干拜 2 号 (4.5–4.1 cal ka BP)、温泉阿敦乔鲁 (3.8–3.4 cal ka BP)，若羌古墓沟 (约 3.8 cal ka BP) [9]、哈密柳树沟 (3.6–2.9 cal ka BP) 和哈密天山北路 (3.9–3.3 cal ka BP) [10]；位于河西走廊的遗址分别为金塔火石梁 (4.0–3.8 cal ka BP) [11]、民乐五坝 (4.4–3.9 cal ka BP)，武威磨嘴子 (4.3–4.0 cal ka BP)，酒泉干骨崖 (3.3–3.0 cal ka BP) 和玉门火烧沟 (3.7–3.3 cal ka BP) [12]；位于甘青文化区的遗址有兰州下海石 （4.2-3.9 cal ka BP），定西堡子坪/堡子山（4.4-3.8 cal ka BP）[13]，大通上孙家寨（3.3-3.0 cal ka BP）[14]，广河齐家坪（3.5-3.3 cal ka BP）[15] 和临潭磨沟（3.7-3.1 cal ka BP）[16]（图一）。

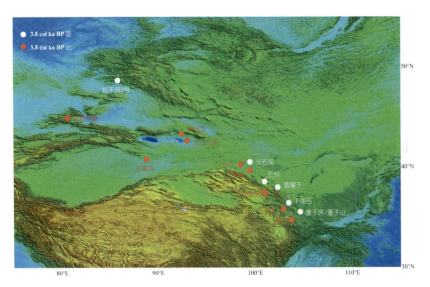

图一　遗址点分布

二　结果

距今 3800 年前，河西走廊的居民饮食构成明显区别于新疆居民，而与同时期的甘青地区的居民有相似的饮食习惯（图二）。从骨骼同位素所揭示的情况来看，这一时期，甘青地区以及河西走廊的居民食物以 C_4 类植物以及以 C_4 类植物为食的动物为主，食物中未见明显的 C_3 植物信号。结合有关北方古代居民饮食的常识，推测这一时期两地居民的植物性食物仍然以粟、黍（C_4 类植物）为主，大麦、小麦（C_3 类植物）尚未进入该人群的食谱。受时代以及发掘工作相对较少的限制，新疆地区同时期数据仅有托干拜 2 号墓地的 4 组。骨骼同位素结果显示这一时期该遗址居民食物中没有 C_4 信号，相较于河西走廊以及甘青地区的同时期居民，以托干拜 2 号墓地为代表的新疆先民食用了更多的肉类资源（图三）。由于现阶段缺乏植物考古数据的直接支持，尚难以判断麦类此时是否已经传入到阿勒泰地区。

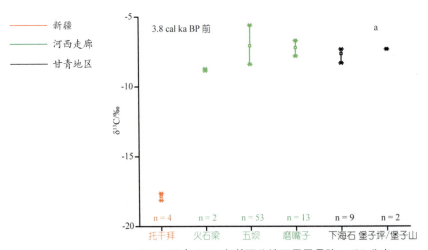

图二　距今 3800 年前西北地区居民骨骼 δ¹³C 分布

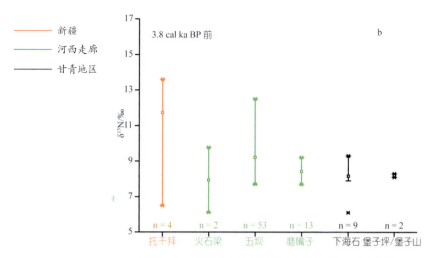

图三　距今 3800 年前西北地区居民骨骼 δ¹⁵N 分布

进入距今 3800 年以后，$\delta^{13}C$ 结果显示尽管仍然以 C_4 类植物以及以 C_4 类植物为食的动物性食物摄入为主，但 C_3 类植物的信号开始或多或少的出现在河西走廊以及甘青地区居民的食谱中（图四），而且，相较于前一阶段，先民们对肉食资源的依赖程度也有所加深（图五）。与此同时，新疆地区的居民食谱中开始出现 C_4 植物的信号，尤其以天山北路居民中最为明显，整体来说，肉类食物的利用程度仍然是三个地区中最高的[17]。

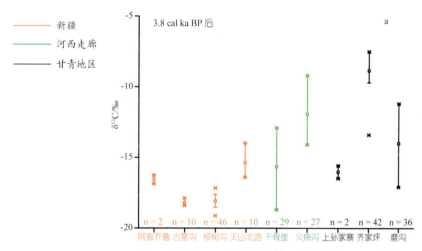

图四　距今 3800 年后西北地区居民骨骼 δ¹³C 分布

三　讨论

距今 3800 年前，甘青文化区以及河西走廊地区以北方传统的粟黍旱作农业为主要经济类型，大量的浮选结果表明，这一时期，遗址中出土的农作物种子以粟、黍占绝对的优势，几乎不见大、小麦[18]，可能兼营小部分的畜牧经济，遗址中普遍出土的大量动物骨骼可资证明[19]。已知的新疆地区属于该时期的遗址数量有限，托干拜 2 号墓地居民骨骼同位素数据指示距今 4000 年前，粟黍类作物可能尚未传播到阿尔泰山南麓的游牧人群中，其食物资源绝大部分取材于所放牧的牲畜，经济结构较为单一，从发掘情况看，墓葬中普遍发现羊骨、各类石器，未见陶器，推测农耕、定居不是该人群的主要生活方式。[20]

随着时间的推移，进入距今 3800 年后，尽管仍然以 C_3 信号为主，但新疆居民食谱中出现了 C_4 植物

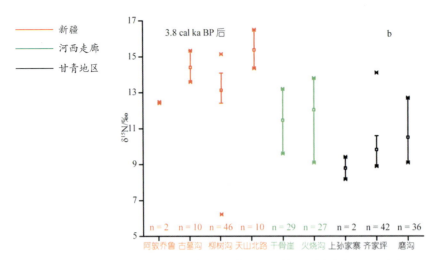

图五 距今 3800 年后西北地区居民骨骼 $\delta^{15}N$ 分布

的信号，尤其是哈密天山北路居民，空间上距离中原文化圈最近从而最早的获利于粟黍的西传可能是产生这一结果的主要原因。除来自骨骼同位素的证据，阿敦乔鲁的浮选样品中出现黍，柳树沟发现大麦，对古墓沟的发掘过程中考古者发现小麦[21]，可见这一阶段尽管粟黍以及麦类作物均已传至新疆，然而发展并不平衡，尚未被普遍采用。同一时期，河西走廊地区居民的饮食亦区别于甘青文化区，相对而言，前者食谱中 C_3 类食物的信号明显更强，推测麦类东传系经由河西走廊而至甘青文化区，故而河西走廊的居民更早地接触并使用麦类食物。在新食物资源传入的初期，由于人们对该物种的性状等了解不够，可能会有观望、探索等阶段，而不会立即大量使用，造就了从传入到普遍采用之间的时间差。加之骨骼记录食物的滞后效应，河西走廊的居民更早的经历了这一时段，所以显示了对麦类的更高的利用程度。结合 $\delta^{15}N$ 数据，河西地区居民肉类食物的摄取较甘青地区稍多，显示甘青文化区的居民生产方式更加倾向于农耕，而河西地区生产方式中畜牧的成分更多，与当地的自然环境有密切的关系。

自然界植物中约有 95% 为 C_3 类植物，由于缺乏植物大遗存的直接证据，很难断言新疆地区早期（距今 3800 年前）居民已经开始接触麦类作物。仅就现有结果分析，至少在距今约 3800 年前的古墓沟小麦已经出现，而在至迟 3800~3400 年前，黍传播到了阿敦乔鲁。结合距离阿敦乔鲁遗址不远的哈萨克斯坦 Begash 遗址出土 4000 年前的黍[22]，推测黍的西传时代应该更早，至于具体的时间、路线等则需要更多更细致的工作支持。然而可以肯定的是，在距今 4000 年之前，粟黍并未在中亚地区被广泛食用，它在游牧人群中的流行要晚于这个时代[23]。单从骨骼同位素结果分析，麦类食物传入河西走廊、甘青地区的时间在距今 3800 年之后，然而考虑到人群对新的食物的接受、适应需要一定的时间，因此可能在距今 3800 年以前麦类已经传至该地区，但未被立即采用，或者仅有少量的食用，所以在骨骼同位素中未能明显的体现，还需要系统的浮选结果加以佐证。

注释：

[1] Kohn J M. You are what you eat. *Science*, 1999, 283(5400): 335–336.

[2] Hedges R E M, Clement J G, Thomas C D L, O'connell T C. Collagen turnover in the adult femoral mid-shaft: modeled from anthropogenic radiocarbon tracer measurements. *American Journal of Physical Anthropology*, 2007, 133(2): 808–816.

[3] a. van der Merwe N J. Carbon isotopes, photosynthesis and archaeology. *American Scientist*, 1982, 70 (6): 596–606; b. Marino B D, McElroy M B. Isotopic composition of atmospheric CO_2 inferred from carbon in C4 plant cellulose. *Nature*, 1991, 349(6305): 127–131.

［4］a. Bocherens H, Drucker D. Trophic level isotopic enrichment of carbon and nitrogen in bone collagen: case studies from recent and ancient terrestrial ecosystems. *International Journal Osteoarchaeology*, 2003, 13（1–2）: 46–53; b. Hedges R E M, Reynard L M. Nitrogen isotopes and the trophic level of humans in archaeology. *Journal of Archaeological Science*, 2007, 34(8): 1240–1251.

［5］a. Barton L, Newsome S D, Chen F H, et al. Agricultural origins and the isotopic identity of domestication in northern China. *Proceedings of the National Academy of Sciences*, 2009, 106（14）: 5523–5528; b. Hu Y W, Shang H, Tong H W, et al. Stable isotope dietary analysis of the Tianyuan 1 early modern human. *Proceedings of the National Academy of Sciences*, 2009, 106（27）: 10971–10974; c. Richards M P, Trinkaus E. Isotopic evidence for the diets of European Neanderthals and early modern humans. *Proceedings of the National Academy of Sciences*, 2009, 106(38): 16034–16039; d. Richards M P, Pettitt P B, Trinkaus E, et al. Neanderthal diet at Vindija and Neanderthal predation: the evidence from stable isotopes. *Proceedings of the National Academy of Sciences*, 2000, 97(13): 7663–7666.

［6］Ambrose S H, Buikstra J, Krueger H W. Status and gender differences in diet at Mound 72, Cahokia, revealed by isotopic analysis of bone. *Journal of Anthropological Archaeology*, 2003, 22(3): 217–226.

［7］Zhao Z. Eastward Spread of Wheat into China: New Data and New Issues. *Chinese Archaeology*, 2009, 9(1): 1–9.

［8］a. Frachetti M D, Spengler R S, Fritz G J, et al. Earliest evidence of broomcorn millet and wheat in the central Eurasian steppe region. *Antiquity*, 2010, 84(326): 993–1010; b. Motuzaite Matuzeviciute G, Staff R A, Hunt H V, et al. The Early Chronology of Broomcorn millet (Panicum Miliaceum) in Europe. *Antiquity*, 2013, 87(338): 1073–85.

［9］王炳华：《孔雀河古墓沟发掘及其初步研究》，《新疆社会科学》1983 年第 1 期，第 117~130 页。

［10］潜伟：《新疆哈密地区史前时期铜器及其与邻近地区文化的关系》，知识产权出版社，2006 年。

［11］Atahan P, Dodson J, Li X Q, et al. Early Neolithic diets at Baijia, Wei River valley, China: stable carbon and nitrogen isotope analysis of human and faunal remains. *Journal of Archaeological Science*, 2011, 38(10): 2811–2817.

［12］Liu X, Lightfoot E, O'Connell T C, et al. From necessity to choice: dietary revolutions in west China in the second millennium BC. *World Archaeology*, 2014, 46(5): 661–680.

［13］Ma M M, Dong G H, Lightfoot E, et al. Stable Isotope Analysis of Human and Faunal Remains in the Western Loess Plateau, Approximately 2000 cal. BC. *Archaeometry*, 2014, 56(suppl. S1): 808–816.

［14］张雪莲、王金霞、冼自强等：《古人类食物结构研究》，《考古》2003 年第 2 期，第 62~75 页。

［15］Ma M, Dong G, Liu X, et al. Stable Isotope Analysis of Human and Animal Remains at the Qijiaping Site in Middle Gansu, China. *International Journal of Osteoarchaeology*, 2013, 98(40): 215–219.

［16］a. Liu X, Lightfoot E, O'Connell T C, et al. From necessity to choice: dietary revolutions in west China in the second millennium BC. *World Archaeology*, 2014, 46（5）: 661–680; b. Ma M, Dong G, Liu X, et al. Stable Isotope Analysis of Human and Animal Remains at the Qijiaping Site in Middle Gansu, China. *International Journal of Osteoarchaeology*, 2013, 98(40): 215–219.

［17］a.张全超、朱泓：《新疆古墓沟墓地人骨的稳定同位素分析——早期罗布泊先民饮食结构初探》，《西域研究》2011 年第 3 期，第 91~96 页、第 142 页；b.张全超、常喜恩、刘国瑞：《新疆哈密天山北路墓地出土人骨的稳定同位素分析》，《西域研究》2010 年第 2 期，第 38~43 页。

［18］a.赵志军：《青海民和喇家遗址尝试性浮选的结果》，《中国文物报》2003 年 9 月 19 日第 2 版；b. Jia X, Dong G H, Li H, et al. 2013. The development of agriculture and its impact on cultural expansion during the late Neolithic in the Western Loess Plateau, China. *Holocene*, 2013, 23(1): 83–90.

［19］a. Atahan P, Dodson J, Li X Q, et al. Early Neolithic diets at Baijia, Wei River valley, China: stable carbon and nitrogen isotope analysis of human and faunal remains. *Journal of Archaeological Science*, 2011, 38（10）: 2811–2817; b. Ma M M, Dong G H, Lightfoot E, et al. Stable Isotope Analysis of Human and Faunal Remains in the Western Loess Plateau,

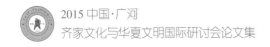
Approximately 2000 cal. BC. *Archæometry*, 2014, 56(suppl. S1): 808–816.

[20] 新疆文物考古研究所:《新疆哈巴河托干拜 2 号墓地发掘简报》2014 年第 14 期, 第 18~28 页。

[21] 王炳华:《孔雀河古墓沟发掘及其初步研究》,《新疆社会科学》1983 年第 1 期, 第 117~130 页。

[22] Frachetti M D, Spengler R S, Fritz G J, et al. Earliest evidence of broomcorn millet and wheat in the central Eurasian steppe region. *Antiquity*, 2010, 84(326): 993–1010.

[23] Motuzaite Matuzeviciute G, Staff R A, Hunt II V, et al. The Early Chronology of Broomcorn millet (Panicum Miliaceum) in Europe. *Antiquity*, 2013, 87(338): 1073–85.

后 记

2015 年 8 月 1~2 日，在甘肃省广河县隆重召开了"齐家文化与华夏文明国际研讨会"。该学术会议由中国社会科学院古代文明研究中心、中共甘肃省委宣传部、甘肃省文化厅、甘肃省文物局、中共临夏州委宣传部主办，由甘肃省文物考古研究所、中共广河县委、广河县人民政府承办。甘肃省委宣传部部长连辑，中国考古学会理事长、中国社会科学院学部委员、古代文明研究中心主任、考古研究所所长王巍，临夏州委书记杨元忠，中国考古学会副理事长、原北京大学考古文博学院院长赵辉，甘肃省文化厅副厅长、甘肃省博物馆馆长俄军，广河县委书记赵廷林等甘肃省、临夏州、广河县各级领导出席了开幕式。在开幕式上还进行了中国社会科学院古代文明研究中心齐家文化研究基地的授牌仪式。中国社会科学院考古研究所、民族学与人类学研究所、历史研究所，中国科学院自然科技史研究所，故宫博物院，北京大学考古文博学院、城市与环境学院，北京科技大学，陕西省考古研究院，西北大学，西安建筑科技大学，山西省考古研究所，山西大学，吉林大学，上海博物馆，上海交通大学，浙江省文物考古研究所，广东省博物馆，中山大学，成都金沙遗址博物馆，甘肃省文物考古研究所，甘肃省博物馆，兰州大学，西北师范大学，青海省文物考古研究所，喇家遗址博物馆，新疆师范大学，香港中文大学中国考古艺术研究中心，台湾台南艺术大学，南华大学，以及瑞典远东博物馆、日本和歌山大学、英国牛津大学、美国哈佛大学、美国菲曼斯大学等 40 多个国内外学术研究机构的 80 多位学者，甘肃省有关地县的文物干部，新华通讯社、人民日报、中央电视台、中国新闻社、光明日报、中国社会科学报、中国文物报、中国国家地理杂志社、香港大公报、香港文汇报、凤凰网、中国考古网以及甘肃省各大媒体共 600 多人出席了开幕式大会。

自 1924 年发现齐家文化以来，齐家文化的遗址在甘肃、青海、宁夏等省区已经发现有 1500 多处，经过发掘的约三四十处。几处重要的聚落与墓地的大规模发掘，如甘肃武威皇娘娘台、永靖大何庄与秦魏家、广河齐家坪、天水师赵村与西山坪、武山傅家门，青海乐都柳湾、西宁沈那、大通长宁、民和喇家，宁夏隆德页河子等遗址，以及 2008 年以来对临潭磨沟墓地的大规模发掘，发现了齐家文化的一大批聚落房址、墓地、祭祀遗存，获得数以万计的文物，如大批石器、陶器，以及骨器、玉器，还有铜器等重要资料。尤其是近 10 多年来对喇家遗址的持续发掘，以及 2008 年以来对临潭磨沟墓地的大规模发掘，再次引起学术界对齐家文化的关注。

这些重要的考古发现，使得我们现在对齐家文化的认识能够建立在更为科学的研究基础之上，这是齐家文化研究的重大进展，也是本次会议召开的学术基础。

本次会议收到论文 50 多篇，与会学者分大会演讲与小组演讲两种形式进行了学术交流。这些论文以及演讲十分精彩，涉及面宽，而且有相当的深度，甚至对有些问题形成了不同的认识。议题大致可以分为以下几个方面：一是对齐家文化的文化面貌、聚落与埋葬制度，以及对东部和西部及周边地区的文化影响进行了深入探讨。二是对学术史的研究。三是对齐家文化与夏（夏文化、夏王朝）的关系探索，其中部分含有一些感情色彩，也是可以理解的。四是对齐家文化及西北地区早期青铜器与冶炼技术等文化遗存的研究，这是本次会议的重要议题。五是对齐家文化玉器的研究，这是本次会议提交论文议题最集中、数量最多的，涉及齐家文化玉器研究的各个方面。六是对齐家文化环境、资源及其利用开发的研究。还有一些代表虽然没有来得及提交会议论文，但在会上积极参与讨论，也提出了一些很有意义的看法。

我们对齐家文化的研究虽然取得了丰硕的成果，但目前仍然处于考古资料的积累过程，对齐家文化的系统认识、对齐家文化在华夏文明形成与发展中重要作用的认识，还有待进一步的考古发掘资料支持，才能够更加清楚、更加准确。期待今后更多的考古发现和系统的研究成果。

本论文集收集了此次会议的主要成果。每篇论文都由作者在会后进行了修改补充完善，并进行了仔细校对，在此表示感谢。

朱乃诚

2016 年 6 月